中国乡镇企业年鉴

（1990）

中国乡镇企业年鉴编辑委员会　编

农业出版社

中国乡镇企业年鉴编辑委员会

1 乡镇企业的一家钢管厂

2 | 3
4

2　北京市昌平县服装厂　　**仇大钟摄**

3　上海一家合资的毛纺织有限公司

4　广东顺德华南毛纺厂　　**乔仲林摄**

5 | 6

7

5　工贸合营的江阴针织厂　闻　远摄

6　海南省黄海美机电公司　陈　泓摄

7　乡镇企业合股办的亚细亚商场　乔仲林摄

▷8 江苏无锡一家乡镇企业的柴油机厂

仇大中摄

▽9 浙江杭州万向节厂及产品

冯德富摄

前进中的密云县乡镇企业

十一届三中全会以后，密云乡镇企业取得了飞速的进展。到1989年底，乡村两级企业已达923家，从业人员46800人，工业总产值58000万元，总收入56450万元，实现利润5591万元，固定资产2007万元。

△密云服装十二厂

△密云渔阳服装厂

△密云汽车配件厂

△密云红星鞋厂

主要编辑出版人员

总 编 辑　蔡盛林

副总编辑　陶岳嵩　舒代新

顾　　问　姜　伟

责任编辑　张德君

编　　辑　罗立纯

特约编辑　李方本　官治国　宗锦耀

封面设计　卫水山

美术编辑　邵　伟

版式设计　高　岚

出版印制　杨顺根　高　岚　郑剑玲

各地特约编辑（按姓氏笔画为序）

万兆金　王裕章　王恕范　石缠荣　刘光祥　朱金邦
仲生珍　李开信　李秀林　李德新　苏本富　何龙根
余昌刚　张德胜　张德勋　张维强　陈　良　陈文学
陈弢弘　陈湘安　赵金平　段启达　俞宝庆　郭　志
袁正雄　梁银厚　梁祥利　黄炳文　焦　勇

编 辑 说 明

一、《中国乡镇企业年鉴》是一部综合反映我国乡镇企业发展进程和成就的资料性工具书。

二、年鉴的文章主要是由业务主管部门和专业研究人员撰写的。统计资料由农业部乡镇企业司和各省、自治区、直辖市、计划单列市有关部门提供，并经审核。

三、各省、自治区、直辖市按行政区划先后排列；计划单列市按国家统计报表排列顺序排列。

四、各类资料数据均未包括台湾省。

五、本年鉴选自有关报刊的文章，编委会按统一体例进行了删节。

六、截止本卷发稿，“各地概况”栏目中尚有河南省、四川省、大连市、青岛市、厦门市的材料未收到，本卷未能收入，特此说明。

栏　　目

目　录

综　述

行业概况

各地概况

文献·法规

统计资料

经营管理

质量管理

科技·教育

出口创汇

专题文章

调查·研究

经验交流

优秀企业

企 业 家

重 要 会 议

大 事 记

附 录

综　述

农业部向国务院《关于乡镇企业情况和治理整顿意见的报告》

党的十一届三中全会确定了我国农村要走农林牧副渔全面发展、农工商综合经营的道路，要求社队企业要有一个大发展。自此以后，在农村改革的推动下，我国乡镇企业有了迅速发展。正如邓小平同志所说，农村改革的最大收获是"乡镇企业发展起来了"，"异军突起"。目前，各级地方政府和乡镇企业主管部门，正根据十三届三中全会和十三届四中全会精神，认真贯彻治理、整顿，深化改革的方针。现将全国乡镇企业情况和治理整顿意见报告如下：

一、乡镇企业现状

到1988年底，全国乡镇企业已安置农村剩余劳力9 545万人，占农村总劳动力的23.8%；总产值6 496亿元，占农村社会总产值的58%，占全国社会总产值的23.9%，相当于1978年全国社会总产值（6 846亿元），其中工业产值4 529亿元，占全国工业总产值27.9%，相当于1979年全国工业总产值（4 981亿元）。目前，乡镇工业通过加工、配套、联营、合作，已成为国营企业的重要助手、合作的伙伴和不可缺少的补充。十年来，乡镇企业为增加社会有效供给作出了重要贡献。据1988年底统计，原煤产量3.2亿吨，占全国总产量的34%；水泥5 679万吨，占全国总产量的27.9%；机制纸及纸板433万吨，占全国总产量的39.2%；服装25.4亿件，占全国总产量的70%；出口创汇额80.2亿美元，占全国出口创汇总额的16.9%。1988年与1978年相比，乡镇企业原煤产量净增2.23亿吨，水泥净增5 347万吨，机制纸及纸板净增390万吨，分别占全国总净增量的67%、38.7%、58.7%。乡镇企业以乡村集体企业为主体，它的产值占乡镇企业总产值的67%。乡村企业的发展，壮大了社会主义公有经济，到1988年底，乡村企业已拥有2 717亿元资产，其中固定资产1 584亿元。乡镇企业的发展为国家积累了大量建设资金，十年来乡镇企业上缴国家税金1 145亿元，1988年上缴税金310亿元，在1985年到1988年国家税收净增335亿元中，乡镇企业净增172.9亿元，占全国净增部分的51.6%。十年来，仅乡村集体企业用税后利润补农、建农资金就有162.8亿元，相当于同期国家对农林水气投资的35.4%，如算上税前列支、税后利润及其它途径支援农业的资金，仅1988年就达55亿元；十年乡村集体企业利润用于农村各项事业建设共684亿元，成为农村各项建设的重要支柱。1988年农民从乡镇企业获得的工资963亿元，相当于1981年人民公社社员分配总额（823亿元），使农民脱贫致富找到了一条有效的途径。

实践证明，十一届三中全会以来中共中央、国务院关于发展乡镇企业的方针政策是正确的，赢得了民心，发挥了威力。

但是，在乡镇企业的发展中，也存在亟待解决的问题。目前比较突出的问题是，在一些地方的一些行业和一些产品的发展中，存在不同程度的盲目性，由此造成了产业结构、行业结构、产品结构、企业组织结构、企业布局的不尽合理，低水平的重复建设和能源、原材料的浪费，一些素质低的企业产品质量差、物质消耗高，一些企业环境污染严重。同时，一些企业在经营活动中存在不正之风，甚至还发生有违犯法纪等问题。

二、乡镇企业治理、整顿初见成效

在中央和地方各级政府的领导下，乡镇企业全体干部职工从大局出发，认真贯彻落实邓小平同志重要指示，经过半年多的工作已初见成效：

（一）过快的发展速度得到了有效的控制

据统计，1989年1月至6月乡办工业产值的速度为20.8%，比去年同期回落了10个百分点，其中第一季度增长27.7%，回落了4个百分点，第二季度增长19.9%，回落了14个百分点。8月份比去年同期增长9.1%，这是近年来没有过的。

（二）在困难情况下，企业仍然保持了较好的经济效益

1989年1月至6月，在物价上涨25.5%，资金被大量拖欠，农行贷款余额减少等外部经济环境恶化的情况下，企业销售收入比去年同期增长30%，利润增长20.5%，上缴税金增长31%。

（三）关停并转了一批企业

据到6月末统计，全国乡镇企业个数比去年底减少80万个，其中乡村集体企业减少8万个，从业人员减少500多万人。辽宁省有120多座电熔镁企业和221座重烧镁企业已大部分停产，小轧钢厂由269个减到150个，小纺织企业中已有60%的织机停产。四川省酒厂调减了34%的产量，吉林省111个耗能高的“六小”企业已关停了97个。

（四）基建规模得到了压缩

据十九个省市的初步统计，共停、缓建项目1万多个，压缩投资60多亿元，相当于1988年这几个省、市乡村企业新增固定资产的26%，今年新建项目极少。

三、三年治理整顿的意见

为了使乡镇企业的发展符合国家宏观经济的总体要求，同时，也为了乡镇企业在经过十年快速发展，进入调整提高阶段后能够在国家计划和产业政策指导下，以提高经济效益为中心，以三创（创优、创新、创汇）、四上（上水平、上质量、上管理、上等级）为手段，引导企业练好内功，把工作的着眼点放到深化改革、依靠科技进步、提高效益上来，促使乡镇企业加快实施我部提出的“五个战略转变”，即由外延发展为主转向内涵发展为主；由重产值增长转向注重经济、社会、生态效益的提高；由单一依托国内市场转向国内、国际两个市场同时开拓；由企业分散经营转向专业化、社会化、协作化生产；由传统小生产经营管理转向现代化科学管理。在今后三年内，我们拟从以下几方面指导乡镇企业治理整顿：

第一，合理控制乡镇企业的发展速度，使之和国家、企业自身承受能力相适应，和国营工业、农业发展相协调。乡镇企业发展速度控制在20%左右，其中乡镇工业发展速度控制在15%左右。

第二，压缩基本建设规模，全国乡村企业每年控制在200亿元左右，比近几年减少一半。压缩后的基本建设投资，主要用于老企业的技术改造，设备更新，有发展前途的企业适当扩大规模。对铺摊子的新项目要严加控制，除外向型企业，有原料保证的农副产品加工企业，发展能源、原材料企业，为大工业配套协作的企业，生产市场紧缺的人民生活必需品的企业外，其他企业项目在三年内不上或缓上。新上企业，一定要高起点，高水平。

第三，对现有企业，要根据国务院颁布的产业政策，结合当地具体情况，积极主动地进行调整。对那些浪费电力、浪费原材料的企业；对那些技术不过关、产品质量达不到标准；对那些污染严重、无法治理的企业；对那些原材料无保证、经营不善，长期亏损的企业，要坚决调整，关停并转，使乡镇企业的产业结构、行业结构、产品结构，逐步趋向合理。

第四，进一步完善乡镇企业经营承包责任制，发挥乡镇企业灵活的经营机制的优势。围绕企业上等级，产品上质量、档次，职工上素质，经济上效益，搞好企业技术进步和基础管理，逐步实行科学管理，使乡村百万元以上骨干企业的物质消耗、产品质量、经济效益等主要指标基本达到同行业国营企业的水平。

第五，开展双增双节活动，搞好企业内部利润合理分配和使用，坚决压缩企业非生产性建设、非生产性开支、非生产人员，勤俭节约，过几年紧日子，增加企业自身积累，争取1991年乡镇企业自有流动资金达到50%以上。

第六，调整企业结构，引导企业一方面走小而专、高水平的小商品和大批量、大市场的专业化、社会化协作生产道路，尽量避免小而全的低水平的重复生产；另一方面，依托大企业、名优产品和拳头产品，走集团化、群体化生产的道路。

第七，现在乡镇企业中有相当一部分是个体企业和联办企业。据1988年底统计，全国共有1 729万个企业，从业人员4 651万人、固定资产原值514亿元，年末占用流动资金284亿元，分别占当年乡镇企业总数的91.6%、48.7%、24.5%和15.5%。目前个体企业和联办企业在西北、西南等经济欠发达的省、区占的比重很大。

为了使个体企业和联办企业已经积累起来几百亿元的资金能继续用来发展生产，而不是转为用于个人消费，同时也为了把他们逐步引导走向集体合作道路，今后在对这部分企业的管理上，应逐步引导他们实行股份合作制，仿照过去手工业社兴办股份合作企业的办法。目前可先进行调查研究，拟定办法，有计划、有选择地在一些地区开展这方面的试点工作，积累经验。

第八，加强思想政治工作，搞好精神文明建设，坚决纠正不正之风。在乡镇企业中开展爱国家、爱集体、爱企业的“三爱”教育，开展遵纪守法教育，开展社会主义企业经营道德教育，开展勤俭办一切事业教育，纠正经营活动中的一切不正之风，克服富了忘了勤俭的铺张浪费倾向。同时搞好职工技术培训，使乡镇企业成为培养教育新的一代农民工人的社会大学。

四、当前引导乡镇企业持续协调健康发展急需解决好的几个问题

（一）统一思想，重申党和国家对乡镇企业的方针、政策

目前，有关部门对乡镇企业问题认识不完全一致，地方领导和乡镇企业系统感到压力很大，政策上也感到捉摸不定。许多基层干部和乡镇企业厂长经理说，中央叫我们发展乡镇企业，我们刚发展，现在又遭到各方面的指责，是不是发展乡镇企业的大方向错了。有的说：“我们从过去的功臣，现在一下变成罪人”。不少地方的供销员也不出去联系业务了，对乡镇企业生产影响极大。在此人心不定，方向不明，业务不敢开展，治理整顿没有心思的形势下，大家热切希望中央、国务院重申对乡镇企业的方针政策，包括：对乡镇企业继续实行“积极扶持，合理规划，正确引导，加强管理”的方针；以及农村要“农林牧副渔全面发展、农工商综合经营，建设繁荣富庶的社会主义新农村”；要调整农村产业结构，转移农业剩余劳动力；要实现农村工业化；明确乡村集体企业是社会主义公有制组成部分，不能和私有制相提并论等。

（二）国家有关乡镇企业的重要政策要保持连续性和稳定性

目前，乡镇企业既承担为国家社会主义建设积累资金，又为支持建设农业和建设社会主义新农村积累资金，还承担安置农村剩余劳力，防止农民盲目流入城市，和使农村脱贫致富的重任，在国家不投资，全靠自身积累的情况下，它的发展，正如邓小平同志所说的，就是靠党“制定了一个好的政策”。为了使这些好的政策继续发挥威力，并取信于民，政策需要有连续性和稳定性，主要的政策是：

1．资源政策。农村有三大资源优势，一是农副产品资源，二是矿产资源，三是劳力资源。

农副产品加工业在农村兴办具有显著的经济效益和结构的合理性。中央文件曾多次规定凡适宜在农村加工的农副产品应放在农村加工，国家不在城市增加新的生产能力。为了使城乡工业能有一个适当分工，希望国务院重申这一政策，并在制定国家计划时予以落实。

采矿业是乡镇企业利用当地资源优势和丰富的劳动力优势，为国家提供能源、原材料的产业，也是许多贫困地区发展经济的起步产业。我们建议继续贯彻执行发展矿业“大中小并举”和“开放、搞活、管好”的方针，在制定有关矿业的法规以及正在进行的对乡镇矿业的整顿、划界等工作中要有堵有疏，积极扶持引导集体企业，严格限制个体、私营企业，打击、取缔违法分子的活动。对当前矿业中的资源争议问题，在保障国营矿山主体地位的同时，应统筹兼顾工农利益、中央与地方的利益，合理规划和划分国营企业和乡镇企业资源。

2．贷款政策。1988年底乡镇企业贷款余额847亿元，占全国贷款总额的8％，其中乡村企业在农业银行贷款余额407亿元，占全国银行贷款余额3.7％，年付利息79亿元。今年，农行对乡镇企业贷款还比去年减少，严重影响乡镇企业正常生产和出口创汇。建议中国人民银行给农业银行每年按10％的比例增加乡镇企业贷款指标，以示国家的扶持。

3．原材料政策。乡镇企业靠市场调节，目前乡镇企业在经营活动中一些不正之风，如给回扣，都源于原材料市场未发育起来，一些人乘机以权谋私所形成。在纠正不正之风和取消回扣后，为了保证乡镇企业的骨干企业、为国营工业配套和出口创汇企业的生产，建议国务院把这些乡镇企业需要的主要物资，如钢材、柴油、部分有色金属、酸、碱、木材等列入国家各级计划，分别切一块给以安排。

1989年10月20日

认真贯彻党的十三届五中全会精神 积极引导乡镇企业健康发展

——何康在全国乡镇企业工作会议上的报告

（1990年1月5日）

这次会议的主要任务是：认真贯彻党的十三届五中全会精神，总结交流治理整顿、深化改革中的成绩和经验，分析当前形势，贯彻“调整、整顿、改造、提高”的“八字方针”，统一思想，振奋精神，艰苦奋斗，促进乡镇企业持续、协调、健康地发展，为加强农业基础产业，振兴农村经济，进而稳定全国的经济、政治和社会作出更大的贡献。下面我着重讲四个方面的问题：

一、乡镇企业在调整中稳定发展

刚刚告别的1989年，是乡镇企业贯彻党的十三届三中全会关于治理整顿、深化改革指导方针的一年。在这一年里，乡镇企业经受了资金、能源、原材料紧缺，生产资料价格上涨，市场疲软的严峻考验，经受了一些社会舆论因不了解而产生的各种责难的压力。可以说，这一年遇到的困难最大，取得的成绩最大，作出的贡献也大。

——保持了适度增长。预计1989年实现总产值按现行价计算8 402亿元（相当于1980年全国社会总产值），比上年增长14.4%；实现工业总产值6 146亿元（相当于1983年全国工业总产值），比上年增长15.8%；外贸企业出口创汇105亿美元，提前一年超额完成创汇计划。生产的重要产品，如原煤（3.48亿吨）、发电量（130.7亿度）、水泥（6 530万吨）、机制纸（489.9万吨）、中小农具（7.4亿件）、服装（23.3亿件、套）和城乡人民生活需用的小商品都有增长。

——贡献继续增加。上交国家税金364.6亿元，比上年净增54.6亿元，增长17.5%；企业利润用于农村各项事业、乡村行政开支91.4亿元，比上年减少9.3%；以工补农资金70.6亿元，增长28.4%；农民人均净增的收入一半以上来自乡镇企业。

——治理整顿取得了显著成效。关停并转了300万个效益差的企业，节约标准煤1 000万吨；停缓建乡村两级企业的在建项目2万个，压缩投资约100亿元。

——乡村集体企业素质进一步提高。标准覆盖率已达85%以上，计量定级企业已达1.4万多家。由于素质的提高，1989年获国家二级企业称号的有47家，获省级先进企业称号的近千家，获农业部科技进步奖的项目31个，获国家优质产品称号的6个、部优产品称号的444个。据10省市统计，有37项新产品首次列入国家级重大新产品试产计划，其中达到国际先进水平的7项，国内先进水平的19项。

实践证明，中央制定的关于治理整顿、深化改革的方针是完全正确的。

一年来，乡镇企业在治理整顿中积累了宝贵的经验。总结这些经验，对于进一步鼓舞斗志，战胜困难，继续前进是十分有益和必要的。

（一）继续发挥了企业良好机制的优势

乡镇企业在国家计划指导下形成了以市场调节为主，自主经营，自负盈亏，自我约束，自我调节，按劳分配，优胜劣汰等一整套运行机制。这些良好机制最大限度地调动了人的积极性和创造性，发扬了企业干部职工“千方百计、千言万语、千山万水、千辛万苦”的艰苦创业精神，发挥了“船小好掉头”、“拾遗补缺”的优势，所以乡镇企业能够紧紧把握市场变化，及时合理配置生产要素，表现出高度的韧性和活力，经受住种种困难的考验。实践证明，乡镇企业的机制是发展社会主义有计划的商品经济，实行计划经济与市场调节相结合的产物，是迎接挑战、战胜困难的内在动力。因此，要不断加以完善，使其更加充分地发挥作用。

（二）调整结构，强化管理

一年来的治理整顿中，乡镇企业进行了结构调整，挖掘内部潜力和优化组合生产要素等方面的工作，在实践中创造了不少经验：①按照国家产业政策，发挥地区经济优势，积极调整产品结构，在调整中促进经济联合，优化企业组织结构。②坚持治理整顿与深化企业改革相结合，强化管理，搞活经营。③以提高产品质量，提高经济效益为中心，加强企业管理基础工作，推进技术改造，努力降低原辅材料消耗，加强资金筹集和管理，提高资金周转率。

（三）立足农村，服务农业，寓于八亿农民之中

乡镇企业是农民自己的企业，它的从业人员是农民，原材料大部分是当地资源，它的原始积累来源于农业，经营利润支持了农业、富裕了农民。乡镇企业在非常困难的情况下能够稳定发展，就是因为有农业

和八亿农民作后盾。从总体上看，只要乡镇企业不离开农村、农民和农业，就是有源之水，有本之木，就有发展的光明前景。

（四）各级党政领导的关怀和重视

党中央和国务院始终把乡镇企业作为整个国民经济发展战略的重要组成部分。江泽民总书记在国庆四十周年讲话中指出："要在大力加强农业的前提下，继续鼓励和引导乡镇企业健康发展"。最近他又指出，乡镇企业是农村集体致富的必由之路。它的作用不仅在于以工补农，以工补副，而且还与城市大工业和外贸出口紧紧捆在一起，与农业和副食品生产紧紧捆在一起。没有乡镇企业，没有"钱袋子"，不仅"菜篮子""米袋子"要落空，而且还要影响国家的财政收入和出口创汇。李鹏总理1989年9月在东北视察时指出："对乡镇企业一要扶持，二要引导"。同年10月他在全国生产工作会议上又指出"乡镇企业今后仍将对发展农村经济发挥重要的作用，国家要继续支持乡镇企业健康发展"。与此同时，各地党政领导做了大量工作，根据中央发展乡镇企业的方针政策制定了适合本地实际情况的具体政策，针对贯彻治理整顿、深化改革中出现的一些模糊认识和倾向，及时地统一思想，端正认识，解决乡镇企业发展中的关键问题。因而稳定了政策，稳定了人心，保持了乡镇企业的稳定发展。

二、正确贯彻"调整、整顿、改造、提高"的方针

党的十三届五中全会决定指出："按照调整、整顿、改造、提高的方针，积极引导乡镇企业健康发展"。对这一方针，我们要认真领会，全面贯彻执行。

（一）"调整、整顿、改造、提高"的方针是一个积极的方针

"八字方针"的根本目的在于更好地发展社会生产力，巩固与发展农村改革的成果，引导乡镇企业持续、协调、健康发展，保证农村经济、促进整个国民经济和社会的繁荣和稳定。

经过十年改革开放和一年来的治理整顿、深化改革，乡镇企业已成为国民经济不可分割的有机的组成部分，对于我国经济和社会的发展起到了十分重要的作用。长期以来，我国的宏观经济形成了城乡分割、工农分割的二元结构。城市搞工业，农村搞农业，这种不合理的结构造成了城乡经济的畸形发展和差距的日趋拉大，由此产生了全社会劳动力结构的不合理配置，成为我国经济不发达的重要原因和实现"四化"的桎梏。党的十一届三中全会以来的历史已经证明，在大力加强农业的前提下，调动亿万农民发展社会主义商品生产的积极性，兴办二、三产业，有计划地转移农业剩余劳动力，是振兴农村经济、加速我国工业化、现代化进程的必由之路。这场伟大的产业革命，正在逐步地改变着我国宏观经济结构不合理的状况，使之朝着城乡经济一体化，农村一、二、三产业协调互补的方向发展。在当前形势下，稳定乡镇企业不仅对稳定农村，稳定八亿农民，且对稳定我国经济发展都具有重要的意义。因此，必须对乡镇企业的作用、地位进行再认识。中央提出"调整、整顿、改造、提高"的方针，就是按照客观经济规律引导乡镇企业健康发展，使它在建设具有中国特色的社会主义现代化中发挥更大作用。

（二）"八字方针"是引导乡镇企业不断自我完善、健康发展的方针

在乡镇企业的发展过程中，确实存在着不少需要认真加以解决的问题。在某些行业、企业、产品的发展中带有一定盲目性，结构和布局不尽合理，导致低水平的重复建设，造成能源、原材料的浪费。有许多企业，职工素质低，设备陈旧落后，技术和管理力量薄弱，因而产品质量差，物质消耗高，或者环境污染严重，也有少数企业经营作风不正，发生了一些违法违纪问题。这些问题是乡镇企业前进中的问题，支流的问题，工作指导的问题。贯彻"八字方针"就是要有计划有步骤地引导乡镇企业不断克服自身弱点，进行自我完善。调整，就是要调整发展速度，优化经济结构；整顿，是要求整顿经营管理，改善经营作风；改造，是要改造更新生产设备和生产技术；提高，就是要求提高整体素质，提高经济效益。因而，"八字方针"的贯彻将为乡镇企业今后更加健康地发展奠定坚实的基础。

（三）"八字"方针与"十六字"总方针是相互配套、完全一致的方针

中央制定的"积极扶持，合理规划，正确引导，加强管理"发展乡镇企业的总方针，是对各级党委、政府及有关部门规定的工作方针。实践证明这个总方针是完全正确的，必须坚定不移地全面贯彻执行。而"八字方针"是指导乡镇企业进行治理整顿的方针，是立足当前，着眼长远的方针，是实现社会主义现代化建设"三部曲"战略进程中治理整顿期间的阶段性方针。这两个方针的基本精神是完全一致的，核心都是指导乡镇企业健康发展，体现了中央对发展乡镇企业方针政策的一贯性，稳定性和坚定性。

（四）"八字方针"是新形势下指导乡镇企业战胜困难，稳步前进的方针

目前乡镇企业正处在一个历史性的转折时期，后两年面临的形势仍然很严峻，制约因素还会很多，困难还是很大的。对此要有足够的估计。

一是资金、能源、原材料紧张的状况将长期存在。在整个治理整顿期间，国家将继续坚持财政信贷双紧的方针，而我国能源、原材料、交通运输等基础工业

和设施薄弱的状况在短期内还难以根本扭转。在这种情况下，乡镇企业经济环境仍然不会宽松。二是市场疲软，变化迅速，预测难度加大。国际市场也会由于一些国家的经济制裁而给出口创汇工作带来新的困难。三是治理整顿期间，宏观调控将进一步加强。包括适当增加指令性计划的范围和比重，提高重要物资国家统一分配的份额，严格控制重要工业生产资料的经营权等等。采取这些措施，对于保证治理整顿的顺利进行是十分必要的。然而，对于以市场调节为主的乡镇企业来说，在信贷、物资、市场等方面将会遇到新的制约因素。

当然，我们在足够估计到乡镇企业前进中困难的同时，还必须要充分地看到克服困难的有利条件。

一是中央关于改革、开放的总方针不会变，发展乡镇企业的大政策不会变，这就为乡镇企业提供了长期稳定的、有利的政策环境。二是通过全党贯彻落实十三届五中全会精神，各级领导对乡镇企业的发展更加重视，方针目标明确，工作方法日趋完善。三是经过十年发展，乡镇企业经济实力大大增强，已经有了相当规模，企业素质有了较大提高，锻炼并造就了一批思想开拓、善经营、会管理的企业家。四是乡镇企业的治理整顿已经有了良好开端，积累了一定经验，对自身的优势和弱点看得更清，发展目标和工作思路更加明确，为今后治理整顿、深化改革创造了良好条件。五是全国经济治理整顿初见成效，经济环境和经济秩序开始好转，有利于乡镇企业进行相应的调整工作。

党的十三届五中全会指出要统一全党对当前经济形势的认识，既要充分肯定成绩，又要如实估计困难，增强克服困难的信心，树立“自尊、自爱、自强”的精神。自尊，就是坚信乡镇企业的历史必然，理直气壮地开展工作；自爱，就是清醒地看到自身的不足，积极地加以改进；自强，就是发扬拚搏精神，在战胜困难中开拓前进。树立“三自精神”是保持稳步发展，作出更大贡献的精神支柱。

三、乡镇企业进一步治理整顿的主要目标和需要重申的几项政策

乡镇企业的发展必须坚定不移地转移到以提高经济效益为中心的轨道上来。为此，根据国民经济治理整顿的总体目标和乡镇企业的具体情况，今明两年或者更长一点时间治理整顿主要有五项目标：

1．在提高企业素质、提高经济效益的基础上努力保持适度增长，使之与经济发展的需求和社会承受能力相适应。1990年总产值的增长速度争取达到15%左右，其中乡镇工业争取达到10%左右，所创利润和上缴国家税金相应增长。

2．按照国家产业政策的要求，结合各地具体情况努力办好农副产品加工业、能源、原材料工业、城乡人民生活需要的小商品和支农工业、出口创汇企业、与大工业配套服务的企业，关停并转那些浪费能源、原材料及产品质量低劣、污染严重又无法改造的企业。

3．积极推进技术进步，强化企业管理，节约使用能源，降低物质消耗。使近70%的乡村集体企业完成标准、计量、定额、信息、规章制度、基础教育、班组建设七项管理工作的基础建设。重点行业的乡村企业物质消耗指标基本达到同行业的平均水平，产品质量达到规定的标准。

4．增强企业自我积累和自我发展能力。企业自有流动资金的比例要逐年提高，达到30～50%。

5．进一步稳定和完善承包经营责任制，切实克服短期行为。经过整顿，乡村企业要达到农业部《关于完善乡村集体企业经营责任制的意见》和《关于完善乡村集体企业经营承包若干规定》的各项要求。

为了实现上述目标，有必要重申中央制订的关于发展乡镇企业的八项方针政策稳定不变。

1．坚定不移地贯彻党中央、国务院制定的“积极扶持，合理规划，正确引导，加强管理”，“农林牧副渔全面发展，农工商综合经营，建设繁荣富庶的社会主义新农村”，在大力加强农业的前提下，鼓励、引导乡镇企业健康发展的政策。

2．坚持公有制为主体，多种经济成份同时发展的政策。乡村两级集体所有制企业，是农村社会主义公有制经济的主体，不因其承包方式而改变所有制性质；联户企业不同程度地具有社会主义合作性质，并在不断地向着完善的合作经济发展，是发展农村集体经济的一支后备力量；个体企业和私营企业是社会主义经济的必要补充，要鼓励他们按照国家政策的规定继续发展，守法经营。同时在自愿互利的前提下，逐步引导他们向着股份合作经营的方向发展。因此，要继续坚持以乡村集体企业为主导的“四轮驱动”发展乡镇企业的政策。

3．坚持计划经济与市场调节相结合的政策。继续鼓励乡镇企业在国家计划指导下按照市场的需求自主经营，搞活经济，保护它们应当享有的自主权。

4．坚持按劳分配为主的多种分配形式并存的政策。在政策规定范围内允许一部分人通过诚实劳动和守法经营先富起来。

5．坚持承包经营责任制和厂长负责制的政策。承包经营责任制要稳定和完善，厂长（经理）负责制要继续实行。厂长（经理）在决策重大问题时，要听取群众意见，提高决策的民主性和科学性。企业职工要尊重、支持厂长（经理）的工作，保持决策层次少、应变能力强的优势。

6．坚持搞活企业的产供销，继续发挥供销人员作用的政策。要支持供销人员的工作，宣传他们的贡献，

使他们有一个公正的社会形象，得到应有的社会地位。

7．坚持鼓励科技人员下乡的政策。科技人员对于促进乡镇企业的技术进步是立了功的，要继续执行中央有关部门和各地制定的有关规定，鼓励他们到乡镇企业服务。

8．坚持发挥乡镇企业主管部门的职能作用。乡镇企业主管部门是乡镇企业的行政主管部门，也是农民开办的二、三产业的综合管理部门，肩负着乡镇企业综合管理及与行业部门协调的双重任务。乡镇企业主管部门要认真履行各级政府授予的职能，既要强化综合管理，对乡镇企业各产业、行业进行统筹安排，又要加强行业指导，并积极参与行业规划、行业经济技术政策的制定及各种许可证、质量认证等项工作。行业管理部门的职责，中央明文规定为：制定行业发展规划，研究行业内重大经济技术政策，组织信息交流，人才培训，技术开发等工作。乡镇企业主管部门与行业部门应在各司其职的基础上协商办事，使发展乡镇企业的各项政策与行业政策协调起来。不能把部门管理的办法移植到行业管理上来，更不能以行业部门取代乡镇企业主管部门。特别是在治理整顿中，要坚决防止借行业管理之名划走、平调乡镇企业，改变企业所有制性质、行政隶属关系和财税上缴渠道，不允许侵犯企业产供销经营自主权，肢解农村经济。如有上述情况发生，应坚决予以制止和纠正。

在稳定有关乡镇企业政策的前提下，要注意掌握十个方面的行为界限。一是把企业依法多渠道经营与违法转手倒卖严格区别开来。二是把政策历来允许的“高进高出”与哄抬物价严格区别开来。三是把厂长（经理）、供销人员的正常业务往来与违反廉政建设严格区别开来。四是把工作失误造成的经济损失与经济犯罪严格区别开来。五是把政策允许的多劳多得与社会分配不公严格区别开来。六是把兑现合同，落实分配政策与滥发奖金严格区别开来。七是把集资入股救活企业与基层干部经商严格区别开来。八是把科技人员在支援乡镇企业中的劳动所得与索贿受贿严格区别开来。九是把由于政策不完善出现的某些漏洞与钻政策的空子搞不正之风严格区别开来。十是把当时政策允许的某些具体做法同现在规定的要求严格区别开来。

四、认真抓好“八字方针”的贯彻落实工作

为了贯彻“八字方针”，实现乡镇企业治理整顿目标，要在保持农村经济和社会稳定的前提下积极推进治理整顿、深化改革的各项工作，以提高经济效益为中心，努力保持乡镇企业的适度增长。1990年必须切实做好如下七项工作。

（一）积极调整产业结构

调整乡镇企业的产业、行业和产品结构，是贯彻“八字方针”的主要任务，也是渡过难关，保持发展后劲的关键所在。

我国乡镇企业具有农村经济和工业经济的双重特性，具有经济效益和社会效益的双重功能。因此，指导乡镇企业调整产业结构，必须根据国家产业政策，从乡镇企业的经济特性出发，明确调整工作的八项指导思想和原则。

1．正确处理调整与发展的关系。通过积极调整，促进乡镇企业健康发展。调整是手段，健康发展是目的，两者是统一、协调的。

2．正确处理计划经济与市场调节的关系。按照市场需求，积极发展国家产业政策重点支持的，适销对路的产品。

3．正确处理有保有压、重点和一般的关系。对不同行业、企业和产品按照市场需要、技术进步、创汇作用、经济效益、产业关联、安排劳动力等因素实行分类指导，重点支持生产能源、原材料、农副产品加工、为大工业配套、出口创汇、生产城乡人民需要的小商品和支农产品的企业，扶持乡村集体企业；重点限制消耗高、质量差、污染严重而效益又很差的企业。

4．正确处理国家产业政策的集中统一和发挥地区优势的关系。在国家产业政策指导下，分类指导、因地制宜地制定调整规划和实施方案，使之既符合资源宏观配置的要求，又有利于地区优势的发挥和地区经济的发展。东部地区以内涵发展为主，发展低物耗、低能耗，技术密集和技术劳动密集型产业；西部地区主要发展资源产业和资源加工产业，在调整结构的同时，还要有较快的发展。

5．正确处理技术结构高中低和企业结构大中小的关系。既要坚持优化原则，发展先进技术，集约化生产和适度规模经济，又要实事求是地看待经济发展的阶段性及地区发展的不平衡性，发展满足社会多层次需求的适用技术，允许保持传统技术，不要一概否定中低层次技术；要按行业、产品性质和当地社会经济技术条件来考虑企业规模，宜大则大，宜小则小，不是什么都越大越好，不能认为小的企业一定是落后企业，更不能笼统地否定小企业的作用。

6．正确处理积极调整和慎重稳步的关系。在保持农村经济稳定发展和社会安定的前提下，实行“微调产业、慢调行业、快调产品”，当前重点抓好产品结构调整。对需要关停并转的企业，除必需关停的以外，尽可能采取改造或并转的措施。

7．正确处理乡镇企业与农业的关系。要在大力发展农业的前提下，积极发展乡镇企业，统筹安排农业与乡镇企业的劳动力。要指导乡镇企业在继续积累资金“补农建农”的同时，大力发展农副产品加工业、支农工业等关联产业，开拓支农的新领域，逐步形成

农村经济中农业与非农产业的一体化发展。

8. **正确处理乡镇企业与城市工业的关系**。城乡工业要联合协作，向一体化方向发展。要逐步形成合理的产业分工，并以此进行资源配置，提供相应的保障措施。

产业结构调整是一项十分复杂的系统工程，政策性很强。为了保证调整的稳步顺利进行，当前要着重抓好三项工作。

1. **认真进行调查研究，制定调整规划**。为了使调整建立在科学的基础上，避免决策不当可能造成的工作失误，要对乡镇企业各个行业、产品、企业进行调查研究，按照国家产业政策总的原则，参照区域规划，进行分类排队，提出调整目标和措施，并且随着市场变化不断调整"保""压"产品的细分品种。把自上而下的政策要求和自下而上的调整规划结合起来。

调整规划要注意重点与一般相结合，重点放在国家产业政策积极支持和严格限制的行业，以及当地的主要行业和骨干企业。要把原则性的指导与具体实施方案结合起来，自上而下，逐渐加细。方案和调整工作的具体落实，主要靠县（市）一级。

2. **加强投资管理**。要根据国家产业政策和地区性调整规划对在建项目进行分类和清理，分别提出确保、缓建、关停并转的项目和实施办法。对符合发展方向的项目，有条件的要尽快完成，发挥效益。因资金、材料等不落实的半拉子工程，应根据各自的条件保重点，压一般，能上则上，需缓则缓。

要在总量控制的基础上，引导新增固定资产向产业政策重点支持的行业、产品倾斜。要充分发挥银行信贷资金的导向作用，搞好产业调整规划与信贷政策的协调，主动同有关银行协商制定乡镇企业贷款结构的调整计划，提出支持和限制发展的重点行业、产品目录或企业名单，作为安排乡镇企业信贷资金的参考依据。

对乡镇企业的新上项目，乡镇企业主管部门要指导企业组织可行性论证，按照分级管理的原则严格审批。要加强与各有关部门的协作或成立地方府政领导下的工作机构，把项目审批、土地征用、银行贷款、工商登记等协调起来，把该上的新项目管好。

3. **强化调控手段**。强化调控手段主要是制定和实施产业倾斜政策以及调整规划。要积极争取党政领导的支持，及时请示解决重大问题。同时，要主动与计划、金融、税收、监督等部门配合协调，使资金、税收、物资等方面的倾斜政策与乡镇企业的调整规划衔接起来。今后各级乡镇企业主管部门有关培训、质量监督、供销、信息等服务体系的建设和工作安排；优质产品评比、质量管理奖、科技进步奖等奖励活动以及企业升级，新技术、新产品鉴定等工作都要在国家产业政策的指导下进行。要认真落实李鹏总理的指示，适当增加乡镇企业贷款，各级计划内物资，要切一块给乡镇企业，以支持重点发展的行业、企业。

（二）练好"内功"，全面提高企业管理水平

练好内功，主要是加强企业内部的自身建设，强化企业内部的各项管理，挖掘企业内部潜力。

1. **加强企业管理**。一是加强资金的管理。要处理好积累和消费的关系，企业实现的利润要按照有关规定充实自有资金，增加自我积累和自我发展的能力，提高"造血"功能。二是加强全面质量管理。为此，必须加强企业的领导者和职工的全员培训，提高领导者的经营决策能力和经营管理水平，提高职工的文化技术水平，保证先进科学技术的应用。三是加强企业基础管理建设。各级乡镇企业主管部门，要指导企业加强标准、计量、定额、信息等基础管理工作，建立必要的管理制度。四是加强成本、设备、物资等专项管理，逐步做到管理的系统化、科学化、规范化。要以企业升级工作（包括节能企业升级）和产品创优为导向推动企业加强管理。除了执行国家和省级先进企业序列外，各地还可开展乡镇企业地（市）、县级先进企业升级工作，逐级评审，逐步升级。

2. **深化企业改革**。继续完善企业承包经营责任制。目前许多企业承包合同已经到期，要认真总结经验，坚持行之有效的好办法，对存在的不足要加以改进和完善。要认真考核各项承包指标的完成情况，兑现承包合同，并尽快落实新的承包任务。今后一般以集体承包为主，适当延长承包期，鼓励连届承包。对联户企业、个体企业，要在自愿的基础上，试行股份合作制。要利用治理整顿的有利时机，通过兼并、拍卖、转让等方式淘汰一批劣势企业，促进产业结构和企业组织结构的优化。

3. **推进企业技术进步**。要以重点行业、骨干企业的节能、降耗，提高产品质量和新产品开发为目的抓好技术改造。推进技术进步，既要采用新技术、新设备，同时从总体上还要发挥乡镇企业劳动密集型产业的特点和优势，因地制宜，因时制宜。

要根据少投入、多产出的原则，充分利用科技成果和专利技术，注重完善工艺设备，发挥现有生产能力。要重视人才开发等"软件"的投入，逐步从引进为主转向引进和培养并重，同时抓好稳定人才的工作。今后，要把技术进步的程度，人才培训的效果等与技术进步相关的指标列入承包内容，同时也作为考核各级乡镇企业部门工作成绩的一项内容。

（三）优化组合生产要素，努力搞活经营

治理整顿是对生产要素的调整。乡镇企业要拓宽眼界，开阔思路，在全社会范围全方位地寻求生产要素的优化组合。

1. **按照社会化、专业化分工协作的原则，发展多种形式的经济联合**。一是产业内资源、初加工、深加工的联合，以及关联产业之间联合。如农副产品加工业向种养加一条龙体系延伸；建筑业向建材、化工、金属加工业延伸。二是以骨干企业或名优产品生产企业为龙头的集团联合。三是生产与科研、教育的联合。四是生产与流通、供产销运的联合。五是地区间的联合，城乡之间，资源密集区和技术、资金密集区的联合。六是国内国际经济技术联合。七是乡镇企业与外贸单位的联合。

2．积极开拓市场，调整经营战略。要在积极扩大城市市场的同时，努力占领农村市场；在立足国内市场的同时，努力开拓国际市场；在满足中低档消费品市场和小商品市场的同时，重视开发中高档消费品市场。要做好市场预测，做到"生产一代、研制一代、设计一代、构思一代"、"你无我有、你有我新、你新我优、你优我廉、你廉我转、不断更新"。

3．加强产品销售。要重视研究社会主义商品经济中的销售规律，及时总结和推广产品销售的经验。要加强供销队伍建设，充分发挥供销人员的作用，对完成任务好的要给予表扬和奖励。

（四）继续大力发展外向型经济

要继续发挥乡镇企业良好机制的优势，充分利用国家调整人民币汇率的有利条件，指导企业努力开拓国际市场。

第一，按照国际市场的需求，调整出口产品结构。要在继续发展劳动密集型产品和传统工艺产品出口的同时，提高工业制成品和附加价值高的产品的出口比重。要努力扩大机电产品出口，提高纺织出口产品的加工深度和档次，有条件的企业要积极发展高技术产品的出口。要加强国际市场信息收集、整理和传递，在高质量、多品种、新款式、小批量上下功夫。

第二，继续发挥沿海地区经济、技术优势，发展区域性外向型经济。要努力改善投资环境，积极扩大对外经济联系，发展"两头在外"、"三来一补"和"三资企业"。加强规划指导，逐步建设对外加工业出口经济区。

第三，进一步抓好出口商品生产基地建设。继续组织好"贸工农"出口基地、机电产品扩权企业和轻纺、农副产品加工出口项目的申报、投标工作。对已经中标的企业要积极扶持，加强管理，加快建设，提高出口能力，发挥创汇效益。

第四，抓好出口产品质量和按期履约。要树立"质量第一、信誉第一"的观念，增强国家外贸信誉意识。各级乡镇企业管理部门要与商检、外贸等有关部门密切合作，严格把好出口产品质量检验关，按质、按量、按时完成合同。

第五，认真落实国家对乡镇企业出口创汇的各项政策，清理截留企业外汇留成、拖欠货款等问题，保护企业出口创汇的积极性。

（五）加强服务体系建设

新形势要求乡镇企业加快技术进步，提高经营管理水平，因而企业对于技术、人才、信息等方面的要求日益迫切，这就对乡镇企业管理部门服务工作提出了新的要求。为此，已经建成的各级培训和质量检测机构要在继续加强自身建设的基础上积极开拓业务，扩大服务领域。尚未建成的务必抓紧，由各级管理部门领导亲自负责解决建设进程中存在的问题。

为适应国家机关转变职能的需要，我部拟建立农业部乡镇企业服务中心（事业单位），加强对乡镇企业的培训、技术咨询、产品评优和法律咨询等服务。

要加强对乡镇企业的供销服务工作。各级乡镇企业系统的公司要加强自身建设，端正经营思想和服务方向，积极为企业采购原材料和推销产品，及时提供信息。

有条件的地方，还要有计划地建立技术咨询、信息收集传递、法律事务等服务体系。这些工作要与社会上各种经济、技术、信息、法律机构建立密切联系，充分发挥他们的作用，把乡镇企业的服务工作向前推进一步。

（六）切实加强企业思想政治工作

企业的思想政治工作是坚持企业社会主义方向的重要保证，也是团结、激励企业职工战胜困难的强大动力，一定要抓紧抓好。必须改变思想政治工作和企业管理工作"两张皮"的现象，使二者真正结合起来，保证治理整顿、深化改革目标的实现。

要在企业中开展党的基本路线教育、方针政策教育和国情教育，进行热爱祖国、热爱社会主义、热爱集体企业的"三爱教育"。树立一心为公的奉献精神，艰苦奋斗的创业精神，克服困难的拼搏精神，一尘不染的廉洁精神。以这四个精神激发职工的主人翁责任感，发挥他们的积极性和创造性。要根据乡镇企业的特点，在具备条件的企业中建立和健全党、团组织，发挥党团员的模范带头作用。总之，要根据当前的新形势，用新的观点、新的方法抓好企业的思想政治工作。对此，中宣部与我部将在1990年上半年联合召开全国乡镇企业思想政治工作会议，专门研究和部署。

（七）为乡镇企业的治理整顿、深化改革创造良好的环境

乡镇企业持续、协调、健康发展，需要有稳定的政策环境，稳定的舆论环境，稳定的工作环境。

1．加强政策法规体系的建设。党的十一届三中全会以来支持、引导乡镇企业健康发展的政策、法规要继续执行，不得随意变动。需要完善的要在调查研究的基础上慎重修改，不作大的变动，并报请原制定机构批准。需要制定的保护性法规、工作法规要抓紧制定。

2．重视舆论导向工作。要广泛宣传乡镇企业的作用地位；宣传扶持、鼓励乡镇企业发展的各项方针、政策；宣传乡镇企业的良好机制；宣传贯彻“八字方针”的典型经验；宣传农民企业家。通过正确的舆论导向，引导广大干部群众正确、全面理解中央的方针政策，正确认识乡镇企业，从而进一步统一思想，消除疑虑，稳定人心。要重视有关乡镇企业的理论工作。组织力量深入系统地开展对乡镇企业重大理论政策问题的研究，加深人们对乡镇企业异军突起必然性的认识，解决治理整顿、深化改革中遇到的各种理论问题。

3．加强乡镇企业管理机构建设。各级乡镇企业管理机构要进一步健全，管理职能要进一步明确，管理手段要进一步加强。要重视管理干部队伍的建设，一要稳定，二要充实，有计划、有步骤地解决人员编制和经费来源问题。要建立干部培训制度，提高干部队伍素质。

4．切实减轻乡镇企业负担。目前乡镇企业负担日趋沉重，必须下决心采取有力措施加以解决。减轻乡镇企业负担就是减轻农民的负担，就是对农业的支持。请各级政府组织有关部门对乡镇企业的社会负担进行一次调查和清理，各种摊派应一律取消，对巧立名目、敲诈勒索的必须坚决制止。乡、村政府对于所属企业也应当按照《乡镇企业财务会计制度》的规定，保证税后利润的60％留给企业。要特别注意用税后利润充实自有流动资金，适当扩大再生产，使企业发展有后劲。

目前，乡镇企业正处在历史性转折的关键时期，我们热切希望各级党委和政府继续加强对乡镇企业工作的领导。各级乡镇企业主管部门，尤其是战斗在第一线的基层干部和广大职工要振奋精神，知难而进，勇往直前，为完成治理整顿、深化改革的目标努力奋斗，推动乡镇企业持续、协调、健康地发展。

因势利导把乡镇企业引向新的发展阶段

刘　中　一

十一届三中全会以来，我国的乡镇企业蓬勃兴起，经历了一个开拓、创业和大发展的阶段。

乡镇企业的发展，对于搞活农村经济，加强支援农业的经济实力，繁荣市场，扩大出口创汇，都发挥了很大的作用。乡镇企业已经成为我国国民经济中的一支不可低估的力量。

乡镇企业在初创阶段和迅猛发展过程中，难免要出某些问题或矛盾。例如：在产业或产品结构上不尽合理，地区布局不那么均衡，技术水平、经营管理水平还不够先进等等。提到这些情况，并不是说乡镇企业在总的方面有什么问题，而是说在具体的方面确有很多需要改进、提高的任务。

当前，中央、国务院作出了整顿经济秩序、治理经济环境，全面深化改革的决策。国家计划委员会遵照这个指导思想，正在执行压缩固定资产投资规模，抑制经济增长过热趋势，调整产业结构和产品结构，保证增加有效供给等一系列任务，力求扭转通货膨胀、物价上涨的局面。面对这个形势，乡镇企业的前景如何？它的作用与任务是什么？就成为大家所关注的问题。我想就这个问题，谈几点个人的认识。

一、乡镇企业的发展，面临着一个转折

在当前状况下，乡镇企业的发展，已经不能仅仅满足于数量的增长了，必须把发展的重点转移到质量的提高方面来。所谓质量的提高，包括乡镇企业的产业结构的合理化；各个企业生产技术水平和经营管理水平的现代化；产品质量和服务质量的优良化。这是乡镇企业进一步发展的内在要求和广阔前途。

中央、国务院提出的“治理经济环境、整顿经济秩序，全面深化改革”的方针，对整个国民经济的进一步发展(包括乡镇企业)，也就是要求达到这个目标。

所以，我们应当清醒地看到，中央、国务院对当前国民经济发展与改革的方针和要求，同乡镇企业发展本身的要求是完全一致的。那种认为“治理、整顿”会使乡镇企业的发展受到“打击”，受到“限制”，以及“末班车又过去了”等认识，完全是一种误解。不是对中央方针的误解就是对乡镇企业如何进一步发展的误解。

如果说受到“限制”，也可以说确实是有了“限制”。那就是使盲目发展，乱拉资金，浪费能源、原材料、破坏生态环境，以及搞不正当的经营等经济行为受到限制。而对于增加社会有效供给，增加出口创汇的生产经营活动，在调整和整顿过程中和以后，不仅不会限制，而且还要得到支持和鼓励，特别是在社会主义商品经济新秩序形成以后，将为乡镇企业的健康发展创造更好的环境。

乡镇企业这个转折的中心是同治理、整顿、深化改革的精神相结合，以“调整”为重要内容。

乡镇企业进行调整的具体要求是：

——按照国家调整产业结构的总体部署使各地乡镇企业的发展更加符合增加有效供给、为支农、繁荣市场，扩大出口创汇做出更大贡献。

——提高经济效益，降低成本，在质量和品种上要提出新的更高的标准。

——合理利用资源，包括自然资源、原材料、能源、智力和劳动力资源，把开发资源同保护环境结合起来。

实现这个“调整”，要靠大家的思想认识统一到中央精神上来，靠恰当的政策措施，同时，必须强调要靠科技进步。乡镇企业在调整、发展中，决定其成败得失的最基本因素是看它的生产技术水平和经营管理水平。在社会主义商品经济新格局下的竞争，最终是靠劳动效率高、成本低，产品对路，质量好，服务周到。所有这些，都必须建立在技术进步这个坚实基础上。那些靠投机取巧，甚至搞伪劣假冒等不正当手段攫取暴利的做法即使能得逞于一时，最终总是站不住脚的。究竟靠什么来发展乡镇企业？乡镇企业是有出路还是没有出路？谁是真正的企业家？我看，根本的区别就在于此。

二、乡镇企业要扩大视野，多方面考虑并承担自己的社会经济任务

在乡镇企业发展初期，其目标是很有限的，主要是为一部分劳动力寻找就业门路，对社会经济生活发挥“拾遗补缺”的作用；以后，发展到有能力实行“以工补农”了，不少地方的乡镇企业有能力出口创汇了。现在，乡镇企业规模大了，实力强了，对于乡镇企业在国民经济中的地位和作用，无论是乡镇企业家、主管部门或经济综合部门，都应当“刮目相看”。我们国家计委，作为国民经济宏观调控的工作部门认为，乡镇企业应当是社会主义经济发展中的一支新兴力量；是商品经济发育过程中孕育起来的，并且是商品经济蓬勃发展中最为活跃的因素。我们要求，全国各地的乡镇企业的组织领导者和经营者，都要突破“有限目标”的限制，扩大眼界和胸怀，主动地“全方位”地考虑问题，勇于承担并善于承担多方面的任务。概括地讲，乡镇企业应当把以下几方面的责任分担起来：

一是主动支持配合农业生产的发展，实现农业资源的综合开发，把资源优势转化为产品优势、商品优势，促进农村经济的全面发展，推动农村现代化进程。

二是积极增加多种社会所需产品，发展各种社会服务事业，繁荣市场，为提高城乡人民物质文化生活水平作出贡献。

三是把握时机，发挥乡镇企业机动灵活的优势，努力贯彻执行开放、搞活的方针，积极发展外向型经济，多搞两头（原材料、市场）在外、三头在外或四头在外（加上资金、能源）的企业，扩大出口创汇。

四是乡镇企业要敢于向先进科技领域进军，通过引进、消化吸收、创新，在新技术推广，新工艺应用方面下功夫，一个小型的企业，如果能够在某一项具体的科技、工艺或生产决窍上有所突破，搞出自己的“一招鲜”，那就是重大成就的贡献，也是自己的广阔前途。

三、因地制宜，分类指导

乡镇企业发达的地区要防止自满、自足、停滞不前；乡镇企业正处于起步或发展初期阶段的地区要防止急躁或简单摹仿外地，照抄照搬。

乡镇企业发展的突出特点，就在于它的分散性及机动灵活性。由于我国幅员广阔，各地地理位置，资源条件以及社会历史条件等多种因素的影响，经济技术的发展水平存在着明显差异，而在乡镇企业的发展上，这种差异就更为突出。在这个问题上，急躁或蛮干是没有好处的，简单地摹仿、攀比也不是办法。正确的方法是从本地的实际情况出发，善于发现本地区的优势，善于运用自己的有利条件，再加上善于同外地、外国搞好横向联合或合作，善于运用、吸取别人的优势和有利条件，来为本地乡镇企业的发展开阔道路。这就不仅需要有头脑，有眼光，还必须有较为宏大一点的气魄，就是说要敢于打开省门、县门，善于算大帐、算综合的帐、算长远性的帐，而不能斤斤计较一点眼前利益。要随时想到，不进行开发的资源是死的，不流通的经济也是死的。只有在开发、生产、流通中，你这个地区的经济才能繁荣起来，从而带动整个社会的文化、技术生活活跃起来。这就是发展的进步。

最后，归纳起来讲两个观点：

一是在治理整顿方针下，乡镇企业的发展，肯定会遇到很多新的、具体的问题和困难，但从本质上看，中央、国务院关于治理、整顿和深化改革的方针，对于促进乡镇企业调整，向更新、更高的阶段进行转化、转进，是绝对必要的，绝对有利的。

二是乡镇企业的发展前途，说到底是要立足于科学、技术的进步，包括生产的技术进步和经营管理的科学化、现代化。这次召开的“全国乡镇企业技术进步工作会议”的及时性、重要性就在于此。

乡镇企业，在改革开放初期的蓬勃发展，曾经成为国民经济中的一支异军突起的形势，希望在调整、整顿中，乡镇企业在科技进步，深化改革方面，再一次形成一股异军突起之势。

统一思想　积极调整
促进乡镇企业持续、协调、健康发展

——陈耀邦在全国乡镇企业局长座谈会上的讲话

1989年7月25日

认真贯彻党的十三届四中全会精神和邓小平同志的重要讲话，统一思想，积极调整，深化改革、艰苦奋斗，促进乡镇企业持续、协调、健康地发展，为保持我国安定团结的大好政治局面和国民经济的持续稳定发展，做出更大的贡献。

在座谈中，大家介绍了各地贯彻十三届四中全会精神的情况，提出了不少新问题、新思想和新经验。我认为，面对新的形势，同志们做了大量艰苦的工作，保持了乡镇企业稳步发展的势头，治理整顿取得了初步成效。

1989年上半年，全国乡镇企业总产值和乡镇工业产值增长速度分别比去年同期回落16和11个百分点。乡镇企业的发展速度得到了有效的控制，但是，今年4～6月，乡镇工业产值和去年同期相比，增长速度逐月快速下降，到6月份已降到15%。在这种情况下，我们也要警惕滑坡的可能。

乡镇企业在发展速度回落、银根抽紧和物价不断上涨的情况下，经济效益仍有所提高。今年上半年乡镇企业的贷款余额比去年同期减少60.5亿元，相当于1988年增加贷款规模的三倍，全国社会零售物价总水平上涨25.5%，但乡镇企业的销售收入比去年同期增长30%，利润增长20.5%，上交国家税金增长31%。这说明了乡镇企业在治理整顿中发挥了内在潜力。

乡镇企业的基本建设规模得到了有效压缩。"七五"前三年，乡镇企业投资规模逐年增加。固定资产原值净增800亿元。自十三届三中全会以来，各地对在建项目进行了认真的清理和整顿。据19个省市的初步统计，今年以来停、缓建的基建项目1万多个，压缩投资60多亿元。

今年以来，乡镇企业的发展形势是好的，治理整顿的工作是有成绩的。但是，我们也应当看到，在今后的发展中，各个方面还会遇到一些新的问题，希望同志们有充分的思想准备。在工作中要做最困难的打算，争取最好的效果。

现在我根据大家座谈讨论的情况，讲以下几个问题。

一、要坚定发展乡镇企业的信心和决心

邓小平同志指出：党的十一届三中全会以来和党的十三大确定的路线、方针和政策是完全正确的，要继续坚决贯彻执行，十三大报告一个字也不能动。同志们都知道，乡镇企业的蓬勃兴起，是贯彻执行党的十一届三中全会确定的正确路线、方针、政策的结果，是农村经济发展的必然产物。党的十一届三中全会决定在农村率先进行经济体制改革。随后制订了"决不放松粮食生产，积极发展多种经营"的方针和一系列具体政策，推动了乡镇企业的发展。农村的多种经营，一是在农业内部不仅要发展粮食生产、还要发展经济作物，发展林牧副渔；二是在农村经济中，不仅要发展农业生产，还要大力发展非农产业，即乡镇企业。中央在1979年170号文件和1984年4号文件中都阐明了发展乡镇企业的重大意义，并制定了各项政策。1985年中央"关于'七五'计划的建议"提出了"积极扶持，合理规划，正确引导，加强管理"的发展乡镇企业的总方针。并进一步明确了乡镇企业在发展国民经济，特别是振兴农村经济中的地位和作用。党的十三大提出：要通过发展乡镇企业"继续合理调整城乡经济布局和农村产业结构"，并且要求把发展乡镇企业与"支持和促进粮食生产很好地结合起来，保持农村经济的全面发展和农民收入的持续增长。"还指出："我国农村还处在开发时期，许多资源还没有合理利用，潜力很大。农林牧副渔各业和乡镇企业的发展前景都是十分广阔的"。这些决定都说明，发展乡镇企业是党的十一届三中全会制定的改革开放总方针和十三大概括的"一个中心、两个基本点"的重要组成部分，应当坚定不移、毫不动摇。

我国改革开放的总设计师邓小平同志曾指出："我们首先是解决占人口百分之八十的农村问题……，在农村实行搞活经济和开放政策，调动全国百分之八十的人口的积极性"。1985年8月接见外宾时说："中国每年有七百万十七、十八岁需要就业的人口。怎么办？我们找到了路子，就是发展乡镇经济"。1986年曾几次指出："农村改革成功，普遍出现农工结合的局面，大办

多种经营和乡镇工业，容纳了劳动力。这是我们成功经验中很重要的一点。”1987年6月12日又指出:“乡镇企业的发展，主要是工业，还包括其他行业，解决了占农村剩余劳动力百分之五十的人的出路问题……。如果说在这个问题上中央有点功绩的话，就是中央的搞活政策是对头的。”同时还指出:“我们完全没有预料到的最大收获，就是乡镇企业发展起来了，突然冒出搞多种经营，搞商品经济，搞各种小型企业，异军突起。”由此可见，发展乡镇企业是邓小平同志设计的建设有中国特色的社会主义宏伟蓝图中的重要组成部分，也是实现我国现代化建设“三部曲”战略的重要内容，是邓小平同志的一贯思想和一贯主张。

在我国，长期以来一直是农村搞农业，城市搞工业，一方面使我国国民经济形成严重的二元经济结构；另一方面，把广大农民紧紧束缚在有限的土地上，八亿农民搞饭吃，农村大量剩余劳动力未能很好安排，严重影响了农业劳动生产率的提高和农村经济的发展，在我国的条件下，解决这一严重社会经济难题的办法就是在农村调动亿万农民的积极性和创造性，在农村进行一场伟大的产业革命，在向农业的广度和深度进军的同时，大力发展非农产业，大力发展乡镇企业。因此乡镇企业的兴起，符合我国实现工业化、现代化的客观规律，是历史的必然，是中国农民的觉醒。

乡镇企业发展的实践证明，它已经在我国政治生活和经济生活中发挥了重要作用。1988年，全国乡镇企业已有9 545.5万职工，生产了6 495.7亿元的产品，为国家交纳310.3亿元的税金，创汇65亿美元，农民从乡镇企业得到的工资收入967.5亿元，同时还在地方建设和支农建农中提供了不少资金，这充分说明发展乡镇企业为解决和缓解长期困扰我们的劳动力就业、农民温饱、消费品长期匮乏和国民经济重大比例失调等严重社会经济问题，作出了重大贡献。所以，我们对于发展乡镇企业决不能有丝毫的怀疑和动摇。我们依据对我国国情的分析，党一贯的路线、方针、政策，对中国现代历史的回顾和未来的展望，可以郑重地说，发展乡镇企业的战略方针和政策现在不变，将来也不会变。

邓小平同时最近指出:“经济不能滑坡，凡是能够积极争取的发展速度还是要积极争取。”乡镇企业在农村乃至整个国民经济中占有重要位置，对保障社会有效供给，增加财政收入，增加出口创汇，安置农村剩余劳动力，增加农民收入，支持农业发展，都是举足轻重的。因此，为了防止经济滑坡，稳定经济、政治和社会的全局，必须十分重视乡镇企业的稳定发展。

当然，在重视发展乡镇企业的同时，也要正视乡镇企业在发展中存在的问题。邓小平同志最近指出:“对那些浪费电力和原材料的乡镇企业，要坚决关一批”。这个指示是完全正确的，是从经济发展的全局提出来的。不仅因为我们能源、基础工业发展和加工业发展不协调，要特别注意节约能源和原材料；而且从减少资源消耗、提高经济效益的要求来说，也是十分重要的，邓小平同志的指示是对乡镇企业的重视和关怀。他一针见血地指出了乡镇企业在发展过程中，一些企业存在的问题，为乡镇企业今后的调整指明了方向。但是，在理解这一指示时，要防止片面性。邓小平同志把乡镇企业誉为“异军突起”、“完全没有预料到的最大收获”，对发展乡镇企业是肯定的，在肯定发展乡镇企业同时，指出发展中一些企业存在的问题和要采取的措施，是为了使乡镇企业更健康地发展。对邓小平同志的指示，我们一定要全面正确理解，坚决贯彻执行。

二、总结过去，考虑未来，引导乡镇企业进入持续、协调、健康发展的新阶段

乡镇企业经过十一届三中全会以来的十年快速发展，在国民经济中已占有举足轻重的地位。但是，由于国民经济总供给与总需求的不平衡，由于经济发展过热带来能源、原材料、资金的紧张以及市场的变化，乡镇企业从总体看也不能继续保持前几年的发展速度。现在，需要我们认真地、冷静地回顾和总结过去，考虑未来，引导乡镇企业进入一个持续、协调、健康发展的新阶段。

回顾总结过去十年乡镇企业的发展历程，为了使乡镇企业能够稳步、健康地发展，有哪些基本经验应该坚持呢？我看，共同的有下面几条：

第一，乡镇企业在计划经济与市场调节相结合这一具有中国特色的社会主义经济运行机制下，坚持按照国家的宏观指导，运用商品经济规律，调节企业的经济行为，使之充满生机与活力，取得良好效益。

第二，坚持乡镇企业在改革开放中形成的一套具有生命力的，实践证明是成功的运行机制。其中包括市场调节的经管机制，优胜劣汰的竞争机制，自负盈亏的风险机制，多劳多得的分配机制，优化组合的劳动机制，自我积累的发展机制等。正是这种机制焕发了广大乡镇企业“千方百计、千言万语、千山万水、千辛万苦”的创业精神，以自己独特的方式和顽强的生命力发展壮大。

第三，靠政策保护和调动农民发展乡镇企业的积极性，发挥我国最丰富的资源、最活跃的生产力——八亿农民的巨大潜能，发展社会生产，振兴农村经济。

第四，坚持实事求是的思想路线，在中央方针政策的原则指导下，坚持因地制宜，从实际出发，根据各自的自然资源和社会经济条件来制定发展乡镇企业的具体政策和措施。

第五，坚持一个中心两个基本点，坚持精神文明建设和物质文明建设两手抓。加强思想政治工作，坚持社会主义道路。在大力发展乡村集体企业的同时，四轮驱动，推动乡镇企业发展。抓住骨干企业、拳头产品，上技术、上管理、上水平，形成一批以骨干企业、拳头产品为核心的企业群体和产品优势。

在回顾、总结并坚持乡镇企业成功经验的时候，还应当清醒地看到它的弱点和不足，加以克服和改进。目前比较突出的一个问题是在某些地方、某些行业或产品的发展中存在着一些盲目性，造成趋同现象，与城市企业重复，乡镇企业内部重复，地区之间重复。出现这种现象，一是乡镇企业在依据市场需求进行自我调节中，信息不够灵通，视野不够宽阔。二是乡镇企业经济是社区性经济，属谁所有，谁说了算，再加上小农经济思想影响，所以一成众效的问题经常发生。这样，一方面，一些地方的乡镇企业产品结构、企业组织结构、企业布局不很合理；另一方面，造成在低水平上重复建设和能源、原材料的很大浪费。这就为我们调整产业结构提出了一个很重要的课题。当然，除了这个问题外，某些乡镇企业在管理、产品质量、能源和原材料消耗、经济效益和环境污染等方面也存在这样、那样的一些问题，都需要重视、解决。

乡镇企业出现的这些问题，是我国农民由小农经济进入社会化商品生产过程中难免的，也是世界上大多数国家在由落后的农业国向工业国转化的初级阶段所共有的。现在的关键是如何通过我们的工作，尽快地使这些问题在发展生产力的前提下得到解决。迅速扭转重外延和高速度发展转向提高质量、提高效益、稳步发展；由粗放经营转向集约经营等等。真正做到从自身的资金、能源、原材料、管理水平、技术力量等承受能力和客观经济环境出发；合理安排、积极提高。因此，各级乡镇企业主管部门在乡镇企业进入一个持续、协调、健康发展的新阶段，应该坚定不移地、全面地贯彻中央制定的“积极扶持、合理规划、正确引导、加强管理”发展乡镇企业的总方针，在优化结构、深化改革、依靠科技、强化管理、提高效益上下功夫。这既符合中央对当前国民经济发展与改革的方针，又符合乡镇企业本身发展的要求。

我部在1987年、1988年两年的全国乡镇企业工作会议上，都提出了乡镇企业要从五个方面进行战略转变的要求。形势的发展，更加深了大家对这五个战略转变的必要性和紧迫性的认识。我们要加快五个战略转变的步伐，把乡镇企业的发展推向新阶段。

三、积极调整，优化结构

乡镇企业从产生那天起，其产业结构、产品结构和企业结构都在随着市场变化而不断调整。不过这种调整是自发的，而不是自觉的。我们现在讲的调整，是根据国家产业政策和优化整个国民经济结构的需要自觉地进行调整；是把改革与发展、计划与市场有机地结合起来，更好地贯彻改革开放的总方针，保证当前治理、整顿任务的顺利完成。这是在能源、原材料短缺条件下实现生产要素的合理配置，增加社会有效供给的有效措施，也是防止经济滑坡，稳定大局的需要。我们必须根据国家产业政策，抓好产业、行业、产品结构和调整工作。

在考虑调整时，我赞成一些同志讲的，在充分估计到治理整顿的艰巨性同时，更要抓住治理整顿的机遇及早调整、主动调整，把我们早就看到，但很难解决的一些问题解决好。我们应该有这样的气魄和胆量，不怕垮掉一批企业（当然要力求减少损失），立足于乡镇企业整体素质的提高，放下包袱，轻装前进，为进一步的发展打下基础。应当看到，我国经济体制改革已经由初期的简政放权阶段，进入到把微观搞活同宏观调控相结合的深化阶段。实践证明，缺乏宏观的有效控制，经济就要搞乱，最终微观也活不起来。因而，今后改革的一个重要课题是在有利于微观搞活的同时，探索解决宏观调控的有效办法。乡镇企业的管理工作一定要同整个国民经济脉搏跳动相吻合，在继续发挥乡镇企业市场机制优势的同时，树立加强宏观管理的观念，探索加强宏观管理的方法，寓宏观管理于扶持、引导的具体措施中，可能是乡镇企业发展新阶段中管理工作的新内容，是使乡镇企业根据市场需求的自动调节变得更加主动、自觉的有效办法。

乡镇企业结构的调整，从目前情况看，主要产业结构、行业结构和产品结构的调整。在这方面，各地都做了安排，作了大量的工作，并已初步取得了成效。从现实情况看，乡镇企业的结构又合理又不合理，合理的是它的主体产业，是国家产业政策支持、鼓励发展的产业，主体产业的产品覆盖了乡镇企业的绝大部分；不合理的是确有一批浪费能源、浪费原材料、严重污染环境、经济效益差的企业。肯定我们的主体结构是合理的，同时看到不合理的那一部分，工作起来就会增强信心，目标明确。

各地调整产业结构，要注意根据国家的产业政策制订区域性的实施办法，这将有利于避免一刀切，一律化。在调整产业结构过程中，要遵循产业政策，要有利于发挥地区的经济优势，我国幅员辽阔，各地自然条件、社会条件及历史条件存在着明显差异，在乡镇企业的发展中，这种差异就更为突出。各地乡镇企业的产业、行业的形成和分布，一般取决于以下几个因素：自然资源（包括矿产资源和农副产品资源）分布，各产业或行业转移单位劳动力的投资及对技术、人才、信息、交通运输的需求程度，生产要素的融通能力；投入产出与全国同行业之比以及客观经济环境、政策的宽松程度。这些因素决定了我国西部地区的乡镇企业以资源产业和资源加工型产业为主，东部地区以资源加工型产业和加工型产业为主，中部地区三类产业并存。各类产业的资金和劳力密集度，全国各地不同，一个省内的各地、市、县不同，一个县内各乡、镇也不同，这就需要我们依据国家产业政策，因地制宜地合理安排地区的产业结构。

企业组织结构也是和实现资源优化配置有关的。过去我们曾经多次提出乡镇企业不要搞小而全，要按专业化、社会化组织生产，但是由于社区经济局限性和小农经济的习惯势力，这一工作难度很大，在这次调整中，要下大力量把这个问题解决一下。现在的情况看，优化组织结构的一个有效办法是调整同深化改革紧密结合起来，通过股份制等形式把具有经济技术内在联系的各个方面，在共同利益的基础上联结在一起。有了治理整顿的大气候，面对生死存亡的选择，有可能涌现出一批实实在在的具有生命力的企业集团、企业群体来。

当然，调整产业结构，还要有保证结构调整的经济技术政策。总之，结构的调整是一个大的社会系统工程，乡镇企业的结构调整，其复杂的程度比国营工业有过之而无不及，因为我们不但要实现优化这个目标，而且要考虑乡镇企业发展的阶段性和社会功能等诸多因素。我们有这样的思想准备，经过长期艰苦的努力，乡镇企业将会以更新的面貌出现。

近年来，各地在乡镇企业结构调整工作中创造了不少经验。为了搞好乡镇企业的结构调整，不少省、市、区对乡镇企业产业、行业的状况进行调查分析，分类排队。与此同时，还对各产业、行业的技术状况、投入产出情况等与国民经济中同产业的行业作了横向比较。这是实施结构调整的基础工作，是乡镇企业主管部门的宏观管理和指导工作的深化。如果说，我们以前在这方面做得不够的话，那么，应当从现在起进行补课。

对产业、行业、产品结构调整，经过调查研究，不少省、市、自治区提出有压有保调整原则，这是十分必要的。辽宁营口市提出"四保四压"，即保短线压长线，保低耗压高耗，保优质压劣质，保盈利压亏损。浙江慈溪市提出了"三避三攻"的投资决策，即对能源、原材料的消耗"避多攻少"；对竞争对手"避强攻弱"；对国际、国内市场"避内攻外"。在这样的原则下，"发展提高一批，帮助巩固一批，转化放掉一批"等等，这些都是可行的。我认为，提出这些原则的依据，不外是：①市场的需求；②重要能源、原材料和资金的承受能力；③产品质量、企业的经济效益和社会效益；④环境污染治理的可能性。此外，一些地方提出的"产品快调、产业微调"、"多并转、少关停，减少损失"等，所有这些无论是发达地区还是贫困地区，也都是适用的。

许多地方在调查研究的基础上，制订了调整的规划，并通过不同的形式和渠道，传递到乡、镇和企业。把自上而下的产业、行业、产品调整总的原则规定同各地的具体情况自下而上的结合起来，宏观经济和微观经济结合起来，还是十分必要的。

目前不少地区已成立了以党政主要领导同志为首，有乡镇企业主管部门和工商、银行等部门参加的调整领导小组，统一领导，协调调整中的各项重大问题。通过各有关部门协作，把新办企业的项目审批、土地征用、银行贷款、工商登记等投资前期准备环节统一起来，进行综合审批。这是按照产业政策实现生产要素增量配置的有效办法，也是在调整中强化乡镇企业主管部门职能的重要措施。许多地方还积极促进企业的兼并、拍卖、转让，避免或减少了关停带来的损失。这些做法是好的。有的地方还对调整提出了"决心要大，方向要明，步子要稳，效果要好"，做到积极稳妥，都是很好的。我们相信，只要坚持正确的工作原则，发扬锲而不舍的精神，一定能够在实践中创造出更多、更有成效的办法，从而大大丰富乡镇企业主管部门的管理、服务的内容。

为了迅速落实邓小平同志关于关一批浪费电力、原材料的乡镇企业的指示精神，我们草拟了一个有九类关停重点企业的目录，并相应提出了关停并转的原则。这些企业是浪费能源、原材料的大户，其中有生产烧结普通砖的马蹄窑，除煤炭资源和土源丰富的地区、边远贫困地区和生产古建筑维修用砖的企业可保留外，其余应尽快改造成为节能立窑或轮窑，或转产各种新型墙体材料，转产不了的应予关停。把这个问题解决了，全国可节约原煤400万吨。对土法炼焦，以并转为主，积极进行各种改良炉型和小机焦的改造。个体开办的无改造能力的应坚决关闭。仅此一项，全国可节煤1 000万吨。对无证开采的各类采矿企业、进入国营矿区和国家规划矿区开采的个体矿，危及国营企业矿正常、安全生产，不具备安全生产条件又无法进行改造的，根据《矿产资源法》及有关文件规定，应予关闭。其余部分经合理规划，技术改造或实行联合开采，办理了采矿许可证后可恢复生产。这些产品及关停并转原则是否可行，请大家提出意见。

四、强化企业管理，深化企业改革

强化企业管理，深化企业改革，推进技术进步是治理整顿的主要组成部分。当前应着重抓好几个方面的工作。

1. 练好内功，提高企业的管理水平。这项工作过去已经进行过部署。当前一要抓好基础管理，加强标准、计量、定额、信息、规章制度建设等管理的基础工作。二要抓好产品质量。邓小平同志曾强调指出："乡镇企业也要狠抓质量，搞一个正常速度。加强检验机构，严格把关，要有一批人办这件事。这一点抓好了，可以减少很多矛盾。”我们应当按照这一重要指示精神去办，作好各项提高质量的基础工作。三要抓好财务管理，当前要重点抓好企业的利润分配，保证60%以上的利润留给企业扩大再生产，正确处理积累和消费的关系，严格控制消费基金增长。要抓好应收款的清收工作，积极组织力量，采取一切有效措施清理应收款，对个人挪、借、贪、占的，要抓住有利时机坚决追回。要加强内部审计，加强财务监督。四要抓好统计工作，完善统计指标体系，加强统计工作的质量监督。五要继续搞好企业升级工作。要以企业升级为导向，带动企业素质的全面提高，把所有乡镇企业纳入不同行业不同档次的升级轨道。六要进一步完善乡镇企业管理机制。要向国营企业、中外合资企业学习先进的管理方法，使灵活的机制与先进的管理结合起来。

2．深入开展“双增双节”活动，挖掘企业的内部潜力。“双增双节”在治理整顿期间有特殊重要意义，必须把节约当作增产的一个重要措施，从节约原材料、能源中找出路，缓解能源、原材料紧缺的矛盾；要清仓利库，减少资金占用，加速资金周转；要狠抓扭亏增盈，增强消化能力；要坚决压缩非生产性建设、非生产性开支和非生产性人员，杜绝乱支滥花；坚决抵制不合理的摊派和收费，减少企业负担和减利因素，提高经济效益。

3．继续深化改革，增强企业活力。乡镇企业的改革要继续按照中央提出的“配套、深化、完善、发展”的方针，重点抓好企业内部配套改革。要继续稳定、完善多种形式的承包、租赁经营责任制。提倡财产风险抵押承包，尽快完善承包租赁指标体系，适当延长承包租赁期。要正确处理国家、乡村集体、企业、承包者、投资者、职工各方面的关系。扩大企业积累。坚决反对分光吃尽。承包者与职工的报酬不能过分悬殊。要继续试行以公有制为主体的多种形式的股份制。已经推行的要加以完善，新办企业要提倡采用。应通过实行股份制明确产权关系，逐步实行政企分开，使乡村与企业的关系制度化。当前可结合产业结构调整，推行兼并和转让，促进生产要素的合理流动。

4．依靠技术进步，不断提高企业素质。这项工作去年底三委一部召开的乡镇企业技术进步工作会议已作了全面部署，各地要继续抓好落实。当前要把技术进步的重点放在国家产业政策鼓励的产业、行业上。要注意软件的投入，抓好智力开发和人才培训，提高厂长（经理）、供销人员、财务、统计人员和技术人员队伍的素质。加强科学管理。要重点抓好投资少、见效快的“短平快”项目及现有设备、工艺的填平补齐。

5．加强服务体系建设，完善服务手段。这项工作可以采取多种形式进行，能搞成什么样的服务机构，就搞什么样的服务机构，不要搞成一个模式。

五、切实加强领导，加强思想政治工作

认真加强思想政治工作，对广大干部群众进行坚持四项基本原则的教育，进行爱国主义、社会主义、独立自主、艰苦奋斗的教育，反对资产阶级自由化，是党的十三届四中全会提出的四件大事之一，也是做好各项工作的根本保证。在这次学潮、动乱和北京发生反革命暴乱期间，全国乡镇企业系统是稳定的，生产经营基本上是正常的。这说明我们乡镇企业的绝大多数干部、职工思想觉悟是高的，是顾全大局的，经受住了这场风波的考验。但是，也应当看到，近几年来，我们对企业思想政治工作与经济建设相比有所忽视，也存在一手硬、一手软的状况。由于受社会上一些不良风气和资产阶级自由化思潮的影响，一些乡镇企业对艰苦奋斗、自力更生精神淡薄了，讲排场、比阔气、奢侈浪费、请客送礼越来越严重。还有少数厂长（经理）和职工走上了腐化、堕落的道路。因此，我们一定要在抓紧社会主义物质文明建设的同时，认真抓紧抓好社会主义的精神文明建设，大力加强企业思想政治工作，坚决纠正一手硬、一手软的状况。针对乡镇企业实际，当前首先要组织企业干部和职工认真学习贯彻党的十三届四中全会精神和邓小平同志的重要讲话精神，以此作为统一思想、振奋精神的强大思想武器。同时要与学习党的十一届三中全会和十三大以来的路线、方针、政策紧密地结合起来，搞清发展乡镇企业与坚持一个中心、两个基本点的关系。进一步提高对乡镇企业战略地位和历史必然性的认识，鼓舞士气，坚定信心，防止思想滑坡。第二要开展艰苦创业精神教育。艰苦创业是一个政治概念、党风概念，同时也是一个经济概念。乡镇企业异军突起的历史，是一部自力更生，艰苦奋斗的创业史。提倡艰苦创业，对乡镇企业在治理整顿期间闯渡难关和使一批农民企业家保持本色，立于不败之地，都具有特殊意义。乡镇企业的厂长（经理）和广大职工要继续保持艰苦创业的优良传统，作好过几年紧日子的思想准备。全国乡镇企业和乡镇企业系统各类专业公司和经营服务单位，都要自觉端正经营思想，改善经营作风，坚决纠正不正之风。要对企业干部和职工进行四项基本原则、遵纪守法教育，开展争先进、比贡献活动，增强职工的主人翁责任感，充分发挥他们的积极性和创造性，使他们成为有理想、有道德、有文化、有纪律的一代新人。第三要根据乡镇企业特点，按照党章、团章规定，建立健全党、团组织，发挥党、团员的先锋模范作用。

同志们，目前乡镇企业面临着严峻的形势，正处在一个历史性转折的关键时期。我们热切希望各级党

委和政府进一步加强对乡镇企业工作的领导，继续组织各部门、各行业支持乡镇企业，切实帮助解决一些能够解决的困难。治理整顿的新形势，对各级乡镇企业主管部门提出了更高的要求。为此，一定要振奋精神，加倍努力，充分发挥宏观指导、协调、监督、管理和服务的职能，以新的思想、作风和方法，适应引导乡镇企业实现五个战略转变的新要求。要深入实际，调查研究，积极主动地为各级领导当好参谋和助手，争取支持。当前要把调查研究的重点放在结构调整问题上。除前面提到的产业、行业、技术经济状况的调查外，还要认真分析企业关、停后将出现的一系列问题。比如，从业人员回流怎么办？拖欠的银行贷款怎么办？原筹措的群众集资怎么办？等等。这些问题，都需要尽早拿出切实可行的解决办法，为领导决策提供参谋意见。同时，要积极争取部门的配合和支持，注意充分利用社会力量为乡镇企业服务。最近，建立中国乡镇企业协会已获批准，不久将正式成立，希望各地做好全国和各地方协会的筹备工作。

当前，社会上对乡镇企业的看法不尽一致，这主要是一些部门和同志对乡镇企业还不够全面了解。我们要上下努力，大力加强宣传工作，用事实和材料去争取理解、支持，使社会上对乡镇企业有一个广泛的、公正的评价。

我深信，只要认真、全面、准确地贯彻党的十三届四中全会和邓小平同志重要讲话的精神，坚持实事求是，注意把握政策，乡镇企业一定能够持续、协调、健康地发展。同时我也坚信，我们从事的是历史性的事业，我们的工作是大有希望的。

不平凡的一年

马　杰　三

（一）

1989年，对乡镇企业很不平凡。一是舆论的压力大于以往任何一年。乡镇企业从一产生开始，就是在风风雨雨中生长，社会上对乡镇企业的偏见、非议一直存在。然而在1989年，国民经济发展遇到暂时困难，社会上对乡镇企业的种种非议和责难不但增多而且异常激烈。有些同志把发展乡镇企业同国民经济的协调发展对立起来，同国营大中型企业的发展对立起来。他们竟然提出要“压乡镇企业，保全民企业”，“治理整顿就是要砍乡镇企业”，对发展乡镇企业的方向予以否定。这些不公正的社会舆论，给广大农村干部和乡镇企业干部职工带来了巨大的忧虑和压力，一度造成不小的思想混乱。二是困难也大于以往任何一年。乡镇企业的生产经营主要靠市场调节，资金、能源、原材料紧缺的困难一直存在。然而在1989年，由于国家贯彻治理整顿的方针，采取一系列加强宏观调控的措施，如紧缩财政、紧缩信贷（对乡镇企业贷款实行零增长）、压缩投资规模、对重要生产资料实行专营专卖等，使乡镇企业处境更加困难，很多企业因此而陷于绝境。从下半年开始，全国性的市场疲软，又给乡镇企业增添了新的困难。三是乡镇企业自身长期存在着的一些问题和制约因素的影响，主要是企业素质较差，管理水平较低，经济效益不高，相当多的企业实力不强，活力不足，因而乡镇企业在调整中困难增多。

（二）

1989年，也是各级领导和广大乡镇企业职工付出最大努力的一年。这一年在中央的正确指导下，各级领导做了大量工作，广大乡镇企业职工作了巨大的努力。中央领导同志在1989年9月举行的中外记者招待会上强调：“乡镇企业在我国国民经济中占有重要的位置，国家将继续保证乡镇企业向着更加健康的方向发展”。江泽民总书记在国庆四十周年讲话中指出：“要在大力加强农业的前提下，继续鼓励和引导乡镇企业健康发展”。李鹏总理1989年9月在东北视察时也明确指出：“对乡镇企业一要扶持，二要引导”。同年10月他在全国生产工作会议上又指出：“乡镇企业今后仍将对发展农村经济发挥重要的作用，国家要继续支持乡镇企业健康发展”。在中央精神指导下，各级政府加强了对乡镇企业的领导。农业部、各省、市、自治区以及大部分地（市）县都及时召开了乡镇企业工作会议，统一思想和认识，提出稳定发展乡镇企业的对策和措施。各地党政领导亲自抓乡镇企业，协调解决乡镇企业发展中的关键问题。许多地方还加强了乡镇企业主管部门的职能和力量，努力解决基层干部群众的思想顾虑，加强企业的思想政治工作，从而稳定了政策、稳定了人心、稳定了队伍、稳定了企业。各地还普遍注意提高企业素质，练好企业内功，认真抓好企业管理的各项基础工作，全面提高企业管理水平。乡镇企业在各级党政的领导和主管部门的指导、帮助下，充分发挥自身良好机制的优势，千方百计闯渡难关。它们服从国家宏观调控和指导，既估计治理整顿带来的困难，同时又充分利用治理整顿创造的机遇，把工作的着眼点放在优化结构，深化改革，活化经营，依靠科技，增强素质，提高经济效益上来，努力探索出一条在治理整顿中持续稳定发展的路子。许多企业审时度势，争取主动，自觉调整企业发展方向和产品结构，使之符合国家产业政策和国内外市场需要，在困难中争取变被动为主动。还有许多企业依靠科学技术开发新产品和提高产品质量，把发展的着眼点放在技术进步上，千方百计捕捉科技信息，引进技术，引进新工艺，以新产品开发带动市场开发。面对资金紧缺困难情况，许多企业立足于内部挖潜，开展双增双节活动，努力降低物质消耗，降低成本费用，提高劳动生产率和经济效益。许多乡镇企业还注意发挥拾遗补缺的优势，紧紧围绕市场需求组织生产，走小产品、大批量，小商品、大市场的专业化路子。

（三）

1989年，也是乡镇企业取得突出成绩的一年。

一是保持了适度增长。1989年乡镇企业总产值达到8 402亿元，比上年增长14.4%，其中乡镇工业总产值6 145亿元，增长15.8%，增长幅度分别比上年回落22个百分点和24个百分点。

二是产业结构得到进一步的调整和优化。1989年乡村工业企业关停并转了75 579个，其中关停70 591个，占93.4%；并转4 988个，占 6 %。在关停的企业中，属于耗能高的占2.6%，原料短缺的占10.9%，污染环境的占1.2%，资金缺乏的占25%，管理不善的占16%，产品调整的占12.1%。乡村工业产值4 614亿元，其中轻重工业的比重由上年的51.4：48.6调整为51.6：48.4。在轻工业中，以农产品为原料的工业产值1 426亿元，增长15.6%，以非农产品为原料的工业产值953亿元，增长14.8%。在重工业中，采掘工业产值298亿元，增长17.5%，原料工业产值414亿元，增长9.7%，加工工业产值 1 521亿元，增长12.5%，采掘工业、原料工业增长和加工工业增长比较协调。

三是固定资产投资规模得到压缩，投资结构有所改善。1989年全国乡村工业建设项目8.57万个，比上年下降42.2%，当年新增固定资产198亿元，比上年下降23.4%，实际完成投资额251亿元，比上年下降27.5%。从投资结构变化看，新建项目投资由上年的58.4%调整为42.2%，扩建项目投资由上年的25.1%调整为28.9%，技改项目投资由上年的12.3%调整为19.1%，其他项目投资由4.2%调整为10%。

四是对国家和集体的贡献增大，对社会有效供给继续增加。1989年乡镇企业上缴国家税金达365亿元，比上年净增54亿元，增长17.5%，占全国各项税收总额的比重已由上年的13%提高到13.4%。乡镇企业实现纯利润570亿元，比上年增加20亿元，增长3.6%。乡村企业利润用于以工补农资金70.6亿元，增长28.4%。全年乡镇企业职工工资总额1 055亿元，年人均工资1 126元，分别比上年增长9.5%和11.6%，乡镇企业职工工资净增额按农业人口平均占当年农民人均纯收入增长额的19.3%。1989年乡镇企业出口创汇达105亿美元，比上年增加24.8亿美元，增长30.9%，占全国创汇总额的比重由上年的16.9%上升到20%。对社会有效供给继续增加，1989年生产原煤3.5亿吨，增长7.7%，发电量131亿度，增长15.7%，水泥6 530 万吨，增长15%，机制纸及纸板490万吨，增长13.2%，运输量129亿吨，增长83%。

五是企业自身素质和产品质量明显提高。1989年乡镇企业投资规模虽然有较大压缩，但是由于各地在调整中普遍采取了“突出重点，确保骨干企业”的倾斜政策，乡村企业规模进一步扩大，平均每个企业拥有职工人数由上年的26.5人增加到30.7人，每个企业拥有固定资产原值由上年的9.96万元增加到12.5万元。产值超过500万元以上的企业达到12 300多个，其中新增3 076个，一批实力雄厚的企业已跨入国家大中型企业行列，少数企业年产值已超过 1 亿元。乡村集体企业标准覆盖率已达85%以上，计量定级企业已达14 000多家。1989年获国家二级企业称号的有47家，获省级先进企业称号的有528家，获农业部科技进步奖的项目31个，获国家优质产品称号的 6 个，获部产品称号的444个。另据10省市统计，有37项新产品首次列入国家级重大新产品试产计划，其中达到国际先进水平的 7 项，达到国内先进水平的19项。

1989年乡镇企业在极其严峻的形势下，经受住了考验和锻炼，发扬了顽强拼搏的精神，仍然保持了持续稳定发展的好势头，为今后健康、协调、持续发展打下了一个较好的基础。

1989年按国民经济部门分乡镇企业构成情况

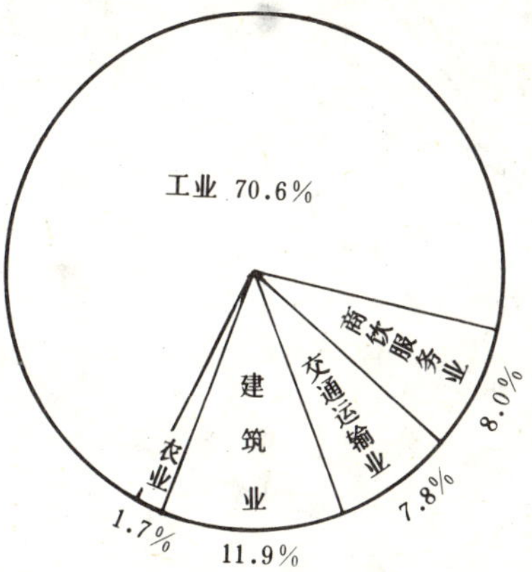

企业总产值构成

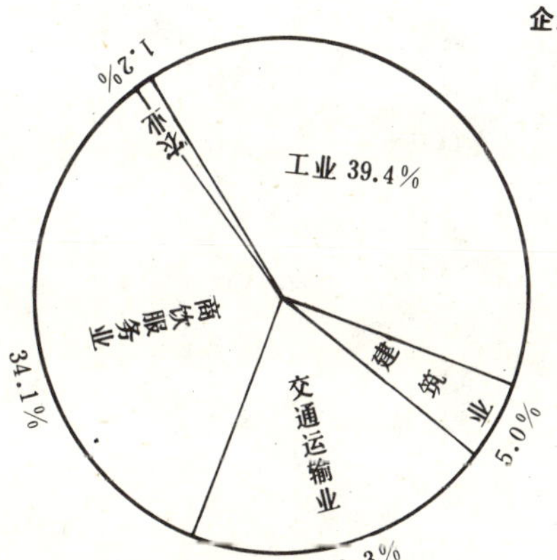

企业单位构成

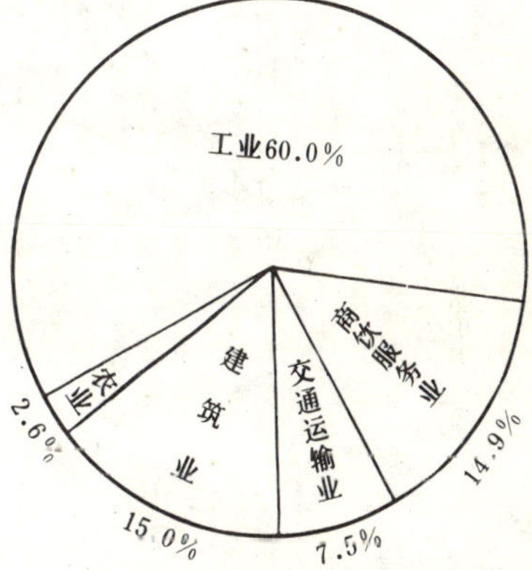

企业职工构成

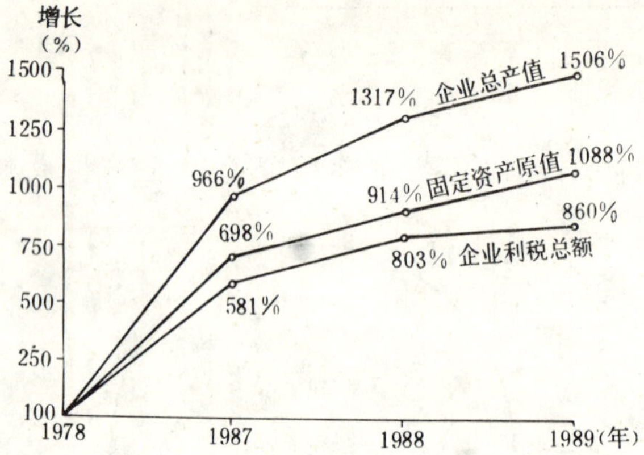

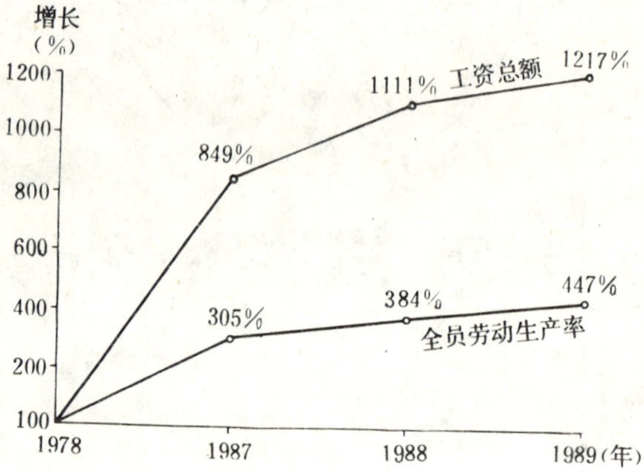

乡镇企业主要经济指标比较

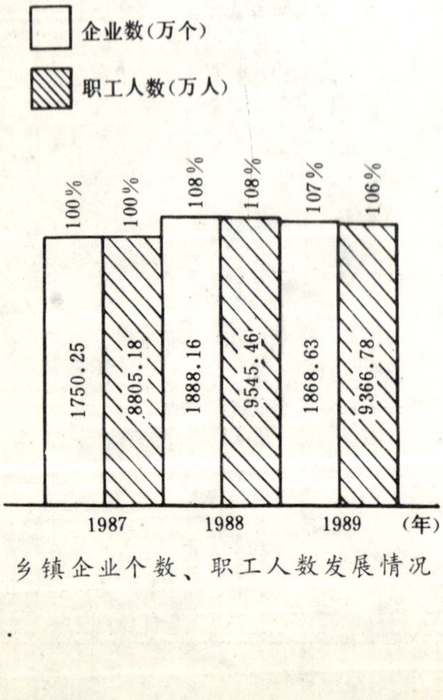

乡镇企业个数、职工人数发展情况

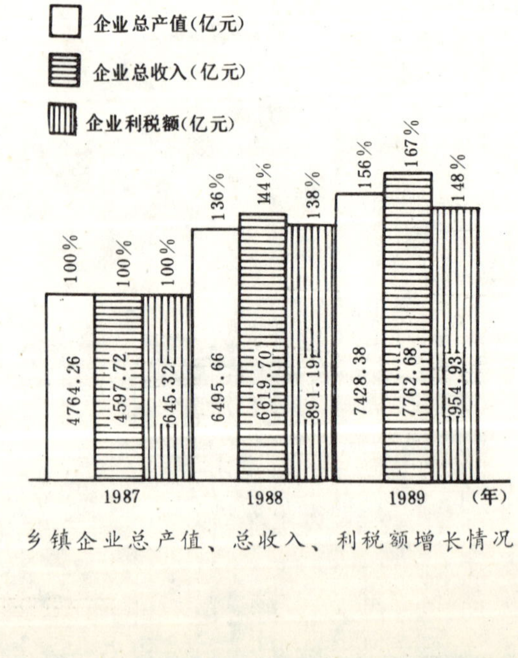

乡镇企业总产值、总收入、利税额增长情况

行业概况

乡镇企业行业综述

建筑业

采矿业

机电工业

纺织·缝纫工业

食品工业

饲料工业

化学工业

造纸工业

塑料工业

工艺美术

第三产业

乡镇企业行业综述

1989年，乡镇企业在“治理整顿、深化改革”方针指引下，克服了市场疲软、资金短缺等困难，仍取得了较好的发展成效。

1989年，乡镇企业实现总产值8 402亿元，按1980年不变价格计算，比上年增长14.4%，其中农业产值134.7亿元，比上年增长9.3%；工业产值6 145.7亿元，增长15.5%；建筑业产值910.2亿元，增长7.1%；交通运输业产值593.5亿元，增长22.3%；商业饮食业产值618.8亿元，增长7.8%（各产业总产值构成见下页附表）。

1989年，乡镇企业仍以二、三产业为主。二、三产业内部各行业发展情况差异较大，由于国家产业政策的导向作用，其中能源、原材料工业、农副产品加工业、为外贸出口服务的加工业、与大工业配套的加工业等得到较快发展。高耗能、高耗粮的产业，如砖瓦工业、造酒工业得到限制，还关停并转了一批。有关重点行业的发展概况介绍如下：

一、农副产品加工业发展速度高于乡镇工业平均速度

乡镇农副产品加工业是当年国家产业政策重点支持、鼓励发展的产业。1989年，乡村食品制造业实现产值243.8亿元，比上年增长16.2%，高于乡村工业发展速度；乡村饮料制品业不景气，实现产值57.5亿元，比上年下降0.5%。在食品制造业中，发展较好的有粮食加工业、植物油加工业、水产品加工业和罐头食品加工业。乳品加工业、肉类加工业、制糖业当年产值负增长。乡镇农副产品加工业发展中的主要困难仍是资源配置不合理。1989年，国家对一些重要农产品实行专营后，有些部门借此对上述农产品加工也实行专控，专控的结果是剥夺了农民的加工权利，致使当年乡镇企业粮、油粗加工产量下降。

二、煤炭工业通过治理整顿，稳定、健康发展

1989年，乡镇企业生产原煤3.5亿吨，比上年增长7.7%。其中乡村煤炭开采企业2.08万个，产值70.86亿元，比上年增长13.6%，增幅比1988年还高1.4个百分点。1989年，乡镇煤矿原煤产量是在治理整顿、关停大批无证开采小煤矿的基础上取得的，她标志着乡镇煤炭工业整体素质和抗灾能力的提高。

三、建筑建材业正经受市场疲软的严峻考验

1989年，国家大量压缩基本建设投资，建筑建材

辽宁省北镇县沟帮子村石棉水泥制品厂

业受到改革十年以来最大的冲击，一年中，乡镇建筑业队伍净减少81万；水泥价格，沿海地区由每吨300元左右降到200元左右，内地由每吨200元左右降到150元左右；粘土砖积压严重，一年净减400亿块，相当于国营砖瓦工业一年的总产量。有人曾预言：这下子乡镇建筑建材业要垮掉一半。面对严峻的市场形势，乡镇建筑建材业广大干部和职工，认真调整施工方向和产品结构，切实加强企业管理，降低能源、原材料消耗，正艰难地渡难关。到年底，乡镇建筑业实现产值9 102亿元，比上年增长7.1%，乡、村两级建材业实现产值503亿元，比上年增长10%，主要建材产品水泥6 530万吨，增长15%。

四、纺织业以外贸出口为突破口，在调整中适度发展

1989年乡镇纺织、缝纫业实现产值863亿元，比上年增长15.4%。乡镇纺织业在国内纺织品需求下降的情况下，及时调整产品结构，开拓国际市场，当年出口商品交货额纺织品增长42.6%；丝织品增长49.9%；服装增长62.2%。同时，在纺织业内部调整产业结构，努力发展服装业、针织业、制帽业、制鞋业等后加工，控制或限制小棉纺、小毛纺的继续发展，经过一年的调整，乡镇纺织业产品结构有所改善，如浙江省绍兴县，乡镇企业一年开发国内外市场适销对路纺织新产品342种，企业产值、利润稳步增长。

五、轻工、机电行业，以市场为导向，以技术进步为手段，优化了产业结构

乡镇轻工、机电行业是乡镇工业中的二个主要行业，也是对市场反映最敏感，与大工业关系最密切的二个行业。1989年，二个行业中产值增幅在15%以上的有皮革制品业、纸制品业、竹木藤棕加工业、工艺美术、金属制品业、农牧渔机械制造业（主要为中小农具）、交通运输制造业等；年产值负增长的有造纸业、日用橡胶制品业、日用玻璃制品业等。1989年，这二大行业发展特点是：一、走技术进步之路，通过技术改造、新产品开发，提高企业在国内外市场的竞争力，当年外贸出口产品交货额轻工产品增加33.9%，机电产品增长58.7%。二、走与大工业配套、协作之路。乡镇企业轻工、机电行业与国营大工业配套的有家用电器配件、汽车配件、自行车配件、各种机械配件等。三、走自己开拓小商品市场之路。乡镇企业生产的小商品包括小五金、小塑料、化妆品、眼镜及各种日用小商品，以“你无我有，你不干我干”的工作精神，赢得了市场。

福建省莆田市有十三条鞋革生产线，生产各种冷粘鞋，产品全部出口

六、第三产业在调整中优先发展，但喜中有忧

1989年，乡镇第三产业实现产值1 210亿元，其中交通运输业实现产值593.5亿元，比上年增长22.3%；商业饮食业实现产值618.8亿元，比上年增长7.8%。从发展情况看，交通运输业的增长，是由于铁路运价调整，促使部分货运、客运从铁路向公路、水路运输转移，促进了乡镇交通运输业的发展。这种发展符合国家交通运输产业政策，也符合农村经济发展的需要。商业饮食业产值增幅低于全国乡镇企业平均速度，这对于广大农村对商业饮食业的实际需要是极不相符的，河南、江西等地公路两侧以饮食业、旅馆业为主的“马路经济”已垮掉将近一半，照此下去，不但农村的第三产业不能得到及时发展，而且会影响农村的安定团结。

综合1989年乡镇企业各行业的发展情况，可概括为以下几点：

1．产业结构调整初见成效。治理整顿之年，乡镇企业各行业普遍进行了产业结构调整，全国乡村两级关停并转企业75 579个，停缓建设项目2万个，压缩投资100亿元。同时，重点发展、支持了一批骨干企业，全国年产值500万元以上的乡镇企业11 763个，比上年净增3 076个，骨干企业产值1 264亿元，比上年增长32.2%。

2．为克服市场疲软，开发了新产品，开拓了新市场。1989年的市场疲软对乡镇企业中的各行业均有程度不同的影响，尤其是对除能源、原材料之外的工业企业，考验更为严峻。这一年乡镇轻工、纺织、化工、机械、电子、建材等行业，普遍重视新产品开发，如浙江省乡镇企业一年开发新产品项目1 600项，全部投入生产后，可新增产值150亿元。同时，努力开拓国际市场，全年乡镇企业出口商品交货额371.4亿元，比去年增长38.2%。乡镇企业又一次化被动为主动，赢得了发展机遇。

3．城乡经济进一步协调发展。乡镇企业以市场调节为主，要实现计划经济和市场调节的有机结合，其中一个很重要的内容是乡镇企业如何与国营工业协作、配套生产，即体现二种经济的互补性。1989年，各级乡镇企业主管部门依据“船小掉头快，船大抗风浪”的二个基本原理，在及时调整一些企业产品结构的同时，积极、主动发展为大工业配套的加工业，成为国营工业的重要补充。

最后应该指出：1989年乡镇企业在稳定中发展，在稳定中调整，成绩是巨大的。同时，乡镇企业也尚存许多问题与困难亟待解决，如资金、能源、原材料

附表

乡镇企业总产值构成（现行价）

单位：亿元

项目 \ 年份	1988年		1989年	
	绝对数	占比重(%)	绝对数	占比重(%)
合　计	7 017.8	100.00	8 400.4	100.00
农　业	123.8	1.76	134.7	1.60
工　业	4 992.9	71.15	6 145.7	73.14
建筑业	848.9	12.09	910.2	10.83
交通运输	484.5	6.90	593.5	7.06
商业饮食	567.7	8.1	618.5	7.36

紧张的状况没有从根本上改变；市场疲软的消极影响不能在短期内消失；产业结构、产品结构调整需要进一步深入，而且越深入，越艰巨等等。当然，这些问题和困难是前进中的问题，只要党中央、国务院发展乡镇企业的政策不变，通过各级乡镇企业主管部门和乡镇企业干部职工的共同努力，我国的乡镇企业一定会取得更好的发展成绩。

（林定根）

建筑业

1989年是乡镇建筑业发展历程中最艰难的一年。年初受到把百万民工流动舆论为“盲流”的压力；接着遇到压缩基建规模，控制建筑队伍规模，整顿建设市场，资质复查等困难。乡镇建筑业自觉服从国家宏观调控，积极调整，经受了考验，保持了稳定发展。1989年底，乡镇建筑业共有企业92.55万个，从业人员1 403.73万人，分别比上年减少3.17%、5.46%；完成产值886.47亿元，比上年增长7.10%。具体表现为以下几个特点：

1. 队伍规模得到有效控制。一是从业人员减少。1989年乡镇建筑业关停企业3.03万个，裁减从业人员81.08万人。其中乡村两级建筑企业有6.74万个、768.68万人，分别比上年减少0.57万个、85.95万人。乡镇建筑企业发展十多年来第一次出现劳动力回流，且减少的从业人员全部来源于乡村两级建筑企业。二是进城施工人员减少。乡镇建筑企业进城施工人员538.49万人，比上年减少96.95万人，下降15.26%。有近百万的乡镇建筑队伍返乡，但进城施工人员仍比1987年增长11.17%。

2. 积极调整队伍结构。一是发展企业集团，把分散的乡村建筑队伍联合起来，形成生产力集聚优势。各省、市都成立了一批作为龙头企业的乡镇建筑集团公司，1989年仅北京市8个区、县成立了10个建筑集团公司（资质二级），包括了70多个三、四级乡村建筑企业，具有较强的竞争能力。二是发展“小而专”建筑队伍，与国营施工企业进行多种形式的联合，既专业分包，也提供劳务，在联合中求生存、求发展。一些地区的小而专建筑队伍完成产值占到40%以上。

3. 适时调整经营方向。一是从城市建设转向村镇建设、农房建设。1989年新建农房11.99亿平方米，其中27.81%以上由乡镇建筑队伍完成。二是从建筑工程施工转向能源、交通、水利等工程施工，特别是返乡的建筑队伍，转移阵地不转行，发挥产业技术特长，承包农村水利建设项目。如山东桓台县将返乡的3 000多建筑工人组织成立了县水利工程总队和13个乡镇水利工程队，从事农田水利工程建设。三是从单一建筑业转向“一业为主，多种经营”，初步形成了建、工、运、商、服齐发展的局面，增强了企业应变能力。全国乡镇建筑业多种经营产值已占总产值的10%左右，部分企业占到相当大的比重，如安徽宿州市振兴建筑公司高达70%。四是从内部竞争转向外部开拓，争取省外、国外市场。尽管各地采取地方保护，乡镇建筑队伍仍有200万人进入外省施工，活跃了城乡建筑市场。同时，乡镇建筑队伍通过多种渠道继续进入国际市场提供劳务，人数比上年又有增加，突破万人。仅黑龙江就有2 000多乡镇建筑工人活跃在苏联的建筑工地上。

4. 企业素质进一步改善。乡镇建筑业发展已从数量的增加转向质量的提高。一是文化素质提高。乡村两级建筑企业从业人员初中以上占其总人数的63.49%，比上年上升4.13个百分点。二是技术素质提高。乡村两级建筑企业拥有职称工程技术人员27.28万人，占其总人数的3.55%，比上年上升0.55个百分点；中级以上职称占有职称工程技术人员的13.97%，比上年上升2.61个百分点。三是技术装备提高。乡村两级建筑企业人均占有固定资产1 213元，人均技术装备率900元，比上年增长28.57%。四是劳动效率提高。乡村两级建筑企业全员劳动生产率7 454元/人·年，比上年增长11.94%。五是总体素质提高。即企业资质（指企业的人员素质、管理水平、资金数量、承包能力和建设业绩）提高，去年采用新的《施工企业资质等级标准》进行复查，由于标准较高，致使部分素质较低的企业降级，级内企业（指四级以上企业）占乡村两级建筑企业总数的17.7%，比上年下降4.1个百分点。同时，资审促进了部分企业采取措施上等级，如安徽省乡镇建筑企业二级由去年的1家上升到5家。四川省乡镇建筑企业现有二级以上企业27家，其中一级企业1家，这家就是全国乡镇建筑企业唯一的一级企业——四川新兴建筑工程公司。

5. 企业实力进一步增强。主要表现为：①进一步推行和完善了各种经济承包责任制，试行股份合作制、租赁制、栋号金额抵押承包制，增强了企业活力；推行劳动合同制，进一步完善了乡镇建筑队伍的弹性机制。②配合建设市场整顿，加强政治思想工作，进一步规范了乡镇建筑企业的经营行为。③加强财务管理，建立有效积累，增强了自我发展能力，乡村两级建筑企业固定资产净值、流动资金分别比上年增长14.50%、12.14%，企业留利用于扩大再生产9.77亿元，占企业留利的69.09%，占新增资产的86.54%。④加强质量管理，逐步建立健全质量保证体系，促进工程质量不断提高。各省都出现了一批优质工程和优秀企业。四川新兴建筑工程公司承建的红光电子管厂黑白显像管玻壳生产线改造工程1989年获国家银质奖，成都市金牛区关家建筑公司所承建的工程栋栋优良，受到有关部门的好评。安徽省去年有6家乡镇建筑企业被省政府授予“明星企业”。⑤承揽工程能力不断增强。如北京市郊区乡镇建筑企业去年参加投标工程183项，建筑面积87.36万平方米，中标121项，建筑面积55.2万平方米，平均中标率66.12%，最高的企业中标率在80%以上。

但由于施工任务不足，预算定额调整跟不上物价上涨，社会摊派增多，及自身管理不善等因素，使乡镇建筑企业的经济效益受到了一定影响。乡村两级建筑企业产值利润率为4.65%，比上年下降0.38个百分点；企业亏损面达3.23%，比上年上升0.23个百分点。

为促进乡镇建筑业在治理整顿中稳定健康发展，各地主要抓了以下工作：

1. **乡镇建筑业调整工作**。农业部乡镇企业司于10月在兰州召开了部分省市乡镇建筑工作座谈会，交流各地管理工作经验，分析建筑业面临形势，研讨共渡难关的措施。11月农业部以（1989）农企43号文下发了《乡镇建筑业调整意见》，指出了三年调整时期乡镇建筑业的调整目标、原则和措施。各省结合当地实际情况及时进行了贯彻落实。乡镇建筑业根据自身情况，确定了发展方向，进行了有效的调整。

2. **建筑劳务基地和培训工作**。农业部乡镇企业司、建设部施工管理司、国务院贫困地区经济开发服务中心于9月在郑州联合召开了首届全国建筑劳务基地工作会议，交流各地建筑劳务管理工作经验，“两部一办”联合发文正式确定了安徽肥东、甘肃临洮等30个县、市为第一批国家建筑劳务基地。基地的主要任务之一是加强对农村非等级建筑企业建筑劳务的集约化管理，培养和造就一支能工能农的建筑劳务队伍，能向国内外输送政治素养好、身体素质强、讲文明、守纪律、技术精的各类建筑劳务人员。这些基地已陆续开展工作。1989年各地利用施工任务少的时机，开展了大量的技术培训工作，共培训各类建筑人员11.45万人，比上年增长6.81%；其中中专、技校以上的6.27万人，占54.76%。

3. **各地配合建设部门开展建设市场整顿和资质复查工作**。如安徽省淮南市乡镇企业局密切配合市建委开展资质复查工作，收到了实效。通过整顿审查，全市原有的39个乡镇建筑企业，撤销3个，合并7个，保存了29个，其中三级5个，比原来增加3个，四级22个，比原来增加5个，专业队2个。

4. **优质工程和先进企业评比工作**。各地开展了一年一度的优质工程和先进企业评比。如北京市农村建设总公司评出优质工程36个，其中2个获市优工程。四川省乡镇企业局评出108个乡镇建筑先进企业。年底农业部乡镇企业司下发了《关于开展全国乡镇建筑质量检查和优秀企业评比活动的通知》的征求意见稿，决定1990年在全国开展乡镇建筑质量优秀企业评比。

（胡永万）

采矿业

1989年全国乡村两级矿山企业共7.11万个，职工359.74万人；完成产值（按1980年价格计算）215.75亿元，比上年增长15.9%，增幅下降5.2个百分点，占全国乡村工业总产值5.5%。1989年全国乡村采矿业主要行业完成产值情况见下表。

1989年乡村采矿业主要行业情况

项目	企业数（万个）	职工人数（万人）	产值 数值（亿元）	产值 比上年增长%	产值 占乡村采矿业比重（%）
煤炭采选业	2.23	161.78	78.27	18.8	36.3
黑色金属矿采选业	0.35	19.25	11.81	13.1	5.5
有色金属矿采选业	0.46	23.57	19.05	30.0	8.8
建材及其他非金属矿采选业	4.29	153.80	98.55	14.1	45.7

1989年全国乡镇煤炭产量达到3.48亿吨，比上年增长7.74%，增长率分别超过全国统配煤矿和地方国营煤矿的1.07%和4.19%；净增产2 500万吨，占全国煤炭净增量的35.7%。乡镇煤炭产量占全国煤炭总产量的比重由上年的33.0%上升到33.5%。在乡镇煤炭总产量中，乡村集体煤炭产量为2.84亿吨，比上年增长12.03%，占乡镇煤炭总产量81.6%，比上年上升3.1个百分点。1989年乡镇煤炭产量增长较快的省份有：安徽（36.4%）、北京（35.0%）、河南（34.2%）、新疆（29.2%）、陕西（27.9%）、吉林（18.8%）、山西（16.5%）、江苏（15.4%）、甘肃（15.2%）等9个省（市、区）。

乡镇有色金属矿采选业在继续保持迅速发展势头的同时，产品结构得到改善，适应市场需要的铅锌矿采选业完成产值3.19亿元，比上年增长34.6%，年产

山西省古交市姬家乡办的洗煤厂

量达到168万吨，比上年增加35.5%。国家限额出口和控制开采的钨矿石产量由1988年的13万吨下降到3万吨，减少了76.9%。

乡镇建材矿业生产因国家压缩基本建设规模，建材市场需求减少而受到较大影响，1989年乡村建材矿业只完成产值74.7亿元，比上年减少8.1%。石灰石产量由上年的2.4亿吨下降到1.6亿吨，减少33.3%；石膏矿石产量由291万吨下降到181万吨，减少37.8%；大理石、花岗石产量也有所减少。

1989年乡镇矿产品出口量大幅度增加，出口产值达到21.8亿元，比上年增长41.6%；出口总额19.15亿元人民币，比上年增长41.1%。乡镇矿产品出口的省份由1988年的17个增加到27个，其中天津、上海、辽宁、浙江、山东、湖南六个省市出口产品值总合占全国乡镇矿产品出口总值的62.5%。

1989年全国乡镇矿业进一步贯彻执行《矿产资源法》和"放开、搞活、管好"的矿产资源开发方针，继续开展矿业整顿工作，促进了乡镇矿业秩序的改善，矿山基础工作的加强和企业素质的提高。

1．矿业布局得到一定改善。例如，贵州省的贵阳、遵义、毕节、安顺、黔南、黔西南等6个地市州到1989年9月份，共清理关闭了布局不合理、威胁国营矿山安全和无证开采的乡镇矿井3 270个，有的在国营矿区内开采的乡镇矿山与大矿划清了矿界，签定了协议。全国许多地区在合理划分资源的基础上，制定了乡镇矿山近期和中长期资源开发和矿山建设规划，使国营、乡镇矿业各得其所，从根本上避免了盲目布点。

2．发展了骨干矿山，促进了规模经营。1989年乡村集体煤矿平均生产规模为1.5万吨，比1988年增加了0.3万吨。四川省南川县乡镇煤矿年平均单产为2.5万吨，最高的达到9万吨，基本上实现了合理的规模经营。贵州省安顺地区设计年产125万吨的乡镇煤矿发展到116个，比1988年增加22个，生产能力（产量）占全地区总产量70%以上。

3．加快了采矿登记和换发采矿许可证工作。到1989年底，全国乡村集体和联户、个体矿山累计领取采矿许可证15.8万个，比上年增加58.6%，占乡镇矿山总数63.7%。全国乡镇矿山领取采矿许可证占70%以上的已有北京、天津、河北、内蒙、辽宁、吉林、黑龙江、上海、江苏、浙江、福建、江西、湖北、湖南、广西、宁夏、西藏等17个省(区、市)。其中天津、上海、江苏、江西等省市的乡镇矿山采矿登记和发证工作已基本完成。

乡镇采矿业急待解决的问题主要有：资源占有量过少，有的骨干矿山的可采资源接近枯竭；积累能力下降，投入严重不足，缺乏发展后劲；技术装备落后，基础管理薄弱，安全事故多；有的地方的一些企业，特别是个体采矿仍存在滥采乱挖现象，造成资源破坏。这些问题的存在，既不利于资源的合理开发利用，也影响到乡镇矿业自身的稳定、健康发展，因此应当继续认真加以解决。

（王建平）

机　电　工　业

1989年全国乡、村两级机电企业有13.36万个，职工有604.86万人，完成工业总产值954.89亿元，比1988年净增107.88亿元，增长12.7%，占全国乡村工业总产值的24%。乡镇机电工业的发展，为我国农村经济的发展，振兴我国机电工业做出了积极的贡献，为推动农村产业结构、机电工业的长期结构变化发挥了积极的作用。

一、机电工业生产在克服重重困难的情况下，继续增长

1989年，乡镇机电工业在治理整顿的过程中，努力克服原材料、能源、交通运输紧张，资金严重短缺，市场疲软等困难，自觉服从国家宏观指导，在发展中积极进行适应性、开发性调整，使生产仍继续稳步上升（见表）。乡镇机电工业持续稳步上升主要是把治理整顿，深化改革视为走上健康发展轨道的机遇和条件，主动、自觉的进行调整。

1．开展企业组织结构的调整。在自愿互利的原则基础上，积极与生产优质名牌产品的国营大中型企业、乡镇企业开展多种形式的横向经济联合，组成企业集团和企业群体，发展专业化生产，使部分企业在激烈地市场竞争中，发挥群体优势，增强了竞争能力和应

1989年乡镇机电工业各行业发展情况表

行业	1989年			1988年		
	企业数（个）	职工数（万人）	总产值（亿元	企业数（个）	职工数（万人）	总产值（亿元）
合计	133 648	604.86	954.89	134 800	612.51	847.01
机械制造业	63 549	285.10	416.13	64 604	293.42	380.79
交通运输制造业	7 396	35.1269	60.28	6 799	33.10	49.70
电气机械制造业	11 093	67.9143	149.99	10 929	66.36	131.27
电子及通讯制造	3 460	30.2516	55.80	3 064	28.11	50.60
仪器仪表制造	2 121	10.19	15.82	2 089	10.37	14.46
金属制品业	46 029	176.26	256.84	47 287	181.51	220.19

变能力。如江苏苏州就有1 000多家企业与城市大中型企业形成相互依存的企业群体，年产值可达4亿多元，创利税3亿多元。

2．开展经济结构调整。各地乡镇企业主管部门按照国家产业政策要求和市场适销情况，对现有的企业和产品提出必保生产市场适销的生活必需用品，必保出口创汇、节汇、节材、支农的企业和产品；扶持生产替代进口、升级换代、名优特新稀的企业和产品；扶持利用当地资源或废旧原料、为大工业配套、附加值较高、高技术的企业和产品；限止生产市场滞销、消耗高、质量差、工艺落后、污染严重、经济效益差的企业和产品；禁止生产国家已明令淘汰，严重浪费能源、原材料，污染严重在短期内无法治理的企业和产品。在地方政府统一领导下，与计委、银行、电力、交通等部门共同配合，制定人才、资金、物资等方面重点扶持、限止的调整办法。

3．调整产品结构。乡镇机电工业按照国内市场需要，发挥技术导向、出口导向和市场导向的作用，在对产品供求状况进行分析的基础上，积极调整产品结构，发展农副产品、粮食加工小型机械和节能、节材、节汇、替代进口的产品，发展国家重点支持的能源、交通、冶金、化肥等基础产业所需的产品。如江苏武进县在开展产品结构调整时，坚持以市场为导向，大力开发新产品，1989年共开发新产品55个，其中有4个经过部级鉴定，18个通过省级鉴定，H2-12型电磁式音响器做到当年开发，当年投产，当年进入国际市场，当年外贸收购额达346万元，取得相当大的经济效益。

二、企业技术进步加快，企业管理继续改善，产品质量、经济效益继续提高

1989年，乡镇机电工业努力克服过去依靠增加投入的外延发展方式，转向依靠科学技术，实行内涵与外延共同发展的道路，积极利用自身的灵活机制，广泛吸收社会上的技术力量及充分发挥同大专院校、科研单位相结合，迅速将科研成果转化为生产力优势，在积极开发新产品，培训自己的技术力量，推动技术进步，增加开发能力，提高产品质量和企业的经济效益，降低物资消耗，改善企业上都取得相当大的进展。1989年，有60多个乡镇机电企业生产的产品被国家列入国家级重大新产品计划，8个产品获得国家银质奖，有84个产品获农业部优质产品奖，21个产品获农业部科技进步奖，30个企业被评为国家二级企业，8个企业获农业部全面质量管理奖。

三、在贯彻治理整顿、深化改革方针中，乡镇机电工业面临的问题

1989年，乡镇机电工业各方面的工作都取得了长足的进展，经济、技术实力较以往都有一定增强。但由于乡镇机电工业自身主要以市场需求为导向，缺少行业发展规划的指导，国家宏观调控机制又未健全，加上治理整顿的各项措施逐步到位，使乡镇机电工业的发展遇到了很多问题和困难。①国家进一步压缩基本建设投资规模和控制消费基金增长，投资类、消费类机电产品市场需求量大幅度下降，企业生产严重不足。②国家紧缩银根，实行倾斜政策，企业流动资金严重短缺，企业间三角债严重。③原材料、能源供应紧张，企业生产遇到严重困难。④从总体上看，乡镇机电工业还存在技术基础比较薄弱，管理水平比较低，企业规模经济效益比较差，一些地方的产品、产业结构还不够合理等。

（周　全）

纺织·缝纫工业

1989年乡村纺织缝纫工业总产值689.63亿元，比上年增长13.8%。其中棉纺织业170亿元，比上年增长15.7%；毛纺织业71.1亿元，增长10.9%；针织品

业83.1亿元，增长13.6%；缝纫业158.79亿元，增长22.5%。全年纺织产品产量：呢绒17 142 万米，比去年增长24.2%；丝织品79 784 亿米，下降23.8%；丝19 846 吨，下降 6.1 %；服装23.3亿件，下降8.3%。

北京市顺义县高丽营毛织厂

1989乡镇纺织工业发展特点：

一、积极调整，优化结构

1989年乡镇纺织行业根据国家当前产业政策，以市场为导向，自觉调整产业、行业、产品结构。

1. 以新产品为龙头，带动了产品结构的优化。在调整中，乡镇纺织业紧紧抓住新产品开发，带动市场开发，充分发挥本地资源优势和技术优势，扬长避短，既开发适应城市需求的中高档产品和出口创汇产品，又积极开拓农村市场，生产农村需求结实耐用的纺织产品。为了适应国内外两大市场的需求，许多企业调整单一产品为系列产品、精加工产品；调整一般产品为名、特、优产品和出口创汇产品；调整滞销产品为市场短缺的纺织小商品；通过开发非棉纤维，把纺织产品经过纯改混、粗改细、厚改薄、普改精等多层次的开发，拓宽了经营渠道，提高了市场覆盖率。浙江省绍兴县乡镇企业是纺织业产值占全县乡镇企业产值70%以上的生产化纤面料的主产区，该县1989年上半年开发纺织新品种90多种类，新产品 342 种，许多产品还获得了省级新产品奖。由于狠抓了新产品的开发，在1989年市场较为疲软的情况下，仍然取得了较好经济效益，促进了生产的稳步发展。

2. 在治理整顿中，为了提高经济效益，增强竞争能力，乡镇纺织企业通过联营、兼并、股份合作制等形式优化了企业组织结构，关停并转了部分设备陈旧，技术落后，投入多、产出少的企业，使生产要素得以合理配置。1989年乡镇纺织企业55 262 个，比上年减少1 732 个，职工就业人数454.49万人，比上年减少9 000多人。

3. 严格按国务院产业政策，控制对乡镇纺织工业的投入。乡镇企业主管部门，对新增基建项目都建立了严格的审批制度，组织专家进行可行性论证，保证新增固定资产投向产业政策支持的行业。

二、加强企业管理，提高企业素质

随着经济改革的深入，乡镇纺织企业已逐渐从过去依靠外延扩大再生产转向内涵式扩大再生产上来，强化了企业管理，加强企业各项基础工作。1989年全国有28家乡镇纺织企业的产品荣获农业部优质产品奖，8 家乡镇纺织企业进入国家二级企业行列。

为了进一步使乡镇纺织企业提高管理水平，各省还通过建立各项技术经济考核体系，制定出行业技术、物耗、质量等综合经济分级分档指标，给企业提出科学管理目标，促使企业建立起自我约束和自我发展机制，有力促进了企业上质量、上档次、上水平。如山东省对乡镇棉纺厂实行技术、经济分档分级考核，促进企业提高了经济效益和产品质量，降低了原材料消耗。

三、外向型经济发展迅速，出口创汇成绩显著

1989年乡镇纺织服装出口收购值129.6亿元，比上年增长18%。其中纺织品61.1亿元，增长24.9%；丝绸19.6亿元，增长49.6%；服装48.9亿元，增长18.4%。一年中，“三来一补”纺织企业发展较快。仅广东省乡镇纺织业“三来一补”企业出口收货值18.15亿元，比上年增长73%。广州市村、镇两级生产服装出口的企业已近 300 家，从事出口生产的职工近 5 万人，年出口创汇一亿美元，占全市服装出口的80%。随着外向型经济的发展，乡镇出口产品的格局逐渐向深加工、高创汇方向发展，高档服装出口已占出口量的一半以上。

（李　侠）

食　品　工　业

1989年，全国乡村食品工业总产值为 301 亿元，比上年增长 4.9 %，低于全国乡镇工业增长速度。乡村食品工业产值占全国食品工业总产值的26.27%，比上年提高3个百分点；占全国乡村工业总产值的7.7%。乡镇食品工业已成为全国食品工业的重要组成部分。1989年全国乡镇食品工业经受住了严峻的考验，产值依然保持在 4.9 %的适度增长，三分之一省份还超过

平均增长速度，安徽、天津、福建、江西、内蒙古、新疆、吉林突破较大，前四个省市增长速度分别为38.25%、34.55%、27.58%、21.19%，内蒙古、新疆产值由不足亿元分别上跃到1.19亿元、1.31亿元，吉林省产值由不足5亿元上升到6.32亿元。

从主要行业产值消长看，有三分之一的行业下降，三分之二的行业增长，其中以乳品加工和屠宰及肉类加工业为甚，分别下降了17.63%、30.38%；粮食加工增幅大减，比上年少增22个百分点；以酿酒业为重头，占乡镇食品工业总产值四分之一的饮料制造业下降0.48%。重要产品产量，近三分之二的产品减产，其中白酒减少25.4%，啤酒减少6.2%，黄酒减少10.09%，面粮减少20.89%，食用植物油减少1.47%，乳品减少1.44%。1989年乡镇食品工业在乡镇工业中是下滑较大的行业，也是近五年来增长速度最低的一年。

乡镇食品工业是以农副产品为原材料的加工业，具有明显的地域性、季节性、分散性的特点，它直接关系到农业和城乡人民生活。1989年各地在全面开展乡镇工业结构调整中，重新认识乡镇食品工业，普遍引起关注和重视。《中共中央关于进一步治理整顿和深化改革的决定》中强调了乡镇企业的发展"要立足于农副产品和地区材料的加工"。农业部乡镇企业司在山东省烟台市召开了"食品饲料工业座谈会"，认真分析了该行业的当前生产形势和存在的问题与困难，重点研讨了急待解决的若干难点的对策，重申党对农村"放宽搞活"的各项经济政策；致力推动种、养、加一条龙，农、工、商、贸一体化的生产经营路子；广泛提倡综合利用，增值增产增品种等。探讨了怎样突出农村就地加工农副产品的重要性和紧迫性，如何解决该行业的微利和比较利益低的问题，为乡镇食品工业出现转机，再上新台阶开创了好环境。

山东省招远县张星乡龙口粉丝公司包装车间一角

各地充分利用治理整顿、深化改革中出现国家对农副产品加工业实行倾斜政策良机，从调整入手，加快自身建设，优化产业结构，提高企业素质。首先，制订调整规划中都突出了农副产品加工的重点。吉林省是"大粮仓"、林木及野生动植物宝库。在调整中，省、县、乡三级乡镇企业主管部门以当地农副产品资源优势，特别是以粮食为依托，实行种养加、产供销一条龙。全省共计有粮食加工、林木加工、人参加工、野果（菜）加工、畜禽饲养加工、饲料加工等大小16条龙，做到合理分工、布局。同时，每条龙确定数个骨干企业，全省计有1 700多个企业作为示范试点，亦是行业拳头。其次，狠抓企业素质，一是基本生产条件的建设；二是产品质量保证体系的建立。根据实际情况，通过宣传贯彻标准化，企业升级、评优创优、质量普查、抽查、科技进步评估、新产品开发审评、贸工农基地建设、专业培训、岗位练兵等，促使企业素质的提高。1989年乡镇食品工业采标面已达80%，有4个企业获国家二级企业称号，67个产品获农业部优质产品奖，1个产品获国家优质产品奖，二项获部级科技进步奖，涌现出一批新产品，几十个出口基地企业。这都将为持续、稳定、协调发展乡镇食品工业打下良好的基础。

（施友仙）

饲 料 工 业

1989年我国乡镇饲料工业已进入了一个新的、稳定发展的时期。

一、现　　状

1. 乡镇饲料工业已自成体系，并具相当规模。至1989年底，全国因地制宜，建成并投产的饲料厂6 303个，设计加工能力2 000万吨，占全国加工能力5 000万吨的40%，基本与上年齐平；工业产值19.3亿元，比上年增长13.3%。其中配合饲料厂3 200个，工业产值11.75亿元，比上年增长6.4%。鱼粉加工企业经过治理整顿，关停了一大批不合标准的企业，生产加工的企业1 000多家，单班加工能力20万吨。

2. 产量稳步增长，质量普遍提高。1989年，各地饲料企业克服原料涨价、资金紧缺、市场疲软等困难，全年共加工销售配混合饲料700万吨，比上年略有增加，占全国产量3 000万吨的23.3%；鱼粉产量9.2万吨，比上年净减5.44万吨，减少37.18%。产品质量普遍提高，不少配合饲料被评为省优和部优。浙江省玉环县第二鱼粉厂加工的"东瓯牌"鱼粉，行销全国20多个省市，被誉为"明星企业"、"先进集体"。

3．综合开发初见成效。各地饲料企业因地制宜，走饲料加工——饲养专业户——食品加工——种、养、加工基地综合开发的路子，已初见成效。从江苏、湖南、四川等地一批示范试点企业来看，时间虽短，却取得了良好的经济效益和社会效益。

二、存在的主要问题

1．“七五”计划指标难以完成。《全国乡镇饲料工业发展规划（草案）》中计划指标是：“配、混合饲料1990年达1 500万吨，五年平均递增20%，占全国计划产量30%；鱼粉产量20万吨，占全国计划产量90%。”预计1990年配混合饲料和鱼粉产量与1989年齐平（可能略有下降），分别占应完成计划指标的46.6%和45%。

2．有关政策不完善。由于各地搞了些“土政策”，使国家产业倾斜政策落实不了，特别是原料政策、价格政策、信贷和税收政策，更难以落到实处。

3．行业管理薄弱，缺乏管理手段。各地普遍缺乏专管人员，更缺乏管理手段，只能空对空；加上全行业管理责任不清，更增加了乡镇饲料工业的放任自流和盲目发展。

三、当前的任务、指导思想和主要工作

当前，发展乡镇饲料工业的不利因素虽然不少，但有利因素明显增加，面临的形势可概括为：机遇和挑战并存，希望与困难同在。国务院《关于研究饲料工业和牧区畜牧业问题的会议纪要》中明确规定要积极发展农村饲料工业。当前的根本任务是，认真贯彻国家关于进一步治理整顿和深化改革的决定精神，在增加品种、提高质量的基础上，保持适当的发展。主要指标是：1990年配混合饲料产量达800万吨，比1989年净增100万吨，增长14.3%，占全国产量25%；鱼粉产量12.0万吨，与1988年齐平，约占全国产量90%。

综上所述，发展乡镇饲料工业的指导思想是：坚持提高与发展并重的方针，发扬自力更生、艰苦奋斗、竞争、拼搏的精神，充分挖掘内部潜力，努力练好内功，依靠科技进步，强化企业管理，狠抓产品质量，稳定和完善责任承包制，严惩伪劣不法行为，不断推动乡镇饲料工业持续、稳定、协调地发展。

为实现上述目标，应做好以下五项工作。

1．依靠科技进步求发展。根据国家的统一安排，重点抓好优选和推广最佳饲料配方，乳猪料、肉鸡料、育肥猪料、蛋鸡料精配方的优选和推广等技术工作。

2．狠抓产品质量。主要措施有：对鱼粉、骨粉、肉骨粉及三种预混合饲料推行生产许可证管理；做好监督抽查工作，各地抽出专人，对企业进行定期或不定期质量抽查，并公布检查结果；继续做好技术培训工作。

3．加快饲料资源的开发利用。各地应始终把资源的开发利用工作放在首位。当前，应把棉、菜饼粕脱毒，秸秆氨化，鸡粪利用技术全面推广运用，同时要加强调查研究，开辟新的门路。

4．加强和完善行业管理。着重搞好统筹规划和协调服务。一是组织落实，配备好专管人员；二是做好“八五”发展规划的编制工作。

（李国文）

化 学 工 业

1989年乡镇化工行业发展到5.99万个企业，从业人员256.4万人，产值441.5亿元。从1985年到1989年的四年间，乡镇化工行业产值每年以36.5%的速度增长。由此可见，乡镇化工行业的发展速度是比较快的。

乡镇化工行业包括化学原料、化学肥料、化学农药、日用化学、化妆品、化学药品、塑料制品工业、橡胶制品工业等十几个行业。在这十几个行业中，1989年塑料制品行业产值155.0亿元，橡胶制品工业产值41.1亿元，日用化学品制造业产值23.9亿元。仅这三大行业的产值就占乡镇化工行业产值的49.8%。

由于乡镇化工行业注重不断推进技术进步和强化企业管理，使乡镇化工行业涌现出了一批典型企业和大量优质产品。如安徽省宁县密封厂被批准为国家二级企业，该厂的主导产品0.型橡胶密封圈获省部优称号，产品80%配套出口，人均创利税7 474万元；江苏省武进县化工防腐涂料厂的产品1988年获部优称号，同年9月在厦门国际腐蚀控制展销会上获得优秀产品奖，1989年通过部级质量管理奖的验收。自1982年到1989年有100多个产品获部优以上称号。

1989年乡镇化工行业的发展特点：

1．以中小型企业为主，规模逐步增大。1989年乡镇化工企业的平均规模为职工42.8人、产值73.7万元，相对来说规模偏小，但1989年与1984年相比每个企业的产值增长2.01倍。虽然乡镇化工行业以中小企业为主，但有些企业在同行业中已占主导地位。如江苏省武进县化工防腐厂是一家镇办企业，于1980年开始生产氯磺化聚乙烯防腐涂料，多年来经过不断提高产品质量和改进服务，产品供不应求，已推广到全国28个省市的7 000多个厂矿企业，经济效益和社会效益显著。现在全国生产该种涂料的企业有80多家，总产量在2 500吨到3 000吨之间，其中生产规模最大、品种最多、覆盖面最广的是武进县化工防腐涂料厂，年产量2 000吨，占国内同类产品的70%左右。该厂已执该

行业的“牛耳”。

2．为农业和人民生活服务的化工产品占的比重较大。如塑料制品工业的发展，除了为工业提供工程塑料外，还为农业提供农膜、塑料农具，1989年为农业提供塑料农具3 939万件；还为人民生活提供了一定数量的塑料凉鞋、雨衣及其他生活日用品。乡村化学工业1989年生产的氮肥89 140吨、磷肥1 712 912吨、钾肥16 872吨。生产的这些化肥部分缓解了农业肥料紧张的状况，为保证农业丰收作出了贡献。

3．注重新产品的开发。乡镇化工企业的管理者和经营者在实践中认识到不注重新产品的开发，企业就没有出路。由于化工行业的技术性较强，在新产品开发过程中，加强与科研单位、大专院校和城市大企业搞联合，以弥补自身开发力量不足的弱点，使企业的发展有充足的后劲。如江苏省常州市芦荡有机化工厂不断加强新产品开发，增加新产品开发经费，并加强和浙江、上海、苏州等地科研单位的联系。由于该厂注重依靠科技进步，加快新产品开发，近几年，该厂年利润以每年净增10万元的速度发展，1989年该厂被常州市政府命名为明星企业。

4．外向型企业得到进一步发展。1989年乡镇化工出口企业1 413个，出口收购额21.6亿元，比1988年的19.4亿元增长11.3%；有的化工企业已成为同行业中的出口骨干厂。如河北省石家庄市华北蓄电池厂，自1985年至1988年，共为国家创汇700万美元，仅1988年就为国家创汇405万美元。被国家定为出口基地企业，并成为河北省最大的出口厂家。

1989年乡镇化工行业在发展中还存在以下几方面的问题：

一是产品结构不尽合理。乡镇化工产品大路货多，以中低档产品为主；精细化工产品少，花色品种少。

二是企业组织结构不尽合理。乡镇化工行业小企业多，而且大多是“小而全”，企业组织程度相对较低。

南京市栖霞山树脂厂一角

三是关停企业面大。由于市场疲软，再加上资金短缺，在一些地方使乡镇化工行业受冲击较大。如河南省密县的调查，在其87个化工行业中，停产的23个，占26%；半关停的企业30个，占34.5%；能够维持正常生产的只有34个，仅占39.1%。

（王秀忠）

造　纸　工　业

1989年，全国乡村两级造纸及纸制品业企业有1.77万个，职工89.72万人；总产值108.24亿元。其中造纸企业0.87万个，职工46.5万人，总产值52.45亿元。乡镇造纸及纸制品工业产值比1988年净增10.89亿元，为市场提供了470.69万吨机制纸及纸板，比1988年增长8.73%；乡镇造纸工业的产量占全国机制纸及纸板产量1 300万吨的36.21%。

1989年，安徽省乡镇造纸业已跻身于年产10万吨以上的省市行列，产量达10.15万吨，比1988年增长22.23%。河南省乡镇造纸业产量已突破百万吨大关，达到104.39万吨，占全国乡镇机制纸及纸板总产量的22.18%。产量增长幅度较大的省有：山西省为34.38%；上海为21.34%；陕西省为19.17%；山东省为15.24%。

1989年，乡镇造纸及纸制品工业在严峻的形势下，以深化改革为动力，在治理整顿中积极调整，经受住了考验。如浙江省关停并转了94个质量效益差、污染严重的造纸及纸制品企业，减少职工6 101人，而乡村两级造纸及纸制品业的产值比上年增长了10.82%，产量增长了11.62%；湖南省关停并转了造纸及纸制品企业79个，减少职工567人，产值增长了19.04%，产量增长了12.88%。年产值1 000万元以上的企业增多，仅就四川省的统计就有61个。

1989年，各地乡镇造纸行业的生产者和经营者仍然十分重视产品质量。为了强化产品质量的管理，大多数企业采用了先进的全面质量管理方法，提高了企业职工的质量意识，生产出大批优质产品。1989年，广东顺德县龙江永发包装实业公司纸管厂的永发牌螺旋式卷筒纸管、山东腾州市第一造纸厂的双叶牌沥青防潮原纸、北京平谷县绝缘板厂的稚新牌3021酚醛层压纸板及河南温县第二机械厂的青峰牌W4-1 575造纸机、河南沁阳县第一造纸厂的华美牌25CO型铸铁烘缸、河南焦作市崇义轻工机械厂的北斗牌2WJ2-1 575复卷机获得农业部优质产品称号。山东省东营市造纸厂，连续四年被评为“山东省造纸工业先进企业”。该厂现已发展成为年生产能力7 000吨、产值1 200万元、销售收入1 800万元、利税380万元、利润200万元的骨

黑龙江省哈尔滨市宏伟造纸厂

干企业。

许多乡镇造纸企业从经验管理向科学管理转变，促进乡镇造纸工业的发展。河南许昌市兴华造纸设备厂，在资金困难、市场疲软的情况下，通过技术进步和双增双节，产值和税利分别比1988年增长23%和15%。河北青县上伍乡造纸厂与天津板纸厂及天津造纸研究所共同研制利用麦草浆和废纸浆试制开发轻载箱板纸新产品，到1989年7月底，该厂已生产销售轻载箱板纸6 000吨，增加利税105万元。该项目被列入沧州市“星火”计划。同时，各地为了生产高档纸，满足市场需求，在利用好现有草、竹、苇子、废纸等原料的基础上，注重新原料的开发。如河南内乡第二造纸厂，研究开发一年生植物红麻全秆造纸试验（生产新闻纸）；山西襄汾县北李村造纸厂研究开发棉秆造纸，经多次试验，现已成功制造出达到部颁标准的牛皮纸，为造纸工业拓宽了一条原料渠道。

造纸工业是污染环境的重点行业之一。为了解决污染和烧碱不足的问题，广西区乡镇企业局与区轻工造纸研究所专门成立了推广亚铵法制浆造纸技术小组。通过在横县峦城造纸厂、临桂县五通造纸厂试点，除制造的纸质量令人满意，废液用于灌溉农田外，每吨亚铵法抄造的纸价成本比用碱法抄造的纸价少100元。该区局举办了现场学习班，在全区推广此法造纸，并计划在“八五”期间改造完全区乡镇小造纸企业。该项目已被列入区科委的“星火”计划。

1989年，是乡镇造纸工业方方面面都极其困难的一年，也是经受严峻考验的一年。乡镇造纸工业只有积极着眼于质量管理，不断开拓产品的新门类、新品种，注重污染的治理，自觉利用有利时机进行调整，才能为社会提供更多的有效供给。

（李建珠）

塑 料 工 业

1989年，全国乡镇塑料工业乡村两级企业26 774个，比1988年减少745个；职工人数105.39万人，比1988年减少7.03万人；总产值155.0亿元，比1988年增长13.26亿元。

1989年通过治理整顿，乡镇塑料加工工业过快的发展速度缓慢下来，但由于及时调整行业结构和产品结构，加快向外向型经济转变，生产出现良好转机。企业个数和职工人数虽然比上年都有减少，但总产值却以比上年同期增长9.4%的速度平稳地发展。一些企业虽然还面临资金不足，市场疲软，产品成本上升等问题，但大批企业经过治理整顿，已渡过难关，开始出现稳定、协调、健康发展的好势头。

一、生产管理

1989年，全国乡镇塑料工业着重抓了产品结构的调整，加强了以提高产品质量为中心的企业管理，不断开发新产品。职工仅百余人的河北省涿州市医用塑料制品厂，由于注意捕捉市场信息，发现一次性医用塑料输血液器有广阔长远的生产销售前途，及时调整产品结构，专门生产ＳＹ系列一次性医用塑料输液器、ＳDH系列一次性塑料单采还输器、ＳＸ系列一次性医用塑料输血器和各种血袋。同时狠抓质量管理，采用先进工艺技术和完备的检测手段，在全国40家同行企业的激烈竞争中站稳了脚跟，仅1989年下半年，就完成产值150万元，获纯利20万元。

1989年，全国乡镇塑料工业继续广泛开展全面质量管理和质量管理小组活动。广东省顺德大良塑料织造联营厂，1989年建立质量管理机构，推行目标管理，建立了完整的质量保证体系，开展质量教育和QC活动，生产的大牌纸塑复合包装袋，出厂产品优级率达95%以上，获广东省优质产品奖、全国建材包装协会优质产品奖。年产值2 000万元的浙江省黄岩三友纺织器材厂，由于强化全面质量管理，获1989年浙江省级先进企业，生产的塑料经纬管获1989年农业部优质产品奖。

1989年全国乡镇塑料工业普遍加强了检测工作，修订和完善了产品质量标准，从而使产品质量得到稳步提高。安徽省安庆市老峰塑料包装厂、湖北省武昌县化纤编织塑料厂1989年10月参加国家商检局的行检，达到《国际危规》Ⅲ类包装要求并获证书，为产品出口创造了有利条件。

1989年全国乡镇塑料制品业还继续深入进行双增双节工作，取得明显效果。成都市青白江塑料厂积极开展以节能降耗增产为目的的调整改造活动，成绩显著，获成都市节能先进企业称号。

二、技术进步

1989年全国乡镇塑料工业不断采用新技术、新工艺，利用自身的优势发展高科技产品，加速了企业的技术改造和产品更新，使制品结构向着实用化、装饰化、系统化、配套化、礼品化、替代化、广泛化的方向发展。北京市通达塑料厂是北京最早生产ＰＶＣ硬塑异型材塑料制品的厂家，也是国内较早致力于开发硬质塑料的生产厂，1989年该厂大胆采用先进工艺技术，制造的ＰＶＣ塑料楼梯扶手获北京市优质产品称号，该产品和其它各种ＰＶＣ塑料管材被列为第十一届亚运会指定产品。河北省平乡县东风塑料厂研制开发新产品６项，其中４项在全国和省内获奖，创经济效益近千万元。辽宁省锦县阎家镇塑料厂研制成功的航空阻燃板和阻燃塑料丸粒，替代了进口产品，已批量生产，受到用户好评。

（王保平）

工 艺 美 术

1989年，全国有乡村工艺美术业企业2.4万个，职工146.5万人；总产值85.4亿元，占乡村工业总产值的4.06%，占全国工艺美术业总产值126.34亿元的67.6%。为市场提供了64.1亿元的工艺美术品，比上年增长13.2%（见表）。表中各制造业产值与全国轻工各制造业产值相比较，除抽纱刺绣业、美术陶瓷业的产值分别是全国轻工抽纱刺绣业、美术陶瓷业的二分之一外，其他几个行业均相等。

1989年乡镇工艺美术业基本情况

项目	企业数（万个）	人数（万人）	工业总产值	
			金额（亿元）	比上年增(%)
工艺美术业	2.40	146.50	85.40	18.56
其中：雕塑工艺品制造业	0.13	68.70	4.89	-3.74
竹藤棕草工艺品制造业	0.20	12.70	6.70	28.60
抽纱刺绣工艺品制造业	0.40	29.36	15.42	21.61
地毯制造业	0.58	32.10	15.70	29.01
陶瓷工艺品制造业	0.84	3.15	2.30	101.75
烟花炮竹制造业	0.41	29.81	13.70	4.18
玩具制造业	0.12	16.15	11.30	3.67

1989年，乡镇工艺美术品的出口产值达57.66亿元，比1988年增长92.2%，占乡镇企业出口总产值463.9亿元的12.00%，占全国轻工工艺美术品出口产值127亿元的45.40%。

乡镇工艺美术业主要集中产区在河北、江苏、浙江、山东、河南、湖南、湖北、广东、上海、北京、天津、福建、江西等13个省市。这13个省（市）的产值为78.70亿元，占总产值的92.16%。

山西省最大的草编生产厂——闻喜草编工艺总厂

雕塑工艺品制造业主要集中产区在河北、江苏、浙江、山东、广东等５省。这５省的产值4.26亿元，占该制造业企业产值总数的87.12%。

竹藤棕草工艺品企业主要集中产区在江苏、浙江、安徽、福建、山东、广西、陕西等７省(区)。这七省（区）的产值5.78亿元，占该行业企业产值总数的86.21%。1989年陕西省竹藤棕草制品增长较高，达85.09%。

抽纱刺绣工艺品业主要集中产区在河北、上海、江苏、浙江、福建、山东、河南、湖北、湖南、广东等10省(市)。这10省（市）的产值15.22亿元，占该制造业企业产值总数的98.73%。

烟花鞭炮制造业较为集中的产区在河北、江西、湖南、广东、广西等５省(区)。这５省（区）的产值10.58亿元，占该制造业企业产值总数的77.23%。江西省万载县乡镇花炮业较多，现已发展到10多个系列，2 000多个花色品种，其中有30多个获部优、省优的产品。

地毯制造业主要集中产区在天津、河北、江苏、浙江、山东、河南等６省(市)。这６省（市）的产值13.61亿元，占该制造业企业产值总数的89.79%。

陶瓷工艺品制造业主要集中产区在河北、福建、江西、河南、湖北、广东等6省。这6省的产值1.75亿元，占该制造业企业产值总数的76.17%。

1989年，乡村两级工艺美术出口企业有37 673个，职工109.01万人；出口交货额52.3亿元。其中直接出口32.55亿元，间接出口15.61亿元，“三来一补”出口4.06亿元。出口产值较高的省市有广东、江苏、浙江、山东、河北、天津、上海、河南、北京、福建、辽宁等11省（市），出口产值共计52.08亿元。

1989年，乡镇工艺美术业在强化企业管理的同时，注重产品质量的提高，以较精致的做工、优良的产品质量赢得消费者的赞誉。1989年获农业部优质产品称号的有15个产品。

1989年，乡镇工艺美术业在“双紧”的严峻形势下，仍然保持了较好的发展势头。但是，以手工生产为其特点的部分企业依然处在企业规模小、生产效率低、经营管理落后、经济效益差的水平上。如果乡镇工艺美术业继续保持以手工生产为主体的低层次产业结构、单一的产品结构，显然已不能适应外向型商品经济发展的要求。为此，应不失时机地进行技术改造，优化产业结构，提高企业、职工的素质。在发挥传统工艺品优势的同时，还要注重国际、国内工艺品市场的审美变化，以适销对路的优质产品投放市场，以求得乡镇工艺美术业的更大发展。

（李建珠）

第三产业

截止1989年底，乡镇企业第三产业共有企业1 016.93万个，从业人员2 099.66万人，年创产值1 171.27亿元，与上年相比，从业人员减少0.36%，企业个数、产值分别增长2.10%和14.66%（详见表1）。具体表现出以下几个特点：

1. **发展速度减慢**。从1987年以来，乡镇企业第三产业发展速度逐年下降，1988年下降幅度最大（详见表2）。一是产值增长从前几年高于乡镇企业平均速度降为基本持平，1989年产值增长14.46%（乡镇企业产值增长14.36%），比上年回落了16.67个百分点；二是第一次出现劳动力回流，前十年乡镇企业平均每年吸收农村劳力186万人，1989年从业人员却比上年减少7.61万人，其中乡村两级从业人员减少达到21.55万人。

表1　1989年乡镇企业第三产业基本情况

项目	企业个数			从业人员			产值		
	绝对数（万个）	占第三产业%	比上年增长（%）	绝对数（万人）	占第三产业%	比上年增长（%）	绝对数（亿元）	占第三产业%	比上年增长（%）
合计	1 016.93	100	2.10	2 099.66	100	－0.36	1 171.27	100	14.66
交通运输业	379.88	37.35	1.97	699.37	33.31	2.22	587.54	49.39	22.25
商业	360.96	35.50	5.50	692.34	32.97	3.07	423.29	36.14	4.62
饮食业	85.37	8.39	5.10	223.27	10.63	1.88	169.44	14.17	16.82
服务业	127.00	12.49	4.90	291.06	13.86	－0.64			
其他业	63.72	6.27	－19.17	193.62	9.23	－19.10			

表2　近几年乡镇企业第三产业发展情况

年份＼项目	企业个数			从业人员			产值		
	绝对数（万个）	占乡镇企业%	比上年增长（%）	绝对数（万人）	占乡镇企业%	比上年增长（%）	绝对数（亿元）	占乡镇企业%	比上年增长（%）
1987年	928.58	53.05	21.13	1 920.33	21.81	13.35	780.35	16.38	45.62
1988年	995.78	52.74	7.22	2 107.27	22.08	9.73	1 023.31	15.75	31.13
1989年	1 016.93	54.42	2.10	2 099.66	22.42	－0.36	1 171.27	15.77	14.46
1986～1989年年均增长	9.88%			8.06%			29.78%		

2．乡镇企业第三产业占乡镇企业比重上升。1989年乡镇企业第三产业企业个数、从业人员、产值分别占乡镇企业总数的54.42%、22.42%、15.77%，分别比上年上升1.68个、0.34个、0.02个百分点。对稳定乡镇企业发展作出了积极贡献。

3．乡镇企业第三产业内部行业结构进一步调整。从从业人员看，各行业所占比重为：交通运输业33.31%、商业32.97%、饮食业10.63%、服务业13.86%、其他业9.23%，与上年相比，交通运输业、商业、饮食业分别上升0.84、1.10、0.23个百分点，服务业、其他业分别下降0.04、2.13个百分点。从产值看，各行业比重为：交通运输业49.39%、商业36.14%、饮食业14.47%，与上年相比，交通运输业、饮食业分别上升3.13个、0.29个百分点，商业下降3.41个百分点。行业结构变化的主要原因：一是由于市场疲软、流通不畅，因而商业发展困难较大，乡镇商业产值仅增长4.62%；二是由于高消费受到抑制，乡镇宾馆、饭店、酒店等饮食业以灵活的机制适应了大量中、低消费水平的需要，因而在消费疲软的情况下，仍顾客盈门，生意兴隆，产值增长达到16.82%；三是虽然我国经济发展减缓，但货运能力仍不足，乡镇交通运输业以独特的优势弥补了国营交通运输业的不足，得到较大的发展，1989年完成运货量109.01亿吨、产值587.54亿元，分别比上年增长39.63%、22.25%。

4．乡村两级第三产业经济地位有所下降，但生产规模、效率有较大提高。1989年乡村两级第三产业有企业26.39万个，从业人员260.53万人，产值236.14亿元，分别占乡镇企业第三产业总数的2.62%、12.41%、20.16%，分别比上年下降0.26个、0.98个、0.44个百分点。因各地社会条件不同，以乡村两级第三产业为主的地区乡村经济所占比重有不同程度上升。乡村两级第三产业现有生产规模为：平均每个企业拥有职工9.9人、每个企业年创产值8.95万元，分别比上年增长1.02%、21.77%。乡村两级第三产业劳动生产率达9 064元/人·年，比上年增长21.29%，其中最高的是饮食业，达到12 536元/人·年。

5．乡镇企业第三产业重点省区又有新发展。乡镇企业第三产业主要分布在河南、山东、四川、河北、广东、安徽、湖北、湖南、江苏、陕西、广西、辽宁十二省区。1989年十二省区从业人员1 606.52万人、产值855.50亿元，分别占全国的76.51%和73.04%，分别比上年上升1.8个百分点和0.44个百分点。分行业产值看，十二省区的交通运输业、商业、饮食业分别占全国的71.29%、74.71%、75.60%，分别比上年上升0.12个、1.06个、0.25个百分点。

6．乡镇企业第三产业管理水平和服务质量不断提高。1989年广州市西城大酒店第一个在全国乡镇企业第三产业中获省级先进企业称号。安徽省从1986年在乡镇企业第三产业中开展创优质服务活动以来，共有186个企业被评为优质服务先进单位，其中有24个企业被省政府授予“三连冠”金杯奖。由于管理水平和服务质量的提高，涌现了一批骨干企业，在社会同行业中具有较强的竞争能力，如北京市已有十来家乡镇饭店被市旅游局定为定点饭店。也涌现了一批具有开拓能力的农民企业家，如福州市商业城就是由农民企业家承包管理的。

（胡永万）

各地概况

北京市
天津市
河北省
山西省
内蒙古自治区
辽宁省
吉林省
黑龙江省
上海市
江苏省
浙江省
安徽省
福建省
江西省
山东省
湖北省
湖南省
广东省
广西壮族自治区
海南省
贵州省
云南省
西藏自治区
陕西省
甘肃省
青海省
宁夏回族自治区
新疆维吾尔自治区
重庆市
西安市
武汉市
广州市
沈阳市
哈尔滨市
南京市
宁波市
成都市
长春市

北京市

1989年，北京乡镇企业贯彻市委、市政府提出的“抓调整、上水平、求效益”的发展方针，开展了“乡镇企业管理年”活动，以调整、管理为重点，带动其他工作的开展，克服多种困难，仍然保持了较好的发展趋势，取得了全面稳定增长、经济效益改善、企业素质提高的好成绩。

1989年，北京乡镇企业（乡、村两级集体企业）达18 819个，职工87.1万人，拥有固定资产58.4亿元。完成总收入145.28亿元，比上年增长22.2%；完成总产值159.1亿元，比上年增长28.4%；完成工业总产值127.44亿元，比上年增长32.3%；实现利润18.13亿元，比上年增长14.8%；缴纳国家税金9.99亿元，比上年增长11.6%。

1989年，北京乡镇企业有三个比较显著特点：

一是由外延发展向内涵发展转变取得突破性进展。第一次在企业数量比上年仅增长1.2%、职工人数下降3.5%的情况下，实现了各项经济指标的全面增长。在全年新增工业总产值中，靠技术改造、加强管理、双增双节、新产品开发等内涵手段所增加的已占50%以上，标志着北京乡镇企业已经开始进入到一个主要靠内涵提高求发展的新阶段。

二是经济效益逐年下降的幅度减小，下降的趋势开始得到抑制。由于原材料涨价和工资提高等多种因素的影响，1983年以来，北京乡镇企业销售收入利润率逐年直线大幅度下降，六年平均每年下降1.5个百分点。1989年，通过贯彻“抓调整、上水平、求效益”方针和开展“管理年”活动，企业应变能力增强，消化能力提高，收入利润率逐季回升，由一季度的10.8%上升到12.5%，尽管减利因素很多，但收入利润率只比上年降低0.8个百分点，是近六年来下降幅度最低的一年。人均创利税比上年提高15%，达到了2 394元。

三是工业总产值净增长第一次超过大工业。1989年全市村以上工业企业完成工业总产值518.5亿元，比上年净增46.9亿元，其中乡村工业净增31.1亿元，占全市净增部分的66.3%；乡村工业总产值在全市工业总产值中的比重已由上年的20.4%提高到24.6%，乡镇工业在全市工业中的地位日益提高，贡献越来越大。

1989年乡镇企业的主要工作：

1．调整初见成效。按照国家产业政策，市乡镇企业局对郊区乡镇企业生产的30大类 286 种主要产品进行了分类排队，列出了保压产品名单，提出了北京乡镇企业调整的方向，保证了调整、发展的顺利进行。具体表现在：城乡联合有了新的发展。充分利用闲置厂房、电力等优势，新增联营企业115家，累计达到 915 家，完成工业产值17.5亿元，比上年增长65.1%。石景山区阀门厂去年与首都钢铁公司机械厂联营，产值、利润分别比上年提高262%和192%，达到1 000.4万元和152 万元，使这个长年徘徊在产值200 万元上下的企业获得了突飞猛进的发展；出口创汇大幅度增加。去年完成出口供货额11.24亿元，比上年增长40%。在服装、针织、工艺品三大传统出口产品稳步增长同时，出口产品品种增多，轻工、机电产品出口增长60.1%和63%，出口产品结构进一步趋于合理。‘三资’企业突破了百家大关，达到115家；当地资源的开采和深加工发展加快，生产原煤400万吨，占全市原煤产量的41%，创历史最好水平；涌现了一批企业集团和群体，骨干企业以自身为主体，以拳头产品为龙头，通过联合、兼并等手段，形成了144个企业集团和群体，抵抗风浪的能力增强；关停并转了2 196 个耗能高、污染环境、效益差的企业。

2．管理工作开始走上轨道。在“管理年”活动中，以企业管理工作“达标”为基础，通过抓企业定级升级工作，管理工作取得了新的进展。南苑农机厂、四季青锅炉厂进入国家二级企业行列，京鹏风雨衣厂等15家企业被评为市级先进企业，各县区也评出726家先进企业，形成了有层次的升级活动。73家市重点乡镇企业通过了“达标”验收，136家骨干企业完成了“厂内银行”的试点工作，取得了显著效果。全面质量管理工作进一步加强，南苑汽车齿轮厂、四季青锅炉厂通过了市质量管理奖考评，实现了在市质量奖上“零”的突破；17个QC小组荣获国家、部、市级优秀小组称号，获奖数量比上年增长了3倍；225家企业通过计量定级验收；42家企业领取了生产许可证，产品标准覆盖率比上年提高了10个百分点；去年共创部优产品11个，市优产品40个，市局优产品60个。

3．技术进步成效显著。依靠科技进步保持稳定发展的观点被更多的企业所认识，以技术改造为主的科技投入比例明显增大。去年投资4.2亿元，完成技术改造300项，其中投资100万元以上的有178项，新增产值7.8亿元、利润1.1亿元。平谷县投资7 124 万元，完成技术改造116项，新增产值1.45亿元、利润1 416 万元，分别占当年全县新增产值、利润的58.9%和58.1%，成为增长的主要部分。开发新产品 345项，其中11项新产品填补了国内空白或达到国内先进水平，4 项首次列入国家重大新产品试制计划，3 种产品获部、市级优秀新产品开发奖。新产品开发年创产值1.5亿元，创利3 000万元。“内培外引”人才工作进一步加强，1989年共引进各类专业技术人员8 000多人；全市已

北京市京鹏风雨衣厂

有市县两级培训基地13个，培训各类人员5.2万人次，比上年增长30%；经过系统培训、严格考核，共评定工程、经济、会计、统计四个系列的中级职称1 139人、初级职称7 187人，是多年来成果最大的一年。

4．企业积累增加、后劲增强。过去由于自我积累意识淡薄，不少企业生产靠贷款、盈利搞分配，形成了“两头大、中间空”的局面。1989年，通过深化改革，完善落实承包经营责任制，企业平均留利水平已经达到58%，比上年提高了2.74个百分点；近三分之二的企业留利水平达到了60%。企业留成中用于发展生产的资金占69%，比上年提高了8.9个百分点。通过采取工资与经济效益挂勾等方法，职工分配得到有效控制，在上年人均收入增长26.6%的情况下，1989年工资总额、人均收入都比上年下降了1.5%。多年提倡的正确处理积累与分配关系，“压两头、保中间”，增加企业后劲的思想在大困难之年形成。

（董　征）

天津市

到1989年底，天津乡镇企业已发展到45 284个，比上年增加了3 951个；从业人员87万人；拥有固定资产原值43.04亿元；实现总产值175亿元，比上年增长36.22%；完成总收入128.7亿元，增长29.82%；实现利润总额15.63亿元，增长11.08%；上缴国家税金7.19亿元，增长9.38%；全员劳动生产率达到20 092元，比上年增加4 569元；乡镇企业总产值已占全市农村社会总产值的77.7%，缴纳的税金已占郊区县财政收入的74%。1989年，乡镇企业用于支农、补农和各项农村建设的资金达到1.6亿元以上，为天津农业战胜历史上罕见的自然灾害，继续保证粮食丰收、副食品增产和供应，提供了人、财、物力等方面的有力支援。

全市12个郊区县中，有8个区县乡镇企业总产值超过了10亿元。其中超过25亿元的有3个：武清县29.53亿元、静海县27.17亿元、西效区26.6亿元；超过15亿元的有2个：南郊区18.86亿元、宝坻县16.77亿元；北郊区、蓟县和东郊区的乡镇企业总产值分别达到14.81亿元、12.71亿元和11.86亿元。全市225个乡镇中，乡镇企业总产值在5 000万元以上的有120个，比上年增加了32个；产值超过亿元的有54个，比上年增加了21个。在全市3 878个村中，乡镇企业总产值超过1 000万元以上的有265个，比上年增加了77个；静海县大邱庄仍为最高，达到6亿元。

天津乡镇企业以乡办、村办、联办集体企业为骨干，以工业企业为主体。1989年，全市乡办、村办、联办三级工业企业已发展到10 471个，比上年增加487个；从业人员65.19万人，占乡镇企业从业人员总数的74.85%；实现工业产值143.13亿元，占乡镇企业总产值的81.79%，比上年增长33.5%；实现利润总额11.13亿元，占乡镇企业利润总额的71.2%，比上年增长12.02%；上缴国家税金5.22亿元，占乡镇企业上缴总数的72.5%，比上年增长3.92%。在乡村联工业产值中，计划产品产值8.48亿元，加工产品产值53.66亿元，自产自销产品产值81亿元，分别占全部产值比重的5.93%、37.52%和56.6%。

乡镇工业生产的主要产品有：金属制品23万吨、水泥10.4万吨、机制砖56亿块、平板玻璃49万平米、农用化肥1.7万吨、中小农具590万件、棉纱4.82万件、印染布4 369万米、针棉织品4 747吨、地毯加工302.7万平米、皮革制品755万件、皮鞋1 529万双、服装1.19亿件、塑料制品2.02万吨、各种家具787万件、工艺美术品4 409万元、汽车配件2.01亿元、自行车零件2.77亿元。

一年来，天津乡镇企业的发展具有以下特点。

1．主动适应治理整顿的要求，进入良性发展的轨道。通过认真学习中央关于治理整顿的重大决策，加深了对经济调整必要性和重要性的理解，天津乡镇企业及时对工作重点进行了调整，初步实现了由外延为主向内涵为主发展的战略性转变。对上年结转的1 100多个在建项目，进行了认真清理。对资金、能源、原材料不落实、市场销路没保证的项目，妥善调整治理。累计缓建126项、停建415项。严格新上项目的审批手续，基建规模得到有效控制。1989年与上年相比，新建项目和企业减少了67%，固定资产投资减少了76%，达到了市里提出的控制目标。新建的项目多数是为城市经济发展和国内外市场急需的小、快、灵项目，大都利用的是闲置的厂房设备，投资在50万元以下的占90%，到年底已有80%的项目投产达标，新增产值7亿元以上。根据国家产业政策和全市工业结构调整的要求，积极主动地对乡镇工业进行了产业、产品结构调整。关停并转了1 400多家耗费能源、原材料过多，污染严重，长期亏损和国家限制生产的企业。经过调整，乡镇企业的生产结构更加合理，依托城市工业，搞好加工配套、扩大出口创汇、支援农业生产、利用地产资源加工的方向更加突出；城郊型、外向型的特点得到进一步发挥。与此同时，按照国家宏观控制的要求，乡镇企业产值增长势头逐月回落，全年产值增长幅度比上年降低了18.1个百分点，发展速度与当前国家和全市的经济环境基本适应。

2．城乡经济一体化出现新格局。按照城乡结合、整体推动的基本思路，乡镇企业已成为天津工业经济中不可忽视的重要组成部分。1989年，天津乡镇工业的产值已相当于1977年全市工业产值的总和；占全市工业总产值的比重也由10年前的6%增加到现在的30%，乡镇工业新增产值占当年全市工业新增产值的90%以上；而且乡镇工业产值的75%是为城市大工业配套和出口创汇服务的。这对于全市工业的稳定增长和产品结构的调整都起到了积极的作用。作为城市工业的延伸，一批乡村集体企业已发展成为具有一定生产规模和技术水平的骨干企业。据1989年底统计，乡村集体企业中年产值超过100万元以上的骨干企业有3 203个，其中产值在500万元以上的有573个，1 000万元以上的有201个。产值在100万元、500万元和1 000万元以上的企业个数，分别比上年增加了695个、203个和96个。这些企业的产值、税收约占全市乡镇工业的70%，已成为天津工业发展的一支生力军。城乡联办企业的迅速发展，是推进城乡一体化的重要形式。1989年，仅工农联办企业又新增加了160个。联办企业充分发挥了城乡双方的优势，既吸收了城市比较先进的管理技术，又利用乡镇企业灵活机动的体制，表现出很强的生命力。据417家联办企业统计，1989年实现产值17.5亿元，比上年增加90.59%；实现总收入14.85亿元，增加82.59%；实现利润1.26亿元，增加55.06%；上交税金6 775万元，增加29.8%，大大高于全市非城乡联办企业的发展速度。联办企业的健康发展，标志着我市城乡经济一体化正在进入新的阶段。

3．外向型经济发展增势不减。1989年，在外贸出口面临许多困难的情况下，乡镇企业提供的外贸出口产品交货值，仍保持了较大幅度的增长，为保证全市外贸出口任务的完成做出了突出贡献。到年底，全市生产出口产品的企业已有1 029家，比上年增加了185家；共完成出口产品交货值24.26亿元，比上年增长52.5%。其中生产直接出口产品的企业有602个，比上年增加了95个；直接出口交货值为17.36亿元，比上年增长58.14%，大大超过了乡镇工业产值的增长幅度。出口产值已占乡村联工业产值的16.8%，成为全国增长较快的省市之一。全市已有7个郊区县的直接出口交货值超过了亿元，比上年增加了2个。其中，武清县3.4亿元，静海县3.14亿元，宝坻县2.29亿元，西郊区1.92亿元，南郊区1.65亿元，蓟县1.21亿元，北郊区1.02亿元。全市乡镇企业中，出口产值超过100万元以上的骨干企业已达329家，其中超过500万元的有101家，超过1 000万元的有35家。此外，1989年又有11项贸工农出口商品基地建设中标，总投资为991万元，为创汇企业增添了后劲。农贸联营发展出口商品生产，是我市乡镇企业出口迅速发展的重要因素之一。乡镇企业与外贸部门的合作有了新的发展，开始从松散的加工型向紧密的联营型转化，以投资参股形式办起的联营企业已逾70多家。农贸之间互相配合，共同开拓国际市场，使出口商品生产取得突破性进展。如天津外贸文体公司与宝坻县北王村联合兴办的环球旅游帐蓬厂，建厂不到3年，1989年就完成出口交货值6 000多万元，创汇1 000多万美元，成为亚洲最大的旅游帐蓬生产厂，名列全市乡镇企业出口创汇之首。

4．产品质量水平、企业职工素质有了新的提高。以提高产品质量为龙头，乡镇企业的技术基础工作明显加强。无标生产现象在乡村两级工业企业中已基本杜绝，采标覆盖率已达到96%；有103种产品采用了国际标准，并通过了采标验收；达到二级、三级计量标准的企业，也分别由上年的6家和200家，增加到1989年底的30家和329家；已建起砖瓦、电机、橡胶、化工等7个市级乡镇企业检测站，有效地保证了产品质量的提高。1989年，南郊区通风除尘设备厂生产的除尘器荣获国优产品银质奖，实现了全市乡镇企业国优产品“零”的突破。新评出部优产品9项，通过市优产品评审84项，评出局优产品142项；使乡镇企业获得部、市、局优产品总数，分别达到36项、175项和395项。另外，还有630个乡镇企业获得了第一批出口产品质量保证生产认可证书。部、市级优质产品抽检合格率和出口产品商检合格率继续保持100%和99%。

乡镇企业职工培训工作成绩突出。1989年有3 700名厂长、经理参加了国家经济管理干部统考培训班；新开办大中专班50个，学员近2 000人；技术工人岗位培训初步展开，2 000多名青工通过了技术等级培训考核；乡镇企业专业技术职聘工作已结束，又有4 214人获得任职资格证书，使天津乡镇企业自己的专业技术人员增至1.2万人，对企业素质的提高起到了推动作用。

5. 以改革促管理，成效显著。一年来，乡镇企业改革围绕上管理、增效益继续完善和深化。乡镇企业的承包率稳定在95%以上，实行厂长任期目标责任制的企业已达到5 429个，比上年增加了56%；有三分之一的企业实行了风险抵押承包，筹集风险资金1.3亿元；厂币结算制、效益工资浮动制、供销人员“四联制”等企业内部责任制的目标落实情况也好于往年。深化改革强化了企业管理工作。在严峻的经济形势面前，乡镇企业普遍增强了眼睛向内的压力感和紧迫感，根据各自实际情况制定了加强企业管理的具体措施和目标。据统计，1989年在乡村联工业净增的36亿产值中，通过加强管理、内部挖潜所增的产值占30%以上。抓改革、促管理对企业渡难关、增效益，实现以内涵求发展的战略转变，发挥了重要作用，也使乡镇企业的升级工作取得了长足进展。1989年，通风除尘设备厂、双街钢管总厂、渤海染料化工总厂3家乡镇企业晋升为国家二级企业；92家乡镇企业跨入市级先进企业行列，上年的10家市级先进企业经复查继续保持了荣誉称号；还有248家企业被评为市局级先进企业。

（焦　勇）

河北省

1989年，河北省乡镇企业个数为140.6万个，比1988年减少3.1%；其中乡办企业2.01万个，村办企业5.65万个，分别比上年下降6.7%和8.7%；联户企业为16.6万个，个体企业为116.4万个，分别比上年下降8.7%和1.9%。

1989年全省乡镇企业从业人员为673.17万人，比1988年减少30万人，下降4.3%。在四级企业中，乡办企业99.1万人，村办企业143.9万人，分别比1988年下降6.6%和6.5%；联户企业为136.8万人，个体企业为293.3万人，分别比1988年减少11万人和2.7万人，下降7%和0.9%。

1989年乡镇企业总产值（不变价）达到493亿元，比1988年增长18.7%。其中乡村两级集体企业产值为209.8亿元，占总产值的42%；联户、个体企业产值为284亿元，占总产值的58%。乡镇企业总产值占全省工农业总产值的37%，成为全省国民经济的重要组成部分；占农村社会总产值的67%，成为农村经济的主体力量。

全省乡镇企业实现利税总额84.4亿元，比1988年增长6.4%；其中完成纯利润69亿元，比1988年增长4%，上缴国家税金15.5亿元，比1988年增长19.2%。全省乡镇企业上缴国家税金已占到全省财政收入的20.2%，成为全省财政收入的重要来源。

1989年全省乡镇企业出口产品交货总额达到14.6亿元，比1988年增长12.6%。其中直接出口金额为87.6亿元，比1988年增长11.8%；间接出口金额为5.29亿元，比1988年增长10.9%；“三来一补”工缴费收入为5 576万元，比1988年增长52.2%。按产品类别分，增长幅度较大的有轻工、服装和矿产，增长比例分别为80.8%、54.6%和46.3%。

1989年总产值上亿元的县达到114个，其中最高的是石家庄市郊区，产值为15.7亿元。总产值上亿元的乡36个，比1988年增加12个，其中最高的是丰南县胥各庄镇，产值为2.7亿元。总产值上1 000万元的村217个，比1988年增加47个，其中最高的是蠡县辛兴村，产值为9 058万元。总产值500万元以上的企业312个，比1988年增加112个，其中上1 000万元的企业为82个，比1988年增加31个，其中产值最高的是冀县暖气片厂，产值为7 927万元。

1989年，是河北省乡镇企业治理整顿，深化改革初见成效的一年，全省乡镇企业发展速度得到了有效控制，总产值的增长比1988年回落了16个百分点。全省乡镇企业的工作重点已由过去的抓外延，上新摊转向企业的内涵挖潜，主要抓了以下几个方面的工作。

1. 统一认识，增强发展的信心和决心。针对乡镇企业在治理整顿中遇到的新问题，全省重点抓了统一思想认识的工作。2月份省委、省政府召开了全省乡镇企业工作会议，主要领导同志到会讲话，重点阐明了治理整顿与发展乡镇企业的关系，以及省委、省政府发展乡镇企业的态度和决心，对统一全省的思想起了重要作用。从而防止和避免了思想滑坡，保证了1989年全省乡镇企业稳定发展。

2. 抓调整改造，优化产业、产品结构。根据河北省的实际，省乡镇企业局制订了全省乡镇企业调整产业、产品结构的方案，明确提出了“先产品、后产业，多并转、少关停”，“以产业政策为指导，以效益为目标，以市场为方向”的指导思想。对那些与国家产业政策明显不符，如：高耗能、严重污染而效益不好的小冶炼、小轧钢、小硅铁、小炼焦等，与大工业争原料的小棉纺、小酒厂等，严重破坏浪费资源的小煤窑、小采矿等，作为重点调整对象，下决心关、停、并、转。1989年全省共关、停、并、转乡镇企业1.57万个，其中关、停企业1.18万个，并、转企业3 900多个。

3．抓技术进步，促进产品上档次、上质量。1989年初，结合传达贯彻全国乡镇企业技术进步会议精神，制订了全省乡镇企业全面质量管理的实施办法。10月份，省乡镇企业局会同省计经委、教委和科委共同组织召开了乡镇企业技术进步工作会议，拟定了具体措施。提出要重点抓好现有设备的更新改造、工艺改进和产品质量标准、检测手段的完善。1989年全省技改投资达1.17亿元，完成技改项目900多个，新增产值15亿元，新增利税2亿多元。通过狠抓技术进步，企业技术水平有了明显提高。到年底，全省乡村集体企业产品标准覆盖率达75%以上，技术达标企业50个，部优全面质量管理达标的企业2个，列入国家级重大新产品试制计划4个。1989年度共创部优产品20个，省优产品45个，省乡镇企业系统优秀产品105个。

4．抓管理，增强企业活力。针对乡镇企业管理水平普遍较低而水平不一的特点，在抓企业管理时，既注意抓尖子企业升级，又注意抓企业基础管理达标。通过开展明星企业竞赛等活动，对企业实行评估定级，择优扶持，分类指导。企业基础管理达标，主要是抓定额、计量、标准、财务等规章制度的建立和完善，提高产品生产的标准覆盖率。对管理已有一定基础的企业，鼓励争创省级先进企业。对少数先进企业则鼓励其争创国家级企业和部级优胜企业，实行全面质量管理达标。到年底，全省已有33家乡镇企业成为省级先进企业，有3家企业升入国家二级企业。

针对乡镇企业发展遇到的资金困难，全省强调要通过加强管理，降耗增益，转化困难。一方面积极提倡发展股份合作制，多渠道筹集资金。同时，注意抓完善企业内部的积累机制，加强资金管理，增强发展能力。1989年全省通过各种办法共筹集资金19亿多元，其中靠完善分配办法，增强企业发展基金3亿多元。靠加强管理，催回外欠款2亿多元。并同省农业银行共同制订了河北省乡镇企业资金管理办法，逐级制订了催收拖欠的目标责任制，一定程度上缓解了部分乡镇企业的资金困难。

5．两个文明一起抓，加强企业的精神文明建设。1989年初，省乡镇企业局会同省精神文明建设委员会第一次在全省乡镇企业中开展了“双文明”竞赛活动，具体制订了“双文明”竞赛的评比办法，把企业文明办厂、合法经营、照章纳税、厂风厂纪和培养“四有”职工做为考核衡量企业的重要内容，通过自下而上，逐级推荐、评审，全省共评选50家乡镇企业为河北省“双文明”竞赛优胜单位。争先创优在全省乡镇企业中已经蔚然成风，乡镇企业不仅在经济建设中发挥了重要支柱作用，而且在农村精神文明建设中也起到了示范带动作用，成为建设社会主义新农村的重要阵地。

（赵金平）

山西省

1989年，山西省乡镇企业总产值完成161.6亿元，比1988年增长21.4%，提前一年完成了“七五”计划提出的奋斗目标。其中工业总产值完成111.9亿元，比1988年增长22.1%，接近1978年全省工业产值的水平。总收入完成157.5亿元，增长29.3%；实现纯利润21.6亿元，增长18.7%；上缴国家税金7.8亿元，增长39.3%；固定资产原值达到75.9亿元，增长19.9%。全省乡镇企业产值超1亿元以上的县由1988年的47个增加到55个，其中超3亿元的16个；超1亿元的乡由1988年的4个增加到8个。全省乡镇企业从业人员达到238.6万人，比1988年增长0.2%；企业数达到39.6万个，比1988年增长2.1%；乡办企业保持了稳定，村办企业和联户办企业分别比1988年下降了6.4%和1.2%，个体企业增长4.1%。全省乡镇企业的各大产业在调整中都有发展，农业完成产值2亿元，比1988年增长11.1%；工业产值111.9亿元，增长22.1%；建筑建材业产值13.8亿元，增长11.3%；交通运输业产值23.7亿元，增长25.4%；商业企业产值6.9亿元，增长19%；饮食服务业3.2亿元，增长23.1%。

乡镇企业完成的主要产品产量中，国家急需的能源、原材料产品，人民生活必需的轻工产品有较大幅度的增长。原煤11 293万吨，比1988年增长10.3%；生铁110.7万吨，增长5.3%；铁矿石869万吨，增长37.6%；焦炭1 004万吨，增长34.1%；洗精煤259万吨，增长81.5%；水泥141.4万吨，增长6.4%；机制纸及纸板21.9万吨，增长34.5%；丝织品52.3万米，增长16.2%；皮革制品34万件，增长93.2%；罐头2.35万吨，增长176.9%。高耗能、污染环境严重的产品产量，长线滞销的产品产量有不同程度的下降。工业硅下降24.6%，土焦下降39.1%，糠醛下降26.4%，纯碱下降28.5%，白酒下降27.4%等。

1989年，山西省乡镇企业有以下几方面的发展特点。

1．治理整顿初见成效。在贯彻执行治理整顿、深化改革的方针

山西省古交市梭峪乡焦化厂

中，首先是提高干部职工的思想认识，进一步坚定发展乡镇企业的信心。一年来，大力加强舆论宣传和思想政治工作，利用广播、电视、报纸、杂志等各种宣传工具，宣传乡镇企业十年改革的巨大成就和乡镇企在整个国民经济中的地位作用，引导人们充分认识乡镇企业发展的历史必然性，正确理解治理整顿和发展乡镇企业的关系，从而稳定了思想，增加了信心。第二，加强宏观调控，压缩基本建设规模。在认真清理"半拉子"工程的基础上，共压缩新建项目260个，压缩资金8 250万元，乡村工业企业新建项目投资比上年减少13.3%，把有效的资金集中用于技术改造上来。1989年，全省乡村两级工业企业固定资产投资80 284万元，比1988年减少12.6%，其中用于技改项目的11 646万元，比1988年增长36.8%。第三，对那些浪费能源、原材料、严重污染的企业，坚决实行关、停、并、转，乡村两级共关停并转6 219个企业。经过整顿，企业规模扩大，素质提高，产值增长。

2. 产业结构和产品结构有新的调整。山西乡镇企业是重型结构，70%是能源、原材料工业。各地在调整中，坚持因地制宜，发挥优势，面向市场，注重效益的原则，搞好分类指导。乡镇煤矿继续实行"以运定产，以销定产"和安全生产的方针，合理集中，联合改造，扩大规模，提高效益，注重发展煤炭加工转化系列产品；冶炼行业重点抓生铁的转化延伸；建材工业重点进行小水泥改造，机电行业重点是更新设备，加快产品的更新换代；化工业注重开发新产品，发展系列产品；轻工业以名优产品为龙头，上品种，上质量，扩大生产能力。这些措施的实施，使全省乡镇企业的产业结构和产品结构得到了新的调整。乡村轻工业企业产值13.1亿元，比1988年增长7.4%，其中以农副产品为原料的增长26.8%，以非农副产品为原料的下降2%。乡村重工业产值70亿元，增长24.6%，其中采掘工业29.6亿元，增长15.6%；原材料工业产值14.2亿元，增长27.9%，加工工业产值26.2亿元，增长34.4%。煤炭和矿产品的加工转化有了新的发展，转化原煤2 000多万吨，比1988年增加200万吨，生铁转化铸件达55万吨，占生铁产量的50%。

3. 积极推进技术进步。1989年，乡村两级企业加强了技术改造，集中了3亿元资金，完成了550多项扩建和技改项目。狠抓了标准、计量、质检等基础工作，有70%的乡村企业按标生产。开展了评优、创优和企业升级活动，全省乡镇企业获国优产品1种，部优产品12种，省优产品27种，乡镇企业系统优秀产品116种。进入国家二级企业1个，评为省级先进企业8个，获山西省质量管理奖企业1个，获农业部优秀质量管理小组1个，获山西省优秀质量管理小组6个。重视了人才培训，全省多层次、多渠道举办短期培训班150多期，培训6.5万人（次）。乡村两级企业大专人员达1 706人，比1988年增长18.9%，中级以上工程技术人员4 416人，增长78.4%，正在学习的业大、电大学生1 968人，增长43.7%。又有1 941人评（聘）了初、中级技术职称。积极发展横向经济联合，引进人才，引进技术。开发新产品280多项。其中临猗县卓里机械厂ZBGF-140型浅耕施肥播种多用机获山西省科委技术进步三等奖。

4. 加强财务管理，开展利润分配审批，经济效益有了新的提高。为了认真贯彻执行农财两部制定的财会制度，省政府办公厅批转了省乡镇企业管理局、农行省分行、省税务局《关于认真做好乡镇企业利润分配审批工作的意见》，并把这项工作作为整顿乡镇企业的突破口来抓。各地、市、县成立了利润审批领导机构，抽调乡镇、财政、税务、农行等部门的业务骨干，重点是对乡（镇）办企业和产值在20万元以上的村办企业建立实行利润分配审批制度，并已收到了初步成效。一是政企不分，上交乡村和经济组织过多、乱摊派、滥收费致使企业负担过重的现象有了改善。1989年，上交乡镇村的利润占纯利润总额的比重由1988年的36.2%下降为36%，这是近几年来第一次呈下降趋势。二是各项提留用于农村建设和以工补农等方面的奖金有了相应增加。乡村企业利润用于农村基本建设投资6 956万元，增长73.5%；用于扩大再生产的52 543万元，比1988年增长22.7%，占纯利润的比重由1988年的50.9%提高到52.1%。

企业自有流动资金13.95亿元，增长33.3%。三是经济效益有了明显提高。乡村两级企业主要财务指标与1988年相比，百元流动资金创利润增加2.17元，创利税增加3.98元，百元销售收入占用流动资金降低4.25元。

5. 出口创汇大幅度增长。1989年，在乡镇企业出口的主要产品硅铁、工业硅、生铁受到限制的情况下，各地积极调整产品结构，大力发展国际市场急需的煤炭转化产品、化工产品和手工艺品。全省乡镇出口创汇企业发展到324个，比1988年增加31个，其中创汇100万美元以上的企业达到12个（硅铁、工业硅企业减少6个，又新增加焦炭等企业5个），出口产品增加到131种，收购额3.74亿元，比1988年增长69.9%。

6. 深化改革，克服困难，稳定发展。全省乡镇企业认真贯彻治理整顿、深化改革的方针，充分发挥乡镇企业特有的自主经营、自负盈亏、自我调节等一整套灵活经营机制，增强了企业的活力。①抓了企业经营承包责任制的完善和配套措施。②进行了股份制试点，省、地、县共有200多个试点企业，从不同角度积极探索建立董事会、职代会和企业管理委员会，试行民主管理和生产指挥厂长负责制，按劳分配，按股分红的股份制经营的经验，为在全省乡镇企业普遍推行股份制经营奠定了基础。1989年，全省乡镇企业采取群众集资，职工集资入股、缓发奖金工资等办法共筹集资金7亿元，有效地缓解了资金短缺。对停产和濒临倒闭的企业实行租赁、拍卖和抵押承包，使300多个企业起死回生。③各级乡镇企业管理部门内部建立健全了岗位责任制，把全年的任务层层分解量化为硬指标，主要领导分片，一般干部蹲点，逐月考核，年终总评，大大增强了机关干部为发展乡镇企业出力献策搞好服务的责任心和主动性，有力地促进了乡镇企业持续、稳定、协调、健康地发展。

（戎昌谦　石缠荣）

内蒙古自治区

1989年内蒙古自治区乡镇企业数已发展到29.3万个，比上年增长1.7%；企业人数96.6万人，比上年减少3%；总产值达到47.8亿元，比上年增长27.7%，占全区农牧业总产值的比重由1988年的55%上升到75%。其中：工业总产值22.7亿元，比上年增长28.4%；总收入完成54.6亿元，比上年增长25.5%。全区乡镇企业收入超亿元的旗县17个，超2亿元的旗县6个，超3亿元的旗县3个；超亿元的乡镇2个；还有21个产值超500万元的企业。同时，全区乡镇企业上交国家税金2.07亿元，比1988年增长32.8%，占全区地方财政收入的7.3%；实现纯利润5.87亿元，比上年增长22.6%。1989年，乡村两级集体企业用于支援农牧业生产、发展农村牧区各种事业的投入达4 000多万元；全区农村牧区人均乡镇企业收入由上年的60元增加到77元。乡镇企业的主要产品产量如原煤、发电量、砖、瓦、水泥、机制纸及纸板的产量比上年均有较大的增长。

1989年全区乡镇企业发展出现以下新特点。

1. 产品结构调整趋于合理。全区乡村集体企业关闭了不具备生产条件的小煤窑11家，对16家高耗能和424家原材料无来源、产品不对路，经济效益差的企业进行了关停并转。同时，又新上了骨干项目178个，大部分已投产见效，预计新增产值5.42亿元。调整后的自治区乡村企业已形成了一批经济实力比较雄厚的建筑建材业、农畜副产品加工业、地毯加工业、磨料磨具、木器产品加工业等企业集团和企业群体。根据内蒙古资源丰富的特点，以资源型为主的企业已占企业总数的90%以上。其中：以农畜副产品加工和采矿业企业占企业总数的39.2%，产值占工业总产值的62.2%；中小农牧机具制造和小金属制品企业占企业总数的2.53%，产值占工业总产值的11%。

2. 练内功，上等级，企业素质有了进一步提高。主要表现：一是企业聚资能力增强。1989年在资金紧张的情况下，各地由过去依靠贷款办企业转向主要依靠自筹资金办企业。同时，积极组织力量清理欠款和清仓查库，加快了资金周转。由于采取了上述措施，全区共筹集资金2.8亿元，其中自筹资金2.35亿元，占乡镇企业总投资的37%。二是企业人员素质和技术水平有了明显提高。全区共举办各种形式的培训班472期，培训人员1.5万人次，通过自学、培训、选送等方法，现在全区1.1万多家乡村集体企业中具有大专以上学历的358人，中级技术职称以上的946人。企业人员素质的提高，推动了企业技术的进步。三是产品质量有了较大提高。全区乡镇企业中有近四分之一的企业建立了产品质量检验室，配备了专职检验员，多数企业把职工的工资收入与产品质量挂起钩来，职工的质量意识有了增强，废品率得到了控制，产品合格率有了明显提高。同时，各地区都狠抓了标准、计量、定级等基础工作，计量定级企业30多家，标准覆盖率由上年的40～50%提高到70%以上。1989年全区乡镇企业产品获部优的4个，区优11个，获国家银鹤杯奖的3个。

3. 企业活力有了进一步增强。1989年全区乡镇企业发展的一个突出特点是各地区眼睛向内，完善各种形式的经营承包责任制，向深化企业内部改革要效益、增活力。主要做法，一是解决承包中的短期行为，改变过去那种拼设备、拼人力、拼财力的错误作法。1989年，全区乡村集体企业85%实行了承包制，相对稳定了承包人，合理确定了承包基数，延长了承包期，建立了审计制度。二是加强思想政治工作，正确处理国家、集体、个人的分配关系，既要体现多劳多得原则，把职工的劳动成果与工资收入直接挂钩，又不能造成分配悬殊过大，同时，还要体现以按劳分配为主的多种分配形式。全区实行股份制和具有股份制雏形的企业已占企业总数的7%，股份合作制的实行，是调动企业积极性、增强活力的有效途径。三是对3%规模小、效益差的企业实行了租赁制，救活了一些企业，提高了效益。

4. 横向联合由松散型向紧密型转变。1989年，全区乡镇企业之所以没有造成滑坡，其原因之一是企业间的横向经济技术联合已形成了一定规模。联合的形式有资源资金型、资源技术型、股份合作型、生产要素综合开发型，等等。联合的突出特点是，为国营大企业配套服务，搞来料加工，甘当配角。由于引进了国营企业的资金、技术、设备、人才和管理方法，充当国营企业的附属厂，使联合双方形成了谁也离不开谁的紧密型联合。1989年全区横联项目一半以上是属紧密型联合，这种与国营大企业联合又联心的形式，把乡镇企业与国营企业捆在了一起，增强了乡镇企业抗御外界环境变化的能力。哲里木盟通辽市育新钢丝厂在与区外联合上不仅引进资金、设备、人才、管理方法，而且在原料、产品、市场上采取“两头在外”，原料由沈阳电缆厂供给，产品在本地加工，由沈阳电缆厂包销，年产值达到1 800万元，居全区之首。

（包畔夫）

辽宁省

1989年，辽宁省乡镇企业总收入413.59亿元，比上年增长14.4%，其中乡村两级企业收入分别增长7.1%和14.5%。总产值（现价）425.48亿元，比上年增长15.4%，已占农村社会总产值的68%，其中乡村两级分别增长8.7%和19.1%。在全省乡镇企业总产值中，工业总产值（现价）313.13亿元，比1988年增长18.7%，占全省工业总产值的24.1%。实现纯利润35.86亿元，比上年增长1.7%，但乡村两级企业效益不好，分别比上年下降25.1%和8.1%。实交国家税金19.51亿元，比上年增长15.8%，占全省地方税收总额的26%以上，占全省地方财政收入的14%以上。

出口产品生产总值19.77亿元，比上年增长17.8%，出口产品交货总额17.66亿元，比上年增长19.7%。

1989年由于贯彻治理整顿的方针，全省乡镇企业经过产业和产品结构调整，乡村两级工业企业关停并转3 177个，其中关闭企业1 724个，停办企业1 181个，合并企业171个，转产企业101个。全省乡镇企业总数为55.44万个，比上年减少9.5%。其中乡村两级企业分别下降4%和6.9%；职工总数为324.82万人，比上年减少7%，出现了部分务工人员返农和盲目流入城市的现象，但仍占农村劳动力总数的40%。

1989年，辽宁省乡镇企业主要做了以下八项工作。

1. 保护和优化社会环境。为使人们正确对待乡镇企业，顶住不公正的社会舆论压力，增加理解和扶持的力量，坚定乡镇企业干部和职工的自信、自立和自强之心，省乡镇企业局与《辽宁日报》发表社论，批驳了种种错误观点，提出了在治理整顿中继续发展乡镇企业的指导思想，还为新闻宣传部门扩大对乡镇企业的正确宣传提供了《在治理整顿中正确看待乡镇企业》和《乡镇企业面临的形势和我们的对策》等资料；与辽宁广播电台联合举办了乡镇企业专题节目。同时，进一步加强了与经济综合部门和行业部门的协调工作。在年初和年中，省召开两次乡镇企业局长会议，提出以“保全局、防滑坡、增效益”为目标，在治理整顿中提高，在提高中求发展的要求。各市县区也都相继采取了有力的措施，为乡镇企业发展创造了适应大气候，求得自身发展的小气候。

2. 深入开展“双增双节”运动。为了缓解生产要素的困扰，强化企业管理，3月份召开了“双增双节”座谈会，把生产、管理的全部工作纳入“双增双节”的轨道，把各项经济指标作为“双增双节”的工作目标，加强了指挥调度和形势分析，发挥了典型引路的作用。为强化企业管理，全面提高乡镇企业素质，以炼“内功”应外变，深入开展了企业升级达标和创建文明工厂活动，评选出国家二级企业2家、省级先进企业6家、省级文明工厂11家。同时，为加强企业基础管理建设，开展了审计监督及统计、财务检查和执法检查。召开了企业管理工作会议，推广了鞍山自行车零件七厂等七个典型的管理经验，连续推广了大连、丹东、锦州等市开展“双增双节”的经验，并都取得了良好的效果。1989年通过各种形式集资39亿元，占全年资金缺口的60%多；自发电机组3 646台，装机容量为21万千瓦时。沈阳、大连等市为充分利用闲置设备和积压物资，搞活资金，还举办了积压物资处理交流大会。

3. 优化产业和产品结构。以市场需求和产业政策为导向，提出了调整乡镇企业产业结构和产品结构的意见，制定了规划要点，推广了抚顺市围绕地区经济发展战略优化乡镇企业产业结构和大连、营口调整产业结构的经验。各市县（市区）也都陆续制定了调整方案，促使乡镇企业主动调整，自觉地优化产业和产品结构，按照客观经济要求稳定、协调、健康地发展。

4．加强技术进步、新产品开发工作。省乡镇企业局制定了乡镇企业技术进步规划和政策措施要点。总结推广了瓦房店市开发新产品和铁岭市工艺改革的经验，使乡镇企业走上靠科技和管理、降消耗、增效益、求发展的新路子。1989年全省乡镇企业用于新产品开发的投资2.3亿元，开发新产品693项，引进消化吸收产品70项。通过开发新产品，可年创产值6亿元，已实现产值2.7亿元、创利税300多万元。1989年荣获国优产品1项，部优产品28项，省优产品32项，还创省局优秀新产品66项，评选优秀科技工作者140多人。人才培训工作相应加强，全年通过各种形式培训各类专业技术人员1.8万人，并有3.6万人评定了技术职务，其中中级技术职务的0.4万人、初级技术职务3.2万人，从而改变了乡镇企业人才结构，企业素质明显提高。

5．深化企业改革，完善承包责任制。重点抓了强化企业改革、完善承包体系，解决企业短期行为、分配不公、职工主人翁地位弱化等问题。全省有80%的乡村企业实行了集体承包厂长负责制，其中一部分企业还实行了风险抵押承包或全员风险抵押承包。实行租赁制和股份制的各有10%左右。为总结经验教训，深化企业改革，省乡镇企业局会同省审计局对乡村企业的利润分配和个人收入问题进行调查，并向省委省政府和农业部呈报了调查报告。

6．加强对重点企业的指导。全省乡村工业年产值超100万元的的企业有2 737个，产值占全部乡村工业总产值的一半。为此，省局提出了《加强重点企业建设的意见》，采取了向重点骨干企业倾斜的措施，还总结推广了海城市加强骨干企业建设的经验。这是全省乡镇企业能够保持一定发展速度的重要因素之一。

7．加强出口创汇工作。1989年省乡镇企业局先后召开了乡镇企业外贸工作座谈会和出口创汇经验交流会，表彰了130家荣获“三龙奖”的出口创汇企业，全省乡镇企业出口产品交货额为17.7亿元，比上年增长21.8%。还与有关部门联合发出了《关于推动乡镇企业出口创汇若干政策规定》，引导乡镇企业调整了出口产品结构，加强了出口产品质量检查和管理，并组织800多家企业近2 000种产品参加中国乡镇企业第二届出口产品展销会，还两次组团赴日本考察学习，增强了乡镇企业发展外向型经济的意识，并新增“三资”企业48家，占全省新增“三资”企业的40%。

8．强化自身建设。1989年省乡镇企业局开展了市级乡镇企业主管部门“服务杯”竞赛和县以上专项创优评比活动；加强了直属单位的清理和指导工作；加强了思想政治工作，进行了“双清”工作，开展了廉政建设；参加了省直机关“公仆杯”竞赛。此外，注重学习外地经验，考察了山东、江苏、浙江三省乡镇企业，加强了东北三省的联系。

（刘济春）

吉林省

吉林省的乡镇企业经过几年的快速发展，已经开始进入了一个由快速发展到稳步提高的新的发展时期。1989年全省乡镇企业实现总产值126.6亿元，比1988年增长15.3%；总收入165.5亿元，增长19.3%；纯利润13.5亿元，增长8%；外贸出口收入额1.21亿元，增长37.4%。

产品优质品率比1988年提高5%；创部优产品9项、省优产品23项、省优秀新产品17项；开发新产品214项，其中填补国内空白产品32项，填补省内空白产品178项；落实“星火计划项目12项、省级技改项目33项，取得科研成果20项。从业人员达到162.11万人。工资总额达到21.64亿元，相当于每个农村人口增收140元；上缴国家税金6.76亿元，增加了财政收入；乡村集体企业固定资产达到24.9亿元，壮大了农村集体经济实力；原煤产量430万吨，小水电发电量8 670万度。许多产品在全省同行业中，占有相当的比重，增加了有效供给，为稳定农村、稳定大局做出了贡献。

1989年辽宁省乡镇企业着重抓了以下几项工作。

1．统一认识，稳定队伍。1989年是吉林省乡镇企业在经济上经历了资金紧张、能源短缺、市场疲软的考验；在思想上经受了社会舆论的冲击；在自然因素上受到了灾害性天气的影响。面对严峻的形势，吉林省委、省人民政府明确宣布“四个不变”（指导思想、发展方向、扶持政策、目标任务等），起到了稳定局势的作用。针对乡镇企业无法可依的现状，省人大通过视察全省乡镇企业后，制订了《吉林省乡（镇）村集体企业条例》，从而使全省乡镇企业走上了法制轨道；针对乡镇企业在调整中出现的一些模糊认识，省政府领导及时提出要正确划分几个政策界限；针对社会上对乡镇企业的某些误解和责难，省里和各地抓了舆论导向工作，借助新闻手段，大张旗鼓地宣传乡镇企业的地位和作用。振奋了精神，抑制了思想滑坡。

2. 调整结构,合理布局。全省乡镇企业从实际出发，依据政策导向、市场需求、资源开发利用、经济效益等状况，确立了“立足资源优势、壮大‘拳头’产品、建立支柱产业、发展骨干企业”的原则，积极调整。

一是对新上项目，按国家产业政策严格把关，对耗能高,污染重,以及过剩、滞销的产品，一律不予审批；对在建“半拉子”工程逐个进行处理；对“六小企业”和产品低劣、亏损严重的企业果断砍掉；对能源、原材料、农副产品加工、支农、出口创汇和农业企业要坚定不移地发展。

二是抓了“五个结构优化”产业结构，把有限的能源、资金、原材料，用到支柱产业、优势产业、基础产业和农业企业上来；在产品结构上，增加适销对路的产品、巩固优势产品、不断开发新产品，压缩滞销的长线、超前消耗的高耗能产品；行业结构上，优化工业，稳定商业和运输业，放慢建筑业，突出发展农业企业和出口创汇企业；组织结构上，以重点企业的拳头产品为龙头，组建企业集团，扩大规模经营，提高企业群体的竞争力；投资结构上，采取倾斜政策，将有限的资金投向支农企业、出口创汇企业、为大工业配套企业和发展新技术企业上来。

三是搞好“五保五压”。保低能耗、投资省的资源型的项目，压耗能高、污染严重、“抢米下锅”的企业；保经济效益好的企业，压亏损的企业；保农业企业、创汇企业，压重复建设的加工型企业和不经加工而直接出口原材料的企业；保骨干企业、利税大户企业和规模经营企业，压小规模，低效率、浪费严重的企业；保市、省、部、国优产品的企业，压达不到质量标准和无标生产的企业。通过上述措施，在全省14 231个乡村工业企业中，有5 656个具有一定规模、产品有销路发展势头好的列为一类企业，占39.7%。作为重点扶持的对象；有6 404个规模一般、效益一般，产品有一定销路的企业列为二类，占45.9%，给予必要的支持；有2 171个高耗能、污染严重、效益差的列为三类，占15.2%，对这些企业决定关、停、并、转，全省已关闭128个，停产1 575个，兼并504个，转产201个。

在重点理顺轻重工业以及原材料工业和加工工业比例的基础上，对左右形势的系列产品也做了适当地调整。

一是对林产品系列的调整。吉林省每年都有大量木材和采伐剩余物可供利用。以往主要是以胶合板厂、纤维板厂、木器厂为主，生产一系列的木制产品。1988年以来，又投资775万元，对15个企业进行了技术改造，1989年创产值2 412万元，创利税560万元。此外还在通化、吉林等地区上了67个综合利用林产品加工项目，总投资1.2亿元，创产值2.55亿元，创利税3 852万元。

二是对人参药材系列的调整。在原有34个人参药材加工厂的基础上，1988年以来又投资5 656万元，新建51个生产厂家，生产人参蜂王浆、蛤蚧精等20多种滋补品和中成药，使人参药材加工系列产值由1987年的5 323万元增加到1989年的23 685万元，利税由1 065万元增加到4 737万元。

三是对建材系列的调整。在原有49个水泥厂、72个白灰厂、919个采石场和1 896个大型砖厂的基础上，又增加投资1.1亿元兴建防水卷材、白水泥、釉面瓦、珍珠岩等428个建材企业，使建材加工总产值由1987年6.4亿元增加到9.48亿元，利税由3 897万元增加到5 772万元。

四是对矿产系列的调整。在原有403个年产400万吨的煤炭企业、87个年产270公斤黄金的金矿、11个年产7万吨铁的铁矿的基础上，又投资1.66亿元，兴建各类矿产采选业637个，年增加产值4.98亿元，增加利税7 500万元。

五是对粮食加工系列的调整。1988年以来，在原有10个淀粉厂、70个植物油厂、55个饲料加工厂、13个啤酒厂的基础上，又投资1.53亿元，新上130多个粮食加工企业，现已全部投产，可新增产值4.59亿元，新增利税9 180万元。

六是对畜产品加工系列的调整。在原有132个畜、乳制品加工厂的基础上，又投资1.15亿元，新上4个日处理10吨鲜奶的乳粉厂，28个日处理300只大鹅的加工厂，32个日处理300只白条鸡的生产线，5个年加工2 000吨肉食的牛、羊加工厂，可创产值2.87亿元，利税4 312万元。

3. 组建企业集团，发展横向联合。本着“扬长避短,形式多样,自愿结合，双方受益，共同发展”的原则，开展了组建企业集团的工作。截止1989年底,已组建了啤酒、乳制品、铸造、化工、淀粉、烟花爆竹、食用植物油、纤维板等8个企业集团,销售收入148 700万元。

在管理部门的引导下，许多企业开展了横向经济技术联合。1989年以国外引进技术12项,设备300台(件)，资金1 121万元。其中洮南市黑水化工厂从亚洲银行引进资金564万元,技术改造后，增加产量1 000吨，销售收入达5 000万元。从国内引进资金8 171万元，引进设备241台(件)，引进人才1 447人,还与78个科研单位、57所大专院校、430家国省营企业,开展了经济技术协作。

4. 以企业升级为导向,全面推行质量管理。从1988年开始，在全省乡镇企业中有组织、有计划地开展了“抓管理，上等级，全面提高企业素质”的企业升级活动。各级乡镇企业主管部门都配备了专职抓企业升级的干部，省、市、县三级分别举办了升级工作培训班，召开企业升级工作会议，协调有关部门关系，开展咨询服务和评审工作。

两年来，选择和确定了19个大行业、323个小行业标准。在升级过程中制定了《吉林省乡镇企业升级奖励办法》，对在企业升级活动中成绩显著的人员每年度评选一次，由上一级主管部门授予荣誉称号，企业干部和职工扩大浮动工资晋级面，并给予一次性奖励。对晋升为省先进级的企业，厂长由市（地、州）政府命名为“先进企业厂长”；晋升为国家二级企业的，由省政府命名为“优秀厂长”称号。县对进入县一、二级企业，尽其所能同样给予政策性倾斜，在物资分配、银行贷款、职工工资方面都给予重点考虑。1989年全省有两户乡镇企业升为国家二级；13户企业升为省先进级；64户企业升为省预备级；136户企业升为市一级；52户企业升为市二级；还有一批企业升为县一、二级。

全面质量管理，是企业管理的中心环节和重要内容。一年来，突出解决一部分企业产品粗制滥造，浪费能源、原材料，以及经济效益低的问题，先后总结了7个中小企业的经验。同时，针对一些骨干企业在落实全面质量管理工作中，存在项目不全、标准不高的问题，总结了四平市红嘴啤酒厂、梨树县暖气片厂、通化果松纤维板厂的经验，强调企业全面质量管理达标，收到明显效果，优质品率提高5%。在治理整顿中还制定了乡镇企业产品质量监督条例，加强了产品监督检查，共抽查80种主要产品，合格率达90%，比1988年提高18%。在生产活动中开展了群众性技术改造和技术革新，年初安排技改项目33项，投资989万元。截至年末，这些项目增加产值6 372万元，利税1 065万元，节约钢材6.7万吨，节约煤炭2.5万吨，节电828万度，节约粮食2 280吨。

（吉林省乡镇企业局）

黑龙江省

1989年，黑龙江省乡镇企业在治理整顿和深化改革中稳步发展。到1989年末，全省乡镇企业已发展到510 499个，其中村以上集体企业26 200个；完成总产值138.2亿元，比上年增长19.6%，占农村社会总产值的比例由上年的45.5%上升到50%左右。其中乡村集体工业产值44.6亿元，比上年增长15.1%，占全省工业总产值的9.4%；实现总收入129.2亿元，比上年增长21.9%；实现纯利润9.5亿元，比上年增长10.3%；上缴国家税金4.4亿元，比上年增长23.5%。既控制了过快增长，又有效地防止了滑坡，做到了速度和效益同步增长。全省多数市县的乡镇企业都保持了较高的发展速度和较好的效益。出口创汇的企业已达到201个，产品59种，年创汇3 500万美元左右。

乡镇企业实力得到明显增强。到去年末，全省乡镇企业固定资产原值达到44.5亿元，其中村以上集体企业固定资产原值已达到26.9亿元。

一年来，我省乡镇企业发展的主要特点是：

1. **各级党政领导重视**。省委、省政府从我省乡镇企业实际出发，坚定地指出了对发展乡镇企业不能动摇。许多地市县的主要领导同志不仅态度坚定，而且做了大量的工作，指导和协助乡镇企业解决实际困难。松花江地委提出了“五个不动摇”，鸡西、牡丹江等地坚持五大班子和中层领导干部实行包乡企的办法，哈尔滨、齐齐哈尔、佳木斯市一直实行厂帮乡的办法，以及许多市县领导携有关部门到企业现场办公的办法，有效地贯彻了中央的方针政策，给企业解决了实际问题。

2. **在整治中作出了新的贡献**。乡镇企业安排了大量农村剩余劳动力，对稳定农村政治形势起了积极的作用。截止去年末，共吸收农村剩余劳动力165万人，约占农村劳动力总数的34.20%，牡丹江郊区高达80%。上缴国家税金达到4.4亿元，税前列支和纯利润用于农村各项事业开支近4 000万元，以工补农资金就更多了。工资净增近4亿元，包括个体联户企业的收入，占当年农民人均收入净增部分的30%左右。同时，较好地完成了省政府下达的“383工程”产品生产计划，原煤、发电量、中小农具、红砖、水泥、机制纸、饲料、米面油和乳制品等，都基本保持了上年水平或有不同程度的增长。中小农具产量比上年增长10%以上，保证了农业生产的需要。

3. **调整产业结构初见成效**。在整治中我省产业结构按国家产业政策的要求，发挥当地优势，进行了适当的调整。产业结构已开始向低耗高效、科技密集型方面转移；企业结构开始向各种形式的优化组合转移；产品结构日益注重质量，向优质方向迈进。现在，全省以农副产品为原料的加工企业占43.1%，以矿产品为原料的加工企业占4.1%，建材业占22.4%，为农业服务的小农具制造和修理业占13.9%，为城市工业配套的大约占20%。同时，还关停并转了1 000多个高耗低效，污染严重的企业，使我省乡镇企业的产业结构、产品结构逐步趋向合理。

4. **乡村集体企业的整体素质有所提高**。我省乡镇企业由于广泛开展“科技兴厂”和企业升级活动，有力地推动了企业的改革和企业管理。全省实行承包的集体企业约占总数的75%；乡镇办企业已全部执行农、财两部颁发的财务会计制

黑龙江省呼兰县永兴村精细化工厂

度，村办企业占50%；标准化覆盖率已达70%以上，计量定级、升级并取得证书的企业已有265个；取得中初级专业技术职称的各类专业人才达到10 854人，占集体企业职工总数的1.7%。一年来省市县三级共训练经营管理人员、财会人员、技术人员和其他人员43 000万人。由于企业整体素质的提高，1989年又有10家企业跨入省级先进企业行列，110家企业被命名为省级先进乡镇企业，120名厂长、经理被授予黑龙江省乡镇企业家称号。近几年，全省累计荣获省系统优质产品548个；省优产品137个；部优产品51个；国家铜牌奖1个。有的产品填补了省内空白。

5. **有关部门支持**。在1989年中，许多部门为乡镇企业持续发展作了不少工作。农业银行在贷款零增长的情况下，对一些重点企业给了一些必要的照顾。土地管理部门、轻工、化工、工商、税务部门也都给了相应的支持。尤其是一些大中城市的工业，在当地政府组织下，广泛开展了“厂帮乡”和“联帮带”活动。哈尔滨市一年中帮了397个企业，投放设备186台（件），扩散产品412种，转让技术95项，投放资金2 500万元。由于有关部门的支持，对乡镇企业的稳定发展起了积极作用。全省乡镇企业产值超100万元以上的达到700个，其中产值超1 000万元的企业15个。有些企业，如兰西亚麻纺织工业联合公司、尚志市苇河炭素厂、绥滨啤酒厂、阿城轧钢厂、龙江庆华钢厂、昌宁给水设备厂等，已成为我省骨干企业和出口创汇大户。

（魏　林　刘　刈）

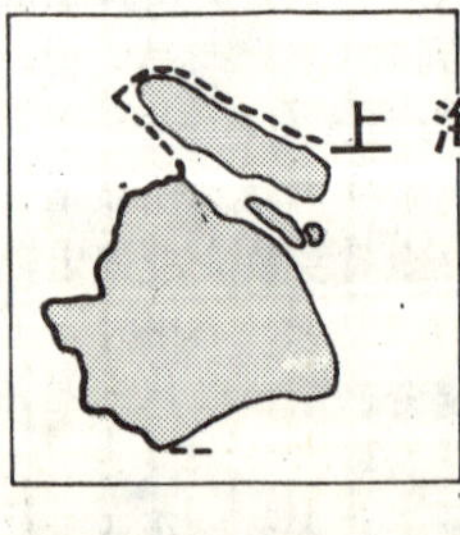

1989年上海郊区乡镇工业企业已有13 443户（指乡、村两级工业企业，下同），比上年增加1 102户；从业人员有142.12万人，占农村总劳动力的56.8%；乡镇工业产值达209.37亿元，比上年增长20.1%，占全市工业总产值的18.5%，占郊区农村工农业总产值的65%；乡镇工业净增产值35.05亿元，占全市工业净增产值65%；乡镇工业利润达25.29亿元，比上年增长0.3%；销售收入达239.25亿元,比上年增长21.5%；向国家缴纳销售税金10.49亿元，比上年增长19.4%；缴纳所得税4.63亿元，比上年下降6.3%；拥有固定资产原值92.79亿元，比上年增长30.1%；企业占地面积6 341.7万m^2，比上年增长6.2%；厂房建筑面积2 498.2万m^2，比上年增长9.1%。

1989年上海乡镇工业生产主要有以下五个特点。

1. **前几年过高的增长速度明显回落**。1989年上海乡镇工业产值的增长速度为20.1%，比上年下降23.5个百分点；其中乡办工业产值的增长速度为19%，村办工业产值的增长速度为21.8%，分别比上年下降18.7个和31.3个百分点。

2. **基本建设的投资规模得到了有效控制**。由于国家从宏观上压缩基建规模，采取了一系列措施，乡镇工业一拥而上、铺新摊子的粗放经营受到抑制。1989年市计委下达给郊区的基建总投资为11.5亿元，其中用于乡镇工业的基建投资为8亿元，比上年下降一倍多。各县（区）全面清理基建在建项目，确保重点，压缩一般，使基建投资规模控制在市计委下达的盘子以内。如金山县1989年乡镇工业的基建项目投资（包括上年结转项目的投资）为6 273万元，严格控制在市下达的7千万元投资盘子以内，比上年投入的2亿元下降了68.6%。

3. **调整产品结构开始起步**。1989年根据国家确定的新的产业政策，针对本市乡镇工业的产品结构上存在老产品多、新产品少；中低产品多、高档产品少；知名度低的产品多、名特优产品少的“三多三少”现状，市县乡镇工业主管部门都提出了调整产品结构的方向，制订了优先发展、限制发展和淘汰产品的目录，并实行倾斜政策，推动产品结构调整。同时对产品滞销积压、浪费能源和原材料、管理混乱、亏损严重的企业，分别实行了“关、停、并、转”。乡村两级已关停的企业有486个，回队职工有2.79万人，影响工业产值2.55亿元；已并转的企业有206个，回队职工20.78万人，影响产值0.62亿元。

经过初步调整，手动喷雾器、施耕机、养鸡机械、内燃机、拖内配件、磷肥等适用急需的支农产品，都超额完成了年度计划，平均增幅在33%左右；中小农具完成了108.66万件，货源充足，保证供应；列为市科技与生产相结合的重点攻关项目之一的机械化养猪基地，积极搞好试制和配套生产，为“菜篮子”工程建设做出了贡献；市场适销产品，继续稳步增产。有些县在调整产品结构中，因势利导，积极组建行业或企业集团，取得了经验。

4．外贸出口持续增长。1989年乡村工业中的出口商品交货值达43.61亿元，其中直接出口商品交货值28.7亿元（不包括已投产的“三资企业”的3.77亿元交货值），分别比上年增长39.9%和38.8%。乡镇工业的出口商品交货值，已占乡镇工业总产值的20.8%，比上年上升3.6个百分点。

5．联营企业大幅度增产。1989年乡镇工业中的联营企业有2 045个，比上年增加548个；联营企业的产值达81.83亿元，比上年增长35.7%；联营企业的产值已占乡镇工业总产值的39.1%，比上年上升5.6个百分点。

上海乡镇工业在治理、整顿中，逐步创造了一些工作经验，推动乡镇工业朝着健康方向发展。这些工作经验，归纳起来，主要有如下五点。

1．巩固和发展了一批有发展前途的外贸企业。如川沙县采取“扩一批、带一批、建一批、转一批”的办法，努力扩大出口创汇。1989年有几个生产出口商品的企业扩大了规模，由经营好的外贸企业带动了9个差的企业，有6个内贸企业转为外贸企业，还新建了15个外贸企业，使全县乡镇工业中的年出口商品交货值达8.27亿元，名列上海郊县第一。

2．积极开发新产品。1989年上海乡镇工业依靠科技进步，开发新产品138项，其中有相当一批新产品在结构、性能、用途上都有独到之处，有的在技术上处于领先地位，有的填补了国内空白。如川沙县东沟乡的商业机械厂，会同市食品机械中心等部门，试制成功圆盘式花色雪糕机，为我国冷饮行业生产双色、夹心、涂层等雪糕提供了理想的国产设备，经专家鉴定各项技术性能均达到进口设备同等水平，而价格只有进口设备的1／4。

3．充分开发利用本地资源。上海乡镇工业依托城市工业，以加工型工业为主，本地资源很少，为了在调整中寻求新的发展门路，各县千方百计开发利用本地资源。如金山县的朱行乡，去年种桑田2 760亩，种桑养蚕，年产蚕茧2 900担，乡里办起了巢丝厂，丝织厂，去年生产巢丝20吨，全部出口创汇，实现产值400万元，利润50万元，初步形成了种桑、养蚕、丝织一条龙生产加工业。

4．向管理要效益。1989年市县各级主管部门，普遍重视乡镇企业的各项基础管理工作。首先从仓库管理这个最薄弱的环节抓起，全面开展了清仓利库、争创合格仓库活动，取得了较好的效果。上海县乡村两级企业90%以上的仓库通过验收达到合格仓库标准，其中评出一等仓库271个，优等仓库4个，占企业总数的27.5%。其次从抓产品标准入手，加强质量管理，去年乡办工业主导产品的企业标准覆盖率已达到81.1%，村办工业主导产品的企业标准覆盖率达到72.5%；国家和市级的产品质量监督抽查的合格率，分别比上年提高了5%和9.5%；已评出轻工业部优质产品1个，农业部优质产品6个，商业部优质产品2个，上海市出口优质产品3个，市局级优良产品27个。在抓企业基础管理的同时，推动和促进企业上等级的工作也取得了成效。先后制订了《关于加强领导，搞好企业升级的若干意见》、《企业管理基础工作实施细则》、《市级先进企业管理工作考核细则》等文件，使企业管理工作逐步规范化。经过一年努力，又有7个乡镇企业被评为国家二级企业，30个企业被评为上海市市级先进企业，15个企业被评为市局级先进企业。这些升级企业的产品质量、物质消耗、经济效益全面达到各级规定的标准，在同行业中处于领先地位，成为乡镇企业的排头兵。

5．深入开展“双增双节”运动。上海乡镇工业把节能降耗作为“双增双节”的重点，同时发动职工群众提合理化建议，开展小改小革活动，取得较好效益。如嘉定县乡镇工业局直属单位的职工，去年提出合理化建议9 455条，其中1 639条已实施见效，共创收353.71万元。1989年万元产值耗电1 100度，耗煤0.8吨，分别比上年下降8%和20%；全年节电2 960万度，节煤5.9万吨，仅此两项合计节约资金2 100万元。

（王叙元　赵宝林）

江苏省

1989年，江苏省乡镇企业总产值达1 291.74亿元，比上年增长5.13%，占全省社会总产值的36.37%；其中，乡镇工业产值为1 149.49亿元，比上年增长5.07%，占全省工业总产值的45.85%。全省乡办企业和村办企业（以下简称乡村企业）实现产值1 130.83亿元，比上年增长3.57%，占全省农村社会总产值的60.68%；其中，乡村工业产值1 041.57亿元，比上年增长3.94%；占全省村以上工业总产值的43.41%。全省乡村企业实交国家税金31.99

亿元，比上年增长6.24%；实现纯利润15.62亿元，为上年的62.71%，比上年下降了37个百分点；乡村企业利润中用于支持农业生产的资金共计19 056万元，比上年增长57.11%。

一、服从国家宏观指导，适应性调整有成效

按照治理经济环境，整顿经济秩序的要求，全省乡镇企业经济结构的调整，从调整产品结构入手，以国内外市场需求为导向，以提高产品质量、档次和开发新产品为重点，进行了初步的适应性调整，取得了初步成效。

1. 总产值继续增长，经济结构渐趋合理。由于宏观经济紧缩，江苏乡镇企业初步进行了适应性调整。1989年全省乡镇企业单位数(包括村以下企业)107.89万个，比上年减少5万多个，减少4.44%。其中工业企业减少最多，比上年减少了2.6万多个，占企业减少总数的52.08%；乡村工业企业仅比上年减少1 092个，减少1.04%。全省乡镇企业职工总数918.89万人，比上年减少59.91万人，减少6.12%；其中工业企业职工减少40.1万人，占减少总数的66.93%；乡村工业企业职工共600.15万人，比上年减少32.27万人，减少5.1%。在企业总数和职工总人数均比上年减少的情况下，全省乡镇企业总产值、乡镇工业产值和乡村企业、乡村工业产值仍分别比上年增长5.13%、5.07%和3.57%、3.94%。

由于按照国家产业政策进行了初步的调整，1989年，乡村工业中重工业产值的增长快于轻工业，使二者的比重由上年的46.97:53.03变为47.65:52.35；轻工业中以农副产品为原料的工业产值增长快于非农副产品为原料的工业产值，使二者比重由上年的57.01:42.99变为60.59:39.41。这表明，江苏乡村工业比过去更加注意因地制宜地发展生产。

2. 出口创汇企业规模扩大，出口产品交货额增长速度较快。1989年全省出口创汇企业3 823个，比上年减少了709个；职工人数70.71万人，比上年增加6.38万人，平均每个企业拥有的职工数由上年的140人增至183人。出口产品交货总额为78.73亿元，比上年净增24.44亿元，增长45%；其中，直接出口产品金额占出口产品交货总额的比重由上年的72.01%上升到75.17%。出口商品生产基地建设有新的发展，出现了一批出口创汇的重点县、乡和骨干企业。1989年，张家港市、无锡县、吴县、昆山市等4个县（市）出口商品销售额均超过5亿元；无锡县前洲镇和江阴市祝塘镇出口商品销售额都超过1亿元；有15个企业年创汇额超过了500万美元。“三资企业”的发展较快。至1989年底，全省乡镇企业共创办“三资企业”240个，其中1989年新办的125个。

3. 建设项目和投资额大量压缩，过大的固定资产投资规模得到控制。1989年全省乡村工业建设项目13 699个，比上年下降39.55%。预计投资总额38.29亿元，比上年下降40.39%。本年实际完成投资额34.52亿元，比上年下降37.09%；其中，银行贷款8.69亿元，比上年下降57.37%。本年新增固定资产25.22亿元，比上年下降42.09%。

4. 过快的消费基金增长得到控制，企业资产负债率下降、积累略有增长。1989年乡村企业职工工资总额为82.93亿元，比上年增长2.93%，比过去5年乡村企业职工工资总额平均增长速度33.94%减少了31个百分点；加上不少企业为解决生产急需资金而发动职工集资或缓发职工工资等因素，超前消费的倾向已经扭转。全省乡镇企业的资产负债率也由1988年的61.84%下降到1989年的57.16%。企业的积累开始增加，1989年全省乡村企业自有流动资金占定额流动资金的比例为19.69%，比上年增加了0.2个百分点。

二、切实加强企业管理，整体素质有所提高

对整个国民经济进行治理整顿，为高速发展的江苏省乡镇企业提供了克服自身弱点、调整经济结构、改善企业素质、提高经济效益的良好机遇，推动全省乡镇企业加强管理、提高质量、苦练“内功”，走上注重内涵挖潜、以巩固提高现有企业为主的发展道路，促进了企业整体素质的提高。

1. 年产值500万元以上的乡村企业数量增加，在全省乡镇企业中占有重要地位。1989年全省年产

南京市第二锅炉厂

值在500万元以上的乡村企业达3 413个，占乡村企业总数的2.89%，比上年增加了276个，增长8.80%；其总产值合计400.52亿元，占乡村企业总产值984.84亿元的40.67%；固定资产（原值）100.54亿元，占乡村企业固定资产(原值)的33.58%；销售收入312.69亿元，占乡村企业销售总额893.61亿元的33.99%；实现利润11.03亿元，占乡村企业利润总额的46.19%；上交税金12.99亿元，占乡村企业上交税金总额的40.71%。

2. 乡村企业职工素质提高，企业管理逐步完善。乡村集体企业职工中，具有初、高中文化程度的人数达431.50万人，占职工总数的62.5%，比上年增长了2.21个百分点；具有大专以上文化程度的职工2.56万人，占职工总数的0.37%，比上年增长了0.02个百分点；拥有工程技术人员23.27万人，占职工总数的3.37%，比上年增长了0.53个百分点。

由于加强了基础管理工作，开展了“抓管理，上等级”活动，粗放管理的状况正在扭转。1989年基础管理工作验收合格的乡村工业企业2 378个，累计达11 738个，占乡村工业企业总数的11.30%；有282个企业被评为先进企业，有73个企业被评为省级先进企业，有8个企业被评为国家二级企业；乡村企业工业产品标准化覆盖率达87%；计量定级、升级取得证书的企业1 097个；开展全面质量管理的企业3 750个；有815种产品获市优质产品称号，288种产品获省优质产品称号，124种产品获部优质产品称号，获省以上科技成果奖和技术进步奖58个，获国际奖和其他重大奖励23个；通过市级以上新产品鉴定的产品1 055个，其中部级25个，省级263个。

3. 乡村工业企业物耗、能耗明显下降，万元产值耗物、耗能低于上年。1989年全省乡村工业用煤1 234.52万吨，比上年下降6.67%，万元产值耗煤1.38吨，比上年减少0.16吨，下降10.39%；用焦油、重油、柴油、汽油133.71万吨，比上年下降16.40%，万元产值耗油0.15吨，比上年减少0.04吨，下降21.05%；用电747 125万千瓦小时，比上年下降10.03%，万元产值耗电0.8万千瓦小时，比上年减少0.02万千瓦小时，下降20%。

（江苏省乡镇企业局）

浙江省

1989年，浙江省乡镇企业在困境中求稳定，在稳定中谋发展，在大转折中站稳了脚跟。这一年，乡镇企业有以下几个新的特点。

一、在发展速度与效益上，出现了近十年来的最低点，但它在全省国民经济中仍然占有举足轻重的地位，继续发挥着重要的作用

乡镇企业产值657.45亿元，比上年607亿元增长8.3%，同上年增长33.5%的速度相比，回落25.2个百分点，成为80年代中增长速度最低的一年。其中：乡镇工业产值591.18亿元，比上年增长8.9%，同上年增长33.47%的速度相比，回落25.8个百分点。按企业的所有制来分，乡办工业产值328.41亿元，比上年增长4.6%；村办工业产值192.09亿元，增长5.8%；联户和家庭工业产值136.94亿元，增长22.8%。

销售收入625.2亿元，比上年571.51亿元，增长9.4%。

上缴国家税金33.9亿元，比上年30.82亿元，增长10%。

纯利33.5亿元，比上年39.28亿元，减少14.8亿元。

外贸出口交货额44.9亿元，比上年30.16亿元增长47.9%，其中直接出口额32.6亿元。

二、在基本建设规模上，服从大局，坚决压缩，消除乡镇企业过热的现象

这一年，压缩新上项目827项、在建项目1 004项、技改877项，共压缩投资11亿元。1989年新固定资产投资17.6亿元，比上年26.6亿元减少9亿元，减少33.8%。有效控制了乡镇企业过猛的发展速度。

三、在企业素质上，大量的企业关停并转，一批骨干企业正发挥着砥柱的作用，为乡镇企业稳定发展奠定了基础

1989年关停4 510家企业，减少职工349 718人。亏损企业12 732家，亏损金额5.75亿元，分别增加123家和2.76亿元。但是，9 941家年产值上100万元的骨干企业，经受住了考验，形成发展乡镇企业的主流。这些企业所创的产值、销售收入、税金、利润、村以上集体企业的产值、销售收入、税金、利润中占到一半至三分之二左右。

总的来看，1989年乡镇企业的发展虽不如人意，但它已经尽了最大的努力，并在治理整顿的严峻考验和锻炼中得到提高。这一年，主要是围绕了一个“稳”字：稳定思想，稳定队伍，稳定政策，稳步发展，着重进行了四个方面的工作：

第一，在指导思想上，统一到一个基点上。即：在“调整、整顿、改造、提高”的方针指导下，把基点放在“自力更生，艰苦奋斗”上，文章作在“眼睛向内，眼睛向下，眼睛向自己”上，千方百计，克服困难。为此，广泛深入地开展教育，教育中实行“三个结合”：

1. 与贯彻整顿治理和深化改革方针、学习党的十三届五中全会精神、开展基本路线教育相结合。在学习中，大讲乡镇企业的地位与贡献，明确乡镇企业发展方向，坚定继续发展乡镇企业的信心；大讲发展乡镇企业的经验与教训，发扬自力更生、艰苦奋斗的精神；大讲正确处理国家、集体、个人三者的关系，树立“当主人翁、想主人事、干主人活、得主人乐”的责任感。

2．与表彰、保护优秀企业家和先进企业相结合。近年来，涌现了一批优秀企业家，他们之中，有六位是全国人大的代表，有六位荣获全国劳动模范的光荣称号，杭州万向节厂厂长鲁冠球还获得全国思想政治工作创新奖。在表彰这些优秀企业家的同时，按照“支持改革者，保护探索者，帮助失误者，查处违法者”的原则，采配切实措施保护农村能人的积极性。

3．与稳定和落实乡镇企业的基本政策相结合。省委、省政府一再重申：企业的经营承包责任制和厂长（经理）负责制不变；发展乡镇企业坚持“四个轮子”一起转的方针不变；继续坚定不移地深化企业改革，进一步探索股份制、租赁制等改革形式；继续鼓励和支持农民联办的合作经营企业，包括股份合作企业和联户企业；继续积极开展乡镇企业的横向联系、地区合作和企业集团，在这些方面过去规定的政策不变；坚持多劳多得、鼓励先进的经济分配政策；乡镇企业的经营业务费政策不变；凡是中央、国务院和省委、省政府制定的有关乡镇企业的政策和法规，只要没有明令废止的，都要继续执行。通过宣传这些政策，促进了思想稳定和队伍稳定。

第二，在战略转变上，确保一个重点。即：重点保年产值超100万元，特别是年产值上1 000万元、年利润上100万元的骨干企业。对这批骨干企业的发展方向上，突出引导和支持四类企业：甘当配角，为大工业配套的“绿叶型”企业；立足于本地的农副产品和其他资源，作深加工、创高附加值，为城乡人民服务的“服务型”企业；与科研部门、大专院校“联姻”，共同组建“新家庭”的“科技先导型”企业；以地方传统的工艺优势与外贸的销售优势相结合，打进国际市场的“外向型”企业。在财力、物力上，对上述企业实行倾斜政策。如在贷款上和电力、煤炭供应上给予适当照顾。为了帮助这些骨干企业增强应变能力、竞争能力，苦练“内功”，着重在四个方面采取措施：

1．深化改革。积极推行风险抵押激励机制、流动资产责任机制、自有资产增值考核机制、内部审计监控机制。

2．强化管理。着眼于练好内功，把企业升级作为加强各项基础管理的动力，落实七项基础管理，提高企业整体素质。

3．开展“双增双节”活动。以“清仓清欠”为中心，清财、理财，讲究用财之道。全省乡镇企业催回各种应收额达10.9亿元。

4．追求技术进步。尽管资金奇缺，但仍把有限的资金用于技改，全省乡镇企业约计投入7亿元上下。

使骨干企业在困境中站稳了脚跟，提高了素质，获得了新的生产力。这一年，骨干企业开展并经鉴定的新产品达1 312项，国家二级企业从上年的7家增加到10家，居全国之首；通过外引内联，形成新的群体优势，与国营大工业联营的企业所创产值，占全省乡镇工业产值的45％以上，与科研单位“联姻”的企业也有千余家。

第三，在突破口的选择上，千方百计攻克一个难点。这个难点，就是扶销促产。由于市场疲软，销售成为突出的难点。这一年，在疏通流通渠道方面，可谓“四面八方开拓门路，东西南北走向世界”。在市场的选择上，改变了那种“市场竞争在国内，价格竞争在县内”的状况，“采取东方不亮西方亮”的方针，在决不放弃国内市场、重视农村市场的同时，千方百计进入国际市场，从而使出口创汇取得了重大成绩。例如，绍兴县和萧山市乡镇企业产品出口收购额3.5亿元和3亿元，比上年分别增长67％和30％；黄岩、上于、慈溪三县(市)也在1亿元以上，都比上年有较大幅度的增长。为了开拓市场，全省组织了70余万人的供销队伍走南闯北推销产品，牵线搭桥奔向世界，终于在夹缝中开拓出一条又一条销售产品的新路。

第四，在组织领导上，发挥一个核心领导的作用。即：党组织的核心领导作用。这一年，从省委、省政府到各级党政领导，对乡镇企业的调查研究是最为频繁的一年，对乡镇企业的政治鼓励和思想教育是及时的一年，组织和动员有关部门为乡镇企业排忧解难也是最着力的一年。正是这样，才使乡镇企业的思想、队伍、政策在动荡中逐步稳定下来。

（张天训）

安徽省

1989年，安徽省乡镇企业总收入为266.8亿元，比上年增长18.9％；完成总产值和工业总产值分别为255.88亿元和135.87亿元（可比口径），分别比上年增长14.4％和17.3％，其中乡村两级企业总产值和工业总产值分别为113.28亿元和75.78亿元，比上年分别增长12.2％和18.4％。在效益方面，1989年全省乡镇企业实现利润23.7亿元，上缴税金6.669亿元，分别比上年增长11.45％和18.19％，其中乡村两级企业实现利润8.09亿元、上缴税金3.1739亿元，分别比上年增长21.64％和10.68％。在发展外向型经济方面有所进步，经国家有关部门批准建立了三个出口产品生产基地；生产出口创汇产品的企业达558家，其生产总值为32 415万元。其中出口交货总额为28 081万元，比上年增长43.6％。由于调整产业结构和其它原因，全省乡镇企业个数由原来的103.83万个减少到85.38万个，下降17.7%，其中个体企业减少17.82万个，比上年下降20%。乡镇企业就业人数476.1447万人，比上年增加近两万人，总就业人数占农村劳动力总人数的23%。1989年，全省有七名乡镇企业厂长(经理)被评为全国劳动模范，有四名青年厂长（经理）被评为全国优秀青年厂长（经理)，有两名厂长（经理）被评为全国“青年星火带头人标兵”和“青年星火带头人”。

1989年，安徽省乡镇企业工作中有三个突出的方面值得进一步反思和重视。

1．增长幅度得到了控制，但有些地方起伏较大。1989年是近几年来乡镇企业增长速度最低的一年，发展速度比上年回落17个百分点，开始顺应国家治理整顿的宏观要求。在全省74个县、市中，乡镇工业增长在16%以上的有35个，占47.3%；增长幅度在15%以内的有20个，占27%；负增长的有19个，占25.7%。1989年的速度变化启示我们，乡镇企业必须量力而行，过高的速度应该控制；同时，也必须稳定发展，不能大起大落。

2．发展的观念有了很大转变，但思想认识上也出现过摇摆和混乱。1989年，各地在实践中进一步认识到，治理整顿，符合乡镇企业的实际状况，是乡镇企业摆脱困境的重大措施。在这种认识基础上，逐步形成了发展乡镇企业的新观念。比如在资金方面，转向以自我积累、自我发展为主；在发展途径上，转向以内涵发展、加强管理为主。正因为有了观念上的转变，所以在全省乡镇企业中产生了主动调整结构的积极性。但在一段时期内，许多地方出现了某些思想认识上的问题。主要表现有，社会舆论对乡镇企业指责、批评较多，甚至怀疑其发展方向和战略地位；区、乡、村干部有畏难和埋怨情绪，认为大环境对乡镇企业不利，还是抓农业保险；企业的厂长（经理）疑虑重重，怕犯错误；私人企业主忧心忡忡等。

3．乡镇企业在治理整顿中发现了机遇，同时也暴露了自身存在的问题。1989年，各地都注意抓住速度放慢的时机，集中更多的精力抓企业管理，抓自身建设。许多地方根据国家产业政策，大力发展农用工业、出口创汇企业和能源、原材料产业。但另一方面，乡镇企业自身的不足也暴露得更明显。首先表现在产业结构方面，不能适应政策紧缩和市场变化的要求，应变能力差；其次表现在企业素质低，缺乏竞争力；再者表现为自我发展能力不足，企业积累少，一旦银行收紧银根，企业就难以为继。

1989年，安徽省乡镇企业着重抓了以下几方面工作，概括起来，就是“四抓四促”。

1．抓调查研究，促思想稳定、政策稳定、队伍稳定。一年内省乡镇企业局一共召开了七次会议，组织了十多次调研活动，并代省政府起草了两个文件，即省政府(89)48号文件和《关于在治理整顿中积极引导乡镇企业健康发展的通知》，由省政府正式下发。对稳定思想，稳定政策，进而稳定乡镇企业队伍，扭转被动局面，产生了非常重要的作用。

2．抓调整，促优化结构。各地在调整中，首先分析了乡镇企业的结构现状，摸清家底。其次是推出了各地重点确保、限制发展和关停并转的行业、企业和产品序列，其中重点发展的排出了12个行业中的111个产品、1 442家企业；限制发展的有9个行业中的25种产品、1 903家企业；关停并转的有5个行业中的766家企业。除了对现有企业进行调整外，着重抓了在建项目的清理工作，停缓建了40个项目，压缩投资规模4 888万元。由于各地对调整工作抓得紧，措施有力，在投资结构、企业规模结构、企业布局、所有制结构和产品结构等方面都有了改进。经过一年的调整，1989年关闭乡村两级工业企业943家，停产企业819家，并转企业188家，共计1 850家。其中有相当一部分是因为资金和管理问题而关停或并转的。

3．抓管理，促企业素质提高。1989年，乡镇企业普遍把主要精力用于抓管理、打基础、上水平，管理意识比前几年有明显增强。全省有95家企业获省政府命名的“明星企业”称号，有一家企业进入省级先进企业行列；有121家企业获第三产业先进单位称号，其中有32家获省政府授予的金杯奖；有13个产品获部优，有37个产品获省优，有80个产品获省局系统优。在全省294家乡镇企业的水泥厂中，已有203家领到生产许可证；乡镇企业建筑队伍中已有358家领到了资质证，占全省领证建筑企业的40%。在改进企业素质的过程中，各地重点抓了企业的技术素质和职工素质的提高。1989年全省培训各类人员25.4万次，新建企业职工学校116所(累计571所)，评定各类人员专业技术职务资格10 476名。

4．抓改革，促企业增强活力。全省主要抓了企业承包经营责任制的完善和资金改革。在资金方面，除要求各地严格执行两部文件，健全财务管理制度外，着重抓了清产核资、清收欠款。到年底，全省共收回私人欠款4.5亿元，占应收款的45.3%，其中收回私人欠款5 889万元，占该项应收款的74.2%。这些欠款的收回，对缓解当时资金紧缺困难起了很有效的应急作用。

（安徽省乡镇企业局）

福建省

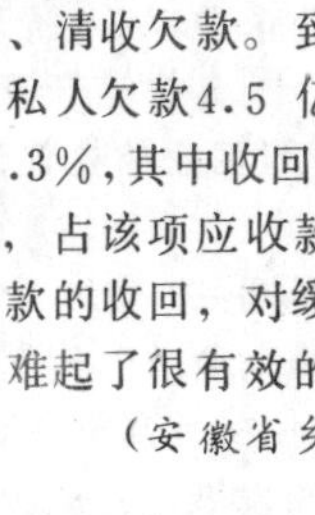

1989年，福建省乡镇企业生产上

规模、管理上等级、质量上档次、技术上水平，不断提高经济效益的(即“四上一提高”)工作深入开展，生产继续增长，结构有所改善，整个经济正朝着由外延为主向内涵为主的方向转变。但地区之间发展不平衡，结构性矛盾依然存在。在治理整顿中，管理、技术上的一些潜伏矛盾也逐渐显露出来。

一、“四上一提高”的成效

主要表现为“一个继续增长”、“三个有所提高”、“一个明显变化”。

一个继续增长：即乡镇企业经济继续增长。1989年，全省乡镇企业总产值达200.93亿元，比上年增长22.4%，增长速度率回落20个百分点。从9个地市看，一个显著特点是，内地山区的乡镇企业发展速度快于沿海，同时，全省涌现出一批乡镇企业发展速度较快的县(区)、乡（镇)、村。年产值超过1亿元以上的县（区）有60个，比上年增加10个；年产值超过1亿元以上的乡镇有29个，比上年增加8个；年产值超过1 000万元以上的村有126个，比上年增加24个。全省乡镇工业总产值为121.32亿元，比上年增长22.6%，其中乡办工业35.46亿元，增长32.1%；村办工业38.57亿元，增长18.9%。1989年工业产值超100万元以上的工业企业1 558个，比上年增加317个，其中年产值超过1 000万元以上的工业企业47个，比上年增加20个。

三个有所提高：一是4个内地山区的地市乡镇企业总产值在全省乡镇企业总产值中的比重有所提高。随着乡镇企业的发展，由地区倾斜转变为产业倾斜，以及山区经济的加速开发，宁德、南平、三明、龙岩4个内地山区的地市乡镇企业总产值在全省乡镇企业总产值中的比重，从1988年的30.89%提高到34.13%；福州、莆田、泉州、漳州、厦门5个沿海地市的比重，则从69.11%降为1989年的65.87%，从而逐步形成内地山区和沿海地区相对均衡发展的新格局。二是企业经济效益有所提高。1989年，全省乡镇企业缴纳给国家的税金达到9.8亿元，比上年增长29.87%；实现纯利润16.08亿元，比上年增长5.48%；发放职工工资40.9亿元，比上年增长17.72%；全员劳动生产率达到7 261元/人，比上年提高21.5%。三是乡镇企业经济外向度有所提高。1989年，全省乡镇企业经济外向度达到9.1%，比上年提高2个百分点，其中莆田、漳州、福州、龙岩4个地市，分别提高6.3个百分点、2.1个百分点、2.6个百分点、0.7个百分点。

一个明显变化：即全省各级乡镇企业主管部门在指导上有明显变化。把推动乡镇企业科技进步，不断提高企业素质，作为一项主要工作来抓，使乡镇企业产品的技术含量和产品档次有很大提高。1989年，全省乡镇企业新产品开发比上年增加20项。在产品创优上，有泉州万事可乐公司的清蒙汽水等36种产品被评为省优质产品，比上年增加8种；有邵武木筷等8种产品被评为部优产品。还有8项产品获省科技“星火奖”，其中花岗岩磨头等3项产品被推荐为国家级“星火奖”，有1项产品获省科技进步三等奖。泉州万事可乐公司的清蒙汽水还在全国汽水行业评比中获得第一名。同时，全省乡镇企业升级工作取得了重要突破，长乐第二汽配厂被评为全省乡镇工业企业中第一家“省级先进企业”，另有4家乡镇工业企业成为“省基础级企业”。

二、乡镇企业产业结构调整初见成效

在产业结构调整中，全省对一部分严重浪费电力、严重污染环境和经济效益很差的小造纸厂、小砖瓦厂、小化肥厂、小农药厂、小电镀厂、小针织厂、小印染厂、小茶厂等，分别实行了“关、停、并、转”。各地坚持从实际出发，采取限制和引导并用的措施，区别情况，分类指导，有保有压，分步到位。漳州市一方面关停并转能耗高、质量劣、效益差的小企业3 156个，另一方面投入资金5 400万元，搞技改项目82个、配套项目41个、扶持年产值100万元的乡村集体工业企业73个，做到了该上的上，该下的下，促进了产业结构整体水平的提高。

三、乡镇企业出口创汇取得了较大进展

1989年，全省从事出口商品生产的乡镇企业共3 207家，比上年净增473家；企业职工28.33万人，比上年净增0.96万人；出口商品直接交货值为18.33亿元，比上年增长53.4%。1989年福建省乡镇企业出口创汇出现了以下新的特点。

1. 出口创汇的乡镇“三资”企业增加较多。全省从事出口商品生产的乡镇“三资”企业达到266家，比上年净增80家，其中仅泉州市增加73家。乡镇“三资”企业产值为6.42亿元，比上年净增2.57亿元，增长66.6%。

2.“三来一补”业务由沿海逐渐向内地山区扩展。1989年，全省乡镇企业工缴费收入为0.78亿元，比上年增长22.2%。其中福州市仅增长2.46%，而内地山区的三明市增长687.5%，南平地区增长38倍。

3. 主要出口产品的增幅显著。1989年，全省乡镇企业主要出口产品比上年大幅度增长，花岗岩出口交货5.57万立方米，比上年增长66.8%；土纸0.2万吨，比上年增长293%；工艺美术品1.67亿元，比上年增长37.1%；竹制品0.56亿元，比上年增长43.4%；服装1.69亿元，比上年增长133.4%；鞋类3.08亿元，比上年增长208%。

四、乡镇企业开发新产品成绩显著

1989年，全省有3项新产品列上国家新产品开发计划，102项新产品列上福建省技术开发计划，这些项目现已有95项完成了开发任务。其中有71项完成了省级技术鉴定，并通过了省经委的确认，有16项被确认达到国际水平，15项被确认为

国内首创，38项被确认达到了国内先进水平。

乡镇企业新产品开发工作，基本上做到了“三个依靠”，即依靠横向联合、依靠吸收消化新技术、依靠资源优势取得进展的，如福州开关总厂第一分厂，通过与福州第一开关厂、西安高压电器研究所建立经济和技术联合，开发出了达到80年代国际水平的GN 19—10系列户内高压隔离开关新产品。

（福建省乡镇企业局）

江西省

1989年，江西省乡镇企业总收入达到129.97亿元，比上年增长19.8%；乡镇企业总产值122.98亿元，比上年增长26.4%，其中工业总产值76.38亿元，比上年增长28.7%；实现利税16.24亿元，比上年增长19.1%；全员劳动生产率6 450元，比上年增长20.9%；乡镇工业企业每人平均收入5 555元，比上年增长22.5%；企业个数达70.95万个，比上年增长5.1%；企业职工人数235.02万人，比上年增长2.4%；实发工资22.32亿元，比上年增长14.9%；企业固定资产原值39.92亿元，比上年增长18.1%。

1988年江西省乡镇企业发展主要有以下特点。

1．发展速度回落。以前过高的增长速度得到控制。1989年全省乡镇企业总产值和工业总产值的增长速度由上年的38.6%和40.6%下降到26.4%和28.7%，分别下降了12.2和11.9个百分点。

2．结构趋向合理。通过调整、整顿，1989年全省乡镇企业共压缩基建项目34个，总投资1 407万元；按照国家有关产业政策的要求，经济效益不好的企业关停1 138个，并转218个，占全省乡村工业的3.6%；一、二、三产业全面发展，尤其是种养业回升较快，与上年相比，企业个数增加324个，产值增加32.5%；工业结构开始向好的方向发展，轻重工业之比为49.4：50.6。产品结构初步发生变化，依托利用本地资源的能源、原材料等基础工业产品产量多数增长，如煤炭比上年增长9.4%，发电量增长12.1%，矿石增长11%；以农副产品为原料的轻工产品稳定增长，如罐头比上年增长61.6%，饲料增长3.7%，茶叶增长20.8%，竹藤棕草制品增长22%；以满足城乡人民生产、生活需要，适销对路的日用消费品和支农产品，如服装、鞋帽比上年增长76.8%，工艺美术品增长5.7%，铁、木、竹制日用品增长48.9%，农机配件增长12.4%；而国家明文规定控制发展的如棉纺、土纸等工业产品，则分别比上年下降79.8%和31.7%。

3．管理加强。面对治理整顿的形势，各地企业管理意识普遍增强，出现了五个可喜的转变：①由过去的以依靠外延发展为主向内涵发展为主转变。全省乡村企业共完成技术改造项目2 533项，总投资3.1亿元，较好地发挥了现有技术设备的作用，增大了生产能力。②由以前依靠贷款过日子向注重内部挖潜与自我积累转变。全省乡村企业通过清仓查库、修旧利废和压缩非生产性开支，共节约资金1.9亿元，收回应收款1.3亿元。③由过去主要依赖外来人才为主向注重自身人才开发转变。除通过各种途径引进4 715人外，全省乡镇企业共举办各类专业技术培训班634期，培训人员33 272人次，比上年翻了一番；评定各类技术职称人员8 774人，其数量超过前4年评定技术职称人数的总和。④由以前单纯追求产品数量向注重产品质量转变。积极开展标准、计量、定额、检测等基础工作和产品创优活动，产品质量和技术档次不断提高。1989年，全省乡镇企业创省、部优产品52个，比上年增加73.3%；开发新产品110项，通过省级鉴定82项。⑤由过去撒胡椒面式的均衡投入向注重倾斜重点投入转变。各地对符合国家产业政策、产品适销对路，经济效益好的骨干企业，在资金、物资、电力等方面，有重点地实行倾斜扶持，帮助这些企业上等级、上水平、上效益。1989年，有南昌安义异型砂轮厂等3家企业被省政府命名为“省级先进企业”；年产值上100万元的企业已达881家，比上年增加91家；产值上1 000万元的企业18家，增加11家。这批骨干企业所完成的工业产值占全省乡镇工业总产值的20%。

4．效益有降有升。1989年，全省乡村两级工业产值利税率为11.49%，比上年下降1.8个百分点；每百元产值占用流动资金33.16元，增加3%；人均创利税770.5元，增长62.9%；每百元固定资产创造产值200元，增长1.3%；每万元工业产值能源消耗量为3.74吨标煤，比上年降低70%，出现了在适当降低速度中求效益的好现象。

5．贡献越来越大。1989年，乡镇企业总产值首次超过了农业总产值，占全省农村社会总产值的39.1%；乡镇工业总产值占全省工业总产值的比重为26.4%，当年乡镇工业净增产值17.02亿元，占全省工业总产值净增数的71.3%；上交国家税金5.63亿元，比上年增长21.1%，占全省财政总收入的12.6%；乡镇企业安排的就业人员占全省农村劳力总数的17.4%；乡镇企业税后利润用于支农、建农和集镇建设等开支的金额达1.38亿元，相当于乡村企业缴纳税金总额的38.4%。出口产品交货金额2.76亿元，创汇5 841万美元，占全省外贸出口总额的10.9%。

1989年，江西省乡镇企业之所以能够取得较好成绩，主要是采取了以下的做法。

第一，各级党委、政府高度重视，主要领导亲自抓，加强了具体领导。7月下旬，省人大常委会就发展乡镇企业问题安排了一次专题汇报讨论，起到了统一认识，以正视听的作用。8月，省政府召开了全省乡镇企业工作会议，省委、省政府领导同志从江西实际出发，采取果断有力措施，继续鼓励和扶持乡镇企业向前发展，稳定了人心，稳住了大局，抑制了滑坡，防止了大起大落。

第二，坚持发扬自力更生、艰苦奋斗精神，充分发挥乡镇企业机制优势，战胜了各种困难。全省通过增产节约、增收节支、革新挖潜，清理财物、回收贷款和借支等办法，筹集资金1.9亿元，清理回收各种欠款1.3亿元，使一大批效益好的企业及时补充了流动资金，实现了生产持续稳定发展。

第三，在狠抓改革开放的基础上，大力加强基础建设。各地在深化改革方面，围绕完善承包责任制，克服短期行为，搞活乡镇企业。对外开放，联营协作，引进技术，引进资金，取得了明显成果，1989年引进资金5 481万元，引进人才4 715人。同时，大力加强基础管理、技术改造、质量创优、新产品开发、人才培训、企业升级等六大基础建设，培养了一批管理好、水平高、效益佳的明星企业和优秀企业家。

第四，狠抓《山海计划》的实施。1989年2月，江西省乡镇企业管理局提出《江西省乡镇企业“山海计划”》。要求从农业开发总体战略的需要出发，坚持一手抓城市郊区、县城和集镇周围较发达地区的重点企业建设，形成“群山林立”之势；一手抓欠发达和次发达地区的千家万户，放胆发展具有群众性、区域性、社会性和暴发性的户办、联户办企业及私营经济，形成商品经济的“汪洋大海”。一年来，各级乡镇企业的主管部门，按照“两手抓”的原则，对重点骨干企业实行分级分层次的管理；对“两户”和私营经济，指定专门机构或指派专人负责，及时给予指导，做好工作。全省乡村骨干企业和“两户”企业均有了比较快的发展。

第五，加强了主管部门的自身建设，大力培养求实、高效、迎难而上的作风。各级乡镇企业的主管部门，在困难面前顽强拼搏，深入基层和企业调查研究，制定渡难关的措施，帮助解决实际问题，为各级领导出谋献策，当好参谋，做了大量的工作。

（万兆金）

山东省

1989年，山东省有乡镇企业141.95万个；职工948.64万人，占农村劳动力总数的29%；完成总产值856.44亿元，比上年增长21.3%，占农村社会总产值的比重由上年的58.9%上升到66.7%，是农业产值的2.73倍。其中，农业企业产值25.15亿元，占2.9%，下降10.6%；工业企业产值620.72亿元，占72.5%，增长26.8%；建筑企业产值116.54亿元，占13.6%，增长11.2%；交通企业产值53.23亿元，占6.2%，增长25.6%；商业和饮食服务业40.8亿元，占4.8%，下降1.5%。

在乡镇企业总产值中，乡镇工业产值620.72亿元，占当年全省工业总产值的44.1%。乡村两级工业产值490.19亿元，比上年增长24.8%，其中以农副产品为原料的加工业产值163.98亿元，比上年增长29.9%。出口产品交货值33.98亿元，比上年增长42.1%，占全省外贸收购总额的33.6%。

1989年全省乡镇企业产值过亿元的县129个，其中15亿元以上的10个；乡镇工业产值过亿元的县121个，其中10亿元以上的15个。企业产值过亿元的乡（镇）168个，其中3亿元以上的11个。企业总产值超过1 000万元的村431个，其中过亿元的有3个。

1989年山东省乡镇企业的发展有四个明显的特点。

1. 投资规模得到明显控制。全年实际完成固定资产投资总额32.3亿元，比上年减少37.3%，停建和缓建项目414个，节省投资25 611万元。

2. 发展速度明显回落，经济效益有所提高。企业总产值和工业总产值的增长幅度分别比上年回落30.5和30.7个百分点。全员劳动生产率比上年增长21.48%；利润总额83.86亿元，比上年增长7.5%；纯利润70.58亿元，比上年增长8.9%。

3. 企业素质和产品质量都有明显提高。1989年全省有10个乡镇企业被评为国家二级企业，46个被评为省级先进企业，344个被评为省系统级先进企业。有185项产品被评为省以上优质产品，其中国优1项、部优79项、省优105项。

4. 对国家的贡献越来越大。实缴税金28亿元，比上年增长22%，占当年全省财政收入的26.7%。乡村两级企业的税后利润用于支援农业、小城镇建设、兴办教育和补助社会性开支等共计5.93亿元，比上年增加9 000多万元。

山东省乡镇企业在治理整顿的第一年，在极其困难的条件下，全省乡镇企业的发展保持了稳定、健康发展的好势头，治理整顿工作初见成效，其主要经验如下。

1. 注重研究经济全局的变化对乡镇企业的关系和影响，减少工作指导上的盲目性。山东省乡镇企业已成为全省农村经济的支柱产业，国民经济的重要方面军。在这种情况下，乡镇企业的大起大落会对整个国民经济产生重大的影响，同时，国民经济发展的状况如何，又直接影响到乡镇企业。基于这种认识，

1989年下半年，全系统上下注意从研究经济全局入手，分析大环境、大形势对乡镇企业的制约和影响，提出相应的对策和措施。除认真分析近几年物价上涨对乡镇企业发展的影响以外，还根据国家抽紧银根、控制信贷规模的要求，具体分析研究资金状况和解决资金困难的办法，并针对乡镇企业面临的困难和有利条件，提出了“在治理中发展，在整顿中提高”的措施。8月份在烟台召开的座谈会上以及后来召开的有十三个联系县和二十个联系乡、村参加的乡镇企业结构调整专题座谈会上，提出了“主动调整、强化管理”的具体要求，以及结构调整的原则、内容、政策和方法。实践证明，只有把乡镇企业发展遇到的新情况、新问题放在经济全局这个大环境中去分析研究，才有可能避免工作指导上的盲目性，从而推动全省乡镇企业稳步健康地发展。

2．从稳定思想入手，进而达到稳定队伍、稳定企业、稳定发展的目的。在治理整顿中，乡镇企业发展前途如何，曾一度引起社会各界的普遍关注。各级党委、政府和农村广大干部群众，希望它稳步健康发展，而社会上却有人持怀疑否定的态度，甚至散布一些片面的、不符合实际的言论。在乡镇企业内部，一部分干部职工思想波动，对发展乡镇企业表现信心不足。在这种情况下，各级乡镇企业主管部门通过各种形式统一干部职工的思想，及时传达党中央、国务院和省委、省政府的有关指示，并结合山东实际，利用各种渠道，广泛宣传乡镇企业在国民经济中的地位、作用，澄清某些错误认识，消除某些错误观点的影响，使乡镇企业在形势严峻、困难很大的情况下稳住了阵脚。在烟台召开的全省乡镇企业工作座谈会上，针对当时乡镇企业发展中自身存在的主要问题，主动揭露矛盾，提出解决办法。这是使全省乡镇企业调整工作得以主动进行的一个重要原因。

3．从实际出发，确立调整的指导原则和政策。调整结构，是治理整顿工作的关键一环，也是乡镇企业能够持续、稳定、协调发展的重要条件。1989年，根据国家产业政策的要求，紧密结合乡镇企业实际，积极探索研究调整的指导原则和路子。在调整政策上，实行了“产业政策地区化，地区政策产业化”的方针，要求因地制宜地搞好乡镇企业调整；在调整原则上，提出了“产品快调、产业微调、行业逐步调”和“少关停、多并转”的指导原则；在调整内容上，强调立足当地资源，充分发挥劳动密集型和传统技艺的优势，大力发展为城乡生产、生活服务的产品和出口创汇产品；在调整方法上，坚持按照效益第一的原则，区别不同情况，有保有压，有上有下，扶优汰劣，分类指导，要求分别搞好产品的适应性、开发性和转轨性调整。由于认真抓了这些工作，因而使全省乡镇企业的调整工作能够有一个良好的开端。

4．抓准关键性问题，落实关键性措施。要在治理整顿中渡过难关，走出困境，关键在于提高企业的基础素质。由于各地紧紧围绕这个关键性问题，采取了行之有效的关键性措施，才使乡镇企业取得了治理整顿的明显成效。例如，在企业管理方面，抓住了企业升级这个“牛鼻子”，制定了经由“基础级”、“市地级”、“省系统级”再晋升“省级”、“国家级”先进企业的阶梯式进档升级办法，吸引了绝大多数企业自觉加强了企业管理，成为循序渐进地提高企业素质的一项重要的制度建设。在经营管理方面，提出了以“财务达标”为突破口，强调凡是财务未达标的企业，一律不得参加省以上先进企业评比，这就能够促进企业把经营管理提高到一个新的水平。同时，为了克服乡镇企业基础管理工作较差的弱点，还及时提出了向大工业学习，并举办了由市地局和骨干企业主要领导干部参加的大型学习班，认真学习“规范化工作法”、“优化组合”、“成本控制”等先进经验，由点到面，点面结合，效果很好。以上这些工作，对于全省乡镇企业整体素质的提高，起到了积极的推动作用，为今后的治理整顿打下了基础。

（王裕章　宋秋玲）

1989年，是湖北省乡镇企业在治理整顿、深化改革中初见成效的一年。实现总产值291.03亿元，总收入265.11亿元。

治理整顿见成效。在贯彻落实党中央关于治理整顿、深化改革的方针中，各地按照国家产业政策，积极引导效益好的企业充分发展，主动治理消耗高、质量差、污染严重及与大工业争原料、争能源而效益又很差的企业。与1988年相比，全省乡镇企业减少1.88万个，职工人数减少5.62万人，但产值却净增44.88亿元。据对1 531个乡村工业企业关停并转原因的调查分析，属耗能高的78个，占5.09%；原材料短缺的259个，占16.92%；严重污染环境的4个，占0.27%；资金缺乏的674个，占44.02%；管理不善的329个，占21.49%；产业结构调整的162个，占10.58%；其他原因的25个，占1.63%。

保持了适度增长。1989年全省乡镇企业总产值比1988年增长18.23%，回落13.5个百分点，其中乡镇工业完成产值170.35亿元，比上年增长18.72%，回落13.4个百分点。乡镇企业产值增长速度与全省工农业总产值增长6.3%的速度相比，高出农业13.72个百分点，高出工业12.12个百分点。

规模进一步扩大。与1988年相比，荆州地区乡镇企业产值达78.57亿元，占全省的比重由24.65％提高到27％。1989年全省乡镇企业产值过亿元的县由49个增加到54个，其中过5亿元的由14个增加到19个，继仙桃、黄陂、天门之后，新洲县也突破10亿元，仙桃市达到14.7亿元。乡镇企业产值过5 000万元的乡镇由83个增加到131个，其中过1亿元的由7个增加到21个。产值过1 000万元的村由45个增加到51个。

贡献继续增加。1989年，乡镇企业总产值占全省社会总产值的19.4％，占全省农村社会总产值的54.7％，分别提高0.38、0.95个百分点；乡镇企业新增产值占当年农村社会总产值增加部分的比重由上年的72.09％提高到77.82％。乡镇工业产值占全省工业产值的22.9％，比上年提高2.27个百分点；当年新增乡镇工业产值占全省工业总产值增加部分的58.04％，提高25.28个百分点。全省乡镇企业实现利税27.86亿元，比上年增长7.9％，其中上缴国家税金8.15亿元，增长15.6％，占全省财政收入的11％，提高0.9个百分点。乡镇企业从业人员占全省农村劳动力的23％。职工年工资额37.43亿元，为农业人口提供的收入人均93元，占农民人均纯收入的16.25％。乡村集体企业上缴国家税金5.05亿元，获纯利润7.58亿元，上交乡村2.94亿元，其中用于以工补农0.48亿元，农村小城镇建设0.27亿元，教育事业0.26亿元，集体福利事业0.2亿元，企业扩大再生产0.84亿元，其他0.46亿元。

湖北乡镇企业仍处于起步阶段，发展中尚有许多薄弱环节。①发展后劲不足。1989年全省乡村企业固定资产投资额仅5亿多元，且主要是上年结转项目，比1988年下降30％以上。②部分地区发展速度回落过猛。湖北乡镇企业1989年产值增长速度低于全国平均速度。全省有11个地市州（含林区）产值增长速度低于全省平均水平，其中有4个单位在10％以下，鄂西自治州只有1.97％。③经济效益不高。1989年全省乡镇企业百元固定资产实现利税28.82元，比1988年下降3.53％；产值利税率9.57％，产销率81.01％，分别比上年下降0.93、1.89个百分点，低于全国平均水平。

1989年湖北省乡镇企业着重抓了以下几项工作。

1. **着力调整结构**。各级立足本地资源，根据市场需要和企业自身优势，不断调整产业结构、行业结构、层次结构、产品结构，比例关系渐趋合理。在乡镇企业产值中，工业企业占58.53％，比上年上升0.24个百分点；农业企业占4.14％，上升0.29个百分点；建筑企业占10.91％，下降0.59个百分点。乡村企业三大产业比较，第一产业增长速度为26.97％，所占比重比上年上升0.43个百分点。第二产业中的工业企业发展速度为20.92％，所占比重上升1.46个百分点；建筑企业发展速度为8.38％，所占比重下降1.44个百分点。第三产业中的各业发展速度趋缓，所占比重下降0.45个百分点。

乡村工业中的轻工业发展速度18.98％，重工业发展速度为23.12％，轻重工业之间的比例关系由1988年的53.2∶46.8变化为52.3∶47.7。

乡镇企业中的出口创汇企业有突破性发展。1989年生产总值8.81亿元，交货总额6.93亿元（人民币），分别比上年增长30.56％和43.82％。出口产品交货额在1.5亿元以上有纺织、服装两类，占交货总额的47.99％。出口收购额在50万元以上的企业258个。

2. **深化企业改革**。1989年初，全省乡镇企业在开展承包经营责任制兑现的基础上，进行承包换届，并对承包内容进行配套完善，企业改革进一步深化。5月，省乡镇企业局在襄樊市召开乡镇企业改革经验交流会，交流了襄樊、黄冈、孝感等地共22个单位的经验，对于完善企业内部的经营机制、竞争机制、风险机制、自我约束机制和激励机制有新的推动。据全省对20 131个乡镇办企业摸底调查，实行承包经营的达19 116个，占94.95％，其中集体承包、厂长（经理）负责制的11 197个，个人承包的4 142个，租赁经营的2 274个，其他形式的1 503个。

开展横向联合是企业深化改革的又一个重要方面。至1989年底，全省乡村企业中，联营企业已有923个，产值6.96亿元。

3. **提高企业素质**。在提高人

湖北省鄂州市刺绣一厂

才素质方面，继续采取分级培训的方法。1989年度，全省共举办短训班7 444期，培训32.68万人。累计共培训162万人，占全省乡镇企业现有职工数的40.34%，占乡村企业职工数的76.81%。省乡镇企业函授中等专业学校继续招收大中专函授生约5 000人，在校学员共1.4万人。同时还委托大专院校代培了部分干部和技术人员，使职工文化素质有了相应提高。

在科技开发方面，1989年全省乡镇企业开发新产品469项，新技术114项，落实"星火计划"项目50项，引进技术项目177项。近年来开发的新产品、新技术中，共有134项获省优秀新产品奖。1989年37项获省乡镇企业"楚鹰奖"。

4．强化企业管理。随着承包经营责任制的完善，企业各项管理工作进一步强化。各地继续从基础管理抓起，以企业升级为重点，推动企业质量管理和财务管理等方面工作。1989年，全省乡村骨干工业企业中，有近1万个企业、约有3万个QC小组开展质量管理活动，其中4个被评为省级优秀质量管理小组，枝城市松木坪水泥厂QC小组、武汉市汉阳区猪鬃厂"提高猪鬃品质度"QC小组分别获农业部二、三等奖。枝城市松木坪水泥厂被评为农业部及湖北省质量管理奖企业，另有8个企业被评为省质量管理先进企业。

财务管理工作逐步向制度化方向发展。1989年初，全省组织清理回乡镇企业的超期贷款和个人借支挪用款11亿多元。开展对乡村企业财务管理工作考核，新验收合格企业3 700多个，累计合格企业达1.51万个，占应考核企业的58.2%。培训乡镇办企业财会人员3.56万人，给考核合格的1.15万人颁发了《会计证》，已获《会计证》的会计人员占85%，乡村企业财务会计工作"四统一"的面由30%扩大到56%。

全省统一下达安全生产考核目标，各地层层分解，认真落实，有力推进了乡镇企业的安全文明生产。与1988年相比，事故起数下降42%，死亡人数下降25%，重伤人数下降38.7%，直接经济损失下降26.5%，死亡、重伤人数和直接经济损失分别比省政府规定的考核指标低80%、92.5%和28.7%。

5．改善供销服务。在清理整顿公司工作中，各级政府十分注意疏通乡镇企业产供销渠道。全省县以上各类乡镇企业专业公司由200多个并转为157个，基本保留了各级乡镇企业物资供销公司。各公司努力树立为企业服务的思想，把经营与服务、社会效益与企业效益有机结合。在计委、经委、物资等部门支持下，为乡镇企业组织了部分钢材、化工原料、纯碱、棉花等生产物资，推销了乡镇企业的部分产品。1989年全省乡镇企业专业公司的商品购进总额为27 992万元，其中物资购进额23 614万元，售给乡镇企业的商品额为7 037万元，占物资购进额（除去计划分配额962万元）的31.07%。

6．企业家评选活动。为激励全省乡镇企业厂长、经理的改革意识，弘扬他们的功绩，倡导他们的开拓创新精神，省农委、省经委、省乡镇企业管理局、湖北日报社、湖北人民广播电台、湖北电视台联合决定，从2月到9月，在全省乡镇企业中继续开展争创、评选农民企业家活动。经自下而上的广泛深入评选，有30名被评为"湖北省优秀农民企业家"，192名被评为"湖北省农民企业家"。

（梁银厚）

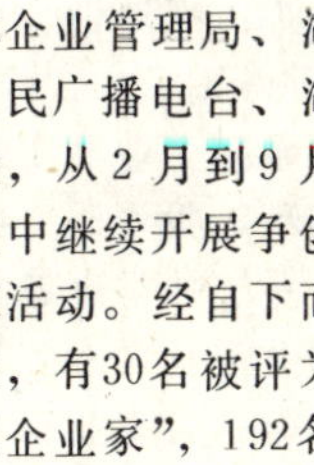

湖南省

1989年湖南省乡镇企业发展到106.73万个，从业人员达到419.91万人。乡镇企业总产值(现行价)完成258.58亿元，比上年增长13.8%。分层次看，乡办企业96.10亿元，增长6.9%；村办企业54.07亿元，增长10.3%；联户个体企业108.41亿元，增长22.7%。分行业看，农业企业13.39亿元，增长22.0%；工业企业148.72亿元，增长15.0%；建筑企业38.51亿元，增长3.7%；交通运输企业26.95亿元，增长22.1%；商业饮食服务业31.01亿元，增长11.8%。全省14个地州市普遍增产增收，总产值最高的长沙市达43.51亿元，增长幅度最大的零陵地区达20.9%。全省108个县市中，乡镇企业总产值增长的有99个，减产的9个，增长幅度最大的岳阳市郊区达49%。1989年，乡镇企业总产值超过1亿元的县市72个，比上年增加8个，其中超过5亿元的县市13个，比上年增加2个，最高的长沙县达到13.21亿元。乡镇企业总产值1亿元以上的乡有8个，比上年增加4个，最高的是醴陵市渌江乡达到1.58亿元。乡镇企业总产值1 000万元以上的村有11个，最高的是临澧县修梅乡太平村达到5 132万元。乡镇企业总产值1 000万元以上的企业46个，比上年增加15个，最高的是长沙县果园交通机械厂达到4 680万元。

1989年，全省乡镇企业实现利润总额21.75亿元，发放职工工资总额46.97亿元；上缴国家税金10.65亿元，比上年增长18.2%；乡镇企业利润用于农村各项经济建设资金2.98亿元，比上年增长22.9%，其中用于支援农业生产9 381万元，用于农村教育事业5 200亿元，用于农村小集镇建设2 010万元，用于农村集体福利事业4 398万元。

1989年，全省乡镇企业共生产原煤60万吨，发电量7.61亿千瓦小时，铁矿石83万吨，各种中小农具8 113万元，水泥297万吨，针织品1 342万件，机制纸及纸板12.2万吨，皮鞋1 641万双，服装1 678万件，饮料酒1.4万吨，食用植物油20万吨，鞭炮352万箱，水果48.5万吨。到1989年底止，全省乡村两级集体企业拥有固定资产原值达到61.67亿元，比上年增长14.5%，自有流动资金12.44亿元，比上年增长19.3%。

1989年，湖南乡镇企业在发展中，也出现了几个新问题：一是关停企业增多。全省仅乡村两级工业企业就关停1 636个，减少职工3.6万人，减少产值3.3亿元，其中由于资金缺乏关停的512个；由于能源、原材料短缺关停的234个；由于经营管理不善、亏损严重而关停的539个；由于调整产业结构关停的253个。全省乡村两级建筑队完全收摊的184家，减少职工3.63万人，减少产值6 500万元。二是亏损企业增加，亏损额增大。1989年，全省乡村两级亏损企业达3 585个，比上年增加914个，增长34.2%；亏损金额达15 335万元，比上年增加8 028万元，增长109.9%。三是企业留利减少。1989年，全省乡镇企业留利46 390万元，比上年减少5 363万元，减少10.3%。

主要工作：

1. **稳定大局**。针对社会上对乡镇企业的指责非难，省委、省政府非常重视，在二月份及时召开了全省乡镇企业工作会。省委、省政府领导反复强调乡镇企业的重要地位和作用，明确提出“湖南的农业要升温，乡镇企业也要升温”的指导方针，并一再强调湖南乡镇企业政策不变。各部门也在会上发言表示要积极支持乡镇企业的发展。

党的十三届四中全会精神传达后，社会上又一度出现了砍乡镇企业的舆论。省政府又及时召开了全省乡镇企业电话会。要求各级各部门要关心乡镇企业。除此之外，省政府还批发了《关于增强乡镇企业自身发展能力，缓解资金紧缺困难的意见》，省乡镇企业局几次召开地市局长会议，认真做好本系统的工作，强化行政管理生产调度。通过这一系列的工作，稳住了乡镇企业的大气候，坚定了各级继续发展乡镇企业的信心和决心。

2. **积极调整产业结构**。通过采取“保、帮、调、限、关”的调整措施。重点扶持了一批符合国家产业政策，适应市场需要，能够出口创汇的乡村骨干企业；引导了一批产品不对路，技术不过关，经济效益不好的企业走并转的道路；帮助了一批能耗较高、污染严重的企业开展技术改造；关停了一批在国营矿区乱采乱挖浪费资源的小煤窑、小有色矿点、生产不安全的烟花鞭炮、严重污染环境的土法炼焦、炼砷等。通过一年的调整，乡镇企业的固定资产投资规模得到有效控制，全省乡镇企业建设项目2 052个，比上年减少1 591个，其中投资在100万元以上的企业只有61个，比上年减少36个。到年底，实际完成投资4.86亿元，比上年减少4.12亿元。当年竣工项目1 582个，占全部建设项目的77.1%，新增固定资产3.99亿元，新增生产能力5.61亿元。

3. **狠抓企业管理和科技进步**。1989年，湖南乡镇企业把工作重心转移到依靠科技进步和加强管理上来，通过抓管理、抓培训、抓科技进步，企业素质得到了一定的提高。1989年，全省乡镇企业共实施省级“星火计划”26项，投资5 000万元。全省乡镇企业系统共举办各种培训班950期，加上委托大专院校代培等形式，共培训各类专业技术人员2.43万人，其中参加大中专学历教育的1.06万人，从而使乡镇企业职工素质有了较大提高。到1989年底止，全省乡镇企业已有大专以上学历的4 400多人，比上年增加1 000多人，增长31.1%；初中以下文化程度83.35万人，比上年减少6.32万人，减少7%。每万名职工中拥有大专以上学历的人数，由上年的15人增加到21人；每万名职工中初中以下文化程度的，由上年的4 000多人减少到3 800多人。同时，1989年全省乡镇企业普遍开展了技术职称的评聘工作，已有4.65万人获得专业技术职务任职资格，其中中级专业技术职务的3 890多人，高级职称的42人，从而使乡镇企业的专业技术人才的结构比例出现了可喜的变化，到年底止，全省乡镇企业共有各种专业技术人员7.88万人，其中中级以上职称人员8 038人，每万名职工拥有专业技术人员由上年的279人增加到367人。

4. **狠抓出口创汇和创优、升级工作**。1989年，湖南乡镇企业在关停、兼并一批耗能高、效益差、污染严重的企业同时，想方设法扶持出口创汇企业的生产。在国内市场疲软的情况下积极引导一批基础较好的内向型企业向外向型转变，鼓励到国际市场上去寻找新的产销门路。1989年，全省乡镇出口创汇企业发展到1 150个，比上年增加69个，出口创汇总额7.09亿元，比上年净增1.4亿元，增长23.7%，比全省乡镇企业总产值的增长速度高10.1个百分点。出口创汇总额在500万元以上的企业有23家，其中1 000万元以上的有7家，最高的是沅江市二麻纺厂出口创汇达2 044万元。出口产品中工艺美术品、矿产品、化工产品、食品占优势，四大宗产品出口创汇额达47 360万元，占全省乡镇企业出口创汇总额的67%，比上年增长25.4%。此外，全省乡镇企业还广泛开展企业创优、升级活动。到1989年底止，全省乡镇企业已有一个国家二级企业，14个省级先进企业，85个省级预备企业；被评为1989年国优产品1项，部优产品16项，省优产品48项。

（万铁辉　陈湘安）

广东省

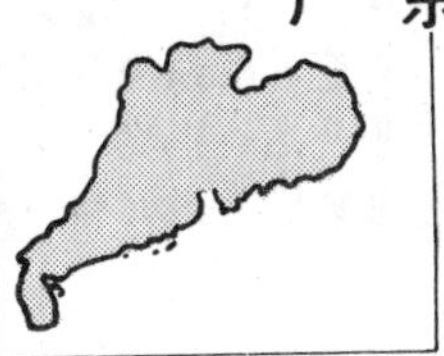

1989年，广东省乡镇企业总数为117.87万个，比上年增长1.76%；从业人员644.35万人，减少0.11%；总收入683.70亿元，增长20.89%；总产值（1980年不变价）553.96亿元，增长16.3%；上缴税金21.90亿元，增长24.57%；纯利润51.25亿元，增长0.59%；年末固定资产原值达到242.17亿元，增长25.43%。乡镇企业几个层次的发展情况是：镇（乡）办企收入278.03亿元，比上年增长21.47%；村办企业收入173.26亿元，增长16.81%；联户企业收入52.36亿元，增长12.67%；个体企业收入180.05亿元，增长26.89%。在五大行业中，农业企业收入10.38亿元，比上年增长6.57%；工业企业收入438.66亿元，增长23.85%；建筑业收入65.81亿元，增长16.19%；交通运输业收入40.25亿元，增长17.72%；商业、服务业及其它行业收入128.6亿元，增长16.06%。

1989年广东省乡镇企业发展特点如下。

1. **治理整顿初见成效**。1989年，广东各地乡镇企业认真贯彻执行中央、省委关于治理整顿、深化改革的方针，自觉接受宏观指导，控制固定资产投资规模、减缓发展速度。1989年，乡镇企业新增的固定资产49亿元，比上年新增数63亿元减少14亿元；镇村两级工业建设项目9 151个，比上年新上项目数15 313个减少6 162个。乡镇企业的发展速度得到有效的控抑，总收入的增长幅度比上年回落了29个百分点；总产值回落了26.1个百分点，其中工业产值回落了29.4个百分点。

自觉调整，优化结构，择优发展。各地根据国家的产业政策和市场的需要，对乡镇企业的产业、产品结构进行了调整，全省共关停了39 639个企业，占企业总数3.36%；并转了4 252个企业，占0.36%。从而改善了产业和企业结构，确保了主要产业、骨干企业的稳步发展。在产品结构调整方面，各地主要从面向国际、国内两个市场，增加社会有效供给，从提高产品质量、降低成本、增加花色品种等方面着手，以价廉物美、适销对路、优质新潮取胜，千方百计提高经济效益和社会效益。

2. **外向型经济健康发展**。各地充分利用当地资源，改善投资环境；创造有利条件，吸引更多的外商投资办厂，使外向型经济持续健康发展。1989年，乡镇外向型企业已发展到14 411个，比上年增长21.94%；从业人员127.65万人，增长14.77%；全年出口产品总值达86.25亿元，增长42.37%，占全省外贸出口总额的25%；出口创汇20.83亿美元，增长34.73%，其中出口产品交货总额38.81亿元（折算9.95亿美元），增长14.99%；"三来"企业工缴费6.74亿美元，增长23.13%；合资（合作）企业产品出口额为3.79亿美元，增长149.34%；补偿贸易出口额为0.33亿美元，增长26.92%，在外向型企业中，出口总额超过100万元的企业有1 308个，比上年增长37.54%，占企业总数的9.01%，共计出口值57.94亿元，出口值最高的企业是顺德县蚬华电器厂，达3.2亿元。

抓住机遇，及时转"轨"变"型"。1989年，全省乡镇新增外向型企业2 593个，其中有近2 000个是由"内向型"转为"外向型"的。一些濒临"绝境"的企业由于转轨及时，很快就恢复了生机。东莞市附城区两家生产电视机、音响的内向型企业，由于资金缺乏，产品滞销，企业接近"死火"状态，后来该厂主动与外商洽谈，以厂房、设备"嫁接"外资，由外商分别投入3 900万和5 000万港元，将企业转为中外合资企业。两厂既解决了生产发展的难题，又使产品由"内滞销"变为"外畅销"。

各地除了加速现有企业朝外向型转变外，还采取多种措施积极发展外资企业。主要措施有：①中外双方按比例投资、分红；共同管理利益均沾。②我方出地皮，搞基建；外商出资办企业，利润分成。③把合同期满的"三来一补"企业改为合资企业，双方增加投资，一齐当"老板"。④有偿转让、出租厂房——引进外资——兴建加工区——再转让出租，滚动式地发展加工区。⑤以我方的高科技成果，吸引外商投资合作。1989年，全省乡镇"三来一补"和合资（合作）企业的增长速度快于正常的外贸出口企业的增长，共创汇10.88亿美元，比上年增长49.66%；引进各种设备139 277台（套），与外商签订合同(已投产) 22 807宗，比上年增长13.15%；实际利用外资12.31亿美元，增长0.49%。

3. **切实改善经营管理**。广东各级乡镇企业主管部门以提高经济效益为中心，积极引导企业走内涵发展为主的道路。重点抓好了企业的计量定级，标准化，定额、信息管理以及质量、财务、物资、设备管理等工作。1989年，有14个企业、15个产品采用国际标准进行生产；全年实行计量定级的企业达366个；3个企业荣获1989年度广东省质量管理奖；3个企业被评为1989年广东省设备管理先进单位；6个QC小组获1989年度广东省优秀QC小组称号。一部分基础好的企业形成了一套以技术标准化为主体包括工作标准、管理标准在内的标准化管理体系，并且已应用了多项现代化的管理方法，有的还应用微电脑管理。

升级企业不断增多。1989年全省已有12个市、27个县（区）抓了乡镇企业的升级工作，有77家企业跨入了省级先进企业的行列，比上年增加54个；有7家企业首次荣获“国家二级企业”称号，升级企业数占全省升级总数11%，在全省各行业中仅次于一轻、二轻，列第三位。

企业经营管理人员、职工的文化技术素质有所提高。1989年，各地从主管部门到企业，都普遍重视了人才开发和智力投资，采取多层次、多形式、多渠道培训各类适用的技术和管理人才。1989年，乡镇企业共培训各类人员30万人次，提高了职工的文化技术水平。在镇(乡)村两级企业的职工中，具有初中文化程度以上的达212.24万人，占职工总数的63.9%，比上年增长0.41%，其中高中文化程度以上的68.05万人，占20.49%，增长0.69%；有一批被评为各种技术管理职称的人员。其中中级以上职称6 560人，初级职称43 094人，加上从社会招聘的各类专业人员69 342人，合计118 996人，占两级企业职工总数的3.58%，比上年提高了1.06个百分点。

4. 技改挖潜，开发新产品。 1989年，广东各地乡镇企业广泛应用了适用的、先进的科学技术来推动企业的挖潜改造、节能降耗，提高了产品质量、降低了成本、增加了效益。1989年，全省有171个产品被评为本年度省优质产品，比上年增长18.75%；有30个产品获部优质产品称号，比上年增加1个；有3个产品首次获国家优质产品称号；有13个产品获广东省优秀儿童用品奖。另外，有12个企业被评为省级节约能源企业，8个企业被评为部水泥质量优胜企业，6个企业被评为省水泥质量优胜企业。

积极引进、消化、吸收新技术，开发新产品。1989年，佛山市依靠科技进步，开发新产品。新花色近500个，加速产品更新换代，其中有16个产品荣获广东省优秀新产品称号。在乡镇企业研制、开发的新产品中，有不少已达到了国内外同类产品的先进水平，有的填补了国内外空白。

（陈文学）

广西壮族自治区

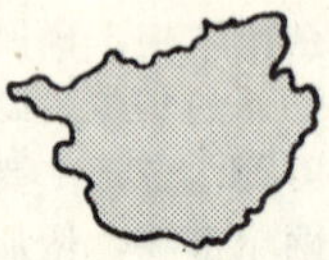

1989年，广西全区乡镇企业受到资金缺乏、电力紧张、原材料涨价和市场疲软的严峻考验，经受了各种社会舆论责难的压力，仍然取得了“一稳定”、“两增长”、“三提高”的好成绩。

“一稳定”：乡镇企业的队伍得到了稳定。全区乡镇企业单位数72.10万个，比上年增加18 655个，增长2.66%；企业职工人数196.53人，比上年增加3 887人，增长0.2%。

“两增长”：总产值、总收入保持适度增长，上规模的县、乡、村增加。完成总产值（现价）83.37亿元，比上年增长18.35%；按不变价格计算，总产值66.74亿元，比上年增长6.58%。乡镇企业总产值（现价）占农村社会总产值由上年的26.4%上升到29.62%。总产值超100万元的企业由上年的553个增加到619个，其中超1 000万元的由10个增加到14个。全区实现总收入93.26亿元，比上年增长19.44%；总收入超亿元的县（市）由上年的27个增加到29个。总收入超1 000万元的乡（镇），由上年的223个增加到280个，其中超亿元的镇由2个增加到3个。总收入超1 000万元的村19个。

“三提高”：经济效益、企业管理水平和产品质量均有提高。在经济效益方面，上交国家税金4.31亿元，比上年增长23.76%；在原材料、能源涨价、生产成本增加和产品出厂销售价不能提高的情况下，实现纯利润6.43亿元，仍比上年增长4.73%。同时，企业管理水平和产品质量都有提高，1989年获自治区先进企业称号的3个，获国家星火科技银奖一项，自治区科技进步奖、星火奖3项；获广西优质产品奖18个，广西新工业产品百花奖12个，是历年来企业管理成效最好和产品获奖最多的一年。

广西北海市华侨渔业公司加工车间一角

1989年，广西乡镇企业发展的主要特点有以下几方面。

1. 区别对待，合理调整。 按照产业政策、经济效益和有保有压、区别对待的原则，对全区企业进行分类排队，做到合理调整产业结构和产品结构，保持乡镇企业稳定、协调发展。

一是对适销对路、经济效益好、该上该保的，则抓住重点行业和拳头产品，积极发展食品制造业、采矿业和建材业。全区乡村两级集体食品制造业总产值（现价）2.32亿元，比上年增长47%。产品质量获自治区优质食品奖的有6个产品；获自治区新工业产品百花奖的有5个产品。广西矿产资源丰富，在治理整顿中，乡镇矿产业有所发展。20种可比产品的产量，比上年增长的12种，其中增产较多的有重晶石矿、铁矿石、锰矿石、铅锌矿石和钨矿石等5种，重晶石矿的产量已达109.17万吨，增长27.79%。在出现市场疲软的情况下，各地认真抓好水泥这个拳头产品，产量达69.26万吨，比上年增长22.22%。全区在产的81家乡镇水泥企业中，年产能力4.4万吨以上的65家，占80.25%；现有94个乡镇水泥厂布局也逐步做到合理；化验检测机构、人员得到加强，有694名化验室检验人员经过培训获得自治区建材局颁发的操作合格证，化验室经验收合格发证的有38家，占总生产能力的75%；同时，年产2万吨的企业都成立全面质量管理领导机构，建立车间科室质量管理小组，并将质量责任制与经济责任制密切挂钩，层层分解到车间、班组、个人，从而促进了水泥质量的提高。1989年第三季度经全区水泥行业（包括国营、集体水泥厂）198个厂家检查、评比，有19个厂的出厂水泥合格率、富裕标号合格率、袋重合格率均达100%，荣登广西水泥行业质量榜首，其中乡镇水泥厂占5个。在建筑市场面临“僧多粥少”的形势下，大部分建筑队伍迎难而上，发挥质量好、进度快，为甲方节省投资、讲究信誉等优质服务的优势，继续进城经营，施工队伍仍达97 163人，仅比上年减少5 111人。同时，一部分建筑企业转向为本县城镇和农村服务，因而仍然取得一定成绩，全区乡镇建筑企业总收入8.57亿元，比上年增长9.43%。烟花爆竹业也得到较快的发展，总收入比上年增长35%。

二是对资金缺乏，管理不善，经济效益差，以及耗能高、污染环境严重的企业，实行关停并转。全区关停并转乡村工业企业505家，减少工业产值7 475万元。在关停并转的工业企业中，因资金缺乏的193个，占38.22%；因管理不善的123个，占24.36%；耗能高、污染环境的18个，仅占3.56%。

三是对固定资产投资，根据需要和条件，量力而行。1989年，新、扩、续建项目1 026个，比上年减少1 221个，完成投资总额3.33亿元，比上年减少5 351万元，减13.8%，其中停缓建项目104个，压缩资金2 228万元。

2. 继续完善承包经营责任制。全区80%以上的乡村集体企业落实了各种形式的承包经营责任制，特别是推行风险抵押承包，收效更为显著。南宁市所辖的邕宁、武鸣两县和市郊区的乡村集体企业，实行风险抵押承包的440个，占这两级企业总数的76.4%，共收抵押金372.66万元，缓解了部分资金困难，促进了生产发展。1989年，全市乡镇企业总收入完成5.09亿元，比上年增长22%。

3. 开展职工教育，推动科技进步。全区县以上单位共举办各种短期培训班204期，培训7 627人（次）；企业选送了4 069人到各大专院校、中专深造，有589人参加全国标准化函授培训结业统考及格，其中获得全国函授教办表彰的有3个优秀单位和15名优秀个人。自治区乡镇企业局被评为全国农业系统成人教育先进集体。与此同时，广西乡镇企业技术职称的评聘工作已全面开展，1989年，乡村企业中具有专业技术职称的人员为15 357人，占乡村企业职工总数的2.93%，其中中级职称3 018人，初级职称11 553人。职工教育工作的开展，推动了科技进步。全区乡村企业技改项目195项，实现自治区级“星火计划”项目4项，可增加产值8 000万元。

4. 多渠道筹集资金，缓解企业部分资金困难。1989年，国家继续紧缩银根，广西乡镇企业银行贷款额比上年下降11.4%。面对这种情况，各企业发扬自力更生精神，多渠道筹集资金，全区乡村两级企业共筹集资金5亿多元，其中引进资金7 300万元、职工群众集资7 112万元、企业积累2.6亿元、收抵押、租赁、股金等1亿多元。

1989年，由于资金紧缺，市场疲软，企业负担过重，制约了部分乡镇企业的发展。乡村两级亏损企业比上年增加343个，增加31.49%，亏损金额2 513.94万元，增加1.1倍；全区乡镇企业纯利润只增长4.73%，六个地、市下降。

（赵　魏）

海南省

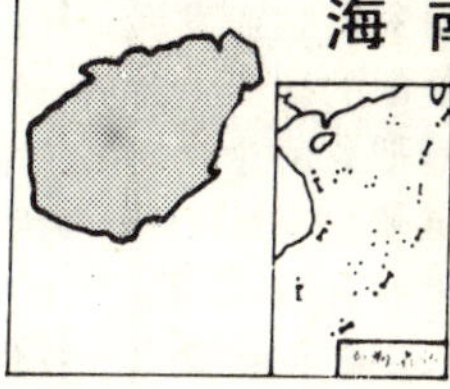

1989年，海南省乡镇企业达891万多个，比上年减少6%，其中乡村企业3 183个；企业人数达25.50万人，比上年减少6%，其中乡村企业8.11万人；总产值完成12.92亿元，比上年增长9%；总收入14.70万元，比上年增长4.5%；交纳国家税金4 532万元，比上年减少11%；实现利润1.685亿元，比上年减少12%；全员劳动生产率5 764元，比上年增长11%。1989年总产值上亿元的市县7个，产值上1 000万元的乡镇24个，比上年增加5个。

1989年度乡（镇）村工业企业固定资产投资总额4 817.52万元，分别来自于扶持资金、主管部门下拨资金、银行贷款、引进资金、自有资金、其它资金等六方面。其中银行贷款1 235.39万元、引进资金2 226.65万元。用于新建项目52个、扩建项目18个、技改和其它项目11个。

1989年度全省出口创汇企业25家，有锆英精矿、花岗岩板材、石墨、橡胶木改性、草酸、椰垫、琼脂、松香、腰果、服装、家具、钮扣、胡椒、工艺品、红茶、土特产品、藤竹编织品等40种产品出口，全年交售额1 217.93万元人民币。

1989年乡镇企业主要工作：

1. 统一思想，加强领导，积极扶持。海南省政府于1989年3月召开分管乡镇企业的市县领导人、乡镇企业局长和省直有关部门领导参加的全省乡镇企业工作会议。通过传达全国乡镇企业工作会议精神，和对全省乡镇企业发展过程的回顾、分析，统一了思想，明确要在调整整顿的同时，继续执行“四轮驱动”，多形式、多层次，全面发展的方针，以加速海南乡镇企业发展步伐，尽快缩短与全国的距离。会后，各市、县政府开始把乡镇企业列入议事日程，一些市县还分别召开专门会议，研究、制订发展规划，部署发展措施。

2．建立健全乡镇企业管理机构，理顺关系，为乡镇企业发展创造必要的条件。经过农业厅和各市县乡镇企业管理部门的长期努力，编委部门确定了乡（镇）一级的乡镇企业管理机构的编制，全省19个市县有70％的乡镇相继成立了企业办公室，配备了相应的工作人员，并分工一名副乡（镇）长或副书记管乡镇企业。企业办成立后，在当地乡镇政府领导下积极开展工作，对维护企业利益，改善投资环境，搞好服务，加强系统管理发挥了作用，从而改变了服务体系不健全、管理混乱的局面。

3．调整产业结构，挖掘企业潜力，提高经济效益。海南省乡镇企业的产业结构和所有制结构很不合理。一、三产业多，第二产业少；联合体、个体企业多，集体企业少。工业企业中多数是手工作坊，设备简陋，工艺落后，产品多为原料产品或半成品，未能直接投入市场，备受各方制约，能直接投入市场的，质量也很低，缺乏竞争力。为改变这一情况，各市县以提高经济效益为中心，积极调整，深化改革，加强管理，搞活经营，突出抓四个方面：①加强监督和检测，关、停、并、转一批耗能高、效益差的企业，并取缔了一批低劣产品。经过整顿后，加工工艺普遍提高，橡胶、胡椒、钛精矿、咖啡、砖瓦等主要产品质量有明显上升。床褥、琼脂、淀粉、草酸等产品达到国家标准。②开展企业达标和职称评审活动，增强素质，提高技能，仅海口、三亚、昌江等三市县的企业职工由科委审定授予工程师、经济师、会计师等专业职称的有288名，从而提高了企业知名度和信誉，同时也激发了职工的生产积极性和创造性。③教育职工发扬自力更生、艰苦创业精神，开展双增双节活动，收旧利废，降低成本，提高企业自我消化能力。仅全省76家中小农具厂（包括中小农具加工户）全年收购废旧钢铁2 000多吨，并以炭代焦，克服了原材料、燃料供应不足和大幅度涨价的困难，生产农业机械16 423台，铁制农具116万件，以廉价供应农户。④提高加工档次，促使产品增值，并不断开拓新产品，增强出口创汇能力，很多企业想方设法在深加工上作文章，调整单一产品为系列产品，一般产品为出口创汇产品。

4．继续开展横向经济联合，引进人才、资金、技术，壮大发展规模，推进发展速度。利用特区优惠政策和劳力资源，土地资源，热作、矿产资源等有利条件和优势，积极开展外引内联，在1988年引进资金1.2亿元，举办联营企业108家的基础上，1989年又引进资金近3000万元，先后办起选矿、建材、饮料、食品、造纸、服装、塑料等独资和合资企业51家。

海南省琼海县华石冰醋酸厂

5．加强企业基础管理工作，进一步完善经营承包责任制。琼海、文昌、昌江、海口等市县乡镇企业管理部门协助企业制订标准化条例，建立健全生产管理和财务管理制度，完善计量、测试的设备和手段，使企业逐步走向正轨。各地还注意检查、考核承包合同和承包形式，乡村两级集体企业经营承包责任制进一步完善，经济效益不断提高。

6．加强政治思想工作，安定情绪，振奋精神，增强信心。进入调整、整顿之后，企业职工产生畏难情绪和糊涂思想。各乡镇企业主管部门及时通过宣传，使大家正确理解治理整顿是为了提高整个社会生产力，也是为了进一步促进乡镇企业持续、协调、健康发展的重要意义，从而由抵触情绪转化为衷心拥护。

（刘滨寄）

贵州省

1989年，贵州省乡镇企业保持了适当的发展速度。按可比口径全省乡镇企业完成总产值39.7亿元，比上年同期增长15.7％，其中乡镇工业产值完成19.81亿元，与上年基本持平；乡镇企业个数由1988年的44.39万个增加到46.9万个，增长5.73％；从业人员由1988年的124.69万人增加到125.69万人，增长0.8％。

经济效益和社会效益好于往年。全省乡镇企业实现总收入47.38亿元，比上年增长37.44％；企业实现纯利润4.75亿元，比去年同期增长17.88％；实交税金1.4亿元，比去年增长16.6％；职工工资总额11.81亿元，比去年增长11.6％。

乡镇企业生产的产品为保障社会有效供给作出了贡献。如乡镇企业生产的原煤（2 200万吨）、焦炭（170万吨）、生铁（3.48万吨）、精锑（2 116吨）、生熟铝钒土（91万吨）、棕钢玉（4.62万吨）、磷矿石（121万吨）、重晶石（20万吨）、硫铁矿（17万吨）、硫酸（1.28万吨）、水泥（50万吨）等原材料产品比上年都有增长，为缓解省内外能源和原材料紧张状况作出了贡献。化肥、复合肥等支农产品在数量和质量上都有提高。农村需用的铁、木、竹制中小农具主要靠乡镇企业提供，农副产品加工，为农产品增值和充分利用贵州众多的野生资源提供了场所。

贵州省贵阳市金刚砂厂

1989年贵州省乡镇企业通过治理整顿取得了初步成效。产品结构逐渐趋于合理，企业素质和产品质量有所提高。在已有企业中，关、停、并、转了上百个耗能高、污染大、效益差的企业；停建、缓建了一批在建项目；加强了对新建项目的调控和审批，使去年基本建设项目得到了控制，全年新上项目为219个，比上年减少128个，下降28%，约完成总投资1.3亿元，比上年下降15%。

1989年，贵州省乡镇企业主要做了以下几方面工作。

1. 把顶住舆论压力作为各级主管部门的头等大事来抓。1989年是乡镇企业的“多事之秋”，各种困难劲逼，但普遍反映舆论压力大过实际困难。各级主管部门在极端困难的条件下，通过召开工作会、座谈会、研讨会、经验交流会等形式，大力宣传乡镇企业在十年改革中的成就，宣传乡镇企业的地位和作用。省乡镇企业局在舆论压力最大的时候召开了农民企业家座谈会，省委、省政府、省人大、省政协、省纪委的领导参加了会议，要求各级党政领导和有关部门要加强对乡镇企业的领导和支持，农民企业家要理直气壮地继续领办乡镇企业。由于各级领导的关心支持，终于顶住了来自社会的各种舆论压力，并在困难中得到加强和发展。

2. 注重产业、产品结构的调整。在产业结构上，把有限资金、能源和原材料用到支柱产业、优势产业和出口创汇产业上来；在产品结构上，增加适销对路产品，巩固优势产品，努力开发新产品，压缩高耗能、污染大的滞销长线产品；在行业结构上，优先发展煤焦、磨料、化工行业，稳定商业、交通运输业和服务业，放慢建筑建材业和酿造业，控制高耗能冶炼业，注重发展农业企业。遵义地区去年采取上述措施，使工农业急需产品发电量增长53.38%，化肥增长47.8%，复合肥增长193%，硫铁矿增长67.6%，铁合金增长102%，而市场滞销产品水泥下降7.2%，机制砖下降19.08%，白酒下降23.38%。

3. 多渠道集资。面对银根紧缩，资金极度短缺的现实，各级主管部门一方面教育大家从“眼睛向上”转向“眼睛向内”，一方面多方牵线搭桥，为企业筹集资金。据不完全统计，1989年全省共集资2亿多元，其中引进资金5 827万元；企业自筹5 037万元；群众集资7 500万元；回收货款1 700万元，在一定程度上缓解了企业资金紧缺的困难。

4. 强化企业内部管理。省乡镇企业局先后召开了企业管理、经营承包责任制、企业上等级、产品上质量的经验交流会，以及财务工作表彰会等，要求从抓企业基础工作入手，以企业升级为导向，以技术进步、产品创优为突破口，带动整个管理水平和技术水平的提高。贵阳市、遵义地区、黔东南州、六盘水市等地，通过加强企业管理，使一些“死”企业变“活”了，仅六盘水市一年就救活了9个已经倒闭的企业。同时，全省还对71家小水泥厂和26家小化肥厂发了生产许可证。通过加强企业内部管理，绝大部分企业管理工作明显加强，涌现出一批内部管理好、产品质量高、经济效益好的典型企业。

5. 狠抓技术进步和职工培训工作。省、地、县主管部门都把建立健全技术管理部门和充实技术队伍作为突破口，省局由一名副局长专门负责技术工作，同时还充实了技术队伍，九个地州市都建立了技术推广站，配备了技术管理人才，部分有条件的县和企业还成立了技术站或科研小组。为提高职工队伍素质，采取了多层次、多形式培养人才的措施。1989年全省乡镇企业共培训各类人才13 671人次，其中送往各大专院校学习的达千余人。同时还积极为企业引进新技术、新工艺和科技人才，到1989年止，全省乡镇企业已引进各类人才6 000余人。

6．狠抓矿山治理整顿工作。贵州省各类矿产资源丰富，近几年乡镇采矿业发展快。由于点多面广，在矿山管理、安全生产等方面较为混乱，特别是小煤窑死亡率居全国第一。针对这种情况，省、地、县主管部门都成立了以煤炭为主的矿山管理整顿办公室。一手抓依法办矿，认真进行以安全为中心的整顿，坚决停封了一批不合法、不安全的矿井；一手抓统一规划，发展集体矿山，扶持联合办矿，改造和建设了一批骨干矿井。通过艰苦的工作，使矿山管理混乱的局面大为改观，涌现出一批治理整顿有力、伤亡事故下降、产品质量上升的县、区和矿井。1989年全省乡镇煤矿共发生事故361起，死亡486人，原煤产量2 200万吨，百万吨煤死亡率21.17人，分别比上年同期下降15.85%、26.03%和10人。

（李志强　陈　良）

云南省

1989年云南省乡镇企业达44.35万个，当年净增1.83万个，其中乡村两级集体所有制企业2.89万个，占6.51%。从业人员151.68万人，比上年增长2.3%，占农村劳动力的9.41%。总收入完成71.21亿元，比上年增长18.3%，发展速度回落了13.6个百分点，农村人口人均占有244元，比上年增加36元。总产值按1980年不变价计算为54.42亿元，比上年增长12.76%；现行价总产值完成63.31亿元，增长19.3%，发展速度回落了10.3个百分点，在全省农村社会总产值中的比重由1988年的27.3%上升到29.3%。在乡镇企业总产值中，工业产值27.38亿元（按1980年不变价计算），比上年增长11.69%，发展速度回落了14个百分点。

1989年，乡镇企业在诸多困难的情况下，仍取得了较好的经济效益，实现税利总额7.66亿元，比1988年增长15.2%。实交国家税金2.99亿元，比1988年增长38.18%，占全省财政收入的5%；实现纯利润4.66亿元，增长4.15%；从业人员创总产值（按现行价计算）为4174元/人，增长19.46%，人均年工资897元，增长15.4%；固定资产原值达35.54亿元，增长23.5%；百元固定资产创产值（现价）178元，增长7.14%，创税利8.44元，增长19.56%。此外，乡镇企业用于发展农业和农村各项建设事业的奖金达2 834万元，其中直接用于农业的1 040万元，用于小城镇建设265万元，用于发展教育事业662万元，用于举办公益事业867万元。

随着生产的发展，乡镇企业总收入超亿元的县和超千万元的乡村增多。1989年又有富民、通海、江川三个县跨入了亿元县，至此全省超亿元的县（市、区）已达17个，其中官渡区达7.81亿元，玉溪市达3.03亿元。这17个县（市、区）的乡镇企业总收入为35.87亿元，占全省乡镇企业总收入的50.38%。总收入超过5 000万元的乡（镇）已有13个，其中官渡区的联盟镇、六甲乡和西山区的马街镇，总收入已超过亿元。

1989年，云南省乡镇企业着重抓了以下几件工作。

1．加强管理，提高企业素质和效益。云南乡镇企业普遍存在管理水平低和产品质量、经济效益差的问题。1989年各级主管部门和企业，普遍把加强企业管理，推动科技进步，提高企业素质和效益列入工作重点来抓。经过一年的努力，取得的主要成效有：①22个企业取得全面质量管理验收合格证，个旧市焊料厂、玉溪市李棋水泥厂荣获1989年度省质量管理奖，陆良丝绸厂获农业部质量管理奖；②76个企业取得三级计量验收合格证；③5个产品采用国际标准验收合格；④个旧市焊料厂、个旧市乍甸化工厂分别评定为省级一级、二级先进企业；⑤13个产品被授予1989年度省优质产品称号，5个产品获省优秀新产品、新技术奖，7个产品分别荣获农业部、化工部1989年度优质产品奖；⑥宜良橡胶厂李光祖发明废旧硫化橡胶再生法，经中国专利局批准，获得发明专利权；⑦广泛开展职工培训，提高他们的技术、业务和经营管理水平。1989年各级共培训20 783人，其中学习两年以上的1 290人。全省113个县开展了乡镇企业职称改革工作，共评出各类专业技术人员1.27万人。

2．积极调整产业、产品结构。根据国家产业政策，主要从三个方面进行了调整。第一，对394个乡、村办集体工业企业实行了关、停、并、转，其中关闭、停办367个，这些企业有从业人员9 053人，关停后减少工业产值7 295万元。关停的主要原因是产品不对路、原材料短缺、管理不善、长期亏损及耗能高等。第二，按照合理布局、扶优限劣、有保有压的原则，积极调整压缩固定资产投资规模。首先是对1988年续建的242个项目，经过清理，作停、缓建处理27个，压缩投资3 415万元；其次是对各地上报1989年计划建设的项目490个，总投资5.5亿元，经过认真筛选，压缩了98个，压缩投资1亿元。第三，国家压缩基本建设投资，乡镇建筑企业普遍找不到活计做，各地采取转移战场，开辟新产业等多种途径，主动进行了调整。与1988年相比，建筑队伍由35万人减少到33万人，房屋施工面积和竣工面积分别减少了22.49%和23.97%，建筑业总产值在乡镇企业总产值中的比重由1988年的27.21%下降到25.93%。这支队伍基本稳住了阵脚。

3．转变“等、靠、要”观念，

多方筹资渡难关。1989年国家严格控制乡镇企业信贷，取消了固定资产贷款新增指标，农行和农村信用社给乡镇企业发放的固定资产投资贷款和流动资金贷款分别比1988年压缩了45.7％和20.81％。为战胜困难，求得发展，在全省乡镇企业中普遍开展了自觉服从国家宏观指导、转变“等、靠、要”观念、树立自力更生、艰苦创业的思想教育，并采取与国营企业联营、引进资金、向农民集资、吸收从业人员时以劳带资、职工工资奖金转存、风险抵押承包、补偿贸易、请银行代发行债券等办法，共筹集用于固定资产投入的资金1亿元，占总投资的五分之一，缓解了资金困难。

（张维强）

西藏自治区

1989年，西藏自治区乡镇企业的发展有以下基本特点。

1．乡镇企业持续稳定健康发展，使农村牧区的劳动力组合趋向合理，逐步发挥劳动密集和集约经营的优化组合。1989年，全区乡镇企业已达7 844个，其中乡办389个，村办149个，联户328个，个体6 978个。乡、村、联户企业虽仅占企业总数的11.04％，而乡、村、联户企业的从业人数却达3万多人，占乡镇企业从业人员总数的63.15％。占农村牧区劳动力总数近5％。866个乡、村、联户企业，每个企业平均从业人员在35人左右。因此，这就初步显示出，乡、村、联户企业是转移农牧区剩余劳动力的主要场所，对稳定农牧区社会安定起到了积极作用。同时，也初步表明，乡、村、联户企业已具有一定的组织规模，有一定的商品生产能力和克服暂时困难的潜在能力，为农牧区进一步发挥劳动密集和集约经营的优化组合，创造了一定的有利条件。

2．乡镇企业持续稳定健康发展，在前进过程中，正确引导，兴优淘劣，自觉调整，自我完善，逐步促进乡镇企业的产品结构、产业结构。1989年，全区有乡镇企业7 844个，其中：农业企业占0.69％，工业企业占5.01％，建筑企业占3.25％，交通运输企业占74.67％，商业饮食企业占12.57％，服务企业占2.74％，其它企业占1.07％。从全区乡镇企业的发展动向看，生产（加工）型的企业呈上升趋势，流通服务型企业呈现下降趋势。尤其是采矿、以城镇为依托的副食品生产、农畜产品加工、短途小型运输，增长势头较快，而民族用品、工艺美术品、土特产品加工、长途大型交通运输，出现滑坡或发展较缓慢。

3．乡镇企业持续稳定健康发展，正在逐步壮大农村牧区的集体经济力量。1989年，全区乡镇企业总收入为15 862万元，比上年增长7.46％。总收入中按产业结构划分，第一产业占2.04％；第二产业占60.49％，是乡镇企业的主要产业，也是乡镇企业收入的重要组成部分，而且潜在力量较大，是乡镇企业进一步发展的希望所在；第三产业占38.43％。按乡镇企业经济组织成分划分，乡、村、联户企业总收入占65.11％，个体企业占34.89％。同时，乡、村、联户企业，通过近几年来的自我积累，固定资产总值大约在5 000万元，流动资金在近1 000万元左右。上述情况说明，西藏的乡镇企业中的工业企业占主导地位，以集体经济为主的经济组织，在整个农村牧区经济中起着举足轻重的作用，与农牧业生产同步发展、相互依存的一种经济形态和经济要素。

二

1989年，西藏自治区乡镇企业侧重抓了以下几点工作。

1．坚定发展乡镇企业的信心。1989年，全区召开了各地（市）乡镇企业局（科）长业务会议，就当时国家压缩基本建设规模，控制货币、信贷投放，资金短缺，一些重要原材料严重不足，国民经济发展遇到暂时困难，以及社会上曾出现了对乡镇企业不公正的舆论等问题，进行分析、讨论，解决了思想认识，消除一些同志的疑虑和偏见。客观地承认暂时的不利因素，同时也清醒地看到，乡镇企业又会碰上历史难得的机遇。这就是治理整顿将促使乡镇企业管理部门，促使企业，把工作（生产、经营）的主要精力转向企业内部，遵循客观经济规律，着眼于从外延到内涵的战略转移，依靠企业的自我积累，依靠技术进步，提高自身素质，增强竞争能力。再者，就是西藏的乡镇企业大多分散在广大农村牧区，具有自然资源优势，对产业、产品结构，采取“大稳定，小调整”的办法，适度调整产业、产品结构，坚持对农畜副产品、土特产品、矿产品、民族特需品、旅游产品、工艺美术品等进行系列开发，提高加工深度，增加产品的附加值，扩大市场的占有率，增加社会有效供给。

2．抓人才培训。西藏乡镇企业的分布特点是点多、线长、面广、行业全，大多数是文化水平、技术业务水平较低，素质较差。特别是受到区域等诸多因素的限制，技术人员特少，管理干部严重不足，且大多数素质也较差。这是关系到乡镇企业兴衰的大事，是阻碍事业继续发展的主要矛盾。因此，自治区、地（市）都较重视抓好各种类型的培训工作。拉萨市、林芝、那曲地区各举办了一期乡镇企业管理人员培训班，近150名同志参加了为期15天的培训；日喀则地区选派了年轻、事业心强、具有一定文化基础的同志到内地兄弟省学习食用菌栽培、加工专业技术；自治区从各地（市）选派了14名乡镇企业统计人员赴农业部农经管理干部学院深造。通过自培、送培、代培等多种渠道培养，受培训同志的技术、业务水平都有不同程度的提高，对改变我区乡镇企业目前人才奇缺，起到了一定作用。

3．**多渠道集资求发展**。资金不足是乡镇企业在前进中的突出矛盾，只依赖于有限的专项有偿周转金，显然是解决不了多大问题，各地（市）广泛发动群众，引导乡镇企业自身积累，多方筹集资金，多渠道扶持乡镇企业。自治区投入乡镇企业专项有偿周转金177.3万元，拉萨市财政自筹乡镇企业发展基金13万元。日喀则市群众积资120万元，兴办桑珠孜饭店。

西藏自治区的乡镇企业对改变农牧区经济结构，剩余劳动力的转移，农牧民生活水平的提高，城乡市场的繁荣，都起到了积极作用。但是，乡镇工业的比重，仅占总收入的39.1%，其余大部分来自劳务收入，产值可比性差；起步晚，基础薄弱，并且发展不平衡，后劲面大；投入资金少，后劲不足；人才缺乏，技术落后，设备陈旧；服务体系不健全，缺乏服务机构和服务手段；地、市、县没有管理机构，业务渠道没有理顺；等等。

（刘光祥）

陕西省

1989年，陕西省乡镇企业达到59.6万个，职工250万人，固定资产50.88亿元，流动资金40.13亿元。

乡镇企业总收入、总产值稳定增长。全年乡镇企业总收入达到146.53亿元，总产值（不变价）达到130.90亿元，分别比上年增长22.46%、18.98%。有38个县、市总收入突破亿元大关，其中西安市未央区高达9.5亿元。总收入过亿元的乡11个，比上年新增5个。1989年全省乡镇企业总产值比上年回落1.17个百分点。按现行价计算，总产值达到139.50亿元，占全省农村社会总产值的50.04%。在总产值中，乡镇工业产值（不变价）达到74.28亿元，比上年增长21.67%。乡镇工业产值按大口径比，占年全省工业总产值的23.87%。

乡镇企业的经济效益明显提高。全年实现税利19.55亿元，比上年增长15.68%。其中上缴国家税金5.81亿元，纯利润13.74亿元，分别比上年增长24.61%、12.49%。企业人均总收入5 860元，比上年增长21.40%；人均创税利782元，比上年增长14.66%。

资源配置日趋合理，产业结构逐步优化。主要表现在轻重工业比重初步得到调整。1989年工业总产值中的轻工业产值39.3亿元，占工业总产值47.57%，比上年上升5.03个百分点；重工业产值43.3亿元，占工业总产值52.43%，比上年下降5.03个百分点。以农副产品为原料的加工业占轻工业产值的70.29%，比上年增长5.61个百分点。

出口创汇有新发展，主要产品产量在全省国民经济中占重要地位。1989年全省乡镇企业出口创汇的634个，出口交货值达到6 734万元人民币，比上年增长8.60%。有16个企业出口创汇突破100万元人民币，有17种产品打入国际市场。在主要工业产品中，砖瓦产量157亿块，占全省总产量91.99%；乳制品4 433吨，占全省32.61%；机制纸和纸板23.63万吨，占全省64.90%；服装3 267万件，占全省72.21%。

陕西三原美乐公司糖化酶厂

1989年陕西省乡镇企业能够取得速度、效益同步发展的可喜成绩，在具体工作中突出抓了以下几个关键环节。

1．**统一思想认识，坚定发展乡镇企业的信心**。1989年初，针对舆论压力大于实际困难，思想滑坡甚于经济滑坡的状况，省委、省政府及时研究了如何继续扶持乡镇企业稳定健康发展的问题，制定了优化结构，提高效益，增强活力，积极稳步发展乡镇企业的方针。重申发展乡镇企业的决心、指导方针、目标任务、扶持政策“四不变”，给乡镇企业战线的广大干部职工撑腰鼓劲，进一步稳定了政策，稳定了经济。

2．调整产业结构。一是依据国务院《关于当前产业政策要点的决定》，制定了《陕西省乡镇企业产业结构调整的初步意见》，提出调整方向和目标，明确发展重点，着手具体实施。二是清理在建项目，压缩基建规模。全省压缩耗能高、投资大的重复建设项目210个，减少基本建设投资1亿多元，关停并转企业4 251个。三是实行重点倾斜，集中有限的财力和物力，扶持骨干企业和重点项目1 163个，乡、村工业固定资产投资完成3.55亿元。四是认真做好关停企业的转化工作。对重点行业特别是乡、村建筑业采取“三转移”(从大中城市向农村转移，从大工程向中小工程转移、从工业建筑向民用建筑转移)，“三结合”(主业与副业结合、城市与农村结合、集中承包与分散施工结合)，“三提高”（提高素质、提高任务、提高效益）的办法，保存实力，争取发展。

3．推动技术进步。1989年5月，省政府召开了全省乡镇企业技术进步工作会议，讨论制定了《陕西省乡镇企业技术进步大纲》等五个文件，省政府已批转各地付诸实施。全省共培训各类专业技术人员6万多人，评出各类专业技术职称1.4万多人。全省各地有计划、有步骤地开展全面质量管理试点和产品创优、企业升级活动。经过一年的努力，有一个企业获省质量管理奖，17个企业经省ＴＱＣ验收达标，2个企业采用国际生产标准验收合格。对6个行业124家企业的187种产品质量进行评比，评出部优产品2个、省优35个、省优新产品8个、乡镇企业优秀新产品29个，有39种产品荣获省乡镇企业“秦龙”奖。全省有20个乡镇企业跨入省级先进行列。

4．完善承包经营责任制。到1989年末，全省实行承包经营责任制的乡、村企业3.37万个，股份合作制企业1 244个，租赁制企业1.8万多个，推行其它经济责任制形式的企业8 504个。在总结前几年改革经验的基础上，针对企业承包中的某些偏差，改一人承包为一人牵头全员抵押承包，通过公开招标，平等竞争，选好承包人。全省1.1万多个乡、村集体企业完善了承包合同，建立健全了各项规章制度，引入了风险机制、竞争机制、法律机制和审计监督机制，企业改革正在向纵深发展。

5．扩大横向联合。全省横向联合开展“一带三、一靠一”活动为主要特征，即一个国营大企业带动扶持三个乡镇企业，一个乡镇企业找一个国营企业或大专院校、科研单位作“靠山”。1989年，全省发展联营企业620户，其中生产联营156户，资金联营249户，产销联营60户、技术联营54户，其它形式101户。通过横向联合，引进资金2 620万元，外资141万元，各类专业技术人才785人，进一步提高乡镇企业的技术素质、产品质量和竞争能力。

6．建设服务体系。根据乡镇企业发展要求，各级政府和主管部门从实际出发，注意加强了乡镇企业服务体系的建设。1989年，全省县、乡、村三级建有服务组织1 266个。在这些服务组织中，有人才培训机构、技术服务机构、信息服务机构、质量服务机构和供销服务机构。这些服务机构和服务组织利用各种手段，通过各种途径，为乡镇企业提供人才、技术、信息及产供销等方面的服务，为促进乡镇企业的发展作出应有贡献。

（赵天振）

甘肃省

1989年，甘肃省乡镇企业同往年相比，有以下几个鲜明特点。

1．生产持续发展，增长速度开始回落。全省乡镇企业个数发展到20.22万个，比上年增加了6 000多个；从业人员为125.7万人，比上年减少3 500多人；完成总产值（1980年不变价）56.74亿元，比上年增长了20.38％，第一次超过了全省农业总产值；完成总收入54.70亿元，比上年增长了24.6％。全员劳动生产率也由1988年的3 736元提高到4 510元，增长了20.7％。给国家实交税金1.7亿元，增长了22.97％。全省有生产出口创汇产品的企业534家，出口产品交货总额5 992万元，比上年增长了19.2％。乡镇企业发展速度放慢，总产值增长幅度比前两年回落了18个百分点。

2．工业比重加大，建筑业出现负增长。在乡镇企业总产值中，工业产值25.14亿元，比上年增长了25.45％，在总产值中所占比重由上年的42.5％提高到44.26％；农业产值0.49亿元，交通运输业产值9.42亿元，商业饮食业7.68亿元，分别比上年增长了39.42％、37.6％和33.9％。由于国家基本建设投资减少，历年占乡镇企业总产值30％的建筑企业开工不足，只完成产值14亿元，仅占24.7％，发展速度比上年下降0.85％。1989年新增的9.6亿元产值中，工业产值为5.1亿元，占53.12％。

3．坚持“四轮”驱动，多层次发展，联户、个体企业占相对优势。在1989年全省乡镇企业总数中，乡村两级企业为1.34万个，占企业总数的6.65％，比上年减少393个；联户和个体企业为18.88万个，比上年新增6 461个。在乡镇企业职工总人数中，乡村两级企业为50.31万人，比上年减少3.22万人；联户、个体企业为75.40万人，比上年增加了2.8万多人。乡村两级企业产值为26.53亿元，占总产值的46.76％，比上年下降了5.24个百分点；联户和个体企业产值为30.20亿元，占总产值的53.24％，比上年提高了5.24个百分点，第一次超过了乡村两级企业的产值。在新增乡镇企业总产值9.6亿元中，乡村两级企业仅占2.04亿元，联户、个体企业净增7.49亿元。

4. 各地区均衡增长，重点县市成绩突出。全省14个地市州，产值增长速度在全省平均水平以上的有7个，过去基础较好、发展较快的兰州、天水、庆阳、平凉等地市继续保持24％以上的增长势头。在85个县市区中，乡镇企业产值在1亿元以上的有20个。乡镇企业产值在3 000万元以上的乡镇13个，乡镇企业产值在500万元以上的企业有34个。

甘肃省兰州市安宁预制构件厂

1989年，甘肃乡镇企业在面临前所未有的严重困难的情况下，所以能够保持持续稳步发展的势头，主要原因如下。

1. 正确处理治理整顿与发展乡镇企业的关系。1989年年初、年末，省委、省政府先后召开了两次全省乡镇企业工作会议，针对思想滑坡和资金、原材料紧缺等实际困难，引导大家统一和提高认识，稳定思想，稳定政策，稳定乡镇企业队伍，振奋精神，鼓舞士气。明确指出乡镇企业要坚定不移地贯彻执行中央治理整顿经济的方针，积极调整产业结构，推进乡镇企业的技术进步，提高产品质量和管理水平；坚定不移地从甘肃实际出发，发展乡镇企业的战略方针不变，突破口的位置不变，奋斗目标不变，扶持乡镇企业发展的优惠政策不变。并要求各有关部门对乡镇企业继续给予支持。在处理同乡镇企业有关问题时，一定要考虑甘肃省的实际情况，切忌搞“一刀切”。

2. 以产业政策为指导，调整了乡镇企业结构。一是多年来未被重视的开发性农业企业有了较快发展，其产值增长达39.42％，增幅居各产业之首。二是农副产品加工企业品种增加，产量增长。酒泉地区食品、饲料、造纸等14种可比产品的产量平均增长了75％。三是第三产业和出口创汇产品的收入和产值增加，增长速度高于其他行业。四是改造、转产、拍卖，救活了一批工业企业。仅陈坪乡拍卖转让给大企业的厂子就有13家，然后利用回收的资金创办产品适销对路的新企业。五是依靠市场导向，发展新企业，开发新产品。仅兰州市就开发了碳化硅、稀土、分子筛、光布轮、苯酚等80多种新产品。与此同时，压缩、关闭、转产了硅铁、铁合金、小水泥、小磷肥等一批工艺落后、能耗高、质量差、效益低、污染重的企业。全省关停乡村工业企业457家，影响产值6 464万元。

3. 继续进行企业整顿，提高了企业素质。对列入重点整顿的8 830个乡村骨干企业进行了全面整顿，经检查验收合格率达到94％，有1 755个企业被评为优良企业。列入整顿的小煤矿1 440多个，经过整顿之后，保留继续生产的有1 044个，因不具备开工条件而被关闭停产的有403个，安全生产状况大力改善，伤亡事故下降，死亡人数比1988年同期减少12.7％。

企业整顿促进了深化改革。在经过整顿验收合格的企业中，实行承包的企业有6 716家，占80.8％，试行股份经营的有890多家。企业整顿还推动了企业技术进步，企业的标准化意识与质量意识普遍增强，乡村两级工业企业标准化覆盖率已由整顿前的30％提高到60％。兰州黄河啤酒厂等3家企业被晋升为省一级企业，有11家企业被晋升为省二级企业，还有200多家企业晋升为乡镇企业系统A级企业。有3个产品荣获部优产品，有8个产品获得省优产品，还有41个产品被评为省乡镇企业局优产品。乡村两级企业职工总数中，工程技术人员所占比重由两年前的2.28％提高到3.18％。

4. 多渠道筹集资金，缓解了企业资金供求矛盾。在银根紧缩，固定资产投资“零增长”的情况下，农业银行、农村信用社尽一切努力，为乡镇企业融通资金，全年投放生产设备贷款3 040万元，发放流动资金3.8亿多元。各地县和企业还采取以劳代资、以资带劳、集资入股、推行风险抵押、清理回收外欠贷款、引进和拆借资金等办法，在一定程度上缓解了企业的燃眉之急。

5. 健全财务制度，加强了企业财务管理。总的要求是，企业以贯彻财政部、农业部规定的财务会计制为主，完善财务管理为核心，改一年一度的农业结算方式为工业企业财务管理方式，试行财会人员持证上岗。首先是对财会人员分片进行专业培训和考核。其次是开展财务审计，完善财务管理制度。经过整顿验收合格的8 300多个企业全部配备了专职会计，建立健全了财务管理制度，初步改变了乡镇企业财务管理比较混乱的现象。

6. 发挥职能部门的作用，加强了指导、协调、服务工作。在乡镇企业面临较多困难的情况下，大部分地县分管乡镇企业的领导干部和乡镇企业主管部门都能深入企业调查研究，抓重点乡镇、重点行业和重点企业，跑资金，抓材料，找销路，为企业排忧解难。

（潘竞伟）

青海省

1989年青海省乡镇企业发展为45 421个，从业人数为152 000人，分别比1988年增加3 627个和2 794人；完成总产值5.9亿元，比上年增长17.79%。其中乡办企业产值达到20 469万元，比上年增长25.2%，村办企业产值达到11 182万元比上年增长11.7%。乡镇企业总产值超过了畜牧业产值，与种植业产值持平；完成工业产值28 464万元，占全省乡镇企业总产值的50%，比上年增长32%。

实现纯利润3 572万元，比上年下降8%，百元产值利润率为6.3%。其中乡办企业实现利润1 051万元。村办企业实现利润641万元，分别比上年增长32.7%和17.8%；给国家上交税金2 745万元，比上年净增370万元，增长12.8%。百元产值税率为4%。其中乡村两级企业上交税金1 417万元，比上年增长44.7%。

1989年，青海省乡镇企业的发展大体有四个特点：一是乡镇工业产值的比重增大，工业产值占总产值的比重为50%，比上年净增6 908万元，增长了七个百分点。乡镇企业已由过去的建筑建材业、商业、饮食服务业转向了原材料工业能源工业和农副产品加工业，产业结构的调整已初见成效。二是乡村两级集体工业产值明显增加。1988年四季度和1989年上半年新建了一些乡村骨干企业，已形成生产能力。乡村工业产值达到20 351万元，比上年净增5 982万元，增长了五个百分点。三是乡村两级企业的利润增长速度大于产值增长速度。乡办企业产值达20 469万元，村办企业产值达11 182万元，分别增长25.2%和11.7%；而乡办企业实现利润1 051万元，村办企业实现利润641万元，分别增长32.7%和17.8%。乡村两级企业利润增长速度比产值增长速度，分别增加七点五个和六点一个百分点。四是给国家的贡献逐年增大。1989年上交税金2 745万元，比上年增长13.8%。全年发放工资总额13 500万元。为全省每个农业人口增收近45元。

一年来全省乡镇企业之所以能够在治理整顿中稳步健康发展，因素很多。主要是各级党委、政府和有关部门给予了很大的关怀和支持。1989年2月，省上召开了全省乡镇企业工作会议，省委、省人大、省政府的领导同志到会作了重要讲话。6月份，省人民政府决定正式成立了“青海省乡镇企业协调领导小组”，并于11月17日召开了第一次会议，听取了省乡镇企业局关于我省乡镇企业当前情况的汇报，并向省人民政府写了专题报告，提出了促进我省乡镇企业稳步健康发展的措施和办法。省、州、地、市、县各级财政在十分困难的情况下，仍然拨出了320万元的财政借款，积极扶持乡镇企业；省计委在物资紧缺的情况下，继续另切一块下达给乡镇企业、省农行和省科委等单位也给予了大力支持。各级乡镇企业管理部门狠抓了经营管理和产业结构的调整工作，进一步完善落实了经营承包责任制和各项规章制度，在部分企业中推行了厂长任期目标责任制和招标承包办法，提高了企业的素质。同时，在资金极端困难的情况下，还新上了一批适销对路的原材料等工业项目，总投资2 500多万元。为了切实抓好经营管理工作，增强适应能力，各地区制定了乡镇企业管理办法，抽调干部组成工作组，对乡镇企业进行了整顿等等。由于多方面的积极努力，使我省乡镇企业总产值仍得到了持续的增长。

在乡镇企业工作中存在的问题和困难也是十分严峻的，主要表现在以下几个方面：一是资金紧缺。到11月底，农行和信用社共给乡镇企业发放的设备贷款只有261万元，仅相当于去年同类贷款发放总额的10%左右，发放流动资金和融通其他资金共3 771万元，相当于去年流动资金贷款总额的70%左右；二是计划内物资分配范围扩大。乡镇企业急需的主要原材料越来越困难，而且价格继续上涨；三是市场疲软。乡镇企业部分产品出现了积压，占用了大量流动资金，使正常的周转发生了严重的困难；四是乡镇企业本身管理水平低，产品质量差，缺乏竞争能力，难以适应急剧变化的外部环境条件；五是一些部门和农村干部对治理整顿的方针认识不清，思想上产生了波动，认为政策要变了，对发展乡镇企业产生了怀疑和动摇，该抓的不敢抓了，该管的不敢管了，该办的事不办了。特别是企业的厂长（经理）信心不足，进退两难，思想压力大。由于上述种种原因，使相当一部分乡镇企业内外交困，处于停产或半停产的状态，有的企业已经倒闭，工人解散，重返“农门”；有的企业被迫停产，工人放假回家；有的企业面临着停产、半停产的危险，致使企业个数和从业人数减少，利润下降。

针对乡镇企业面临的困难和问题，为尽快统一思想认识，坚定发展信心，扭转被动局面，制止出现大的滑坡，省政府于12月26日，召开了由各州、地、市、县政府主管领导、乡镇企业局局长和省级各有关部门负责人参加的全省乡镇企业工作会议。省委、省政府领导分别就稳定政策，稳定人心，统一认识，坚定信心发表了重要讲话。并明确宣布：省委、省政府过去制定下发的几个扶持发展乡镇企业的文件，以及各党委和政府制定的扶持政策不变，要继续贯彻执行，任何部门和单位都不能各行其是。给与会同志精神上以很大的鼓励，较好地解决了思想认识问题，进一步坚定了发展乡镇企业的信心。

（青海省乡镇企业局）

宁夏回族自治区

1989年宁夏乡镇企业达到7.77万个，乡镇企业职工23.49万人，占全区农村劳动力的17%。乡镇企业总产值12.8亿元，比上年增长14.8%，占全区农村社会总产值的41%，其中乡办4.92亿元，村办1.15亿元，联户4 038万元，个体6.35亿元。乡镇企业总产值按行业分：工业产值6.06亿元，比上年增长27.6%，占全区工业产值的10.3%；建筑业产值2.59亿元，比上年减少4.3%；运输业产值2.58亿元，比上年增长10.5%。乡镇企业总收入达到13.2亿元，比上年增长12.2%，实现利润1.37亿元，比上年增长9.8%，上缴税金5 463万元，比上年增长13.8%。1989年全区从乡镇企业上交的利润中用于支援农业生产建设的资金达642.2万元，向农村社会提供福利、小城镇建设资金876万元，两项占全年利润的11%。

1989年全区关停并转了93个效益差的企业；固定资产投资规模压缩，与去年同期相比，减少了20%，投资结构中，自筹资金、引进资金和贷款的比例分别占到30%多，初步改变了主要靠贷款投资的局面；在五大行业中，工业产值占总产值比例逐年上升，已达47.2%，发挥了主导作用。农副产品加工和当地原材料开采和加工的企业发展较快，已占全部工业产值的71%。

乡村集体企业规模逐步增大，产值素质有所提高。乡村企业产值达到6.07亿元，占全区四级企业总产值的47.3%。固定资产30万元以上的企业已有284户，其中100万元以上的88户；年产值30万元以上的企业有401户，其中100万元以上的148户；出口创汇企业93户；机制砖，造纸、铁合金、活性炭，毛纺、亚麻、淀粉、奶粉、脱水菜、机焦等行业已形成一定的生产能力，在自治区同行业中占有一定的比例；已有247户企业和460个产品取得了产品合格证，标准覆盖率已达76%；共举办各类技术培训班123期，培训人员5 000多人次，通过培训，考核评审，已有38人获中级职称，773人获助理技术职称，427人获技术员职称，初步建立了自己的技术骨干队伍。

1989年，宁夏乡镇企业工作特点：

1. 深化改革，完善承包责任制。为了进一步增强企业活力，彻底打破铁交椅，解决负盈不负亏的问题，宁夏乡镇企业在治理整顿中进一步完善承包责任制，积极引进竞争机制，风险机制和监督机制。1989年全区乡村企业2 811个，已实行各种承包经营责任制的有2 265个，占80.6%，其中集体承包利润分成的占30%，大包干形式的占51%，实行租赁承包的占9.4%，其它形式的占9.6%。在乡镇企业承包经营中，实行公开招标，择优选择承包人的企业244个，占承包企业的10.8%，实行风险抵押承包的企业478个，占乡村企业的21%。其中实行全员风险抵押承包的企业66个，实行厂长（经理）风险抵押承包的企业170个，实行厂长（经理）、管理人员风险抵押承包的企业63个。

2. 加强财务管理，开展内部审计。为了解决乡镇企业财务队伍不稳定，财务管理混乱，人员素质差，财务制度不健全，分配不合理，成本开支大，经济效益差的问题，各地、市、县，普遍重视了乡镇企业财务管理工作，建立健全财务管理制度，培训了财务人员，部分县开展了内部审计工作。

3. 广泛开展横向经济技术联合。为了克服乡镇企业人才、技术缺乏的困难，许多企业主动与国营企业、科研技术部门开展多种形式的横向联合，引进资金，引进人才，开发新产品，为城市大工业配套服务，甘当配角，走出了一条发展乡镇企业的捷径。

4. 广开门路，一业为主，多种经营。在治理整顿中，面对重重困难，许多企业发挥了乡镇企业“船小好调头”，“拾遗补缺”的优势，广开门路，走一业为主，多种经营的路子，使企业在激烈的竞争中站稳脚跟。

5. 立足内部挖潜，开展“双增双节”。为了降低物质消耗，降低成本费用，取得较好的经济效益，在全区乡镇企业系统中狠抓内部挖潜改造，走内涵扩大再生产的路子。同时，大力开展“双增双节”运动，从节约一滴油、一两煤、一度电做起，严格压缩非生产人员，非生产性开支，加强经济核算，千方百计降低成本。在原材料涨价的情况下，仍然取得了速度和效益同步增长的可喜成绩。

（张安邦）

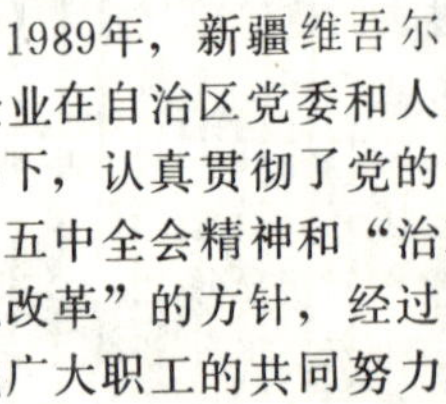

新疆维吾尔自治区

1989年，新疆维吾尔自治区乡镇企业在自治区党委和人民政府的领导下，认真贯彻了党的十三届四中、五中全会精神和“治理整顿、深化改革”的方针，经过乡镇企业战线广大职工的共同努力，克服了舆论压力大、认识不统一、资金严重短缺等重重困难，取得了比较好的成绩。

1989年，全区乡镇企业总产值22.76亿元，比上年增长14.4%，占自治区农村社会总产值的14.4%。其中工业产值10.81亿元，增长22.86%，占自治区工业总产值的9.16%；实现纯利润2.24亿元，增长5.6%；上缴国家税金9 065万元，增长18.67%。全区乡镇企业已发展到14.09万个，从业人数达46.39万人，占农牧区总劳动力的16%左右。

按国民经济部门分：农业企业1 252个，占乡镇企业总个数的0.89%，产值4 232万元，占乡镇企业总产值的1.86%；工业企业3.25万个，占14.27%，产值10.81亿元，占47.47%；建筑企业4 544个，占3.22%，产值4.35亿元，占19.1%；交通运输企业3.98万个，占28.25%，产值3.49亿元，占15.33%；商业、饮食服务企业3.76万个，占26.69%，产值3.7亿元，占16.24%。从上述五大行业的比重来看，工业企业占主导地位。

按经济类型分：乡村集体企业7 230个，占乡镇企业总个数的5.13%，产值13.79亿元，占60.56%；个体和联户企业13.37万个，占94.89%，产值8.97亿元，占39.39%。以上情况表明，乡村集体企业虽然个数很少，但经济实力很强，其产值所占乡镇企业总产值的比例高达60%以上，居主导地位。

1989年，全区乡镇企业主要产品产量也有较大增长。原煤691万吨，比上年增长29.29%，占自治区煤炭产量的30%；机制纸1.47万吨，增长94.07%，占自治区产量的20%；硫化碱3.63万吨，增长81.74%，占自治区产量的60%；红砖18.5亿块，占自治区产量的60%左右；罐头7 434吨，增长42.63%；元明粉3 253吨，增长70.67%。此外，还有石棉2.34万吨，麻黄素50吨等等，在自治区同类产品中都占有一定比重。

新疆吐鲁番市罐头厂葡萄罐头生产线

1989年全区乡镇企业的主要工作：

1. 治理整顿、深化改革，不断调整产业结构和产品结构。全区乡镇企业基本上是依靠当地资源发展起来的，重点放在城乡建设和人民的吃、穿、用、住和出口创汇上。1989年全区乡镇企业实现了五个转移。根据市场的变化，压缩了建筑业，增加了工业和农副产品加工业的比重。乡镇工业产值占乡镇企业总产值的比重，已由1985年的40.75%提高到1989年的47.5%。

在治理整顿中，始终坚持了有保有压的原则，使企业结构和产品结构不断趋向合理，企业素质也得到了提高。因此，企业个数和从业人数虽然有所减少，但产值、利税不减。

2. 狠抓企业素质和产品质量的提高。自1988年以来，全区乡镇企业通过行业产品评比和产品创优活动，获自治区优质产品称号的4个，获自治区乡镇企业优秀产品奖的有2个，还有部分产品在全国星火计划成果交易会、全国保健食品研评会和全国食品博览会上分别获金奖、银奖和铜奖。1989年10月，在自治区乡镇企业系统举办的棉毛针织产品评优活动中，又有8个产品获优秀产品奖。布尔津毛纺厂的产品在自治区享有很高的声誉，1989年生产的纯毛雪花大衣呢一举荣获轻工部优质产品奖，被评为国家二级计量企业。

3. 大力发展横向经济技术联合，克服乡镇企业人才匮乏、技术落后、资金紧缺等问题。1989年，在资金严重短缺的情况下，全区乡镇企业大力开展横向经济技术联合，引进资金2 500万元，大大缓解了部分流动资金不足的困难，保证了乡镇企业的正常运行。与此同时，许多企业还采取以资带劳、以劳带资、集资入股、缓发工资和盘活资金等办法，克服资金困难，促进了企业效益的提高。

（任志实　马义唐）

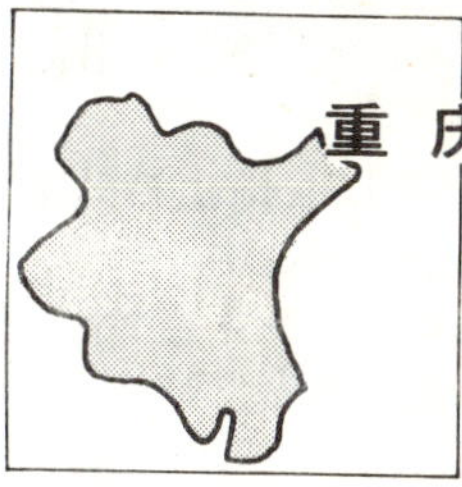

重庆市

1989年，重庆乡镇企业发展到23.3万个，职工人数达121万，占全市农村劳动力的比重由上年的19%上升到20.7%。总产值达到70.77亿元，比上年增长15.6%，为农业总产值的171.7%，占农村社会总产值的54.8%，相当于全市社会总产值的17.5%。尽管发展速度比上年回落了14个百分点，但效益指标持续增长，销售收入达到67.98亿元，比上年增长17.8%；利润总额达到4.23亿元，比上年增长11.5%；向国家上交税金3.24亿元，比上年增长16.7%；职工人均创利税比上年增长14%；全员劳动生产率比上年提高10.3%。

1989年重庆市乡镇企业主要抓了以下工作：

1. 根据出现的新情况、新问题，加强各方面的协调工作，积极主动地克服困难。一年来，重庆市委、市政府和乡镇企业领导小组坚持“因地制宜、深化改革、调整充实、提高效益、积极发展”的指导思想，加强了与经济杠杆部门、科技部门、政策法规部门的联系和协调工作，成立了“重庆市乡镇企业科技顾问团”；市政府批转了“关于乡镇企业开展上等级活动的报告”；市技术监督局把乡镇企业优质、优秀产品纳入全市范围评选；市财政拨出100万元，积极扶持重点项目；市计委成立了全市乡镇企业产业结构调整办公室；市政府出台了《关于进一步发展乡镇企业若干问题的意见》和《关于乡镇企业职工退休养老保险扩大试行范围的意见》。以上这些措施，为乡镇企业创造了良好的外部环境，一些影响企业生产、流通、自我积累、自我发展等问题得到或逐步得到了解决，促进了企业的发展。

2. 坚持以企业上档升级为主线，抓基础、练内功、不断加强企业管理。乡镇企业各级主管部门把推进技术进步作为发展乡镇企业的重点来抓，从认识入手、基础工作入手、典型入手，加强组织领导，促进了各项基础工作的加强和完善，技术进步取得了成效。重庆实验电炉厂、青年页岩砖厂跨入了省级先进企业行列；有4个企业采用国际标准并通过了市级标准部门的验收，有7个企业经考核，分别达到了国家四级和五级标准化水平。全面质量管理工作得到进一步加强，有40个QC小组发表了成果，直接获得经济效益245万元，其中有5个被市质协评为优秀QC小组。通过整顿质量，涌现出1个部优产品、8个市优质产品和38个市优秀产品。技术管理和成果管理得到加强，列入市乡镇企业局新产品开发的59个项目，完成了51个，投产率达86.4%；列入市经委重点技术开发的10个项目，完成了8个，投产率达80%。有26个新产品通过了有关部门鉴定，其中大足县供水设备厂生产的“密封攻丝机”获得农业部科技进步奖；20个新产品获得省乡镇企业科技进步奖。同时，有4个项目获得国家科委颁发的“星火成果展览会”金、银、铜牌奖；2个产品获得“市星火”二、三等奖。各类人才培训工作得到全面开展，接受函授教育培训、成人教育培训、学历培训、短期岗位培训以及专业技术人员的学历补课达3.5万人，并在各自岗位上发挥了积极作用，其中有31人被市政府命名为1989年乡镇企业家，85人被命名为乡镇企业优秀厂长(经理)。安全环保状况进一步好转，亿元产值死亡率比上年下降24%，一些企业的污染问题得到有效地解决，污染治理设施运转率达到83%，污染治理合格率达到48%。财务管理制度进一步完善，据对3 047个乡村集体企业财务管理工作的抽查表明，合格率达80%以上。

3. 积极抓结构调整，以适应外部环境变化的形势。重庆市乡镇企业是以发展农副产品深加工和开发本地区资源型产业为主，其产值占总产值的70%以上，产业结构和产品结构基本合理。但由于乡镇企业还处于发展初期阶段，缺乏统一规划、合理布局，在某些方面还不尽合理。针对这一现状，1989年重庆乡镇企业以产品结构调整为重点，坚持“产业微调，行业慢调，产品快调”的原则，制订了结构调整的实施方案。通过一年的实践，基建规模得到压缩，发展开始转向内涵为主的轨道。1989年，全市乡镇企业固定资产投资总额比上年减少11.9%，在投资1.27亿元中，用于技术改造的资金占56%以上。消耗高、质量低、污染重、效益差的企业和产品在调整、整顿中，有1 080家乡村集体企业并转和关停，而为工农业服务的生产资料及市场适销对路产品和出口创汇产品却有较大幅度增长。在全市同类产品产量中，原煤占30.6%，棉布占19.3%，生丝占45.9%，丝织品占23.7%，机制纸占21%，饮料酒占18.1%，电石占39.8%，化学农药占48.4%，水泥占28.9%。出口产品企业新增了46家，达到231个，出口产品由上年的74种增加到107种，出口交货值达2.28亿元，比上年增长51.5%，相当于全市创汇总额的13.3%。横向经济与技术的联合、协作在调整中进一步发展，乡镇企业与市内外的联合协作项目66个，总投资5 481万元，协进资金2 368万元，新增产值4 827万元，新增利润250万元，新增税金258万元。

4. 抓重点、突难点。在思想和工作方法上，立足于挖掘内部潜力，实现由外延发展到重视内涵，在提高中发展，发展中提高的转变。一是广泛发动职工集资金、促生产，全年共集资1.29亿元，其中企业职工集资4 392.24万元，占集资总额的34%，清仓挖潜盘活资金4 033.73万元，占31%，在一定程度上缓解了资金紧缺的矛盾；二是与市农行联合开展清理乡镇企业资产和银行贷款的“双清”工作。在全市属清理范围的7 094个企业中，共清收应收款4 510万元，占应收款余额的17%，处理积压物资1 501万元，占应处理的56.4%，收回呆滞、呆帐1 040万元，占“双呆”贷款余额的11.8%，搞活“双呆”贷款1 608万元，占“双呆”贷款的18.3%；三是深化改革，进一步完善各种形式的承包经营责任制，全年乡村集体企业落实承包的面达91.7%，其中实行风险抵押承包制的企业3 216个，实行厂长（经理）任期目标责任制的2 227个，实行股份制的880个，实行兼并和租赁制的企业679个。改革措施，对促进乡镇企业改善经营机制，调整结构，增强活力，提高效益起了积极作用；四是坚持督促落实建立乡镇企业发展基金的政策，收好用好发展基金。全年已筹集发展基金5 653万元，投放使用了5 562万元，重点扶持了骨干企业的发展。

尽管重庆市乡镇企业在治理整顿中取得了一定的成绩，但也存在不少的困难和问题：速度下降过猛，部分区县的效益出现了负增长。企业职工素质不高，大专文化的职工1 304人，仅占职工总数的0.01%，高中(包括中专)文化的职工163 720人，占职工总数的13.5%，初中及小学文化的职工占职工总数的86.5%。获有技术职称的工程技术人员26 934人，其中中级以上的占3.3%。从整体看，管理水平、技术水平都很低，产品质量不稳定、名特优新产品少、批量小，竞争力脆弱。

（何龙根）

西 安 市

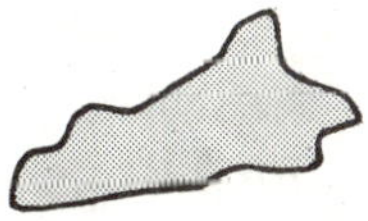

1989年，西安市乡镇企业总数达到10.8万个，从业人员达到59.38万人，总收入达到50.36亿元。分别比1978年增长53倍，7.6倍和36倍。全市13个区县，有9个产值过亿元。还出了9个亿元乡(镇)和30个产值过千万元的村。

1989年全市乡镇企业总产值达到46.93亿元，占全年社会总产值的比重由1978年的2.20%上升到19.85%，相当于1974年全市社会总产值。其中乡镇工业总产值28.06亿元，分别占西安地区工业总产值和市属工业总产值的20.81%和32.47%相当于1983年市属工业总产值。乡镇企业生产的建筑材料，如机砖、水泥预制构件、砂石、大理石等占全市同类产品的90%以上，面粉、机制纸、服装、食品等也占有相当大的比重，成为国民经济的重要组成部分。

乡镇企业的发展改变了单一的农村经济结构。1989年乡镇企业总产值占农村社会总产值的比重，由1978年的14.38%上升到71.37%，成了农村经济的主体。十年来，乡镇企业提供农村各项事业建设资金4亿余元，促进了农村各项建设事业的繁荣和发展。直接用于补农、建农的资金达2亿多元，进一步武装了农业，增强了抗灾能力。农业投入的增加，极大地改善了生产条件。粮食生产逐年增长，三年粮食总产分别为61 061吨、62 143吨、64 615吨，粮食亩产分别为505.9公斤、540公斤、561公斤，形成良性循环。

1989年，乡镇企业从业人员占全市农村劳动总数的31.75%，占1952～1980年农村新增劳动力总数的63%，占目前农业全部剩余劳动力的70%以上。同年，乡镇企业支付的工资总额5.85亿元，为1982年以前全部分配总额1.51亿元的3.87倍。1989年全市农村人均分配收入530元中，来自乡镇企业的收入占29.87%。未央区农民人均收入850多元，其中一半来自乡镇企业。

1989年乡镇企业向国家交纳税金1.73亿元，占当年全市财政总收入的13.33%，相当于农业税的5倍多。

由于一大批乡镇企业的发展和相对集中，促进了农村小城镇的形成和发展。全市小城镇已由1978年的5个增加到39个。这些小城镇已成为当地的政治、经济、文化中心，还在发挥着接受城市辐射，为农村传播先进科学技术知识及信息，促进农副产品进城等桥梁作用。

西安市乡镇企业发展出现许多新特点，主要是：

1. 产业结构和布局框架逐步形成。全市乡镇企业的发展从西安中心城市的特点出发，充分注意近郊发挥地理优势，远郊、外县发挥资源优势，逐步形成以工业为主体，农、工、建、运、商综合发展的格局。全市乡镇企业总产值中，工业占63.64%，建筑占16.24%，交通占11.84%，商业、饮食业占7.59%，农业企业占0.69%。按照因地制宜，发挥优势的原则，全市以城市为中心的三个辐射圈发展的框架——城市第三产业重点发展区、郊区工业发展区、县区农副产品加工和林特矿产开发区——正在逐步形成。

2. “四轮”驱动，多层次发展。在大力发展乡村集体企业的同时，联户、个体后两轮发展迅速。1989年联户、个体企业的比重是：企业数占93.5%，人数占62.2%，总收入占57.8%，总产值占55.0%，工业总产值占42.9%，税金占37.2%，纯利润占76.3%。联户、个体的发展使乡镇企业更具有地域性特色。建材村、印刷村、旅馆村、服装村、打字村、学生公寓村、刺绣村等专业村的出现，开始显示了一村一品的商品群体结构和生产系列化区域优势。

3. 企业整体素质明显提高。全市已初步形成30多个行业的农村工业体系，生产两千多种产品以及为大工业配套生产。经过近几年的技术更新、改造和扩建，企业规模和素质普遍有所提高。全市年产值达50万元以上的骨干企业由1984年264个，增加到1989年825个，占乡村企业的12.07%，其中有4个企业产值超过千万元。全市已有15家企业晋升为省级先进企业，有17个企业晋升为市一级企业。还有3个企业已完成晋升国家二级企业的申报工作。30个企业通过全面质量管理验收，50多个企业通过计量定级验收，4项技术获省科学技术进步奖。

4. 实行横向经济联合，迈出新步伐。随着乡镇企业的发展，打破了长期以来城市搞工业、农村搞农业的二元经济结构，使城乡、工农、工贸融为一体，达到互补互利。据不完全统计，全市乡镇企业已同全国27个省市的600多个单位进行了横向经济技术联合，共引进资金2亿元，引进科技人员3 000多人，新增生产能力6亿多元，加上与大工业配套生产企业的产值，约占全市乡镇工业产值的1/3。治理整顿以来，不少乡村集体企业主动与生产名优产品的厂家攀亲结缘，寻找靠山，走互相促进，共同发展，共同富裕的新路。

（西安市乡镇企业管理局）

武汉市

1989年，武汉市乡镇企业的发展具有如下特点。

1．过快速度得到控制。1989年，武汉市乡镇企业严格控制基建规模，由过去的偏重外延扩大再生产转向注意内涵挖潜，总产值增长幅度比上年回落12.6个百分点；工业产值增长幅度回落12个百分点，开始扭转发展速度过快的局面。在适度增长的同时，经济效益有所提高。全市乡镇企业总收入48.2亿元，比上年增长19.8%；实现利税5.4亿元，比上年增长7.97%；全员劳动生产率首次突破1万元，达到10 450元，比上年增长15.9%，依靠提高劳动生产率而增加的产值达7.2亿元，占企业产值净增总额的96.8%；工业企业产销率达94.2%，比上年提高3.9个百分点。

2．乡镇企业贡献很大。1989年，全市乡镇工业完成产值32.3亿元，比上年增长15.3%，净增产值4.3亿元；其中乡镇办工业产值达到12.6亿元，增长27.3%，净增产值2.7亿元，占全市乡以上工业产值净增总额的85%，为遏制全市工业滑坡作出了显著贡献。

3．规模经营又有进展。1989年全市乡镇企业固定资产原值达到13.2亿元，比上年增长12.3%；年末占有流动资金4.8亿元，增长5.6%。11个区、县中，除汉南区以外，企业总产值都超过1亿元，其中黄陂县和新洲县产值分别达到12.22亿元和10.91亿元，在全省各县中分居第3和第4位；汉阳县、武昌县、洪山区产值也在7亿元以上，均居全省前10位。年产值超过1 000万元的乡镇有96个，占乡镇总数的89%；其中年产值超过5 000万元的乡镇有48个，比上年增加17个；年产值超亿元的乡镇有9个，增加6个，江岸区后湖乡产值达2.12亿元，是全省企业产值最高的一个乡。

4．产业结构渐趋合理。1989年，武汉市乡镇企业主动调整产业结构，各业都有不同幅度增长，初步形成城郊型乡镇企业产业结构。农业企业增长幅度最高，产值首次突破1亿元，达到10 437万元，比上年增长54.3%；工业产值增长15.3%；建筑业产值为8.68亿元，增长15.6%；交通运输业产值为3.66亿元，增长25.4%；商业产值为5.27亿元，增长11.6%；服务业产值为1.02亿元，增长20.7%；其它业产值为0.62亿元，增长29%。在总产值构成中，7个产业所占比重分别是：农业企业占2%，工业占61.4%，建筑业占16.5%，交通运输业占7%，商业占10%，服务业占1.9%，其它业占1.2%。

5．层次结构比较平衡。1989年乡（镇）办企业产值为18.83亿元，村办企业产值为18.02亿元，联户和户办企业产值为15.79亿元。这三个层次企业产值大体各占总产值的1/3，继续保持三足鼎立的格局。

6．行业结构发生变化。乡镇企业积极调整工业行业结构，关停并转了500多个高能耗、高物耗、高污染、低水平、低质量、低效益的“三高三低”工业企业，同时对符合国家产业政策的行业积极扶持，得到较快发展。为大工业生产配套零部件和产品的机械业、农副产品加工业和利用本地资源的加工业，均比上年增长20%以上；出口产品扩展到11大类、100多个品种，全年交货额达1.4亿元，比上年增长81.8%，出口生产企业扩大到123个，其中年出口交货额100万元以上的企业有44个。

7．提高企业管理水平。1989年武汉市乡镇企业继续开展升级活动，使企业管理工作迈上一个新台阶。又有一批厂家进入等级企业行列，其中有4家省级先进企业，13家省级先进乡镇企业，40家市乡镇一级企业，169家市乡镇二级企业，121家基础级企业。企业升级工作成为强化管理的重要手段，整顿提高的有效途径。进入各个等级的企业，产值增长23%，利税增长26%，资金自有率达到50%以上，其中一级企业为63%，可比成本下降5%～10%，干部职工培训面达80%以上，专业技术人员占职工总数比重达9%。这些经济技术指标远远高于全市乡镇企业的平均水平。企业升级也使安全生产工作落到实处，全年职工事故死亡率为0.018‰，低于国家规定标准，事故直接经济损失下降70%。

8．深化全面质量管理。1989年，武汉市乡镇企业全面质量管理的考核验收，由过去的单一等级改为3个等级，并将这3个等级与企业升级的3个等级对应挂钩，作为企业升级的必要条件。为把这一工作落到实处，市乡镇企业局举办全质管理咨询诊断培训班，受训人数达152人，从中择优评聘质量诊断师和诊断员75人。全年已对331个企业进行了全质管理验收，有2个厂家被评为全省乡镇企业系统质量管理先进企业；有5个质量管理小组分别被评为农业部、湖北省、武汉市优秀ＱＣ小组。

9．获奖创优产品增加。1989年有119项产品获得农业部、湖北省、武汉市优质和优良产品证书，比上年增加11项。其中部优质8项，省优质4项，市优质25项，省优良39项，市优良43项。1989年，乡镇企业产品创优与获奖创历史最好水平。

10．大力进行智力开发。1989年武汉市乡镇企业为改变人才奇缺问题，一手抓职工培训，一手抓引进人才。共培训各类干部和职工5.7万人，比上年增加5 000多人。到年底止，累计审定认可会计、经济、工程3个系列的专业技术人员达7 377人，其中中级专业技术人员574人。正在接受大中专教育的有485人。城市和外地到乡镇企业进行中长期工作的专业技术人员以及“星期日工程师”共达8 000多人。加上乡镇企业自身培养的人才，专业技术人员占职工总数的比重达到4.7%，比上年提高1.9个百分点。

11．努力积蓄发展后劲。1989年，武汉市乡镇企业在资金紧缺的情况下，更加注意正确处理国家、集体、个人三者关系，增加积累，增强自我发展后劲。乡、村两级企业采取职工入股、以资带劳、风险抵押、引进资金等多种形式集资1.2亿元；清理回收销货款、借款1.4亿元；提留各项专用基金1.85亿元，比上年增加近1.1亿元，占应提留的82.2%；企业自有资金为9亿多元，比上年增加1.66亿元，资金自有率达45.6%，比上年提高0.3个百分点；自有流动资金为1.92亿元，比上年增加0.6亿元，自有流动资金占定额流动资金的31.1%，比上年提高2.6个百分点；企业留利为7 954万元，比上年增加725万元。

12．继续发挥支柱作用。1989年，武汉市乡镇企业产值占农村社会总产值的70.4%，成为农村经济的重要支柱。乡村两级企业提供补农建农和支持农村各项建设事业的资金共达7 710万元，比上年增长7%，相当于国家当年对农业投入的5.5倍；其中直接补到农业生产和农村双层经营统一服务项目的资金达1 493万元，比上年增长21%。1989年全市农村人均收入703元，其中乡镇企业职工工资和利润用于农民分配的占41%。

（吴先盛　华乃斌）

广州市

1989年广州市乡镇企业总数60 940个，比上年增长3.37%；职工人数532 628人，增长0.91%；总收入854 817.04万元，增长20.43%；总产值607 511.65万元，增长9.52%；工业总产值391 495.28万元，增长9.7%；上交国家税金32 845.36万元，增长31.56%；纯利润71 061.98万元，下降0.44%。

1989年的主要工作及发展特点是：

1．按照治理整顿的方针要求，压缩了投资规模，调整了结构。压减了1988年在建和1989年计划上的建设项目349个，投资额3.82亿元，比原定计划分别压减了40%和49%。对耗能高、原材料短缺、污染环境严重、资金缺乏、管理不善的企业关闭86个，停产182个，合并17个，转产7个。初步改变了小水泥、石料、红砖、和部分内销服装、电机、家用电器产品等产大于销的状况。通过压缩调整，使企业数、职工人数、总收入、总产值、工业总产值的增长幅度比上年分别下降了1.63、10.17、31.95、34.55、34.23个百分点。

2．外向型经济发展较快。面对资金、原材料紧缺、市场疲软的严峻形势，各区、县、企业都积极向外求发展，特别是发展来料加工装配业务。一方面企业积极提高产品质量，增添发电设备，保证按期交货；另一方面主动开展对外宣传联谊活动，多方设法取得了外商的信任，赢得外经贸活动的正常发展。外向型企业增至664个，比上年增长21.83%；从业人员110 342人，增长25.44%；出口交货总额32 363.45万元，增长11.01%。补偿贸易我方收汇3.95万美元，合作（合资）收汇3 054.03万美元，来料加工装配工缴费收入11 309.89万美元，三项合计收汇14 367.87万美元，增长61.14%。还引进了价值

广州市黄埔区中美织造厂车间一角

2 413.55 万美元的9 618台(套) 设备。呈现出外向型企业一枝独秀的局面，为国家多出口、多创汇作出了贡献。但由于电费等费用增大、4月份起加工税从 3％调升至5%、因竞争激烈加工费单价普遍略有下降、调剂汇率下降、留成外汇从无偿改为有偿使用等多种因素影响，外向型企业普遍存在着增产不增收的问题。

3. 依靠科技进步，强化企业管理，以质量求生存，从管理要效益。普遍加强了基础管理工作，完善经营承包责任制。开展挖潜改造、设备配套更新、“双增双节”、推广应用新技术、定标达标、企业上等级、产品创优等各项活动。同时用请进来、派出去、自培、代培等多种形式，大力开展岗位业务、专业技术、岗前学习等各类人才培训，需持证上岗的人员，全部做到培训考核合格后持证上岗，使企业和人员素质都有较大的提高。产值 500 万元以上的骨干企业，从上年的98个增至155个。有10个企业被评为省级先进企业，为历年总数的2.5倍。被评为部优质产品4个，省优质产品10个，市优质产品12个，比过去任何一年的创优产品总数都多。花县明花保健饮食料厂生产的“爽美乐”花粉乳酸饮料还获得全国“星火计划”银奖。

4. 企业经济效益下降，亏损面增大。由于多种因素的影响，使企业利润普遍下降，出现了自1985年以来首次纯利润的负增长。每百元总收入利润下降到8.31元，比上年10.06 元下降17.4%。镇、村办企业亏损户达 398 个，亏损总金额4 273.86 万元，分别比上年上升了46.32%和230.69%。还有上千个企业出现停产、半停产，3 万多名职工收入下降。

5. 在治理整顿过程中，出现一些不容忽视的问题。主要表现在：一是自下半年以来出现的生产急转直下的趋势尚未扭转，一些企业因产品滞销还会停产或半停产，乡镇企业的职工队伍尚未完全稳定下来。二是资金短缺，贷款额度少、利率高，加上原材料涨价、成本增大，使相当一部分企业难以承受。三是随着治理整顿中一些深层次结构性矛盾的暴露，会使乡镇企业的某些行业和产品在发展方向上受到一定制约，将会造成组织生产经营的困难。四是随着大工业的发展，乡镇企业过去的一些优势减少，市场竞争加剧。乡镇企业面临严重的挑战。五是乡镇企业的出口创汇，会由于一些国家的经济制裁而带来一些新的困难。六是有些企业基础管理工作差，能源物耗高，产品质量差，经济效益低，达标生产和全面质量管理还有待于普遍深入开展。七是企业自有资金过低，多数都在20%以下，自我发展能力弱。

（广州市乡镇企业管理局）

沈阳市

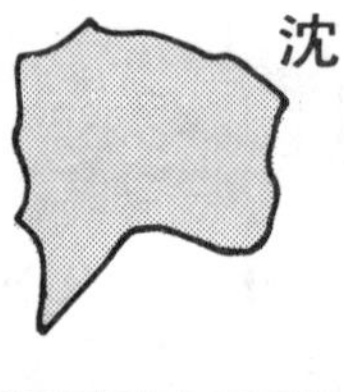

1989年，沈阳市乡镇企业在市委、市政府“稳中求进、紧中求活、发展提高、注重效益”方针指导下，奋力开拓，排难而进，艰苦创业，开展“挖潜力、上水平、反浪费、比贡献、增效益”为主要内容的“双增双节”竞赛活动，克服和解决能源、资金、原材料等困难，促使乡镇企业再闯难关，保持稳步健康发展的好形势。

1. 发展速度稳中有降，经济效益持续增长。1989年，全市乡镇企业已发展到61 167 家，从业人员达454 347人，仍占全市农村劳动力总数的50%以上。全市乡镇企业总产值达到626 836万元，比上年增长13.6%。全市乡镇工业产值完成54.2亿元，占全市工业总产值的21.8%，比上年增长17.2%。上缴国家税金39 448 万元，比上年增长23.5%。实现纯利润5.46亿元，比上年增长13.04%。

2. 外经贸有新的发展。全市出口创汇的乡镇企业已发展到105家，比上年增加60家。外贸出口交货总额达到8 382万元，比上年增长2倍多。主要出口国家和地区有苏联、美国、日本、加拿大、新加坡、东南亚等国家和地区。在全省乡镇系统增长速度首次名列榜首。

3. 企业素质和产品质量有明显提高。全市乡镇企业中已有13家企业被评为明星企业，有 5 家被评为小型巨人企业。沈阳市科兴金属制品厂被评为省级先进企业。沈阳市砂山风机厂、新民县第三塑料厂、苏家屯金属门窗厂三家省精神文明企业复查验收合格。

1989年，创部优产品 5 项、省优产品 3 项、市优产品29项、拳头产品74项。科研和星火计划共实施36项，其中有 9 项获市奖，可增产值 1 亿多元。

4. 乡镇企业规模经营有新的发展。1989年，全市乡办企业产值已达157 670 万元比上年增长13%；村办企业产值已达到277 330万元，比上年增长21%。

5. “双增双节”成效显著。新增产值8.25亿元，新增利税1.05亿元，节约资金1 200万元。

全市超亿元的乡（镇）20个，比1988年增加 6 个。产值超5 000 万元以上的乡（镇）38个，比上年增加18个。产值超1 000万元以上的村111个，比上年增加24个，产值超过500万元以上的企业84个，比上年增加41个。

1989年，沈阳乡镇企业在发展中，主要做了以下工作。

1. 端正认识，稳定政策，迎难而上。为了及时统一认识，稳定政策，克服前进中的种种困难，1989年 3 月和11月，市委、政府两次召开全市乡镇企业工作会议。第一次是提高认识，稳定人心，迎接挑战的动员会议，坚定发展乡镇企业的信心和决心。第二次会议是稳定政策，扶持乡镇企业迈向新台阶。会议提出沈阳乡镇企业已经进入了一个新的发展时期。这个时期的工作重点是：要在治理整顿中抓好产业和产品结构调整，并有重点的组建乡镇企业集团；深化改革，完善承包责任制，搞好乡镇企业股份合作制试点；依靠科技进步，开发研制新产品；加强企业管理，搞好企业干部职工培训，提高整体素质。这两次会议，对排除各种非议、端正认识，具有极为重要的指导作用，为沈阳乡镇企业健康发展，指明了方向，铺平了道路。并鼓舞乡镇企业干部职工，迎难而上，经受考验，闯过难关，夺取新的胜利。

2．抓治理整顿，积极调整产业和产品结构。沈阳乡镇企业，在治理整顿中积极主动进行产品结构调整，努力增加适销对路和出口创汇产品。由于历史的原因，沈阳乡镇企业产品、产业结构与城市工业雷同，是以机械加工、石油化工和冶金行业为主的企业较多。相应的与人民生活密切相关的轻纺工业、食品工业和农用工业所占的比重较小，出口创汇企业才刚刚起步。这次治理整顿，把重点放在耗能高、销路不畅、效益差的产业和产品上来。先后对820多家铸造、锻造、电镀、热处理企业进行三级准产证整顿验收。全市共有825家乡镇企业在治理整顿中关、停、并、转，又有275家企业上了新产品。

经济一年的初步治理整顿，食品制造业增长8％；饮料业增长47％；轻纺业增长15％；缝纫业增长14％；造纸和纸制品业增长57％；印刷业增长29％；工艺美术业增长38％；金属制品业增长57％；而机械加工业只增6％；皮革、毛皮业下降10％。治理整顿，促使乡镇企业的产业和产品结构更趋向于合理方向发展。

3．深化改革，进一步完善承包责任制。1989年，全市大多数乡镇企业实行集体承包、厂长负责制，少数企业是厂长承包或租赁经营，但提倡集体承包厂长负责制。完善承包制的重点放在企业留利，扩大再生产上。不管推行哪种形式的承包制，都要保证企业留足50％发展基金。该提的折旧费、统筹基金、福利基金、教育基金等都必须按规定提出留下。选聘承包者都要引进竞争机制，要交纳一定数额的风险抵押金。同时针对承包中存在的承包指标确定的不够合理、承包合同不完善，承包后放松管理、缺乏必要的检查、监督，包盈不包亏、分光吃净等问题，在完善过程中都进行了认真地解决。同时，各县区乡镇企业局还组建了内部审计组织，开展内部承包合同兑现前的审计监督工作，保证承包责任制的贯彻实施。

在深化改革中，沈阳乡镇企业股份合作制已经发展74家。沈阳乡镇企业的股份合作制，在改革中充实、完善、提高、健康地向前发展，推动着全市乡镇企业从负债经营自身积累、自我约束、自我发展方向转变；由粗放经营管理、向科学化管理方向转变。

4．依靠科技进步，开发研制新产品。沈阳乡镇企业之所以发展较快，主要是：一靠政策、二靠科技、三靠投入。1989年，沈阳乡镇企业围绕“三上两创一提高”（即上技术、上质量、上管理、创优、创汇、提高经济效益）的方针，依靠科技进步、取得了可喜成果，开发新产品225种，其中列入市以上计划的有25种，消化吸收引进技术65种，完成新花色品种98种，达到国际水平5种，填补国家空白的有12种，达到国家级水平有53种。已投产的新产品有194种，可创产值2.29亿元，实现利润2 762万元，获得较好的经济效益。

1989年，全市有29种产品被评为沈阳市优秀新产品，有5种产品获得市级科技进步奖；有5种产品被评为部优产品，有14种产品被评为辽宁省乡镇企业系统优秀新产品。有3种产品被评为省优质产品。有74种产品被评为拳头产品。科技进步，给乡镇企业发展注入了生机和活力，推动乡镇企业由外延型向内涵发展型转变，由速度型向效益型发展。

5．积极开展培训教育，提高企业职工素质。沈阳市乡镇企业职工培训教育工作，在市教委、辽宁大学、东北工学院和沈阳重型机械厂等单位的帮助支持下，取得了新的进展。乡镇企业函授中专已设有6个总站和13个分站，基本上形成了电化教育网络。现有734名学员。在东北工学院的帮助下，还开办了“电器自动化专业班”、“工业会计专业班”等，在学人员294名。

为了适应岗位培训工作的需要，在市职称改革办公室支持下，开办了“职称培训班”共13个专业两个系列，培训中级以上职称人员819名，培训初级职称人员3 324名。经市科委考试评定，评出中级以上职称人员719名，初级职称人员3 184名。从1989年起，经国家认定的一支乡镇企业自己的工程技术和管理人才的队伍正式形成。随着乡镇企业职工教育工作的发展，这支队伍在壮大，这是一支生力军，必将为乡镇企业的发展和提高做出新贡献。

（王乃昌）

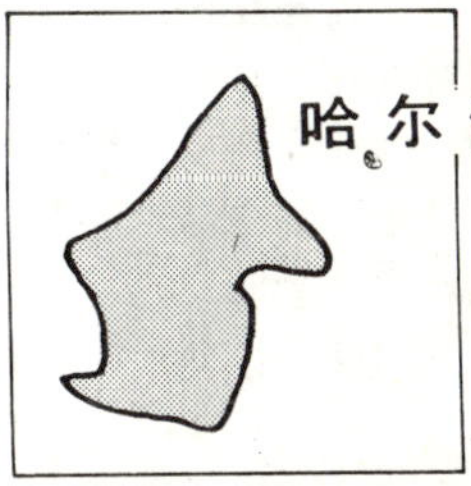

1989年哈尔滨市乡镇企业已发展到3.15万个，比1988年增长2.4％。其中，乡（镇）村两级集体企业2 280多户，增长4.9％。乡镇企业从业人员达到17.63万人，比1988年增长3.3％。其中，乡（镇）村两级集体企业为10.23万人，比1988年增长4.8％。全年完成总产值1.69亿元；比上年增长16.6％。其中，乡镇工业总产值为10.48亿元，比1988年增长19.3％。完成总收入16.6亿元，比1988年增长26.3％。实现纯利润1.15亿元，比1988年增长0.02％。上缴国家税金0.79亿元，比1988年增长16.9％。乡（镇）村集体企业职工工资总额1.56亿元，比1988年增长12.3％。人均工资为 1 529.3元，比1988年增加 102.3 元，增长7.2％。

固定资产投资规模得到控制。1989年全市乡镇企业新建、扩建、技改等开工项目达225项，比1988年下降35.2％；实际投资4 822 万元，比1988年下降32.3％。通过对在建项目的清理，停建、缓建了6个项目。

结构调整初见成效。1989年，各区、县（市）按照国家产业政策的要求，突出抓了乡镇企业行业结构、产品结构的调整。在建筑市场萎缩的情况下，一些从事建筑业、建材业生产的乡镇企业，广开生产门路，努力发展多种经营。全市关停并转了44户高耗能、亏损、污染严重难以治理的企业。在大力发展资源型、配套型、支农型等产品的基础上，全市乡镇企业共开发了63种新产品，创市以上优质产品12种，发展出口创汇产品12种。

1989年，由于各区、县（市）狠抓了企业基础管理和企业升级工作，使乡村两级集体企业整体素质得到一定的提高。到1989年底，乡（镇）办集体企业都全部执行国家农业部、财政部联合颁发的《乡镇企业财务会计制度》，村办集体企业执行面也已占50％；企业产品标准化覆盖率已达到60％；计量定级企业已有43户；全面质量管理验收合格企业13家；取得中、初级专业技术职称的各类人员达1 096人。职工技术培训达1 085人；太平区团结锅炉厂被命名为省级先进企业，有12户企业被评为省乡企局系统先进单位。19名厂长（经理）被授予省级以上乡镇企业家称号。

1989年哈尔滨市乡镇企业主要开展了如下几项工作。

1．各级领导重视，狠抓抑制思想滑坡工作。自1989年年初开始，从市到各区、县（市）领导对部分乡镇企业干部职工的思想波动问题就引起了高度的重视，从稳定思想入手，稳定乡镇企业、市政府及时召开了全市乡镇企业工作会议，明确提出了在治理整顿中促进乡镇企业持续、稳步、协调发展的指导思想和具体措施。各区、县（市）领导和乡镇企业主管部门的领导也通过召开会议、座谈、对话等形式，强调了乡镇企业的地位和作用，重申发展乡镇企业的有关政策，反复教育乡镇企业广大干部职工在市场疲软、经济滑坡的情况下，思想不能滑坡。

2．突出重点，狠抓“一包两制”的完善，提高工作。1989年，我市乡镇企业已有1 783个实行了承包制和租赁制，占乡镇集体企业的78％。还有一部分企业试行了股分制经营。针对过去实行的承包经营责任制、租赁制和股份合作制存在承包、租赁基数不准、项目不全，经营者严重的短期行为等问题，突出抓了以下三方面的工作。一是完善合同内容，把企业折旧基金、大修理基金提取标准、设备完好率、固定资产增值率等项新的合同内容充实进去，使承包指标体系逐步规范起来。二是引入竞争机制。在全市乡村两级企业中，实行风险抵压的企业有371户，比1988年增长27.9％；缴纳风险抵押金总额为653.6万元，比1988年增长27.1％。全市乡镇企业有15％的企业通过公开招标的形式选聘了承包人，相当一部分企业在签订合同的过程中进行了公证。三是认真兑现合同，调动经营者和职工的积极性。1989年，各区县（市）、乡（镇）及公证部门，在加强审计的基础上，既注意到坚决按合同兑现落实，又考虑到市场骤变、诸多制约因素等客观原因，做到了合情、合理、合法地兑现承包合同，真正体现了“奖优罚劣”，调动了企业干部、职工的积极性。

3．深入开展“城帮乡”活动，为乡镇企业发展提供了机遇。1989年，为了推动我市城乡经济协调发展，市委、市政府确定了“城乡一体化”的发展战略，动员和组织城市各部门、各单位广泛开展了“城帮乡”活动。全市乡镇企业紧紧抓住这个有利机遇，充分发挥和依靠城市一些单位在技术、人才、设备、产品、资金等方面的优势，加快了发展步伐。一年来，全市已有397户乡镇企业同大厂、大学、大科研所三大单位喜结良缘。共引进设备180台（件）、接收扩散产品421种，引进技术75项，吸引资金2 500万元，增强了我市乡镇企业的“造血”功能。

4．积极主动克服困难，广泛开辟闯渡难关的途径。1989年，在外部经济环境趋紧的情况下，全年乡镇企业战线广大干部和职工，发扬“越是在困难的情况下，越要挺起腰杆子”的知难而进的精神，依靠群众，群策群力积极寻找闯渡难关的门路。在资金紧张的情况下，许多企业通过清仓利库、职工集资、全员风险抵押、民间拆借、回收欠款、预收贷款、引进资金等多种渠道筹集资金，保证了正常开工生产。在能源紧张的情况下，一些企业采取调整生产班次、以电为令、人随电行及自己发电等办法，解决了因电力短缺而开工不足的矛盾。在市场销售疲软的情况下，有许多企业通过强化销售队伍、开发适销对路新产品、开拓国际市场、加强售后服务等多种措施，扩大了产品销售的市场。面对原材料涨价、费用提高等增支减收因素不断增加的困难，一些企业眼睛向内，充分挖掘内部潜力，提高自我消化能力。

1989年，我市乡镇企业存在的主要问题是：①发展速度缓慢。1989年，全市乡镇企业总产值增长速度只有16.9%，比1988年回落了29个百分点，比黑龙江省乡镇企业1989年平均增长19.6%的幅度还低了3个百分点。②企业经济效益明显下降。1989年，全市乡镇企业每百元产值实现利润由1988年的9.20元下降到7.60元，下降幅度为17.4%。③乡镇企业素质低，自我改造能力差，少数企业分配和积累关系处理不当，个别企业甚至分光吃净，失去了生存发展能力。

（苏本富）

南京市

1989年，南京市乡镇工业完成总产值33.54亿元，比上年增长13.47%；产品销售率达到83%；上缴国家工商税1.2亿元，增长17%；外贸收购额11 325万元，增长41%。技术改造完成总投资7 600万元，一批竣工投产的项目已开始发挥效益。

1989年南京市乡镇企业的工作主要有以下四方面。

1．市委、市政府高度重视全市乡镇企业的健康发展，指明乡镇企业的发展方向。市委、市政府在年初召开的农村工作会议上，充分肯定了乡镇企业在全市经济发展中的重要地位和作用，提出把治理整顿作为实现乡镇企业稳定发展的机遇。要求在积极调整上下功夫，在深化改革中找出路，在推进技术进步上花力气，明确了全市乡镇企业发展的方向。七八月份在乡镇企业遇到种种非议，困难很大，思想沉闷的关键时刻，市委、市政府又一次召开了全市乡镇企业会议，市政府主要领导亲自到会讲话，阐述乡镇企业与农业发展、农村繁荣、与大工业的关系，要求稳步健康地发展乡镇企业，努力完成全年生产任务，极大地鼓舞乡镇企业战线上的职工艰苦奋斗，克服困难，夺取新胜利。

2．适应形势，积极调整，发展联合，稳中求进。1989年，全市乡镇企业在产业、产品结构上坚决地实行四个调整。一是抓战略性调整。总体上，提出了“重点发展精细化工、电子加工工业；稳定机械、轻纺工业；积极而稳妥地调整建材工业”的产业结构调整方向。二是抓适应性调整。在全市22个重点企业中8个企业及时对产品进行了调整。许多企业还把适应性调整与技术改造、产品换代、降低物耗、质量管理结合起来，做到了投资少，产品更新快，经济效益好。三是抓开发性调整。着眼于开发新产品、高技术产品和地方资源深加工产品。1989年来，全市开发新产品35项，新产品鉴定28项，新产品产值约7 000万元。四是抓外向型调整。一方面继续发展中外合资企业、扩大“三来一补”生产。另一方面组织扩大出口业务，增加出口渠道，提高出口产品质量，在抓好化工、纺织、服装、工艺产品出口的同时，积极开拓附加值高的机电产品出口。

在宏观控制，大企业受到治理整顿较大影响的情况下，全市乡镇企业统一思想，坚持走联合发展的道路。一是巩固与城市大企业的联合。全市50%的企业与大企业有配套、加工联合的关系。在市组织的59个大型企业帮带100个乡镇企业的工作中，已有55对帮带企业正式签订了帮带协议，另有一批企业建立了较为稳定的业务联系，有27家帮带的乡镇企业可达到标准要求。二是发展与科研单位和大专院校的联合。三是拓宽联合内容。四是开展了乡镇企业内部联合。以骨干企业为核心，同行业中互通信息，互通有无，联合对外，共同发展。

3．突出重点，抓好重点，群策群力，克服困难。1989年，全市乡镇工业企业有6 000多家。在治理整顿中，市和郊县一起，坚决贯彻有保有压的方针，积极扶持重点，发展规模经济，树立了一批乡镇示范企业。市明确了22个重点乡镇，22个重点企业；各郊县也明确了262个重点企业。全市还确定了20个重点产品和48种名特优产品。各级认识一致，目标明确，对重点加强指导，坚持速度、效益、管理一起抓，使大部分重点企业生产稳定，销售正常，稳住了乡镇企业的骨干队伍。全市22个重点乡镇有17个完成生产计划，其它5个乡镇的完成数都接近计划数。

在严峻的形势面前，各级领导同志十分注意做好职工思想政治工作，充分发挥乡镇企业灵活机制的作用，依靠群众，群策群力，克服困难。资金匮乏，职工们踊跃集资，缓发部分工资，一年合计达1亿元。广大供销人员继续发扬“千山万水，千言万语，千辛万苦，千方百计”的精神，为企业的生存发展作出了成绩。

4．深化改革，加强管理，提高素质。各级乡镇企业主管部门和企业领导按照“完善承包，发展兼并，优化管理，政企分开，综合配套”的改革方针，继续完善厂长负责制、任期目标制、租赁等多种形式的经济责任制，在企业内部实行干部聘任制、职工合同制、工资计件制的基础上，又广泛推行了全员风险抵押承包，使改革进一步深化。全市已有814个乡镇企业实行了全员风险抵押承包，共缴纳风险抵押金1 614万元。全市上下把1989年作为“管理年”，从四个方面引导乡镇企业不断加强管理，提高企业素质。

一是抓升级，推行基础管理。已有5个企业通过了省级先进企业验收，7个企业通过市级先进企业评审。通过标准化、定额、计量、信息、岗位责任制、职工培训等基础工作，企业的管理意识明显增强，管理制度日趋完善。在对原有15个省明星企业、50个市级明星企业进行复查审议后保留40个；全市又新评出33个明星企业。新推荐为省明星企业13个。

二是抓创优，促进质量管理。1989年又有4个产品获部优，30多个产品获市优，获优产品产值可达到2亿多元，占全市总产值6％。有5个企业推行ＴＱＣ管理，18个企业计量定三级，15个企业计量验收合格。

三是抓两清，强化财务管理。各郊县和乡镇都采取了比较有效的措施，认真清理应收款。首先严格清理了个人拖欠款，年初个人欠款2 292.37万元，已收回1 183.04万元，占51.6%。各郊县和企业从两清入手，建立健全财务制度，加强经济核算和成本核算，注意抓好村办企业的财务管理。全市乡镇企业中已有4 014个实行了成本管理，占64%，所有的重点企业都实行了一、二类核算。

四是抓培训，注重人才管理。1989年，市乡镇企业局举办各种培训班8期，培训409人；各郊县办培训班135期，8 202人次参加。还有140人参加省乡镇局和南大联合组织的第二期乡镇企业财务人员培训班，组织50人参加了省局与苏州大学举办的供销人员培训班，还有部分乡镇领导参加了省委组织部组织的茅山老根据地领导干部培训班和市委组织部办的乡镇领导干部学习班。已有200多人学完了规定课程，从中央农业广播电视学校会计分校毕业。

（南京市乡镇企业局）

宁波市

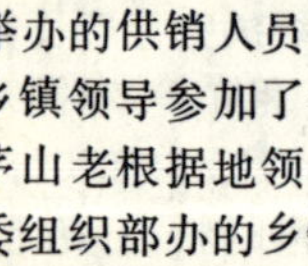

1989年，宁波市乡镇企业完成总产值143.02亿元，比上年增长10.53%。乡镇工业产值为136.89亿元，比上年增长10.90%，增幅比上年的36.66%回落了25.76个百分点，比前10年平均增幅28.7%下降17.8个百分点。在乡镇工业产值中，乡（镇）办的为73.34亿元，村办为43.17亿元，联户和家庭办为20.38亿元，分别比上年增长8.26%、9.10%和26.38%。

1989年全市外贸生产企业已达710家，其中"三资"企业已58家，全年完成出口产品交货总值8亿多元，比上年增长49%。其中直接出口产品交货值为64 586万元，比上年增长67.30%。

据1989年全市乡镇工业产值超100万元的企业已有2 516家，比上年增加118家。其中：500～1 000万元的企业271家，增加29家；1 000万元以上的企业157家，增加14家。据全市195家重点骨干企业统计，完成工业产值22.49亿元，比上年增长23.43%，比全部乡镇工业的平均增幅快9.46个百分点。

1989年全市乡镇企业总收入达121.3亿元，实现利润9.95亿元，上缴税金约9.72亿元，分别比上年增长9.42%、3.74%和12.64%。村及村以上工业，销售收入达96.48亿元，比上年增长7.20%；实现利润约7.46亿元，超过计划目标；上缴税金8.55亿元，比上年增长15.41%；人均创利税1 944元，比上年增加268元。

1989年，着重做了以下几方面的工作。

1．端正工作指导思想，增强了宏观调控的自觉性。1989年，是宏观经济与政治形势错纵复杂的一年，是乡镇企业系统干部、职工思想震荡最大的一年，也是乡镇企业生产困难最多的一年。这一年，各地普遍增强了经济效益和社会效益意识，并以此作为发展乡镇企业的指导思想，工作方法上不断改进。一是重视企业升级。1989年，全市乡镇企业升为市级以上先进企业的有36家。其中国二级1家，省级11家，市级21家。二是重视经济工作的决策分析。不少企业干部开始注重进行项目可行性论证、市场调查、行情预测、经济效益核算。办企业光凭热情、赶浪潮的现象减少。三是重视企业自身素质的提高。1989年，市局直接举办全面质量管理、安全生产、标准计量、财务统计等内容的培训班58期，受训人员在3 327人次。县及县以下各级乡镇企业主管部门和企业，在培训方面也做了许多工作。通过培训，使企业素质得到了提高。

2．根据市场变化，加快产品结构的适应性调整。为了优化结构，在国家产业政策指导下，坚持产业结构微调，行业结构慢调，产品结构快调的方针，各地在信贷紧缩、资金不足的情况下，以较少投入加快挖、革、改步伐。一是开发新产品。全市共开发新产品434项，创产值3.3亿元，利税4 463万元。二是增加花色品种。许多企业面向市场，不断扩大新品种，增加新花色。三是搞好深度加工，提高产品附加值。四是提高产品质量档次。全市共创市级以上优质产品83项（含复评5项），其中部优12项，省优42项，市优29项。

3．注重出口创汇，积极发展外向型经济。年初，各级党委和政府普遍召开了发展外向型经济工作会议，进行宣传发动，使外向型经济更加深入人心。1989年，全市新增"贸工农"等出口产品基地6家，共引入给息贷款460万元，用于企业技术改造。同时，注重做好有关企业出口产品质量许可证考核工作，指导、帮助企业搞好质量管理，提高产品质量，为进一步扩大出口创汇创造条件。全市全年共有39家外贸企业领取了出口产品质量许可证。1989年，还圆满完成二次展览会任务，即在北京举办的中国乡镇企业第二届出口商品展览会和在宁波小港开发区举办的国际经济合作研讨会。通过二次展览会，不但签订了一批项目意向和协议书，而更重要的是从中得到了三条体会：一是明确了乡镇企业发展外向型经济的指导思想，使广大乡镇企业干部、职工受到鼓舞；二是扩大了影响，使国内外对我市乡镇企业有了进一步的了解；三是交流了经验，学到了一些好办法。此外，各县（市、区）局也都增设机构，配备人员，制订规划，加强了帮助企业寻找客户、疏通外销渠道、筹集资金、培训人员等服务工作，较好地起到了促进外向型经济发展的作用。

4．积极开展调查研究，有的放矢地做好指导、管理、服务、协调工作。年初，市局针对乡镇企业在治理整顿中出现的新情况、新问题，布置了全市乡镇企业产业（行业、产品）结构、建筑业、全市1984年以来优秀厂长思想工作状况调查。3月底4月初，市局抽调干部，组成调查组，采取点面结合的办法，对全市11个县（市、区）乡镇企业进行了调查，并形成了《关于乡镇企业产品行业管理问题的调查报告》、《关于当前农村建筑业情况的调查报告》、《关于慈溪优化乡镇企业投资结构的调查报告》、《1984年以来我市乡镇企业系统市级以上优秀厂长情况调查报告》，及时地反映了乡镇企业出现的新情况、新问题，提出了解决问题的建议和办法。下半年，针对乡镇企业生产面临的严峻形势，通过调查研究，先后写出了《乡镇工业发展速度回落中的思考》、《当前乡镇企业形势及对策建议汇报》、《关于乡镇企业下步发展向中央的几点建议》、《今年乡镇企业发展形势及明年工作措施汇报》等有一定参考价值的文章，为各级领导搞好决策提供依据，以促进乡镇企业的持续、稳定、协调发展。

（宁波市乡镇企业局）

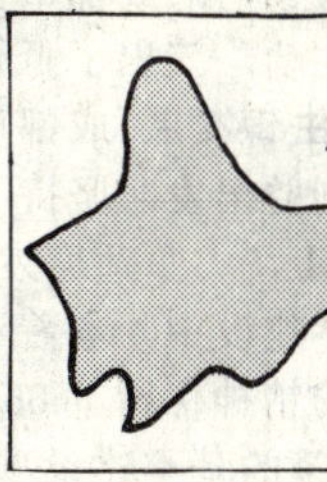

成都市

1989年，成都市乡镇企业在市委、市政府的领导下，发扬艰苦创业精神，发挥机制灵活的优势，充分依靠广大职工群众，克服了重重困难，在治理整顿中既保住了实力，又取得了较好的成效：

1．1989年成都市有乡镇企业1905万多家，比上年增加4%；职工人数稳定在1988年89万人以上，约占农村劳动力的23.1%；务工人员工资总额8.83亿元，人均989.52元，比上年增加69.58元，比农民人均收入693元多296.52元。乡镇企业的稳定是农村稳定的重要因素。

2．1989年，成都市乡镇企业总产值达84.36亿元，比上年增长16.6%，占全市社会总产值231.4亿元的36.5%，比上年增加3.7个百分点。在全市社会总产值净增10.82亿元中，乡镇企业的净增额起了很大作用。

3．1989年，成都市乡镇工业产值48.65亿元，比上年增长16.8%，占全市工业总产值170.25亿元的28.6%，比上年增加2.4个百分点。在全市工业总产值净增11.39亿元中，乡镇工业净增7亿元，占61.5%。1989年成都市的乡镇工业产值已超过1981年全民所有制工业产值，对成都市工业的发展起到重要作用。

4．成都市乡镇企业总产值占农村社会总产值133.21亿元的63.3%，是农业产值28.75亿元的2.9倍。1989年乡镇企业的农业、工业、交通运输业、建筑业、商贸及其它业产值，分别比上年增长22%、16.8%、29.3%、3.9%、24.9%。乡镇企业已是农村的主体经济，对加速农村产业结构的调整发挥很大作用。

5．成都市乡镇企业以农产品为原料的轻工企业有4.4万个，职工17.2万人，1989年产值19.7亿元，占乡镇工业产值的40%以上。

6．1989年，成都市乡村集体企业，在资金极度困难的情况下，仍拿出3 471万元支援农村建设，其中直接支农资金2 971万元，用于农村小集镇建设资金53万元，补助农村教育事业资金187万元，用于农村集体福利事业资金260万元。

7．1989年，成都市乡镇企业向国家交纳税金34 476万元，比上年多交纳2.76亿元增长24.8%，占成都市地方财政收入19.59亿元的17.6%，占15个郊区（市）县地方财政收入7.29亿元的47.26%，有的区县已超过50%以上，是地方财政收入的重要源泉。

8．1989年，成都市乡镇企业为社会提供原煤176.4万吨，比上年增加7.3%，占全市总产量的54.8%；发电量5.69亿千瓦·小时，比上年增长12%，占全市总发电量的27.4%。乡镇企业当年生产能源与消耗能源相抵，为全市净贡献原煤57万吨、电力49万千瓦·小时，为缓解成都市能源做出一定贡献。

9．1989年，成都市乡镇企业为社会提供106类产品，有的在社会总产量中占有相当大的比例。乡镇企业的农业企业为农业提供大量的优良品种，建筑企业施工面积611.8万平方米，交通企业货运量达5.4亿吨，商业、饮食、服务业总收入达22.4亿元。

10．成都市乡镇企业在发展内地产品的同时，注意发展外向经济。1989年出口总额达7 755万元，其中直接出口4 188万元，间接出口3 567万元，为成都市出口创汇开辟了新的门路。

此外，成都市乡镇企业已有固定资产原值14.5亿元；有10亿元产值的区县3个，5至10亿元产值的区县3个；有产值、收入过亿元的乡20个，产值、收入5 000万元至1亿元的乡21个，有38个产值过千万元的村；有71个产值过500万元以上的企业；还有514个联营企业，基础比较雄厚，发展前景十分广阔。

1989年成都市乡镇企业的发展特点如下。

1. 依靠政策求稳定。1989年，市委、市政府召开了成都市乡镇企业工作会议，提出了全市乡镇企业“深化改革，调整结构，加强管理、双增双节”的治理整顿方针，制定了“变压力为动力、变被动为主动，确保乡镇企业稳定发展”的措施，颁发了《成都市人民政府关于当前乡镇企业发展中几个政策》，重申市委、市政府把乡镇企业作为振兴成都经济的战略思想不变、支持乡镇企业发展的态度不变，贯彻上级对乡镇企业的政策和市委、市政府制定发展乡镇企业的政策不变，并对有关乡镇企业的资金、技术改造、出口创汇、工商管理、流通领域等方面的政策进行补充修订，对乡镇企业稳定思想，稳定队伍、稳定企业，稳定生产起到关键作用。

2. 治理整顿变被动为主动。成都市乡镇企业按照“调整、整顿、改造、提高”的方针，进行了认真清理、整顿。一是清理压缩基本建设，缓解了资金压力；二是对过去发展中存在一定盲目性造成布局不合理，低水平重复建设，原材料浪费，物耗高，质低价高，以及管理不善长期亏损的企业实行有效的关停并转。三是积极扶持适销对路产品，加速名优特新产品的发展，全市对乡镇企业35个序列的185个产品逐个排队，确认其中30个序列150个产品应积极支持发展，对35个呆滞产品引导更新换代，上档升级或兼并淘汰；四是从发挥成都经济优势出发，帮助7个企业由高能耗生产转为低能耗生产、6个企业转为能源或原材料生产、4个企业转为农副产品加工、3个企业转为直接为农业服务；五是对农村建筑队实行从城市转为城乡建设，力求向外开拓；从房屋建设转为矿山、水利、交通、农田基本建设；从一业转为多种经营。经过治理整顿后的成都市乡镇企业变被动为主动，走出了低谷。

3. 自力更生谋发展。成都市乡镇企业从长远利益出发，坚持了有保有压，有下有上，力争适度发展。在清理压缩基本建设中，本着不铺或少铺新摊子的精神保留了664个符合国家产业政策的基本建设项目，比1988年减少88.2%。经过一年的努力，累计完成27 262万元的投资任务，改造、扩建、新建农业企业7个，电力企业22个，煤炭企业43个、食品企业71个、建材企业94个、化工企业54个，机械企业178个、冶金企业28个，其中有27个引进项目。投入这批基建资金中，属自身筹集资金16 123万元，自有资金比重由1988年占56.2%上升到73.5%。

4. “双增双节”找出路。1989年，成都市乡镇企业把“双增双节”作为抢渡难关的重要措施，层层落实目标任务，在全系统广泛开展“节约原燃材料找出路，挖掘潜力求效益”的活动。经过一年的努力取得显著成果。

5. 依靠科技促生产。1989年全市加强了技术管理工作，有八个区县的乡（镇）设置了管理机构、配备有专、兼职科技工作人员。全市乡镇企业管理部门把提高职工素质作为振兴乡镇企业的重要措施，1989年举办各种培训班527期，培训技术、管理骨干8 068人，对全员素质有较大的提高。1989年全市共实现技术改造项目155个，新增固定资产1 740万元；实现技术开发项目49个；新增产值5 900万元、创税利971万元，其中有25项达到省内、国内先进水平；有44个项目获市、乡镇企业系统的科技进步奖。

6. 强化管理增效益。在一年的治理整顿中，成都市乡镇企业坚持治理整顿与深化改革相结合，促进管理上水平；加强基础管理与提高经济效益相结合，把粗放管理推向科学化管理。首先，坚持并充实完善承包经营责任制、管理工作目标责任制、工人合同制、干部聘用制，坚持试点推行股份制、租赁制，使改革工作向前推进一步。其次是广泛开展企业上档升级活动，促进企业练“内功”，全市有1个企业达国家二级企业标准、有2个企业被评为省的先进企业、有8个企业市级管理达标、有24个企业建立了省、市地方标准、有48个建立企业标准。再次是狠抓质量管理。在乡镇企业系统普遍开展质量教育，有6 400人参加全市ＴＱＣ考试合格，有62个企业ＴＱＣ达标，有1个企业获市质量管理奖，有59个企业的计量管理验收合格，有11个企业计量定为三级，4个企业质量定为二级、44个产品评为市优，10个产品评为省优、2个产品评为部优，1个国家级优质产品、1个国家级优质工程。此外，强化财务管理，普遍建立内部审计制度；普遍开展“安全达标”，实行安全责任制、重伤、死亡率大大下降；从上到下加强乡镇企业思想政治工作，建立了思想政治工作网络，推动了乡镇企业两个文明建设的开展。（秦世品）

长春市

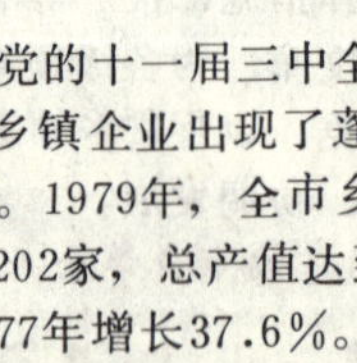

一

党的十一届三中全会以后，长春市乡镇企业出现了蓬勃发展的新局面。1979年，全市乡镇企业发展到3 202家，总产值达到1.9亿元，比1977年增长37.6%。1984年，中央下达了一号、四号文件，充分定了乡镇企业的战略地位和作用，长春市在结合本地区的实际抓紧粮食生产的同时，把发展乡镇企业作为振兴农村经济的战略重点，从此，长春市的乡镇企业进入了一个新的发展阶段。当年，全市五个层次乡镇企业总产值达9.3亿元，其中乡村集体企业产值6.7亿元，比上年增长40.4%，是历史上发展最快的一年。1985年，长春乡镇企业普遍实行了以集体承包、目标管理为主要内容的企业改革，进一步增强了企业活力，促进了乡镇企业发展，年末实现产值14.2亿元，占全市农村社会总产值的46%。随着企业改革的不断深入，长春乡镇企业的地位和作用日益重要。到1988年，全市乡镇企业总数已经达到1.4万多家，其中乡村集体企业5 825家；从业人员54.5万多人，占农村劳动力总数的36.2%；完成总产值34.87亿元，其中乡村集体企业产值为16.06亿元，乡镇企业总产值占全市农村社会总产值的56.3%，实现利税55 096万元，其中：上缴国家税金16 265万元，纯利润38 510万元；年末拥有固定资产（原值）9.2亿元，其中乡村集体企业5.2亿元；全年出口产品交货额达1 824万元，出口产品70种；产值百万元以上的工业企业156家。从1977年到1988年，长春乡镇企业产值年平均递增率为33.9%，其中乡村集体企业产值年平均递增率为24.8%，远远超过了同期国民经济其它部门的发展速度。

二

1989年，长春市乡镇企业在治理整顿中，在极其困难、背负重压的情况下，实现总产值38.77亿元，利税5.96亿元，分别比上年增长11.2%和8.1%，初步实现了乡镇企业在治理整顿中稳步发展。乡镇企业总产值已占全市农村社会总产值的63.2%，相当于1986年的全市农村社会总产值。乡镇企业总产值按国民经济部门分：农业产值1.19亿元，工业产值19.05亿元，建筑业产值7.04亿元，交通运输业产值5.67亿元，商业饮食业产值5.82亿元，占总产值的比重分别为3.1%、49.1%、18.2%、14.6%、15%。按经济类型分：乡（镇）办企业产值7.60亿元，村办企业产值9.54亿元，联户办企业产值2.44亿元，个体办企业产值19.19亿元，占总产值的比重分别为19.6%、24.6%、6.3%、49.5%。在利税总额中：上缴国家税金19 141万元，实现纯利润40 029万元，分别比上年增长17.7%和3.9%。乡镇企业年末固定资产原值达9.68亿元，比上年增长4.8%，其中乡村集体企业为5.39亿元，比上年增长4.6%。自有流动资金38 525万元，比上年增长1.4%。全员劳动生产率7 558元/人，比上年增长18.2%。从业人员工资总额达67 066万元，使占农村劳动力总数32.5%的乡镇企业职工人均工资达1 307元，比上年增长11.2%。出口产品交售总额3 006万元，比上年增长64.8%，占全市外贸出口收购额的比重由上年的3.1%上升到5.1%。出口产品从地毯、针织品、草柳编、豆粕到机电产品等90多个品种，产品销往美国、日本、新加坡、古巴等十几个国家和地区。

发展中的长春乡镇企业，逐步形成了自己的特点：

1．利用资源优势发展乡镇企业。长春地处松辽平原的中部，土质肥沃、气候适宜、雨量充沛，是全国商品粮重要基地。全市有8.6万顷草场，还有相当一部分林地和水面，有利于发展草食动物和人工水面养殖业；农副产品、畜牧业和土特产品丰富，可饲养梅花鹿、紫貂，可种植人参等，可发展系列化加工企业，兴办食品、饲料和农副产品加工企业，走种养加、农工贸一条龙的路子；非金属矿资源丰富，可开发石油、天然气、石灰石、萤石、珍珠岩、膨润土、矿泉水等。1989年，全市乡村集体工业产值中，以农副产品为原料的企业产值为2.8亿元，占24.1%；利用当地资源的建材业（砖、瓦、砂、石、灰）产值为3.4亿元，占29.2%。宽城区奋进乡的新月植物油厂、淀粉厂，1989年分别实现总产值1 676万元和934万元，产品除满足国内需求外，还出口销往古巴、新加坡、南朝鲜等国家和地区。南关区幸福乡的光明乳品厂生产的“益健乐”饮料，德惠县松花江砖厂生产的红砖，双阳县长岭石棉瓦厂生产的水泥和石棉瓦，分获农业部优质产品奖。

2．依托城市发展乡镇企业。乡镇企业是农民办的企业，技术落后，产品质量不高，缺乏竞争能力。为解决这一危及企业生存和发展的难题，从企业领导到各级主管部门，都四处奔走，积极主动地与厂、院校、所联姻，引进人才、资金、技术和设备，依靠辐射，发展城市工业扩散产品的企业，有意识地组建了一批以城市工业为龙头的行业集团，发展科研生产联合体，开发高技术产品，保证了乡镇企业在困难中持续稳定地向前发展。如与第一汽车制造厂、客车厂、机车厂、拖拉机厂等大型企业生产配套产品的企业，年创产值可占全市乡村集体工业产值的35%左右。

3．多层次的办企业，乡（镇）办、村办、联户办、个体办“四个轮子”一起转。随着农村联产承包责任制的实行，剩余劳动力组织兴办的家庭工业、第三产业，如雨后春笋蓬勃发展，他们离土不离乡，为长春乡镇企业发展做出了巨大贡献。1989年全市乡镇企业已发展到134 600家，其中：乡（镇）办1 494家，占1.1%；村办3 297家，占2.4%；联户办5 863家，占4.4%；个体办123 946家，占92.1%。其总产值比上年增长幅度为：乡（镇）办增长7.3%，村办增长6.4%，联户办增长-2.4%，个体办增长17.6%。

4．生产规模不断壮大、骨干企业不断增多。1989年长春乡镇企业的4 791家乡村集体企业中，产值超100万元以上的企业由上年的180家增加到252家，其中：产值超1 000万元的企业由上年的3家增加到6家；超500万元的企业由上年的21家增加到28家；利税超100万元的企业由上年的9家增加到15家。100万元以上的工业企业占乡村集体工业产值的比重由上年的34%提高到45%。

（王福生）

密云县乡镇企业概况

密云是北京的远郊县，位于北京的东北郊，县城距市区65公里，北面、东面与河北省的滦平、承德、兴隆交界，西面、南面与北京市的怀柔、顺义、平谷县接壤。左瞰沧海，右枕居庸，南当怀顺，北依长城，是连接东北、华北两大平原的要冲。密云县境内有驰名中外的密云水库和20多处名胜古迹和天然旅游点，水库湖面碧波荡漾，四面群山景色宜人。优美的自然环境是国内外游客游览、疗养的胜地。

党的十一届三中全会以来，密云人民发扬奉献自强团结创新的精神，大力发展乡镇企业，使密云的经济建设与发展取得了令人瞩目的巨大变化。到1989年底，乡村两级企业已达923家，从业人员46800人，工业总产值58000万元，总收入56450万元，实现利润5591万元。固定资产2007万元。

密云县乡镇企业的轻纺服装业有100家，工业产值1.8亿元，占总产值的33%。全县服装鞋帽生产厂家有外向型出口业务的有10家。其中较大的有获得市级先进企业称号的密云县渔阳服装厂，还有太师屯艺华衬衫厂，不老屯黄土坎服装厂，燕落服装厂，密云镇沙河服装厂，太师屯红星鞋厂，北庄乡鞋厂等。这些出口创汇的外向型企业，都有国际羊毛局标志，具有外贸部门颁发的生产许可证，常年生产出口产品。

建筑材料行业84家，产值6500万元，占全县乡镇企业总产值的11%。密云机砖质量好，50多家砖厂有23家被北京市建材局定为重点重要工程定点生产厂，是北京市建筑材料的重要生产基地。潮白河沙石贮量丰富、含土量少，是铺路建房的良好材料。

有117家五金工具和机械加工制造厂，产值1.2亿元，占全县乡镇企业总产值的20%。密云县汽车配件厂是中国汽车配件联合经销部成员单位，也是北京齿轮厂、天津齿轮厂、湖北二汽的定点生产厂家之一。该厂生产的BJ212汽车汽门摇臂总成在国内行业评比中被评为一等品。文岭千斤顶厂生产的千斤顶是北京市优质产品，该厂新近开发的旋转水笼头已申请国家专利，这种水笼头使用方便、节水，式样新颖美观。

密云有储量丰富的矿产资源，铁矿储量近九亿吨，居全国第十一位。黄金年产近千两，据地质部门探测储量近6吨，有极大的开采价值和发展前途。目前乡镇办铁矿4个选矿厂，年产值2000万元。

在其他行业中有著名的北庄香厂，龙诞牌卫生香有90多个品种和多种香型，出口几十个国家和地区，深受外商的欢迎。著名的风景区黑龙潭和天下第一瀑仅距县城20公里，是乡办旅游业，每年创收几十万元。

改革开放十年来，乡镇企业的发展已形成一批骨干企业，目前全县百万元产值，利润10万元以上的企业已有134家。其中1000万元以上的10家：密云县镇沙河服装厂、密云渔阳服装厂、北庄乡鞋厂、太师屯艺华衬衫厂、太师屯红星鞋厂、不老屯黄土坎服装厂、燕落服装厂、放马峪铁矿、密云汽车配件厂、密日兴食品有限公司。出口创汇供货额每年高达9800万元。

密云地理环境优越，具有良好的投资环境，密云县委和县政府，真诚希望国内外的朋友和有识之士来密云投资办厂共同开发密云。届时密云县政府将以优厚的条件，保证投资者的应得利益，以飨四方来宾八方朋友的真诚合作之心。

（本卷年鉴的编纂工作得到密云县政府的大力支持，在此表示感谢。）

文献·法规

农业部、国家计委、国家科委、国家教委关于印发《全国乡镇企业技术进步工作会议纪要》的通知

(1989)农(企)字第7号

各省、自治区、直辖市及计划单列市乡镇企业局、计委(计经委、经委)、科委、教委：

《全国乡镇企业技术进步工作会议纪要》已经国务院同意，现发至各地。请认真贯彻执行。

附件：全国乡镇企业技术进步工作会议纪要

1989年5月12日

全国乡镇企业技术进步工作会议纪要

(1988年12月19日)

农业部、国家计委、国家科委、国家教委于1988年12月15～19日在北京联合召开了全国乡镇企业技术进步工作会议。各省、自治区、直辖市、计划单列市计委(计经委、经委)、科委、教委(教育厅、成人教育局)、乡镇企业局和国务院有关部门参加了会议。会议期间，国务委员宋健同志作了重要讲话，农业部部长何康、国家科委副主任蒋民宽、国家教委副主任王明达作了报告，国家计委副主任刘中一作了书面发言。

会议分析了乡镇企业面临的新形势；明确了乡镇企业今后发展要依靠科技进步的指导思想；讨论了乡镇企业技术进步的目标、方针和主要措施。会议纪要如下：

一、发展乡镇企业是建设具有中国特色的社会主义的一个重要方面，是实现我国工业化的重要一翼，是振兴农村经济的必由之路。因此，在治理、整顿中，国家扶持乡镇企业发展的方针不能改变，各地发展乡镇企业的决心也不能动摇。

二、当前乡镇企业人才短缺，设备陈旧，技术，工艺落后、管理水平不高，很不适应国内外日益加剧的市场竞争和新的经济环境。因此，坚定不移地依靠科学技术，创出一条新的发展道路，已是乡镇企业持续稳步发展的首要任务。

三、乡镇企业技术进步的目标是：提高产品质量和档次，降低物耗和能耗，保障安全生产，治理环境污染，逐步建设一支具有新产品开发能力，新技术、新工艺吸收能力，新设备操作和维修能力及较高科学管理能力的职工队伍，以增强企业的竞争能力和应变能力，提高企业的经济效益、社会效益和生态效益。

乡镇企业技术进步的方针是：以引进先进的适用技术为主，继续发挥传统技术的优势，并注重传统工艺与新技术的结合。某些具备条件的地区、行业、企业也可根据不同情况有重点地采用高技术或尖端技术，形成以先进的适用技术为主体的多层次技术体系。

乡镇企业的技术进步要和产业结构、行业结构、产品结构的调整紧密结合起来。根据国家产业政策序列有重点地采取倾斜政策，进行现有企业的技术改造。

四、推动乡镇企业技术进步是一项长远的战略任务。我国地域广大，发展极不平衡。所以，要加强总体规划和分类指导。

东部沿海和大中城市郊县地带，要实现由外延发展为主向内涵增长为主的转移，抓好“三上三创三提高”，即上技术、上管理、上质量，创优、创汇、创新，提高经济效益、社会效益、生态效益。抓好现有企业的改造和新产品的开发。适当发展技术密集型产业，积极采用高技术。提高产品档次，提高产品的技术含量，提高产品的附加值。

乡镇企业欠发达地带，要在适度扩大再生产规模的同时，发展能够充分利用当地资源优势的先进加工技术、传统技术和实用技术。

乡镇企业中等发达地区，要坚持发展与提高并重，开展人才、技术、工艺、设备的引进，抓紧对现有企业的技术改造，积极开展各种形式的联合。

所有乡镇企业都要高度重视人才培养和职工教育，努力提高企业素质。

五、乡镇企业的技术进步，不仅关系到自身的生存与发展，而且也关系到整个国家科技水平的提高。乡镇企业的技术进步是一个系统工程。因此，必须多部门协同工作，需要国家和有关部委的引导、支持及帮助。

(一)国家正在实行的“星火计划”、“火炬计划”、“燎原计划”和“丰收计划”、“菜篮子工程”是促进国

民经济稳定发展的战略措施，也是推动乡镇企业技术进步的重要动力。前几年，“星火计划”等计划的实施已显示出它的重大作用。今后一定要加强各级科委、教委、计委与乡镇企业管理部门的密切合作，依靠“星火计划”、“火炬计划”、“燎原计划”等各种计划的实施，把乡镇企业技术进步推向一个新阶段。

（二）逐步建立促进乡镇企业技术进步的服务体系。要打破部门、所有制、地区的界限，采取多层次、多形式的纵向或横向联合，发挥整体优势，动员和组织社会力量，为乡镇企业提供信息、培训、咨询等各项服务。

（三）要建立乡镇企业技术进步基金。要在不影响国家财政收入的前提下，采取多渠道、多方式筹集资金，专门用于乡镇企业的技术进步。

（四）会议认为，为了指导乡镇企业技术进步，制定《乡镇企业技术进步战略实施大纲》很有必要。与会代表充分肯定了实施大纲的基本思路，并提出了修改意见。建议尽快颁发试行。

（五）近几年来，国务院和有关部门制定了一系列推动企业技术进步的政策，由于体制等方面原因，落实情况不好。建议根据国家有关政策的精神，结合乡镇企业的实际，专门制定推动乡镇企业技术进步的政策规定，由国务院或有关部门联合下发。

（六）农业部、国家计委、国家科委、国家教委要把乡镇企业的技术进步纳入工作议程，加强联系，紧密合作，互相协商，共同努力，在治理、整顿中把乡镇企业引向新的发展阶段。

农业部关于印发陈耀邦副部长在全国乡镇企业安全生产管理工作会议上的讲话的通知

（1989）农（企）函字第37号

各省、自治区、直辖市及计划单列市乡镇企业局：

现将陈耀邦副部长在全国乡镇企业安全生产管理工作会议上的讲话印发给你们，请结合本地实际情况认真研究贯彻落实。

附件：治理整顿安全生产秩序　创造良好安全生产环境　促进乡镇企业健康发展——陈耀邦副部长在全国乡镇企业安全生产管理工作会议上的讲话

1989年12月8日

治理整顿安全生产秩序创造良好安全生产环境促进乡镇企业健康发展

——陈耀邦副部长在全国乡镇企业安全工作会议上的讲话

（1989年10月29日）

同志们：

这次安全工作会议的中心议题是：贯彻落实全国安全工作会议的精神，交流强化安全管理的经验，广泛动员乡镇企业的干部、职工，积极治理整顿安全生产秩序，努力创造良好的安全生产环境，促进乡镇企业健康发展。为了便于大家讨论，我先就三个方面的问题讲点意见。

一、坚持治理安全生产秩序，认真抓好安全生产

党的十一届三中全会以来的十年，在改革开放方针的指引下，乡镇企业获得了蓬勃发展。1988年全国乡镇企业已安排农村剩余劳动力9 545万人，约占农村剩余劳动力的一半，乡镇企业总产值6 496亿元，其中工业产值4 529亿元，占全国工业产值的28%，上交国家税金310亿元，占全国税收总额的13%；乡镇企业

出口商品交货总额268.7亿元（折合80亿美元），占全国外贸收购总额的17%。可见，乡镇企业对促进农村经济发展和国民经济发展作出了积极的贡献。邓小平同志对乡镇企业的发展曾给予正确评价说：农村改革的最大收获是“乡镇企业发展起来了”，“异军突起”。

当前，全国各地正在贯彻执行治理整顿、深化改革的方针，乡镇企业同样进行了积极的调整和整顿。今年上半年乡镇企业有效地控制了发展速度，总产值和工业产值分别比去年同期的增长速度回落16和11个百分点，而经济效益即使在“一少”（贷款余额减少）“一涨”（生产资料价格上涨）的情况下，销售收入增长30%，利润增长20.5%，税金增长31%。然而，乡镇企业的治理整顿工作，仅仅是个良好的开端，仍需用三年或更长一些时间继续进行调整和整顿，不断深化企业改革，促进乡镇企业持续、健康的发展，保持与国民经济发展相协调。

治理整顿安全生产秩序，是国民经济治理整顿的一个重要内容。因此，全国安委会确定：今明两年全国安全工作的中心，是抓好安全生产秩序和环境的治理整顿。全国安委会指出，1988年以来，全国安全生产形势严峻，治理整顿刻不容缓，主要表现在：一是综合死亡事故上升。从企业来看，1988年国营企业死亡6 430人，比1987年上升2.5%，县以上集体企业死亡1 556人，上升10.9%，县以下集体企业死亡7 815人，上升2.7%。从行业来看，有三个行业死亡事故上升幅度超过10～30%，军工上升29.5%，轻工上升15.1%，煤矿上升11.6%。二是各类矿山死亡9 636人，上升1.5%。三是违章指挥、违章作业、违犯劳动纪律的“三违”事故占60%。四是火灾事故2.98万起，死亡2 234人，经济损失3.54亿元，有9个省市（鲁、皖、甘、辽、冀、浙、苏、沪、鄂）的火灾死亡人数上升幅度超过10%。可见，安全生产的治理整顿是十分必要的。

在治理整顿中，全国乡镇企业在安全生产方面做了大量工作，有许多省、自治区、直辖市乡镇企业的事故有所下降。从各地发生的事故看，1989年1～6月，各类事故下降40%以上的有山西、湖北，下降30%以上的有成都、云南，下降18%以上的有辽宁、大连、四川，黑龙江到8月统计，各类事故下降40%以上。从各地因工死亡人数看，1989年1～6月因工死亡下降50%以上的有山西，下降40%以上的有安徽，下降30%以上的有云南、成都、湖北，下降20%以上的有大连、辽宁，下降10%以上的有四川，到8月统计，黑龙江因工死亡人数下降50%以上，重庆下降10%以上。乡镇煤矿的事故也是下降的。1988年煤矿的百万吨死亡率，统配矿为2.26人，降低7.38%；地方矿为6.2人，降低2.7%；而乡镇煤矿为12.7人，降低11.7%；1989年上半年乡镇企业局主管的乡镇煤矿百万吨死亡率，北京3.35人，比去年同期下降1.2倍（少4人），四川比1988年同期下降10.2%，比1989年控制指标低7%，贵州降低30.95%，吉林降低15%。

但是，必须指出，全国乡镇企业安全工作很不平衡。乡镇煤矿百万吨死亡率高于地方国营煤矿和统配煤矿。据有关部门统计，到1989年8月份全国乡镇煤矿死亡2 582人，比去年增加25.2%，百万吨死亡率12.3人。死亡三人以上事故63起，死亡503人（其中死亡10人以上的事故16起，死亡235人。而乡镇企业局主管的乡镇煤矿占3起，死亡39人；煤炭部门管理的乡镇煤矿占13起，死亡196人）。据我们从有关省乡镇企业局了解到：今年上半年，有的省一次死亡三人以上的事故上升75%，死亡人数上升1倍；有的省特大事故死亡人数占56%，有的地方的特大事故和死亡人数分别占全省71%和47%；特别是个体煤矿事故多，有一个省的个体煤矿百万吨死亡率高达28.3人。事实告诉我们，必须高度重视安全生产问题，必须坚持治理整顿安全生产秩序。

要抓好安全生产的治理整顿，关键是各级领导真正从思想上重视起来，把安全生产工作摆到第一位的高度来认识，把安全工作列入重要议事日程。实践证明，各级领导真正从思想上重视了安全生产，才能在各项工作中挂上号，排上队，扎实地一抓到底。如果是说起来重要，做起来次要，忙起来不要，安全工作时紧时松，就必然会出现：出了事故抓一抓，不出事故放一边的现象。从生产企业来看，克服职工的麻痹思想是至关重要的。安全工作最终都要落实到生产第一线，企业的职工都重视安全生产，就能真正严格执行安全操作规程和各项安全生产规章制度。否则，就会出现违章作业不以为然，发现隐患漠然置之，事故一再发生，直至蛮干酿成大祸。无数事故的教训证明：问题多数出于领导思想不重视，职工思想麻痹，违章指挥、违章作业、违犯劳动纪律所致。因此，我们有必要郑重地提出，各级领导必须充分认识到不抓好安全生产工作，不仅会造成严重的社会经济问题，而且还会诱发政治上不安定的因素。各级领导必须以对党、对国家、对人民利益的高度负责态度，切实抓好安全生产工作。

全国安委会提出，治理整顿安全生产秩序和环境的主要标志是：在经济发展和生产建设中，“安全第一、预防为主”的方针能够真正得到落实；安全生产责任制能够在各级政府、部门和企业中认真推行；重大事故隐患一经发现能尽快消除解决；劳动纪律和安全生产规章制度能够自觉地遵守；生产劳动条件能够有计划、有步骤地得到改善；尘毒危害能够逐步得到治理；伤亡事故不断减少；职业病率逐步下降。我们应当而且必须按上述要求，结合实际情况，发扬知难而进的精神，一个环节一个环节地去抓，一个问题一个问题地去解决，那种对安全生产漠然视之，听之任之，任其发展到积重难返的官僚主义作风和采取无所作为的态度，都是不能容许的。我们要求各级领导要不断增强安全生产意识，切实把这项工作抓紧抓好。

二、坚持管生产必须管安全，强化安全管理

近几年来，在各级政府的领导下，各级乡镇企业的安全工作得到了加强。从乡镇企业主管部门到企业领导，在思想上不断强化安全意识，带领广大职工逐步从重生产任务、重经济指标、重一般号召，转到了重目标管理、重防范措施、重严格管理的轨道上来，在工作上克服重重困难，争取各方面的支持，不断强化安全管理，使乡镇企业的安全生产管理工作有了一定的提高。这一点应当充分肯定。各地在实践中都摸索出了一套行之有效的安全管理办法。这次会上请各省的同志充分交流经验，取长补短，并且推而广之，坚持下去。但是我们也应该看到，各地区、各行业、各企业的安全管理工作还很不平衡，还存在很大差距。这表现在主观上是不是强化了安全管理，客观上是不是增加了安全投入，集中到一点就是是否坚持“管生产必须管安全”。我们做实际工作的同志，必须克服安全与生产“两张皮”的毛病。各地乡镇企业主管部门，要千方百计从以下三个方面，不断强化安全生产管理人员。

1．强化安全管理网络，充实安全管理人员

首先，各地要建立健全安全管理机构。我们要求“管生产必须管安全”，做到“一手抓生产，一手抓安全”，如果没有专门的安全管理机构和主抓日常安全工作的人员，那么，强化安全管理工作只是一句空话。1989年初，农业部成立了安全生产委员会，下设有管日常安全工作的办公室。部乡镇企业司安全环保处已设立四年，主管全国乡镇企业的安全、环保等五项工作。目前，全国乡镇企业安全管理机构的状况是：有三分之一的省建立了安全环保处，三分之一的省有一、二人专管安全或环保工作（由于分属几个处因而力量薄弱），三分之一的省只有一人兼管（往往被其它工作挤掉）。根据当前乡镇企业繁重艰巨的安全管理工作的要求，各省一定要下决心，进一步强化安全管理机构，充实安全管理人员，健全安全工作制度，切实把安全工作抓起来。四川省政府不断强化省、县、乡三级乡镇煤矿生产安全管理组织体系，从实际出发，制定了一套行之有效的乡镇煤矿安全管理办法，工作卓有成效，值得各地学习。

强化安全管理，一方面，要求强化县、乡、企业三级安全管理网络，从组织上保证安全管理工作“横向到边”（各职能部门在各自的职责范围内认真负责）、“纵向到底”（从上到下，特别是企业职工，要人人对安全负责）。凡确定由乡镇企业局主管乡镇煤矿的省市要强化安全管理，尤其要加强乡一级煤矿安全管理，其它省局也应加强乡镇煤矿安全监督。另一方面，还要健全安全监督体系，实行国家监督、行政管理和群众监督的安全工作体制。我部为健全乡镇煤矿安全监督体系，经培训、考核、审批，已任命108名部级乡镇煤矿安全监督员，各有关省也相应配备了省级、县级煤矿安全监督员。花炮行业是火工生产的特殊行业，安全问题更为突出，早在几年前，全国已布点建立了七个花炮质量检测安全监督中心（站）。对于防火问题，许多地方、企业建立了消防组织，形成了行之有效的群管群防体系，在安全生产上起了很好的作用。总而言之，乡镇企业从上至下都要强化安全管理和监督体系。

2．强化安全目标管理，落实安全责任制

目标管理是先进的企业管理制度，是强化安全管理的重要内容，是调动全员职工实现安全生产的硬指标。目标管理应用到乡镇企业安全生产管理工作中只有一年多的时间，成效是显著的。

建立健全安全生产责任制，才能实现安全目标管理。安全生产责任制主要是抓好两头：一头是“安全生产，领导负责”，一头是“安全生产，人人负责”。全国安全生产委员会提出要求，今明两年，各省、各部委和各级领导的安全生产责任制度要制订出来，自上而下，从省长、市长、自治区主席及部长开始，逐步明确应负的安全生产工作责任，各级领导要有一位副职具体担负起日常安全工作的责任。建立了安全生产责任制，还必须制定出考评安全管理政绩的标准。各级乡镇企业主管部门，也要有一位副职具体管理安全生产工作，尚未明确的，要求尽快确定，并及时制定出安全生产责任制，切实地卓有成效地抓好本地乡镇企业的安全生产工作。毫无疑问，只有真正做到了“安全生产，领导负责”，才能有力地指导和推动企业的“安全生产，人人有责”。只有真正建立这“两头”责任制，安全工作才会落到实处。

3．强化依法从严处理，一切照章办事

乡镇企业的行业很多，各行业都必须抓好安全工作。根据乡镇企业的行业特点，从全国来说重点要抓好煤矿、花炮行业的安全生产，各行各业都要高度重视防火问题。各省应从本省的实际出发，确定当地的安全工作重点。

对于烟花炮竹行业，国务院1984年1月发出了《民用爆炸物品管理条例》，1987年10月七部委局联合发出了《关于加强烟花炮竹企业安全生产管理的紧急通知》，1988年7月四部委颁布了《烟花炮竹安全生产管理暂行办法》，1989年1月，又开始审定四个烟花炮竹国家标准：即《安全与质量》、《计数抽样检查规则》、《劳

动安全技术规程》、《工厂设计安全规范》。1989年3月31日国家技术监督局已发布花炮国家安全标准《安全与质量》、《计数抽样检查规则》，10月1日起实施，11月中旬，轻工、农业两部在广东省东莞市召开宣传贯彻会议。随后，还有两个国家级的花炮安全标准发布实施。从现在起，花炮行业将严格按照这四个国家级的安全标准进行全面整顿，它包括厂房安全设计，产品药物安全配方，生产中的药物、半成品的安全存取量，成品的计数抽样，仓库的安全贮存，安全运输，安全销售，燃放安全等各项具体规定。全国所有花炮企业都要按照有关要求进行整改。请有关省、自治区、直辖市乡镇企业局认真组织贯彻落实。

对于煤炭行业的安全法规，1982年国务院发布了《矿山安全条例》、《矿山安全监察条例》，1984年三部一委联合发出了《乡镇煤矿安全生产若干暂行规定》。1987年原煤炭部颁布《乡镇矿山安全规程》，1988年农业部、劳动部、公安部、国家建材局联合颁布《乡镇露天矿产安全规程》，1988年农业部发出了《乡镇煤矿安全监督员工作的暂行规定》等。目前，国家正在制定《矿山安全法》，劳动、能源、农业等几个部正在研究治理乡镇煤矿安全环境的若干规定。近几年来，国家已经制定了一系列矿山安全方面的法规，逐步通过法规手段加强安全管理。现在应该说是有法可依的。当然，还需要不断完善。目前，存在的问题是一些地方有法不依，或执法不严。所以，我们强调依法从严管理，必须坚决做到：第一，要从严办矿审批手续。第二，按照有关规定妥善处理好现有大小煤矿企业的矛盾，统筹兼顾国营煤矿和乡镇煤矿的资源，明确矿井界线。第三，限制个体煤矿，取缔无证开采的个体煤矿。第四，由乡镇企业管理部门主管乡镇煤矿的省、地、县，要对本地乡镇煤矿作出治理和整顿规划，采取积极扶持的政策措施，有计划地分批进行技术改造和安全补欠，切实管好用好维简费，努力改善生产条件，限期实行"五消灭"，以保证乡镇煤矿企业安全生产的后劲。四川省南川县政府坚持把乡镇煤矿与国营煤矿放在同等位置上加以重视；依法办矿，科学办矿，统一规划矿井，统一协调大小矿的关系；统筹安排材料、电力，统一销售运输；增加安全投入，创造"五消灭"矿井；实行目标管理，健全安全生产责任制，很有成效，他们的经验可供各地借鉴。第五，要求乡镇煤矿企业必须建立健全各项安全生产的规章制度。各项规章制度一经建立，就必须照章办事，违章者必须严肃处理。总之，要强化乡镇煤矿的管理，一要依法管理；二要从严管理，坚决防止违章指挥、违章作业、违犯劳动纪律的问题发生。

建筑、建材、造纸、木材加工、服装等行业，也都制定了各有关安全生产的规章制度，各行业都要认真落实。对于防火问题，1984年5月国务院发布了《消防条例》，要严格执行，严防发生火灾，造成重大经济损失。

为了强化安全管理，必须及时通报安全情况，1989年初，农业部发出了《乡镇企业职工伤亡事故调查、登记、统计、报告暂行办法》，几个月来，多数省执行情况是好的。我们希望各省都重视起来，按照要求建立正常的乡镇企业事故报告的工作秩序。

三、坚持安全教育，持之以恒

贯彻"安全第一，预防为主"的方针，是为了维护国家和人民的利益，促进社会生产力的发展，也是引导乡镇企业健康发展的一个重要条件。贯彻这个安全生产方针，要求我们对各种不安全行为和事故隐患切实做到防患于未然，消灭事故于萌芽之中，确保安全生产。要做到这一点，就需要有一批素质好的管理人员和一支有知识、守纪律的职工队伍。因此，只有强化安全教育，提高干部职工安全生产素质，牢固地树立"安全第一、预防为主"思想，使安全生产在头脑里警钟长鸣，人人都关心企业、关心他人的安全，也关心自己的安全，在行动上不违章，按安全规程操作，这就有可能把事故控制到最低限度。

为此，各级领导必须把安全教育、培训工作切实抓起来。我部从明年开始对乡镇企业系统的各级领导干部进行岗位培训，其中包括各级主管安全生产的人员的岗位培训。目的在于提高管理干部的政治素质和业务素质。根据形势的需要，部司将于明年重点组织培训一批花炮安全管理的骨干力量和部级煤矿安全监督员。

各级乡镇企业管理部门要坚持抓好职工的安全培训。多年来，各地的经验证明：分级培训，切实可行。可以考虑省地乡镇企业主管部门负责培训县级管理部门的技术干部、管理干部及技术性强的统计、测绘、机电等专业人员。把煤炭、花炮企业的厂长列入岗位培训规划。通过安全培训教育，使他们成为既懂安全政策、法规、安全知识，又懂管理的好厂长和胜任安全管理工作的骨干力量。对煤矿企业的技术员、安全员、瓦斯检验员、放炮员、电工、绞车司机等技术工种人员，有计划地分别进行专业技术培训，经考核合格后才能上岗。

各个生产企业都要重视开展全员安全生产教育。要根据各类人员的工作性质，进行安全操作规程的练兵，要妥善安排好生产、学习时间，采取职工乐于接受的多种方式，广泛进行安全生产教育。实践证明，企业真正坚持进行经常性的安全教育。就能提高广大职工的安全生产的自觉性，安全生产就会有保证。

今天，我先讲这几点意见，希望同志们结合自己的和会上交流的经验，认真讨论研究乡镇企业的安全生产管理工作，共同努力，把乡镇企业的安全生产提高到一个新的水平。

农业部关于颁发《乡镇企业职工伤亡事故调查、登记、统计、报告暂行办法》的通知

(1989)农(企)字第1号

各省，自治区、直辖市、计划单列市乡镇企业局:

现将《乡镇企业职工伤亡事故调查、登记、统计、报告暂行办法》予以颁发，请认真执行。并将执行中遇到的问题及时报告农业部乡镇企业局。

附件:《乡镇企业职工伤亡事故调查、登记、统计、报告暂行办法》和附表一、二、三

1989年1月19日

乡镇企业职工伤亡事故调查、登记、统计、报告暂行办法

第一条 为及时掌握乡镇企业职工伤亡事故情况，采取措施预防和消除劳动过程中的不安全因素，保证安全生产，根据国务院《工人职员伤亡事故报告规程》的有关规定，结合乡镇企业的特点，制定本办法。

第二条 本办法适用于各级乡镇企业主管部门管理的企业。乡镇企业职工在劳动过程中发生伤亡事故后，必须进行调查、登记、统计、报告工作。

凡划归行业部门管理的乡镇企业或其他部门管理的乡镇企业所发生的伤亡事故，由当地乡镇企业主管部门与劳动等有关部门协商，单列统计上报（见附表三）。

第三条 各级乡镇企业主管部门对职工伤亡事故的统计报告要及时准确和完整。县以上乡镇企业主管部门应有专职人员负责伤亡事故的统计报告工作。乡(镇)人民政府企业主管部门应有专人或兼职人员负责该项工作。

第四条 劳动过程中发生的伤亡事故包括:

(一) 职工从事生产或工作时发生的人身伤害、急性中毒伤亡事故。

(二) 在生产时间、生产区域，职工虽不是从事生产或工作，但由于企业的设备、设施、劳动条件、工作环境不良造成的伤亡事故。

(三) 凡与生产或工作有关，在生产区域（包括厂区、矿山采区、货场、建筑工地等）因车辆造成的伤亡事故。

(四) 企业发生各种灾害或险情时，本企业职工因抢险救灾造成的伤亡事故。

第五条 企业职工因发生事故所受伤害分为:

(一) 轻伤，指负伤后需歇工一个工作日以上（含一个工作日)，未达到重伤程度的伤害;

(二) 重伤，指对负伤人员造成残疾、失能或其他严重影响人身健康的重大伤害（参照GB 6441—86《企业职工伤身事故分类》)。

(三) 死亡。

第六条 伤亡事故按伤害程度和伤亡人数分为:

(一) 轻伤事故：指只有轻伤的事故。

(二) 重伤事故：指有重伤没有死亡的事故。

(三) 死亡事故：指一次死亡1至2人的事故。

(四) 重大伤亡事故：指一次死亡3至9人；或一次死亡不足3人，但死伤总人数在10人以上(含10人)的事故。

(五) 特大伤亡事故：指一次死亡10人以上(含10人);或一次死亡不足10人，但死伤总人数在20人以上(含20人)的事故。

第七条 事故类别:(一) 物体打击;(二) 车辆伤害;(三) 机械伤害;(四) 起重伤害;(五) 火灾;(六) 灼烫;(七) 触电;(八) 淹溺;(九) 高处坠落;(十) 坍塌;(十一) 冒顶片帮;(十二) 透水;(十三) 放炮;(十四) 火炸药爆炸;(十五) 瓦斯爆炸;(十六)锅炉爆炸;(十七)容器爆炸;(十八) 其他爆炸;(十九) 中毒和窒息;(二十) 其他伤害。

第八条 企业第一责任人也是企业安全工作的第一责任者，要对伤亡事故调查、登记和报告的准确性和及时性负责。

第九条 发生重伤、死亡事故，企业和企业主管部门要立即组织抢救，保护现场；成立事故调查组，对事故现场进行勘察、测绘、拍照，收集当事人的陈述和证人证言；调取有关生产、设备、工艺资料和医

疗部门对伤亡人员的诊断证明。

事故调查组应有劳动、检察、公安部门和其他有关部门的人员参加，并按有关规定确定事故调查的主持单位。调查组解决技术性问题时，应指派有专业知识的人进行鉴定。

第十条 发生轻伤事故由企业负责组织调查，查清事故原因，处理事故责任者，吸取教训，制定并采取防范措施。企业要登记备案。

第十一条 发生重伤事故，乡（镇）人民政府的企业主管部门负责组织调查组，县一级乡镇企业主管部门派人参加。企业在事故发生5天内报出《乡镇企业职工伤亡事故调查报告书》(见附表一)。

第十二条 发生死亡事故，县一级乡镇企业主管部门负责组织调查组，地（市）一级乡镇企业主管部门应派人参加。企业在事故发生15日内报出《乡镇企业职工伤亡事故调查报告书》。

第十三条 发生重大、特大伤亡事故，省一级乡镇企业主管部门应派人参加，并协助组成联合调查组，对事故进行调查。发生特大伤亡事故，农业部乡镇企业局应派人参加。企业在事故发生后25日内报出《乡镇企业职工伤亡事故调查报告书》。

第十四条 调查组通过调查分析，找出事故发生的原因，确定事故性质，提出处理意见，制定防止事故重复发生的防范措施和编制《乡镇企业职工伤亡事故调查报告书》。

第十五条 《乡镇企业职工伤亡事故调查报告书》中提出的防范措施，企业要指定专人负责，限期完成。措施完成后，企业主管部门要组织验收。

第十六条 重伤事故的《乡镇企业职工伤亡事故调查报告书》要报送到地（市)级乡镇企业主管部门；死亡事故的要报送到省级乡镇企业主管部门；重大和特大伤亡事故的，要报送到农业部乡镇企业局。

第十七条 发生重伤、死亡事故，企业负责人必须在2小时内将事故概况（事故发生时间、地点、原因、伤亡人数）报告所在乡（镇）的乡镇企业主管部门并要立即转报县级乡镇企业主管部门、劳动部门和有关部门。

第十八条 到外埠承包工程的乡镇企业发生伤亡事故后，企业在报告当地劳动等有关部门的同时，应报告企业的主管部门并由主管部门统计上报。

涉及两个企业的伤亡事故，由伤亡职工所在单位统计上报。

第十九条 县级乡镇企业主管部门在接到企业每起重伤、死亡事故报告后，要立即用快速办法逐级转报，在六小时内要报到省级乡镇企业主管部门。发生重大、特大伤亡事故，省级乡镇企业主管部门在接到报告后2小时内，将事故概况报告农业部乡镇企业局。

第二十条 各级乡镇企业主管部门每月要将本辖区乡镇企业职工伤亡事故的情况按填报要求认真进行汇总统计，编制成《乡镇企业职工伤亡事故综合月报表》(见附表二)，在规定日期内逐级上报。

乡（镇）人民政府的企业主管部门在每月2日前，将上月《乡镇企业职工伤亡事故综合月报表》报县级乡镇企业主管部门；县级乡镇企业主管部门在每月8日前，报地（市）级乡镇企业主管部门；地（市）级乡镇企业主管部门在每月15日前，报省级乡镇企业主管部门；省级乡镇企业主管部门在每月25日前，报农业部乡镇企业局。

《乡镇企业职工伤亡事故单列月报表》随《乡镇企业职工伤亡事故综合月报表》逐级汇总上报。

第二十一条 各级乡镇企业主管部门在每季终了，要将辖区内乡镇企业职工季度伤亡情况的综合分析、防范措施和整改任务完成的情况编写成文字报告，同本季度最后一月的《乡镇企业职工伤亡事故综合月报表》一起逐级上报。

第二十二条 发生负伤人员死亡以及缺报、漏报的要立即补报，出现误报的要立即更正。

第二十三条 对伤亡事故统计报告好的单位，上级主管部门要给于表扬和奖励。

第二十四条 对伤亡事故隐瞒不报、虚报和无故延迟报的，除责成补报外，对责任者要按有关规定严肃查处。情节严重的，要依法追究刑事责任。

第二十五条 本办法由农业部乡镇企业局负责解释。

第二十六条 本办法自1989年4月1日起施行。

附表一

乡镇企业职工伤亡事故综合月报表

年　　月份

部门行业类别 / 伤亡人数 / 事故类别	合计		煤炭				冶金				化工				建材				机械		建筑		轻工		其他				去年同期		1月至本月累计	
	死亡	重伤	矿山		其它		矿山		其它		矿山		其它		矿山		其他		死亡	重伤	死亡	重伤	死亡	重伤	死亡	重伤			死亡	重伤	死亡	重伤
			死	伤	死	伤	死	伤	死	伤	死	伤	死	伤	死	伤	死	伤														
物体打击																																
车辆伤害																																
起重伤害																																
火灾																																
灼烫																																
触电																																
淹溺																																
高处坠落																																
坍塌																																
冒顶片帮																																
透水																																
放炮																																
火炸药爆炸																																
瓦斯爆炸																																
锅炉爆炸																																
容器爆炸																																
其他爆炸																																
中毒和窒息																																
其它伤害																																
合计																																
累计																																

一、煤炭工业的百万吨死亡率：　　　　其他矿山的百万吨死亡率，

二、本月共发生死亡事故：　　起；重伤事故：　　起；重大伤亡事故：　　起；特大伤亡事故：　　起。

三、直接经济损失（元）：

填报表单位（盖章）　　　　填表人：　　　　填表日期：

附表二

乡镇企业职工伤亡事故调查报告书

企业名称	地　　址	
行业类别	经济类别	事故发生时间
事故发生地点	事故类别	直接经济损失（元）

一、伤亡人员情况

姓　　名	性别	年龄	伤害程度(死、重伤)	工种	是否受过技术培训	是否受过安全培训和教育

二、事故发生经过及主要原因

三、防止事故重复发生的措施

防　　范　　措　　施	完成措施负责人	完　成　期　限	验　收　单　位

四、处理情况

五、参加调查单位和人员

调查组负责人(盖章)

企业负责人(盖章)

填报日期

附表三

乡镇企业职工伤亡事故单列月报表

年　　月份

行业类别 / 伤亡人数	合计		煤炭		冶金		化工		建材		机械		建筑		轻工		其他		
	死	伤	死	伤	死	伤	死	伤	死	伤	死	伤	死	伤	死	伤	死	伤	
合　　计																			

填报单位（盖章）　　　　填表人　　　　填表日期

国务院关于当前产业政策要点的决定

（摘要）

（1989年3月15日）

……

三、保障政策和组织实施

……

（八）乡镇企业要贯彻执行国家产业政策，积极调整产品结构，健康稳步发展。要支持农副产品加工的、两头在外的、生产能源、原材料与经济效益好的乡镇企业和小企业；要促使同国家重点企业争原料、污染环境严重、经济效益差的乡镇企业转产或停产。要引导乡镇企业为大企业生产配套产品，在适当的条件下，促使大企业把一些产品或生产工序转移给小企业，加强城乡专业化协作，避免重复建设。

……

关于集体企业实行内部集资和股份制有关财务问题的规定

（1989年6月16日国家税务局发布）

为了贯彻执行国务院国发〔1989〕21号文件《国务院关于加强企业内部债券管理的通知》，现对集体企业实行内部集资和股份制的有关财务问题规定如下：

一、企业实行内部职工集资，应按国发〔1989〕21号文件所列条件等规定执行。非生产性企业不得实行内部集资。集资的期限最长不得超过一年，利率最高不得超过银行同期限居民定期储蓄利率的40%。

二、企业内部集资用于补充流动资金的，所支付的集资利息，相当于银行同期限流动资金贷款利息的部分，可列入生产成本；超过银行同期限贷款利息的部分，从企业自有资金和所得税后企业支配的利润中支付。经批准用于固定资产投资的，只能用企业自有资金和所得税后企业支配的利润归还集资本息。

三、经批准实行股份制的集体企业，支付的股息应全部在企业税后分红基金中列支。

四、企业支付给职工的集资利息、股息，包括将利息、股息转为集资、股票的，都要按照《中华人民共和国个人收入调节税暂行条例》的有关规定，先代扣代缴个人收入调节税，然后再行发放或办理划转手续

五、企业不得擅自把集体积累的财产和资金折股或以其他形式分给经营者或职工个人。违者以侵吞国家、集体财产论处，除退回全部私分财产外，并依法追究责任。

六、各地税务部门在接到本规定后，要积极与有关部门联系，相互配合，认真贯彻执行。

施工企业资质管理规定

（1989年6月28日建设部令第二号发布）

第一章 总 则

第一条 为了加强施工企业的资质管理，保障企业依法承包和经营工程建设任务，维护建设市场的经济秩序，制定本规定。

第二条 凡从事各种房屋建筑、土木工程、设备安装、管线敷设等活动的施工企业，均适用本规定。

第三条 本规定所称企业资质系指企业的人员素质、管理水平、资金数量、承包能力和建设业绩。

第四条 建设部归口管理全国施工企业的资质；国务院各有关主管部门管理所属施工企业的资质，业务上接受归口管理部门的指导；省、自治区、直辖市建设行政主管部门对本辖区内的施工企业的资质进行归口管理。

第二章 资质管理

第五条 下列施工企业应当按照本规定进行资质审查：

一、全民所有制企业；

二、集体所有制企业；

三、在中国境内设立的从事施工活动的中外合资经营企业、中外合作经营企业和外资企业；

四、联营企业；

五、私营企业；

六、需要办理资质审查的其他企业。

第六条 施工企业按资质条件分为等级企业和非等级企业。等级企业的资质标准由建设部审定发布，非等级企业的资质条件和经营范围由省、自治区、直

辖市建设行政主管部门规定。

第七条 申请资质等级的企业应当提交下列证明文件：

一、企业资质等级申报表；

二、企业法人代表和经济、技术负责人的职称证件；

三、企业统计年报资料；

四、其他有关文件、证明。

第八条 等级企业的资质等级实行分级审批。一级施工企业由建设部审批。二、三、四级施工企业，属于国务院有关主管部门的，由国务院有关主管部门审批；属于地方的，由省、自治区、直辖市建设行政主管部门审批。经资质审查合格的企业，由资质审批部门发给《资质等级证书》。

第九条 非等级企业的资质条件和营业范围，由省、自治区、直辖市建设行政主管部门或其授权的部门审定。经审查合格的企业，由无质审批部门发给《资质审查证书》。

第十条 《资质等级证书》由建设部统一制定；《资质审查证书》由各省、自治区、直辖市建设行政主管部门统一制定。《资质等级证书》和《资质审查证书》分为正本和副本，具有同等的法律效力。资质审批部门根据企业开展工程承包活动的需要，可以核发《资质等级证书》或者《资质审查证书》副本若干份。

第十一条 新开办施工企业，应当在审定资质后，按照《中华人民共和国企业法人登记管理条例》的有关规定，到工商行政主管部门办理开业登记。

新开办施工企业的资质等级为暂定等级，两年内承包工程的质量全部达到国家验收标准，未发生重大安全、质量事故的，由企业审报，经原资质审批部门核定后，转为止式等级。

第十二条 企业资质审定四年后，方可提出晋升企业资质等级的申请。在工程建设中取得显著成绩、资质条件有明显提高的企业，其申请晋升资质等级的年限可以不受本条的限制。

第十三条 企业发生分立、合并，应当在上级主管部门批准后30日内，向原资质审批部门办理资质等级注销手续，并重新申请企业资质等级。

第十四条 企业变更法人代表和经济、技术负责人，应当在变更后30日内，向原资质审批部门办理变更手续。

第十五条 实行企业资质年度检查制度，企业应当向资质审批部门提交企业资质条件的年度资料。经检查企业达不到原资质标准的，按实际达到的标准重新定级。

第十六条 任何单位和个人不得伪造、涂改、出租、出借、转让、出卖和复印《资质等级证书》或者《资质审查证书》。

第十七条 企业遗失《资质等级证书》或者《资质审查证书》的，必须在报纸上声明作废后，方可申请补领。

第三章 工程承包管理

第十八条 等级施工企业必须按照《资质等级证书》规定的工程承包范围进行承包活动，不得越级承包工程。等级企业的年承包工程量，要与企业的施工能力、管理水平相适应。具体办法由省、自治区、直辖市建设行政主管部门和国务院有关部门规定。非等级施工企业主要从事工程分包和提供劳务。

第十九条 施工企业承包工程，必须依照有关合同法规的规定签订合同，并严格履行。任何企业都不得采用行贿、回扣等不正当手段获取工程任务。

第二十条 一、二、三级施工企业承包的工程根据需要可以分包；四级施工企业承包的工程不得分包。

第二十一条 禁止施工企业倒手转包工程。

本条所称倒手转包系指工程承包者将工程转交其他单位，只收取管理费，不对工程施工进行管理，不承担技术、经济责任的行为。

第二十二条 一、二级施工企业可以跨省独立承包工程；三、四级施工企业和持有《资质审查证书》的企业可以跨省向总包企业分包工程或者提供劳务。

第二十三条 经济特区、边远地区和建设任务多而施工力量不足的地区，工程所在地建设行政主管部门可以允许外省和国务院有关部门的三、四级施工企业进入本地区独立承包工程。

第二十四条 跨省承包、分包或者提供劳务的企业，应当持有省、自治区、直辖市建设行政主管部门或者国务院有关主管部门出据的外出施工证明。

第二十五条 建设单位不得将工程发包给不具备承包该项工程资质条件的施工企业。

第二十六条 设立《营业管理手册》，记录施工企业的承包业绩、经营活动、违纪行为等。

《营业管理手册》的内容和管理办法由建设部统一制定。

第四章 罚　　则

第二十七条 申请资质等级隐瞒真实情况、弄虚作假的；不按规定办理资质等级注销手续或者年检的；发生重大安全事故或者重大质量事故，情节特别严重的；除按国家有关规定处理外，由该企业原资质审批部门予以警告或者降低资质等级。

降低资质等级的企业，一年后企业管理工作有明显改善或者工程质量水平有明显提高的，可以申请恢复原资质等级。

第二十八条 擅自超越《资质等级证书》和《资质审查证书》规定范围承包工程的；无企业《资质等级证书》或者《资质审查证书》从事工程承包活动的；

不按规定有自跨省承包工程的；在承揽工程任务或参加工程投标中有行贿等行为的；除按国家有关规定处理外，由工程所在地建设行政主管部门予以警告、停止施工、责令限期返回原地并可处以罚款。

第二十九条 倒手转包工程的；伪造、涂改、出租、转让、出卖或复印《资质等级证书》或者《资质审查证书》的；由企业所在地建设行政主管部门予以警告，并可处以罚款。

倒手转包工程的款项全部依法没收；因倒手转包造成工程质量事故的，由转包单位负责处理质量事故并赔偿受害人的经济损失。

第三十条 建设单位将工程发包给不具备相应资质条件的施工企业的，由工程所在地建设行政主管部门令其停止施工并可处以罚款。

第三十一条 罚款的具体标准和办法由省、自治区、直辖市建设行政主管部门拟定报人民政府批准。

第三十二条 施工企业违反本规定，对其主要负责人员或者法人代表，可以依照国家有关规定给予行政处分；情节严重构成犯罪的由司法机关依法追究刑事责任。

第三十三条 各级建设行政主管部门和有关部门的工作人员严重失职、索贿、受贿或者侵害企业合法权益的，由其所在单位给予行政处分；情节严重构成犯罪的，由司法机关依法追究刑事责任。

第三十四条 不服地方各级建设行政主管部门或者有关部门处罚的，可以在接到处罚通知书之日起30日内向上一级机关申请复议。

第五章 附 则

第三十五条 施工企业对外承包工程的资质管理办法另定。

第三十六条 各省、自治区、直辖市建设行政主管部门和国务院有关主管部门可以根据本规定制定实施办法，并报建设部备案。

第三十七条 本规定由建设部负责解释。

第三十八条 本规定自1989年8月1日起施行。过去发布的有关管理规定中与本规定相抵触的无效。

国务院关于大力加强城乡个体工商户和私营企业税收征管工作的决定

国发〔1989〕60号

党的十一届三中全会以来，我国个体经济、私营经济发展很快。这对发展社会生产力，繁荣社会主义商品经济，广开就业门路，方便人民生活，都起到了积极作用。但必须看到，在个体经济、私营经济的发展过程中也出现了一些值得注意的问题，特别是少数人采取种种非法手段，牟取暴利，造成社会成员之间收入差距过大，引起群众不满。为了贯彻落实党的十三届四中全会精神，采取切实有效措施，缓解社会分配不公的矛盾，增加国家财政收入，必须坚持以法治税，大力加强城乡个体工商户和私营企业税收征管工作。为此，特作如下决定：

一、正确贯彻党和国家的发展个体经济和私营经济的方针、政策。在以公有制为主体的前提下发展个体经济、私营经济和其他多种经济成份，是党和国家在社会主义初级阶段的一项长期指导方针，必须始终贯彻执行。要继续鼓励个体经济和私人经济的发展，作为公有制经济的补充；提倡在共同富裕的目标下，一部分人通过诚实劳动和合法经营先富起来。要按照国家有关法规，保障个体工商户和私营企业的正当经营活动和合法收入，坚决制止乱摊派、乱收费。同时，要对个体经济和私营经济加强引导、监督和管理。所有依法经营的合法收入都必须照章纳税，特别要运用税收等手段调节过高的收入，以缓解分配不公的矛盾。对采取偷漏税收和其他不正当手段牟取暴利者，要依法处理，严厉制裁。各级个体劳动者协会和私营企业协会，要积极协助各级政府做好这项工作。

二、今年10月底以前对城乡个体工商户和私营企业的纳税情况集中进行一次全面检查整顿。检查整顿的重点是，贯彻国务院发布的《中华人民共和国城乡个体工商业户所得税暂行条例》、《中华人民共和国私营企业暂行条例》、《中华人民共和国私营企业所得税暂行条例》、《国务院关于征收私营企业投资者个人收入调节税的规定》及国务院有关部门陆续制定的一系列实施办法和具体规定的执行情况，以及个体工商户和私营企业1988年以来的经营、纳税情况。方法上，可以采取在普遍自查的基础上，对经营规模大、问题多的重点户组织抽查。要严格掌握政策，坚持自查自报问题处理从宽，被查瞒报问题处理从严。对检查中发现的问题，要按税法规定，该补税的立即补交，该处罚的严格处罚；对情节严重构成犯罪的。要移送司法机关追究刑事责任。有关检查整顿的具体实施方案，由国家税务局负责制定，并组织实施。

三、加强征收管理，使城乡个体工商户和私营企业税收征管工作逐步实现制度化、规范化。通过检查整顿，达到以下要求：

（一）个体工商户、私营企业必须严格按工商行政管理机关批准的经营范围从事合法经营，擅自超出经营范围的，视为非法经营，坚决查处。各级工商行政管理机关要组织力量，对经营范围进行一次普遍检查。对检查中发现的问题，根据情节轻重，依法分别给予警告、罚款，没收非法所得，责令停业整顿的处理，情节严重的，应吊销其营业执照。对于无照经营的要坚决予以取缔。

（二）个体工商户和私营企业不得弄虚作假，冒领国营、集体企业营业执照，也不得挂靠到国营企业、集体企业（含乡镇、街道企业）名下经营。已经这样做了的，要立即纠正；拒不纠正的，工商行政管理机关应吊销其营业执照。

（三）私营企业和达到规定经营规模的个体工商户，都必须建帐。工商行政管理机关在核发营业执照后，对凡要求建帐而不建帐的，应责令其停业整顿或吊销其营业执照。对建假帐的，一经查实，要按规定处以罚款，并限期纠正，逾期不纠正的，吊销其营业执照，依法严肃处理。今后工商行政管理机关在验照和年检时，要把是否建帐作为一项检查内容，对应建帐而未建帐的，要按规定严肃处理。

（四）对未达到规定经营规模暂未建帐的个体工商户，按照定期定额的办法征税。要采用同行业评议等有效办法，确定合理定额。定额确定后，应视其经营变化情况及时调整，在收入额超过税务机关核定的定额时，个体工商户必须主动向主管税务机关申报调整定额，如不主动申报，应视同偷税予以处罚。

（五）个体工商户和私营企业在生产经营活动中，必须按照国家有关规定如实开具和取得票证。税务机关要加强发票管理，查禁一切违反规定的无票证经营活动。

四、一切个体工商户和私营企业都必须按照规定，自领营业执照之日起30日内，到税务机关办理纳税登记。已领取营业执照而未办理税务登记的个体工商户，必须在本通知发出之日起1个月内，向税务机关办理税务登记。所有个体工商户和私营企业都必须主动申报，自觉纳税，税务机关要加强监督检查。临时经营的个体工商户，也必须主动申报纳税。有代扣代缴税款义务的单位和个人，都必须严格按规定，切实履行代扣代缴税款义务，做好代扣代缴税款工作。

五、广泛深入开展税法宣传教育，提高纳税人依法纳税观念。国务院责成国家税务局制订普及税法教育的具体计划。各级司法部门和宣传、教育部门都要主动配合税务机关，把搞好税收政策、法规的宣传教育工作，当作一项重要任务来抓。要充分利用广播、电视、报刊、教科书和普法教育等多种形式，普及税法知识，增强公民依法纳税观念，培养公民自觉纳税习惯，树立依法纳税光荣、偷税漏税可耻的社会风尚。要加强舆论监督，对依法纳税的要表扬；拒不纳税的，要依法公开处理。

六、调整加强征管力量，改进征管手段。各级税务机关要合理调整使用干部，保证征管第一线的需要。要通过多种形式、多层次的干部教育、培训，加强对税务人员的培养，提高他们的政治、业务素质。所有税务人员都不得徇私情，接受纳税人的请吃送礼，接受贿赂。要尽可能改进交通和通讯等征管手段，有关部门对税务机关所需征管交通工具和通讯器材应积极支持解决。

七、统一认识，加强组织领导。各级政府和有关部门应当认识到，加强对个体工商户和私营企业的税收征收管理，引导个体工商户和私营企业健康发展，不仅有经济意义，而且具有重要的政治意义。因此，各级政府都要把它作为一项重要任务，列入工作的议事日程，经常进行研究，作出具体部署，加强监督检查，切实抓紧抓好。各省，自治区、直辖市人民政府要确定一名领导同志负责此项工作。工商行政管理、公安等部门要切实负起责任，主动支持、配合税务机关。各级银行要按照中国人民银行、国家税务局发出的《关于认真贯彻国务院决定加强金融税务部门配合的联合通知》中的各项要求，认真履行职责。

1989年8月30日

农业部关于印发《乡镇建筑业调整意见》的通知

（1989）农（企）字第13号

各省、自治区、直辖市、计划单列市乡镇企业局、北京市农村建设总公司、天津市郊县建筑管理总站：

党的十一届三中全会以来，随着国民经济建设的发展，乡镇建筑业也得到了较快发展。在转移农村剩余劳力，加快农民脱贫致富，支援城乡建设，推动建筑业改革等方面都发挥了积极作用。三年治理整顿期间，由于国家压缩基建规模，将有数百万进入城市的乡镇建筑施工人员重返农村。这些人面临新的就业问题，如处理不好，可能成为农村社会一大不安定因素。因此，采取切实有效的措施做好调整工作，帮助解决好乡镇建筑业所出现的问题和面临的困难，并使其健康发展，已成为当前乡镇建筑业发展中急需解决的问题。现将《乡镇建筑业调整意见》(见附件）印发给他们，请结合本地实际情况，认真贯彻执行。

附件：乡镇建筑业调整意见

1989年11月14日

乡镇建筑业调整意见

一、乡镇建筑业发展现状与面临形势

党的十一届三中全会以来，乡镇建筑业得到了蓬勃发展。到1988年底乡镇建筑企业 95.58万个，从业人员1 484.81万人，年创产值827.70亿元，分别占全国建筑企业的97.5%、58.7%和43.5%。乡镇建筑业已成为我国建筑业的重要组成部分。

乡镇建筑业的发展，不仅为转移农村剩余劳力，加快农民脱贫致富，振兴农村经济，保障农村社会安定团结起了积极作用，而且为发展城乡建设事业，推动建筑业改革也发挥了重要作用。1978～1988年十年间乡镇建筑业净增从业人员1 249万人，平均每年转移 120多万农村剩余劳力；乡村两级建筑企业发放工资总额 433亿元，平均每年43亿元；实现产值2 355亿元，平均每年 235亿元；创造利税 211亿元，平均每年21亿元；完成房屋建筑面积29亿平方米，占同期全社会房屋竣工面积的28.5%，平均每年2.9亿平方米。1988年乡级建筑业进城施工人数达635万人，年创产值 408亿元，房屋竣工面积 3.1亿平方米，分别占当年全国建筑行业的25.1%、21.4%和20.7%。

经过十年的发展，乡镇建筑企业的素质有了较大改善。目前乡村两级建筑企业有职称的工程技术人员25.6万人，占其从业人员总数的3.0%，人均占有固定资产 929元。随着技术和管理水平的提高，乡镇建筑企业施工能力不断增强，已由过去只能承建一般民房和小型工程发展到能承建高层、技术高、要求复杂的多种类型的大中型工程，工程质量也有了较大提高。

根据到2000年，我国国民生产总值翻两番，人民生活水平达到小康的目标，我国的城乡建设任务仍很繁重。尤其是中小城镇建设和交通、水利、矿山等基础设施建设要有较大的发展，建筑业在我国仍是一个发展中的产业。然而，在不同的建设时期，建筑业将面临不同的发展要求，三年调整时期乡镇建筑业面临的形势是：一是随着国家压缩基本建设投资，建筑施工任务减少，乡镇建筑业出现大量剩余施工力量。据有关部门按现有施工力量测算，全社会压缩固定资产投资 1 000亿元，乡镇建筑业就有数百万人要返回农村，这将给农村带来新的就业难题。二是国内建筑市场竞争更加激烈，这种竞争很大程度上表现人才、装备的竞争。目前乡村两级建筑企业有职称的工程技术人员占从业人员比重只为国营建筑企业的一半左右，技术装备率仅为国营建筑企业的四分之一，村以下企业更低，乡镇建筑企业如果不尽快改变这一局面，则有可能被挤出建筑市场。三是在整顿建设市场中，国家资质复查的标准进一步提高，对起步较晚，先天不足的乡镇建筑企业要业达到相应等级困难较大，若不抓紧提高资质水平，将有相当一部分企业降级，特别是素质较差的联户、个体建筑队将面临解体或淘汰的危险。四是建筑任务的减少，各地都在清退外地施工队伍，另外，建筑业将实行只允许一、二级施工企业跨省独立承包工程，这些对乡镇建筑业，尤其是大量实行建筑劳务输出的边远省区的乡镇建筑业带来极大困难。

综上所述，三年调整时期乡镇建筑业面临的形势是严峻的。对此，各地乡镇企业主管部门要有充分的思想准备，尽快调整发展战略，在调整中求得发展。

二、调整目标

三年调整时期，乡镇建筑业要认真贯彻中央“治理经济环境，整顿经济秩序，全面深化改革”的指导方针，要从过去注意数量的增长为主转变为重视素质的提高，从外延发展为主转变为内涵提高为主。通过调整，建立起一支思想素质、技术素质较高的，既能根据建筑任务需要，具有独立承包或总承包能力，又能配合国营大建筑企业改革，实现管理层、劳务层分离后提供专业化劳务的弹性、全方位建筑队伍。具体调整目标是：

（一）技术水平“四个达到”。到1991年乡村两级建筑企业中有职称工程技术人员占从业人员比重达到4.0%；技术装备率达到1 200元/人；全员劳动生产率达到10 000元/年；级内企业占企业比例达到15%以上。

（二）企业结构集团化、专业化。各级乡镇建筑联营企业要逐步达到实体化、集团化；建立一批具有独

立承包以至总承包的骨干企业；建立具有专业施工力量的建筑劳务基地，努力使之符合调整和改革后建设事业发展的需要。

（三）经营方向“三个转变”。施工地区从重城市转变为城乡并重，力求向国外拓展；施工范围从主要是房建施工转变为房建、能源、交通、通讯、矿山、水利等多种建设的施工；经营范围从单一建筑业转变为以建筑业为主，多种经营，综合发展。

（四）质量、安全和效益并重。到1991年乡村两级建筑企业工程一次验收合格率达到90%以上，优良工程率达到30%以上；产值利润率每年保持在5%以上；杜绝重大工程质量和安全生产事故发生。

三、调整原则与措施

乡镇建筑业要根据国家三年调整总体要求、本地区实际情况以及企业不同技术专长、管理水平，确定发展方向，以全面提高企业素质、工程质量、安全生产和经济效益为目标，以建设市场整顿、资质复查、深化改革，强化管理为手段，优胜劣汰，努力实现乡镇建筑队伍规模与城乡建筑总体任务相适应。调整的最终目的是促进乡镇建筑业的稳定、健康发展。

（一）深化企业改革，强化经营管理。进一步完善各种经营承包责任制，试行股分制、租赁制、栋号全额抵押承包制，调整企业内部机制，增强企业活力。企业实行承包要以集体承包为主，公开招标采取财产抵押或全员风险抵押。把竞争机制引入企业内部，实行层层税包。无论推行什么经济责任制，都要因地制宜，保证国家分利、企业积累和个人收入的同步增长，切实解决个别建筑企业承包人收入过高的分配不公问题。要强化经营管理，特别要加强财务管理和财务制度的建设。要加强基础管理工作，建立健全各项规章制度。要提倡勤俭办企业，努力做好双增双节，提高经济效益。

（二）积极调整企业结构，合理调配施工力量。建筑业的发展要求企业结构和施工力量必须优化。

二级以上企业和有条件的三级企业，要逐步实行技术管理层和一般劳务层的合理分离，保持技术实力，向独立承包或总承包方向发展。

三、四级企业要稳定基本骨干队伍，充分发挥传统建筑技术优势和适应性强的特点，形成专业施工队伍，以适应专业分包的需要。

四级以下企业要通过培训，合理组合形成专业建筑劳务力量，有条件的地区要逐步纳入建筑劳务基地的统筹管理，通过各种形式与大中型国营施工企业建立定点定向、稳定协作关系，开展专业分包或劳务承包。

采取改造、兼并等办法，把那些严重亏损，企业素质差，缺乏竞争能力的企业，扩充到效益好的企业上来；对现有乡镇建筑联营企业进行改革，形成经济实体，逐步发展跨地区、跨部门、跨行业、跨所有制的建筑集团。

（三）提高企业素质，确保工程质量。工程质量是乡镇建筑企业进入建筑市场的“通行证”，全面提高企业素质是确保工程质量的重要措施。各级乡镇企业主管部门和企业必须把全面提高企业素质作为中心工作。

认真做好资质复查工作，通过企业自查，主管部门初审等方式，找出差距，并切实加以解决，提高资质水平，达到相应等级的资质标准。

继续采取多层次、多渠道、多形式培训各类专业技术人才，把培训与职称评定结合起来，发展和稳定技术队伍。

企业要确保税后利润的40%用在增添设备。对施工中危险、笨重体力劳动，关系到工程质量的工序优先采用机械代替。在农村施工的建筑企业发展中小型多功能，轻便灵活的施工工具。进城施工的建筑企业逐步采用先进机械、简易机械和改良工具相结合的多层次技术装备结构。试行机械租赁业务，力求逐步形成以城市为中心的机械租赁和维修体系，提高设备利用率。

强化质量管理，积极开展优质工程、先进企业评比活动，积极推行全面质量管理，建立健全质量保证体系，从根本上保证乡镇建筑业工程质量的提高。

（四）适应市场需要，调整经营格局。乡镇建筑业要由过去偏重于大城市向农村转移，大力开拓县以下集镇建设，有条件的地方对农民建房、村镇建设实行专业承包，以及有计划的商品房开发。同时，要积极创造条件，进入国际建筑市场，承包工程和提供劳务。

扩大施工范围，要以房屋建筑为主转向国家产业政策鼓励发展的能源、交通、通讯、矿山、水利等多种建设，为加快我国基础产业建设服务。

由单一建筑业转向一业为主、多种经营、综合发展上来。根据企业自身条件，市场情况，利用现有资金、场地、设备向其他产业发展，实行多业并举，以丰补欠。

（五）加强宏观管理，健全管理机构。乡镇建筑业是我国乡镇企业的重要组成部分，根据乡镇建筑业宏观管理需要，各级乡镇企业主管部门要发挥职能作用、建立、健全相应的乡镇建筑管理机构，充实人员，做好对乡镇建筑业的指导、管理、监督、协调和服务工作。

要切实加强乡镇建筑业的规划工作。对新建乡镇建筑企业严格审批；现有企业要进行分类指导，对骨干企业和经营状况良好的企业，要在资金、设备、技术人员培训等方面给予倾斜；对管理落后，施工质量差的企业要限期整顿，到期仍达不到要求的要强制关停或转产。

要加强与建设、计划、银行、税收、财政、工商等部门的协调，及时疏通有关工作，取得有关部门的支持，为乡镇建筑业的调整与发展创造良好的外部条件。

（六）加强社会主义精神文明建设。乡镇建筑业要继续坚持社会主义方向和加强职业道德教育，树立一批经营思想端正，经营作风正派的先进典型。同时结合建设市场的整顿，造就一支有理想、有道德、有纪律、有文化、有技术的新型农民施工队伍。

农业部关于挖掘资金潜力、缓解资金困难的通知

（1989）农（企）字第18号

各省、自治区、直辖市及计划单列市乡镇企业局：

全国乡镇企业经过一年的治理和整顿，现已初见成效。发展速度逐渐回落，固定资产投资规模得到控制，关停并转了一批浪费能源和原材料的企业，调整了部分产品结构。在治理整顿中，乡镇企业遇到的一个最大困难就是资金短缺，周转缓慢，企业经营活动不能正常进行。目前，又遇到全国性的市场疲软，产品滞销，更加剧了资金紧张状况。为了缓解资金短缺的矛盾，渡过资金紧张的难关，现作如下通知：

一、充分认识资金紧缺的长期性。长期以来，我国在发展国民经济中经常出现的一个问题就是脱离国情，超越国力，急于求成，不得不在几年内调整一次，造成国民经济的大起大落。党的十三届五中全会总结了过去的经验和教训，制定了持续、稳定、协调发展国民经济的总方针。资金是发展国民经济的主要调节参数和手段，为了实现中央制订的发展国民经济总方针，避免乡镇企业出现大起大落，控制资金投放是十分必要的。无论是在治理整顿期间，还是治理整顿完成之后，在资金上都不会再出现象过去那样宽松的环境。同时也要看到随着贷款利率的提高，靠贷款办企业已没什么经济效益。因此，我们必须保持清醒的头脑，切不可抱有侥悻心理，下决心以自力更生为主，解决资金问题。

二、继续控制固定资产投资规模。治理整顿以来，乡镇企业基本建设规模初步得到控制。据19个省市统计，停缓建项目一万多个，压缩投资规模60亿元。当前的主要任务是，采取一切有力措施，将1988年遗留下来的188亿元的在建未完工程尽快建成投产。实在无力完成的要下决心缓建或停建。

在治理整顿期间，或在今后一个相当时期内，要把主要精力放在调整产业结构、产品结构、企业组织结构，进行技术改造和提高企业素质、管理水平上，一般不要再铺新摊子。确实需新上的项目，投资在50万元以上的，要经过县乡镇企业主管部门审批。

企业的技术改造和设备更新，以及开发新产品也要量力而行，防止急于求成，超过自身的承受能力。

提取的固定资产折旧应主要用于企业的技术改造与更新，用于内涵扩大再生产，一般不要用于上新项目。

三、采取有效措施，压缩资金占用。目前，造成乡镇企业资金紧缺的一个重要因素是定额流动资金占用过多。1988年仅乡村企业全年平均即达883亿元。其中，库存材料占用353亿元，在产品139亿元，产成品283亿元，因此，企业普遍感到生产经营资金严重不足。各地要大力清仓利库，对库存物资要积极利用，确实不需要的要多方进行调剂处理。今后，在采购原材料时，要在及时掌握市场信息和加强市场预测前提下，增强计划性，防止新的积压。

要大力组织推销库存产品，组织企业对市场进行调查，打通渠道，扩大销售，强化推销。以销售促生产，既是企业摆脱目前困境，扩大经营，提高效益的需要，也是清理“三角债”，疏导资金，搞活企业的重要措施。

四、充分发挥供销人员的重要作用。乡镇企业的供销人员，为企业的生产采购原材料、推销产品付出了大量劳动。在乡镇企业基本是市场经济的条件下，他们发扬了“千方百计、千言万语、千辛万苦、千难万险”的艰苦奋斗精神，为企业的生存与发展作出了巨大贡献，必须予以充分肯定。近一个时期以来，社会上对乡镇企业供销人员议论较多，各地乡镇企业主管部门要特别注意。首先要教育广大供销人员依法采购，依法推销，树立良好的经营作风，完成供销任务；其次要加强宣传，大胆地宣传乡镇企业供销人员在发展乡镇企业，振兴农

村经济，增加农民收入，增加国家财政收入，增加社会有效供给，保障社会安定等方面做出的贡献。提高社会对乡镇企业供销人员的认识，使社会对乡镇企业供销人员有一个公正的看法。各级地方政府，为发展乡镇企业，包括对供销人员制订的各项政策，在未作出新的规定之前，都应继续执行。进一步完善联购联销联酬责任制，科学地制定承包基数。既要承包商品的销售，也要承包贷款的收回。供销人员常年独自在外奔波，远离家人，付出了艰苦的劳动，在业务活动中，不少开销要自己掏腰包，收入风险也比较大，他们的收入适当高一些也是合情合理的。

五、加强资金管理，深入贯彻财务管理制度。从现在企业的实际情况看，一方面企业生产经营资金严重短缺，另一方面又存在不同程度的浪费资金现象。有的流动资金占用过多，有的资金周转缓慢。解决好这些问题，都是解决资金问题的重要途径。据统计，乡村企业1988年百元销售收入占用流动资金比1987年下降了4.56%，全年即增加了流动资金79亿元。资金周转速度，1988年比1987年加快7.18天，全年节约流动资金75亿元，各级乡镇企业主管部门都应充分重视这个问题。

加强乡镇企业的资金管理，要督促和监督企业深入贯彻农、财两部颁发的《乡镇企业财务制度》、《乡镇企业会计制度》和《关于乡镇企业成本开支范围的规定》，严格成本核算，按照规定提取应当计入生产经营成本和税前提留的各项基金和费用。固定资产折旧，因情况不同，各地都根据农、财两部颁发的《乡镇企业财务制度》规定的原则，作了补充规定，要严格按规定提足，增强自我积累能力和技改能力。

严格按照规定搞好企业的利润分配。主要问题是首先核实可分配利润，在此基础上，适当提高留利比例，增加企业自身的资金积累，增强扩大再生产的能力，保证乡镇企业发展的后劲。

搞好"以工补农"、"以工建农"发展农业是全党和全国人民的战略任务。乡镇企业支援农业是义不容辞的责任。各级乡镇企业主管部门，要帮助企业在留足生产发展所需资金的同时，大力"补农"、"建农"。减轻企业负担，当前最重要的是坚决贯彻国务院《禁止向企业摊派暂行条例》，请各级乡镇企业主管部门帮助企业坚决抵制向企业摊派钱物。这不仅有利于企业，更重要的是促进廉政建设。

要逐步充实乡镇企业自有流动资金。今后企业的留利，主要增加自有流动资金。要求自有流动资金的自有程度1989年末达到30%，1990年达到40%，1991年达到50%以上。强化自我约束机制，增强自我积累和发展能力。逐步减小对贷款的依赖性。今后在产品评优、企业升级工作中，都将作为考核的内容。

六、清理回收欠款。近年来，乡镇企业资金被大量不合理借用，造成生产资金紧缺。到1988年末，仅乡村企业各种应收款高达656亿元，其中应收销货款292亿元。在发展商品生产中保持一定数量的商业信用是必要的，也是合理的，但是，数量过多，则会影响企业生产经营活动的正常进行。现在严重的问题是许多党政机关、事业单位和个人大量借用企业的生产资金，并且长期不还。到1988年末，党政机关和事业单位借占款达72亿元，农村干部和企业职工借占款上百亿元。两项合计占乡村企业贷款总额的23%。生产资金被借用，企业为进行生产，又不得不支付高额利息向银行、信用社贷款，严重影响和制约着企业的生产，因此，必需认识到这个问题的严重性。

当务之急是清理各种欠款。清理的重点是党政机关、事业单位和个人的欠款。为此，中国农业银行、农业部联合已发出通知，并转发了河北省农业银行关于盘活乡镇企业资金向省政府的报告，各地要认真按照《通知》的要求，与有关部门共同配合，采取有效措施，结合治理整顿和廉政建设，作出清理单位和个人欠款的具体安排，坚决清收，对那些有能力而拒不归还欠款的，要按照国务院的有关规定进行处理。各地应依靠当地有关部门帮助，争取明年上半年对单位和个人欠款清理收回50%。对暂不能全部偿还的，也要作出分期分批的偿还计划。同时，对于企业之间相互拖欠的货款也要采取有力措施积极进行清理，能收回的货款，力争全部收回来。

七、发扬艰苦奋斗精神，坚决压缩非生产性开支。要大力提倡勤俭办企业，勤俭办一切事业的优良传统，牢固树立过几年紧日子的思想，把一切可以节减的开支节减下来，对非生产性建设，要坚决压缩。在经营活动中，要依法经营。在业务活动中，要尽量节约业务性开支。

要把节支和增产结合起来。要按照调整产业结构和产品结构的要求，努力增产适销对路和出口创汇产品，通过展览、展销、协作等各种方式和渠道，积极促进销售。

资金是企业的"血液"，资金紧缺是长期困扰乡镇企业的一大难题，我们既要看到它的严峻性，又必须树立坚定的信心，只要坚持自力更生、艰苦奋斗的精神，把企业发展真正建立在自我积累，自力更生的基点上，练好"内功"，强化各项管理制度，提高企业素质，一定会渡过资金困难这一难关，我国的乡镇企业就一定能够更加健康、更加朝气蓬勃地向前发展，为整个国民经济的持续、稳定、协调发展作出更大贡献。

1989年11月28日

农业部印发《关于实施乡镇企业领导干部岗位培训的规定》(试行)的通知

(1989)农(企)字第17号

各省、自治区、直辖市及计划单列市乡镇企业局:

根据我部和中央组织部1987年4月联合召开的全国农业领导干部岗位职务培训工作会议的原则意见和我部〔1989〕农(教)字第11号《关于实施农业领导干部岗位培训的意见》(试行)的通知要求,结合乡镇企业系统领导干部的具体情况,特制定《关于实施乡镇企业系统领导干部岗位培训的规定(试行)》发给你们,望结合本地实际组织实施。在实施过程中,各地要积极主动地与同级组织、人事和教育部门联系,争取他们的支持与帮助,并不断总结经验,提高培训质量,推动乡镇企业系统领导干部岗位培训工作顺利开展。

附件:关于实施乡镇企业领导干部岗位培训的规定(试行)

1989年12月9日

关于实施乡镇企业系统领导干部岗位培训的规定(试行)

开展领导干部岗位培训,是提高干部政治水平和业务能力,正确贯彻党和政府的方针、政策,提高科学管理水平,推动乡镇企业持续、协调、健康发展的重要措施。为此,根据农业部(1989)农(教)字第11号文件《关于实施农业领导干部岗位培训的意见》(试行)的精神,结合乡镇企业管理部门的实际情况,制定实施乡镇企业系统领导干部岗位培训的规定:

一、乡镇企业系统领导干部岗位培训的目标是:通过学习马克思主义基本原理,提高坚持四项基本原则,贯彻执行改革、开放方针的自觉性;通过学习社会主义领导科学、经济理论和企业管理的科学知识,正确执行社会主义现代化建设的方针、政策,提高科学管理和总揽全局的本领,增强工作的原则性、预见性、系统性和创造性,提高组织领导能力,改善指导与服务,为发展乡镇企业,振兴农村经济做出应有的贡献。

二、乡镇企业系统领导干部岗位培训的对象是:省、自治区、直辖市乡镇企业局处长,计划单列市、地(市)、县乡镇企业局长,乡(镇)工办(经委)主任、各级乡镇企业局业务科、股长,乡镇企业系统的事业单位负责人(以上均含副职)。乡镇企业厂长(经理)以及管理人员的岗位培训,参照国家体改委、国家教委、人事部联合印发的"关于坚持和改进大中型企业领导干部岗位职务培训工作的意见"实施。

三、乡镇企业系统领导干部岗位培训按照统一规划,分级培训,分类指导的原则进行。

1. 部乡镇企业司负责制定各级领导干部的岗位规范、指导性教学计划,并负责组织省、自治区、直辖市乡镇企业局业务处长,计划单列市、地(市)乡镇企业局局长以及计划单列市的县乡镇企业局长的岗位培训。

2. 省、自治区、直辖市乡镇企业局负责制定县乡镇企业局长和地(市)、县局业务科(股)长、乡(镇)工办(经委)主任以及乡镇企业厂长(经理)的岗位培训计划,并负责组织实施。

3. 各级领导干部岗位培训的具体教学计划,可以根据不同层次的岗位规范、指导性教学计划的基本要求,结合本地区(或业务)情况和需要,作适当地调整。教学内容要理论联系实际,适应工作的需要。

四、乡镇企业系统领导干部岗位培训的教学任务,主要由乡镇企业系统的学校、培训中心承担,也可以委托其他院校承担。教学单位必须经乡镇企业主管部门确认,以保证教学质量。

领导干部岗位培训不得采取函授的办法。

五、凡参加领导干部岗位培训的,按照教学计划学习期满,经考试、考核合格,省、自治区、直辖市乡镇企业局业务处长,计划单列市、地(市)乡镇企业局长及计划单列市县局局长由农业部颁发《岗位培训证书》。县局长、科(股)长,乡(镇)工办(经委)主任由省、自治区、直辖市乡镇企业主管部门颁发《岗位培训证书》。《学员登记表》中要填写学习成绩,由培训单位盖章后，存入本人档案，作为考核干部、任职、晋升的参考依据之一。

六、乡镇企业系统领导干部岗位培训从1990年开始，拟分三年完成。省局业务处长、计划单列市、地(市)局长的培训规划由部乡镇企业司制定；县局长、地（市）县（局）科（股）长、乡（镇）工办主任以及乡镇企业厂长（经理）的培训规划由省、自治区、直辖市，计划单列市乡镇企业局制定，报部备案。

新任职的领导干部，在上岗前要进行培训。

七、为加强领导，部乡镇企业司成立乡镇企业领导干部岗位培训指导小组，全面指导乡镇企业系统领导干部的岗位培训工作。

各省、自治区、直辖市、计划单列市乡镇企业主管部门也应相应成立乡镇企业领导干部岗位培训领导机构，并报部备案。

八、组织好乡镇企业领导干部岗位培训，是乡镇企业一项重大的基础建设工作。培养一支政治素质高、业务能力强的骨干力量，对乡镇企业系统的干部队伍建设具有十分重要意义。望各地切实抓好这项工作，主动与组织、人事等有关部门密切配合，加强领导，讲求实效，不断总结经验，提高培训质量，以达到预期的目的。

附一

乡镇企业局处(科、股)长岗位规范

一、岗位职责

1．正确贯彻执行国家的方针、政策和上级业务部门的有关规定，结合乡镇企业实际情况提出实施意见，供领导决策。

2．负责制定本业务工作的中期和长远规划及年度工作计划，并负责组织实施、检查与总结。

3．及时向上级领导请示汇报工作，提出建议，认真负责地完成领导交办的各项任务。

4．主动与有关部门协调关系、交流情况、疏通渠道、搞好协作，争取对本业务工作的支持。

5．深入实际，调查研究，总结经验，解决问题。

6．做好本单位人员的思想政治工作，提高业务素质，带领全处（科、股）同志做好本职工作。

二、政治思想素质要求

1．坚持四项基本原则，贯彻执行党在社会主义初级阶段的基本路线，在政治上、思想上、行动上同党中央保持一致。

2．坚持改革、勇于开拓，全心全意为人民服务。

3．忠于职守、廉洁奉公、深入实际、实事求是、艰苦奋斗、发扬民主、善于团结同志一道工作。

三、知识要求

1．掌握马克思主义基本原理和建设有中国特色的社会主义理论知识，熟悉国家关于经济建设和发展乡镇企业的有关方针、政策和法规。

2．懂得社会主义经济工作的基本原理，了解国内外社会经济发展的一般情况。

3．懂得党的领导原则，领导方法和领导艺术，了解乡镇企业管理的基本理论和相关知识。

4．掌握本处（科、股）的业务管理知识，了解国内外与本处（科、股）业务相关的知识与科技发展动态。

5．一般应具有大专或中专以上学历。

四、能力要求

1．理解执行能力：正确理解国家各项方针政策和上级业务部门的有关规定，并能结合具体情况贯彻执行。

2．业务指导能力：根据上级交办的任务，提出方案、制定计划、组织实施。当好局领导的参谋和指导下级业务开展。

3．组织协调能力：实行民主集中制，充分调动本处（科、股）工作人员的积极性，提高工作效率，善于发挥下一级职能部门的作用。能及时了解有关信息、加强横向联系、疏通渠道、与有关部门协调工作，争取有关部门的支持和配合。

4．调查研究能力：能针对本业务工作的内容和基层实际情况，拟定调查提纲，组织实施调研活动，撰写调查报告，并根据调查结果提出解决问题的意见。

5．语言文字能力：语言简练，逻辑性强，有较强的语言、文字表达能力，能起草、修改文件、报告。

乡镇企业局业务处(科、股)长
岗位培训指导性教学计划

一、目的

提高学员政治思想水平、领导素质和组织能力，树立全局观念，根据改革、开放的总方针的要求及乡镇企业发展的需要，搞好本职业务范围内的各项工作，为发展乡镇企业做好服务。

二、要求

1．学习马克思主义基本原理和社会主义初级阶段的理论，提高贯彻执行党的方针、路线、政策的自

觉性。

2．学习社会主义经济建设的基本理论，了解国内外经济、科技信息，提高工作中的预见性和创造性。

3．学习领导科学基本知识，提高领导水平和组织能力。

4．学习现代管理科学，重点学习本职业务知识及相关的管理知识，提高实际工作能力。

三、培训时间

每期两个月、350学时，其中必修课150学时，专修课（单科）150学时。

四、课程设置

1．必修课：马克思主义基本原理，现阶段我国社会主义经济建设的基本知识，乡镇企业经济管理学，领导科学和经济法基本知识。

2．专修课：根据不同对象选学乡镇企业经营管理，质量管理，科技管理，生产管理，职工教育，安全生产与环境保护，财务管理，统计、会计、审计、外经外贸，文秘学，市场学等。

3．专题讲座：系统工程知识，计算机常识，财政、税收、信贷，金融等有关知识。

五、培训方式

1．为保证培训质量，可以采取自学预习和集中学习相结合的办法，即入学前三个月，将教材（讲义）和学习提纲发给学员自学预习，然后集中学习，重点讲授、辅导、讨论，并组织考察。

2．每期学员可按业务（职务）分别编组培训。

3．岗位培训的实施计划，可根据不同的地区和不同培训对象，调整学习内容和时间，力求联系实际，学用一致。

六、考试、考核

必修课，专修课要进行考试。学员在学习结束时应写学习论文，作为考核。考试、考核成绩记入学员登记表。

凡完成教学计划，经考试、考核成绩合格者由培训组织单位颁发“领导干部岗位培训”证书。

附二

地（市）乡镇企业局长岗位规范

一、岗位职责

1．贯彻执行国家关于经济建设和发展乡镇企业的方针、政策和法规，根据本地区的具体情况提出有关政策措施的建议，依法保护乡镇企业的合法权益。

2．完成同级政府和上级主管部门布置的任务，及时请示汇报，并主动接受监督检查。

3．根据本地区经济、社会发展的长远规划和年度计划，组织制定本地区乡镇企业的总体发展规划和计划，并组织执行和检查。

4．指导企业深化改革，提高企业经营管理水平，提高企业经济效益，为企业提供各种有效的服务。

5．组织本系统的产业结构调整，推进技术进步，提高产品质量。

6．协调本部门与各综合管理部门、行业管理部门的关系。

7．对下级管理部门进行指导、监督、协调、服务。

8．负责局机关的思想建设、组织建设和业务建设。组织、领导和监督所属企、事业单位正确履行职责。

9．加强职工教育，提高人员素质，促进精神文明建设。

10．深入实际，调查研究，总结经验，解决问题。

二、政治思想素质要求

1．坚持四项基本原则，贯彻执行党在社会主义初级阶段的基本路线，在政治上、思想上、行动上同党中央保持一致。

2．坚持改革、勇于开拓，全心全意为人民服务。

3．忠于职守、廉洁奉公、深入实际、实事求是、艰苦奋斗、发扬民主、善于团结同志一道工作。

三、知识要求

1．掌握马克思主义基本原理和建设有中国特色的社会主义理论知识，熟悉国家关于经济建设和发展乡镇企业的有关方针、政策和法规。

2．掌握乡镇企业宏观经济管理的基本理论，懂得领导科学、行政管理科学知识，熟悉乡镇企业经营管理和重点行业（主要业务）的专业知识。

3．懂得财政、金融、信贷、税收、物价、审计、外经外贸等业务知识和有关的法律知识。

4．一般应具有大专文化水平。

四、能力要求

1．执行政策能力：正确理解国家关于经济建设的各项方针、政策、法规及上级业务部门的有关规定，结合本地具体情况制定措施并有效地贯彻执行。

2．预测决策能力：根据宏观经济发展形势，较准确地预测本地区乡镇企业的发展趋势，善于把握方向，把握时机，及时做出发展乡镇企业的科学决策。

3．组织指挥能力：有效地组织指挥本系统、本部门的各项工作，充分调动各级工作人员的积极性、创造性，发挥职能部门的作用，促进乡镇企业健康发展。

4．社会活动能力：主动协调与有关部门的关系，密切联系社会各界人士，争取各方面的理解和支持。

5．语言文字能力：语言简练、逻辑性强、有较强的语言表达能力，能起草、修改文件报告和审定下属部门呈报的公文。

地（市）乡镇企业局长岗位培训指导性教学计划

一、目的

提高学员政治思想水平、领导素质和组织能力，树立全局观念，根据改革、开放的总方针，组织指导本地区乡镇企业持续、协调、健康的发展。

二、要求

1．学习马克思主义基本原理和社会主义初级阶段的理论，提高贯彻执行党的路线、方针、政策的自觉性。

2．学习领导科学，提高领导艺术和组织指导能力。

3．学习现代经济管理科学和现阶段经济建设的有关理论，正确理解和执行产业政策，以提高经济效益为中心，指导乡镇企业经营管理。

4．学习经济法基础知识和乡镇企业有关经济法规，指导企业依法经营，维护企业合法权益。

三、培训时间

每期两个月，350学时，其中必修课250学时。

四、课程设置

必修课：马克思主义基本原理，现阶段我国社会主义经济建设的理论，领导科学，乡镇企业经济管理和经济法基础知识，外经外贸基本知识等。

专题讲座：资源经济与开发利用，财政、金融、信贷、税收等有关知识，系统工程，计算机等基本知识。

五、培训方式

1．为提高教学质量，可采取自学为主，集中讲授，实地考察和讨论相结合的方法。即入学前三个月，将教材（讲义）和学习提纲，发给学员自学预习，然后集中讲授、辅导、答疑，讨论并组织考察。

2．学员编组，可根据不同地区或乡镇企业发展水平分期分批，并按不同情况适当调整学习内容，力求联系实际，学用一致。

六、考试、考核

必修课进行考试。学员学习结束前，提交一篇学习论文，作为考核。考试、考核成绩记入学员登记表。

凡完成教学计划，考试、考核成绩合格者由培训组织单位颁发“领导干部岗位培训”证书。

附三

县（市、区）乡镇企业局长岗位规范

一、岗位职责

1．贯彻执行国家关于经济建设和发展乡镇企业的方针、政策和法规，根据本地区的具体情况提出有关实施措施和政策建议。指导企业依法经营，保护企业合法权益。

2．完成同级政府和上级主管部门布置的任务，并及时请示汇报，主动接受监督检查。

3．根据本地社会经济发展的长远规划和年度计划，协调农业和乡镇企业发展的关系，制定乡镇企业的发展规划和计划，并组织执行和检查。

4．指导企业深化改革，提高企业管理水平，提高企业经济效益，为企业提供各种有效的服务。

5．组织本系统的产业结构调整，推动技术进步，监督检查产品质量。

6．组织职工思想教育，技术培训，提高企业素质。

7．深入实际、调查研究、总结经验、帮助企业解决实际问题。

8．对乡（区、镇）业务管理部门进行指导、监督、协调、服务。

9．协调本部门与各综合管理部门、行业管理部门的关系。负责局机关的思想建设、组织建设和业务建设。组织、领导和监督所属企事业单位正确履行职责。

二、政治思想素质要求

1．坚持四项基本原则，贯彻执行党在社会主义初级阶段的基本路线，在政治上、思想上、行动上同党中央保持一致。

2．坚持改革、勇于开拓、全心全意为人民服务。

3．忠于职守、廉洁奉公、深入实际，实事求是、艰苦奋斗、发扬民主、善于团结同志一道工作。

三、知识要求

1．掌握马克思主义基本原理和建设有中国特色的社会主义理论知识，熟悉国家关于经济建设和发展乡镇企业的有关方针、政策和法规。

2．了解宏观经济管理的基本理论，懂得领导科学、行政管理科学，熟悉乡镇企业经营管理知识，掌握重点行业（主要业务）的专业技术知识。

3．懂得财政、金融、信贷、税收、物价、审计、外经外贸等业务知识和有关的法律知识。

4．一般应具有中专文化水平。

四、能 力 要 求

1．执行政策能力：正确理解国家关于经济建设的各项方针、政策、法规及上级业务部门的有关规定，结合本地具体情况制定措施并有效地贯彻执行。

2．预测决策能力：根据国家产业政策，当地经济条件和市场预测，及时正确地作出宏观决策。

3．组织指挥能力：有效地组织指挥本系统、本部门的各项工作，充分调动各级工作人员的积极性、创造性，发挥职能部门的作用，促进乡镇企业健康发展。

4．社会活动能力：主动协调有关部门的关系，密切联系社会各界人士，争取各方面的理解和支持。

5．语言文字能力：语言简练、逻辑性强、有较强的语言表达能力，能起草、修改文件报告和审定下属部门呈报的公文。

县（市、区）乡镇企业局长岗位培训指导性教学计划

一、目的

提高学员政治思想水平、领导素质和组织能力，树立全局观念和效益观念，根据改革、开放的总方针，指导本地乡镇企业持续、协调、健康的发展。

二、要求

1．学习马克思主义基本原理和现阶段社会主义现代化经济建设的理论，结合本地实际，自觉地贯彻执行党的方针、路线和政策。

2．学习现代管理科学、领导科学和行政管理科学的基本知识，提高组织领导能力和宏观决策能力。

3．学习社会主义商品经济和乡镇企业经济管理基础知识，指导企业以提高经济效益为中心，提高企业经营管理水平。

4．学习经济法的基础知识和乡镇企业的有关经济法规，指导企业依法经营，维护企业合法权益。

三、培训时间

每期两个月，350学时，其中必修课250学时。

四、课程设置

必修课：马克思主义基本原理，现阶段我国社会主义经济建设的理论，领导科学，乡镇企业经营管理和经济法基础知识，外经外贸基本知识等。

专题讲座：资源经济与开发利用，财政、金融、信贷、税收等有关知识；系统工程，计算机常识等。

五、培训方式

1．为提高教学质量，可采取自学为主，集中讲授，实地考察和讨论相结合的方法。即入学前三个月，将教材（讲义）和学习提纲，发给学员自学预习，然后集中讲授、辅导、答疑，讨论并结合实地考察。

2．学员可以根据不同地区或乡镇企业发展水平分期分批地编组，学习内容相应地进行调整，以求联系实际，学用一致。

六、考试、考核

必修课进行考试。学员学习结束时，提交一篇学习论文，作为考核。考试、考核成绩记入学员登记表。

凡完成教学计划，考核、考核成绩合格者由培训组织单位颁发“领导干部岗位培训”证书。

附四

乡（区、镇）工业办公室（经济委员会）主任岗位规范

一、岗 位 职 责

1．根据本地具体情况，贯彻执行党和国家关于经济建设和发展乡镇企业的方针、政策。

2．宣传并监督企业依法生产经营，维护企业合法权益。

3．深入实际、调查研究，及时向乡（区、镇）政府和上级主管部门反映企业生产、管理方面的问题，并提出解决的建议和意见。

4．主动协调企业之间、企业与各部门之间的关系，促进协作、争取支持，帮助企业解决实际困难。

5．指导与帮助企业完善经营承包责任制，改善经营管理，推动技术进步，开展职工培训，监督检查产品质量，组织信息、人才、技术交流，为提高企业经济效益做好各项服务工作。

6．做好本单位职工的思想政治工作和业务培训，完成乡（区、镇）政府和上级主管部门交办的各项工作。

二、政治思想素质

1．坚持四项基本原则，贯彻执行党在社会主义初级阶段的基本路线，在政治上、思想上、行动上与党中央保持一致。

2．坚持改革，勇于开拓，全心全意为人民服务。

3．忠于职守、廉洁奉公、深入实际、调查研究、

发扬民主、善于团结同志一道工作。

三、知　识　要　求

1．了解马克思主义基本知识和建设有中国特色的社会主义基本理论，能正确理解国家关于经济建设和发展乡镇企业的方针、政策。了解经济法基本知识。

2．掌握乡镇企业经营管理基本知识，熟悉本地重点产业的基本专业知识。

3．懂得财政、金融、信贷、税收、外经、外贸等有关知识。

4．一般应具有中专文化水平。

四、能　力　要　求

1．执行政策能力：能正确理解，并能结合本地实际情况，有效地贯彻执行党和国家的各项方针、政策。

2．组织指导能力：合理地组织、指导企业的生产经营、科学管理和安全生产。

3．观察分析能力：有较敏锐的观察力，能较广泛地搜集各种信息，正确地分析判断，向上级和企业提供有价值的建议。

4．社会活动能力：善于协调企业之间，企业与有关部门之间的关系，促进联合、协作，为企业疏通渠道和改善发展环境。

5．语言文字能力：语言文字表达简练、通顺、条理清楚和较强的逻辑性。

乡（区、镇）工业办公室（经济委员会）主任岗位培训指导性教学计划

一、目的

提高学员的政治思想水平，树立全局观念，提高组织指导乡镇企业健康发展的业务能力。

二、要求

1．学习马克思主义基本原理，提高贯彻执行党的方针、政策的自觉性。

2．学习社会主义现代化经济建设的基本知识和现代经济管理科学，重点学习乡镇企业经营管理知识，能有效地指导企业的生产经营和管理。

3．学习经济法基本知识与乡镇企业有关的经济法规，指导企业依法经营，维护企业合法权益。

三、培训时间

每期两个月，350学时。其中必修课250学时。

四、课程设置

必修课：马克思主义基本原理，现阶段我国社会主义现代化经济建设的基本知识，乡镇企业经营管理知识和经济法基础及有关乡镇企业的经济法规。

专题讲座：财政、金融、信贷、税收知识，市场学，外经外贸基本知识，环境保护和安全生产。

五、培训方式

集中培训，采取讲授，实地考察和讨论相结合的方法。学习编组可按不同地区或乡镇企业发展水平，分期安排。学习内容，重点可作适当调整，力求紧密联系实际，学用一致。

六、考试、考核

必修课要进行考试。鼓励学员在学习结束时，提交学习（考核）的文字报告作为考察。考试、考核成绩记入学员登记表。

凡完成教学计划，考试、考核成绩合格者，由培训组织单位颁发“领导干部岗位培训证书”。

农业部关于在调整中继续发展中小农具生产的意见

（1989）农（企）字第20号

各省、自治区、直辖市、计划单列市乡镇企业局，上海、北京市农机工业局，江苏省轻工业厅：

十年来，随着农村改革，特别是农业联产承包责任制的推行，中小农具行业有了很大发展。1988年产量达到7.69亿件，比1979年净增2.3亿件，增长30.69%。农具生产的机械化程度和产品质量也有较大提高，出现

了一批优秀产品。除适应了我国农业生产的需要外，还有20多种产品出口，年创外汇二千多万美元。

目前在中小农具生产中还存在不少问题，中小农具生产企业多数是保本微利、甚至亏损，企业生产手段落后，原材料供应不足，职工老化、后继乏人，许多企业生产难以为继，不少企业转了产。因此，经常出现地区性的中小农具的一些品种供应紧张或脱销现象，影响农业生产，广大农民对此很有意见。为使中小农具生产持续稳定的发展，巩固和加强农业生产的物质基础，必须切实加强对中小农具生产的指导。

一、继续贯彻执行国务院制定的发展中小农具生产、搞好原材料供应的各项政策。

（一）落实中小农具生产使用原材料的计划供应。国务院1982年曾以〔1982〕25号文件明确规定："把中小农具生产和维修需要的原材料、辅料和燃料列入计划，专项安排，给予保证，指标随生产计划下达，不得挤占挪用"。国家计委也在(1986) 1131号文件明确指出："要按照农村每个劳动力不少于两千克或两千五百克钢材计算，安排好中小农具用材。对于回收的废旧钢铁，按照先挑选利用后上交的原则，优先保证中小农具生产、维修的需要"。各级主管部门要抓紧与计划等部门协调落实，及时供应。国家计划分配的木材、各地必须用于中小农具生产。对于林区用于中小农具生产的小材小料和农具半成品，各级主管部门要积极配合有关部门组织好区间的余缺调剂。

（二）放开中小农具的产销价格。为了促进中小农具的生产，保证中小农具的市场供应，各地要"切实把中小农具的产、销价格真正放开，以调动生产、经营企业的积极性"。当前生产中小农具的原材料价格上涨幅度较大，生产、经营费用增加，利润很低，甚至无利。因此纳税有困难的企业，由企业提出申请，经财税部门核算，可减税或免税。

（三）免交"支农、补农、建农"费用。农具生产企业是直接支农企业，不应再交支农费用。各级主管部门要协助各级地方政府切实抓好此项工作。争取地方财政对中小农具生产企业作为支农的一部分，给以扶持。

（四）要加强对中小农具生产的领导。中小农具是农业生产的主要工具，生产和供应好坏，直接关系到农业的发展，必须继续抓紧抓好。国务院曾规定："中小农具的产供销涉及的部门较多，必须加强统一领导，各级人民政府都要有一名负责同志分管这项工作。各地由计委组织有关部门搞好中小农具产供销平衡和协调工作。尤其是县一级，每年要抓几次产供销衔接的工作。"各地要认真贯彻执行。

二、做好计划原材料的分配工作。

各级计划部门分配给中小农具生产使用的原材料，今后要按照"随生产计划走"的原则，直接分配到中小农具生产的骨干企业，重点安排量大面广的产品和生产批量较大的企业。减少中间环节，减轻企业负担。

各级主管部门要会同有关部门对计划分配原材料的使用情况进行检查，如有挪用、倒卖者，要严肃处理。

三、要积极进行调整。

（一）调整中小农具生产企业的结构。各地要根据农业生产的需要和具体情况，按照适当集中，定点生产和经济合理的原则，抓好3～5个专业化批量生产的骨干企业，由省级统一规划，实行集约经营，逐步改变长期以来中小农具生产过于分散的局面，提高经济效益。对于一些只适宜在某个地区使用的产品，由地县抓好1～2个骨干企业集中生产；对于不宜集中生产的地方性产品，或批量小的产品，继续实行分散生产。继续鼓励个体工匠走村串巷修理农具。

（二）调整中小农具的产品结构。对于落后老产品多，适应差的产品结构要调整。对使用量大的产品，如镰刀、锄头、铁锹、钢叉、钉耙、塑料粪桶、木锨板等主要产品，要大力推广标准化，严格按照标准组织生产。逐步提高主要产品的机械化程度，在"八五"期间，基本实现机械化生产。在大力推广标准化机制产品的同时，各地要组织开发适用的新产品，以适应农业生产发展的需要。

（三）发展专业化协作。对那些产品大体相通、生产工艺相近的企业，以名优产品企业为龙头，组织区域性的企业协作组织或企业集团，发展专业化协作生产，提高中小农具生产企业的整体素质和经济效益。已成立的企业集团，要加强企业之间在技术、信息、人才和新产品开发等方面的合作，逐步增强凝聚力，充分发挥集团优势。

（四）为了适应中小农具生产涉及部门多，企业生产点多面广，管理难的特点，有条件的地方可以成立中小农具专业协会，加强行业的内部相互支持和协作，促进技术进步，推动联合，沟通企业与政府联系，发挥桥梁和纽带作用，协助主管部门搞好行业管理工作。

四、大力促进技术进步。

中小农具生产行业设备陈旧、技术落后，经济效益低的问题十分突出，抓好技术进步尤为紧迫。

（一）重点推广先进适用技术。机制农具企业，要以节能、降低物耗为目标改进工艺技术和更新设备。在三、五年内重点改进机制镰刀的磨刃工艺和设备；采用新工艺，改进更新锻压和热处理设备，改善生产环境，降低工人劳动强度。

（二）大力推广小红炉戴帽技术。目前全国以手工生产农具的小红炉约有三十多万盘，小红炉能耗高，炉温低，灰尘多的状况亟待改变。小红炉戴帽技术是一项成功的简单易行的适用技术，具有降低能耗，提高工效，改善生产环境等优点。各地要采取有效措施加以推广，力争在三、五年内基本实现小红炉戴帽。

1989年12月28日

1989年有关乡镇企业政策、法规索引

国务院办公厅转发国家税务局关于清理整顿和严格控制减税免税意见的通知　国办发〔1989〕1号　1989.1.3

附：国家税务局关于清理整顿和严格控制减税免税的意见

国务院办公厅关于加强农药管理严厉打击制造、销售假劣农药活动的通知　国办发〔1989〕5号1989.1.13

中华人民共和国进出口商品检验法　1989年2月21日第七届全国人大常委会第六次会议通过

国务院关于加强企业内部债券管理的通知　国发〔1989〕21号　1989.3.5

国务院批转劳动部、财政部、国家计委关于进一步改进和完善企业工资总额同经济效益挂钩意见的通知　国发〔1989〕25号　1989.3.6

关于价格违法案件审理工作的规定(试行)　1989年3月14日国家物价局发布

国务院关于当前产业政策要点的决定　1989年3月15日

中华人民共和国技术合同法实施条例　1989年2月15日国务院批准　1989年3月15日国家科委发布

国务院发布

特别重大事故调查程序暂行规定　1989年3月29日国务院发布

中华人民共和国行政诉讼法　1989年4月4日第七届全国人民代表大会第二次会议通过

关于集体企业实行内部集资和股份制有关财务问题的规定　1989年6月16日国家税务局发布

国务院办公厅转发国家技术监督局关于严厉惩处经销伪劣商品责任者意见的通知　国办发〔1989〕32号　1989.6.27

附：国家技术监督局关于严厉惩处经销伪劣商品责任者的意见

施工企业资质管理规定　1989年6月28日建设部令第二号发布

中华人民共和国水污染防治法实施细则　1989年7月12日国务院批准　1989年7月12日国家环境保护局发布

商检机构实施检验的进出口商品种类表　1989年8月1日国家进出口商品检验局发布

国务院关于大力加强城乡个体工商户和私营企业税收征管工作的决定　国发〔1989〕60号　1989.8.30

国务院关于严厉打击在商品中掺杂使假的通知　国发〔1989〕61号　1989.9.3

中华人民共和国环境噪声污染防治条例　1989.9.26国务院发布

查处无生产许可证产品的实施细则　1989年9月30日国家技术监督局、财政部发布

化妆品卫生监督条例　1989年11月13日卫生部发布

农业部关于印发《乡镇建筑业调整意见的通知》(1989)农（企）字第13号　1989·11.14

附：乡镇建筑业调整意见

农业部关于挖掘资金潜力、缓解资金困难的通知　(1989)农（企）字第18号　1989.11.28

农业部印发《关于实施乡镇企业领导干部岗位培训的规定》(试行）的通知　(1989）农（企）字第17号　1989.12.9

附：关于实施乡镇企业领导干部岗位培训的规定(试行)

中华人民共和国环境保护法　1989年12月26日第七届全国人大常委会第十一次会议通过

关于在调整中继续发展中小农具生产的意见(1989)农（企）字第20号　1989.12.28

1989年乡镇企业之最

乡镇企业总产值最高的省（市、区） 是江苏省，全省乡镇企业总产值为1133.8亿元，占全国乡镇企业总产值的15.3%。

乡镇企业总产值最高的县（市、区） 是江苏省无锡县，全县乡镇企业总产值达92.7亿元，占全省乡镇企业总产值的8.2%。

乡镇企业总产值最高的乡（镇） 是广东省顺德县北滘镇，全镇乡镇企业总产值为8.54亿元，占全县乡镇企业总产值的18.5%。

乡镇企业总产值最高的村 是天津市静海县蔡公庄乡大邱庄村，全村乡镇企业总产值为6.0亿元，占全县乡镇企业总产值的22.1%。

乡镇企业总产值最高的企业 是广东省顺德县蚬华电器厂，全厂总产值为3.32亿元，占全县乡镇企业总产值的7.2%。

乡镇工业总产值最高的省（市、区） 是江苏省，全省乡镇工业总产值为992.7亿元，占全国乡镇工业总产值的18.9%。

乡村两级工业总产值最高的省（市、区） 是江苏省，全省乡村两级工业总产值为896.2亿元，占全国乡村两级工业总产值的22.9%。

村以下（联户、个体）工业总产值最高的省（市、区） 是河北省，全省村以下工业总产值为164.8亿元，占全国村以下（联户、个体）工业总产值的12.4%。

乡镇建筑业总产值最高的省（市、区） 是山东省，全省乡镇建筑业总产值为116.5亿元，占全国乡镇建筑业总产值的13.1%。

乡镇交通运输业总产值最高的省（市、区） 是河南省，全省乡镇交通运输业总产值为66.99亿元，占全国乡镇交通运输业总产值的11.6%。

乡镇商业、饮食业总产值最多的省（市、区） 是广东省，全省乡镇商业、饮食业总产值为68.42亿元，占全国乡镇商业、饮食业总产值的11.5%。

乡镇服务业总收入最高的省（市、区） 是四川省，全省乡镇服务业总产值为27.61亿元，占全国乡镇服务业总收入的19.6%。

乡镇（乡村两级）农业总产值最高的省（市、区） 是山东省，全省乡镇农业总产值为25.15亿元，占全国乡镇（乡村两级）农业总产值的20%。

统 计 资 料

一、历年乡镇企业基本情况

项目	单位	1978年	1980年	1985年		1988年		1989年		1989年比1988年增长%	
				合计	其中：乡村	合计	其中：乡村	合计	其中：乡村	合计	其中：乡村
一、企业单位数	万个	152.42	142.46	1 222.45	156.90	1 888.16	159.00	1 868.63	153.57	－1.03	－3.42
二、企业职工人数	万人	2 826.56	2 999.67	6 979.03	4 152.13	9 545.46	4 893.93	9 366.78	4 720.14	－1.87	－3.55
占农村劳动力比重	%	9.5	9.4	18.8	11.2	23.82	12.21	22.88	11.53		
三、企业总产值	亿元	493.07	656.90	2 728.39	1 987.78	6 495.66	4 362.70	7 428.38	4 855.58	14.36	11.30
占农村社会总产值比重	%	21.20	23.50	43.00		58.10	39.20	51.30	33.53		
四、企业总收入	亿元	431.46	596.12	2 560.62	1 827.40	6 619.70	4 232.18	7 762.68	4 821.57	17.27	13.93
五、企业利税总额	亿元	111.05	144.03	424.75	279.91	891.91	527.29	1 954.93	533.15	7.07	1.11
其中：国家税金	亿元	21.96	25.65	137.36	108.58	310.29	236.51	364.62	272.47	17.51	15.20
纯利润	亿元	88.09	118.38	287.39	171.33	550.02	259.18	569.78	240.15	3.59	－7.34
六、乡村企业利润使用											
用于企业扩大再生产	亿元	30.90	47.02		79.36		138.64		127.14		－8.30
用于以工补农	亿元	26.34	22.69		8.83		55.00		70.63		28.42
用于农村集体福利事业	亿元	4.00	6.73		19.76		25.30		22.25		－12.05
用于农村各项事业建设	亿元	26.85	41.83		63.38		108.68		91.41		－16.03
七、企业固定资产原值	亿元	229.58	326.32		750.38	2 098.70	1 584.32	2 499.56	1 920.67	19.10	21.23
八、工资总额	亿元	86.65	119.42	472.09	301.42	963.48	541.17	1 054.94	580.67	9.49	7.30
九、乡村企业银行贷款余额	亿元	22.00	56.10		277.80		732.38		865.22		18.14
十、乡村企业亏损个数	万个	1.06	1.70		6.53		6.29		7.90		25.60
十一、乡村企业亏损总额	亿元	1.03	1.51		8.49		18.50		37.87		104.70
十二、全员劳动生产率	元	1 774	2 189	3 909	4 788	6 805	8 915	7 931	10 287	16.55	15.39
十三、每百元固定资产原值实现利税	元	48	44		37.3	43.46	33.28	38.20	27.76	－12.10	－16.59
十四、每百元固定资产原值实现产值	元	214	204		256	310	275	297	253	－4.19	－8.00

注：①1978年企业产值按1970年不变价格计算。其他年份按1980年不变价格计算。②1987、1988年乡村企业各项数字均包括组办企业。③本摘要各项增长相对数均按可比口径计算。④村办企业均包括组办企业（下同）。

(一)按国民经济部门分

1. 企业单位数

单位：万个

年份	合计	农业	工业	建筑业	交通运输业	商、饮、服务业
1978	152.42	49.46	79.40	4.67	6.51	12.38
1979	148.04	44.39	76.71	4.97	8.21	13.76
1980	142.46	37.83	75.78	5.08	8.94	14.83
1981	133.75	31.90	72.54	4.83	8.89	15.59
1982	136.17	29.28	74.92	5.38	9.58	17.01
1983	134.64	26.98	74.40	5.70	9.16	18.40
1984	606.52	24.84	481.22	8.04	12.96	79.46
1985	1 222.45	22.42	493.03	8.26	10.61	688.13
1986	1 515.3	23.97	635.50	89.25	261.98	504.60
1987	1 750.35	23.13	708.28	90.25	325.24	603.35
1988	1 888.16	23.28	773.52	95.58	372.55	623.23
1989	1 865.63	22.68	736.47	96.55	379.88	637.05

企业单位构成

单位：%

年份	农业	工业	建筑业	交通运输业	商、饮、服务业
1978	32.5	52.1	3.0	4.3	8.1
1979	30.0	51.8	3.3	5.6	9.3
1980	26.5	53.2	3.6	6.3	10.4
1981	13.9	54.2	3.6	6.6	11.7
1982	21.5	55.0	4.0	7.0	12.5
1983	20.0	55.3	4.2	6.8	13.7
1984	4.1	79.3	1.3	2.4	13.1
1985	1.8	40.3	0.7	0.9	56.3
1986	1.6	41.9	5.9	17.3	33.3
1987	1.3	40.5	5.2	18.6	34.4
1988	1.2	41.0	5.1	19.7	33.0
1989	1.2	39.4	5.0	20.3	34.1

注：① 1984年以前数字为乡村两级数字。

② 1984、1985年商、饮、服务业中包括联户、个体办的建筑业、交通运输业个数。

2. 企业职工人数

单位：万人

年份	合计	农业	工业	建筑业	交通运输业	商、饮、服务业
1978	2 826.56	608.42	1 734.36	235.62	103.83	144.33
1979	2 909.34	533.00	1 814.38	298.45	116.90	146.61
1980	2 999.67	456.07	1 942.30	334.67	113.56	153.07
1981	2 969.58	379.94	1 980.80	348.83	107.38	152.61
1982	3 112.91	344.00	2 072.81	421.29	112.94	161.87
1983	3 234.64	309.22	2 168.14	482.72	109.71	165.85
1984	5 208.11	283.93	3 656.07	683.49	129.30	455.32
1985	6 979.03	252.38	4 136.70	789.95	114.18	1 685.82
1986	7 937.14	240.80	4 761.96	1 270.37	541.26	1 122.75
1987	8 805.18	244.18	5 266.69	1 373.98	623.14	1 297.19
1988	9 545.46	249.99	5 703.39	1 484.81	684.16	1 423.11
1989	9 366.78	239.30	5 624.10	1 403.73	699.37	1 400.38

企业职工构成

单位：%

年份	农业	工业	建筑业	交通运输业	商、饮、服务业
1978	21.5	61.4	8.3	3.7	5.1
1979	18.3	62.4	10.3	4.0	5.0
1980	15.2	64.8	11.1	3.8	5.1
1981	12.8	66.7	11.8	3.6	5.1
1982	11.1	66.6	13.5	3.6	5.2
1983	9.6	67.0	14.9	3.4	5.1
1984	5.5	70.2	13.1	2.5	8.7
1985	3.6	59.3	11.3	1.6	24.2
1986	3.0	60.0	16.0	6.8	14.2
1987	2.8	59.8	15.6	7.1	14.7
1988	2.6	59.7	15.6	7.2	17.9
1989	3.6	60.0	15.0	7.5	14.9

注：① 1984年以前数字为乡村两级数字。

② 1984、1985年商业、饮食、服务业中包括联户、个体的建筑业、交通运输业人数。

3. 企业总产值

单位：亿元

年 份	合 计	农 业	工 业	建 筑 业	交通运输业	商、饮 业
1978	493.07	36.19	385.26	34.80	18.77	18.05
1979	548.41	38.46	423.52	46.77	23.06	16.60
1980	656.90	39.38	509.41	60.05	24.52	23.44
1981	745.30	38.97	579.34	70.28	25.05	31.66
1982	853.08	40.06	646.02	100.38	29.27	37.35
1983	1 016.83	43.72	757.09	136.20	32.73	47.09
1984	1 709.89	52.91	1 245.35	216.54	47.31	147.78
1985	2 728.39	58.70	1 827.19	310.00	49.99	482.51
1986	3 540.87	68.87	2 413.40	522.73	255.93	279.94
1987	4 764.26	88.72	3 243.88	650.96	360.48	419.87
1988	6 495.66	115.27	4 529.38	827.70	473.46	549.85
1989	7 428.39	126.03	5 244.11	886.46	578.83	592.96

企业总产值构成

单位：%

年 份	农 业	工 业	建 筑 业	交通运输业	商、饮 业
1978	7.3	78.1	7.1	3.8	3.7
1979	7.0	77.1	8.5	4.2	3.1
1980	6.0	77.6	9.1	3.7	3.6
1981	5.2	77.7	9.4	3.4	4.3
1982	4.7	75.7	11.8	3.4	4.4
1983	4.3	74.5	13.4	3.2	4.6
1984	3.1	72.8	12.7	2.8	8.6
1985	2.2	67.0	11.4	1.8	17.6
1986	1.9	68.2	14.8	7.2	7.9
1987	1.9	68.1	13.7	7.5	8.8
1988	1.8	69.7	12.7	7.3	8.5
1989	1.7	70.6	11.9	7.8	8.0

注：① 1978 年、19. 年按1970年不变价格计算,其他年份按1980年不变价格计算。

② 1984 年以前数字为乡村两级数字。

③ 1984 、1985年商、饮业中包括联户、个体的建筑、交通运输业产值。

（二）按经济类型分

1. 企业单位数

单位：万个

年份	合计	乡办	村办	联办	个体
1978	152.42	31.97	120.45		
1979	148.04	32.05	115.99		
1980	142.46	33.74	108.72		
1981	133.75	33.53	100.22		
1982	136.17	33.78	102.39		
1983	134.64	33.81	100.83		
1984	606.52	40.15	146.15	90.63	329.59
1985	1 222.45	41.95	143.04	112.11	925.35
1986	1 515.31	42.55	130.22	109.34	1 233.20
1987	1 750.10	42.01	116.27	118.75	1 473.07
1988	1 888.16	42.35	116.65	119.99	1 609.17
1989	1 868.63	40.57	113.00	106.94	1 608.12

企业单位构成

单位：%

年份	乡办	村办	联办	个体
1978	21.0	79.0		
1979	21.6	78.4		
1980	23.7	76.3		
1981	25.1	74.9		
1982	24.8	75.2		
1983	25.6	74.9		
1984	6.6	24.1	15.0	54.3
1985	3.4	11.7	9.2	75.7
1986	2.8	8.6	7.2	81.4
1987	2.4	6.6	6.8	84.2
1988	2.2	6.2	6.4	85.2
1989	2.2	6.0	5.7	86.1

注：村办企业各项数字均包括组办企业数字（下同）。

2. 企业职工人数

单位：万人

年份	合计	乡办	村办	联办	个体
1978	2 826.56	1 257.62	1 568.94		
1979	2 909.34	1 314.44	1 594.90		
1980	2 999.67	1 393.81	1 605.86		
1981	2 969.56	1 417.55	1 552.01		
1982	3 112.91	1 495.00	1 617.91		
1983	3 234.64	1 566.95	1 667.69		
1984	5 208.11	1 879.16	2 103.00	523.91	702.04
1985	6 979.03	2 111.36	2 215.69	771.42	1 880.56
1986	7 937.14	2 274.88	2 266.40	834.10	2 561.76
1987	8 805.18	2 397.45	2 320.78	923.62	31163.32
1988	9 545.46	2 490.42	2 403.52	976.59	3674.93
1989	9 366.78	2 383.57	2 336.57	883.75	3762.89

企业职工构成

单位：%

年份	乡办	村办	联办	个体
1978	44.5	55.5		
1979	45.2	54.8		
1980	46.5	53.5		
1981	47.7	52.3		
1982	48.0	52.0		
1983	48.4	51.6		
1984	36.1	40.4	10.0	13.5
1985	30.3	31.7	11.0	27.0
1986	28.7	28.5	10.5	32.3
1987	27.2	26.4	10.5	35.9
1988	26.1	25.2	10.2	38.5
1989	25.5	24.9	9.4	40.2

3. 企业总产值

单位：亿元

年份	合计	乡办	村办	联办	个体
1978	493.07	281.13	211.94		
1979	548.41	307.43	240.98		
1980	656.90	369.44	287.46		
1981	745.30	428.98	316.32		
1982	853.08	492.28	360.80		
1983	1 016.83	591.05	425.78		
1984	1 709.89	817.51	648.38	126.54	117.47
1985	2 728.39	1 138.95	910.54	245.00	433.90
1986	3 540.87	1 413.85	1 102.56	310.06	714.40
1987	4 765.26	1 825.85	1 411.55	424.82	1 102.04
1988	6 495.66	2 438.51	1 924.19	560.98	1 571.93
1989	7 428.38	2 672.85	2 182.73	614.33	1 958.57

企业总产值构成

单位：%

年份	乡办	村办	联办	个体
1978	57.0	43.0		
1979	56.1	43.9		
1980	56.2	43.8		
1981	57.6	42.4		
1982	57.7	42.3		
1983	58.1	41.9		
1984	47.8	37.9	7.4	6.9
1985	41.7	33.4	9.0	15.9
1986	39.9	31.1	8.8	20.2
1987	38.3	29.6	8.9	23.2
1988	37.6	29.6	8.6	24.2
1989	36.0	29.4	8.3	26.3

注：1978、1979年按1970年不变价格计算，其他年份按1980年不变价格计算。

二、1989年乡镇企业基本概况

（一）企业单位数、人数和总产值

项目 地区	企业单位数（个）	企业人数（人）	总产值（不变价，万元）	总产值（现行价，万元）	工业总产值（不变价，万元）	出口总值（人民币，万元）
全国总计	**18 686 282**	**93 667 793**	**74 283 761**	**84 004 168**	**52 441 093**	**3 714 433**
北京	103 223	1 068 583	1 827 429	1 888 284	1 364 297	108 175
天津	45 268	870 324	1 736 858	1 796 892	1 627 792	204 295
河北	1 406 916	6 731 738	4 939 095	5 424 282	3 363 346	140 429
山西	396 002	2 386 416	1 615 787	1 789 128	1 118 856	37 397
内蒙古	293 089	965 695	437 576	477 989	187 980	5 129
辽宁	554 390	3 248 275	3 604 417	4 254 843	2 634 494	176 659
吉林	477 588	1 621 051	1 265 696	1 441 527	615 416	12 338
黑龙江	510 499	1 653 233	1 382 457	1 480 025	691 571	19 290
上海	24 376	1 514 393	2 179 776	2 628 742	2 179 776	470 278
江苏	1 078 964	9 188 880	11 337 507	12 917 363	9 927 215	785 727
浙江	500 334	5 053 345	6 574 508	7 050 085	5 911 758	446 294
安徽	853 872	4 761 447	2 400 423	2 700 229	1 358 741	27 071
福建	462 936	2 767 318	2 009 308	2 219 564	1 213 242	175 545
江西	709 549	2 350 282	1 229 780	1 363 897	763 773	27 641
山东	1 419 532	9 486 390	8 564 417	10 046 360	6 207 244	337 849
河南	1 973 736	8 955 828	4 817 123	5 688 780	2 527 630	74 747
湖北	1 073 801	4 015 718	2 910 314	3 272 698	1 703 496	68 894
湖南	1 067 338	4 199 054	2 262 928	2 585 750	1 213 389	70 656
广东	1 178 683	6 443 478	5 539 633	6 433 356	3 750 743	388 145
广西	721 047	1 965 301	667 358	833 659	327 367	21 611
海南	89 133	255 064	115 093	129 220	37 736	515
四川	1 857 593	6 961 214	3 720 760	4 146 331	2 084 409	75 017
贵州	380 327	1 060 443	346 020	395 017	198 129	8 080
云南	443 055	1 494 961	528 635	605 682	263 818	11 041
西藏	6 989	40 666	14 014		5 432	
陕西	591 641	2 500 533	1 309 032	1 394 929	742 794	6 733
甘肃	202 294	1 257 238	567 400	624 530	251 409	5 992
青海	45 421	152 217	51 741	59 062	24 759	4 611
宁夏	77 753	234 913	119 319	128 301	52 677	1 978
新疆	140 933	463 790	209 357	227 643	91 804	2 296

（二）资 金 状 况

单位：万元

项目 / 地区	总收入	费用支出	国家税金（应交）	纯利润	工资总额	固定资产投资（完成额）	固定资产原值
全国总计	**77 626 777**	**66 556 873**	**3 646 223**	**5 697 786**	**10 549 385**	**2 515 119**	**24 995 607**
北京	1 706 242	1 423 703	110 881	156 228	177 569	58 109	584 082
天津	1 287 074	930 295	110 028	99 796	121 159	101 342	430 426
河北	5 115 763	4 231 579	170 063	690 226	819 182	38 714	1 462 254
山西	1 575 025	1 241 487	91 521	217 015	294 697	80 284	758 953
内蒙古	546 905	453 239	21 310	59 317	99 571	16 829	232 689
辽宁	4 124 867	3 491 207	245 297	355 475	446 994	92 036	1 156 007
吉林	1 654 730	1 451 151	67 623	135 335	216 481	18 497	405 790
黑龙江	1 292 610	1 150 595	44 042	95 484	204 510	33 829	444 951
上海	2 490 962	2 102 257	156 859	81 279	127 872	189 134	946 057
江苏	10 490 677	8 412 196	526 412	332 450	1 067 663	345 210	3 241 524
浙江	6 252 377	5 597 949	411 929	201 260	698 005	222 671	1 807 286
安徽	2 668 417	2 360 934	70 157	237 081	424 568	47 006	741 064
福建	2 221 932	1 963 130	97 929	160 847	408 977	50 378	650 906
江西	1 299 699	1 137 337	56 271	106 091	223 254	31 006	399 186
山东	8 643 663	7 517 043	367 241	705 808	959 163	323 026	2 887 130
河南	5 145 372	4 414 129	123 845	587 923	747 039	110 221	1 529 561
湖北	2 651 113	2 372 502	100 891	175 777	374 336	57 375	966 762
湖南	2 831 536	2 509 236	121 767	199 195	469 719	48 639	861 634
广东	6 836 971	6 048 869	259 770	512 451	1 194 101	383 177	2 421 749
广西	932 622	799 589	45 627	64 322	170 931	30 350	318 315
海南	147 007	125 514	4 601	16 852	34 207	4 817	74 017
四川	4 149 766	3 793 774	153 746	190 361	591 292	89 649	1 198 761
贵州	434 672	364 202	22 682	47 529	118 125	22 502	159 367
云南	687 977	604 669	34 308	46 028	133 166	31 402	330 492
西藏	15 100						
陕西	1 465 294	1 269 776	58 117	137 401	228 020	35 561	508 832
甘肃	547 048	474 949	21 966	46 591	115 972	21 131	243 051
青海	56 215	47 749	3 094	3 572	14 872	3 798	40 305
宁夏	132 257	81 024	6 539	13 678	21 772	7 373	65 670
新疆	222 884	186 789	11 706	22 414	46 168	21 053	128 786

注：上海市各栏数字为工业数
　　全国总计中国家税金不等于各地合计

（三）企业单位数和

地区 \ 项目	合计	企业单位数（个）			
		乡办	村办	联办	个体
全国总计	18 686 282	40 5 677	1 129 988	1 069 411	16 081 206
北京	103 223	4 122	14 697	921	83 483
天津	45 268	2 517	9 818	5 071	27 862
河北	1 406 916	20 135	56 518	166 255	1 164 008
山西	396 002	7 947	44 536	13 889	329 630
内蒙古	293 089	5 787	5 330	4 114	277 858
辽宁	553 390	13 215	38 395	9 571	493 209
吉林	477 588	8 005	15 252	10 274	444 057
黑龙江	510 499	8 830	17 370	7 017	477 282
上海	24 376	4 098	9 345	3 001	7 932
江苏	1 078 964	35 664	82 463	54 148	906 689
浙江	500 334	36 006	54 249	47 230	362 849
安徽	853 872	23 495	32 176	83 642	714 559
福建	462 936	12 352	43 717	41 147	365 720
江西	709 549	18 402	38 816	54 400	597 931
山东	1 419 532	24 070	142 286	120 944	1 132 232
河南	1 973 736	15 049	59 342	161 657	1 737 688
湖北	1 073 801	20 131	110 147	38 629	904 894
湖南	1 067 338	25 660	77 992	26 544	937 142
广东	1 178 683	24 814	91 073	63 995	998 801
广西	721 047	9 244	14 179	31 732	665 892
海南	89 133	1 355	1 828	4 806	81 144
四川	1 857 593	47 277	100 712	66 524	1 643 080
贵州	380 327	5 615	3 171	10 978	360 563
云南	443 055	6 182	22 813	13 293	400 767
西藏	6 989	319	110	476	6 084
陕西	591 641	11 877	32 051	16 932	530 781
甘肃	202 294	6 598	6 849	10 845	178 002
青海	45 421	835	788	293	43 505
宁夏	77 753	1 550	1 261	784	74 158
新疆	140 933	4 526	2 704	299	133 404

企业人数组成

企业人数（人）				
合计	乡办	村办	联办	个体
93 667 793	**23 835 675**	**23 365 691**	**8 837 475**	**37 628 952**
1 068 583	336 013	535 570	15 036	181 964
870 324	218 807	514 156	64 084	73 277
6 731 738	991 393	1 438 874	1 368 240	2 933 231
2 386 416	433 453	834 605	130 845	987 513
965 695	193 908	105 854	44 355	621 578
3 248 275	915 793	1 064 223	85 913	1 182 346
1 621 051	321 829	298 380	64 374	936 468
1 653 233	372 833	255 075	40 728	984 597
1 514 393	746 772	674 415	72 652	20 554
9 188 880	3 865 966	3 038 386	313 340	1 971 188
5 053 345	2 130 239	1 506 668	489 770	926 668
4 761 447	1 127 051	619 276	581 995	2 433 125
2 767 318	671 222	734 208	429 511	932 377
2 350 282	598 075	419 054	297 666	1 035 487
9 486 390	2 078 226	3 461 081	933 190	3 013 893
8 955 828	968 263	1 629 985	1 567 898	4 789 682
4 015 718	1 059 859	1 049 234	230 723	1 675 902
4 199 054	1 233 982	912 014	203 683	1 849 375
6 443 478	1 535 283	1 786 000	587 891	2 534 304
1 965 301	356 054	168 430	237 208	1 203 609
255 064	61 482	19 635	36 455	137 492
6 961 214	2 037 096	1 073 612	455 014	3 395 492
1 060 448	202 049	50 187	87 156	721 056
1 494 961	360 410	374 622	104 194	655 735
40 666	14 391	3 583	8 316	14 376
2 500 533	425 128	538 271	212 781	1 324 353
1 257 238	327 602	175 546	151 715	602 375
152 217	39 123	23 741	6 055	83 298
234 913	64 115	20 167	11 263	139 368
463 790	149 258	40 839	5 424	268 269

（四）企业总产值组成

单位：万元

地区 \ 项目	不变价 合计	不变价 乡办	不变价 村办	不变价 联办	不变价 个体	现价 合计	现价 乡办	现价 村办	现价 联办	现价 个体
全国总计	**74 269 747**	**26 723 151**	**21 826 296**	**6 140 035**	**19 580 265**	**84 004 168**	**30 924 363**	**24 891 927**	**6 818 115**	**21 369 763**
北京	1 827 429	713 262	878 130	27 752	208 285	1 888 284	754 347	897 900	27 752	208 285
天津	1 736 858	446 676	1 069 047	129 094	92 041	1 796 892	486 283	1 089 474	129 094	92 041
河北	4 939 095	918 111	1 180 210	1 120 659	1 720 115	5 424 282	1 045 621	1 305 032	1223 608	1 850 021
山西	1 615 787	387 794	589 983	102 440	535 570	1 789 128	465 167	656 097	113 567	554 297
内蒙古	437 576	113 000	57 210	21 936	245 430	477 989	136 015	66 490	24 155	251 329
辽宁	3 604 417	987 724	1 249 660	140 776	1 226 257	4 254 843	1 170 656	1 485 240	165 284	1 433 663
吉林	1 265 696	275 792	248 094	53 419	688 391	1 441 527	316 426	299 610	59 244	766 247
黑龙江	1 382 457	358 795	259 770	32 968	730 924	1 480 025	414 055	282 510	34 434	749 026
上海	2 179 776	1 253 469	840 240	72 415	13 652	2 628 742	1 553 294	977 023	84 204	14 221
江苏	11 337 507	6 038 561	3 809 878	267 068	1 222 000	12 917 363	6 913 032	4 395 267	290 901	1 318 163
浙江	6 574 508	3 284 143	1 920 963	566 407	802 995	7 050 085	3 696 348	1 984 335	566 407	802 995
安徽	2 400 423	768 103	337 607	302 270	992 443	2 700 229	902 411	400 692	330 703	1 066 423
福建	2 009 308	567 226	541 061	345 260	555 761	2 219 564	645 375	613 459	366 030	594 700
江西	1 229 780	398 711	257 446	141 152	432 471	1 363 897	455 653	285 763	159 807	462 674
山东	8 564 417	2 875 101	3 485 210	587 279	1 616 827	10 046 360	3 267 741	4 196 028	679 651	1 902 940
河南	4 817 123	666 545	1 080 953	918 870	2 150 755	5 688 780	797 043	1 371 035	1 081 089	2 439 613
湖北	2 910 314	1 063 533	849 562	164 860	832 359	3 272 698	1 177 472	975 943	191 477	927 806
湖南	2 262 928	818 241	454 084	99 178	891 425	2 585 750	960 950	540 652	118 750	965 398
广东	5 539 633	2 264 153	1 396 682	449 534	1 429 264	6 433 356	2 761 823	1 576 403	508 022	1 587 108
广西	667 358	199 181	58 425	80 614	329 138	833 659	253 064	77 195	107 159	396 241
海南	115 093	35 220	5 799	16 594	57 480	129 220	39 876	6 980	18 402	63 962
四川	3 720 760	1 420 992	599 987	245 066	1 454 715	4 146 331	1 693 067	672 653	261 367	1 519 244
贵州	346 020	96 591	23 856	22 958	202 615	395 017	126 885	26 696	24 861	216 575
云南	528 635	174 971	172 074	23 084	158 506	605 682	207 531	201 392	27 415	169 344
西藏										
陕西	1 309 032	260 477	332 991	128 303	587 291	1 394 929	297 498	361 990	134 283	601 158
甘肃	567 400	181 909	83 399	70 884	231 208	624 530	205 172	97 091	80 691	241 576
青海	51 741	16 828	8 754	2 426	23 733	59 062	21 494	10 365	2 552	24 651
宁夏	119 319	42 631	11 000	3 601	62 087	128 301	49 224	11 504	4 038	63 535
新疆	209 357	95 441	24 221	3 168	86 527	227 643	110 840	27 108	3 168	86 527

（五）农业企业组成和人数

地区＼项目	企业单位数（个） 合计	乡办	村办	联办	个体	企业人数（人） 合计	乡办	村办	联办	个体
全国总计	**226 829**	**28 280**	**198 549**	—	—	**2 392 996**	**587 406**	**1 805 590**	—	—
北京	433	203	230	—	—	14 417	8 312	6 105	—	—
天津	45	23	22	—	—	1 177	625	552	—	—
河北	8 959	646	8 313	—	—	118 526	7 477	111 049	—	—
山西	7 994	601	7 393	—	—	62 810	6 181	56 629	—	—
内蒙古	1 864	495	1 369	—	—	12 850	6 409	6 441	—	—
辽宁	3 475	586	2 889	—	—	86 140	20 698	65 442	—	—
吉林	6 456	1 280	5 176	—	—	74 919	27 696	47 223	—	—
黑龙江	3 678	548	3 130	—	—	33 137	11 239	21 898	—	—
上海				—	—				—	—
江苏	898	413	485	—	—	19 786	12 856	6 930	—	—
浙江	2 462	637	1 825	—	—	34 670	9 737	24 933	—	—
安徽	5 663	1 322	4 341	—	—	63 890	23 190	40 700	—	—
福建	13 847	1 432	12 415	—	—	205 312	40 432	164 880	—	—
江西	6 433	2 211	4 222	—	—	66 826	34 916	31 910	—	—
山东	26 160	797	25 363	—	—	347 867	31 426	316 441	—	—
河南	12 678	1 026	11 652	—	—	114 950	22 086	92 864	—	—
湖北	31 007	2 386	28 621	—	—	237 258	70 664	166 594	—	—
湖南	35 707	4 261	31 446	—	—	359 866	91 849	268 017	—	—
广东	19 047	1 943	17 104	—	—	134 206	35 769	98 437	—	—
广西	5 913	921	4 992	—	—	46 629	14 524	32 105	—	—
海南	862	374	488	—	—	32 024	24 667	7 357	—	—
四川	13 014	2 712	10 302	—	—	158 496	35 759	122 737	—	—
贵州	1 548	654	894	—	—	12 344	6 909	5 435	—	—
云南	5 480	546	4 934	—	—	57 332	14 562	42 770	—	—
西藏	44	24	20	—	—	795	502	293	—	—
陕西	9 081	1 195	7 886	—	—	62 662	13 570	49 092	—	—
甘肃	2 067	354	1 713	—	—	14 466	3 721	10 745	—	—
青海	201	72	129	—	—	1 473	649	824	—	—
宁夏	564	153	411	—	—	4 724	2 023	2 701	—	—
新疆	1 249	465	784	—	—	13 444	8 958	4 486	—	—

（六）农业企业总产值组成

单位：万元

项目 / 地区	不变价					现价				
	合计	乡办	村办	联办	个体	合计	乡办	村办	联办	个体
全国总计	**1 260 028**	**391 683**	**868 345**	—	—	**1 34 6 542**	**417 612**	**928 930**	—	—
北京	27 546	15 975	11 571	—	—	27 704	16 096	11 608	—	—
天津	1 323	899	424	—	—	1 323	899	424	—	—
河北	46 449	5 671	40 778	—	—	49 714	6 417	43 297	—	—
山西	20 230	2 621	17 609	—	—	20 677	2 590	18 087	—	—
内蒙古	6 459	3 156	3 303	—	—	7 063	3 493	3 570	—	—
辽宁	94 419	31 207	63 212	—	—	108 496	35 815	72 681	—	—
吉林	66 854	27 339	39 515	—	—	62 795	23 990	38 805	—	—
黑龙江	30 138	11 635	18 503	—	—	30 138	11 635	18 503	—	—
上海				—	—				—	—
江苏	19 511	10 751	8 760	—	—	20 199	11 349	8 850	—	—
浙江	15 165	7 639	7 526	—	—	15 485	7 750	7 735	—	—
安徽	30 974	12 555	18 419	—	—	32 280	12 918	19 362	—	—
福建	131 541	34 952	96 589	—	—	145 653	39 143	106 510	—	—
江西	21 036	11 830	9 206	—	—	23 128	13 041	10 087	—	—
山东	251 528	59 068	192 460	—	—	259 275	60 914	198 361	—	—
河南	52 906	9 634	43 272	—	—	54 143	9 886	44 257	—	—
湖北	120 383	35 347	85 036	—	—	126 374	37 587	88 787	—	—
湖南	119 677	35 422	84 255	—	—	133 940	39 179	94 761	—	—
广东	96 347	36 866	59 481	—	—	107 264	41 278	65 986	—	—
广西	12 923	4 695	8 228	—	—	15 844	5 509	10 335	—	—
海南	5 786	3 819	1 967	—	—	6 627	4 376	2 251	—	—
四川	39 168	14 308	24 860	—	—	42 181	15 661	26 520	—	—
贵州	5 440	2 861	2 579	—	—	5 972	3 109	2 863	—	—
云南	12 963	2 878	10 085	—	—	15 777	3 380	12 397	—	—
西藏				—	—				—	—
陕西	19 982	5 419	14 563	—	—	22 499	5 951	16 548	—	—
甘肃	4 933	1 148	3 785	—	—	5 025	1 163	3 862	—	—
青海	582	343	239	—	—	740	455	285	—	—
宁夏	1 999	939	1 060	—	—	2 017	954	1 063	—	—
新疆	3 766	2 706	1 060	—	—	4 209	3 074	1 135	—	—

（七）工业企业组成及人数

项目 / 地区	企业单位数（个）					企业人数（人）				
	合计	乡办	村办	联办	个体	合计	乡办	村办	联办	个体
全国总计	**7 364 664**	**262 593**	**719 745**	**603 894**	**5 778 432**	**56 241 046**	**16 321 416**	**18 195 252**	**5 484 506**	**16 239 872**
北京	27 018	2 683	11 081	383	12 871	722 955	246 901	421 823	11 321	42 910
天津	25 092	1 952	8 519	3 815	10 806	750 054	180 417	471 461	57 118	41 058
河北	567 037	13 142	37 860	94 555	421 480	3 906 911	663 800	1 142 195	843 909	1 257 007
山西	123 730	5 580	31 149	6 080	80 921	1 485 102	342 003	682 328	83 754	377 017
内蒙古	80 394	3 432	2 622	2 734	71 606	436 802	134 655	80 885	32 685	188 577
辽宁	208 490	9 171	28 613	6 457	164 249	2 052 123	642 508	863 108	67 666	478 841
吉林	163 827	4 667	7 877	3 756	147 527	786 134	223 652	216 839	26 625	319 018
黑龙江	145 022	5 501	11 029	2 880	125 612	766 986	266 111	199 448	16 764	284 663
上海	24 376	4 098	9 345	3 001	7 932	1 514 393	746 772	674 415	72 652	20 554
江苏	590 451	29 785	74 056	33 667	452 943	7 307 119	3 116 273	2 885 219	207 145	1 098 482
浙江	309 598	29 965	49 436	41 982	188 215	4 294 207	1 761 386	1 396 760	473 468	662 593
安徽	370 645	14 880	22 071	41 937	291 757	2 597 230	723 669	438 897	316 123	1 118 541
福建	168 092	7 462	25 739	21 828	113 063	1 562 472	384 877	489 444	294 361	393 790
江西	331 496	10 291	27 271	34 993	258 941	1 440 480	377 500	316 748	227 213	519 019
山东	549 405	16 086	77 803	51 932	403 584	5 556 828	1 368 911	2 407 312	396 008	1 384 597
河南	819 077	9 230	34 908	73 750	701 189	4 707 451	583 136	1 159 523	767 231	2 197 561
湖北	417 261	12 370	50 227	19 639	335 025	2 187 949	719 469	654 688	126 199	687 593
湖南	400 432	13 247	33 331	17 242	336 612	2 176 718	675 407	529 103	160 236	811 972
广东	394 573	14 970	57 850	37 264	284 489	4 042 487	1 101 540	1 498 830	418 496	1 023 621
广西	242 199	5 314	5 281	19 959	211 645	955 276	188 857	112 081	162 751	491 587
海南	20 998	538	410	2 492	17 558	73 555	14 355	5 020	19 907	34 273
四川	730 550	27 526	72 694	46 244	584 086	3 487 691	1 069 929	766 950	308 268	1 342 544
贵州	153 213	3 818	1 889	8 766	138 740	635 587	145 934	36 592	71 006	382 055
云南	162 091	3 034	15 016	10 831	133 210	720 584	136 573	220 391	90 205	273 415
西藏	389	98	43	77	171	14 270	6 806	1 233	3 373	2 858
陕西	198 056	6 653	17 997	9 358	164 048	1 189 090	231 205	368 874	124 324	464 687
甘肃	72 323	3 498	3 405	7 371	58 049	522 551	140 773	98 568	92 524	190 686
青海	14 102	455	415	175	13 057	63 360	18 601	17 211	2 613	24 935
宁夏	22 272	919	605	510	20 238	93 727	33 562	12 627	5 903	41 635
新疆	32 455	2 228	1 203	216	28 808	190 954	75 834	26 679	4 658	83 783

（八）工业企业总产值组成

单位：万元

地区	不变价 合计	不变价 乡办	不变价 村办	不变价 联办	不变价 个体	现价 合计	现价 乡办	现价 村办	现价 联办	现价 个体
全国总计	**52 435 661**	**20 829 528**	**18 370 775**	**4 198 072**	**9 037 286**	**61 441 959**	**24 856 199**	**21 279 306**	**4 837 618**	**10 468 836**
北京	1 364 297	556 136	718 302	23 542	66 317	1 424 446	596 792	737 795	23 542	66 317
天津	1 627 792	399 342	1 032 007	121 876	74 567	1 687 826	438 949	1 052 434	121 876	74 567
河北	3 363 346	700 153	1 015 590	779 211	868 392	3 780 284	822 705	1 136 915	870 214	950 450
山西	1 118 856	325 829	505 645	70 797	216 585	1 290 902	403 403	571 366	81 750	234 383
内蒙古	187 980	66 975	39 012	14 763	67 230	227 789	89 653	48 025	16 982	73 129
辽宁	2 634 494	734 734	1 042 133	122 092	735 535	3 131 366	878 620	1 232 461	145 701	874 584
吉林	615 416	187 954	171 232	19 095	237 135	779 689	231 937	223 458	24 920	299 374
黑龙江	691 571	250 152	195 546	14 993	230 880	781 441	304 185	218 025	16 405	242 826
上海	2 179 776	1 253 469	840 240	72 415	13 652	2 628 742	1 553 294	977 023	84 204	14 221
江苏	9 927 215	5 287 990	3 674 027	194 748	770 450	11 494 881	6 157 757	4 257 985	217 825	861 314
浙江	5 911 758	2 870 649	1 839 428	549 354	652 327	6 380 516	3 278 268	1 900 567	549 354	652 327
安徽	1 358 741	522 268	235 523	167 258	433 692	1 657 241	656 213	297 665	195 691	507 672
福建	1 213 242	354 607	385 754	254 809	218 072	1 384 969	422 332	445 696	274 476	242 465
江西	763 773	262 787	202 884	100 120	197 982	882 325	314 823	229 571	117 155	220 776
山东	6 207 244	2 206 329	2 695 593	341 894	963 428	7 611 091	2 583 822	3 373 883	434 784	1 218 602
河南	2 527 630	451 110	820 125	454 865	801 530	3 386 372	580 274	1 108 275	614 679	1 083 144
湖北	1 703 496	756 082	554 738	91 915	300 761	2 015 092	857 677	669 517	114 472	373 426
湖南	1 213 389	480 348	304 051	76 453	352 537	1 487 177	606 750	376 877	94 509	409 041
广东	3 750 743	1 706 800	1 123 751	331 921	588 271	4 485 393	2 156 747	1 284 314	378 325	666 007
广西	327 367	119 675	41 802	54 059	111 831	456 013	167 228	57 482	78 880	152 423
海南	37 736	9 525	1 617	11 768	14 826	42 869	11 939	2 310	12 934	15 686
四川	2 084 409	831 299	470 659	157 801	624 650	2 506 967	1 102 021	541 665	174 102	689 179
贵州	198 129	68 563	17 805	17 703	94 058	246 594	98 609	20 361	19 606	108 018
云南	263 818	79 498	106 827	19 967	57 526	338 051	111 556	133 833	24 298	68 364
西藏	0	0	0	0	0	0	0	0	0	0
陕西	742 794	171 667	252 649	88 099	230 379	826 174	208 186	279 663	94 079	244 246
甘肃	251 409	90 800	53 211	40 024	67 374	308 447	114 048	66 826	49 831	77 742
青海	24 759	9 604	6 634	1 643	6 878	30 644	13 485	8 156	1 746	7 257
宁夏	52 677	25 956	7 225	2 214	17 282	60 577	32 132	7 683	2 605	18 157
新疆	91 804	49 227	16 765	2 673	23 139	108 081	62 794	19 475	2 673	23 139

（九）建筑企业组成及人数

地区 \ 项目	企业单位数（个）					企业人数（人）				
	合计	乡办	村办	联办	个体	合计	乡办	村办	联办	个体
全国总计	**925 512**	**32 053**	**35 374**	**143 605**	**714 480**	**14 037 287**	**5 708 158**	**1 978 610**	**2 124 125**	**4 226 394**
北京	4 203	352	1 056	81	2 714	154 645	56 657	62 897	1 969	33 122
天津	1 287	126	331	197	633	56 334	27 076	20 542	3 835	4 881
河北	49 261	1 467	1 419	14 900	31 475	1 041 991	255 733	88 807	317 184	380 267
山西	14 990	482	1 493	1 609	11 406	293 189	63 008	57 107	27 213	145 861
内蒙古	10 342	380	172	576	9 214	147 726	38 260	10 717	7 403	91 346
辽宁	19 703	1 062	1 134	684	16 823	453 783	217 096	91 107	10 144	135 436
吉林	33 997	536	382	2 934	30 145	268 534	56 893	20 933	26 089	164 619
黑龙江	22 010	681	534	1 041	19 754	251 125	71 695	15 579	15 496	148 355
上海										
江苏	72 914	1 590	1 572	6 229	63 523	947 063	604 517	72 949	61 469	208 128
浙江	6 271	1 922	646	224	3 479	365 388	303 586	43 389	4 989	13 424
安徽	56 345	1 876	1 142	14 097	39 230	686 077	273 540	76 793	151 722	184 022
福建	23 953	966	670	3 972	18 345	389 403	203 252	36 314	57 129	92 708
江西	60 804	1 465	890	3 737	54 712	306 031	143 415	32 084	25 357	105 175
山东	62 777	2 404	7 760	22 915	29 698	1 700 528	577 578	488 829	369 034	265 087
河南	120 842	1 704	4 673	37 857	76 608	1 876 917	303 171	295 225	615 874	662 647
湖北	78 905	1 354	3 371	5 401	68 779	571 107	203 393	104 102	53 582	210 030
湖南	51 414	2 269	1 131	2 062	45 952	649 475	403 576	47 378	18 387	180 134
广东	71 515	1 566	1 264	6 721	61 964	769 815	302 634	62 526	84 486	320 169
广西	17 879	731	117	3 697	13 334	242 074	127 499	6 198	44 456	63 921
海南	4 009	179	613	777	2 440	47 202	20 043	6 092	11 056	10 011
四川	76 972	4 226	1 523	6 039	65 184	1 316 177	802 435	87 658	80 735	345 349
贵州	10 753	415	90	1 582	8 666	123 436	42 414	5 042	13 945	62 035
云南	8 802	902	924	1 584	5 392	329 956	187 887	91 554	10 485	40 030
西藏	197	70	14	80	33	10 354	5 103	1 625	3 089	537
陕西	30 417	1 162	1 459	3 077	24 719	520 230	153 394	84 467	64 826	217 543
甘肃	7 478	1 200	714	1 301	4 263	353 786	164 552	56 263	36 864	96 107
青海	431	142	86	65	138	37 327	18 447	4 267	3 013	11 600
宁夏	2 497	208	61	145	2 083	51 731	26 145	3 422	4 052	18 112
新疆	4 544	616	133	21	3 774	75 883	55 159	4 744	242	15 738

（十）建筑企业总产值组成

单位：万元

地区 \ 项目	不变价 合计	不变价 乡办	不变价 村办	不变价 联办	不变价 个体	现价 合计	现价 乡办	现价 村办	现价 联办	现价 个体
全国总计	8 861 322	4 286 864	1 440 805	1 011 796	2 121 857	9 098 286	4 398 911	1 497 344	1 025 270	2 176 761
北京	192 669	89 694	75 769	1 766	25 440	193 066	89 869	75 991	1 766	25 440
天津	54 981	30 135	18 630	3 042	3 174	54 981	30 135	18 630	3 042	3 174
河北	517 216	145 904	51 226	147 128	172 958	524 501	147 727	52 517	152 137	172 120
山西	137 971	38 081	33 506	10 785	55 599	137 654	37 783	33 433	10 735	55 703
内蒙古	106 010	33 406	10 822	5 031	56 751	106 010	33 406	10 822	5 031	56 751
辽宁	343 703	176 790	86 006	6 579	74 328	405 663	203 309	109 938	7 093	85 323
吉林	210 043	45 766	21 076	21 222	121 979	210 043	45 766	21 076	21 222	121 979
黑龙江	211 458	70 809	19 037	8 992	112 620	211 307	70 763	19 060	8 974	112 510
上海										
江苏	822 391	617 752	56 581	36 183	111 875	827 419	620 548	57 391	36 776	112 704
浙江	364 081	313 389	39 087	4 022	7 583	367 952	315 644	40 703	4 022	7 583
安徽	382 174	166 588	45 098	76 182	94 306	382 174	166 588	45 098	76 182	94 306
福建	218 101	123 928	23 536	24 915	45 722	226 141	128 023	24 644	26 558	46 916
江西	162 629	90 096	19 640	13 496	39 397	167 400	92 516	19 857	14 067	40 960
山东	1 165 373	497 054	382 860	142 858	142 601	1 197 713	507 339	399 249	138 036	153 089
河南	915 892	162 725	146 683	291 298	315 186	919 612	163 636	147 221	292 565	316 190
湖北	476 811	202 691	95 789	35 592	142 739	498 073	210 803	100 331	37 403	149 536
湖南	370 697	249 820	30 654	9 444	80 779	385 104	260 155	31 965	9 934	83 050
广东	638 019	357 686	86 658	44 546	149 129	701 097	392 445	90 828	49 884	167 940
广西	101 076	60 863	2 666	16 200	21 347	107 713	65 160	3 013	16 998	22 542
海南	26 930	19 055	1 170	2 942	3 763	29 201	20 569	1 191	3 223	4 218
四川	788 413	499 871	65 875	58 563	164 104	788 413	499 871	65 875	58 563	164 104
贵州	46 505	20 796	2 344	4 190	19 175	46 505	20 796	2 344	4 190	19 175
云南	136 699	79 586	47 818	2 317	6 978	136 699	79 586	47 818	2 317	6 978
西藏										
陕西	251 973	65 848	50 474	27 944	107 707	251 973	65 848	50 474	27 944	107 707
甘肃	140 040	74 509	21 658	15 104	28 769	140 040	74 509	21 658	15 104	28 769
青海	11 712	5 887	1 582	568	3 675	12 450	6 472	1 611	580	3 787
宁夏	25 392	13 521	1 947	769	9 155	25 896	13 917	1 985	806	9 188
新疆	42 363	34 614	2 613	118	5 018	43 486	35 728	2 621	118	5 019

（十一）交通运输业组成及人数

地区 \ 项	企业单位数（个） 合计	乡办	村办	联办	个体	企业人数（人） 合计	乡办	村办	联办	个体
全国总计	**3 798 800**	**14 553**	**35 343**	**141 406**	**3 607 498**	**6 993 660**	**507 552**	**413 396**	**485 606**	**5 587 106**
北京	30 302	178	646	63	29 415	72 666	7 713	20 731	346	43 876
天津	6 924	71	252	551	6 050	22 709	5 070	6 508	1 732	9 399
河北	308 897	768	1 045	24 883	282 201	544 828	21 807	16 419	74 892	431 710
山西	150 426	406	1 723	5 002	143 295	308 218	11 105	16 969	15 051	265 093
内蒙古	90 822	143	344	439	89 896	137 125	3 113	1 709	1 656	130 647
辽宁	121 984	163	755	1 052	120 014	258 030	8 022	10 659	3 847	235 502
吉林	121 378	154	538	2 501	118 185	215 507	2 858	3 863	6 872	201 914
黑龙江	159 087	153	922	1 786	156 226	263 200	3 986	5 755	5 246	248 213
上海										
江苏	179 233	1 317	1 561	6 947	169 408	413 673	85 561	34 106	20 302	273 704
浙江	74 502	632	445	3 174	70 251	142 642	23 269	16 842	6 633	95 898
安徽	133 730	810	753	10 691	121 476	401 745	51 449	24 035	38 207	288 054
福建	91 369	408	1 134	7 229	82 598	216 646	22 136	16 952	36 091	141 467
江西	95 417	1 196	1 478	6 562	86 181	160 205	19 999	12 026	19 860	108 320
山东	277 587	922	7 719	19 540	249 406	597 990	38 166	65 345	64 773	429 706
河南	425 590	538	1 674	25 020	398 358	847 601	30 663	34 669	81 609	700 660
湖北	188 865	917	5 924	4 552	177 472	298 015	28 933	31 276	14 227	223 579
湖南	202 176	1 083	1 224	3 198	196 671	295 218	25 241	16 349	11 154	242 474
广东	234 016	793	1 764	7 163	224 296	381 825	25 867	22 325	24 139	309 494
广西	154 292	368	277	2 795	150 852	199 559	9 995	2 857	11 563	175 144
海南	20 587	43	144	395	20 005	26 144	791	306	1 645	23 402
四川	222 174	1 829	3 392	4 603	212 350	377 163	48 532	31 239	20 432	276 960
贵州	79 320	298	175	423	78 424	95 666	3 434	1 124	1 628	89 480
云南	127 426	249	287	234	126 656	152 479	9 807	5 893	813	135 966
西藏	5 094			149	4 945	8 060			364	7 696
陕西	155 156	384	664	1 275	152 833	262 813	7 585	9 759	6 202	239 267
甘肃	49 854	411	182	1 043	48 218	160 332	10 682	4 643	14 872	130 135
青海	15 573	35	1	9	15 528	23 509	208	2	126	23 173
宁夏	37 235	53	71	106	37 005	55 503	748	360	1 146	53 249
新疆	39 784	231	249	21	39 283	54 589	812	675	178	52 924

（十二）交通运输业总产值组成

单位：万元

地区 \ 项目	不变价 合计	不变价 乡办	不变价 村办	不变价 联办	不变价 个体	现价 合计	现价 乡办	现价 村办	现价 联办	现价 个体
全国总计	5 785 398	399 803	420 235	516 320	4 449 040	5 932 009	407 349	432 151	526 312	4 566 197
北京	105 043	12 137	27 505	510	64 891	105 105	12 191	27 513	510	64 891
天津	34 389	12 213	10 746	3 210	8 220	34 389	12 213	10 746	3 210	8 220
河北	476 638	17 725	17 160	103 078	338 675	495 584	18 843	17 463	105 950	353 328
山西	237 262	12 327	17 120	17 563	190 252	237 526	12 401	17 078	17 607	190 440
内蒙古	83 940	2 470	1 160	1 366	78 944	83 940	2 470	1 160	1 366	78 944
辽宁	236 382	4 768	14 114	4 849	212 651	268 992	5 729	17 536	5 092	240 635
吉林	210 336	2 019	5 730	8 984	193 603	210 336	2 019	5 730	8 984	193 603
黑龙江	216 312	3 000	10 466	5 116	197 730	216 312	3 000	10 466	5 116	197 730
上海										
江苏	281 584	50 557	30 386	18 477	181 664	284 095	50 643	31 100	18 328	184 024
浙江	110 437	23 332	11 180	6 481	69 444	110 678	23 357	11 396	6 481	69 444
安徽	297 388	25 374	13 941	31 620	226 453	297 388	25 374	13 941	31 620	226 453
福建	215 854	22 513	13 382	36 182	143 777	223 564	23 298	13 947	36 527	149 792
江西	135 102	13 710	7 422	16 394	97 576	138 743	14 359	7 463	16 657	100 264
山东	532 265	45 248	104 610	66 458	315 949	547 557	45 579	108 410	68 434	325 134
河南	669 891	15 071	29 468	99 622	525 730	673 826	15 073	29 489	100 334	528 930
湖北	304 877	30 304	40 555	20 747	213 271	314 517	31 005	41 673	21 590	220 249
湖南	263 621	14 350	7 589	7 401	234 281	269 536	15 050	7 863	7 977	238 646
广东	370 283	23 262	26 707	25 448	294 866	402 512	25 093	28 453	27 428	321 538
广西	103 990	4 425	1 307	5 206	93 052	114 756	4 584	1 379	5 448	103 345
海南	20 662	1 179	579	683	18 221	22 891	1 215	711	718	20 247
四川	397 792	34 258	14 472	15 559	333 503	397 792	34 258	14 472	15 559	333 503
贵州	56 164	2 648	820	915	51 781	56 164	2 648	820	915	51 781
云南	71 788	6 126	1 921	427	63 314	71 788	6 126	1 921	427	63 314
西藏										
陕西	190 854	9 669	6 066	7 129	167 990	190 854	9 669	6 066	7 129	167 990
甘肃	94 169	7 079	2 264	12 018	72 808	98 169	7 079	2 264	12 018	72 808
青海	8 178	208	2	108	7 860	4 327	208	2	110	8 007
宁夏	255 367	707	217	484	23 959	25 783	713	217	492	24 361
新疆	34 830	3 124	2 846	285	28 575	34 885	3 152	2 872	285	28 576

（十三）商业、饮食业组成及人数

地区 \ 项目	企业单位数（个）					企业人数（人）				
	合计	乡办	村办	联办	个体	合计	乡办	村办	联办	个体
全国总计	**4 463 272**	**49 701**	**95 291**	**116 539**	**4 201 741**	**9 156 059**	**460 119**	**587 032**	**452 012**	**7 656 896**
北京	29 070	553	1 395	363	26 759	66 303	8 982	15 253	901	41 167
天津	9 836	305	522	384	8 625	26 512	3 920	6 591	1 080	14 921
河北	326 634	2 887	5 404	21 375	296 968	722 831	27 832	55 278	85 996	553 725
山西	79 693	712	1 907	974	76 100	174 291	6 152	14 125	3 315	150 699
内蒙古	75 241	969	542	253	73 477	135 785	8 215	4 372	1 445	121 753
辽宁	162 397	1 901	4 392	987	155 117	316 454	21 372	27 742	3 164	264 176
吉林	133 226	1 220	1 151	1 030	129 825	246 374	9 899	8 999	4 501	222 975
黑龙江	108 561	1 468	861	872	105 360	195 865	13 858	5 973	2 150	173 884
上海										
江苏	166 995	2 027	3 824	5 816	155 328	346 525	33 079	28 271	19 084	266 091
浙江	92 952	2 535	1 572	1 729	87 116	182 047	27 022	16 832	4 173	134 020
安徽	186 776	3 242	2 862	10 088	170 584	628 935	29 796	24 338	41 835	532 966
福建	124 962	1 398	2 436	5 020	116 108	272 617	11 384	15 724	24 065	221 444
江西	156 844	2 236	3 660	4 739	146 209	265 653	14 440	16 941	15 542	218 730
山东	350 873	2 948	16 548	17 201	314 176	863 303	41 809	115 923	61 764	643 807
河南	472 421	2 144	5 215	19 711	445 351	1 085 240	22 487	34 380	76 716	951 657
湖北	202 855	2 093	12 860	4 066	183 836	379 013	22 620	49 587	15 111	291 695
湖南	271 059	3 653	8 120	2 610	256 676	485 719	26 578	30 992	7 801	420 348
广东	331 256	3 706	8 653	8 410	310 487	716 676	39 986	52 327	40 463	583 900
广西	219 926	1 202	1 976	3 128	213 620	351 340	7 239	6 556	9 549	327 996
海南	29 942	140	155	607	29 040	53 698	1 129	704	2 083	49 782
四川	477 400	7 896	6 626	3 923	458 955	819 273	48 095	28 651	16 038	726 489
贵州	106 956	287	61	171	106 437	142 137	2 192	363	491	139 091
云南	103 849	803	952	217	101 877	159 465	6 487	7 860	1 027	144 091
西藏	1 032	92	27	126	787	4 943	1 420	374	877	2 272
陕西	128 850	1 813	2 817	1 858	122 362	266 254	12 384	14 126	8 279	231 465
甘肃	52 509	811	498	807	50 393	128 453	6 071	2 039	4 105	116 238
青海	12 302	103	106	36	12 057	20 006	803	328	273	18 602
宁夏	11 298	162	74	13	11 049	22 054	1 298	635	98	20 023
新疆	37 557	395	75	25	37 062	78 293	3 570	1 748	86	72 889

（十四）商业、饮食业总产值组成

单位：万元

项目 / 地区	不变价 合计	不变价 乡办	不变价 村办	不变价 联办	不变价 个体	现价 合计	现价 乡办	现价 村办	现价 联办	现价 个体
全国总计	5 927 338	815 273	726 136	413 847	3 972 082	6 185 372	844 292	754 196	428 915	4 157 969
北京	137 874	39 320	44 983	1 934	51 637	137 963	39 399	44 993	1 934	51 637
天津	18 373	4 087	7 240	966	6 080	18 373	4 087	7 240	966	6 080
河北	535 446	48 658	55 456	91 242	340 090	574 199	49 929	54 840	95 307	374 123
山西	101 468	8 936	16 103	3 295	73 134	102 369	8 990	16 133	3 475	73 771
内蒙古	53 187	6 993	2 913	776	42 505	53 187	6 993	2 913	776	42 505
辽宁	295 419	40 225	44 195	7 256	203 743	340 326	47 183	52 624	7 398	233 121
吉林	163 047	12 714	10 541	4 118	135 674	178 664	12 714	10 541	4 118	151 291
黑龙江	232 978	23 199	16 218	3 867	189 694	240 827	24 472	16 456	3 939	195 960
上海										
江苏	286 806	71 511	39 624	17 660	158 011	290 769	72 735	39 941	17 972	160 121
浙江	173 067	69 134	23 742	6 550	73 641	175 454	71 329	23 934	6 550	73 641
安徽	331 146	41 318	24 626	27 210	237 992	331 146	41 318	24 626	27 210	237 992
福建	230 570	31 226	21 800	29 354	148 190	239 237	32 579	22 662	28 469	155 527
江西	147 240	20 288	18 294	11 142	97 516	152 301	20 914	18 785	11 928	100 674
山东	408 007	67 402	109 687	36 069	194 849	430 724	70 087	116 125	38 397	206 115
河南	650 804	28 005	41 405	73 085	508 309	654 827	28 174	41 793	73 511	511 349
湖北	304 747	39 109	73 444	16 606	175 588	318 642	40 400	75 635	18 012	184 595
湖南	295 544	38 301	27 535	5 880	223 828	309 993	39 816	29 186	6 330	234 661
广东	684 241	139 539	100 085	47 619	396 998	737 090	146 260	106 822	52 385	431 623
广西	122 002	9 523	4 422	5 149	102 908	139 333	10 583	4 986	5 833	117 931
海南	23 979	1 642	466	1 201	20 670	27 632	1 777	517	1 527	23 811
四川	410 978	41 256	24 121	13 143	332 458	410 978	41 256	24 121	13 143	332 458
贵州	39 782	1 723	308	150	37 601	39 782	1 723	308	150	37 601
云南	43 367	6 883	5 423	373	30 688	43 367	6 883	5 423	373	30 688
西藏										
陕西	103 429	7 844	9 239	5 131	81 215	103 429	7 844	9 239	5 131	81 215
甘肃	76 849	8 373	2 481	3 738	62 257	76 849	8 373	2 481	3 738	62 257
青海	6 510	786	297	107	5 320	6 901	874	311	116	5 600
宁夏	13 884	1 508	551	134	11 691	14 028	1 508	556	135	11 829
新疆	36 594	5 770	937	92	29 795	36 982	6 092	1 005	92	29 793

1. 饮食业组成及人数

项目 地区	企业单位数（个）					企业人数（人）				
	合计	乡办	村办	联办	个体	合计	乡办	村办	联办	个体
全国总计	**853 708**	**8 525**	**20 319**	**29 711**	**795 153**	**2 232 704**	**68 129**	**153 473**	**116 360**	**1 894 742**
北京	4 072	90	392	47	3 543	14 808	1 533	5 165	153	7 957
天津	1 781	43	110	106	1 522	5 637	508	1 085	355	3 689
河北	59 805	429	992	4 927	53 457	152 813	3 206	9 970	20 706	118 931
山西	16 478	115	468	336	15 559	47 824	741	4 370	1 250	41 463
内蒙古	11 504	194	103	83	11 124	30 473	1 554	946	356	27 617
辽宁	34 068	294	682	261	32 831	76 694	2 281	5 174	969	68 270
吉林	22 873	350	276	259	21 988	63 999	2 436	3 247	1 113	57 203
黑龙江	16 907	321	251	140	16 195	45 302	2 253	1 614	547	40 888
上海										
江苏	27 235	288	677	1 226	25 044	71 752	3 612	6 406	4 906	56 828
浙江	17 642	338	358	344	16 602	41 644	3 567	4 805	887	32 385
安徽	44 253	632	673	3 361	39 587	182 625	5 182	8 063	13 801	155 579
福建	20 058	171	637	1 172	18 078	51 301	1 382	3 196	3 644	43 079
江西	31 653	621	1 012	1 485	28 535	70 274	3 653	6 323	4 835	55 463
山东	66 401	359	3 577	4 769	57 696	213 423	4 055	31 325	17 101	160 942
河南	102 943	348	1 452	5 170	95 973	278 225	2 480	10 555	20 433	244 757
湖北	44 137	394	3 039	1 134	39 570	96 899	2 860	12 735	3 526	77 778
湖南	34 470	630	987	496	32 357	78 603	3 897	5 105	1 769	67 832
广东	40 949	395	1 297	1 290	37 967	138 177	7 642	12 865	6 931	110 739
广西	38 306	222	318	566	37 200	73 972	1 094	1 337	1 565	69 976
海南	4 117	25	2	104	3 986	14 733	261	20	611	13 841
四川	94 053	1 399	2 039	1 306	89 309	221 762	7 759	11 072	5 451	197 480
贵州	21 664	59	17	42	21 546	36 716	273	140	169	36 134
云南	24 008	164	303	91	23 450	48 106	1 243	1 981	462	44 420
西藏	406	63	14	98	231	2 493	867	215	659	752
陕西	37 557	249	493	742	36 073	91 381	1 742	4 176	3 290	82 173
甘肃	12 447	127	43	119	12 158	33 607	585	205	573	32 244
青海	8 159	56	75	26	8 002	14 718	441	125	234	13 918
宁夏	2 933	34	20	6	2 873	7 014	224	128	42	6 620
新疆	12 829	115	12	5	12 697	27 729	798	1 125	22	25 784

2. 饮食业·总产值组成

单位：万元

地区 \ 项目	不变价 合计	不变价 乡办	不变价 村办	不变价 联办	不变价 个体	现价 合计	现价 乡办	现价 村办	现价 联办	现价 个体
全国总计	1 694 378	86 683	191 100	105 823	1 310 772	1 733 735	88 869	195 989	108 199	1 340 678
北京	25 926	5 462	9 797	162	10 505	25 937	5 469	9 801	162	10 505
天津	5 163	778	1 584	353	2 448	5 163	778	1 584	353	2 448
河北	115 503	4 735	9 545	18 417	82 806	119 134	4 916	9 824	19 161	85 233
山西	31 670	649	4 980	1 139	24 902	32 166	664	4 986	1 139	25 377
内蒙古	23 843	1 485	1 215	479	20 664	23 843	1 485	1 215	479	20 664
辽宁	84 059	2 686	5 570	2 103	73 700	91 877	2 993	6 709	2 197	79 978
吉林	80 769	4 457	3 584	1 438	71 290	80 769	4 457	3 584	1 438	71 290
黑龙江	56 163	3 922	3 064	809	48 368	56 163	3 922	3 064	809	48 368
上海										
江苏	51 348	4 822	8 229	2 955	35 342	52 124	5 033	8 308	3 011	35 772
浙江	27 486	2 844	3 356	811	20 475	27 588	2 920	3 382	811	20 475
安徽	101 069	4 340	5 361	9 028	82 340	101 069	4 340	5 361	9 028	82 340
福建	47 349	1 612	3 936	4 201	37 600	49 096	1 662	4 002	4 309	39 123
江西	38 364	3 380	5 128	2 591	27 265	39 599	3 446	5 264	2 707	28 182
山东	140 234	6 417	52 581	12 723	68 513	143 165	6 540	52 995	13 094	70 536
河南	282 907	6 054	17 505	27 315	232 033	283 124	6 054	17 528	27 326	232 216
湖北	61 865	3 555	11 847	2 674	43 789	63 975	3 669	12 228	2 818	45 260
湖南	64 576	5 126	7 044	1 567	50 839	67 493	5 131	7 560	1 624	53 178
广东	124 466	12 727	18 792	6 641	86 306	134 807	13 659	20 507	7 109	93 532
广西	31 891	897	741	1 020	29 233	35 550	964	835	1 081	32 670
海南	7 711	311	26	422	6 952	8 915	306	35	567	8 007
四川	166 119	6 477	10 530	5 232	143 830	166 119	6 477	10 580	5 232	143 830
贵州	13 664	208	101	35	13 320	13 665	208	102	35	13 320
云南	21 313	1 092	1 791	242	18 188	21 313	1 092	1 791	242	18 188
西藏										
陕西	56 818	1 227	4 147	2 830	48 614	56 818	1 227	4 147	2 830	48 614
甘肃	18 611	748	347	572	16 944	18 611	748	347	572	16 944
青海	1 652	22	65	13	1 552	1 713	22	65	13	1 613
宁夏	5 242	219	164	31	4 828	5 310	224	165	32	4 889
新疆	8 597	431	20	20	8 126	8 629	463	20	20	8 126

（十五）服务业组成及人数

地区 \ 项目	企业单位数（个）					企业人数（人）				
	合计	乡办	村办	联办	个体	合计	乡办	村办	联办	个体
全国总计	1 269 966	13 209	29 402	36 148	1 191 207	2 910 554	151 421	238 628	149 469	2 371 036
北京	5 291	86	224	15	4 966	19 701	4 993	6 907	40	7 761
天津	1 694	24	94	117	1 459	5 249	579	1 845	299	2 526
河北	66 006	702	1 470	4 163	59 671	148 682	6 227	12 930	16 695	112 830
山西	15 394	145	709	156	14 384	46 388	4 721	6 010	1 051	34 606
内蒙古	23 077	302	177	71	22 527	52 298	2 122	1 151	476	48 549
辽宁	25 650	253	458	268	24 671	52 399	4 354	4 771	663	42 611
吉林	17 750	144	128	53	17 425	28 243	794	523	287	26 639
黑龙江	40 192	357	523	280	39 032	78 779	3 580	4 298	712	70 189
上海										
江苏	41 664	336	597	731	40 000	82 590	6 490	5 846	2 280	67 974
浙江	11 380	275	266	67	10 772	26 557	4 122	6 842	301	15 292
安徽	89 734	1 252	867	6 048	81 567	334 640	22 683	12 724	28 475	270 758
福建	28 314	391	771	1 257	25 895	67 548	4 743	6 059	5 451	51 295
江西	50 836	885	1 069	3 717	45 165	95 372	6 871	8 529	6 866	73 106
山东	87 873	515	4 076	5 268	78 014	215 606	6 785	33 739	20 352	154 730
河南	62 717	223	815	2 421	59 258	142 125	1 723	9 593	10 990	119 819
湖北	76 505	613	4 368	1 839	69 685	147 105	7 925	19 438	7 483	112 259
湖南	101 329	1 094	2 602	1 376	96 257	212 740	10 739	19 186	5 712	177 103
广东	61 045	860	2 022	1 552	56 611	150 801	7 946	20 955	6 953	114 947
广西	47 356	531	820	1 011	44 994	82 630	5 703	4 458	3 972	68 497
海南	5 623	47	11	116	5 449	10 189	303	100	414	9 372
四川	291 712	2 485	5 492	4 589	279 146	671 400	24 321	33 353	24 266	589 460
贵州	21 725	112	49	20	21 544	38 414	781	1 508	59	36 066
云南	22 716	440	491	118	21 667	44 178	3 825	4 843	559	34 951
西藏	130	28	6	19	77	873	400	58	117	298
陕西	41 673	455	818	714	39 686	87 575	4 032	7 958	3 862	71 723
甘肃	12 609	210	249	147	12 003	32 794	1 133	2 492	1 072	28 097
青海	2 472	23	50	8	2 391	5 943	399	1 107	30	4 407
宁夏	2 660	49	37	6	2 568	4 903	268	373	28	4 234
新疆	14 839	372	143	1	14 323	24 832	2 859	1 032	4	20 937

（十六）其他行业组成及人数

地区 \ 项目	企业单位数（个）					企业人数（人）				
	合计	乡办	村办	联办	个体	合计	乡办	村办	联办	个体
全国总计	637 239	5 288	16 284	27 819	587 848	1 936 191	99 603	147 183	141 757	1 547 648
北京	6 906	67	65	16	6 758	17 896	2 455	1 854	459	13 128
天津	390	16	78	7	289	8 289	1 120	6 657	20	492
河北	80 122	523	1 007	6 379	72 213	247 969	8 517	12 196	29 564	197 692
山西	3 775	21	162	68	3 524	16 418	283	1 437	461	14 237
内蒙古	11 349	66	104	41	11 138	43 109	1 134	579	690	40 706
辽宁	12 691	79	154	123	12 335	29 346	1 743	1 394	429	25 780
吉林	954	4			950	1 340	37			1 303
黑龙江	31 949	122	371	158	31 298	64 141	2 364	2 124	360	59 293
上海										
江苏	26 809	196	368	758	25 487	72 124	7 190	5 065	3 060	56 809
浙江	3 169	40	59	54	3 016	7 834	1 117	1 070	206	5 441
安徽	10 979	113	140	781	9 945	48 930	2 724	1 789	5 633	38 784
福建	12 399	295	552	1 841	9 711	53 320	4 398	4 835	12 414	31 673
江西	7 719	118	226	652	6 723	15 715	934	816	2 828	11 137
山东	64 857	398	3 017	4 088	57 354	204 268	13 551	33 492	21 259	135 966
河南	60 411	184	405	2 898	56 924	181 544	4 997	3 731	15 478	157 338
湖北	78 403	398	4 776	3 132	70 097	195 271	6 855	23 549	14 121	150 746
湖南	5 221	53	138	56	4 974	19 318	592	989	393	17 344
广东	67 231	976	2 416	2 885	60 954	247 668	21 541	30 600	13 354	182 173
广西	33 482	177	716	1 142	31 447	87 793	2 237	4 175	4 917	76 461
海南	7 112	34	7	419	6 652	12 252	194	56	1 350	10 652
四川	45 771	603	683	1 126	43 359	131 014	8 025	3 024	5 275	114 690
贵州	6 812	31	13	16	6 752	12 864	385	123	27	12 329
云南	12 691	208	209	309	11 965	30 967	1 269	1 311	1 105	27 282
西藏	103	7		25	71	1 371	160		496	715
陕西	28 408	215	410	650	27 133	111 909	2 958	3 995	5 288	99 668
甘肃	5 454	114	38	176	5 076	44 856	670	796	2 278	41 112
青海	340	5	1		334	599	16	2		581
宁夏	1 227	6	2	4	1 215	2 271	71	49	36	2 115
新疆	10 505	219	117	15	10 154	25 795	2 066	1 475	256	21 998

三、1989年计划单列市乡镇企业概况

(一) 基本情况

地区 \ 项目	企业单位数 (个)	企业人数 (人)	总产值 (现行价,万元)	总收入 (万元)	利税总额 (亿元)	国家税金 (亿元)	纯利润 (亿元)	工资总额 (亿元)	固定资产原值 (亿元)
合计	1 175 387	8 022 231	9 491 420	8 747 745	74.61	34.45	35.07	63.85	191.76
重庆	233 265	1 210 965	772 812	753 459	3.17	1.97	1.52	5.22	13.17
西安	107 952	593 769	469 261	503 565	3.13	1.07	2.05	2.88	8.34
武汉	87 254	503 677	604 199	482 002	3.22	1.48	1.96	3.18	9.58
广州	60 940	532 628	725 197	854 817	5.71	2.18	3.44	8.21	21.92
沈阳	61 167	454 347	775 465	700 278	8.62	3.47	4.12	4.49	11.49
大连	55 756	658 770	1 063 478	987 547	9.18	4.50	4.01	6.28	25.96
哈尔滨	31 546	176 347	177 753	166 045	1.26	0.57	0.65	1.50	3.93
青岛	104 289	1 038 634	1 553 113	1 247 514	11.54	4.56	6.35	8.38	27.50
南京	42 533	508 305	487 933	431 451	3.22	2.36	0.86	3.63	13.36
宁波	50 364	867 918	1 452 862	1 213 051	18.52	9.00	6.71	11.77	32.83
成都	190 589	891 890	899 572	829 454	4.00	2.07	1.63	4.86	16.93
厦门	15 132	71 967	53 636	56 003	0.30	0.13	0.16	0.44	1.16
长春	134 600	513 014	456 139	522 559	2.74	1.09	1.61	3.01	5.59

（二）五大行业总产值

（现行价）　　　　单位：万元

行业 地区	合计	农业	工业	建筑业	交通运输业	商业饮食业
合计	9 491 420	182 422	7 037 457	1 087 786	507 074	676 681
重庆	772 812	7 364	404 012	176 431	63 924	121 081
西安	469 261	3 194	298 647	76 223	55 568	35 629
武汉	604 199	11 008	380 809	104 965	40 180	67 237
广州	725 197	10 259	489 017	90 602	55 348	79 971
沈阳	775 465	520	680 746	33 665	30 312	30 222
大连	1 063 478	82 369	728 049	146 603	43 630	62 827
哈尔滨	177 753	2 924	113 562	25 248	17 776	18 243
青岛	1 553 113	36 704	1 289 820	129 822	45 435	51 332
南京	487 933	4 157	395 422	54 401	16 227	17 726
宁波	1 452 862		1 391 651	33 229	6 914	21 068
成都	899 572	7 539	582 736	139 448	67 511	102 338
厦门	53 636	4 497	24 019	6 733	7 557	10 830
长春	456 139	11 887	258 967	70 416	56 692	58 177

（三）五大行业构成

单位：%

行业 地区	农业	工业	建筑业	交通运输业	商业饮食业
合计	1.92	74.15	11.46	5.34	7.13
重庆	0.95	52.28	22.83	8.27	15.67
西安	0.68	63.64	16.24	11.84	7.59
武汉	1.82	63.03	17.37	6.65	11.13
广州	1.41	67.43	12.49	7.63	11.03
沈阳	0.07	87.79	4.34	3.91	3.90
大连	7.75	68.46	13.79	4.10	5.91
哈尔滨	1.64	63.89	14.20	10.00	10.26
青岛	2.36	83.05	8.36	2.93	3.31
南京	0.85	81.04	11.15	3.33	3.63
宁波	0.00	95.79	2.29	0.48	1.45
成都	0.84	64.78	15.50	7.50	11.38
厦门	8.38	44.78	12.55	14.09	20.19
长春	2.61	56.77	15.44	12.43	12.75

四、1989年各地乡镇工业企业概况

项目 / 地区	企业单位数（万 个）	企业人数（万 人）	总产值(现价)（万 元）	总收入（万 元）	利税总额（万 元）	纯利润（万 元）	工资总额（万 元）	固定资产原值（万 元）
全国总计	7 364 664	56 241 046	61 441 959	50 866 423	6 157 746	3 206 228	6 369 557	18 849 940
北京	27 018	722 955	1 424 446	1 168 799	203 126	103 311	114 897	442 852
天津	25 092	750 054	1 687 826	1 123 942	188 056	80 599	103 228	384 378
河北	567 037	3 906 911	3 780 284	3 295 116	547 685	406 564	502 459	1 090 261
山西	123 730	1 485 102	1 290 902	1 017 657	202 051	122 361	189 408	540 303
内蒙古	80 394	436 802	227 789	203 120	33 713	22 507	44 242	113 384
辽宁	208 490	2 052 123	3 131 366	2 612 472	402 411	199 638	272 211	822 920
吉林	163 827	786 134	779 689	607 168	92 998	55 831	98 113	249 900
黑龙江	145 022	766 986	781 441	555 529	67 119	39 294	85 740	271 960
上海	24 376	1 514 393	2 628 742	2 490 962	368 527	81 279	127 872	946 057
江苏	590 451	7 307 119	11 494 881	9 172 654	715 081	235 765	840 152	2 971 331
浙江	309 598	4 294 207	5 380 516	5 357 485	583 009	166 037	577 943	1 643 694
安徽	370 645	2 597 230	1 657 241	1 395 628	164 524	124 829	213 203	492 187
福建	168 092	1 562 472	1 384 969	1 314 717	154 260	90 705	217 604	433 875
江西	331 496	1 440 480	882 325	800 215	98 970	60 508	136 639	282 317
山东	549 405	5 556 828	7 611 091	5 628 897	720 510	425 942	572 833	2 087 012
河南	819 077	4 707 451	3 386 372	2 546 345	365 150	289 153	381 491	1 010 100
湖北	417 261	2 187 949	2 015 092	1 539 095	152 566	86 954	201 115	671 743
湖南	400 432	2 176 718	1 487 177	1 408 791	155 340	82 878	224 849	553 295
广东	394 573	4 042 487	4 485 393	4 386 605	462 474	277 359	759 989	1 853 371
广西	242 199	955 276	456 013	432 829	51 969	26 346	80 320	189 795
海南	20 998	73 555	42 869	42 011	5 378	4 087	9 201	36 542
四川	730 550	3 487 691	2 506 967	2 080 661	191 238	85 632	296 658	868 568
贵州	153 213	635 587	246 594	219 859	37 263	23 367	62 610	110 278
云南	162 091	720 584	338 051	325 628	41 540	19 814	65 688	202 383
西藏	389	14 270		5 432				
陕西	198 056	1 189 090	826 174	732 263	94 141	60 816	109 448	314 835
甘肃	72 323	522 551	308 447	230 001	31 034	18 813	47 377	136 018
青海	14 102	63 360	30 644	25 081	3 231	1 582	5 685	24 058
宁夏	22 272	93 727	60 577	53 832	9 220	5 583	8 849	34 855
新疆	32 455	190 954	108 081	93 629	15 162	8 674	19 733	71 668

五、1989年乡村工业行业概况

(一) 企业单位数及企业人数

项　　目	企业单位数(个)			企业人数(人)		
	合计	乡办	村办	合计	乡办	村办
合　计	**982 197**	**262 495**	**719 702**	**34 508 629**	**16 314 610**	**18 194 019**
一、1. 轻工业	547 835	136 093	411 742	15 918 570	7 760 438	8 158 132
以农产品为原料	372 485	81 483	291 002	9 047 065	4 644 978	4 402 087
以非农产品为原料	175 350	54 610	120 740	6 871 505	3 115 460	3 756 045
2. 重工业	434 362	126 402	307 960	18 590 059	8 554 172	10 035 887
采掘工业	79 457	22 813	56 644	3 772 834	1 777 629	1 995 205
原料工业	54 455	22 122	32 333	2 221 855	1 282 700	939 155
加工工业	300 450	81 467	218 983	12 595 370	5 493 843	7 101 527
二、1. 煤炭采选业	22 320	8 225	14 095	1 617 801	857 166	760 635
其中：煤炭采选业	20 783	7 614	13 169	1 510 666	805 253	705 413
2. 石油和天然气开采业	7	4	3	318	234	84
3. 黑色金属采选业	3 451	1 236	2 215	192 497	105 211	87 286
其中：铁矿采选业	2 482	772	1 710	131 465	68 890	62 575
4. 有色金属采选业	4 567	2 095	2 472	235 677	154 059	81 618
其中：铅锌矿采选业	640	419	221	36 105	28 190	7 915
金矿采选业	1 472	538	934	73 218	44 912	28 306
5. 建材及其他非金属矿采选业	42 884	9 729	33 155	1 538 034	590 356	947 678
其中：采石业	25 711	5 049	20 662	788 286	259 385	528 901
耐火土石开采业	1 335	331	1 004	161 024	65 324	95 700
化学矿采选业	570	225	345	32 883	18 271	14 612
硫矿采选业	436	181	255	23 380	12 858	10 522
磷矿采选业	505	224	281	29 617	18 979	10 638
其他非金属矿采选业	6 576	2 300	4 276	245 700	130 604	115 096
6. 采盐业	1 009	447	562	55 656	32 450	23 206
7. 其他矿采选业	744	299	445	28 855	15 492	13 363
8. 木材及竹材采选业	5 116	876	4 240	100 426	31 867	68 559
9. 自来水生产及供应业	2 335	1 502	833	19 290	16 018	3 272
10. 食品制造业	223 743	25 421	198 322	1 810 689	669 863	1 140 826
其中：粮食加工	164 523	9 907	154 616	732 231	147 134	585 097
植物油加工业	28 081	6 108	21 973	271 720	115 072	156 648
乳品加工业	401	236	165	15 044	10 929	4 115
水产品加工业	1 740	678	1 062	80 813	40 822	39 991
罐头食品制造业	3 947	1 986	1 961	188 444	111 390	77 054
制糖业	851	224	627	23 073	10 177	12 896
屠宰及肉类加工业	1 625	544	1 081	37 250	22 447	14 803
11. 饮料制造业	21 503	9 355	12 148	471 110	262 548	208 562

（续）

项目	企业单位数（个）			企业人数(人)		
	合计	乡办	村办	合计	乡办	村办
其中：白酒制造业	7 412	4 062	3 350	92 898	59 244	33 654
黄酒制造业	566	287	279	16 267	9 642	6 625
啤酒制造业	284	183	101	48 031	34 120	13 911
汽水制造业	2 391	1 034	1 357	70 341	33 104	37 237
制茶业	5 955	1 877	4 078	121 463	62 028	59 435
12．烟草加工业	64	29	35	2 008	1 039	969
13．饲料工业	6 303	2 076	4 227	78 453	36 218	42 235
其中：配混合饲料制造业	3 227	1 281	1 946	44 950	22 140	22 810
14．纺织工业	30 691	12 974	17 717	3 049 087	1 944 950	1 104 137
其中：棉纺织业	8 531	4 260	4 271	977 058	651 763	325 295
棉纺业	1 702	945	757	251 988	191 368	60 620
毛纺织业	2 469	1 244	1 225	341 462	223 306	118 156
毛纺业	959	467	492	136 367	80 040	56 327
针织品业	8 242	3 479	4 763	623 941	364 329	259 612
15．缝纫业	23 975	8 463	15 512	1 445 066	736 312	708 754
其中：服装业	17 075	6 292	10 783	1 065 506	580 262	485 244
制帽业	289	100	189	21 447	9 674	11 773
制鞋业	2 725	933	1 792	172 576	82 467	90 109
16．皮革皮毛制品业	9 709	3 666	6 043	545 304	269 233	276 071
其中：皮革制品业	6 443	2 439	4 004	367 702	186 467	181 235
17．木材加工及竹藤棕草编织业	27 386	9 761	17 625	529 852	254 691	275 161
18．家具制造业	15 763	5 410	10 353	341 276	155 477	185 799
19．造纸及纸制品工业	17 731	5 832	11 899	897 244	386 218	511 026
其中：造纸业	8 706	2 915	5 791	465 341	228 280	237 061
20．印刷业	9 647	3 702	5 945	327 791	132 927	194 864
21．文教体育用品制造业	3 935	1 528	2 407	298 053	149 126	148 927
其中：玩具制造业	1 233	495	738	161 524	90 659	70 865
22．工艺美术品制造业	24 002	7 970	16 032	1 465 051	717 229	747 822
其中：雕塑工艺品制造业	1 332	604	728	68 654	37 319	31 335
竹藤棕草工艺品业	2 031	771	1 260	126 988	67 216	59 772
抽纱刺绣工艺品制造业	3 950	1 164	2 786	293 630	148 639	144 991
地毯制造业	5 829	1 676	4 153	320 636	138 347	182 289
陶瓷工艺品制造业	839	211	628	31 454	11 419	20 035
烟花鞭炮制造业	4 047	1 539	2 508	298 138	169 363	128 775
23．电力、蒸气热水生产供应业	16 586	8 650	7 936	154 722	124 239	30 483

(续)

项目	企业单位数（个）			企业人数(人)		
	合计	乡办	村办	合计	乡办	村办
其中：水力发电	13 770	7 082	6 688	125 917	99 959	25 958
24．石油加工业	1 002	414	588	30 712	15 273	15 439
25．炼焦、煤气及煤制品业	4 066	1 456	2 610	95 263	46 006	49 257
26．化学工业	25 083	10 031	15 052	1 028 217	527 630	500 587
其中：化肥制造业	2 311	1 301	1 010	89 340	60 999	28 341
化学农药制造业	516	250	266	25 934	18 265	7 669
日用化学品制造业	4 186	1 736	2 450	135 331	65 796	69 535
化妆品制造业	494	205	289	21 792	11 826	9 966
27．医药工业	1 382	759	623	88 104	57 693	30 411
28．化学纤维工业	596	311	285	50 720	37 685	13 035
29．橡胶制品业	4 536	1 636	2 900	256 790	136 959	119 831
其中：日用橡胶制品业	750	341	409	48 377	33 228	15 149
30．塑料制品业	26 774	8 097	18 677	1 053 869	447 424	606 445
31．建材及其他非金属矿制品业	193 722	43 221	150 501	8 304 613	3 483 956	4 820 657
其中：水泥制造业	4 581	3 016	1 565	661 077	514 524	146 553
水泥预制件制造业	23 627	7 988	15 639	545 501	232 135	313 366
砖瓦制造业	116 129	19 880	96 249	5 300 529	2 010 561	3 289 968
建筑用石加工业	5 702	1 402	4 300	158 566	62 939	95 627
轻质建材制品业	4 250	1 171	3 079	148 651	53 052	95 599
日用玻璃制造业	1 289	511	778	95 313	58 091	37 222
制镜业	318	143	175	12 449	7 031	5 418
建筑、卫生陶瓷制品业	1 662	576	1 086	98 021	54 107	43 914
32．黑色金属冶炼及压延工业	6 585	2 397	4 188	429 826	230 291	199 535
33．有色金属冶炼及压延工业	4 186	1 751	2 435	227 165	126 179	100 986
34．金属制品业	46 029	16 987	29 042	1 762 662	807 758	954 904
35．机械工业	63 549	23 150	40 399	2 851 084	1 445 671	1 405 413
其中：农牧渔业机械制造修理业	7 646	3 831	3 815	261 192	159 224	101 968
36．交通设备制造业	7 396	3 057	4 339	351 269	194 559	156 710
37．电器机械及器材制造业	11 093	4 733	6 360	679 143	374 828	304 315
38．电子及通讯设备制造业	3 460	1 480	1 980	302 516	161 123	141 393
39．仪器仪表及其他计量工具制造业	2 121	958	1 163	101 959	57 902	44 057
40．其他工业	67 146	12 807	54 339	1 690 457	520 750	1 169 707

（二）总　　产　　值

单位：万元

项　　目	不变价			现价		
	合计	乡办	村办	合计	乡办	村办
合　计	39 200 301	20 829 529	18 370 772	46 145 096	24 856 199	21 288 897
一、1．轻工业	21 062 166	11 586 615	9 475 551	23 797 872	13 214 853	10 583 019
以农产品为原料	12 332 604	7 173 012	5 159 592	14 261 049	8 352 253	5 908 796
以非农产品为原料	8 729 562	4 413 603	4 315 959	9 536 823	4 862 600	4 674 223
2．重工业	18 138 135	9 242 914	8 895 221	22 347 224	11 641 346	10 705 878
采掘工业	2 280 166	1 053 551	1 226 615	2 983 937	1 457 294	1 526 643
原料工业	2 965 179	1 801 787	1 163 392	4 146 384	2 711 239	1 435 145
加工工业	12 892 790	6 387 576	6 505 214	15 216 903	7 472 813	7 744 090
二、1．煤炭采选业	782 747	382 882	399 865	1 200 906	647 411	553 495
其中：煤炭采选业	708 644	354 700	353 944	1 090 059	590 659	499 400
2．石油和天然气开采业	287	223	64	378	298	80
3．黑色金属采选业	118 149	64 892	53 257	142 276	79 344	62 932
其中：铁矿采选业	87 287	48 720	38 567	104 295	58 985	45 310
4．有色金属采选业	190 475	131 198	59 277	257 020	175 616	81 404
其中：铅锌矿采选业	31 894	26 283	5 611	36 780	30 430	6 350
金矿采选业	50 339	25 623	24 716	78 240	41 288	36 952
5．建材及其他非金属矿采选业	985 491	379 427	606 064	1 156 855	448 078	708 777
其中：采石业	472 789	146 667	326 122	550 318	173 190	377 128
耐火土石开采业	96 033	37 313	58 720	119 309	50 370	68 939
化学矿采选业	22 380	13 053	9 327	21 154	13 100	8 054
硫矿采选业	11 908	6 355	5 553	13 916	7 912	6 004
磷矿采选业	24 541	15 449	9 092	29 510	19 489	10 021
其他非金属矿采选业	179 950	101 161	78 789	211 426	117 446	93 980
6．采盐业	46 464	33 635	12 829	58 512	42 691	15 821
7．其他矿采选业	19 758	12 220	7 538	21 448	12 875	8 573
8．木材及竹材采选业	52 639	20 537	32 102	77 543	32 721	44 822
9．自来水生产及供应业	23 594	20 191	3 403	28 691	24 776	3 915
10．食品制造业	2 438 289	1 141 158	1 297 131	2 962 112	1 430 914	1 531 198
其中：粮食加工	688 750	193 225	495 525	798 553	228 206	570 347
植物油加工业	422 819	214 606	208 213	576 286	319 378	256 908
乳品加工业	31 266	21 716	9 550	37 759	26 015	11 744
水产品加工业	227 168	111 962	115 206	303 915	154 407	149 508
罐头食品制造业	261 261	166 699	94 562	302 508	191 743	110 765
制糖业	16 761	9 313	7 448	22 613	13 569	9 044
屠宰及肉类加工业	109 273	69 004	40 268	129 498	82 916	46 582
11．饮料制造业	575 206	347 664	227 542	711 241	441 378	269 863

（续）

项　　目	不变价			现价		
	合计	乡办	村办	合计	乡办	村办
其中：白酒制造业	108 465	69 173	39 292	131 674	85 038	46 636
黄酒制造业	22 102	14 826	7 276	30 983	21 460	9 523
啤酒制造业	70 769	47 375	23 394	116 207	83 310	32 897
汽水制造业	89 447	51 767	37 680	97 996	55 837	42 159
制茶业	131 069	79 357	51 712	143 762	88 155	55 607
12．烟草加工业	2 168	1 267	901	2 637	1 431	1 206
13．饲料工业	193 143	106 473	86 670	229 524	129 059	100 465
其中：配混合饲料制造业	117 539	67 959	49 580	136 707	77 364	59 343
14．纺织工业	5 244 470	3 419 007	1 825 463	5 922 252	3 929 230	1 993 022
其中：棉纺织业	1 700 029	1 144 446	555 583	1 974 873	1 355 317	619 556
棉纺业	378 610	299 997	78 613	480 533	383 585	96 948
毛纺织业	711 227	470 755	240 472	813 453	542 720	270 733
毛纺业	328 554	186 641	141 913	348 357	185 677	162 680
针织品业	831 173	539 308	291 865	921 271	595 448	325 823
15．缝纫业	1 587 890	956 813	631 077	1 762 323	1 054 419	707 904
其中：服装业	1 231 860	761 279	470 581	1 368 825	850 130	518 695
制帽业	21 491	12 102	9 389	24 285	13 768	10 517
制鞋业	187 029	108 139	78 890	209 744	112 921	96 823
16．皮革皮毛制品业	685 600	380 790	304 810	782 209	431 001	351 208
其中：皮革制品业	443 541	251 360	192 181	506 892	284 850	222 042
17．木材加工及竹藤棕草编织业	532 650	263 167	269 483	607 026	301 078	305 948
18．家具制造业	408 322	191 444	216 878	450 430	207 203	243 227
19．造纸及纸制品工业	1 082 378	526 157	556 221	1 251 840	615 358	636 482
其中：造纸业	524 542	278 580	245 962	646 258	346 321	299 937
20．印刷业	383 297	169 876	213 421	417 519	181 027	236 492
21．文教体育用品制造业	274 108	152 112	121 996	300 499	164 174	136 325
其中：玩具制造业	113 004	70 271	42 733	127 330	78 782	48 548
22．工艺美术品制造业	854 096	483 988	370 108	926 920	515 222	411 698
其中：雕塑工艺品制造业	48 893	30 005	18 888	51 099	30 221	20 878
竹藤棕草工艺品业	66 987	39 817	27 170	70 160	40 607	29 553
抽纱刺绣工艺品制造业	154 161	105 795	48 366	167 552	112 051	55 501
地毯制造业	156 955	72 173	84 782	180 221	85 883	94 338
陶瓷工艺品制造业	22 963	8 422	14 541	26 168	9 218	16 950
烟花鞭炮制造业	136 975	84 152	52 823	146 006	87 577	58 429
23．电力、蒸气热水生产供应业	99 796	82 237	17 559	145 846	122 283	23 563

（续）

项目	不变价			现价		
	合计	乡办	村办	合计	乡办	村办
其中：水力发电	73 270	60 966	12 304	93 637	77 941	15 696
24．石油加工业	78 494	44 115	34 379	97 832	56 683	41 149
25．炼焦、煤气及煤制品业	129 860	57 832	72 028	170 461	79 378	91 083
26．化学工业	2 043 793	1 147 442	896 351	2 372 254	1 345 882	1 026 372
其中：化肥制造业	126 586	88 447	38 139	158 911	113 424	45 487
化学农药制造业	74 659	58 996	15 663	84 663	67 566	17 097
日用化学品制造业	239 444	135 418	104 026	269 832	152 006	117 826
化妆品制造业	58 842	38 732	20 110	65 915	42 574	23 341
27．医药工业	197 461	137 383	60 078	216 311	149 631	66 680
28．化学纤维工业	153 932	129 733	24 199	173 145	146 140	27 005
29．橡胶制品业	411 315	249 802	161 513	445 759	265 413	180 346
其中：日用橡胶制品业	83 928	64 187	19 741	87 859	66 358	21 501
30．塑料制品业	1 549 765	803 886	745 879	1 721 819	896 686	825 133
31．建材及其他非金属矿制品业	5 032 427	2 134 229	2 898 198	6 715 456	3 127 660	3 587 796
其中：水泥制造业	449 303	334 544	114 759	949 586	783 143	166 443
水泥预制件制造业	563 495		310 270	659 518	291 233	368 285
砖瓦制造业	2 336 067	815 454	1 520 613	3 147 303	1 209 407	1 937 896
建筑用石加工业	137 031	54 607	82 424	158 063	61 136	96 927
轻质建材制品业	156 795	62 035	94 760	184 873	70 549	114 324
日用玻璃制造业	95 553	60 123	35 430	106 516	66 840	39 676
制镜业	16 072	10 689	5 383	17 327	11 108	6 219
建筑、卫生陶瓷制品业	66 604	39 425	27 179	78 320	47 403	30 917
32．黑色金属冶炼及压延工业	880 091	471 164	408 927	1 203 944	717 267	486 677
33．有色金属冶炼及压延工业	664 372	404 951	259 421	881 734	573 506	308 228
34．金属制品业	2 568 462	1 265 263	1 303 199	2 868 019	1 401 593	1 466 426
35．机械工业	4 161 316	2 247 196	1 914 120	4 584 836	2 414 546	2 170 290
其中：农牧渔业机械制造修理业	397 644	244 338	153 306	440 079	259 543	180 536
36．交通设备制造业	602 805	368 626	234 179	646 394	393 659	252 735
37．电器机械及器材制造业	1 499 995	966 124	533 871	1 721 830	1 121 531	600 299
38．电子及通讯设备制造业	558 071	370 498	187 573	555 970	350 347	205 623
39．仪器仪表及其他计量工具制造业	158 295	96 925	61 370	168 807	100 606	68 201
40．其他工业	1 928 830	667 002	1 261 828	2 184 518	728 084	1 456 434

六、1989年计划单列市乡镇工业概况

（一）基本情况

项目 / 地区	企业单位数（万个）	企业人数（万人）	工业总产值（亿元）	销售收入（亿元）	利税总额（亿元）	国家税金（亿元）	纯利润（亿元）	工资总额（亿元）	固定资产原值（亿元）
合计	**45.17**	**500.90**	**607.63**	**571.84**	**74.61**	**34.45**	**35.07**	**63.85**	**191.76**
重庆	8.92	59.78	34.12	35.32	3.17	1.97	1.52	5.22	13.17
西安	3.23	29.32	28.06	26.62	3.13	1.07	2.05	2.88	8.34
武汉	3.03	30.70	32.34	30.47	3.22	1.48	1.96	3.18	9.58
广州	1.39	33.75	39.15	48.22	5.71	2.18	3.44	8.21	21.92
沈阳	3.26	34.66	54.17	57.31	8.62	3.47	4.12	4.49	11.49
大連	2.09	40.09	62.03	59.87	9.18	4.50	4.01	6.28	25.96
哈尔滨	0.89	9.91	10.48	9.38	1.26	0.57	0.65	1.50	3.93
青岛	4.67	69.03	106.43	91.62	11.54	4.56	6.35	8.38	27.50
南京	1.70	36.27	34.13	33.07	3.22	2.36	0.86	13.63	13.36
宁波	4.28	81.89	136.90	112.22	18.52	9.00	6.71	11.77	32.83
成都	6.68	48.56	48.65	46.96	4.00	2.07	1.63	4.86	16.93
厦门	0.22	2.72	2.12	2.43	0.30	0.13	0.16	0.44	1.16
长春	4.81	24.22	19.05	18.35	2.74	1.09	1.61	3.01	5.59

（二）总　产　值

（现行价）

单位：亿元

地区＼项目	合　计	乡　办	村　办	联　办	个　体
合　计	**703.75**	**271.85**	**267.80**	**37.54**	**126.55**
重　庆	40.40	16.46	10.85	3.12	9.97
西　安	29.86	5.97	11.06	4.08	8.76
武　汉	38.08	13.43	16.19	2.68	5.78
广　州	48.90	22.24	18.47	3.78	4.41
沈　阳	68.07	13.64	26.37	7.54	20.53
大　连	72.80	23.06	37.93		11.81
哈尔滨	11.36	4.90	4.42	0.09	1.95
青　岛	128.98	43.62	56.35	3.18	25.83
南　京	39.54	21.79	15.25	0.47	2.03
宁　波	139.17	76.20	42.58	9.01	11.37
成　都	58.27	23.84	17.76	1.94	14.73
厦　门	2.40	0.97	0.86	0.32	0.25
长　春	25.90	5.72	9.71	1.33	9.13

（三）总产值构成

（现行价）

单位：%

地区＼项目	乡　办	村　办	联　办	个　体
合　计	**38.63**	**38.05**	**5.33**	**17.98**
重　庆	40.74	26.85	7.73	24.69
西　安	19.98	37.02	13.67	29.33
武　汉	35.27	42.51	7.04	15.19
广　州	45.48	37.77	7.72	9.03
沈　阳	20.03	38.74	11.07	30.15
大　连	31.67	52.10		16.22
哈尔滨	43.13	38.92	0.78	17.17
青　岛	33.82	43.69	2.46	20.03
南　京	55.12	38.56	1.19	5.13
宁　波	54.76	30.60	6.48	8.17
成　都	40.92	30.48	3.32	25.28
厦　门	40.57	35.65	13.51	10.28
长　春	22.09	37.49	5.15	35.26

七、1978～1989年全国乡镇企业主要产品产量

产品名称	单位	1978	1980	1985	1986	1987	1988	1989
发电量	亿度	28.71	33.96	75.64	84.56	94.11	112.88	130.69
原煤	万吨	9 979.28	10 711	22 779	28 087	29 611	32 286	34 779
铁矿石	万吨	703.30	576.62		2 718	3 245	3 726	9 795
石灰石	万吨				17 377	22 016	24 270	15 995
磷矿	万吨	184.49	279.40	275.72	451	891	1 436	884
硫铁矿石	万吨	145.96	128.46	243.02	202.00	317	432	386
氮肥	万吨	13.18	2.77	4.67	4.78	4.56	7.0	8.9
磷肥	万吨	194.58	86.13	63.26	65.54	130.87	217.32	171.53
钾肥	万吨				0.48	0.33	1.4	1.7
铁制农具	万件	47 808	30 636	28 391	44 568	47 101	46 861	48 028
木制农具	万件	11 186	5 390	9 038	14 800	15 391	15 333	14 320
竹制农具	万件	8 420	4 927	3 000	6 928	9 059	64 786	8 124
塑料农具	万件				3 341	3 807	2 289	4 052
水泥	万吨	331.74	669.69	2 905	3 769	4 618	5 679	6 530
石灰	万吨	3 495.42	3 223.98	5 132.43	22 152	13 114	18 615	9 844
砖	亿块	730.26	1 104.27	2 384.69	3 446.78	3 824	4 528	4 346
水泥预制件	万立方米				3 358.66	4 226	4 661	5 584
大理石	万立方米		11.64	191.72	86.15	119	227	258
花岗石	万立方米		367.75	1 830.64	1 659.09	1 511.72	2 074.18	2 033.6
大理石板材	万立方米				217.52	301.86	378.23	1 026.9
卫生陶瓷	万件				38 682	33 599	56 257	15 903
丝	吨	3 852.78	5 501	11 245	14 955	17 862	21 144	19 846
丝织品	万米	6 919.10	10 730	54 706	76 956	66 559	104 654	79 784
机制纸及纸板	万吨	43.15	80.46	218.68	271.68	373.04	432.89	489.86

（续）

产品名称	单位	1978	1980	1985	1986	1987	1988	1989
皮革制品	万件		8 616	34 830	54 588	81 159	145 818	66 792
电风扇	万台				956.87	1 280.16	1 991.42	2 070.42
服装	万件				140 193	193 576	254 339	232 721
日用陶瓷	万件		94 791		144 400	158 210	189 390	192 259
玻璃钢冷却塔	台				25 927	10 886	24 162	9 580
暖气片	万片				6 659	10 306	7 402	12 241
原盐	万吨	148.83	155.43	130.09	191.89	179.93	255.80	397.04
棉布	万米				265 307	267 532	426 875	376 143
呢绒	万米				5 992	8 794	13 863	17 142
糖	万吨	17.99	11.86	9.48	15.02	10.74	11.06	10.49
罐头食品	万吨				55.87	48.71	74.34	87.19
乳品	吨				50 790	129 507	64 841	46 250
饮料酒	万吨				164.85	208.42	246.85	247.63
其中：1.白酒	万吨				67.28	81.19	95.13	70.94
2.啤酒	万吨				40.43	69.93	97.72	91.71
食用植物油	万吨	53.55	84.94	119.32	164.55	182.34	200.67	205.00
粮食加工	万吨	5 387.70	5 016.89	4 660.34	15 212	16 553	16 924	18 846
其中：1.大米	万吨			1 896.38	5 407	6 702	5 486	7 282
2.面粉	万吨			1 722.86	3 949	5 399	6 064	4 797
竹藤棕草制品	万件			52 636	81 935	105 309	108 960	163 207
工艺美术品	亿元	3.71	7.51	15.59	25.45	37.63	56.62	64.1
配合饲料	万吨			69.28	635	555	2 310	1 707
鱼粉	吨				76 957	70 558	146 309	93 603

八、1989 年各地乡镇

地区 \ 项目	发电量（万度）	原煤（万吨）	铁矿石（万吨）	石灰石（万吨）	氮肥（吨）	磷肥（吨）	钾肥（吨）
全国总计	**1 306 910**	**34 779**	**9 795**	**15 995**	**89 104**	**1 715 378**	**16 993**
北京	2 445	382	0	0	14 003	4 572	1 542
天津	0	0	0	0	4 057	7 230	0
河北	5 031	1 292	1 059	1 071	160	125 481	329
山西	6 488	11 929	869	0	0	2	0
内蒙古	148	685	20	92	0	0	0
辽宁	3 640	587	186	1 012	1 067	12 152	273
吉林	8 721	511	8	279	0	7 000	0
黑龙江	6 765	796	0	2	0	0	0
上海	0	0	0	0	0	22 713	0
江苏	107 758	293	39	1 472	15 966	180 739	4 294
浙江	85 490	15	0	797	2 795	92 200	0
安徽	10 435	296	98	2 294	1 857	191 774	0
福建	215 128	325	76	491	3 900	8 335	4 583
江西	49 918	911	16	450	404	96 738	1
山东	25 484	1 146	169	1 537	3 900	154 980	4 583
河南	25 874	3 844	39	2 275	23 113	58 429	0
湖北	71 150	712	183	0	0	335 625	1 267
湖南	76 151	2 160	83	935	0	24 444	0
广东	241 537	568	184	1 881	0	2 466	121
广西	23 372	434	40	565	0	37 816	0
海南	5 078	0	0	0	0	0	0
四川	225 703	3 445	84	0	9 493	92 282	0
贵州	29 201	804	46	0	0	8	0
云南	60 556	1 150	128	0	0	8	0
西藏	0	0	0	0	0	0	0
陕西	7 196	1 244	21	589	0	148 168	0
甘肃	4 029	418	24	175	7 600	102 553	0
青海	1 139	56	0	12	789	0	0
宁夏	0	85	6 420	31	0	9 663	0
新疆	8 473	691	3	35	0	0	0
合计	**96 496**	**743**	**66**	**1 549**	**1 081**	**131 933**	**471**
重庆	15 306	533	0	0	0	2 414	0
西安	354	0	0	0	0	32 957	0
武汉	1 215	0	0	0	0	7 163	0
广州	8 461	4	0	223	0	0	0
沈阳	36	0	3	4	0	5 355	0
大连	626	3	0	1 170	247	1 587	57
哈尔滨	0	0	0	48	0	0	0
青岛	2 643	0	55	104	0	3 337	0
南京	3 123	0	8	0	834	29 452	414
宁波	7 764	0	0	0	0	1 986	0
成都	56 897	176	0	0	0	47 682	0
厦门	0	0	0	0	0	0	0
长春	71	27	0	0	0	0	0

企业主要产品产量

水泥（万吨）	石灰（万吨）	砖（万块）	水泥制件（立方米）	大理石（立方米）	花岗石（立方米）	大理石板材（立方米）
6 530	**9 844**	**43 458 570**	**83 211 893**	**2 582 613**	**20 336 001**	**10 269 140**
73	207	570 676	493 016	41 722	96 583	0
11	0	560 798	272 461	0	0	1
314	1 025	4 033 126	3 958 977	337 760	761 821	343 877
141	354	1 747 400	1 418 159	7 068	1 570	72 904
28	14	348 375	196 994	5 342	117 632	7 799
235	13	1 224 253	2 503 465	75 373	3 203 929	422 754
27	93	918 049	210 920	57 526	206 238	56 522
10	1	1 080 617	0	4 006	462 019	0
38	33	329 107	303 234	0	0	1 443
1 477	262	5 112 926	5 549 153	47 296	615 560	201 953
690	243	2 189 832	3 201 646	0	50 289	152 089
261	481	2 259 935	2 561 303	198 541	190 626	160 322
124	81	693 034	275 693	80 162	4 633 064	23 116
65	194	640 745	528 006	6 595	501 571	40 535
696	1 396	6 087 882	1 192 016	121 847	7 837 123	23 116
298	1 889	5 244 289	10 499 059	68 682	13 900	281 296
164	1 055	1 878 276	27 370 000	447 991	58 688	101 796
297	442	1 095 287	3 730 664	129 237	277 358	74 896
720	381	2 223 810	2 862	771 000	1 031 200	7 718 500
69	274	451 246	643 786	22 746	54 492	69 190
0	5	44 032	0	0	9 950	0
383	692	2 139 000	6 573 000	42 451	33 246	205 170
47	51	56 386	0	20 647	0	0
101	53	366 288	8 740 000	42 444	0	265 827
0	0	0	0	0	0	0
151	532	1 440 348	2 570 692	39 818	169 920	40 703
97	62	377 428	241 503	255	8 800	4 491
6	5	59 168	30 765	3 904	222	0
0	0	101 078	0	0	0	840
7	6	185 179	144 519	10 200	200	0
114 499	**86 233**	**3 280 004**	**16 428 358**	**115 167**	**4 470 336**	**438 900**
57	124	269 976	513 927	292	0	46 306
8	6	385 360	770 478	0	38 400	4 930
2	93	232 227	1 370 000	0	0	0
111	10	172 224	89	0	0	0
5	10	229 310	1 405 924	40 300	0	50 300
53 033	23 934	179 749	631 674	2 652	993 833	134 769
0	0	165 997	55 262	0	462 000	0
40	65	388 414	9 946 000	50 991	1 987 655	155 391
61	36	324 302	409 498	0	0	0
61 137	61 854	202 816	400 746	232	1 250	5 240
44	90	418 000	876 000	100	20 696	30 784
1	0	23 768	8 927	0	966 502	0
0	11	287 861	39 833	20 600	0	11 180

1989 年 各 地 乡 镇 企 业

地区 \ 项目	石膏板（立方米）	卫生陶瓷（万件）	丝（吨）	丝织品（万米）	棉布（万米）	呢绒（万米）	机制纸（吨）
全国总计	**2 597 420**	**15 903**	**19 846**	**79 784**	**376 143**	**17 142**	**4 898 674**
北京				401	5 742		85 388
天津					6 278	148	61 878
河北	81 763	83	155	11 474	11 900	9	529 772
山西		7	90	52			218 476
内蒙古	32 881						17 136
辽宁	46 925	305	1 273	1 976	6 686		114 858
吉林			31		775		53 563
黑龙江							29 607
上海			13	4 640	40 029	441	152 769
江苏	4 906		5 683	22 062	69 989	14 584	292 581
浙江	14 820	2 841	5 878	20 948	71 763	1 465	396 655
安徽	3 232		399	549	6 629	215	101 481
福建		8 938	195	1 338			117 580
江西	157	731	69	320	759		31 975
山东		2 159	615	4 599	73 623	50	542 137
河南	210 913	224	505	3 488	19 004	215	1 043 868
湖北	93 000	358		794	34 034		102 289
湖南	217 603		274	188	3 767		122 093
广东		164	215	4 840	14 916		191 750
广西	108 840		65	3	236		82 961
海南							
四川	1 487 402	46	4 272	2 001	8 791		253 184
贵州				1			7 452
云南			106	67			39 439
西藏							
陕西	90 410		8	42	1 222	15	236 280
甘肃	99 550			1			45 087
青海							1 965
宁夏							11 703
新疆	105 018	47					14 747
合计	**913 818**	**42**	**1 197**	**1 496**	**41 734**	**448**	**355 536**
重庆	308 029		971	276	5 309	19	27 955
西安	46 500			39			80 122
武汉				21	10 565		2 517
广州				57	3 052		30 155
沈阳	21 650			3	113		20 399
大连	575		145	208	2 145		20 882
哈尔滨					151		5 295
青岛					12 456	34	38 123
南京			47	206	2 707	35	21 416
宁波	1 920			465	5 067	360	44 554
成都	535 144	42	34	221	11		40 738
厦门							7 995
长春					158		15 385

主 要 产 品 产 量 （续）

铁制农具（万件）	木制农具（万件）	竹制农具（万件）	塑料农具（万件）	皮革制品（万件）	电风扇（台）	服 装（万件）	日用陶瓷（万件）
48 028	**14 320**	**8 124**	**4 052**	**66 792**	**20 704 182**	**232 721**	**192 259**
125	7	0	0	68		7 827	0
590	0	0	0	756	16 933	11 900	111
1 708	679	10	30	6 734	100 000	13 489	7 584
495	242	0	0	34	2 240	1 226	2 980
204	37	0	0	48		72	280
902	94	12	1 158	124	10 000	8 865	100
1 158	333	0	0	115		1 035	27
688	125	0	0	23		461	213
12	3	37	0	2 082	175 686	17 351	0
2 253	152	32	84	6 855	1 823 478	16 978	1 409
1 398	132	160	7	3 618	622 035	19 071	9 998
1 760	1 043	233	59	579	48 350	3 802	2 475
712	377	974	709	2 542	640 370	7 966	19 572
834	406	300	15	109	5 533	1 058	8 358
9 387	1 551	86	709	10 050	333 015	22 940	17 457
7 946	3 452	341	195	3 587	3 325	11 190	10 652
2 133	650	407	111	1 147	22 061	9 691	2 064
5 722	1 060	1 158	173	3 247	31 156	1 678	21 438
1 672	1 348	1 834	113	23 063	16 870 000	58 393	77 302
843	1 029	349	608	163		2 905	1 898
116	143	27	1	30		94	71
4 317	498	1 790	0	1 244		8 634	6 298
61	19	1	0	22		65	359
702	71	135	0			624	766
0	0	0	0				
1 712	642	164	78	377		3 767	702
476	194	74	2	104		1 010	54
16	4	0	0	18		13	0
35	0	0	0	4		10	88
51	29	0	0	49		606	3
2 273	**610**	**1 425**	**610**	**9 291**	**550 443**	**40 913**	**2 893**
469	59	301	10	817	20 058	1 315	1 210
117	29	29	27	244		1 991	0
224	164	86	0	351		1 472	367
208	5	721	6	6 256	94 500	17 859	482
59	2	12	552	29	10 000	2 407	3
25	0	0	0	8		1 780	3
5	0	0	0				
610	210	0	0	870	11 025	5 632	77
116	13	3	0	435		1 481	321
18	9	0	0	245	414 860	4 659	45
193	60	269	0	1		1 697	374
11	4	4	15	3		145	11
218	55	0	0	32		475	0

1989 年各地乡镇企

项目 / 地区	冷却塔（件）	暖气片（万片）	原盐（吨）	糖（吨）	罐头食品（吨）	其中：水果罐头（吨）	其中：蔬菜罐头（吨）	其中：乳品罐头（吨）
全国总计	9 580	12 241	3 970 413	104 884	871 921	510 397	114 004	46 250
北京	0	564	0	0	4 182	4 182	0	0
天津	0	0	2 298	0	7 275	5 140	241	791
河北	6 687	1 292	332 903	5 439	111 921	89 657	645	6 152
山西	0	1 560	0	298	33 558	8 998	3 217	923
内蒙古	0	45	15 460	141	2 352	1 495	176	1 457
辽宁	0	396	177 475	0	49 035	38 388	460	32
吉林	0	194	0	0	3 576	1 774	570	7 966
黑龙江	0	0	0	0	3 184	1 865	0	4 979
上海	67	0	0	0	6 195	131	6 021	78
江苏	1 298	209	235 889	269	28 050	8 556	8 570	7 204
浙江	1 111	0	140 101	2 361	143 990	78 174	49 485	1 947
安徽	0	0	0	107	29 426	0	0	616
福建	0	0	374 544	7 273	85 298	28 036	20 853	411
江西	0	0	60 461	454	15 159	1 527	12 115	1 477
山东	0	216	1 680 220	7 273	161 099	131 514	1 926	3 720
河南	251	7 558	0	0	64 197	41 811	305	818
湖北	151	2	6 999	215	14 309	8 519	2 151	240
湖南	15	1	1 180	449	9 850	7 185	374	183
广东	0	0	120 033	38 842	32 740	2 256	4 772	84
广西	0	0	6 141	3 912	11 538	11 025	372	732
海南	0	0	7 242	115	395	39	0	0
四川	0	0	261 870	21 387	20 095	13 163	0	0
贵州	0	0	0	293	402	188	0	0
云南	0	0	1 264	13 724	3 236	3 352	0	0
西藏								
陕西	0	26	4 364	287	13 445	8 145	656	4 433
甘肃	0	159	26 360	794	8 743	7 614	224	329
青海	0	0	5 000	0	768	747	16	217
宁夏	0	3	400	0	469	472	0	760
新疆	0	16	510 209	1 251	7 434	6 444	855	701
合计	431	423	292 754	8 475	78 432	44 500	13 931	11 573
重庆	0	0	0	1 431	355	236	0	0
西安	0	3	0	5	2 810	1 818	193	1 727
武汉	151	2	0	0	169	0	0	0
广州	0	0	0	2 430	1 658	0	1 408	0
沈阳	0	149	0	0	0	0	0	0
大连	0	103	140 778	0	22 104	13 123	510	1 779
哈尔滨			0		1 442	1 442	0	1 046
青岛	0	20	11 000	0	9 093	7 202	119	974
南京	0	0	0	0	1 314	1 309	0	0
宁波	40	0	67 296	0	31 055	14 620	11 421	339
成都	240	0	0	776	6 828	3 639	0	0
厦门	0	0	73 680	3 833	950	670	280	262
长春	0	146	0	0	654	441	0	5 446

业主要产品产量（续）

饮料酒	其中				食用植物油
	白酒	啤酒	黄酒	汽水	
（吨）	（吨）	（吨）	（吨）	（吨）	（吨）
2 476 304	709 406	917 089	196 010	836 051	2 050 014
24 473	2 629	15 209	0	36 076	607
6 104	59	5 674	0	12 868	4 268
147 241	10 440	119 457	0	21 083	149 822
28 418	14 117	8 350	60	2 046	83 661
16 018	1 322	13 404	0	2 826	10 197
368 728	28 978	80 283	0	217 772	74 189
141 078	23 199	113 429	236	66 904	48 901
55 243	14 269	40 974	0	0	74 979
74 505	8 509	27 456	31 732	25 535	6 935
167 866	34 076	51 954	26 852	33 796	83 902
294 630	30 515	111 893	112 687	42 958	17 507
32 926	19 424	0	0	8 525	151 271
32 219	507	19 653	1 015	13 286	24 117
32 732	14 363	2 077	10 708	15 401	61 426
276 937	27 132	145 748	9 304	48 166	407 486
94 356	18 097	63 381	1 622	26 569	154 524
88 044	69 886	8 143	1 034	74 448	123 301
74 425	42 567	7 327	60	2 588	201 144
59 967	30 525	22 985	133	142 059	72 848
78 821	50 567	2 226	0	2 577	22 282
840	817	0	13	1 407	594
274 247	212 234	32 741	0	23 664	157 487
15 196	0	0	0	0	2 253
45 625	42 540	389	0	3 290	2 372
20 070	10 026	3 180	508	8 912	25 604
21 815	1 387	20 094	44	1 843	31 607
241	241	0	0	569	9 605
1 230	102	923	0	205	19 440
2 309	878	139	2	678	27 685
427 459	107 195	138 491	35 056	271 684	227 152
26 818	15 392	10 933	0	0	4 208
793	0	0	120	4 611	1 411
56	56	0	0	54 742	7 229
2 390	2 032	357	0	43 231	10 092
104 741	8 014	17 862	0	75 773	3 204
48 714	4 720	20 543	0	22 651	71 157
16 553	2 124	14 429	0	9 326	1 848
81 162	4 696	31 917	4 956	23 366	54 767
4 531	0	2 075	708	1 505	6 321
57 140	12 410	14 768	29 272	6 200	1 945
58 811	50 747	7 952	0	3 784	47 391
88	88	0	0	0	1 780
25 662	6 916	17 655	0	26 495	15 799

1989年各地乡镇企

地区 \ 项目	粮食加工（万吨）	其中：大米（万吨）	其中：面粉（万吨）	竹藤棕草制品（万件）	工艺品（万元）	配合饲料（万吨）	房屋竣工面积（万平方米）
全国总计	18 846	7 282	4 797	163 207	641 033	1 707	73 006
北京	32	0	10	0	22 744	0	538
天津	19	0	19	0	4 409	2	239
河北	1 725	46	1 073	5 196	50 155	94	18 241
山西	276	1	107	70	1 527	1	6 988
内蒙古	103	0	32	83	1 000	6	157
辽宁	1 122	127	64	8 713	8 627	19	1 035
吉林	422	147	23	153	938	20	1 414
黑龙江	141	16	28	781	525	9	202
上海	6	6	0	1 099	17 579	4	0
江苏	568	293	205	9 470	104 521	16	3 158
浙江	252	206	19	18 880	72 433	13	1 056
安徽	951	0	0	9 045	6 569	276	2 072
福建	385	294	20	24 399	35 373	26	2 766
江西	47	29	2	2 965	6 334	4	822
山东	1 102	18	730	6 719	104 885	29	6 135
河南	1 224	92	538	14 281	32 756	2	5 381
湖北	429	273	73	6 252	7 620	882	2 204
湖南	1 104	841	3	22 458	9 611	12	2 223
广东	1 842	1 518	0	16 238	130 264	36	11 179
广西	1 120	976	7	8 183	2 939	1	626
海南	7	5	0	0	97	0	140
四川	2 215	580	30	4 432	8 875	12	3 038
贵州	26	19	4	80	39	163	141
云南	2 331	1 681	656	0	24	1	555
西藏							
陕西	509	62	425	3 241	8 108	21	1 787
甘肃	384	2	302	332	456	36	557
青海	38	0	28	0	134	0	33
宁夏	376	46	327	124	630	1	123
新疆	90	4	72	13	1 861	21	196
合计	26 367	18 155	835	21 565	52 479	74 760	4 410
重庆	258	187	34	1 149	678	13 516	614
西安	91	1	90	1 437	3 015	4	404
武汉	42	27	0	0	1 161	0	459
广州	126	71	0	933	5 894	0	989
沈阳	602	22	3	7 717	975	11	75
大连	2 617	65	100	35	1 080	44 782	248
哈尔滨	4	0	0	0	0	3 479	40
青岛	101	0	74	26	24 572	3	466
南京	17	14	3	0	1 078	8 051	269
宁波	21 992	17 593	512	9 581	11 972	3 814	79
成都	330	141	6	630	1 617	4	450
厦门	6	5	1	0	286	1 091	12
长春	181	29	12	57	151	5	305

业 主 要 产 品 产 量（续）

运输量（万吨）	茶 叶（吨）	药 材（吨）	水产品（吨）	水 果（吨）	牲 畜（万头）	鱼 粉（吨）
1 292 124	201 712	27 967	1 405 082	2 040 750	27 959	93 603
7 014	0	0	4 706	3 795	0	0
1 179	0	0	486	562	0	0
61 322	0	4 630	26 637	498 712	4	670
34 020	0	733	607	65 693	0	0
380	0	0	1 214	19 250	0	0
39 531	0	1 319	682 466	4 197	12	4 970
7 512	0	5 041	5 737	23 639	11	0
1 096	0	130	10 581	1 121	1	0
0	0	0	0	0	0	0
36 216	538	12	23 590	13 710	8	0
0	0	0	0	0	0	59 809
13 293	14 234	3 873	16 164	18 068	11	0
9 968	30 503	0	133 340	140 010	32	15 708
21 839	5 416	740	15 500	2 925	22	14
457 455	34	199	186 991	115 496	11	8 439
96 768	1 693	183	2 571	79 043	1 363	289
82 257	12 460	178	110 765	174 573	24	255
46 644	65 486	195	89 321	484 704	24 614	0
202 010	3 488	746	57 618	120 458	13	1 631
3 252	4 390	90	19 868	67 256	1	1 517
3 962	142	0	2 476	1 038	0	301
57 020	43 636	373	7 704	71 698	0	0
1 961	1 383	0	35	1 374	1 816	0
61 213	17 195	0	1 618	10 846	0	0
26 932	1 089	122	1 738	109 023	1	0
9 812	25	473	418	4 176	3	0
136	0	0	21	681	0	0
2 530	0	7 104	1 084	6 141	5	0
6 802	0	1 826	1 826	2 561	7	0
155 135	24 069	81	276 167	424 293	14 503	7 430
6 051	6 978	0	1 393	10 304	1 563	0
8 351	0	76	773	6 315	0	0
19 255	2 159	0	10 307	98 105	0	0
8 830	1	0	2 349	4 049	2	0
2 162	0	0	46	1	1	14
30 457	0	0	191 302	26 924	14	5 105
0	0	0	0	0	0	0
20 065	16	0	32 087	274 500	1	2 008
2 761	368	1	3 219	107	12 921	0
0	3 316	0	23 263	0	0	303
54 000	4 289	4	2 296	2 753	0	0
302	6 942	0	8 820	823	1	0
2 901	0	0	312	412	0	0

九. 1989 年各地乡镇企

地区 \ 项目	合计				其中：1. 化工			
	小计	直接出口	其中外贸	间接出口	小计	直接出口	其中外贸	间接出口
全国总计	**3 714 433**	**2 716 235**	**2 195 081**	**998 198**	**207 556**	**162 907**	**130 399**	**43 256**
北京	108 175	73 552	53 295	34 623	189	112	112	77
天津	204 295	154 122	116 190	50 173	16 969	15 129	9 286	1 840
河北	140 429	87 562	75 709	52 867	9 939	7 679	7 026	2 260
山西	37 397	23 538	22 749	13 859	4 275	2 882		
内蒙	5 129	2 727	1 993	2 402				
辽宁	176 659	138 378	130 004	38 281	4 064	3 872	3 302	192
吉林	12 338	8 801	7 563	3 537	1 967	1 940	334	27
黑龙江	19 290	14 110	11 690	5 180	741	490	490	251
上海	470 278	320 868	286 969	149 410	13 172	6 273	6 273	6 899
江苏	785 727	590 216	538 478	195 511	78 379	65 992	59 428	12 387
浙江	446 294	326 139	256 627	120 155	13 556	8 877	7 353	4 679
安徽	27 071	17 037	12 258	10 034	605	520	445	85
福建	175 545	175 545			4 905	4 905		
江西	27 641	17 552	14 894	10 089	1 385	1 061	1 034	324
山东	337 849	236 195	209 535	101 654	24 554	22 551	18 830	2 003
河南	74 747	40 994	36 527	33 753	3 248	2 187	1 625	1 061
湖北	68 894	41 039	33 651	27 855	5 483	1 542	1 233	3 941
湖南	70 656	47 892	41 691	22 764	9 155	6 574	5 940	2 581
广东	388 145	300 745	258 456	87 400	4 529	3 241	1 832	1 288
广西	21 611	16 208	13 816	5 403	3 362	2 613	2 121	749
海南	515	501	201	14	5	5		
四川	75 017	58 391	54 335	16 626	3 853	2 624	1 897	1 229
贵州	8 080	4 343	3 138	3 737	212	54	54	158
云南	11 041	7 966	3 768	3 075	1 230	194	194	1 036
西藏								
陕西	6 733	5 061	5 060	1 672	1 361	1 172	1 172	189
甘肃	5 992	3 006	3 006	2 986	118	118	118	
青海	4 611	939	939	3 672	45	45	45	
宁夏	1 978	1 930	1 727	48	39	39	39	
新疆	2 296	878	312	1 418	216	216	216	
合计	**359 585**	**284 719**	**175 352**	**74 866**	**16 668**	**14 922**	**10 424**	**1 746**
重庆	18 825	18 825	17 413		796	796	343	
西安	505	505	505		54	54	54	
武汉	13 813	7 802	5 598	6 011	907	381	83	526
广州	32 362	24 780	23 873	7 582	29	29	29	
沈阳	8 382	5 223	4 953	3 159	107	107	107	
大连	82 476	82 476			2 320	2 320		
哈尔滨	659	562	562	97				
青岛	96 828	61 133	58 398	35 695	8 160	7 969	6 772	191
南京	8 872	5 900	5 668	2 972	1 752	845	791	907
宁波	80 070	64 586	51 792	15 484	1 993	1 871	1 851	122
成都	7 755	4 188	4 188	3 567	394	394	394	
厦门	6 034	6 034			156	156		
长春	3 004	2 705	2 402	299				

业出口产品情况

单位：万元

2. 机械				3. 矿产			
小计	直接出口	其中外贸	间接出口	小计	直接出口	其中外贸	间接出口
178 193	135 908	118242	41 934	191 524	126 368	93 635	58 428
2 058	850	142	1 208	510	331	331	179
16 809	14 301	11 756	2 508	8 930	7 231	6 720	1 699
10 585	6 023	5 020	4 562	3 634	2 459	1 636	1 175
1 287	936			10 164	3 436		
831	406	406	425	1 625	776	681	849
9 103	7 634	7 468	1 469	25 867	15 554	13 769	10 313
1 109	697	697	412	931	682	880	249
566	550	471	16	2 027	1 810	1 810	217
11 008	7 852	4 852	3 156	21 075	19 587	17 587	1 488
46 056	38 621	34 094	7 435	5 932	5 810	2 419	122
25 945	19 912	18 457	6 033	25 541	20 583	15 055	4 718
1 140	361	347	779	374	186	127	188
701	701			6 104	6 104		
15	15	15		4 038	888	658	3 150
24 995	21 578	20 254	3 417	31 231	14 059	13 051	17 172
9 073	5 210	4 891	3 863	2 237	1 362	1 298	875
1 913	1 103	752	810	1 026	374	347	652
1 339	967	967	372	11 673	6 482	5 642	5 191
12 084	7 714	7 205	4 370	6 813	2 328	710	4 485
2	2	2		3 399	2 092	2 070	1 307
				53	39		14
1 129	332	332	797	881	878	878	3
				7 511	4 183	2 981	3 328
393	138	109	255	5 515	4 950	1 041	565
42	5	5	37	3 054	2 565	2 565	489
				568	568	568	
10			10	811	811	811	
25 192	21 292	16 232	3 900	32 830	15 695	12 877	17 135
184	184	184		878	878	878	
5	5	5		17	17	17	
331	55	45	276				
1 954	1 954	1 954		122	122	122	
390	171	137	219	249	168	168	81
4 493	4 493			636	636		
48	32	32	16	100	100	100	
10 820	9 124	9 100	1 696	24 040	8 626	7 885	16 314
187	161	161	26				
5 755	4 431	3 932	1 324	5 358	4 621	3 702	737
348	148	148	200	3			3
				522	522		
677	534	534	143	5	5	5	

1989 年各地乡镇企业

地区 \ 项目	4. 食品 小计	直接出口	其中外贸	间接出口	5. 土产 小计	直接出口	其中外贸	间接出口
全国总计	349 205	284 789	219 268	62 421	68 456	54 624	42 216	13 824
北京	1 251	692	17	559	97			97
天津	11 447	10 704	9 622	743	2 727	2 726	210	1
河北	18 725	15 742	13 908	2 983	1 766	1 034	964	732
山西	7 775	5 780			504	496		
内蒙					79	39	39	40
辽宁	67 277	58 553	55 398	8 724	6 766	5 782	5 471	984
吉林	3 382	2 060	2 060	1 322	14			14
黑龙江	2 276	1 875	1 549	401	598	590	590	8
上海	15 298	13 513	13 513	1 785	5 039	4 889	4 889	150
江苏	28 798	24 607	23 150	4 191	2 297	1 993	1 792	304
浙江	28 808	21 834	17 611	6 974	17 045	14 642	13 508	2 403
安徽	5 191	4 622	3 089	569	2 219	1 065	1 065	1 154
福建	31 274	31 274			5 630	5 630		
江西	6 489	4 557	4 153	1 932	1 839	1 020	1 010	819
山东	77 584	56 672	49 154	20 912	5 227	4 827	3 250	400
河南	1 556	1 065	1 006	491	2 061	712	712	1 349
湖北	2 440	1 984	1 889	456	1 537	537	486	1 000
湖南	7 622	4 715	2 421	2 907	4 892	2 798	2 695	2 094
广东	18 134	14 273	12 456	3 861	5 800	3 807	3 458	1 993
广西	1 834	1 416	514	418	706	547	588	159
海南	66	66	66		55	55	55	
四川	8 941	6 911	6 078	2 030	411	376	375	35
贵州	53			53				
云南	1 698	728	468	970	168	168	168	
西藏								
陕西	241	227	227	14	63	63	63	
甘肃	618	581	581	37	474	418	418	56
青海								
宁夏	336	307	307	29	419	410	410	9
新疆	91	31	31	60	23			23
合计	68 922	64 632	16 338	4 290	9 212	8 664	2 879	548
重庆	2 248	2 248	1 470		326	326	326	
西安	40	40	40		63	63	63	
武汉	738	579	579	159	153	153	153	
广州	437	411	411	26	500	500	500	
沈阳	667	537	487	130	491	69	69	422
大连	44 147	44 147			4 429	4 429		
哈尔滨								
青岛	12 960	9 362	8 897	3 598				
南京	18	18	18					
宁波	3 868	3 594	3 331	274	2 091	1 965	1 768	126
成都	167	142	142	25				
厦门	2 591	2 591			1 159	1 159		
长春	1 041	963	963	78				

出 口 产 品 情 况 （续）

单位：万元

6. 畜产				7. 纺织			
小计	直接出口	其中外贸	间接出口	小计	直接出口	其中外贸	间接出口
147 244	117 486	96 660	29 683	611 409	448 552	387 728	162 857
858	606	606	252	10 963	9 769	5 801	1 194
5 145	3 378	2 698	1 767	16 579	14 405	10 915	2 174
9 725	6 916	6 325	2 809	3 209	1 979	1 883	1 230
117	42			116	116		
963	942	321	21	621	116	116	505
6 656	6 158	6 158	498	6 616	5 765	5 765	851
612	606	606	6	279	230	194	49
844	308	308	536	3 374	2 612	2 612	762
12 000	11 532	4 532	468	65 741	41 947	36 947	23 794
19 137	16 904	14 060	2 233	254 910	180 482	163 837	74 428
21 658	17 044	13 383	4 614	104 849	79 741	64 833	25 108
2 867	1 383	1 294	1 484	3 575	2 050	1 299	1 525
2 688	2 688			2 876	2 876		
369	223	200	146	1 776	1 312	1 270	464
15 765	13 337	12 584	2 428	36 624	24 924	22 352	11 700
7 799	3 111	2 346	4 688	3 105	2 176	2 176	929
2 758	2 022	1 991	736	16 273	9 811	6 110	6 462
1 217	1 007	1 007	210	3 886	2 349	2 225	1 537
25 233	23 053	22 547	2 180	36 229	33 315	28 127	2 914
				460	420	420	40
9 183	5 488	5 022	3 695	38 847	31 826	30 515	7 021
156	62	62	94	8	8	8	
78			78				
429	274	274	155	245	110	110	135
872	328	328	544	73	73	73	
				150	140	140	10
3	3	3					
112	71	5	41	25			25
17 677	12 650	7 167	5 027	48 367	41 130	33 242	7 237
425	425	425		12 455	12 455	12 275	
185	185	185		110	110	110	
1 788	1 206	1 175	582	891	279	279	612
146			146	1 421	1 359	1 175	62
203	194	194	9	52	52	52	
4 812	4 812			2 347	2 347		
160	160	160					
1 321	54	44	1 267	11 256	7 285	7 099	3 971
221	209	209	12	1 138	494	494	644
1 880	1 865	1 235	15	18 487	16 588	11 633	1 899
5 972	2 982	2 982	2 990				
564	558	558	6	210	161	125	49

1989 年各地乡镇企业

地区 \ 项目	8.服装				9.工艺	
	小计	直接出口	其中外贸	间接出口	小计	直接出口
全国总计	**489 379**	**331 236**	**262 641**	**158 143**	**482 632**	**325 520**
北京	48 083	33 460	22 187	14 623	23 686	16 197
天津	50 575	40 506	27 902	10 069	33 360	18 126
河北	12 837	8 383	7 462	4 454	37 882	17 127
山西	635	635			1 422	435
内蒙古	10			10	469	43
辽宁	26 502	18 335	16 883	8 167	3 447	2 155
吉林	102	102	85		476	395
黑龙江	40			40	1 322	1 165
上海	127 930	80 341	70 341	47 589	33 679	30 726
江苏	72 655	38 223	34 635	34 432	72 200	50 911
浙江	40 225	24 329	21 753	15 896	65 089	46 931
安徽	1 247	890	72	357	3 578	1 644
福建	19 110	19 110			23 994	23 994
江西	234	194	194	40	6 319	5 686
山东	10 559	6 299	4 972	4 260	54 081	26 152
河南	964	549	549	415	24 830	14 319
湖北	16 990	11 079	10 497	5 911	3 985	2 449
湖南	384	355	355	29	18 759	14 902
广东	59 955	48 246	44 554	11 709	60 732	42 330
广西	21	14	14	7	9 510	7 210
海南					50	50
四川	259	124	124	135	809	771
贵州					10	4
云南					188	141
西藏						
陕西					696	613
甘肃	8	8	8		1 276	523
青海					364	102
宁夏					20	20
新疆	54	54	54		399	399
合计	**41 005**	**30 748**	**16 772**	**10 257**	**29 938**	**18 265**
重庆					6	6
西安					21	21
武汉	1 208	762	339	446	434	375
广州	13 189	8 097	7 947	5 092	3 007	1 653
沈阳	2 547	2 101	2 101	446	707	383
大连	12 003	12 003			263	263
哈尔滨					35	35
青岛	1 111	907	907	204	12 518	5 757
南京	2 056	1 239	1 239	817	630	470
宁波	8 417	5 165	4 239	3 252	11 800	8 831
成都					62	34
厦门	474	474			284	284
长春					171	153

出口产品情况（续）

单位：万元

美术品		10．其它				附报“三来一补”工缴费
其中外贸	间接出口	小计	直接出口	其中外贸	间接出口	合计
259 397	**156 125**	**408 749**	**300 506**	**212 578**	**106 396**	**511 548**
16 129	7 489	12 448	6 310	3 933	6 138	1 925
14 748	15 234	26 877	21 666	17 832	5 211	6 803
14 770	20 755	17 913	12 046	11 230	5 867	5 576
		9 872	8 025			2
41	426	531	405	389	126	33
1 994	1 292	9 146	7 335	6 931	1 811	587
360	81	2 404	1 376	1 654	1 028	516
88	157	6 795	4 018	3 080	2 777	57
29 726	2 953	44 623	30 281	29 382	14 342	5 341
48 770	21 289	54 920	43 640	40 845	11 280	1 612
32 190	18 158	42 476	31 275	25 466	11 201	2 651
1 111	1 934	2 424	1 194	505	1 230	1 010
		47 448	47 448			7 753
4 196	633	3 648	1 751	1 523	1 897	99
22 999	27 929	29 285	21 440	19 091	7 845	1 918
12 487	10 511	10 665	4 132	3 537	6 533	522
2 302	1 536	8 287	4 880	3 006	3 407	425
14 661	3 857	6 753	3 614	2 435	3 139	287
33 886	18 402	60 067	44 711	37 185	15 356	474 345
6 467	2 300	1 315	1 069	977	246	2
		286	286	80		
671	38	3 065	2 836	2 809	229	82
4	6	83	18	15	65	
141	47	46	38	38	8	1
612	83	395			395	1
523	753	1 596			1 596	
102	262	3 928	528	528	3 400	
20		77	77	7		
399		1 376	107	107	1 269	
16 442	**11 673**	**35 800**	**30 996**	**23 996**	**4 804**	**79 446**
6		1 113	1 113	1 113		2 895
21						
375	59	4 043	2 537	1 175	7	300
1 432	1 354	5 765	5 315	5 283	450	58 661
217	324	1 048	920	920	128	6
		2 903	2 903			16 224
35		270	190	190	80	
5 743	6 761	4 783	4 298	4 298	485	26
449	160	867	775	791	92	29
8 012	2 969	13 752	11 798	8 944	1 954	1 063
34	28	562	453	453	109	40
		443	443			200
118	18	251	251	39		2

十、1989 年乡村

地区 \ 项目	原煤(万吨)		焦炭(万吨)		汽油(万吨)		柴油(万吨)	
	合计	其中：工业	合计	其中：工业	合计	其中：工业	合计	其中：工业
全国总计	**17 127**	**15 178**	**1 077**	**1 003**	**383**	**190**	**583**	**332**
北京	247	236	17	17	9	6	5	3
天津	175	175	10	10	6	5	3	3
河北	1 327	1 117	120	80	51	21	131	42
山西	3 194	2 522	433	413	11	5	19	9
内蒙古	113	99	4	4	4	3	9	3
辽宁	743	673	80	77	23	20	23	19
吉林	233	205	13	13	9	5	9	7
黑龙江	190	170	8	7	4	3	6	4
上海	119	119	18	18	18	18	5	5
江苏	1 260	1 235	58	56	20	18	50	44
浙江	547	537	17	17	8	7	16	14
安徽	482	402	11	9	5	3	27	11
福建	142	118	7	5	8	5	42	8
江西	293	231	6	5	3	2	9	5
山东	1 375	1 375	63	63	22	22	50	50
河南	3 308	2 787	30	29	81	5	19	14
湖北	485	429	31	30	33	13	26	17
湖南	425	385	19	18	6	3	16	10
广东	498	463	10	10	10	5	37	30
广西	147	135	4	4	1	1	4	3
海南	3	3					1	
四川	983	983	31	31	12	5	26	12
贵州	92	78	9	9	1	1	2	1
云南	124	121	29	29	4	2	6	4
西藏								
陕西	397	378	33	33	17	7	26	7
甘肃	95	88	10	10	10	2	10	2
青海	16	11	2	2	1		1	0
宁夏	36	34	2	2	1	1	1	1
新疆	78	69	2	2	5	2	4	4
合计	**988**	**935**	**78**	**74**	**26**	**18**	**10**	**9**
重庆	97	87	6	5	2	1		
西安	71	70	9	9	2	1		
武汉	64	55	6	5	2	1		
广州	56	54	1	1	2	1		
沈阳	188	180	10	8	3	2	1	1
大连	115	109	11	11	3	3		
哈尔滨	23	21	2	2	1	1		
青岛	81	80	9	9	3	3		
南京	66	64	5	5	2	1	2	1
宁波	42	42	4	4	3	2		
成都	125	119	9	9	1	1		
厦门	7	6	0	0	0	0		
长春	53	48	6	6	2	1		

企业能源消耗

重油(吨)		电(万度)		其中：自备电(万度)	
合计	其中：工业	合计	其中：工业	合计	其中：工业
490 173	**468 089**	**6755 336**	**6200 315**	**445 557**	**409 840**
		119 536	107 046	2 130	2 038
54 557	54 557	148 203	148 203	4 897	4 897
63 735	58 855	373 958	290 905	9 592	8 507
13 372	12 735	300 187	279 778	7 272	5 079
		46 161	37 739	235	223
26	8	290 310	262 154	8 622	8 350
2 345	2 306	79 358	69 990	1 098	1 092
7	7	143 755	107 772	3 866	3 787
		211 243	211 243		
139 965	138 198	770 100	747 125	108 723	106 563
9 936	9 870	437 658	423 915	24 771	24 582
2 209	1 582	143 254	124 103	4 742	2 793
4 800	3 826	193 720	151 622	56 011	45 150
		78 749	67 769	4 334	3 690
44 990	44 990	898 540	898 540	33 686	33 686
19 604	18 936	402 207	384 505	21 208	21 157
1	1	379 732	310 110	30 561	28 318
1	1	359 856	313 025	28 107	22 948
124 328	112 920	555 378	485 665	70 984	63 294
2 762	2 706	37 076	33 062	3 760	3 467
67	36	3 075	2 072	273	103
		331 413	331 413	15 587	15 587
92	77	66 862	61 757	709	704
2 195	1 556	79 667	72 600	751	632
318	270	147 555	135 792	878	851
4 439	4 285	84 420	76 496	834	824
15	15	20 178	19 816	23	23
380	325	39 937	34 531	17	17
29	27	13 248	11 567	1 886	1478
36	**26**	**662 504**	**595 880**	**25 658**	**24 193**
3	2	61 300	54 000		
2	1	30 113	27 725	111	105
3	2	51 611	30 685	2 628	2 454
4	3	77 616	67 947	4 897	4 279
2	2	26 978	21 336	1 174	1 062
5	2	66 542	62 780	1 492	1 398
1		21 493	20 525		
6	6	126 455	125 626	4 695	4 626
2	2	43 082	40 139	3 670	3 350
3	3	73 469	72 776	6 515	6 508
2	1	59 409	52 370		
0	0	5 379	3 027	137	78
3	2	19 057	16 944	339	333

十一、1989 年 乡 村

项目 地区	1. 生铁（万吨）合计	其中：工业	2. 钢材（万吨）合计	其中：工业	3. 废次钢材（万吨）合计	其中：工业
全国总计	**919**	**874**	**1 592**	**1 223**	**1 229**	**1 003**
北京	27	26	42	35	10	9
天津	16	16	55	55	14	14
河北	211	197	163	140	170	66
山西	65	62	20	15	8	7
内蒙古	6	5	6	4	1	1
辽宁	69	59	153	134	42	41
吉林	20	17	11	8	5	4
黑龙江	15	13	12	9	6	6
上海	21	21	97	97	4	4
江苏	99	98	264	236	52	51
浙江	27	27	99	76	24	23
安徽	19	17	37	25	15	14
福建	11	10	20	9	8	5
江西	8	8	15	8	4	4
山东	113	113	127	127	36	36
河南	48	48	67	38	14	12
湖北	29	27	48	28	13	11
湖南	25	24	57	19	10	8
广东	19	18	96	60	23	20
广西	4	4	7	2	2	2
海南			1			
四川	24	24	59	41	11	11
贵州	2	2	3	1	1	1
云南	6	6	25	4	6	5
西藏						
陕西	23	22	46	19	14	13
甘肃	8	7	19	5	4	3
青海			1			
宁夏	2	2	2	1		
新疆	2	1	40	27	732	632
合计	**137**	**130**	**219**	**175**	**56**	**52**
重庆	6	6	11	7	3	3
西安	7	7	12	7	9	8
武汉	12	11	14	9	4	4
广州	21	20	10	4	4	4
沈阳	15	14	55	53	6	6
大连	17	16	31	24	14	13
哈尔滨	5	5	5	4	1	1
青岛	18	18	22	20	5	5
南京	9	9	11	8	2	2
宁波	4	4	20	19	3	2
成都	11	10	23	17	1	1
厦门						
长春	12	10	5	3	4	3

企业主要物资消耗

4. 原木（立方米）		5. 锯材（立方米）		6. 水泥（万吨）	
合计	其中：工业	合计	其中：工业	合计	其中：工业
12 677 765	**9 345 834**	**4 210 510**	**2 906 165**	**4 854**	**1 761**
233 955	183 432	145 528	111 031	96	55
57 101	57 101	40 553	40 553	12	12
674 353	507 330	111 339	63 873	1 392	140
503 743	452 977	56 658	25 304	55	32
182 474	118 522	64 812	32 630	103	58
620 000	430 000	260 000	140 000	151	61
351 621	257 414	126 044	82 077	45	20
514 120	415 881	190 405	164 442	29	15
141 996	141 996	123 604	123 604	27	27
936 042	746 601	448 947	356 755	391	248
484 325	304 037	251 091	190 126	234	119
399 549	279 178	147 391	111 657	221	110
1 115 537	751 264	337 309	194 177	89	28
779 076	628 421	81 540	68 233	62	17
960 264	960 264	301 736	301 736	239	239
879 099	575 838	115 875	49 049	329	77
439 043	332 405	248 825	173 306	183	94
1 121 559	613 449	182 107	98 574	243	75
711 479	465 461	566 172	406 234	255	72
287 500	219 400	104 000	78 600	70	26
20 604	7 907	6 525	2 619	6	2
493 580	483 376			134	134
64 358	45 664	15 023	8 680	14	4
239 981	130 340	125 557	31 620	105	8
223 653	132 763	91 292	30 208	234	59
159 706	73 271	34 710	13 669	77	11
7 275	3 746	1 034	287	3	1
22 834	12 473	5 461	2 842	14	2
52 938	15 323	26 972	4 279	41	15
1 004 077	**659 001**	**389 073**	**227 199**	**392**	**171**
152 111	89 577	16 919	10 077	64	23
30 715	16 564	10 867	4 320	23	6
53 652	25 503	39 309	24 126	40	19
48 289	29 909	28 341	4 249	24	7
78 948	69 993	33 493	26 446	3	2
155 508	90 782	77 132	26 191	54	28
61 590	42 922	17 766	14 545	10	4
113 939	101 494	73 250	63 104	22	14
47 037	28 306	28 666	20 331	36	13
43 440	29 676	27 530	20 369	30	17
173 381	106 964	1 200	1 100	64	29
5 825	2 297	6 550	1 010	5	1
39 642	25 014	28 050	11 331	17	8

十二、1989 年乡村

地区 \ 项目	一、建设项目数 合计	乡办	村办	1. 新建 合计	乡办	村办	合计
全国总计	**85 719**	**48 204**	**37 515**	**36 163**	**18 222**	**17 941**	**24 568**
北京	1 663	828	835	743	318	425	509
天津	2 001	582	1 419	839	210	629	668
河北	779	361	418	388	167	221	191
山西	2 525	936	1 589	1 188	343	845	635
内蒙古	958	629	329	512	300	212	283
辽宁	3 190	1 656	1 534	1 634	743	891	774
吉林	885	551	334	466	261	205	182
黑龙江	1 703	989	714	856	383	473	425
上海	4 225	2 139	2 086	1 436	698	738	1 512
江苏	13 699	8 539	5 160	5 577	3 358	2 219	3 513
浙江	8 224	5 374	2 850	1 697	1 025	672	3 797
安徽	2 988	2 112	876	1 255	861	394	1 035
福建	1 944	1 064	880	966	430	536	460
江西	2 533	1 506	1 027	1 016	456	560	777
山东	10 590	4 657	5 933	4 393	1 585	2 808	2 574
河南	4 771	1 977	2 794	2 599	900	1 699	1 217
湖北	4 145	2 550	1 595	1 631	928	703	1 340
湖南	2 052	1 652	400	987	741	246	557
广东	9 151	4 795	4 356	4 303	2 035	2 268	2 019
广西	539	456	83	268	216	52	140
海南	81	69	12	52	42	10	18
四川	3 462	2 423	1 039	1 518	1 063	455	1 020
贵州	363	331	32	219	200	19	58
云南	642	393	249	450	268	182	100
西藏							
陕西	1 163	619	544	421	210	211	322
甘肃	814	524	290	425	238	187	249
青海	56	37	19	44	27	17	4
宁夏	125	101	24	91	69	22	28
新疆	448	354	94	189	147	42	161
合计	**9 866**	**5 645**	**4 221**	**3 820**	**1 875**	**1 945**	**3 019**
重庆	474	357	117	176	125	51	140
西安	261	102	159	70	19	51	89
武汉	637	335	302	240	118	122	175
广州	1 289	844	445	637	362	275	243
沈阳	693	303	390	342	131	211	163
大连	824	356	468	417	168	249	214
哈尔滨	201	124	77	78	41	37	57
青岛	1 043	434	609	451	98	353	265
南京	1 723	1 070	653	668	404	264	467
宁波	1 879	1 210	669	396	223	173	979
成都	590	379	211	227	138	89	179
厦门	45	22	23	34	14	20	9
长春	207	109	98	84	34	50	39

企业固定资产投资

单位：个、万元

2. 扩建		3. 技改			4. 其他		
乡办	村办	合计	乡办	村办	合计	乡办	村办
14 574	**9 994**	**16 379**	**10 457**	**5 922**	**8 609**	**4 951**	**3 658**
278	231	228	140	88	183	92	91
215	453	255	97	158	239	60	179
112	79	107	59	48	93	23	70
271	364	502	237	265	200	85	115
202	81	87	69	18	76	58	18
454	320	453	252	201	329	207	122
142	40	178	119	59	59	29	30
291	134	295	211	84	127	104	23
754	758	578	318	260	699	369	330
2 134	1 379	3 119	2 115	1 004	1 490	932	558
2 494	1 303	1 865	1 312	553	865	543	322
743	292	441	329	112	257	179	78
316	144	411	236	175	107	82	25
542	235	490	357	133	250	151	99
1 210	1 364	2 731	1 468	1 263	892	394	498
616	601	709	356	353	246	105	141
829	511	738	492	246	436	301	135
477	80	382	323	59	126	111	15
976	1 043	1 428	987	441	1 401	797	604
123	17	80	70	10	51	47	4
16	2	8	8		3	3	
714	306	829	580	249	95	66	29
47	11	44	42	2	42	42	
73	27	76	41	35	16	11	5
209	113	206	125	81	214	75	139
189	60	84	63	21	56	34	22
3	1	6	5	1	2	2	
27	1	5	4	1	1	1	
117	44	44	42	2	54	48	6
1 817	**1 202**	**1 894**	**1 211**	**683**	**1 133**	**742**	**391**
108	32	135	104	31	23	20	3
57	32	72	22	50	30	4	26
78	97	124	69	55	98	70	28
149	94	151	120	31	258	213	45
84	79	97	40	57	91	48	43
99	115	117	49	68	76	40	36
34	23	42	26	16	24	23	1
130	135	225	160	65	102	46	56
267	200	387	268	119	201	131	70
640	339	331	229	102	173	118	55
137	42	143	84	59	41	20	21
7	2	2	1	1			
27	12	68	39	29	16	9	7

1989 年乡村企业固

地区＼项目	二、预计投资总额			三、本年实际完成投资额			(一)按资金
	合计	乡办	村办	合计	乡办	村办	合计
全国总计	**2 989 580**	**2 054 613**	**934 967**	**2 515 119**	**1 695 523**	**819 596**	**96 803**
北京	63 821	41 016	22 805	58 109	36 909	21 200	2 039
天津	107 836	42 765	65 071	101 342	40 194	61 148	4 253
河北	48 863	26 888	21 975	38 714	20 438	18 276	588
山西	114 554	60 720	53 834	80 284	36 047	44 237	2 461
内蒙古	18 708	14 309	4 399	16 829	12 198	4 631	927
辽宁	102 220	53 237	48 983	92 036	47 875	44 161	4 763
吉林	22 803	17 579	5 224	18 497	14 543	3 954	540
黑龙江	42 757	31 918	10 839	33 829	24 404	9 425	1 128
上海	221 907	163 470	58 437	189 134	136 073	53 061	5 511
江苏	382 944	291 255	91 689	345 210	256 707	88 503	9 423
浙江	231 998	177 746	54 252	222 671	168 751	53 920	11 800
安徽	55 318	43 670	11 648	47 006	37 285	9 721	3 698
福建	57 290	40 256	17 034	50 378	35 409	14 969	1 358
江西	37 464	27 410	10 054	31 006	21 854	9 152	1 496
山东	407 423	264 204	143 219	323 026	203 920	119 106	5 214
河南	126 030	59 717	66 313	110 221	51 753	58 468	5 736
湖北	76 113	57 396	18 717	57 375	41 985	15 390	2 244
湖南	54 239	47 195	7 044	48 639	42 669	5 970	3 307
广东	438 891	311 041	127 850	383 177	269 081	114 096	11 835
广西	33 588	30 329	3 259	30 350	27 281	3 069	869
海南	4 888	3 741	1 147	4 817	3 459	1 358	127
四川	152 663	106 864	45 799	89 649	62 673	26 976	4 146
贵州	26 988	23 162	3 826	22 502	19 276	3 226	2 200
云南	51 147	37 019	14 128	31 402	20 229	11 173	3 874
西藏							
陕西	44 541	26 391	18 150	35 561	19 770	15 791	2 812
甘肃	24 889	18 029	6 860	21 131	15 073	6 058	2 740
青海	4 018	3 014	1 004	3 798	2 875	923	241
宁夏	7 804	7 194	610	7 373	6 592	781	528
新疆	27 875	27 078	797	21 053	20 200	853	945
合计	**282 859**	**170 844**	**112 015**	**261 961**	**162 609**	**99 352**	**10 100**
重庆				11 702	9 972	1 730	271
西安	8 683	3 966	4 717	8 305	3 693	4 612	409
武汉	10 606	4 942	5 664	9 050	4 303	4 747	162
广州	65 658	40 941	24 717	56 671	35 826	20 845	949
沈阳	13 397	7 478	5 919	12 365	7 207	5 158	1 377
大连	39 339	13 151	26 188	36 838	12 102	24 736	682
哈尔滨	4 975	2 733	2 242	4 379	2 599	1 780	32
青岛	40 614	22 164	18 450	33 506	18 727	14 779	485
南京	16 752	13 033	3 719	14 901	11 399	3 502	830
宁波	49 041	36 889	12 152	49 062	37 285	11 777	4 263
成都	28 750	22 648	6 102	20 618	16 809	3 809	505
厦门	1 162	655	507	1 151	733	418	
长春	3 882	2 244	1 638	3 413	1 954	1 459	135

定资产投资（续）

单位：万元

来源分 1．扶持资金		2．主管部门下拨资金			3．银行贷款		
乡办	村办	合计	乡办	村办	合计	乡办	村办
70 681	**26 122**	**198 637**	**120 818**	**77 819**	**940 726**	**666 868**	**273 858**
1 173	866	10 409	6 018	4 391	22 846	14 783	8 063
1 479	2 774	15 446	6 069	9 377	41 005	18 127	22 878
324	264	2 563	699	1 864	18 675	10 184	8 491
1 899	562	6 063	4 026	2 037	32 187	14 196	17 991
879	48	1 971	1 502	469	5 622	4 460	1 162
3 737	1 026	7 340	3 381	3 959	42 982	20 355	22 627
452	88	1 079	809	270	9 425	8 075	1 350
967	161	1 764	1 392	372	13 968	10 850	3 118
3 329	2 182	30 615	20 443	10 172	78 687	58 963	19 724
7 099	2 324	18 108	11 225	6 883	86 925	69 073	17 852
8 954	2 846	14 076	8 603	5 473	60 555	48 923	11 632
3 235	463	5 526	4 567	959	15 982	12 661	3 321
973	385	4 959	3 042	1 917	13 595	10 931	2 664
1 315	181	3 573	2 067	1 506	13 261	10 454	2 807
3 705	1 509	21 695	11 911	9 784	124 078	86 494	37 584
3 717	2 019	6 731	2 841	3 890	45 522	21 941	23 581
1 839	405	3 730	2 146	1 584	22 076	17 845	4 231
2 971	336	4 997	4 197	800	17 802	16 082	1 720
7 437	4 398	19 629	14 086	5 543	170 500	132 054	38 446
808	61	1 219	1 015	204	16 911	15 195	1 716
127		111	111		1 235	1 057	178
2 902	1 244	5 989	4 192	1 797	29 014	20 310	8 704
2 180	20	557	526	31	7 164	5 192	1 972
3 259	615	1 243	506	737	13 108	8 814	4 294
2 063	749	5 509	1 974	3 535	14 158	8 750	5 408
2 191	549	2 197	1 979	218	5 879	4 737	1 142
217	24	211	206	5	1 904	1 375	529
525	3	294	284	10	3 561	3 247	314
925	20	1 033	1 001	32	12 099	11 740	359
7 500	**2 600**	**24 155**	**12 131**	**12 024**	**97 328**	**61 437**	**35 891**
230	41	889	756	133	3 666	3 116	550
409		3 342	966	2 376	2 741	2 090	651
74	88	1 004	316	688	2 714	1 551	1 163
856	93	4 835	3 278	1 557	27 390	19 050	8 340
1 002	375	1 261	267	994	5 056	2 936	2 120
327	355	3 511	1 423	2 088	18 576	4 592	13 984
32		173	151	22	1 510	1 079	431
192	293	2 149	532	1 617	11 630	7 854	3 776
683	147	913	525	388	4 928	3 922	1 006
3 156	1 107	3 800	2 046	1 754	11 987	9 843	2 144
424	81	1 967	1 661	306	5 635	4 555	1 080
		18	8	10	382	158	224
115	20	293	202	91	1 113	691	422

1989 年乡村企业固

地区 \ 项目	4. 引进资金			5. 引进资金中：利用外资			6. 自
	合计	乡办	村办	合计	乡办	村办	合计
全国总计	305 566	215 384	90 182	78 819	53 637	25 182	709 126
北京	5 842	4 206	1 636	1 514	1 306	208	14 435
天津	7 977	2 530	5 447	3 962	1 326	2 636	23 873
河北	5 306	2 820	2 486	476	18	458	9 628
山西	9 694	3 640	6 054	1 369	750	619	25 703
内蒙古	1 492	1 084	408				5 195
辽宁	7 608	5 684	1 924	1 155	598	557	22 189
吉林	1 320	1 130	190	15	8	7	4 323
黑龙江	5 121	3 553	1 568	30	10	20	9 229
上海	12 980	10 129	2 851	2 322	2 092	230	37 447
江苏	52 065	40 315	11 750	7 532	5 628	1 904	135 131
浙江	24 572	20 243	4 329	1 514	1 099	415	73 672
安徽	4 141	3 280	861	568	408	160	13 030
福建	11 206	7 906	3 300	7 989	5 110	2 879	14 709
江西	2 413	1 906	507	210	204	6	6 356
山东	23 528	17 053	6 475	12 311	10 666	1 645	103 979
河南	19 655	9 282	10 373	872	435	437	26 222
湖北	6 384	4 634	1 750	804	475	329	17 670
湖南	6 136	5 766	370	1 344	1 296	48	13 163
广东	55 759	39 098	16 661	32 735	20 947	11 788	96 598
广西	4 087	3 975	112	646	646		3 976
海南	2 226	1 194	1 032	9	9		943
四川	17 093	11 965	5 128				21 206
贵州	5 827	4 844	983	268	262	6	5 038
云南	2 625	1 407	1 218	346	178	168	7 363
西藏							
陕西	2 620	2 125	495	141	136	5	8 160
甘肃	4 526	2 593	1 933	687	30	657	4 421
青海	453	293	160				400
宁夏	553	527	26				1 723
新疆	2 357	2 202	155				3 344
合计	28 474	20 676	7 798	6 987	4 481	2 506	77 277
重庆	1 086	923	163	19	16	3	5 105
西安	145	115	30	44	44		1 668
武汉	1 175	293	882	267		267	3 356
广州	6 268	4 074	2 194	4 658	2 947	1 711	13 660
沈阳	611	424	187	3		3	2 463
大连	2 861	1 920	941	308	30	278	9 138
哈尔滨	702	219	483				1 875
青岛	3 333	2 115	1 218	1 111	955	156	12 604
南京	1 175	1 046	129	106	77	29	5 497
宁波	5 290	4 372	918	466	407	59	15 212
成都	5 363	4 745	618				4 923
厦门	125	125		5	5		423
长春	340	305	35				1 353

定资产投资（续）

单位：万元

有资金		7. 自有资金中：群众集资			8. 其他资金		
乡办	村办	合计	乡办	村办	合计	乡办	村办
429 639	279 487	120 452	74 146	46 306	264 261	192 133	72 128
9 108	5 327	971	484	487	2 538	1 621	917
7 784	16 089	2 000	656	1 344	8 788	4 205	4 583
5 021	4 607	1 645	1 303	342	1 954	1 390	564
10 763	14 940	3 684	1 064	2 620	4 176	1 523	2 653
3 402	1 793	1 124	740	384	1 622	871	751
10 753	11 436	3 538	2 399	1 139	7 154	3 965	3 189
2 415	1 908	647	463	184	1 810	1 662	148
5 434	3 795	1 177	495	682	2 619	2 208	411
24 992	12 455	2 103	1 613	490	23 894	18 217	5 677
93 216	41 915	11 745	8 385	3 360	43 558	35 779	7 779
53 420	20 252	12 689	9 015	3 674	37 996	28 608	9 388
9 875	3 155	2 647	1 888	759	4 629	3 667	962
9 135	5 574	3 043	1 205	1 838	4 551	3 422	1 129
4 299	2 057	1 401	1 022	379	3 907	1 813	2 094
54 309	49 670	22 586	14 101	8 485	44 532	30 448	14 084
11 582	14 640	5 954	2 659	3 295	6 355	2 390	3 965
11 304	6 366	2 917	2 077	840	5 271	4 217	1 054
10 725	2 438	4 120	3 355	765	3 234	2 928	306
53 867	42 731	18 914	8 921	9 993	28 856	22 539	6 317
3 176	800	1 070	928	142	3 288	3 112	176
808	135	431	431		175	162	13
14 844	6 362	9 868	6 908	2 960	12 201	8 460	3 741
4 833	205	243	239	4	1 716	1 701	15
4 041	3 322	1 438	736	702	3 189	2 202	987
3 264	4 896	1 717	717	1 000	2 302	1 594	708
2 499	1 922	756	440	316	1 368	1 074	294
265	135	56	51	5	589	519	70
1 431	292	508	459	49	714	578	136
3 074	270	1 460	1 392	68	1 275	1 258	17
42 751	34 526	11 230	6 029	5 201	24 627	18 114	6 513
4 339	766	1 194	1 015	179	685	608	77
113	1 555	126	22	104			
1 642	1 714	284	211	73	639	427	212
5 407	8 253	2 588	358	2 230	3 569	3 161	408
1 354	1 109	535	347	188	1 597	1 224	373
3 250	5 888	878	404	474	2 070	590	1 480
1 093	782	229	93	136	87	25	62
6 334	6 270	1 991	1 122	869	3 305	1 700	1 605
3 886	1 611	509	251	258	1 558	1 337	221
10 795	4 417	2 169	1 720	449	8 510	7 073	1 437
3 820	1 103	640	444	196	2 225	1 604	621
239	184	50	30	20	203	203	
479	874	37	12	25	179	162	17

1989 年乡村企业固

地区 \ 项目	(二)按建设性质分 1. 新建			2. 扩建			
	合计	乡办	村办	合计	乡办	村办	合计
全国总计	**1 427 677**	**918 743**	**508 934**	**637 730**	**450 897**	**186 833**	**322 378**
北京	30 631	17 709	12 922	14 373	8 849	5 524	11 123
天津	67 546	26 914	40 632	20 591	8 800	11 791	7 784
河北	28 160	13 367	14 793	7 338	5 649	1 689	2 076
山西	50 666	19 875	30 791	16 294	9 199	7 095	11 646
内蒙古	10 415	7 038	3 377	3 811	3 045	766	1 471
辽宁	56 283	27 435	28 848	21 737	12 686	9 051	8 347
吉林	11 516	8 896	2 620	3 684	2 950	734	2 869
黑龙江	16 670	9 598	7 072	7 446	6 241	1 205	7 615
上海	108 432	77 764	30 668	55 328	40 342	14 986	15 282
江苏	167 988	118 067	49 921	86 549	66 976	19 573	68 100
浙江	65 950	49 502	16 448	97 919	72 275	25 644	46 013
安徽	25 485	20 307	5 178	14 693	11 481	3 212	5 252
福建	33 388	21 675	11 713	9 103	7 464	1 639	4 309
江西	15 454	11 337	4 117	10 219	6 488	3 731	3 768
山东	168 320	98 254	70 066	84 376	56 950	27 426	55 189
河南	70 289	30 312	39 977	28 471	15 746	12 725	7 966
湖北	32 436	22 907	9 529	15 940	12 138	3 802	6 260
湖南	30 596	26 321	4 275	9 884	8 931	953	4 900
广东	262 651	182 082	80 569	68 596	49 744	18 852	27 761
广西	18 218	16 396	1 822	8 348	7 696	652	2 734
海南	4 345	3 159	1 186	346	174	172	106
四川	51 018	35 711	15 307	25 556	17 809	7 747	11 747
贵州	13 229	12 841	388	5 613	2 795	2 818	2 044
云南	25 775	16 668	9 107	3 605	2 562	1 043	1 825
西藏							
陕西	22 192	11 009	11 183	8 417	5 802	2 615	3 647
甘肃	13 001	8 773	4 228	6 179	5 058	1 121	1 310
青海	3 144	2 250	894	204	192	12	80
宁夏	6 315	5 629	686	909	829	80	121
新疆	17 564	16 947	617	2 201	2 026	175	1 033
合计	**137 472**	**78 124**	**59 348**	**73 185**	**48 829**	**24 356**	**35 306**
重庆	5 356	4 500	856	2 870	2 553	317	3 103
西安	3 732	1 874	1 858	2 302	882	1 420	1 963
武汉	4 609	2 205	2 404	2 466	1 158	1 308	1 098
广州	39 829	23 320	16 509	9 581	6 923	2 658	3 432
沈阳	7 454	4 561	2 893	2 658	1 329	1 329	1 074
大连	23 748	7 952	15 796	9 164	3 059	6 105	2 663
哈尔滨	2 423	1 130	1 293	666	369	297	433
青岛	16 528	7 233	9 295	9 072	5 913	3 159	6 445
南京	6 355	4 579	1 776	5 119	4 211	908	2 683
宁波	13 203	9 927	3 276	21 808	15 970	5 838	9 726
成都	12 006	9 918	2 088	6 076	5 338	738	1 842
厦门	522	204	318	519	419	100	110
长春	1 707	721	986	884	705	179	734

定资产投资（续）

单位：万元

3.技改 乡办	村办	4.其他 合计	乡办	村办	四、本年新增固定资产 合计	乡办	村办
239 982	82 396	127 334	85 901	41 433	1 980 296	1 312 947	667 349
9 213	1 910	1 982	1 138	844	52 273	28 338	23 935
2 342	5 442	5 421	2 138	3 283	81 828	31 827	50 001
1 079	997	1 140	343	797	23 935	12 191	11 744
5 984	5 662	1 678	989	689	50 536	18 922	31 614
1 178	293	1 132	937	195	15 238	10 625	4 613
4 754	3 593	5 669	3 000	2 669	64 682	30 060	34 622
2 316	553	428	381	47	15 195	11 812	3 383
6 818	797	2 098	1 747	351	28 019	19 468	8 551
11 248	4 034	10 092	6 719	3 373	153 709	106 136	47 573
54 313	13 787	22 573	17 351	5 222	252 190	186 416	65 774
37 261	8 752	12 789	9 713	3 076	194 895	145 853	49 042
4 305	947	1 576	1 192	384	38 136	30 121	8 015
3 512	797	3 578	2 758	820	39 058	26 953	12 105
2 840	928	1 565	1 189	376	23 064	16 991	6 073
38 754	16 435	15 141	9 962	5 179	254 261	156 252	98 009
3 874	4 092	3 495	1 821	1 674	89 072	42 683	46 389
5 246	1 014	2 739	1 694	1 045	38 542	27 188	11 354
4 442	458	3 259	2 975	284	39 911	34 500	5 411
22 535	5 226	24 169	14 720	9 449	320 277	224 366	95 911
2 292	442	1 050	897	153	22 656	20 078	2 578
106		20	20		2 042	1 616	426
8 223	3 524	1 328	930	398	74 906	52 434	22 472
2 024	20	1 616	1 616		11 134	10 634	500
859	966	197	140	57	25 670	16 882	8 788
2 303	1 344	1 305	656	649	28 634	16 777	11 857
989	321	641	253	388	16 253	11 727	4 526
71	9	370	362	8	3 201	2 668	533
106	15	28	28		5 793	5 063	730
995	38	255	232	23	15 186	14 366	820
24 847	10 459	15 998	10 809	5 189	210 374	130 314	80 060
2 565	538	373	354	19	11 511	9 837	1 674
917	1 046	308	20	288	8 007	3 545	4 462
668	430	877	272	605	6 200	3 463	2 737
2 943	489	3 829	2 640	1 189	40 100	26 550	13 550
433	641	1 179	884	295	7 976	4 564	3 412
696	1 967	1 263	395	868	25 083	6 527	18 556
259	174	857	841	16	3 999	2 503	1 496
4 475	1 970	1 461	1 106	355	31 763	18 489	13 274
2 044	639	744	565	179	11 324	8 455	2 869
8 114	1 612	4 325	3 274	1 051	44 108	33 137	10 971
1 162	680	694	391	303	16 563	11 193	5 370
110					478	219	259
461	273	88	67	21	3 262	1 832	1 430

地区＼项目	1. 费用支出 合计	1. 费用支出 其中：工业	其中：生产费 合计	其中：生产费 其中：工业	2. 销售税金（应交）合计	2. 销售税金（应交）其中：工业
全国总计	**42 884 177**	**33 477 326**	**36 282 217**	**29 395 244**	**1 985 789**	**1 678 373**
北京	1 218 267	900 264	1 068 270	794 736	59 220	48 654
天津	914 849	811 540	743 033	687 877	53 631	49 512
河北	1 777 795	1 420 433	1 414 711	1 149 404	73 000	60 799
山西	755 079	625 861	587 777	491 138	44 799	38 692
内蒙古	178 562	103 440	161 061	92 163	7 452	5 162
辽宁	2 086 485	1 479 697	1 845 048	1 328 154	116 101	93 825
吉林	480 339	293 386	386 098	247 545	26 906	19 967
黑龙江	482 600	324 862	401 193	276 899	19 751	15 619
上海	2 034 751	2 034 751	2 016 042	2 016 042	104 887	104 887
江苏	8 314 173	7 617 101	7 511 393	7 002 817	383 087	361 634
浙江	4 471 952	3 871 247	3 725 541	3 725 541	258 229	240 605
安徽	1 005 986	684 762	820 983	573 919	29 379	21 301
福建	1 075 737	719 777	790 935	507 163	52 365	38 983
江西	600 976	427 699	487 792	351 716	30 804	24 117
山东	5 425 233	3 833 808	4 513 764	3 267 462	216 748	165 031
河南	1 485 403	1 079 611	1 107 826	830 844	56 130	44 152
湖北	1 503 705	1 032 658	1 204 653	838 493	59 220	43 577
湖南	1 354 885	835 838	1 144 141	713 970	61 926	44 667
广东	4 075 385	3 039 188	3 303 993	2 519 935	157 566	127 611
广西	293 010	186 366	232 417	148 706	20 088	14 770
海南	40 055	12 025	33 115	9 286	1 330	399
四川	1 849 763	1 250 157	1 563 758	1 048 254	77 351	60 684
贵州	116 267	86 928	93 527	70 836	7 546	6 067
云南	390 800	209 847	305 314	172 115	20 495	13 490
西藏						
陕西	567 806	380 626	502 045	349 571	26 960	19 839
甘肃	205 397	114 952	172 298	98 229	10 716	7 337
青海	24 786	14 769	19 261	11 074	1 602	1 118
宁夏	49 770	27 879	41 197	23 020	2 874	2 043
新疆	104 361	57 854	85 031	48 335	5 626	3 831
合计	**5 128 636**	**3 792 255**	**4 487 565**	**3 441 864**	**255 047**	**211 479**
重庆	346 466	217 660	298 251	192 984	17 369	13 092
西安	191 556	135 323	171 096	127 754	8 727	6 731
武汉	273 710	199 889	232 761	174 776	12 281	9 437
广州	552 545	352 208	418 704	294 638	21 794	15 635
沈阳	316 556	269 403	290 043	246 299	18 111	16 626
大连	689 176	421 858	639 258	393 169	38 374	27 822
哈尔滨	87 706	66 145	79 834	60 680	4 270	3 655
青岛	778 218	601 129	635 098	503 911	33 406	27 257
南京	346 358	278 521	316 327	254 538	17 818	15 427
宁波	910 126	834 708	818 645	818 645	57 240	55 560
成都	442 823	309 577	396 431	281 058	16 403	13 424
厦门	29 959	16 488	24 504	13 849	1 413	857
长春	163 437	89 346	136 613	79 563	7 841	5 956

主 要 财 务 指 标

单位：万元

3．利润总额		4．所　得　税		5．实交国家税金	
合　　计	其中：工业	合　　计	其中：工业	合　　计	其中：工业
3 339 197	**2 598 404**	**608 942**	**531 651**	**1 960 881**	**1 649 944**
175 393	139 862	40 708	35 064	71 980	59 812
127 098	111 296	44 172	40 749	59 748	52 206
263 938	211 527	25 327	22 034	82 915	68 461
132 075	112 345	25 121	23 074	51 740	45 356
18 174	13 508	2 924	2 244	6 805	4 822
223 691	175 949	58 665	50 357	124 634	103 386
47 822	32 804	9 320	7 644	26 706	20 661
40 355	29 569	6 155	4 987	20 677	16 499
252 899	252 899	46 281	46 281	151 168	151 168
238 843	215 342	82 685	78 611	319 909	299 890
214 867	197 018	78 218	73 236	263 563	241 968
86 754	64 391	5 827	4 544	31 739	23 195
84 042	56 448	7 561	5 610	54 343	40 417
42 238	29 373	5 056	4 117	26 869	21 115
542 229	381 413	68 744	51 851	198 325	148 902
173 003	124 640	9 438	7 536	52 772	40 985
88 409	56 141	10 702	8 361	50 545	36 296
90 624	48 488	12 937	9 820	59 579	41 747
279 940	202 289	31 934	26 213	148 777	117 003
15 231	8 767	1 899	1 394	19 503	14 129
5 099	1 545	142	26	1 403	389
78 434	56 717	17 561	14 507	72 344	56 757
13 635	10 412	2 378	1 990	6 095	4 712
22 664	13 417	3 387	2 715	18 671	12 212
				0	0
44 979	29 804	6 484	4 910	22 935	16 639
19 451	11 569	3 023	2 127	8 811	5 844
1 554	941	183	144	1 436	1 023
5 364	3 728	809	647	2 607	1 777
10 392	6 202	1 301	858	4 282	2 573
409 315	**317 380**	**93 113**	**79 898**	**241 085**	**197 488**
15 036	10 585	2 909	2 170	17 476	13 136
12 094	8 767	2 165	1 548	6 784	5 024
19 596	14 093	3 484	2 560	11 315	8 549
47 128	28 364	4 357	2 857	24 350	17 092
33 182	30 792	7 931	7 304	24 354	22 845
69 297	44 498	15 511	12 080	37 604	28 865
7 614	6 454	1 570	1 421	4 822	4 149
77 461	60 317	14 655	12 319	36 021	20 056
15 262	12 865	7 277	6 577	16 433	14 157
76 595	74 587	25 289	24 611	36 183	34 509
18 322	13 769	4 095	3 375	16 843	13 662
2 016	1 433	254	191	1 667	1 048
15 712	10 856	3 616	2 885	7 233	5 896

地区 \ 项目	6．销售税金 合计	6．销售税金 其中：工业	7．所得税金 合计	7．所得税金 其中：工业	8．纯利润 合计	8．纯利润 其中：工业
全国总计	1 572 434	1 316 155	378 974	326 980	2 401 487	1 775 293
北京	47 177	38 802	24 803	21 010	119 255	92 623
天津	35 632	31 513	24 116	20 693	75 356	63 343
河北	61 956	50 887	17 992	15 519	214 716	168 932
山西	35 352	30 482	16 388	14 874	100 832	83 774
内蒙古	5 664	3 936	1 141	886	14 462	10 400
辽宁	89 790	74 075	34 844	29 311	138 763	102 395
吉林	20 921	15 872	5 785	4 789	37 881	24 650
黑龙江	16 418	13 034	4 259	3 465	31 711	22 694
上海	104 887	104 887	46 281	46 281	76 229	76 229
江苏	280 036	262 621	39 873	37 269	156 158	136 731
浙江	208 638	191 467	54 925	50 501	95 410	84 816
安徽	27 741	20 139	3 998	3 056	80 927	59 847
福建	47 611	35 280	6 732	5 137	76 481	50 838
江西	24 395	19 132	2 474	1 983	37 182	25 256
山东	159 471	119 933	33 817	25 019	419 914	292 607
河南	47 331	36 404	5 441	4 581	163 565	117 104
湖北	44 943	32 131	5 163	3 917	75 764	46 678
湖南	51 483	35 923	7 905	5 702	76 454	38 078
广东	125 846	99 069	22 931	17 934	246 911	175 189
广西	18 005	13 088	1 498	1 041	13 205	7 247
海南	1 261	363	142	26	4 918	1 516
四川	626 675	48 923	9 669	7 834	48 988	34 441
贵州	5 424	4 235	671	477	10 998	8 159
云南	160 045	10 476	1 787	1 302	16 328	8 820
西藏						
陕西	19 125	13 921	3 810	2 718	38 495	24 894
甘肃	7 426	4 865	1 385	979	16 361	9 416
青海	1 338	950	98	73	1 369	797
宁夏	2 220	1 502	387	275	4 412	3 010
新疆	3 623	2 245	659	328	8 442	4 009
合计	190 217	155 605	49 610	40 899	283 792	210 474
重庆	15 210	11 462	2 266	1 674	10 675	7 173
西安	5 707	4 319	1 077	705	9 929	7 219
武汉	9 348	7 149	1 715	1 249	16 112	11 533
广州	20 348	14 441	3 951	2 606	42 602	25 416
沈阳	17 238	15 832	7 116	6 513	14 874	13 665
大连	27 957	21 322	9 481	7 448	46 294	26 537
哈尔滨	3 809	3 229	1 013	920	5 661	4 662
青岛	27 019	21 717	8 213	6 646	54 801	41 741
南京	13 915	11 964	2 518	2 193	7 985	6 288
宁波	28 517	27 231	7 666	7 278	51 306	49 976
成都	14 273	11 635	2 570	2 027	10 086	7 397
厦门	1 413	857	254	191	1 762	1 242
长春	5 463	4 447	1 770	1 449	11 705	7 625

财务指标（续）

单位：万元

其中：(1) 上交乡村		其中：(2) 企业留利		其中：①用于再生产	
合计	其中：工业	合计	其中：工业	合计	其中：工业
907 608	**669 107**	**1 481 077**	**1 099 338**	**1 038 005**	**771 565**
51 041	39 643	68 214	52 980	33 776	25 241
28 792	23 523	45 669	39 433	35 576	30 557
68 235	53 260	137 254	108 507	91 088	73 175
36 354	30 061	60 700	50 388	40 594	33 514
6 212	4 641	8 250	5 759	6 595	4 556
57 533	42 148	79 642	58 995	55 939	41 226
14 310	8 915	23 903	16 277	19 883	13 386
8 106	5 801	22 748	16 262	18 366	13 102
34 630	34 630	34 258	34 258	30 120	30 120
63 118	56 369	93 040	80 362	57 215	48 615
36 324	32 010	87 458	80 129	58 515	53 411
29 263	22 938	51 664	36 909	40 306	28 031
35 537	22 582	42 563	29 332	29 704	20 929
17 170	11 836	21 752	15 143	14 469	10 340
130 019	86 095	255 040	179 679	176 278	125 341
51 875	38 612	104 433	72 858	72 667	51 917
29 445	18 438	48 012	30 998	35 145	22 846
34 845	16 901	46 390	25 908	33 465	18 461
121 218	85 936	125 693	89 253	99 185	73 470
4 820	2 730	9 480	5 688	6 682	4 044
847	293	3 914	1 165	3 411	1 031
17 257	12 468	36 913	26 771	23 022	16 406
2 437	1 931	9 092	6 820	6 931	5 291
4 279	2 562	12 771	7 196	9 851	5 707
15 220	10 186	25 708	17 235	17 793	12 046
3 410	2 275	12 951	7 131	10 982	5 890
347	222	1 237	698	936	519
1 601		6 729		5 495	
3 363	2 101	5 599	3 204	4 016	2 393
97 946	**67 158**	**162 321**	**122 272**	**104 826**	**77 934**
4 076	2 859	7 103	4 970	4 700	3 257
3 850	2 686	6 664	5 246	4 463	3 724
4 809	3 579	9 650	6 695	6 889	4 781
22 662	13 229	19 611	12 122	11 813	7 196
4 334	3 962	9 178	8 358	6 063	5 553
18 933	9 544	26 760	16 301	19 693	11 985
1 209	1 017	4 452	3 645	3 418	2 727
16 124	12 038	34 808	27 004	20 743	16 058
3 908	3 216	4 077	3 072	2 643	1 900
9 451	9 101	24 900	24 146	14 167	13 745
3 591	2 528	6 474	5 056	3 491	2 716
833	636	929	606	791	530
4 166	2 763	7 715	5 051	5 952	3 762

乡村企业主要

地区 \ 项目	②用于集体福利		③用于教育事业		9．工资总额		10．固定资产原值	
	合计	其中：工业	合计	其中：工业	合计	其中：工业	合计	其中：工业
全国总计	**173 533**	**129 990**	**66 392**	**50 251**	**5 806 709**	**4 265 845**	**19 206 716**	**16 407 522**
北京	3 365	2 596	1 308	1 007	147 453	106 482	538 796	426 750
天津	5 801	5 130	1 216	1 105	99 808	86 457	402 019	368 529
河北	12 511	9 824	5 532	4 465	321 773	248 671	904 429	776 688
山西	6 217	5 224	2 946	2 572	173 199	145 282	527 139	465 870
内蒙古	870	620	321	254	36 593	25 401	106 995	82 664
辽宁	10 888	8 344	3 141	2 341	275 339	193 873	909 009	726 725
吉林	2 161	1 488	854	562	79 317	54 293	241 918	202 954
黑龙江	2 748	2 043	856	675	87 008	52 289	267 366	219 865
上海	4 212	4 212	530	530	116 578	116 578	927 928	927 928
江苏	17 421	15 566	7 335	6 575	829 349	705 572	2 993 407	2 840 535
浙江	9 268	8 575	2 118	1 961	517 405	436 400	1 605 352	1 497 272
安徽	7 144	5 413	2 588	1 839	163 671	106 471	471 617	382 032
福建	5 087	3 496	1 676	1 154	202 698	126 266	455 366	334 901
江西	1 543	1 100	591	456	107 270	75 236	291 275	232 880
山东	34 341	23 519	16 828	11 997	628 855	420 614	2 395 625	1 873 451
河南	10 149	6 633	4 190	3 099	249 463	170 392	834 122	712 670
湖北	6 463	4 190	3 330	2 186	205 074	132 502	756 946	594 232
湖南	6 224	3 765	2 629	1 488	237 388	137 298	616 660	483 312
广东	14 375	9 968	4 934	3 661	698 832	544 650	1 907 814	1 634 646
广西	1 025	661	305	153	52 307	31 431	173 629	135 711
海南	230	60	77	28	8 980	2 635	32 878	16 082
四川	3 367	2 531	711	585	285 386	176 373	916 407	752 068
贵州	1 131	830	313	239	28 548	21 873	99 862	84 486
云南	1 299	668	326	196	73 426	41 387	234 538	175 472
西藏								
陕西	3 483	2 331	771	558	91 523	59 277	316 578	253 058
甘肃	1 170	737	693	418	51 852	26 465	139 007	102 000
青海	113	78	49	41	6 297	3 650	25 845	18 829
宁夏	264	0	47	0	8 525	4 859	36 100	28 403
新疆	663	388	177	106	22 792	13 168	78 089	57 509
合计	**20 825**	**15 564**	**7 199**	**5 423**	**668 880**	**471 547**	**2 128 633**	**1 731 747**
重庆	828	554	90	77	63 564	35 558	153 218	120 145
西安	1 044	729	233	192	21 606	15 327	84 348	65 433
武汉	1 282	894	960	705	35 000	23 218	104 983	86 200
广州	2 608	1 674	363	262	97 208	67 105	263 627	197 106
沈阳	1 631	1 458	461	433	36 299	30 117	107 497	97 055
大连	3 989	2 556	1 007	514	88 099	50 647	354 471	45 991
哈尔滨	694	625	274	240	15 643	12 097	41 365	35 269
青岛	4 834	3 737	2 357	1 832	84 066	57 893	308 779	249 616
南京	1 013	838	421	334	42 527	32 514	149 029	129 719
宁波	1 411	1 370	419	407	100 003	93 704	311 618	301 913
成都	550	496	185	146	54 708	33 675	182 093	150 655
厦门	59	35	15	6	6 667	3 255	13 714	9 088
长春	882	598	414	275	23 490	16 437	53 891	43 557

财务指标（续）

11．本年折旧基金		12．固定资产净值		13．年末占用流动资金	
合计	其中：工业	合计	其中：工业	合计	其中：工业
1 534 828	**1 309 103**	**14 861 731**	**12 657 196**	**18 901 103**	**15 982 017**
40 205	32 529	400 752	320 232	508 490	432 677
34 568	31 417	314 991	288 306	410 939	384 532
79 671	68 244	702 489	605 182	631 416	541 932
47 545	42 496	420 537	371 867	290 209	262 418
6 330	4 911	86 066	66 869	81 278	61 739
75 811	61 942	718 031	570 059	995 745	802 160
17 180	14 307	190 993	160 228	160 371	134 067
19 267	15 972	209 586	171 486	226 378	155 086
61 656	61 656	701 390	701 390	1 211 456	1 211 456
233 962	221 024	2 289 349	2 176 565	4 159 592	3 887 183
128 053	119 630	1 195 530	1 113 259	2 431 293	2 140 326
38 269	31 246	349 228	279 266	310 719	238 616
35 410	25 978	354 134	261 590	276 263	187 420
20 471	16 213	220 858	176 379	206 542	154 416
218 925	170 794	1 873 993	1 470 011	2 395 240	1 797 888
64 486	55 045	657 575	565 176	460 168	391 097
61 432	48 630	574 755	453 809	583 307	464 477
45 140	35 454	458 927	358 325	437 454	319 765
151 834	128 923	1 581 089	1 309 671	1 547 388	1 216 207
12 069	9 249	139 278	109 127	95 019	74 793
1 897	700	26 562	13 097	9 105	2 388
73 842	61 199	656 207	543 464	883 782	678 737
6 299	5 275	81 960	70 916	28 846	23 708
17 069	13 112	181 324	133 827	106 513	70 923
22 271	17 487	247 003	197 174	282 714	220 320
10 192	7 417	114 034	84 172	88 004	66 354
1 737	1 264	20 751	15 086	10 786	8 073
2 727	2 110	31 414	24 931	17 863	14 445
6 510	4 879	62 925	45 732	54 223	38 814
171 135	**141 441**	**1 611 760**	**1 306 274**	**2 481 805**	**2 022 579**
12 929	10 498	108 125	85 421	170 979	125 960
6 420	5 237	63 516	49 078	96 903	76 883
11 241	9 606	78 765	63 665	100 018	76 898
18 312	14 007	206 513	150 671	229 374	154 778
6 270	5 640	85 938	77 327	152 781	142 074
30 898	22 792	276 086	189 208	343 175	248 895
4 090	3 564	32 066	26 780	35 729	32 036
25 221	20 325	237 917	194 690	339 901	264 928
11 037	9 477	108 515	94 445	170 610	150 500
23 306	22 658	235 730	228 283	559 163	533 818
16 114	13 578	127 369	105 769	229 925	174 133
1 118	842	10 398	7 739	10 013	3 332
4 179	3 217	40 822	33 198	43 234	38 344

地区 \ 项目	14．定额流动资金		15．自有流动资金		16．本年银行贷款总额	
	合计	其中：工业	合计	其中：工业	合计	其中：工业
全国总计	**11 132 242**	**9 403 523**	**4 072 222**	**3 311 908**	**10 803 673**	**9 793 718**
北京	323 449	278 132	149 694	116 395	189 618	168 011
天津	218 345	205 793	117 700	106 772	236 025	226 976
河北	405 097	345 029	248 249	208 809	410 068	362 753
山西	152 214	137 600	139 559	122 320	175 887	159 911
内蒙古	39 278	28 680	19 443	13 894	27 081	21 339
辽宁	556 170	460 487	172 640	133 079	465 249	371 367
吉林	104 022	85 177	37 715	27 915	86 511	73 001
黑龙江	133 489	109 047	57 174	46 548	81 235	69 579
上海	534 972	534 972	231 969	231 969	929 400	929 400
江苏	2 601 412	2 409 703	512 206	464 570	2 549 921	2 489 481
浙江	1 442 303	1 267 733	382 446	339 398	1 866 436	1 749 824
安徽	175 112	134 302	91 314	72 278	133 768	110 048
福建	173 733	113 845	115 469	84 372	140 460	106 722
江西	118 385	91 157	54 893	40 614	88 008	74 994
山东	1 526 510	1 140 341	503 288	357 912	1 003 465	855 099
河南	327 709	281 314	179 588	153 523	250 861	223 968
湖北	348 514	272 465	126 710	90 527	158 448	132 307
湖南	273 543	199 286	124 427	86 177	203 796	172 062
广东	854 377	677 389	456 874	353 294	1 171 526	954 601
广西	55 698	44 030	29 552	21 544	58 664	50 610
海南	2 726	1 387	5 433	2 198	6 161	3 520
四川	470 337	362 939	174 412	137 730	317 350	281 027
贵州	16 070	13 425	13 075	10 040	15 414	13 689
云南	52 288	36 504	31 215	19 469	68 105	53 049
西藏						
陕西	130 134	102 149	48 357	35 921	94 057	77 064
甘肃	53 259	40 113	23 742	16 519	35 754	29 211
青海	4 681	3 352	3 575	2 810	3 945	3 090
宁夏	9 706	7 244	8 054	5 525	13 669	11 318
新疆	28 709	19 928	13 449	9 786	22 791	19 697
合计	**1 397 509**	**1 154 207**	**473 390**	**382 359**	**1 236 529**	**1 068 948**
重庆	81 349	60 264	18 029	11 084	49 596	42 993
西安	41 567	33 158	18 860	15 660	20 101	16 775
武汉	61 628	45 535	29 028	22 306	27 495	22 630
广州	117 377	83 000	39 699	27 448	127 561	101 099
沈阳	67 942	62 245	26 749	23 108	44 577	41 134
大连	187 164	143 636	58 634	40 204	219 795	152 463
哈尔滨	23 205	19 994	20 798	17 512	14 243	12 226
青岛	209 376	162 175	72 364	55 358	142 695	127 078
南京	114 212	102 192	28 435	24 976	81 929	75 988
宁波	332 694	318 053	104 624	100 036	392 361	374 899
成都	128 670	98 774	41 626	35 376	91 751	80 988
厦门	4 698	1 687	4 228	1 755	5 078	2 875
长春	27 627	23 494	10 316	7 536	19 347	17 800

财 务 指 标 （续）

单位：万元

17．本年银行贷款余额		18．利息支出		19．亏损企业(个)		20．亏损金额	
合 计	其中：工业	合 计	其中：工业	合 计	其中：工业	合 计	其中：工业
8 652 183	**7 743 315**	**1 303 336**	**1 174 806**	**78 991**	**66 204**	**378 654**	**337 455**
236 882	207 004	27 728	24 283	1 164	889	5 935	4 009
226 588	219 698	27 955	27 033	1 169	1 059	6 001	5 734
383 050	350 687	58 882	53 764	2 070	1 736	11 069	9 956
189 102	175 932	26 195	23 984	1 062	937	4 064	3 722
32 636	27 165	4 015	3 308	304	228	814	697
440 608	357 922	56 816	47 073	2 722	2 171	15 581	10 244
119 542	101 448	18 519	15 716	834	611	3 994	3 213
118 058	92 994	16 187	14 289	589	486	2 641	2 219
302 437	302 437	28 430	28 430	1 490	1 490	9 047	9 047
1 308 579	1 273 519	238 696	233 054	15 856	15 110	96 104	94 080
865 856	827 518	162 916	155 812	12 737	11 554	57 543	54 741
158 019	135 976	24 494	20 897	3 125	2 426	8 677	7 590
117 630	91 254	18 821	14 760	1 511	921	5 905	4 096
131 167	113 677	16 676	14 542	2 200	1 700	6 969	6 278
1 047 375	891 869	165 200	142 108	4 361	3 292	22 307	16 233
267 175	246 309	42 420	38 902	1 894	1 564	5 248	4 614
350 081	304 244	41 437	35 444	4 768	3 673	14 292	12 488
276 740	239 231	40 131	33 900	3 585	2 903	15 335	14 183
1 162 883	989 627	168 922	145 577	3 719	2 906	43 722	36 222
84 674	74 075	10 724	9 466	1 432	1 065	4 614	4 003
7 777	3 978	1 000	523	30	16	144	110
484 761	426 704	64 559	57 020	7 759	6 059	22 830	20 586
22 436	21 110	2 644	2 498	371	322	1 318	1 245
82 759	67 715	9 028	7 168	1 766	1 184	5 362	4 228
147 411	126 491	19 618	15 671	1 654	1 256	5 711	4 952
42 464	35 649	5 604	4 584	317	270	1 179	1 067
7 562	6 253	617	523	173	123	394	285
7 870	6 640	2 151	1 898	79	64	412	374
30 061	26 189	2 951	2 579	250	189	1 442	1 239
1 003 914	**859 475**	**146 649**	**128 101**	**7 814**	**6 339**	**36 234**	**28 531**
76 894	64 943	11 225	9 737	1 666	1 277	4 299	3 677
37 676	31 997	5 587	4 828	427	329	2 105	1 833
45 199	39 235	5 752	4 914	384	327	1 296	1 135
119 900	96 420	16 778	13 584	398	321	4 274	3 884
32 026	29 739	4 061	3 592	390	351	1 319	1 106
188 982	131 857	22 019	16 282	746	471	7 649	3 456
13 622	11 921	1 782	1 533	42	35	152	147
132 350	119 602	21 217	18 926	287	207	1 840	1 371
61 041	57 330	8 399	7 784	691	610	3 139	2 924
170 950	166 213	32 583	31 816	1 548	1 432	5 272	5 017
102 906	90 546	13 834	12 072	1 066	863	3 909	3 619
3 568	2 063	495	350	59	16	664	64
18 800	17 609	2 917	2 683	110	100	316	298

1989年全国乡镇企业之最

全国乡镇企业最多的省(市、区)　是河南省，全省有乡镇企业197.4万个，占全国乡镇企业总数的10.6%。

乡村两级集体所有制企业最多的省(市、区)　是山东省，全省有乡村两级集体所有制企业16.6万个，占全国总数的10.8%。

乡办企业最多的省(市、区)　是四川省，全省有乡办企业4.7万个，占全国总数的11.6%。

户办（个体）企业最多的省(市、区)　是河南省，全省有户办企业173.7万个，占全国总数的10.8%。

乡村集体所有制农业企业最多的省(市、区)　是湖南省，全省有集体所有制农业企业3.57万个，占全国总数的15.7%。

乡镇工业企业最多的省(市、区)　是河南省，全省有乡镇工业企业81.9万个，占全国总数的11.1%。

乡村两级集体所有制工业企业最多的省(市、区)　是江苏省，全省有乡村两级集体所有制企业10.4万个，占全国总数的10.6%。

乡镇个体工业企业最多的省(市、区)　是河南省，全省有乡镇个体工业企业70.1万个，占全国总数的12.1%。

乡镇建筑企业最多的省(市、区)　是河南省，全省有乡镇建筑企业12.08万个，占全国总数的13.1%。

乡村两级集体所有制建筑企业最多的省(市、区)　是山东省，全省有乡村两级集体所有制建筑企业1.02万个，占全国总数的15.1%。

乡镇交通运输企业最多的省(市、区)　是河南省，全省有乡镇交通运输企业42.56万个，占全国总数的11.2%。

乡村两级集体所有制交通运输企业最多的省(市、区)　是山东省，全省有乡村两级集体所有制交通运输企业1.07万个，占全国总数的21.4%。

乡镇商业、饮食业企业最多的省(市、区)　是四川省，全省有乡镇商业、饮食业企业47.74万个，占全国总数的10.7%。

乡村两级集体所有制商业、饮食业企业最多的省(市、区)　是山东省，全省有乡村两级集体所有制商业、饮食业企业1.95万个，占全国总数的13.4%。

乡镇服务业企业最多的省(市、区)　是四川省，全省有乡镇服务业企业29.17万个，占全国总数的23%。

经营管理

不断总结和推广办好企业的新经验

从1989年批准的国家二级企业经济效益分析看企业管理水平

乡镇企业怎样开展企业升级

1989年全国乡村集体企业财务汇总分析

1989年全国乡镇企业安全工作概况

乡镇工业劳动卫生调查进展情况

不断总结和推广办好企业的新经验

1989年乡镇企业在那么大的社会舆论压力下，在银行贷款零增长，城市一些企业拖欠乡镇企业货款，能源、原材料大幅度涨价，市场出现全面疲软的严重困难下，在国家加强宏观调控，采取重点向国营企业倾斜的政策下，仍然实现了稳定发展，实现了产值与效益的稳定增长。对此，许多同志迷惑不解，众说纷纭，因此，认真总结乡镇企业走出困境的经验，已成为大家共同关注的一个问题。客观地总结这些宝贵经验，不仅可以解除一些同志的疑惑，更重要的是今后引导乡镇企业持续、稳步、协调发展的需要。这些经验概括起来是不是这样几条：

1. 建设一支与企业共存亡的中坚队伍。乡镇企业是在困难环境中求生存、求发展的。这一环境造就了一批企业家，他们成为中国农民产业大军的优秀代表，成为近亿农民产业大军的带头人，有着较高的建设中国特色的社会主义的觉悟，他们中有许多人本来就是我们党的优秀分子，对中国建设“四化”的难度有清楚的认识，有高度的历史责任感和使命感，知难而进，拼搏进取，敢于迎风斗浪，善于利用有利条件，转化不利因素，抓住新的机遇，克服重重困难。正是他们，在党的领导下，团结和带领了千百万职工，树立了“厂兴我荣，厂衰我耻”的强烈意识，形成了一种“命运共同体”和“利益共同体”，形成了一支能攻能守、能进能退的队伍。这正是企业战胜困难，得以生存和发展的最重要的保证。为了造就一代新的农民产业大军，他们以身作则，把乡镇企业作为对农民进行再教育的阵地。鲁冠球同志提出的“两袋投入”的经验，就在于他在“口袋投入”，即重视物质手段落实按劳分配原则的同时，进行“脑袋投入”，即重视思想政治工作和科学文化素质的提高，从而在办起了一个现代化企业的同时，培养了一支在经济战线能经风浪、能打硬仗的干部职工队伍。他介绍中有这样几句话：“这困难，那困难，都要靠人、靠干去克服”，“思想政治工作是我们的政治优势，我们的老传统，不用去外国引进，有所创造也不用新增投资，思想政治工作做好了，人的积极性发挥了，可以起到许多先进设备、技术和投资所起不到的作用，何乐而不为？”企业领导与职工团结一致，为了企业生存发展，同呼吸、共命运，互相理解，互相支持，是克服任何困难的强大力量。

2. 审时度势，争取主动。许多企业注重掌握和研究国家宏观经济政策及市场经济动态，及时自觉地调整企业发展方向和产品结构，使之符合国家产业政策和国内外市场的需要，这些是企业在困难中变被动为主动的重要策略。“船小好掉头”对于许多企业来说，仍不失为克服困难的一大法宝。江苏无锡县钱桥镇的一些企业采取比别人快半步，早调整早主动，抢先一步走出困境的作法；湖北武汉市许多企业调整单一产品为系列产品、为精加工产品，调整一般产品为名、优、特和出口创汇产品的作法；江阴市一些纺织企业通过纯改混、粗改细、厚改薄、普改精、低改高，降低成本，拓宽市场的作法；以及江苏扬州美容化妆品厂面对千变万化的市场，坚持做到增加适销对路产品，以短补长；调整产品结构，以新补旧；发展多品种生产，以辅补主；扩大特色产品，以缺补齐；拿出紧紧牵住“牛鼻子”的好产品，从而让市场跟着企业的作法，这些都是很好的经验。

3. 依靠科学技术开发新产品和提高产品质量。在资金紧缺不能扩大外延再生产情况下，许多企业把着眼点放在依靠技术进步上，这是投资少、见效快的一条捷径。因此他们千方百计捕捉科技信息，引进技术，引进新工艺，引进科研成果，引进新产品。许多企业的经验表明，面对市场疲软的情况，并不是所有商品都疲软，而是疲中有俏，这就要及时收集国内外市场信息，不断改进和创新，再以新产品开发带动市场开发，做到投产一批、研制一批、储备一批，作为企业经营的“主旋律”。江苏省张家港市杨舍镇晴纺织厂在市场呢绒产品销售不畅的情况下，广收市场信息，从国外收集了几十种国际流行样品，组织本厂技术人员日夜不停地开发，使企业平均每月有二三种新产品投放市场。由于他们开发的新产品多，用户选择余地大，做到始终保持着有三种以上的新产品在市场上热销。扬州美容化妆品厂根据华东地区六省一市数亿人口冬季生冻疮的人较多的信息，与科研单位联合研制生产的高效防冻健美霜被誉为冻疮的克星，三年累计销售达900多万元。又根据97%以上的成年人面部都有螨虫感染的信息，研制出新产品“肤美灵”，刚刚投放市场就被抢购一空，轰动了各大商场，在北京一次订货就达800万元。

4. 练好内功，不断提高企业素质。许多企业认识到在商品竞争中能否取胜，取决于企业的素质，而企业素质的高低，取决于人的素质。因此，许多企业把人的素质提高作为渡过难关的基础工作来抓。浙江上虞风机厂先后投资了80多万元，为本厂培养人才300多人，目前经过教育培训的人员已占全厂职工总数的70%以上，几年来企业一直稳步发展，1988年被评为国家二级企业。杭州万向节厂通过开展以质量为中心的企业整顿，集中资金更新设备和技术改造，举办职工业余学校，制订严格的管理制度，提高了企业素质，1987年晋升为国家二级企业，产品获国家银质奖，去年又获全国企业管理优秀奖。这两个企业在治理整顿的形势下，去年仍保持了稳步发展和较好的效益。

5. **找靠山，寻依托**，为了适应新形势下市场激烈竞争的需要，许多乡镇企业主动与城市大企业和科研、技术部门、外贸部门接上轨，争取挂、靠、联。在发展横向联合中，许多乡镇企业甘当配角，敢于让名、让利、让权。让名，就是借助城市大中企业的商标名牌搞联营；让利，就是合作中要有不怕吃亏的姿态，让点利，吃点亏，可以赢得长期发展的依托；让权，就是必要时请外面的人来当厂长、经理，提高企业管理水平。采取这些措施收到了很好的效果。天津市宝坻县北五庄与市外贸文体公司联合兴办的旅游帐篷厂，建厂三年来每年迈出一大步，去年该厂创汇1 000多万美元，成为亚洲最大的旅游帐篷厂。1989年天津市有1 000多家乡镇企业关停并转，但依托城市工业、科研单位的乡镇企业稳步发展。上海市联营企业1 446家，无一家关停，而且还有新的发展，产值、利税增长率平均在20%左右。

6. **立足内部挖潜，开展双增双节**。为了降低物质消耗，降低成本费用，缩短生产时间，提高劳动生产率，取得较好的经济效益，佛山市华英风扇厂在保持产品的必要功能并不断提高产品质量的前提下，从1988年开始对他们生产的吊扇进行分解，逐件分析，核算成本，然后采用新材料、新工艺加以改进，节约原材料降低成本达830万元，同时由于提高劳动生产率增加了产量，不仅消化了原材料涨价因素，而且获得利润375万元，吊扇的质量也大大提高。江苏省塘桥镇在开展双增双节运动中，总结出十条内部挖潜的经验：①开发市场适销产品，在调整产品结构上挖潜。②降低原辅材料消耗，在降低产品成本上挖潜。③加强计量管理工作，在堵塞进出漏洞上挖潜。④加紧催收应收货款，在提高资金利用上挖潜。⑤严格控制两费开支，在实现目标成本上挖潜。⑥比质比价择优选购，在降低原料组价上挖潜。⑦开拓经营一专多副，在充分利用设备上挖潜。⑧重视技术小改小革，在改进工艺技术上挖潜。⑨提高质量开发品种，在产品自身增值上挖潜。⑩多层次调动积极性，在提高劳动生产率上挖潜。

7. **发扬拾遗补缺的优势**。市场竞争必然要给小企业留下生存的空隙，乡镇企业多是一些小型企业，如何搞活他们，各地乡镇企业都注意发挥拾遗补缺的优势，瞄准市场的空子和缺口进行生产。在市场疲软的情况下，许多小企业以小（小产品）、快（快转产）来迅速占领市场，在竞争中取胜。江苏武进县的作法是，市场缺什么就生产什么，小至生产不起眼的鞋眼，铅笔芯等小产品，但市场却十分畅销，由于紧紧围绕市场需求转，所以产销两旺；同时充分发挥小企业“小而专”的特点，走小产品、大批量、小商品、大市场的专业化路子。

8. **不断增强企业自我造血机能**。去年流动资金严重短缺，影响了企业正常生产经营，甚至处于停产半停产，但一些乡镇企业在同样困难下，仍然保持了正常的生产经营。其原因，一方面是多年来一些企业注重不断扩大自有流动资金积累，做到流动资金不贷款或少贷款，银行银根抽紧影响不大。如天津第四羽毛服装厂自有流动资金800万元，不仅不贷款，还预付原料定金，请上海大地服装厂为其加工。另一方面是千方百计盘活资金。如甘肃宁县一些企业，概括了八条作法：“集资入股，零钱总用；缓发工资，私钱公用；横向联合，他钱我用；清仓利库，死钱活用；加快周转，现钱快用；增收节支，小钱大用；回收外欠，闲钱忙用；节约开支，一钱多用。”

9. **注重信誉，赢得用户**。许多企业坚持用户至上的原则，对用户以诚相待，注重信誉，这是以我为主创造外部环境的有效办法，对用户在品种上“开小灶”，在质量上“信得过”，在交货上“开快车”，在求援上“开绿灯”；大生意认真做好，小生意认真接待；靠优质的售后服务赢得用户。华西农工商公司实行“三包、两个信得过”，“三包”是指包信誉、包优惠、保退货。包信誉就是信守合同，讲究质量，跟踪服务；包优惠就是同类产品的价格要低于同行业，能贱一分就贱一分，优惠部分靠加班加点，内部挖潜，节能降耗，产品运输费用都由本村企业负担。“两个信得过”就是华西产品都打华西牌，发信誉卡，争取国内外两个市场信得过；华西人通过民主评议发信誉卡，在对外交往中被人家信得过。在开展经营活动时，既要广交新朋友，也不忘老朋友，在老朋友遇到困难时，不从眼前利益考虑，而是帮助他共渡难关，树立社会主义企业的新形象。在进行产品宣传时，实事求是，不作过分渲染。（摘自陈耀邦在全国乡镇企业工作会议闭幕式上的讲话）

从1989年批准的国家二级企业经济效益分析看企业管理水平

曹　广　明

1989年经国家有关部门批准，又有47家乡镇企业晋升为国家二级企业，至此，全国共有66家乡镇企业跨入了国家二级企业的行列。这标志着乡镇企业的管理已由过去传统的经验型管理向科学的现代化管理迈出了可喜的一步，标志了乡镇企业已攀登上先进管理的新台阶。

根据对这47个国家二级企业经济效益的分析，主要有以下几个特点：

一是企业规模大。47个企业1988年共完成产值12.2亿元，平均每个企业2 604.9万元；实现利税2.4亿元，平均每个企业510.6万元；拥有固定资产原值2.6亿元，平均每个企业达556.4万元；职工总数2.6万名，平均每个企业555人。象广东省佛山市华英风扇厂、广东省顺德县北滘裕华电风扇厂、江苏省江都县线路器材总厂一九八八年实现产值都已超过了亿元大关；吉林省四平市红咀啤酒厂、梅河口市啤酒厂、江苏省江都县线路器材总厂、广东省佛山市华英风扇厂、南海县兴发铝型材厂、顺德县北滘裕华电风扇厂等企业实现利税都已突破1千万元。其中许多企业已跨入国家中型企业行列。

二是产品质量好。47家企业生产的产品中，有7个产品获得过国家银质奖，有6个产品获得过国际博览会金奖、银奖，有31个产品获得过农业部优质产品奖，有6个产品获得过其它有关部优质产品奖，有44个产品获得过省（市）级优质产品奖，同时还有8个产品在近期全国举行的同行业评比中荣获第一名。象广东省神州燃气具联合实业公司生产的神州牌燃气热水器在轻工部组织的行业评比中，有两个产品荣列A级产品，是参加的所有企业中唯一一个厂家有两个产品名列榜首。由于有了过硬的产品质量，这些企业在市场疲软的情况下，产品销售仍然很好，产销率始终保持在90%以上，有的企业产销率高达100%，产品供不应求。

三是产值、利税达到了同步增长。47个企业1988年产值平均比上年增长58.7%，而同期利税也增长了59.8%，利税的增长速度还高于产值增长速度的1个百分点。

四是物质消耗低。据对47个企业中耗能较多的近20个企业加权汇总，万元净产值在原材料和能源质量不高的因素下，综合能耗仅为0.7吨标准煤，钢材利用率高达77.5%，这无论在全国乡镇企业还是在国营企业中都处于领先地位。

五是经济效益好。47个企业平均资金利税率为55.5%，百元固定资产实现产值为678.71元；人均实现利税9 125.5元；总产值全员劳动生产率为4.69万元，净产值全员劳动生产率达1.44万元。这些都高于全国乡镇企业平均数一倍或数倍，与国营企业比也处于领先地位。

47个国家二级企业的情况，为乡镇企业经营管理树立了目标，明确了方向。

一、依靠内涵发展乡镇企业的潜力很大

47个企业仅占全国乡村工业企业数的0.047‰，而它们实现的产值却占到全国乡村工业企业总产值的3.56‰；平均每个国家二级企业实现的总产值相当于全国平均的75.5倍；平均每个国家二级企业的职工人数相当于全国平均人数的22.8倍；平均每个国家二级企业的劳动生产率相当于全国乡村工业企业平均的4.8倍；平均每个国家二级企业百元固定资产实现产值相当于全国平均的2.2倍。

如果全国乡村企业中有10%的企业的几项经济指标能够达到或接近已晋升为国家二级企业的乡镇企业的水平，全国乡镇企业的产值、利税等将会增加几倍。可见，依靠内涵的提高来求得乡镇企业的发展潜力是相当大的。

二、通过加强管理来提高乡镇企业的效益已成当务之急

1988年全国乡镇企业的产值利税率为13.7%，而47个国家二级企业的产值利税率是19.4%，高于全国平均数的5.7个百分点。这5.7个百分点，就意味着一年可使全国乡镇企业多实现利税370亿元，相当于全年实现利税的41.6%。国家二级企业每实现1万元利税需占用资金1.8万元，而全国乡村企业却要4.1万元资金，二级企业的资金利税率为55.5%，高于全国乡村企业平均的33个百分点。在目前资金十分紧张的情况下，通过加强管理来提高企业的资金利税率，来减少企业的资金占用，就可使乡镇企业的较少的资金投入，取得更大的经济效益。

三、生产力的不断提高是实现乡镇企业持续、稳步发展的关键

从汇总的情况来看，国家二级企业使用的设备一般都是八十年代中期购置、引进的先进设备，平均使用了5年时间，而全国乡镇企的设备一大部分是六七十年代生产的设备，有的企业仍在使用大企业淘汰下来的旧设备。二级企业能有如此好的产品质量、如此低的物质消耗、如此高的经济效益，与其工艺、设备的先进是分不开的，所以乡镇企业应尽快更新陈旧、落后的设备，否则将影响乡镇企业的发展。人是生产力中重要因素，国家二级企业近三年中，通过技术培训、文化补课、委托代培、函授等途径，对职工进行了4.7万人次的培训，平均每个职工进行了1.8次的培训，大大提高了广大职工的素质。全国的乡镇企业也应朝着这个方向努力。

四、提高产品质量、降低物质消耗、增加经济效益的根本在于普及企业的七项管理基础工作

47个国家二级企业已全部实行了以标准化、计量、定额管理、信息、规章制度、基础教育和班组建设为核心的管理基础工作，同时还根据企业自身的需要，开展了成本核算、财务管理、物资管理、设备管理、质量管理等项专项管理，有的企业还积极运用了量本利分析法、全面质量管理、经济责任制、价值工程、ABC物资分类法等项现代化管理方法，采用了微机等现代化管理手段。这是升级企业得以迅速发展的根本原因。因此，第一步先在乡村企业普及七项管理基础工作是目前的紧迫任务，只有全面普及了七项管理基础工作，才能使得乡镇企业产品质量好、物质消耗低、经济效益高，乡镇企业才能再次腾飞。

乡镇企业怎样开展企业升级

曹 广 明

国务院《关于加强工业企业管理若干问题的决定》，提出了开展提高产品质量、降低物质消耗，增加经济效益为目标的升级活动，既有质量的硬指标，还有定性的管理要求，目标清楚，方向明确。根据国务院《决定》精神，从1987年乡镇企业就在一些省市开展了企业升级活动，据1989年底统计，通过乡镇企业系统计入国家级的企业已有66个，进入省级先进企业的约800多个，这些企业成为了各级乡镇企业的榜样。实践证明，通过升级来抓企业管理，成绩显著，企业和各级所属主管部门的积极性都很高，企业升级已成为促使企业抓管理、上水平、提高企业素质的有效手段。

但是，乡镇企业量大、面广，有1 800多万个，其中有一定规模和管理水平的乡村集体企业就有15多万个，升级搞了三年，进入省级以上企业的才合到乡村集体企业的万分之五，绝大多数企业都没有升级的希望，影响了企业的积极性，加之乡镇企业行业众多，层次复杂，管理水平参差不齐，因此，乡镇企业开展升级必须按照乡镇企业的特点进行。

首先，要建立有自身特点的等级体系。在乡镇企业中，有一批企业无论是产品质量、实现利税和企业管理工作方面都处于举足轻重的地位，在全国行业中有一席之地，是各地乡镇企业的排头兵。这些企业有希望也有可能进入省级或国家级；而多数企业达不到，就是经过努力也很难达到省级以上的水平。因此，在乡镇企业中除按国家设立的四个等级外，在省以下还设立了省（市）级预备级、地（市）级先进企业、县级先进企业、基础级企业等。从基础级到国家级，分等设级，逐步上升，使乡镇企业升级形成一个“宝塔型”格局，促使不同水平的企业可以在不同的起点上，瞄准不同的目标向上攀登。

其次是制定等级标准，分级提出目标要求。晋升国家级企业，以国家各部门制定的三项指标值为尺度，以明确的数据和分证部门的证书为依据，立照管理，达到农业部（1990）农乡字第4号《乡镇企业升国家级企业实施细则》中第四章“管理工作考查”要求；晋升省先进企业和省级以下先进企业的等级标准，由省加强办和省以下各级乡镇企业主管部门制定，制定时可参照国家级企业的三大指标和企业管理要求，适当降低指标值和要求。总之，无论晋升哪一级，必须有先进的指标，过硬的管理工作，把指标达标和管理达标融为一体。

第三，申报条件及程序。申报国家级的企业，必须是已晋升为省级先进企业的企业，并稳定和巩固两

年以上，在产品质量、物质消耗、经济效益指标等，在考核年度内必须全部达到国家级企业标准，在申报期间保持稳定，企业管理工作达到农业部制定的《乡镇企业升国家级企业实施细则》第四章“管理工作考查”要求，企业向县（市）乡镇企业主管部门提出书面申请，地（市）乡镇企业主管部门进行初审、推荐，并填写《国家级企业预审表》(见（1990）农（乡管）字第14号文附件一）上报，省、自治区、直辖市及计划单列市乡镇企业主管部门负责资格审查，于次年三月底前，将预审表报农业部乡镇企业司。经审查后，由农业部下达考评计划。

省级先进企业和省以下各级先进企业，由省和省以下各级乡镇企业主管部门参照国家级企业申报条件、申报程序精神制定各级的办法，企业按照各级制定的办法申报。

第四，分层指导，分级考评。申报国家的企业，由农业部组织考评，或者由农业部委托省、自治区、直辖市乡镇企业主管部门组织考评。委托省、自治区、直辖市组织考评的，要在当地加强企业管理领导小组办公室协调下，邀请有关部门参加，进行考评工作。考评结束后，将《国家级企业申报表》(采用全国加强企业管理领导小组办公室统一制定的申报表式）一式三份和附件材料报送农业部审定。附件材料包括：本行业国家级企业标准，企业升级自查报告（专题报告和综合报告)，各项考核指标的计算数据及计算报告，国家级企业考评组各考评意见(专项意见和综合意见)、以及其它附件，附件材料与申报表分开另行装订成册。

国家二级、国家一级企业，由农业部审批，报国务院企业管理指导委员会核定名单，统一公布和颁发证书；国家特级企业，由农业部审核，报国务院企业管理指导委员会审批，并报国务院备案，统一公布和颁发证书。

省及省以下各级企业，分别由省加强办以省以下各级乡镇企业主管部门制定的办法、规定进行考评、审批和报送材料。

1989年全国乡村集体企业财务汇总分析

王　庆　玲

1989年，全国乡村企业在面临资金奇缺，能源紧张，原材料提价，市场疲软的严峻形势下，各级乡镇企业主管部门和企业认真执行“治理经济环境，整顿经济秩序，全面深化改革”的方针，充分利用治理整顿的机遇，认清形势，积极进取，知难而进，奋力拼博，正确贯彻党的十三届五中全会提出的“调整、整顿、改造、提高”的八字方针，自觉接受宏观控制，加速实现战略转移，走以内涵为主发展生产的道路，狠抓产品结构调整，强化企业管理，努力开展“双增双节”运动，千方百计制止滑坡，收到了明显效果。据对127万个乡村集体企业(占应汇总企业的97.2%)财务决算汇总结果表明，1989年乡镇企业取得的成绩显著，遇到的困难很多，前进的步履艰难。

一、现　　状

1. 生产保持一定程度，产销基本平衡。参加决算的127万个乡村企业，1989年完成总产值4 898.92亿元，比上年增长15.76%，增长速度得到了一定控制，低于近三年平均递增38.04%的22.28个百分点，但还是保持了适当的发展速度。1989年产值销售收入率为87.37%，比1988年仅低2.58个百分点，比1987年低 0.1 个百分点，我们认为产销是平衡的。说明乡村企业能充分利用市场调节这一渠道，努力生产市场适销产品，在调整产品结构中，使企业得到了发展，是逐步实现从速度型向效益型转换迈出可喜的一步。

2. 利润总额有所回落，上交税额稳步增长。1989年实现利润278.11亿元，比上年减少15.09亿元，下降5.34%。而上交国家税金230.78亿元，比上年增加25.27亿元，增长12.30%。利润下降主要原因是生产经营成本上升，1989年成本比上年上升1.36个百分点，使利润减少57.78亿元，而1989年由于销售收入增加527.63亿元，使利润增加41.31万元，无法弥补成本增长，以致使利润有所回落。上交国家税款能有稳定增长，一方面由于税制改革，产品税普遍实行增值税，另一方面国家对乡镇企业优惠政策的收缩，税前还贷，减免税照顾缩小所致，近三年来，乡村企业利润每年以17.61%速度递增，而上交国家税金以27.07%速度每年递增，意味着乡村企业负担过重，必须引起重视。

3. 企业劳动生产率不断提高，职工分配日趋合理。1989年乡村企业全员劳动生产率达12 087元，比上年10 093元净增加1 994元，增长19.76%。说明企业内部管理机制在加强，职工知识结构得到改善，劳动力素质在提高。1989年职工年分配额1 255元，比上年1 149元净增加106元，增长9.23%。

近三年来职工劳动分配收入年平均增长13.84%，低于产值年平均增长38.04%的24.20个百分点，也低于劳动生产率年增长17.52个百分点，乡村企业落实了中央指示精神，使消费基金得到有效控制，职工分配也日趋合理。

4．企业资金占用过大，拖欠严重，周转延缓。 1989年乡村企业占用定额流动资金1 190.28亿元，比上年946.89亿元净增243.39亿元，增长25.70%，近三年来每年以31.42%速度增加。从定额流动资金回收期看由1986年的2.63年延长到1989年的3.99年，延长了1.36年。从定额流动资金周转率看1986年周转一次需87天，到1989年为93天，延缓了6天，浪费资金71.34亿元。资金占用增加，周转延缓，主要是价格提高、企业物资自行采购比重过大，乃至电费、煤全议价供应，加上不适当材料搭配供应，造成新的积压，使企业资金沉淀，严重影响了资金周转。

1989年末乡村企业应收款达769.36亿元，比上年增加113.60亿元，增长17.32%，其中应收销货款为379.48亿元，比上年净增加87.87亿元，净增额占当年销售收入总额的2.05%，1989年末发出商品为101亿元，也就是说乡村企业被大工业、国营商业、外贸企业等其他单位拖欠至少有870.36亿元，借入资金的74.01%无偿被占用，如果按年息14%计算，增加成本121.85亿元。由于被拖欠大量资金，使乡村企业无法正常结算债务，1989年末，各种应交上交款153.38亿元，应付款741.90亿元，甚至连职工工资尚欠89.22亿元，人均达220元，占职工年收入的17.54%，一定程度上影响职工情绪。由于拖欠严重，使经营资金无法正常运行，造成不少企业生产萎缩，效益下降。

5．生产规模逐年在扩大，技术改造，技术进步得到可喜进展。 1989年末乡村企业拥有固定资产1 746亿元，比上年增加316.27亿元，增长22.12%。近三年来逐年以28.40%速度增长，为进行产品结构调整，扩大生产规模，提供了物质装备。山东省1989年完成技术改造项目3 883个，占完工项目的42%，为提高经济效益发挥着显著作用。

二、原　　因

1．部分企业对中央提出的八字方针认识不足，贯彻措施不力。 中央一再强调要求企业坚定不移地贯彻“调整、整顿、改造、提高”的方针，把乡村企业的发展真正转移到以提高经济效益的轨道上来。尚有一部分企业盲目追求速度，低水平重复生产，造成部分企业由于产品不对路，配套资金不足而无法正常生产，影响了企业生存和发展。

2．企业管理水平较低，内控能力较差。 承包经营责任制在乡村企业全面推行，调动了企业和职工发展生产的积极性，提高了企业经济效益，增强了企业自我改造和自我发展的能力。然而，还有一些企业由于内控能力较差，经营方式上短期行为造成虚盈实亏，分配攀比、企业挖空等现象，使企业后劲不足。

3．债权债务逐年增加，严重影响资金周转。 近几年来，由于资金奇缺，为了缓解资金紧张，企业只能依赖借债度日，1989年各种借入款为乡村企业全部自有资金的92.69%，加重了企业负担，增大了生产成本。由于企业“三角债”长期得不到清理结算，严重影响了资金周转、成本和利润的真实性，1989年乡村企业全部流动资金周转一次长达164.26天，比1986年延长了20.58天，浪费资金244.68亿元，正常利息一项就增加成本34.26亿元。

4．企业亏损面扩大、亏损额猛增。 1989年乡村企业亏损户8.6万户，比上年增加1.9万户，亏损户扩大28.68%。亏损面达6.77%，比上年增加1.64个百分点，亏损额达36.73亿元，比上年18.51亿元，增加18.22亿元，增长98.38%。近三年来，亏损额平均每年以43.17%速度增长。1989年亏损额占当年盈利的13.21%，比上年增加6.91个百分点。这里既有管理意识不强，也有核算不实，既有调整历年盘亏，也有弥补还帐损失，既有原材料涨价企业内部无法消化，也有盲目上项目，企业管理不善所致。各级领导应引起充分重视，努力搞好增产节约，增收节支工作，在新的一年中，使大多数企业有效实现扭亏增盈。

5．企业负担过重，自有资金增长缓慢。 乡村企业按国家规定上缴税收外，还要按地方规定支付“以工补农资金”、“以工补副资金”、“社会性支出”、“农村教育附加费”、“相关人员工资补贴”、“上缴乡政府税后净利润”等项，上海市1989年乡村企业这几项负担近8.4亿元，占利润总额的34.64%，每个职工平均负担459元。除此之外，还有修建学校、造桥铺路、供水开河、治安保卫，各种赞助名目繁多。黑龙江同志说到好：乡村上交难以抵挡，各种摊派五花八门，优惠政策逐步取消。从流动资金自给率看：86年为22.79%，87年为22.54%，88年为18.53%，89年仅17.82%，近三年流动资金自给率，每年以7.87%的速度下降。由于企业积累率逐年下降，严重影响企业再生产资金的需要，我们认为社会负担要有一个适度，要清理各种不合理摊派，使乡村企业有一个休养生息和喘息机会。

1989年全国乡镇企业安全工作概况

郑 宗 道

1989年全国乡镇企业安全工作的显著特点是：从上到下，普遍重视；实行目标管理，建立责任制；多数省的安全状况好于往年。与上年相比，山西的安全事故、死亡、重伤人数分别下降33.7%、37.2%、35.5%，甘肃分别下降10.71%、3.12%、72.9%，四川分别下降10%、2.8%、23.1%；青岛的死亡事故和死亡人数分别下降42%、63%，辽宁分别下降26.4%、17.2%，江西分别下降20.8%、24.3%；湖北的死亡事故在连续三年下降的基础上，1989年又下降25%。乡镇煤矿的百万吨死亡率也有所下降：宁夏降到5.5人，北京5.6人，云南10.9人，新疆13.5人，青海16.1人，内蒙17.1人，四川17.6人，甘肃17.7人，贵州21.7人。

1989年全国乡镇企业安全管理工作，可归纳为以下各点：

1. **强化安全管理网络**。1989年全国乡镇企业安全管理机构的状况是：有1/3的省建立了安全环保处，1/3的省有一、二人专管安全环保工作，1/3的省有人兼管。云南省乡镇企业局早在五年前就着手建立安全管理机构，到1989年有八个地（州）成立了安全科，2/3的县成立了安全股，乡企办和企业有安全机构和安全管理人员。

2. **强化安全目标管理**。云南省局制定了《一九八九年安全目标管理细则》。湖北省局把强化安全目标管理的做法概括为"五大体系、十八项具体考核指标"，即：(1)控制目标指标体系，包括事故起数、死亡人数、重伤人数、直接经济损失等四项；(2)组织领导指标体系，包括组织领导、安全机构、安全管理人员等三项；(3)制度建设指标体系，包括安全生产责任制、安全规章制度、执行安全规章情况等三项；(4)事故报告统计指标体系，包括事故报告、统计、查处等三项；(5)安全活动指标体系，包括安全活动、文件、会议、宣教、检查等五项。它具有指导性、综合性、先进性、可操作性等特点。

3. **强化安全责任制**。1989年第一次提出了全国乡镇企业安全生产责任制，主要是抓好两头：一头是"安全生产，领导负责"；一头是"安全生产，人人负责"。各省都不同程度地实行了安全生产责任制，甘肃省局制定了省、地、县和企业安全生产责任制及奖励办法；云南省局在企业开展了"个人保班组、班组保车间、车间保全厂"的"安全联保制"；江西省万载县黄茅出口花炮厂坚持"个人保班组、班组保车间、车间保全厂、全厂保全年"的"安全四保制"。

4. **强化安全规范管理**。1989年1月起，我们会同有关部门逐个审定了烟花炮竹国家安全标准：《安全与质量》、《计数抽样检查规则》、《劳动安全技术规程》、《工厂设计安全规范》。3月31日国家技术监督局发布了《烟花炮竹安全与质量》、《烟花炮竹计数抽样检查规则》两项国标，10月1日起实施，11月中旬，轻工、农业两部在广东省东莞市召开了宣传贯彻会议。大连市局在强化安全规范管理方面，主要抓了"两化"：一是安全管理制度化，建立了"安全例会制度"、"互检制度"、"培训制度"、"考核评比制度"；二是安全管理科学化，建立了"安全管理原始记录"、"安全教育档案"、"特殊设备检验记录"、"伤亡事故记录"、"隐患整改指令书"、"奖罚记录"等管理资料，起到了证据、引导、督促、衔接、程序化作用。

5. **实行重点控制**。从全国乡镇企业来说，重点是抓好煤矿和花炮两大行业的安全生产，各省可从实际出发，确立安全工作的重点。青岛市局重点控制隐患企业，对全市易燃、易爆、易发事故的700多个单位，采取"勤检查，勤督促；立案登记，重点管理"，1989年前10个月查出隐患3 200多起，及时消除2 360项，限期整改840项。云南省局重点控制生产季节，将五月（雨季）、九月、元旦、春节列为重点安全管理和检查季节，在年底、年初开展全省乡镇企业"百日安全活动"。江西省上饶地区局重点控制危险性行业、区域，不同的时间安全工作的侧重点各异。

6. **管理与监督并重**。1989年提出要强化乡镇煤矿安全工作职能，要抓好两个方面。一方面，强化安全管理职能。凡确定由乡镇企业部门管理的乡镇煤矿，要强化县、乡、企业三级安全管理职能，尤其要加强乡一级的煤矿安全管理职能，坚持"责任到县、管理到乡、工作到矿"的安全管理要求。另一方面，强化安全监督职能。其它各有关省、县、乡的乡镇企业主管部门，要切实加强乡镇煤矿的安全监督，积极履行乡镇企业主管部门的职责，努力配合有关部门做好安全工作。

7. **加强消防工作**。山西省局一面广泛发动企业，在全省乡镇企业系统配备消防人员3万多人，投入资金81万多元，添置消防器材2万多件。一面总结推广了寿阳县的消防工作经验，即：一是处处防范生产中的不合理用火；不合格的电器设备；仓库混乱贮存；危险工、库房；易燃的建筑、料场；特殊工种；机器设备的隐患。二是人人防范：设立防火安全员、义务消防队、防火标志，建立防火制度、防火档案，实行防火责任制，制定防火措施、扑救方案。三是重点防范：专人负责重大火险隐患的查堵，丝毫不松懈。

8．健全事故报告制度。年初以部的名义发出了《乡镇企业职工伤亡事故调查、登记、统计、报告暂行办法》。四川、重庆、成都、云南、贵州、甘肃、湖北、山东、青岛等省、市都坚持了事故报告制度。

9．分级进行安全培训。总结各地经验，提出了“分级培训”方针。部负责培训部级安全监督员和安全管理骨干力量。省负责培训县主管部门的管理干部、技术干部和专业技术人员。强调将煤矿的矿长、技术员、安全员、瓦斯检验员、放炮员、电工、绞车司机等特种专业人员列入培训规划，经培训考核合格后才能上岗。

10．进行安全大检查。3月，由全国安委会、劳动部、能源部、农业部联合组织了对乡镇煤矿的安全大检查，分两组赴四川（乡镇企业部门主管乡镇煤矿）、湖南（煤炭部门主管乡镇煤矿）结果表明：四川省乡镇煤矿安全管理较好：一是领导重视，强化管理；二是狠抓整顿，依法办矿；三是南川经验，具有普遍意义——南川县政府坚持把乡镇煤矿与国营煤矿放在同等位置上加以重视；依法办矿、科学办矿；统一规划矿井，统一协调大小矿关系，统筹安排材料电力，统一销售运输，统一管理安全生产；增加安全投入，创造“五消灭”矿井；实行目标管理，健全安全生产责任制，百万吨死亡率逐年下降；坚持各个部门协调工作，主动服务。

11月中旬至12月中旬由公安、机电、农业、能源、建材、劳动六部局联合组织了对爆炸物品管理的安全大检查，分两组赴云、贵、川和豫、江、闽六省，既了解了许多经验，又发现了一些问题，写出了专题报告，提出了政策建议。

11．召开安全管理会议。10月底，在成都召开了首届全国乡镇企业安全工作会议。会议的中心议题是：贯彻落实全国安全工作会议精神，交流强化安全管理的经验，广泛动员乡镇企业的干部、职工，积极治理整顿安全生产秩序，努力创造良好的安全生产环境，促进乡镇企业健康发展。陈耀邦副部长作了重要讲话。大会交流了四个方面的经验：一是强化安全意识，实行目标管理，强化基础工作；二是积极扶持，依法办矿，强化管理，狠抓技改，引导乡镇煤矿健康发展；三是坚持预防为主，确保花炮安全生产；四是抓好消防安全管理，促进乡镇企业发展。

11月初，以部的名义在四川省南川县召开了乡镇煤矿安全生产现场会，参观了六个安全生产煤矿，听取了李中直副县长介绍的“三坚持”（明确的指导思想、“五统一”管理、各部门协调工作）的经验。

乡镇工业劳动卫生调查进展情况

蔡　　力

随着乡镇工业的发展，到1989年底全国乡镇工业职工已达6 000万人。50年代我国农村兴起了一批五小工业，由于种种原因，潜伏着一些职业病危害，致使20世纪80年代的乡镇工业职业病发病率有进一步发展的趋势。因此强化劳动卫生、防治职业病工作，改善乡镇工业职工的劳动环境，减少职业危害，这是社会主义制度本身所要求的，也是保障乡镇工业健康发展的需要。为了更好地贯彻中央对乡镇企业的：“积极扶持、合理规划、正确引导、加强管理”的指导方针，1989年农业部、卫生部组织部署有关省、市的卫生厅（局）、乡镇企业局、卫生防疫站对全国不同地区的乡镇工业进行工业职业危害调查。

一、目　　标

掌握乡镇工业职业危害现状分布及发展趋势，评价职业危害程度、分析职业卫生服务的需求，以现有卫生服务的特点、形式、内容、效益，探索现有职业卫生资源的管理和潜在资源开发办法和途径，进而提出乡镇工业职业卫生服务的格局以及制定相应的法规和技术标准。

二、调查范围

采取分层整群抽样的方法，选定乡镇工业发展有一定代表性的15个省、市的30个县、60个乡、40个重点行业的约一万家乡镇工业企业，进行工业职业危害调查。

三、调查重点

摸清有毒、有害作业厂矿企业数，接毒、接害人数及行业分布情况，监测乡镇工业在生产中产生的铅、苯、汞、铬、硅尘、煤硅尘、石棉尘和噪声等八种有害因素，以及对接触这些有害因素的职工进行健康查体和生物学监测。

四、调查经费

由世界银行提供卫生部十几万美元，卫生部、财政部拨款及各省、市卫生厅（局）按1:1比例解决配套资金。

五、工作步骤

第一步试调查。为使该项调查结果全面、准确、如实地反映全国乡镇工业职业危害状况，1989年卫生部、农业部先在北京市顺义县、山东省淄博市张店区及天津市进行了试调查。如山东省的试调查摸索出了可行的路子：

1. 制定计划，提出方案。山东根据全国统一调查方案的基本原则和要求，结合本省的实际情况，制订出“山东省乡镇工业职业卫生服务项目试调查工作实施方案”，确定调查原则，明确目标，限定范围，提出具体的实施步骤、方法、质量要求及预期结果等等。

2. 加强领导，部门协作。张店区领导把该项工作安排到区长务会议上进行研究，决定成立了“项目”小组，由分管工业、卫生的两位副区长任组长，经委、卫生、统计、劳动等有关部门领导为小组成员，下设办公室，由卫生局局长、防疫站站长为正副主任。由于各有关部门密切合作，从而克服了人员少、任务重、车辆缺、经费不足的困难，保证了调查任务的进行。

3. 组建队伍，进行培训。为按期高质量完成此项任务，省、市、区抽调劳动卫生技术人员三十人组成强有力的专业技术队伍。为了提高调查人员的业务素质，着重加强技术培训和现场指导工作。

4. 划分阶段，按序进行。山东将整个调查划分为准备、调查和资料汇总分析三个阶段，按时间和工作顺序逐步实施。

5. 检查指导，质量控制。在调查过程中，自始至终注意了质量控制。内容和手段是：人员培训；对调查数据采取复审办法；加强现场指导。

6. 宣传教育，提高认识。为了使这次调查得到社会上的理解和支持，市、区防疫站宣传教育科还充分利用广播、报刊及电视等大众宣传媒介的形式进行宣传，收到良好的效果。

通过初调查进一步论证、修改、充实了总体调查方案。从三个省、市的初调查结果表明，总体方案设计科学、内容全面、基本可行。随后，卫生部、农业部联合发文组织开展1990年至1991年的全国乡镇工业职业危害重点调查。调查工作流程如图示：

全国调查工作流程图

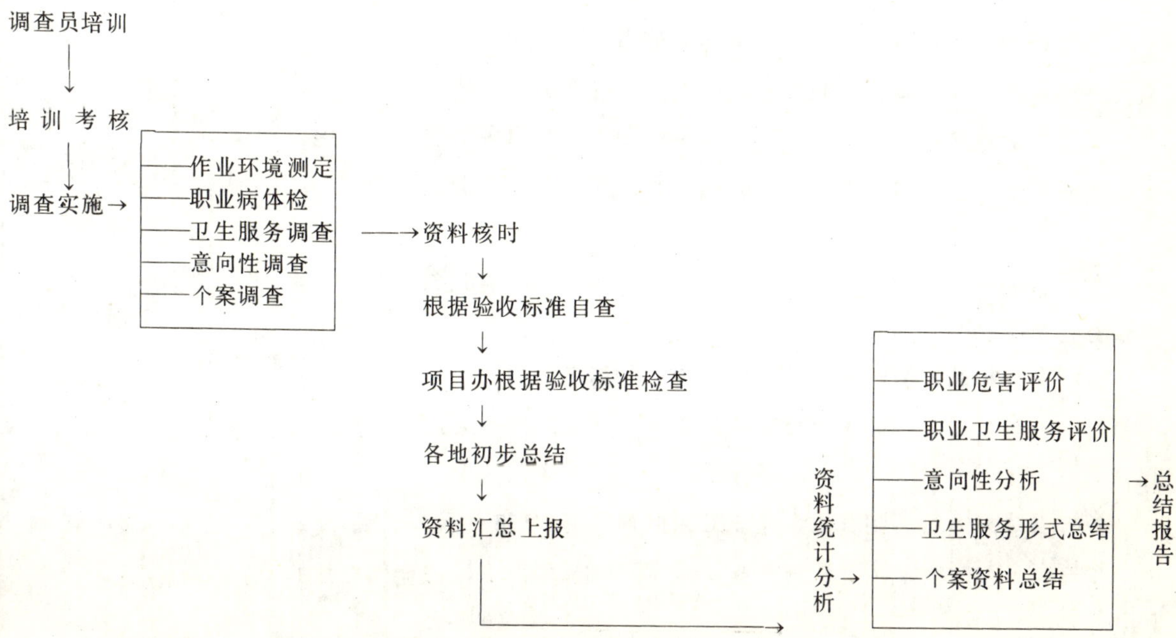

1989年乡镇企业之最

乡镇企业职工人数最多的省(市、区)　是山东省，全省有乡镇企业职工948.64万人，占全国总数的10.13%。

乡镇工业企业职工人数最多的省(市、区)　是江苏省，全省有乡镇工业企业职工730.7万人，占全国总数的13.0%。

乡村两级集体所有制工业企业职工人数最多的省(市、区)　是江苏省，全省有乡村两级集体所有制工业企业职工600.1万人，占全国总数的17.4%。

乡镇建筑企业职工人数最多的省(市、区)　是河南省，全省有乡镇建筑企业职工187.7万人，占全国总数的13.4%。

乡村两级集体所有制建筑企业职工人数最多的省(市、区)　是山东省，全省有乡村两级集体所有制建筑企业职工106.64万人，占全国总数的13.9%。

乡镇交通运输企业职工人数最多的省(市、区)　是河南省，全省有乡镇交通运输企业职工84.76万人，占全国总数的12.1%。

乡村两级集体所有制交通运输企业职工人数最多的省(市、区)　是江苏省，全省有乡村两级集体所有制交通运输企业职工11.97万人,占全国总数的13.0%。

乡镇商业、饮食业企业职工人数最多的省(市、区)　是河南省，全省有乡镇商业、饮食业企业职工108.52万人，占全国总数的11.9%。

乡村两级集体所有制商业、饮食业企业职工人数最多的省(市、区)　是山东省，全省有乡村两级集体所有制商业、饮食业企业职工15.77万人，占全国总数的15.1%。

乡镇服务业企业职工人数最多的省(市、区)　是四川省，全省有乡镇服务业企业职工67.14万人，占全国总数的23.1%。

乡村两级集体所有制服务业企业职工人数最多的省(市、区)　是四川省，全省有乡村两级集体所有制服务业企业职工5.77万人，占全国总数14.8%。

乡村两级集体所有制农业企业职工人数最多的省(市、区)　是湖南省，全省有乡村两级集体所有制农业企业职工35.99万人，占全国总数的15.0%。

质量管理

乡镇企业的质量管理

乡镇企业质量管理资料

1. 乡镇企业质量工作有关数字统计表
2. 国优产品名单
3. 1989年乡镇企业获农业部质量管理奖名单
4. 1989年乡镇企业获优秀质量管理小组名单
5. 乡镇企业产品获得国际奖名单
6. 1989年各地乡镇企业产品获农业部优质产品奖数量统计表

乡镇企业的质量管理

余骏武　姜　倩

一、概　　述

对全国各地的情况分析表明，1988～1989两年中乡镇企业的质量管理有了进一步的发展。具有如下特点：

1．各级乡镇企业主管部门对质量工作更为重视，质量管理的机构建设有所加强，管理队伍的人员素质和管理水平在逐步提高。至目前为止，据统计，已有八省（市）乡镇企业局成立了质量处（或科），县级以上的乡镇企业局有质量管理专职干部约2 000人，其中，具有大、中专以上专业技术知识、经过质量管理专门培训的人员占有相当的比重。有六个省（市）成立了乡镇企业质量管理协会。通过质协和一批骨干力量的工作，加强了企业的具体指导，对推动地区的全面质量管理的普及和提高发挥了积极的作用。

2．工作面在逐步拓宽。近两年来，申报部优的地区已由原来的几个省发展到30多个省（市）。各级乡镇企业局在抓好产品创优的同时，企业的计量定级、升级，标准化管理、采用国际标准和国外先进标准，加强产品质量监督等项工作也逐步展开，尤其把抓工业产品生产许可证工作摆到了重要位置。

3．乡镇企业在发展中遇到困难的时刻，进一步认识到提高产品质量的重要性。客观现实充分表明，一些管理基础好、产品质量优、产品结构合理并适应社会需要的企业，能够经受起困难的考验；而那些重生产、轻管理，重数量、轻质量的企业，即使发展较快，在外部环境发生不利变化的时刻，便处于难以应付的局面。这一年的客观形势给大部分乡镇企业的领导上了一堂现实的、生动的质量教育课。

4．各地区的企业质量工作发展仍不平衡。一些地区工作逐步展开并深入发展，有的地区质量管理工作却十分薄弱；一部分企业产品质量处于全国同行业领先地位，有的企业生产条件和产品质量却处于十分落后状态。1989年四季度全国萤光灯监督抽查，乡镇企业被抽查的样品合格率只有16.4%，问题十分严重。今后，全国乡镇企业的质量工作仍须以普及和提高相结合，提高全国乡镇企业的整体素质，才能使其稳步发展。

5．随着乡镇企业质量管理的加强，工作中的困难和矛盾越来越突出。内部的条件不适应乡镇企业发展的需要，乡镇企业的质量管理工作尚未纳入正常轨道；外部环境不很理想，乡镇企业主管部门的工作摆不到应有的地位，信息不通、渠道不畅，部门管理和行业管理的关系尚未协调、理顺，使工作开展有时很被动。

二、乡镇企业的全面质量管理

1989年是我国推行全面质量管理十周年，江泽民总书记和李鹏总理在给全国质量管理十周年大会的贺信中充分肯定了在我国推行全面质量管理所取得的成绩，同时指出："产品质量低，企业效益差，仍然是我国经济发展中的一个严重问题，必须引起各方面的高度重视，采取有力措施加以扭转。"

乡镇企业推行全面质量管理虽然迟于国营企业，但发展很快，特别是近几年，各地乡镇企业推行全面质量管理已经初见成效。截止到1989年，全国乡镇企业推行全面质量管理的企业约3万个。在贯彻党中央"治理，整顿"的方针和社会主义商品经济的作用下，乡镇企业把苦练内功，提高管理水平，提高产品质量作为发展企业的关键，质量管理是企业管理的重要组成部分，因此，推行全面质量管理的实效和重要意义已经被越来越多的企业所认识。目前，有为数不少的企业已把企业的经营活动纳入质量第一的轨道。可以说部分乡镇企业已经从不自觉到自觉地推行全面质量管理。主要表现在：

1．普遍开展了全面质量管理基础知识教育和群众性质量管理小组活动。开展质量管理教育是推行全面质量管理的基础和先决条件。因此，各级部门都把这项工作作为重点来抓。据不完全统计，1989年全国各地乡镇企业全面质量管理知识培训约15万人次。通过对企业领导专职管理人员和职工不同层次的培训，与分层施教，使领导认识到全面质量管理的重要性，自觉推行；专职管理人员明确自己在质量管理中的重要作用和职责；强化了职工的质量意识和责任感。辽宁省鞍山自行车零件七厂是获农业部质量管理奖的企业，该厂生产的自行车球架远销欧美及亚太地区，是全国同类产品第一个打入国际市场的企业。这个企业的主要经济指标在全国同行业中占居首位，即：产品质量（部优产品）、产品产量（占全国总量的70%）、全员劳动生产率（年人均12万元）、人均创利（年人均1万元）、产品销售覆盖率（占全国工业市场的90%）。该厂之所以能取得这些成绩，其中最重要的一条是确定了"以优质求生存，向管理要效益"的企业方针，从全面质量管理入手，从教育入手提高全员的质量意识，特别是提高领导人员的质量意识。他们采取多种形式进行教育，如聘请专家来厂讲课，开展电化教育，组织收看有关全面质量管理的电视节目等。全厂车间主任以上的干部包括质量检查员在内，全部经过市以上的专业质量培训，从而提高了管理人员的素质，保证了产品质量的稳步提高。

四川成都金牛玻璃钢厂注重质量管理，全面提高企业素质

质量管理小组是开展群众性质量管理活动的一种有效形式，是群众参与管理的经验和科学管理方法相结合的产物，也是企业职工参加民主管理的新发展。企业只有广泛建立质量管理小组，深入持久地开展质量管理小组活动，才能为推行全面质量管理奠定牢固的群众基础。乡镇企业在开展质量管理小组的工作中一个突出的特点是注重实效。到目前为止，全国注册登记的小组约 6 万个，取得的经济效益约4.42亿元(包括直接、间接效益)。各地在指导企业开展这项工作时注意针对乡镇企业的特点，质量管理小组的选题先易后难，从简到繁，这样容易取得实效，从而提高企业领导和职工的积极性。定期召开 QC 成果发表会，对成果进行评奖，据不完全统计，到1989年止，乡镇企业获省级优秀小组50个，部级优秀小组18个，国家级优秀小组 4 个。质量管理小组活动提高了广大职工的质量意识，充分发挥和调动了群众的智慧和自觉管理企业的积极性。

2. 通过开展创质量管理奖活动，以点带面，促进企业自觉地推行全面质量管理。质量管理奖是企业质量管理方面的最高荣誉。目前乡镇企业系统有省、市级质量管理奖企业 294 个、部级质量管理奖企业30个、国家质量管理奖预评企业一个。这些获奖企业通过创奖活动，使企业的产品质量显著提高。特别是经济效益和社会效益不断提高，这就大大提高了企业的大众形象。促进企业推行全面质量管理的先决条件，就是要使企业的领导者看到这项工作的实效。各地以获奖企业为典型，采取不同形式组织企业学习典型企业先进的管理方法。通过学习，使企业的领导者认识到了推行全面质量管理的重要意义，从不理解到理解，从不自觉到自觉地开展这项工作。推行全面质量管理最忌形式主义、表面化，因此，各地在指导企业的工作中注意强调实效，稳步前进。江苏省武进县地方工业局以武进自行车配件厂（部质量管理奖企业）为典型，在全县乡镇工业系统大力宣传和推广，并组织全县重点企业分期分批到该厂参观学习，取得较好成效。他们要求企业开展全面质量管理必须从一项一项抓起，一条一条做起，成功一条巩固一条，日积月累，逐步深化；同时还要求企业必须把它纳入各个时期的中心工作，纳入企业整个生产经营的全过程。企业在实践中尝到了甜头，从而使这项工作引向深入。

乡镇企业由于自身的特点所决定，传统管理型的企业较多，但是，现代化管理的内容一旦被认识，被运用，那就会显现出活力。目前，许多乡镇企业都建立了质量管理机构，并发挥着越来越重要的作用。浙江省上虞风机厂是乡镇企业系统第一个通过国家质量管理奖预评企业（也是农业部第一个)，他们成功的经验是依靠科技进步，推行全面质量管理，使先进的管理和先进的技术有机地结合。该厂推行全面质量管理经历了三个阶段：第一阶段是厂领导提高质量管理意识，在抓基础工作的同时进行试点工作。厂长徐灿根是全国农民企业家，他把质量管理视为企业的根本，并亲自担任厂质量管理委员会和全面质量管理质量管理委员会主任。厂长亲自挂帅，身体力行，带头实干，保证全面质量管理顺利推行。第二阶段是推广、普及阶段。通过试点，尝到了甜头，取得了一定的经验。随着企业规模的不断扩大，为了保证产品质量，在竞争中取胜，在全厂推行全面质量管理，初步开展方针目标管理。第三阶段是提高、深化阶段。企业在开展分层深化教育的同时，重点深化了方针目标管理，进一步完善了质量保证体系和质量审核工作，对有关制度作了进一步完善，汇编成企业标准。理顺了各职能部门的关系，进一步明确了各部门各类人员的岗位责任制和职能，同时还实行了质量否决权，这大大调动了全体职工自觉参加管理的积极性。几年来，企业开展全面质量管理取得了明显的经济效益，1989年与开展全面质量管理前的1980年相比，年产值由57万元增加到2 970万元；税利由7.6万元增加到560 万元；替代进口的风机、风冷设备累计为国家节约外汇 500 多万美元，直接出口和配套出口共创汇 200 多万美元。现在这个厂已由建厂初期的 7 名工人，2 000元固定资产，发展成为拥有固定资产近 700 万元，453名职工，其中科技人员 103 人，人均创税利1.25万元。这个厂生产的产品已经远销到日本、澳大利亚、东欧、东南亚等十四个国家和地区。LTF系列冷却塔专用风机荣获国家银质奖，企业分别荣获省、部、国家级质量管理奖。

上虞风机厂质量管理成功的经验说明，要使全面质量管理在企业获得成功，企业的领导者必须坚持两条：一是把企业经营管理活动全部纳入“质量第一”的轨道。对企业内各部门的工作质量和产品质量要求要严。二是身体力行，带头实干。在思想认识上不断深化对全面质量管理的理解，在实践中学习，在学习中实践，坚持不懈，认真求实，并且能够避免在引进和推行过程中的虎头蛇尾，形式主义。

在社会主义有计划的商品经济中，质量竞争日趋激烈。各级主管部门必须引导企业自觉地把质量管理建立在一整套科学的质量保证体系上，并通过实践研究探索出具有乡镇企业特色的质量管理方式与途径。

北京市东升电焊机厂

三、创优评优工作不断深入

1989年乡镇企业共获部优产品444个，国优产品6个。这是有史以来乡镇企业获得部优最多的一年，也是产品品种、质量最好的一年。可以说这是企业开展质量管理的直接效果。各地在指导企业创优的过程中注意引导企业：①以创优带动企业的标准、计量等基础工作。②明确创优目的。企业把创优作为推动企业的各项基础管理工作，使产品质量得到提高的有效手段。通过创优，提高产品的信誉，增强市场竞争能力，同时增强企业职工“质量第一”的意识和主人翁精神。③注意一般产品与重要产品的关系。重点选择整机、生产工艺复杂的产品为创优产品。因此，1989年的部优产品概括讲具有以下两个特点：

第一，产品的质量水平高。一些产品在全国同行业评比中名列前茅；还有一些产品在检测报告中的结论是国内同类产品的先进水平，或接近80年代国际水平。如山东省淄博化工设备厂在化工部组织的全国行评中获第三名。江苏金坛县消音隔热材料厂替代了进口产品，我国主要的汽车生产厂家都使用该厂产品。第二汽车制造厂90%的汽车采用这种消音隔热材料，用户反映，该产品达到了国外同类产品的水平。

第二，有健全的质量保证体系。创优企业均建立了质量保证体系。企业不但把重点放在创优上，而且放在创优之后如何“保优”，改变了过去只重视创优而忽视保优的现象。

评优工作虽然已经开展了几年，但尚属在不断改进，完善之中。1989年的评优工作除了认真贯彻中央的治理、整顿方针和产业政策外，还注意了下面几个问题：

一是加强了创优工作的计划性。创优计划是在各地中级计划基础上产生，并在征求各地的意见之后确定的。这样可以使创优评优工作有计划、有步骤地进行。

二是增加了行评、行检的比例。组织了九项11种产品的行评行检，经审查推荐了146个部优产品，占部优总数的33%。通过行评行检，了解了乡镇企业系统的行业情况及水平，有利于部优产品质量标准的统一。

三是集中统一评审。组织有关人员对所有申报部优产品的申报材料进行统一评审，做到科学、公正，优中选优。

目前，评优工作还存在着这样那样的问题，如部优产品的后期管理等有待于在今后的工作中完善，使评优工作逐步走上科学化、规范化的轨道，这是我们工作的方向。

四、计量管理与标准化工作

1987年，原国家计量局和农业部乡镇企业局共同组织召开的“乡镇企业计量工作座谈会”，以及联合发布的《关于加强乡镇企业计量工作若干问题的规定》等文件，推动了乡镇企业计量管理的发展，加快了计量定级、升级工作的速度。取得计量合格证书的企业由1987年的约4 500家增加到1989年的1.4万余家，其中获二级计量合格证书的约330家，获三级计量合格证书的8 400家左右，有少数企业的计量、检测室具有国内领先水平，被地方或国家的计量部门认可为地方计量中心或国家计量中心。

据统计，全国乡村两级企业的平均标准覆盖率已达到85%以上，有的市、县高于90%，在乡、村两级企业中消灭了无标生产，取得了可喜的成绩；经各工业部门和标准部门验收合格，取得双采证书的产品1 200余项，还有一些企业的内控标准水平处于全国同行业领先地位，乡镇企业的标准化工作向前迈了一大步。

五、生产许可证管理

据统计，至1989年底止，全国已有6 000多个乡镇企业取得生产许可证7 000余张，约占当时全国取证总数的三分之一。为搞好许可证管理，加强与发证部门的协调、配合，指导企业做好取证工作，全国已有半数以上的省（市）成立了乡镇企业生产许可证办公室，有一批人兼专职从事生产许可证工作。通过取证，对改善企业生产条件、建立健全质量保证体系、生产合格产品发挥了有效作用。

1987年7月，农业部乡镇企业局在天津召开了部分省市生产许可证工作座谈会，并邀请全国工业产品生产许可证办公室负责人参加，会上强调了生产许可证工作的重要性，要求各地乡镇企业局要提高认识，加强管理，积极组织和指导企业取证的同时，分析了乡镇企业在生产许可证工作中存在的问题，并起草了《乡镇企业生产许可证管理若干问题的规定》，报国家技术监督局（待批）。

国家技术监督局对乡镇企业十分关心和重视，在有关部门的支持和配合下，许可证工作中的阻力大、困难多的局面有所缓解，取证速度相应加快。但由于种种原因，问题仍然不少。如乡镇企业主管部门尽管积极努力，但在发证工作中仍不能充分发挥有效作用；工作中信息不通，渠道不畅，有时甚至受到排挤；乡镇企业起步晚，基础差，取证的准备工作难度大、周期长，而许可证验收细则提出的要求又过高，甚至附加条件，不能根据中小企业的实情客观对待，等等。这些工作中的问题都需认真加以解决。事实证明，只有发挥行业部门和乡镇企业主管部门两个积极性，才能做到既有利于生产许可证工作的深入开展，又有利于乡镇企业的发展。这是关系到全国经济发展的大事，而不仅仅是乡镇企业系统的内部问题。

乡镇企业质量管理资料

1. 乡镇企业质量工作有关数字统计表

名　　称	单　位	数　量
国优产品	项	41
其中：金　牌		1
银　牌		40
部优产品	项	2 113
其中：农业部部优		1 992
其它部部优		121
国际上获奖产品	项	20
其中：金质奖		5
银质奖		5
其它奖		10
部质量管理奖	项	30
其中：国家预评企业		1

名　　称	单　位	数　量
部优秀QC小组	项	45
其中：国家优秀QC小组		4
标准覆盖率	%	85
其中：取得双采证书	张	1 200
计量定级企业	个	14 000
其中：计量二级企业		330
计量三级企业		8 400
计量合格企业		5 270
已取生产许可证企业	个	7 000
省市优产品	个	5 000
全国QC小组	个	60 000
推行全面质量管理企业	个	30 000
获省市质量管理奖企业	个	294

2. 国优产品名单

产品名称及型号规格	商标名称	生产单位	获奖时间及级别
平口镰刀	羊桥	山东省滕县官桥镰刀厂	1981年 银牌
星球献宝（烟花）		湖南省醴陵花炮厂	1982年 银牌
全脂甜羊奶粉	美乐	陕西省三原县大程红旗厂	1983年 银牌
松花皮蛋	满春	湖北省监利县周沟禽蛋厂	1984年 银牌
绿豆龙口粉丝	双塔	山东省烟台市招远龙口粉丝加工厂	1985年 金牌
山枣密酒	龙泉	大连龙泉酒厂	1985年 银牌
特鲜酱油	葵花	山东省荷泽沙土酿造厂	1985年 银牌
陈醋	高桥	辽宁省锦西高桥酿造厂	1985年 银牌
糖水山楂	青州	山东省益都果品加工厂	1985年 银牌
红碎茶四套样一号		湖南省长沙市金井茶厂	1985年 银牌
QQM-01型启动气马达	大力	山东省烟台市石油机械厂	1985年 银牌
稀土灰口铸铁高压散热器	春风	河北省冀县暖气片厂	1985年 银牌
低耗能低噪声冷却塔专用风机	上浦	浙江省上虞风机风冷设备总厂	1985年 银牌
工型检验平尺	瓦菱	大连瓦房店锻压机床附件厂	1985年 银牌
碳硫分析专用坩锅	茶山	湖南省醴陵县茶山坩锅瓷厂	1985年 银牌
BLS-100,200玻璃钢冷却塔	联丰	浙江省上虞联丰玻璃钢厂	1987年 银牌
万向节十字轴总成	钱潮	浙江省杭州万向节厂	1987年 银牌
制砖镁砂	海鹰	辽宁省海城市英洛镁砂矿	1987年 银牌
组合式钢模板	双峰	山西省文水县工程机械厂	1988年 银牌
泰山-12拖拉机花键轴	钻石	山东省沂水拖内配件厂	1988年 银牌
玻璃窑用大型粘土质烧铸大砖	大圣	山东省临沂市耐火材料厂	1988年 银牌
1#35克/平方米有光纸	泾云	陕西省云阳造纸厂	1988年 银牌
12CG小型移动喷灌机	鸿羽	河南省驻马店市喷灌机厂	1988年 银牌
38°二峨特曲	二峨	四川省双流县二峨曲酒厂	1988年 银牌
38°三溪大曲	三溪	四川省泸县三溪酒厂	1988年 银牌
39°晋阳酒	晋阳	山西省太原市徐沟酒厂	1988年 银牌
EX-HB-FB型高温补偿导线	大大	辽宁省锦州市热工仪表元件厂	1988年 银牌
TSYP5-A型平衡式燃气热水器	神州	广东省神州燃气具联合实业公司	1989年 银牌
K型200L搪玻璃反应罐	华字	山东省淄博工业搪瓷厂	1989年 银牌
XYF-1型羧甲基纤维素钠	山	江苏省太仓县轻工助剂厂	1989年 银牌
一级茉莉花茶	名山	湖南省湘阳城南茶厂	1989年 银牌
剪枝剪	飞鱼	山东省龙口市下丁家园艺工具厂	1983年 银牌 （轻工）
真丝、化纤绣衣	巧丽	江苏省南通市绣衣厂	1986年 银牌 （轻工）
普通手术剪	燕	江苏省张家港市第二医疗器械厂	1987年 银牌 （医药）
全脂加糖羊奶粉	山	山东省文登市乳品厂	1987年 银牌 （轻工）
普通止血钳	金鹿	江苏省张家港市医疗器械厂	1988年 银牌 （医药）
软木画	仙景	福建省连江浦下工艺厂	1988年 银质奖 （轻工）
四星级165升双门电冰箱	容声	广东珠江电冰箱厂	1988年 银质奖 （机电）
XZD/G型锅炉旋风除尘器	宝山	天津通风设备厂	1989年 银质奖 （能源）
电饭锅（外销）	三角	广东省顺德桂洲电饭锅厂	1989年 银质奖 （轻工）
电饭锅（外销）	三角	广东省顺德容声家用电器实业公司	1989年 银质奖 （轻工）

3. 1989年乡镇企业获农业部质量管理奖名单

沈阳市新城子制药厂
沈阳市新民造纸厂
大连瓦房店市炮台外贸加工厂
上海市南翔灯泡厂
江苏省南通江海电容器厂
江苏省武进化工防腐材料厂
江苏省江阴市月城水泥厂
江苏省张家港市第二医疗器械厂
浙江省柯桥轻纺机械厂
浙江省上虞联丰玻璃钢厂
浙江省杭州万向节厂
山东省威海市木工机械厂
山东东营市造纸厂
山东潍坊电机厂
青岛第二水泥厂
湖北省松木坪水泥厂
四川宜宾红楼梦酒厂
云南陆良丝绸厂

注：浙江上虞风机厂1989年获国家质量管理奖预评企业。

4. 1989年乡镇企业获优秀质量管理小组名单

小组名称	企业名称	级别
铸工车间2G -4叶攻关QC小组	北京市北方水泵厂	国家优秀QC小组
二车间第八QC小组	大连市新金县皮口服装厂	国家优秀QC小组
一三车间QC联合小组	江苏省江海电容器厂	部一等奖
技改攻关QC小组	山西汾阳县汾杏酒总厂	部一等奖
财会科QC小组	四川绵阳新皇化工总厂	部一等奖
脚蹬轴QC小组	上海自行车四厂宝山分厂	部一等奖
生产经营办QC小组	山东烟台福山钢窗厂	部一等奖
时效炉QC小组	大连铝材厂	部一等奖
系列氯磺化聚乙烯防腐涂料攻关QC小组	江苏武进化工防腐材料厂	部二等奖
DB-34-8416抗电强度QC小组	浙江平湖光明电讯变压厂	部二等奖
稳定质量争创省优QC小组	福建沙县洛水泥厂	部二等奖
利用次缫创优质丝QC小组	湖南省湘乡缫丝厂	部二等奖
攻克黑胶难关QC小组	江西宜丰方溪缝纫机板厂	部二等奖
创奖创优QC小组	湖北省松木坪水泥厂	部二等奖
解决纳夫妥222#染色质量降低成果QC小组	青岛市第四毛巾厂	部二等奖
减少断径次数提高生产效益QC小组	四川省达县平昌丝绸厂	部三等奖
改进BJ-212半轴工艺提高疲劳寿命QC小组	北京市汽车半轴厂	部三等奖
提高孔家酒质量QC小组	山东省曲阜市孔府酒庄	部三等奖
降低粉丝碎条率QC小组	江西省德安县副食调料厂	部三等奖
加强管理增收节支保证质量上等级QC小组	云南省个旧市焊料厂	部三等奖
控制炮台脏板质量降低副品率QC小组	大连市炮台外贸加工厂	部三等奖
改进大厢底盘加工方法提高产品质量降低劳动强度QC小组	青岛市楼山农机厂	部三等奖
提高QE137切纸机安全性能QC小组	上海新建切纸机械厂	部三等奖
降低断头提高断头合格率QC小组	四川大竹江水麻纺厂	部三等奖
攻克啤酒泡持性难关QC小组	吉林省双阳县啤酒厂	部三等奖
提高猪鬃直度QC小组	武汉市汉阳猪鬃厂	部三等奖
稳定提高产品质量QC小组	湖南省湘潭县化工厂	部三等奖

5. 乡镇企业产品获得国际奖名单

产品名称及型号规格	商标	生产单位	授奖时间及授奖单位
DBJ-1型微波针灸仪	蝙蝠	江苏省江都无线电厂	1984年普罗夫迪夫国际博览会金奖
工艺绣衣	秋兰	江苏省吴江县绣服厂	1985年巴黎第55届国际博览会设计一等奖
JH 1G 型活齿减速器		江苏省武进第四纺织机械厂	1985年日内瓦第13届世界新发明博览会金奖
预加水成球机	海建	江苏省海安县建材机械厂	1986年比利时尤里卡布鲁塞尔第35届国际博览会银奖
中纺AB抗菌产品		江苏省昆山县正仪特种纺织品厂	1988年获第十六届日内瓦国际发明金奖和人类保健奖
水下立体声音响设备		中科院东海实验站丹徒分厂	1988年获第37届世界发明博览会尤里卡金奖
T 88水质稳定剂		江苏省沭阳县液剂厂	1988年获国际海洋协会国际优良产品奖
发安灵生发剂		江苏省张家港市护发用品厂	1988年北京国际发明展览会银牌奖
TB-1太极保健鞋		江苏省泰兴县宣宝镇旅游鞋厂	1988年北京国际发明展览会铜牌奖
珍珠成分溶液制品工艺		江苏省常州市武进县营养食品厂	1988年国际专利技术及产品展览会金牌奖
三合一滤油器		山东省长岛县渔轮厂	1987年第36届布鲁塞尔尤里卡世界发明博览会银质奖
龙口粉丝	双塔	山东省招远县粉丝加工总厂	1985年获法国食品博览会金桂叶奖
电子消炎止痛膜	维康	北京市四季青曙光生物制品厂	1986年第36届布鲁塞尔尤里卡世界发明博览会金质奖
柔道服		辽宁省灯塔县张家台子服装厂	1983年法国巴黎博览会银奖
汽车消声器		河北省泊头市汽车消声器厂	1987年布鲁赛尔尤里卡奖
智力玩具		河北省沙河市中广智力玩具厂	1987年布鲁赛尔尤里卡奖
高硬铝青铜防爆工具	方宝	河北省石家庄市防爆工具厂	1988年布鲁赛尔尤里卡金奖
风湿治疗仪		河北省石家庄市华行医疗器械厂	1988年布鲁赛尔尤里卡银奖
冷拉钢一次成型工艺模具		河北省文安县冷拉厂	1988年布鲁赛尔尤里卡金奖
胆结石治疗仪		河北省石家庄市华行医疗器械厂	1988巴黎国际发明银奖

6. 1989年各地乡镇企业产品获农业部优质产品奖数量统计表

项目 地区	机械			电子			轻工			纺织			化工			建材			冶金			食品			医药			获优总数	其中行评	复评复查合格	复评复查不合格
	小计	其中行评	复评复查	小计	其中行评	复评复查	小计	其中行评	复评复查	小计	其中行评	复评复查	小计	其中行评	复评复查	小计	其中行评	复评复查	小计	其中行评	复评复查	小计	其中行评	复评复查	小计	其中行评	复评复查				
北京	3		3				3		1	1			2			1	1							1				10	1	5	2
天津	4						3						1												1			9			1
河北	4		1				4	1					2	1		3	3		2			5	4	3				20	9	4	3
山西	3												1		1				1			6	6	6				11	6	7	
内蒙古	1															3	3											4	3		
辽宁	7		8				1		2				1			2	2	4	2		1	2	2	5				15	4	20	5
吉林	1	1	1				1						3			2	2					1						8	3	1	1
黑龙江	1		2												1	3	3											4	3	3	3
上海	3			1			2			4																		10			1
江苏	17			8			13	7		1			3			3	2		3			5	5		1			60	14		
浙江	10		2	2			1			4						5	4	4				6	6	2				28	10	8	4
安徽	3									1			1			1	1					5	5	2				11	6	2	
福建							4									1	1					2	1					7	2		1
江西	2						1	1					3			1	1		1			9	9	2			1	17	11	3	3
山东	26	8					5			1			2			11	7					20	17	13	2			67	32	13	11
河南	8.						4						2	1		3	2		1			9	9	1				27	12	1	2
湖北	10						2		2	1			3		1	6	5					3	3	3				25	8	6	7
湖南	7			2					4	3			1	1		2	2											16	3	5	6
广东	5		2	1		2	5		3	4			1			2	2	1				2			1			21	2	8	3
广西							1															2						3			

（续）

项目／地区	机械			电子			轻工			纺织			化工			建材			冶金			食品			医药			获优总数	其中行评	复评复查合格	复评复查不合格
	小计	其中行评	复评复查	小计	其中行评	复评复查	小计	其中行评	复评复查	小计	其中行评	复评复查	小计	其中行评	复评复查	小计	其中行评	复评复查	小计	其中行评	复评复查	小计	其中行评	复评复查	小计	其中行评	复评复查				
四川	1									1			1			1	1					2	2	3				6	3	3	
贵州																1	1					1						2	1	1	
云南										1			1			1			2									5			
陕西													1															1			
甘肃													1			2	2											3	2		
青海																															2
宁夏																															
哈尔滨	1															1	1											2	1		
沈阳							1			1						2	1											4	1		
大连	5		4							1			1			2	1	1						1				9	1	6	
青岛	7												1			3	3					1	1	1				12	4	1	
武汉	2						3			1									2									8			
南京																2	2											2	2		
宁波	6			3			1																					10			
重庆																						1						1			
广州	2						1											1										3		1	
西安																1	1											1	1		
成都	2																											2			
新疆																1	1											1	1		
合计	14	9	23	16		2	56	9	12	31			32	3	4	66	55	11	15		1	82	70	43	5		1	444	146	97	55

1989年乡镇企业之最

乡镇企业总收入最高的省（市、区） 是江苏省，全省乡镇企业总收入为1049.1亿元，占全国乡镇企业总收入的13.5%。

乡镇企业利税总额最高的省（市、区） 是山东省，全省乡镇企业利税总额为112.7亿元，占全国乡镇企业利税总额的11.6%。

乡镇企业上缴国家税金最高的省（市、区） 是江苏省，全省乡镇企业上缴国家税金为52.6亿元，占全国乡镇企业上缴国家税金总额的15%。

乡镇企业纯利润最高的省（市、区） 是山东省，全省乡镇企业纯利润为70.6亿元，占全国乡镇企业纯利润总额的12.4%。

乡镇企业职工平均每人创利税最高的省（市、区） 是北京市，全市乡镇企业职工平均每人创利税2643.6元，为全国乡镇企业职工平均每人创利税的255.8%。

乡镇企业职工平均每人上缴国家税金最高的省（市、区） 是天津市，全市乡镇企业职工平均每人上缴国家税金1203元，为全国乡镇企业职工平均每人上缴国家税金的309%。

乡镇企业职工平均每人创纯利润最高的省（市、区） 是北京市，全市乡镇企业职工平均每人创纯利润1461.7元，为全国乡镇企业职工平均每人创纯利润的240%。

乡镇企业工资总额最高的省（市、区） 是广东省，全省乡镇企业工资总额为119.4亿元，占全国乡镇企业工资总额的11.3%。

乡镇企业职工平均每人年工资收入最高的省（市、区） 是北京市，全市乡镇企业职工平均工资收入为1661.9元，为全国乡镇企业职工年工资收入的147.6%。

乡镇企业固定资产最高的省（市、区） 是江苏省，全省乡镇企业拥有固定资产原值324.2亿元，占全国乡镇企业固定资产原值的13.0%。

乡镇企业自有流动资金最高的省（市、区） 是山东省，全省乡镇企业自有流动资金为87.1亿元，占全国乡镇企业自有流动资金总额的11.8%。

科技·教育

落实全国乡镇企业技术进步工作会议精神情况

乡镇企业科学技术进步奖励概况

探索造纸工业污染治理途径

1989年乡镇企业教育培训工作

乡镇企业系统成人教育先进集体、先进工作者评选表彰情况

乡镇企业首次纳入国家级重点新产品试产计划

落实全国乡镇企业技术进步工作会议精神情况

顾 大 智

一、三委一部落实会议精神情况

1988年12月15日至19日，农业部与国家计委、国家科委、国家教委在北京联合召开了全国乡镇企业技术进步工作会议。

1989年1月23日三委一部联合下发了（1989）农(企)字第3号文件《关于转发全国乡镇企业技术进步工作会议文件的通知》。通知转发了国务委员、国家科委主任宋健、农业部部长何康、国家计委副主任刘中一、国家科委副主任蒋民宽和国家教委副主任王明达等各有关部门领导同志的讲话和《乡镇企业技术进步战略实施大纲》（试行）。1989年5月20日三委一部联合印发了（1989）农（企）字第7号文件《全国乡镇企业技术进步工作会议纪要》，要求各地认真贯彻执行。

二、各地落实全国乡镇企业技术进步工作会议情况

据各地反映，全国乡镇企业技术进步工作会议促进了各级政府各部门协调合作，共同指导推动乡镇企业的技术进步，对落实有关促进乡镇企业技术进步的政策起到了良好的作用。大部分省、自治区、直辖市和计划单列市都召开了乡镇企业技术进步工作会议。湖北、陕西、吉林行动迅速，江西、辽宁、云南、青海、湖南、浙江、广东、江苏、山东、四川等一些省就乡镇企业技术进行了调研、制定或正在制定贯彻全国乡镇企业技术进步工作会议精神的“大纲”、“纲要”及规划。

陕西省人民政府于5月16日至19日召开了省乡镇企业技术进步工作会议。于7月13日成立了陕西省乡镇企业技术进步协调领导小组，由王双锡副省长担任组长，其成员由省乡镇企业管理局、科委、计委、经委、外经委、政府农办、高教局、技术监督局、教育厅、财政厅、农业银行、省国防科工办等十二个部门的领导同志担任。领导小组的具体工作由省科委星火办(农医处)与省乡镇企业管理局科教处共同负责。8月2日省人民政府印发了《王双锡副省长在全省乡镇企业技术进步工作会议上的讲话》，发布了《陕西省乡镇企业技术进步实施大纲》、《关于加强乡镇企业服务体系建设的意见》以及《关于组织科技人员下乡用科学技术扶持乡镇企业的意见》等文件。

湖北省计委、经委、科委、教委、财政厅、农业银行、乡镇企业管理局等七部门于6月印发了《关于推动乡镇企业技术进步的意见》，提出了湖北省乡镇企业技术进步基本方针是先进适用、分类指导，即从实际、实用、实效出发，根据生产力发展的不同层次，确定技术的先进程度，形成先进的适用技术、尖端技术和优势的传统技术并举，以先进适用技术为主的多层次技术体系。要以经济效益为中心；以智力和人才开发为根本；“短、平、快”适用技术与“新、先、高”技术并举，以“短、平、快”适用技术为依托；调整产业结构，以发展轻、化、建、农和本地资源开发为主体；优化产品结构，以“名、优、特”、“新、精、深”以及出口创汇产品为重点。达到进一步提高产品质量，降低物资能源消耗，减少环境污染和提高企业经济效益、社会效益及生态效益的目的。

河南省人民政府于8月印发了《推动河南省乡镇企业技术进步的若干意见》，就有关人才流动、新产品开发、技术改造等方面的计划和鼓励政策做了全面的规定。吉林省乡镇企业管理局、计经委、科委、教委联合印发了《吉林省乡镇企业技术进步纲要》。辽宁省乡镇企业管理局印发了《1989年至1993年乡镇企业技术进步工作规划意见》。山东省制定了乡镇企业1989～1995年科技进步规划。贵州省省府常务会会议研究议定要建立健全各级乡镇企业主管部门的科学技术、教育培训机构，以利于开展和搞好全省乡镇企业技术进步工作，并决定在省乡镇企业局技术推广站基础上组建省乡镇企业局科技教育处。四川省制定了《乡镇企业技术进步的意见》。省乡镇企业管理局印发了《加强四川省乡镇企业科技管理工作的意见》，已把技术进步的指标（人才、技术改造、新产品开发、质量管理等）纳入各级管理部门的目标管理考核制度和企业的经营承包责任制。

全国乡镇企业技术进步工作会议之后，地方各级政府都普遍重视乡镇企业的技术进步工作，加强了宏观指导和计划管理。河南、安徽、山东、江西等省在新产品开发、技术改造、新产品免税等对乡镇企业采取了一视同仁的政策。四川等省正在研究落实全国乡镇企业技术进步工作会议纪要提出的建立乡镇企业技术进步基金的问题。

自治理整顿以后，乡镇企业在国家宏观控制下越发注重了依靠科

技力量求生存，求发展。乡镇企业的技术进步有以下几个显著特点：①由自发的调整企业发展方向转到自觉地依照国家产业政策进行行业结构、产品结构的合理调整。②人才拥有量迅速增加，职工素质普遍提高。③普遍重视传统技术与新技术的结合。④科技生产经营一体化趋势明显，涌现出一批厂办研究所。

乡镇企业科学技术进步奖励概况

顾大智　李景涛

一、开展科学技术进步奖励三年来的基本情况

根据农牧渔业部(1986)农(科)字第32号文件，“关于实施《中华人民共和国科学技术进步奖条例》的细则”有关规定精神，从1987年起，由农业部乡镇企业局(司)开始组织申报农业部部级科学技术进步奖。这项活动受到了乡镇企业系统的普遍欢迎。三年来，全国共有104项乡镇企业科技成果被授予农业部部级科学技术进步奖，一等奖1项，二等奖25项，三等奖78项。其中，1987年33项，1988年40项，1989年31项。在1989年的31项获奖成果中，二等奖3项，三等奖28项，这些成果涉及到机电、冶金、化工、轻工、建材等行业，绝大多数成果是乡镇企业依靠自己的科技力量研制出来。在177名获奖人员中乡镇企业职工154名，占87.01%，技术水平达到国际水平的3项。其余为国内先进水平，并具有显著的经济效益和社会效益。1989年31项获奖成果新增产值1.8亿元，新增利税3 800万元。

四川省双流羽绒厂

农业部自1987年开展部级科学技术进步奖乡镇企业项目的奖励工作以来，调动和发挥了乡镇企业广大科技人员的积极性和创造性，积极引导了乡镇企业走依靠科学技术的发展道路，有力地推动了乡镇企业的技术进步。

二、获奖成果的特点

乡镇企业的获奖成果绝大多数是国内首创的新设备、新工艺、新产品，在推动本行业技术进步方面有明显的作用，并具有显著的经济效益、社会效益和生态效益。104项获奖成果新增产值3.50亿元，新增利税7 594万元。这些获奖成果具有以下特点。

1. 行业分布面广。乡镇企业主要行业都拥有一些技术水平较高的成果，但分布不平衡。获奖成果涉及机电、冶金、化工、建材、食品、轻纺等行业，其中：机电类60项(13项二等，47项三等)，化工类17项(4项二等，13项三等)，食品类8项(2项二等，6项三等)，冶金类9项(1项一等，4项二等，4项三等)，轻纺、建材和其它类10项。从获奖的数量和获奖成果等级分析，乡镇机电类成果占比例较大，占获奖数的56.7%。乡镇冶金、机电、化工类成果获奖层次较高。全国报奖及获奖项目地区分布很不平衡，河南、江苏、山东、河北等省占比例较大。1989年有8个省的成果获奖，其中江苏省9项，河南省8项，河北省4项，山东省3项，云南省、湖北省、吉林省的成果首次获农业部科技进步奖。

2. 乡镇企业职工的比重大。三年来获得农业部科学技术进步奖励证书的科技成果主要完成人共有543名，其中乡镇企业自身的职工442名，占81.3%。绝大部分的获奖成果是主要依靠乡镇企业自己的科技力量或独立研制的。其中最突出的是乡镇企业自身培养起来的，从农民中脱颖而出的技术人员，做出了重要的贡献。乡镇企业系统的科技队伍正在形成和不断地壮大。

3. 获奖的成果具有鲜明的新颖性和先进性。获奖成果的工艺技术及产品水平都在国内同行业先进水平以上，其中，达到国际水平及其以上的有12项，占11.5%；国内领先水平的有40项，占38.5%。山

东省新泰市无氧铜材厂研制的“大长度无氧铜异形管新工艺”为国内外首创新工艺，其产品质量达到日本同类产品水平；河南新郑娜宝美容营造公司研制的“鲜奶系列高级化妆品”为国内第一套获专利权的化妆品，是国际上首次攻克鲜奶灭菌防腐难关，并成功地应用于化妆品生产。山东省临沂第二农机厂研制的“薄壁灰口铸铁金属模挤压铸造新工艺的研究及应用”具有国内外先进水平，这项成果是我国薄壁灰口铸铁生产工艺的重大突破。有3项成果摘取了尤里卡世界发明金奖的桂冠。它们是河北省泊头市汽车消声器厂的新型节能消声器；山东省莘县特种钢铁铸造厂的稀土高铬镍氮1100℃、1000℃耐火嘴稀土高铬镍氮高温耐热钢煤粉管；河北省文安县安里屯冷拉钢材厂的冷拉型钢一次成型新工艺。

4．获奖成果有很强的适用性和实践性。乡镇企业的科技成果，大都在产业结构、行业结构、产品结构调整中产生的，符合国家的产业政策。都是根据社会需求，在生产实践中研制出来的，科研与生产紧密结合，效益明显。这些成果的特点有：①与大工业配套的零部件及设备的工艺技术和产品。②替代进口，节省外汇的新工艺及新产品。③引进国外先进技术，消化吸收成果。④变废为宝，综合利用。⑤治理环境污染。⑥紧紧地围绕着农业，为农业、农村服务。

三、科学技术进步奖励活动的效果

乡镇企业开展科学技术进步奖励工作，转变了多年来乡镇企业的科技成果和科技人员无人管，无人奖的局面。鼓舞和调动了乡镇企业科技人员的积极性创造性。挖掘了农村自学成才的人员，提高了在乡镇企业工作的科技人员地位，促进了乡镇企业科技力量的形成和壮大，推动了乡镇企业的技术进步。

1989年农业部乡镇企业司对1987年、1988年乡镇企业获奖的73项科技成果进行了跟踪检查，重点检查了获奖成果的应用推广情况及效果，获奖后企业技术进步进展情况。采用自查和抽查相结合的方式。由各获奖企业对获奖项目进行自查，部司与有关省市乡镇企业局进行抽查。截止到1989年底，已自查63项，自查率达86.3%，抽查率占56.16%。

1989年乡镇企业经受了严峻考验，获奖企业的情况良好，获奖后稳定提高的项目数为60项，占已自查总数的95.2%。可统计成果的年产值增长率为37.8%，年利税增长率为34.8%。有54个企业受到奖励后，并不满足于原有的成果水平，有十几个成果又取得更大的改进。近40个成果在产品性能、质量、市场覆盖面及成果推广等方面都取得了大的进展。形成了一批科研生产经营一体化的骨干企业，成为产品结构合理化的导向企业。例如：保定市东方电子仪器厂的“碱性氯化铜蚀刻机”获1988年农业部科技进步三等奖。获奖后不到一年的时间里，该企业科技人员对原机的设备外型和电器控制部分进行了改进。研制出了第二代、第三代产品。

调查中只有3项1987年的获奖成果，由于资金不足，原材料紧张及管理水平差，导致不能正常生产或停产。而成果本身未发现问题。

江苏、河南、河北、山东、四川等省对获奖成果进行了抽查。从各省抽查报告看，也同样表明了，这些以科技进步为先导的企业具有较强的耐冲击力和生命力，绝大部分获奖成果的企业能保持良好的经济效益和社会效益。

探索小造纸企业污染治理途径

张　鲁　江

经过一年的努力，乡镇造纸工业的污染治理示范工程取得了较快的进展，特别是小造纸厂的黑液治理工作取得好成绩。四川省大竹县东风造纸厂，自从1987年承担了国家“七五”期间小造纸黑液碱回收的攻关项目后，在省、地、县政府的支持下积极组织人力和物力，多方筹集资金，仅用了九个多月的时间就完成了土建和设备的安装任务。他们发扬了连续作战的作风，对整套设备进行调试，于1989年9月29日一次点火成功，为最后完成“七五”项目的任务奠定了基础。碱回收试验项目攻关的重点是碱回收炉的设计和试验。炉子点火成功之后，有关专家到现场视察后认为，碱回收炉的设计合理，黑液燃烧充分，整个炉体的热效率高，但还需要连续运转，收集试验数据，规范设计参数，努力为乡镇企业小造纸厂的碱回收走出一条路子。

在解决造纸黑液的综合利用方面，山东省昌乐县第一福利造纸厂做出了显著成绩。在提取黑液这项技术中，过去一直认为年产几千吨化学浆的纸厂不易掌握用水平带式洗浆机提取草浆黑液的技术，更不易使用多效蒸发器浓缩黑液。第一福利造纸厂，通过虚心取经认真学习，与轻工业部环境保护研究所协作，不仅熟练地掌握了水平带式洗浆机的使用操作技术，而且成功地使用多效蒸发器对黑液进步浓缩，解决了浓黑液对管道易给垢、易堵塞的技术问题。他们还对草浆黑液进行了综合利用，化害为利，以黑液为原料生产出了木素磺酸盐系列产品。它可以广泛用于耐火材料、陶瓷工业及建筑行业。现在，这个厂每年仅废水处理一项可增收24万元，成为乡镇造纸厂综合利用的典型。

1989年乡镇企业教育培训工作

赵 汝 霖

1989年乡镇企业职工教育培训进入一个新的阶段。主要表现在各级乡镇企业管理部门和大多数企业领导人认识到依靠教育培训，造就人才，提高企业素质，增强竞争能力和应变能力，是保证乡镇企业持续、稳定、健康发展的重要措施。各地进一步树立“百年大计，教育为本”的战略思想，积极开展多形式、多层次的职工教育培训，并重视在职工教育培训中加强思想政治教育；继续加强教育培训的基础建设，完善教育培训体系；表彰一批在乡镇企业职工教育培训战线辛勤劳动的先进单位和先进工作者，使教育培训在广度上、深度上都取得了可喜的成绩。

一、教育培训人才，是乡镇企业持续、稳定、健康发展的根本措施，得到普遍重视

1988年12月《全国乡镇企业技术进步工作会议》再次明确提出“所有乡镇企业都要高度重视人才培训和职工教育，努力提高企业素质”。国务委员宋健、农业部部长何康、国家计委副主任刘中一、国家科委副主任蒋民宽、国家教委副主任王明达等同志在会议讲话中都从不同角度强调职工教育培训的重要意义。

各省、自治区、直辖市、计划单列市党委、政府和各有关部门对乡镇企业职工教育、人才培训给予有力的支持。山东省人民政府办公厅批转了省职教办和省乡镇企业局联合制定的《关于加强乡镇企业职工教育工作的意见》；湖北省乡镇企业局和省科委、经委、教委、科干局联合下发了《关于共同做好乡镇企业干部职工培训工作的通知》。各级乡镇企业管理部门根据技术进步工作会议精神，结合各地的实际情况，提出了具体的落实措施。湖南省人民政府批转下发了省乡镇企业局《关于加强乡镇企业职工培训的报告》。广东省委、省政府批转了省乡镇企业局《关于改革和发展职工教育工作的意见》，《意见》中首先提出“各级党委和政府要象抓经济工作一样，抓好职工教育工作。”在党委、政府和各有关部门的领导、支持下，各地乡镇企业管理部门加强了对教育培训工作的领导和管理，从而使教育培训的计划与目标落到实处，打开了一个新局面。

二、教育培训在困难环境中显示出突出的经济效益和社会效益

1989年乡镇企业经历了一场严峻的考验和挑战。在这次考验和挑战中，有许多生动的事例证明，凡是历来重视教育培训的，积蓄了能量，管理和技术水平高，竞争力、应变力强的企业，就能经得起考验和挑战，反之，就陷于困境甚至被淘汰。大连市金州区乡镇工业同全国一样面临着重重困难，“内外交困”的严酷形势，但仍然保持稳定的发展，1989年产值、利税分别比上年增长27.4%和78.2%，出口供货额24 989万元，居辽宁省乡镇工业第一位，全员劳动生产率19 011元，人均税利31 049元，分别比上年增长31.4%和21.9%，他们的经验就是始终坚持“育人为本”的战略思想，以提高职工和企业素质为中心工作，面向生产，面向未来，讲究实效，建立具有特色的人才培训体系，造就了数以万计的各类专业人才，有坚实的基础，在困境中依然发展。广东省宝安县十年中组织各类专业培训25万人次，904人获得技术职称。有一支过得硬的管理和技术骨干，1989年全县乡镇企业总收入、工业总产值、工缴费分别比上年度增长17.4%、29.7%和28%，110家“三来一补”企业被九龙海关评为“信得过”企业，10家企业创汇近百万美元。以“科技兴厂”的浙江省上虞风机厂，充分认识人及人的素质对企业兴旺发达的重要性，十年来投资80多万元，培养了44名大学生，53名专科生，60名中专生，并在全体职工中普遍实行文化和操作技术培训，全厂543名职工中，拥有130名科技人员，占职工总数28.6%，保证产品质量不断提高，新产品不断投产，在成本上涨，市场疲软的情况下仍然获得较好的经济效益，两次获得省级先进培训单位，1989年获国家二级企业。实践显示了教育培训、培养人才与企业盛衰存亡的辩证关系。

三、在职工教育培训中加强思想政治教育

乡镇企业职工大多数是从农业转移出来的，其中中青年又占绝大

多数。他们虽具有农民吃苦耐劳的优良品质，但是小生产的习惯也带来了缺乏全局观念，组织纪律涣散的毛病。加之近年忽视思想政治工作，社会上的不良风气和资产阶级自由化的影响，使得有些企业和职工发生不良倾向，诸如只注重经济效益而忽视社会效益，淡化企业的社会主义方向，只强调企业和个个利益而不关心集体和国家利益；艰苦奋斗，自力更生精神少了，讲排场、比阔气多了；法制观念薄弱。各级乡镇企业主管部门认识到，在职工教育中不仅要组织文化技术、管理知识的教育，还必须重视思想政治教育。江苏、安徽等省乡镇企业局召开了企业思想政治工作会议，组织经验交流，强调在职工教育中要把思想政治教育放在首位，把“育才”和“育人”结合起来，强调在职工教育中，宣传和贯彻四项基本原则，党的十一届三中全会以来的路线方针，反对资产阶级自由化，坚持社会主义方向，强调结合联系国情、进行爱国主义、集体主义的教育；正确处理国家、集体、个人三者的关系；发扬艰苦奋斗、勤俭办企业的优良传统教育，反对铺张浪费；进行职工道德和法制教育，提高工作和服务质量，增强法制观念，遵纪守法，把培养有理想、有道德、有文化、有纪律、有专业技术的一代乡镇企业职工队伍，作为职工教育培训的首要任务。

四、继续采取多形式、多层次、分级管理的方法，全面展开乡镇企业职工教育培训

乡镇企业行业多，产品门类广，职工数量大，企业的经济环境、地理位置和历史条件有很大的差异。各级乡镇企业主管部门和企业，根据教育培训工作不能脱离生产、脱离实际、必须因时、因地、走出适合于企业发展的教育培训的路子的原则，继续采取多形式、多层次、分级管理的办法，全面开展职工教育培训工作。河北省提出“采取多形式、多渠道、多层次、坚持省、地(市)县、区、乡五级联合多级培训；坚持脱产与业余相结合，以业余为主；集中与分散相结合，以分散为主；理论与实践相结合、以实践为主的培训方法。陕西省提出“以教育培训为本、提高职工素质为目的，专业职务任职资格为动力，适用专业技术、短期培训为主要途径，多渠道、多层次、多形式为主要手段，高集中、低分散、广联合、广泛深入开展职工教育培训。”

1989年各地除普遍以短期的专业的职工全员培训为主外，同时为了适应乡镇企业向高层次发展的要求，开始以一年制“专业证书班”或选派优秀职工委托院校代培，培养中高级专业管理人才。初步统计，江苏、山东、湖北、福建、河北、浙江、广东、安徽、辽宁等省有大专层次培训33 782人，中专（含函授)223 533人，山东、福建、河北、广东参加教育培训的职工有79.5万之多，是参加培训人次最多的一年。

联合办学的形式得到改善和提高。有计划地科学地组织社会力量，为乡镇企业培养人才，是一条行之有效的途径。

五、继续加强乡镇企业教育培训基地的建设

从1986年开始，农业部每年从农业基建投资中挤出部分经费，与各省、自治区、直辖市、计划单列市联合投资，建立省一级乡镇企业培训中心。截至1989年，农业部共投资2 000多万元，各地政府和乡镇企业局也都投入了大量资金，累计约1亿元，大多数省（市、区）培训中心已建成并投入使用。许多地(市)县乡镇企业管理部门在地方政府的支持下，也根据自己的条件陆续建立培训基地。据天津、山东、湖北等9个省（市）的统计，县以上培训基地现有345所，逐步形成全国的培训网络，使教育培训工作有了固定的阵地，并发挥效益。江苏省到1989年全省有10个市乡镇企业局建立了专门的教育培训机构，市县综合性教学服务机构（干部学校、职工学校、培训中心）45所，职工中专一所，苏州、无锡等乡镇工业发达地区的乡镇工业公司办学面已达95％以上，全省县乡两级电化教学网覆盖率分别达到90％和45％以上，同时形成了一支从企业到各级主管部门上下成线的专职兼职乡镇企业职工教育管理队伍。浙江省乡镇企业培训中心“以短期培训为主，以培训市县级企业管理人才和骨干厂长为主，以培训最迫切、最需要的管理人才和技术人才为主，做到培训与生产管理相结合，学习新的理论知识与总结推广先进管理经验和先进技术相结合”，1989年开办了“外贸”、“法规”、“统计”、“许可证”、“新国标贯彻”、“实用技术”等各类短期培训班1 446人参加学习，完成“机电”和“企业管理”专业两个大专班，75名学员走上工作岗位，同时举办了“财会”、“土建”、“外经”等专业培训。各级教育培训基地的建设，促进、完善了教学与管理，有利于乡镇企业职工教育逐步走向正规化、系统化的道路。

六、表彰一批在乡镇企业职工教育战线上成绩突出的先进单位和先进工作者

根据农业部“关于评选表彰农业系统成人教育先进集体、先进工作者的通知”精神，结合乡镇企业的实际情况，经自下而上的推荐、评选和审查，1989年评选出乡镇企业系统职工教育先进集体63个，先进工作者157名，颁发了农业部的奖状和证书。

此外，为把乡镇企业教育培训工作推进一步，1989年11月8日，在南宁市召开了全国乡镇企业系统干

部、职工教育培训工作座谈会。会议总结交流了十多年来的教育培训经验，提出在治理整顿、深化改革中，乡镇企业培训工作的基本任务，为继续做好教育培训进行思想准备和工作准备。

乡镇企业系统成人教育先进集体、先进工作者评选表彰情况

朱 立 英

为了总结十年来农业部系统成人教育工作的经验，进一步推动农业成人教育的改革和发展，努力提高广大农民、干部、乡镇企业职工的科学文化素质，使农业成人教育更好地为农村两个文明建设服务，1989年4月农业部以农（教宣）函字第8号文，下发了《关于评选、表彰农业部系统成人教育先进集体、先进工作者的通知》，决定在农业(农业行政、农业技术推广、植保、种子、土肥等单位)、畜牧、水产、农机化、乡镇企业厅（局），经营管理站（处)、农业广播电视学校、部属成人高等院校、有关农业高等院校中开展评选、表彰成人教育先进集体、先进工作者活动。

根据农业部的通知，部乡镇企业司下发了（1989）农（企科）字第36号文，制定了乡镇企业系统评选、表彰成人教育先进集体、先进工作者的具体办法和贯彻农业部通知的有关规定。

文件一是明确了乡镇企业系统的评选范围：先进集体包括乡镇企业系统各有关行政、企事业单位、各级乡镇企业培训中心和各类乡镇企业学校。先进工作者包括乡镇企业系统从事成人教育的各有关行政管理人员，教学管理人员以及教师。二是分别明确了先进集体和先进工作者的评选条件。三是明确成立以副司长黄海光为组长，赵汝霖、程祖琪为副组长，陈福桂、顾大智、梁书升同志为组员的乡镇企业系统评审小组。四是提出了一些具体要求。

各地乡镇企业管理部门接到部司关于《评选、表彰乡镇企业系统成人教育先进集体、先进工作者的通知》后反响很大，普遍认为这是乡镇企业系统首次参加农业系统的评选活动，是党和政府对广大从事乡镇企业教育工作同志的关心，这次评选活动对于进一步推动全国农业教育工作的进一步展开，具有重要的意义。

在各省领导同志的关心和支持下，经过自下而上的推荐和评选，农业部决定授予乡镇企业系统65个单位为全国农业系统成人教育先进集体称号，授予157名同志为全国农业成人教育先进工作者称号。先进集体、先进工作者分别占农业部表彰的429个先进集体和1 104名先进工作者总数的15%和14%。

在157名成人教育先进工作者中，从事行政、教育管理的有114名，培训中心（学校）的教育工作者22名，企业中从事领导、教育工作的21名。

为了认真总结推广教育先进集体和先进工作者的先进经验，将乡镇企业系统教育培训工作推向新阶段，部乡镇企业司1989年11月在广西南宁召开了全国乡镇企业系统干部和职工教育培训会议，表彰了乡镇企业系统荣获农业部系统成人教育先进集体、先进工作者，并颁发了奖状和证书。被评为教育先进工作者的天津市乡镇企业局副局长郭志实介绍了抓好教育培训工作必须领导首先提高认识的七点体会；大连市金州区乡镇企业局局长介绍了培养具有现代化科学管理知识的第三代厂长、管理人才和提高全员素质的经验。与会同志深受启发教育，一致认为这次评选出的先进集体、先进工作者水平高，工作做得扎实，它将推动全系统的教育培训工作的展开。

1989年评选工作有以下几个特点：

1．各级领导重视，评审小组组织落实。部司为了认真、细致地做好评选工作，先后几次召开会议，具体研究、制定乡镇企业系统的评选办法，名额分配方案，副司长黄海光同志亲自关心指导评选工作，并任审评领导小组组长，保证了此项工作列上司工作的议事日程。各省、自治区、直辖市、计划单列市的领导也非常重视这次评选活动，有的省向省政府做了汇报，有的省即刻成立了评审小组，由主要领导或分管局长担任组长，研究落实方案，制定具体方法。辽宁省乡镇企业管理局在落实先进集体名单时遇到了一些具体问题，他们派专人到部司汇报，听取指导性意见，在北京及时同省局电话联系，准确确定先进集体名单。大连市乡镇工业局，在落实先进集体工作时，考虑到部司分配市局一个名额，但大连市金州区乡镇工业局抓教育培训工作有特色、有成绩，也有在全国推广经验的必要，市局领导指示教育处及时同部司联系，汇报情况，较好地解决了名额分配问题。由于自上而下层层领导亲自抓此项工作，保证了评选工作的顺利进行。

2．严格掌握评选条件，推荐水平高勇于探索农业成人教育路子的

先进集体，先进工作者。十一届三中全会以后乡镇企业"异军突起"，随之而来的人才奇缺、全员素质低的矛盾突出的表现出来了。要适应飞速发展的乡村经济的需要，要从根本上解决素质低，水平差的问题，摆在各级领导和乡镇企业主管教育工作同志面前的新课题是如何在短时间内迅速解决人才供需矛盾，针对乡镇企业的特点开创、探索本系统成人教育的路子。这是一条没有前车之鉴的新路。在改革开放的年代，乡镇企业的厂长(经理)意识到了人才危机将会给企业带来毁灭性灾难；各级领导干部认识到了人才关系到乡镇企业在中国发展的前途和命运，上、下各级步调一致，抓技术进步，抓人才的培养，造就一支"永久"牌的高水平、高智能的人才队伍。经过几年的努力，全国乡镇企业专门人才从1983年的万分之九增加到1988年的2.36%。在这个转变中有大批的人付出了辛勤的劳动。这次评选出的先进集体中的辽宁省乡镇企业教育中心，有工作人员11名，在省局的领导下，制定了"七五"教育规划，编发了二十多个文件规定，指导督促基层每年平均办短期培训班15万人次，开办电化函授中专教育，全省招生11 700人，投资60万元编写各类乡镇企业急需教材。山东省乡镇企业局注重培训基地建设，在全省建立了24所函授中专分校，招生了28 702人，并根据全省职工教育规划，采取多种形式办学，仅1988年一年就培训了32万人。到1988年底，全省乡村企业各类专门人才占职工总数的2.59%，高于全国平均水平。苏州市乡镇工业局为适应本地经济发展战略，狠抓涉外经济知识培训，近二年举办各种涉外经济基础知识培训班74期，受训人数达3 777人次，会同有关大学举办初、中级外贸翻译人员班5期，共有292人参加了学习。

几年来各省、市都为乡镇企业的发展，为培养合格人才开辟新路，而且越走越宽，越走越有规律。涌现出一大批先进单位和先进工作者，由于1989年评比的名额有限，所表彰的只是有代表性的一小部分。但已显示了乡镇企业在改革开放中积极进取，敢于攀登高峰的决心，代表了乡镇企业要在技术进步、产品质量、抓人才培养道路上知难而进的勇气。这次评选评出了努力方向，评出了竞争意识。

3. 这次评选工作，做得具体，工作扎实。凡是评选上报的先进集体、先进工作者，按部司的要求，详细整理了文字材料，并填写了评选登记表，一式五份，有利于推广先进经验和归档工作。做到了工作规范化。

4. 带动了各省的评选、表彰工作。在全国评选工作进行中，各省同时推选了省、市级教育先进单位和教育先进工作者，在全国表彰、评选后，各省纷纷召开表彰会议，掀起了全系统学先进，赶先进的高潮，促进了乡镇企业的稳步健康的发展。

乡镇企业系统成人教育先进集体、先进工作者名单附后。

乡镇企业系统成人教育先进集体名单

北京市门头沟区乡镇企业人才培训中心
北京市通县张家湾成人学校
天津市南郊区乡镇企业经济委员会
天津市静海县乡镇企业经济委员会
河北省昌黎县乡镇企业局
河北省石家庄地区乡镇企业经济委员会人才科
山西省孟县南委工业总公司
山西省临猗县卓里机械厂
内蒙古自治区哲里木盟乡镇企业管理处
辽宁省锦州市乡镇企业管理局
辽宁省乡镇企业教育中心
辽宁省东沟县乡镇企业管理局
吉林省白城市拖车厂
黑龙江省佳木斯市乡镇企业管理局
黑龙江省肇东市乡镇企业培训中心
上海市奉贤县乡镇工业局教育股
上海市川沙县乡镇工业局
江苏省苏州市乡镇工业局教育培训科
江苏省常州市武进县地方工业局
浙江省桐乡县乡镇企业职工学校
安徽省六安行署乡镇企业局
福建省闽侯县乡镇企业管理局
福建省南平市乡镇企业管理局
江西省宜春地区乡镇企业培训中心
山东省泰安市多种经营乡镇企业职工中等专业学校
山东省牟平县成人中等专业学校
河南省巩县乡镇企业管理委员会
湖北省三梅化工厂
湖北省乡镇企业函授中等专业学校（培训中心）
湖南省安乡县乡镇企业经济委员会
湖南省长沙县果园汽车改装厂
广东省顺德县乡镇企业管理局

海南省琼海县乡镇企业管理局
广西壮族自治区玉林市乡镇企业管理委员会
四乡省德阳市中区乡镇企业管理局
四川省南川县乡镇企业管理局
陕西省勉县乡镇企业管理局
甘肃省乡镇企业学校
青海省民和回族土族自治县乡镇企业管理局
宁夏回族自治区中卫县第四建筑公司
宁波市鄞县乡镇企业局
西安市未央区乡镇企业管理局
广州市番禺县乡镇企业管理局
成都市金牛区乡镇企业管理局
重庆市乡镇企业干部学校
青岛胶州市乡镇企业局
大连市金州区乡镇工业局
沈阳市东陵区乡镇企业管理局
南京市溧水县乡镇工业局
武汉市乡镇企业管理局教育办公室
长春市乡镇企业人才培训中心
山西省平定县乡镇企业管理局
新疆维吾尔自治区巴音郭楞蒙古族自治州乡镇企业管理局
上海市农业机械工业局
湖南省乡镇企业局
广西壮族自治区乡镇企业管理局
四川省乡镇企业管理局
陕西省乡镇企业管理局
江苏省南通市乡镇企业管理局
大连市乡镇工业局
湖北省乡镇企业管理局科教信息处
山东省多种经营乡镇企业局人事教育处
天津市乡镇企业管理局教育处
吉林省乡镇企业管理局人事教育处
安徽省乡镇企业局教育处

乡镇企业系统成人教育先进工作者名单

姓名	工作单位
王　富	北京市周口店水泥厂
刘显德	北京市密云县汽车配件厂
刘桂林	北京市四季青锅炉厂
王彩亭	北京市朝阳区第二工业局
贾荣俊	北京市昌平县上苑乡机关
林雕飞	天津市大港区乡镇企业管理局
郭增华	天津市北郊区乡镇企业经济委员会人才科
刘九合	天津市武清县经济委员会
杜宝山	天津市通风除尘设备厂
王俊岭	天津市西郊区乡镇企业经委教育科
郭志实	天津市乡镇企业管理局
张庆泉	天津市蓟县乡镇企业经济委员会
阎新义	河北省乡镇企业培训中心
李三立	河北省唐山市开平区开平镇金属结构厂
邵继才	河北省青县乡镇企业管理局
齐有才	河北省完县乡镇企业局
王爱香	河北省邯郸市乡镇企业管理局
崔蕴霞	山西省乡镇企业局管理局科教处
王宝忠	山西晋中行署乡镇企业管理局
刘胡宣	山西省原平县乡镇企业管理局
刘　福	山西省大同市福利活性碳厂
刘永合	内蒙古自治区哲里木盟乡镇企业处
张崇琦	内蒙古自治区哲里木盟乡镇企业管理处
于秀珍	内蒙古自治区通辽市乡镇企业局
王风义	内蒙古自治区扎鲁特旗乡镇企业局
刘永仪	内蒙古自治区哲盟奈曼旗大沁他拉镇
王丽明	辽宁省锦州市乡镇企业管理局
王海英	辽宁省台安县乡镇企业局
刘英杰	辽宁省铁岭市乡镇企业培训学校
聂国良	辽宁省营口县乡镇局
宋宝林	辽宁省凤城满族自治县第三工业局
吴明海	吉林省白城地区乡镇企业局
王国柱	吉林省蛟河县乡镇企业管理局
肖明华	吉林省乡镇企业局人事教育处
于长有	吉林省延边州乡企局干训班
邵伯文	吉林省梨树县乡镇企业管理局
王春林	黑龙江省齐齐哈尔市乡镇企业管理局
高凯胜	黑龙江省绥化市乡镇企业技术培训学校
于玉莲	黑龙江省桦南县乡镇企业局
刘尊云	黑龙江省尚志市乡镇企业局
崔宗平	黑龙江省牡丹江市乡镇企业局
姜绍义	黑龙江省阿城市乡镇企业局
钟　言	上海市江海技术学校

姓　名	工 作 单 位
毛国强	上海市宝山区乡镇企业局培训中心
吴连章	上海市南汇县乡镇工业局
李海晴	上海市上海县乡镇企业局教育股
金　鉴	江苏省盐城市乡镇企业管理局
刘海波	江苏省东海县乡镇企业管理局
李　喆	江苏省徐州市乡镇企业管理局
黄幼华	江苏省扬州市乡镇工业局人教科
黄新年	江苏省扬中县乡镇企业管理局
郁乐勇	江苏省无锡市郊区计经委培训科
苏习进	浙江省桐乡县乡镇企业局
盛刘奎	浙江省海宁市乡镇企业管理局
陈肇鉴	浙江省萧山市乡镇工业管理局
徐执平	浙江省绍兴县乡镇企业局
严家林	安徽省六安行署乡镇企业局
孙洪基	安徽省乡镇企业局教育处
余在文	安徽省滁县地区乡镇企业局
涂坦如	安徽省蚌埠市乡镇企业局
王文中	安徽省安庆市乡镇企业局
陈长荣	福建省乡镇企业管理局
方祖贻	福建省莆田县乡镇企业局
宋阔嘴	福建省漳州市芗城区乡镇企业局
杨兴仁	江西省抚州地区乡镇企业管理局
谢福庆	江西省南昌市乡镇企业管理局
曾纪煊	江西省赣州地区乡镇企业管理局科教科
罗贤访	江西省上饶地区乡镇企业管理局
龙　锦	江西省井冈山市乡镇企业管理局
辛培俊	山东省泰安市肥城县乡镇企业局
王志宪	山东省梁山县大鹏企业总公司
吕道龙	山东省烟台市福山实业总公司
徐建华	山东省多种经营乡镇企业局
苑宪章	山东省定陶县陈集国华贸易公司
孔庆荣	山东省曲阜市乡镇企业局
王义科	山东省潍坊市乡镇企业培训中心
兰安家	山东省乡镇企业函授中专部威海分校
张文田	河南省密县乡镇企业管理委员会
张荣高	河南省卫辉市乡镇企业管理局
田玉基	河南省沁阳县乡镇企业管理局
侯广成	河南省沈丘县乡镇企业委员会
杨现明	河南省伊川县乡镇企业局
熊新科	湖北省随州市企管局函授站
朱全晏	湖北省乡镇企业管理局科教信息处
高正凯	湖北省乡镇企业函授中等专业学校
杨大年	湖北省鄂西土家族苗族自治州乡镇企业管理局
赵胜茂	湖北省三梅化工厂
张宗强	湖北省松滋县乡镇企业干部职工培训学校
夏国瑛	湖南省益阳县乡镇企业经济委员会
刘贻辉	湖南省湘潭市建筑机械厂
羊文益	湖南省邵东县乡镇经济委员会
邓元秋	湖南省醴陵乡镇企业经济委员会
湛罗生	湖南省岳阳市乡镇企业局
刘进先	湖南省衡阳市乡镇工业局
朱迪希	湖南省娄底地区乡镇企业局经营管理科
陈华胜	广东省中山市乡镇企业管理局
李杰森	广东省东莞市桥头镇人民政府
叶瑞良	广东省宝安农委乡镇企业管理科
陈桓中	广东省湛江市乡镇企业管理局
凌君瑶	广东省江门市乡镇企业管理办公室
梁焕新	广西壮族自治区平南桂安实业公司
潘庆林	广西壮族自治区罗城仫佬族乡镇企业委员会
杨惠兴	广西壮族自治区玉林市乡镇企业管委会
周洪远	广西壮族自治区合浦县石康镇企业办公室
曾永鹏	广西壮族自治区钦州市乡镇企业局
周以玉	四川省威远县乡镇企业管理局
邱尧正	四川省南充地区乡镇企业管理局
张明哲	四川省雅安地区乡镇企业管理局
任天聪	四川省德阳市乡镇企业管理局
盛永恒	四川省涪陵市乡镇企业管理局
邓天良	陕西省太白县乡镇企业局
李　祯	陕西省凤翔县乡镇企业局技术学校
周志忠	陕西省汉中地区乡镇企业局
马振生	陕西省合阳县乡镇企业管理局
焦志学	陕西省云阳造纸厂
孟　华	甘肃省庆阳地区乡镇企业处
曹志伟	甘肃省金昌市乡镇企业管理局
朱　虔	甘肃省定西地区乡镇企业处
郭　发	甘肃省武威市乡镇企业管理局
孙炳华	甘肃省会宁县乡镇企业管理局
陈立俊	青海省西宁市城西区民族印刷厂
赵延年	青海省上新庄藏毯工业公司
朱建中	青海省海南州乡镇企业局
黄生满	青海省大通县乡镇企业管理局
苗金柱	宁夏回族自治区银川市乡镇企业管理局
陈维龙	宁夏回族自治区中宁毛纺织厂
陈宗祥	宁夏回族自治区石嘴山市乡镇企业管理局
康保祥	宁夏回族自治区隆德乡镇企业管理局
张肖瑾	宁波市镇海区乡镇企业局
倪凡生	西安市长安县乡镇企业管理局

姓 名	工作单位
李让梨	西安市户县乡镇企业局
李永甜	广州市石井水泥厂
郭湛明	广州市花县赤坭镇人民政府
罗来吉	重庆市长寿县乡镇企业管理局
李为聆	重庆市永川县乡镇企业管理局
彭植培	成都市三强实业公司
任知桂	青岛市第四毛巾厂
崔兆启	青岛胶南第四纺织机械厂
田运宝	大连市金州区乡镇工业局
陶绍博	大连瓦房店市乡镇工业局
谢大国	大连市甘井子区凌水镇政府
李树忱	沈阳市于洪区工业局职业高中
胡成林	沈阳市乡镇企业教育中心
张苑莇	沈阳市乡镇企业教育中心

姓 名	工作单位
赵良超	南京市溧水县乡镇企业职工学校
李自鑫	武汉市新洲县乡镇企业局函授辅导站
肖成群	武汉市黄陂县乡镇企业局职工培训中心
田桂林	吉林省九台市乡镇企业局
聂 弘	长春市乡镇企业人才培训中心
赵汝霖	农业部乡镇企业司科教处
朱立英	农业部乡镇企业司培训服务中心
沈建新	农业部乡镇企业司培训服务中心
刘秀英	新疆维吾尔自治区巴州乡镇企业局
李延杰	新疆维吾尔自治区尉犁县二建公司
肖谋法	新疆维吾尔自治区克州乡镇企业局
黄 敏	成都市乡镇企业管理局
陈云龙	新疆维吾尔自治区昌吉自治州乡镇企业局

乡镇企业首次纳入国家级重点新产品试产计划

李增杰　顾大智

一、申报试产计划的意义

国家级重点新产品试产计划是国家计委会同国家税务局、国家物价局、中国工商银行、物资部等多部门组织编制的国家级科技指导性计划。这个计划是国家鼓励广大企、事业单位开发高水平、高效益、高效能的新产品，并促其尽快形成商品化生产的政策性计划，同时是实行国家税收、价格、信贷、替代进口、出口创汇、物资等扶持政策的依据。

1989年度乡镇企业的新产品首次列入国家级重点新产品试产计划。这将对鼓励和促进乡镇企业技术水平高，社会经济效益显著的新产品开发并尽快形成商品化生产起积极推动作用。特别是在市场疲软、资金短缺、信贷紧张情况下，试产计划实行的一系列优惠政策、措施，可以大大缓解科技型骨干乡镇企业发展中的困难，体现了国家的扶优限劣的政策，引导乡镇企业走依靠科学技术的发展道路。

二、试产计划实行的优惠政策

为了鼓励新产品的开发和生产，更好地综合运用税收、价格、信贷三大经济杠杆，保证试产计划的顺利实施，经有关部门协商，对国家级重点新产品试产计划项目实行的优惠政策有：

1．国家税务局根据试产计划，按照新产品减免税的有关规定，选择项目编制下达国家级新产品减免税名单，同时作出减免税或增值税的具体规定。

2．国家物价局认定试产计划的各类新产品的试销期。

3．银行将根据试产计划作为发放科技开发贷款的指南，在选择科技贷款项目时优先考虑对试产单位在新产品试产中所需的流动资金，在银行信贷资金供应能力允许的条件下，给予积极支持。

4．在试产计划中可以替代进口的新产品，在性能质量上与同类进口产品相当，国产化率达到一定程度，并达到批量生产，能够基本满足国内需要的，将优先纳入“国家替代进口目录”,限制进口同类产品。

5．承担试产计划中能出口创汇的新产品试产的单位，在完成各承包上缴中央外汇基数任务的前提下增加的出口收汇，可参照国家规定的超基数出口外汇留成办法分成。

6．在试产计划中为国家重点计划配套的项目，物资部门对所需物资，按现行物资体制的规定给予积极支持。

三、申报1989年度试产计划情况

从农业部乡镇企业司申报1989年度试产计划的有15个省、直辖市及计划单列市的70个项目。其中有37个项目被列入计划，占申报总数的53％。这些新产品都是国家产业政策重点鼓励发展的。技术水平达到国际先进水平有4项，达到国际水平有7项，达到国内先进水平有19项。其中7项属高技术产品，2项属发明，还有8项获得了专利。在1989年到1991年的三年试产期中，预计可创产值9亿元，实现利润1.8亿元。这些项目涉及机电、石化、纺织、矿山、冶金、建材、宇航、核能、轻工、食品、文教等10多个应用领域。

据不完全统计，有20个省、直辖市及计划单列市的乡镇企业共有近300个项目被列入1989年度试产计划，这些项目涉及近39个应用领域。

大量的乡镇企业产品被列入试产计划，产品具有国际、国内先进水平，有些产品已替代进口并出口创汇。这足以说明乡镇企业在国民经济中所处的重要地位和作用。乡镇企业不再一哄而上搞时髦产品，而是充分利用市场调节，由自发转入自觉地按国家的产业政策调整产品结构，发挥本身的灵活机制和各种优势，积极消化吸收先进的科学技术开发新产品。

四、试产计划申报条件

根据国家计委、国家税务局、国家物价局、中国工商银行和物资部联合印发的“国家级重点新产品试产计划管理办法”，试产计划的新产品是指民用工业新产品，即采用新技术原理、新设计构思研制、生产，或在结构、材质、工艺等某一方面比老产品有明显改进，从而显著提高了产品性能或扩大了使用功能的产品。这些产品必须是已经进行了样机（样品）鉴定的、国内首次独家生产的，并且要求产品技术水平是达到国内先进水平、国际水平、国际先进水平。试产计划的产品还应符合国家产业政策、符合产品结构调整和发展方向、国内外市场适销、社会经济效益显著。

针对乡镇企业产品多种多样，产品结构需要进一步合理调整的情况，要深入贯彻国家产业政策，鼓励技术先进，符合政策的新产品开发和生产。乡镇企业新产品符合下列条件的，可以申报试产计划：

1．已获得中国(外国）发明专利和国家（国际）发明奖励的新产品。

2．未来前景广阔，潜在效益可观的，有经济发展后劲、能带动企业技术进步的高新技术产业、附加价值高的产业的新产品。

3．能够抑制通货膨胀，缓解总需求与总供给矛盾的、能够保证国内有效供给的新产品。

4．具有出口创汇多、替代进口量大（或潜力大）的新产品。

5．大量节约能源、原材料的新产品。

6．国民经济各领域中受支持的重点产业，如支援农业、能源、交通和原材料等基础产业中的新产品。

7．能保护环境和使用安全的新产品。

对于单纯为军工配套的非民用新产品；反映不出技术水平的传统手工艺品；进口散件组装的产品；产业政策中不鼓励发展的耗能高、浪费能源、污染环境的产品；单纯改变花色、外观、包装的属新花色、新品种的产品将不能列入试产计划。

五、试产计划的申报与管理

乡镇企业可以通过多渠道申报试产计划。第一，通过农业部乡镇企业司申报，要求抄报同级计(经)委；第二，通过省、自治区、直辖市及计划单列市计(经)委申报；第三，从下达开发新产品任务的国务院有关部门申报；第四，获得发明专利的项目，通过地区专利部门向中国专利局申报。从其他部门申报项目，均要求抄报部乡镇企业司。

国家级试产计划下达后，根据国家计委等五单位联合印发的“国家级重点新产品试产计划”要求，凡从农业部乡镇企业司申报试产计划，并被正式列入试产计划的项目，由乡镇企业司负责组织实施和管理。

为了真正使试产计划顺利实施，加强对试产计划项目的管理，根据国家计委等五单位联合印发的“国家级重点新产品试产计划管理办法”和（1989）农（企科）字第79号文件的规定，要求各级乡镇企业管理部门，定期检查项目试产进度，指导试产单位做好试产工作，督促达到预期目标。并协助试产单位疏通渠道，落实好减免税、物价、信贷、物资等方面的优惠政策。在对试产计划的实施情况进行检查和总结时，要有宏观分析的文字材料，具体内容是：

1．试产项目的进展及效益(用数据说明)。

2．哪些产品在行业发展，产品结构调整，市场、效益等方面起了重大作用（举例说明)。

3．优惠政策的落实情况。

4．问题及建议。

为了检验试产工作的效果，在试产工作完成后，要组织对试产项目的鉴定验收（投产鉴定)，对试产项目达到的经济、技术指标及是否具备正式投产条件等作出客观的评价。试产计划的完成情况还将作为评定国家级优秀新产品奖的依据之一。

1989年乡镇企业之最

乡镇企业原煤产量最高的省（市、区） 是山西省，全省乡镇企业原煤产量1.19亿吨，占全国乡镇企业原煤总产量的34.3%。

乡镇企业铁矿石产量最高的省（市、区） 是河北省，全省乡镇企业铁矿石年产量为1059万吨，占全国乡镇企业铁矿石总产量的31.4%。

乡镇企业金矿石产量最高的省（市、区） 是河北省，全省乡镇企业金矿石年产量为133万吨，占全国乡镇企业金矿石总产量的49.3%。

乡镇企业石灰石产量最高的省（市、区） 是安徽省，全省乡镇企业石灰石产量为2294万吨，占全国乡镇企业石灰石总产量的16.5%。

乡镇企业氮肥产量最高的省（市、区） 是河南省，全省乡镇企业氮肥产量为2.3万吨，占全国乡镇企业氮肥总产量的25.9%。

乡镇企业磷肥产量最高的省（市、区） 是湖北省，全省乡镇企业磷肥产量为33.6万吨，占全国乡镇企业磷肥总产量的20%。

乡镇企业钾肥产量最高的省（市、区） 是福建省，全省乡镇企业钾肥产量为4583吨，占全国乡镇企业钾肥总产量的36.9%。

乡镇企业铁制农具产量最高的省（市、区） 是山东省，全省乡镇企业年产铁制农具9387万件，占全国乡镇企业铁制农具总产量的19.5%。

乡镇企业水泥产量最高的省（市、区） 是江苏省，全省乡镇企业年产水泥1477万吨，占全国乡镇企业水泥总产量的22.6%。

乡镇企业石灰产量最高的省（市、区） 是河南省，全省乡镇企业石灰年产量为1889万吨，占全国乡镇企业石灰总产量的19.1%。

乡镇企业砖产量最高的省（市、区） 是山东省，全省乡镇企业年产砖609亿块，占全国乡镇企业砖总产量的14.0%。

乡镇企业丝产量最高的省（市、区） 是浙江省，全省乡镇企业年产丝5878吨，占全国乡镇企业丝总产量的29.6%。

乡镇企业丝织品产量最高的省（市、区） 是江苏省，全省乡镇企业年产丝织品22062万米，占全国乡镇企业丝织品总产量的27.6%。

乡镇企业机制纸及纸板产量最高的省（市、区） 是河南省，全省乡镇企业机制纸及纸板年产量为104.4万吨，占全国乡镇企业机制纸及纸板总产量的21.3%。

出 口 创 汇

乡镇企业出口创汇获新进展

第一批“贸工农”联合出口商品生产基地企业命名

中国乡镇企业第二届出口商品展览

乡镇企业出国考察情况

乡镇企业出口创汇获新进展

周　涵　达

1989年我国乡镇企业认真贯彻中央治理整顿、深化改革的方针，克服市场疲软，资金、能源和原材料紧张以及1989年出现的国际经济交往中对我国出口贸易不利的因素，充分发挥乡镇企业灵活机动、决策快、适应力强的特点，出口企业素质和产品质量不断提高，生产领域和商品市场迅速拓宽，出口创汇的增长势头远远超过乡镇企业总产值增长的幅度。

1．乡镇企业外向型经济，特别是出口创汇继续保持高速增长，出口创汇额大幅度上升。1989年全国乡镇企业外贸收购额371.4亿元人民币，“三来一补”工缴费折合人民币51亿元。应该指出这个统计数字还是不完全的，因为一大批乡镇企业为国营企业加工或利用国营企业的商标生产出口商品。共为国家创汇105亿美元，占全国创汇总额的20％，比1988年增长30％，提前一年完成了1987年全国乡镇企业出口创汇工作会议上提出的争取1990年全国乡镇企业出口创汇100亿美元的目标。与1988年相比，服装出口增长62.2％，超过50％的有机械（58.7％），超过40％的有矿产（41％）、土产（41.8％）、纺织（49.8％）、丝织品（49.9％），超过30％的有化工（37.9％）、轻工（33.9％）。

1989年出口创汇绝对额和相对额增长幅度都比较大的省市有广东、福建、江苏、浙江、山东、河北、河南、上海、北京、天津、大连、青岛、广州等。上海11年平均增长39.2％，江苏省1989年比上年增长45.7％。

山东省定陶县陈集国华贸易公司的60多种产品远销欧、美等20多个国家

2．出口企业素质提高，规模扩大。1989年全国乡镇企业有出口企业49 910家。据不完全统计，出口创汇1 000万美元或交货值在2 000万元人民币以上的有35家，100万美元以上的有2 340家（15个省市）。在出口企业中从业人员达到463万人。到1989年止，经国务院机电出口办公室批准的机电出口基地和扩权企业有130家，国家计委轻纺出口基建项目招标中标的企业有83家，被批准为贸工农联合出口商品生产基地企业的有193家，1988、1989年贸工农出口基地招标中标项目285个。这些企业都已成为我国出口商品的重要基地企业，有的已成为单项产品出口的主力工厂。这些企业设备比较先进，管理水平较高，企业素质好。广东佛山市创汇超100万美元的企业从1988年的114家发展到139家，创汇额2.08亿美元，占全市乡镇企业出口额的40％。上海市超100万美元出口额或外贸收购额在500万元人民币以上的企业有222家。

乡镇企业出口创汇工作1989年进一步向群体化、集团化方向发展。江苏省张家港市、无锡县、吴江县、昆山等4个县（市）出口商品销售额超过5亿元。无锡县前洲镇和江阴市祝塘镇收购额超过1亿元。广东省顺德县北滘镇出口创汇达8 000万美元。佛山的家用电器，南海、东莞、中山的玩具和服装，上海川沙的丝绸出口企业进一步扩大提高。

3．出口商品结构开始变化，档次和质量不断提高。到1989年底为止，乡镇企业产品获国际金银奖的有23项。在1989年全国服装业抽样检测中，乡镇企业的出口企业质量名列前茅。1989年在乡镇企业出口商品中，一个可喜的变化就是机电产品出口大幅度增长，其中家用电器、各种仪器、工具、机械设备等增长幅度最大。在汽车零件继万向节之后北京第二汽车齿轮厂的变速箱齿轮一举有了突破性进展，受到外商好评，供不应求。服装、丝绸、纺织品、轻工产品继续向高档、中档方向发展。福建福耀玻璃厂生产的各种汽车挡风玻璃和其它特种玻璃，质量上乘，列全国同行业之首。近几年来乡镇出口企业重视技术改造，不断引进先进设备、技术，高薪聘请人才，企业素质普遍提高。据8个省市的不完全统计，出口企业共进行各类人员的岗位培训35万人次，已经选送各种人才进入中专或大学学习的有1.5万多人。1982年以来共引进各种先进设备134万多台套，大大增强了企业在国际市场的竞争力。

4．工贸关系进一步密切，紧密型工贸合营企业迅速增加。发挥工贸双方的优势是扩大我国外贸出口的重要措施。外贸部门从长期的实践中体会到，充分发挥乡镇企业灵活、自主、反应快、适应力强的特点，再加上外贸部门渠道多、信息灵、经验丰富的特点，只要工贸双方平等互利，就能够走出一条具有我国特色的外贸发展道路。1989年据江苏、上海、福建等9个省市的统计，新增紧密型工贸合营企业334家。经贸部所属专业进出口总公司也开始比较多的在乡镇企业中建立货源基地，仅北京市就有10多家。上海市郊区的出口企业和外贸公司都采取了各种形式的联营，其中180家出口企业和外贸紧密联营，占出口企业数的20.9%，出口交货值占40%以上。江苏省1989年工贸合营乡镇企业已达500家，其中与江苏省口岸合营的有315家。苏州市工贸合营的120家出口企业，出口额平均增长50%以上。

福建省乡镇企业用珍贵枣木生产的木制品在国外深受欢迎

5.“三来一补”进一步发展，“三资”企业迅速发展。1989年“三来一补”业务进一步高速发展，工缴费收入比1988年增长70%，项目多样化，技术复杂化，由沿海向内地进一步扩散，规模继续扩大，外商来源面增加。

1989年“三资”企业发展迅速，特别是台商增加很快，合资合作企业达到5 915家，比1988年净增1 233家。1989年乡镇企业中外合资合作企业发展的特点是：①继续以中小型为主。一般外商投资在30万美元到100万美元左右；②投资规模逐步扩大。以福建省为例，1989年合资合作企业外方投入平均每个企业为59.8万美元，比1988年增加80%；③由沿海向内地发展。外商注重资源性开发，在沿海省市内也有这一趋向，如福建省三明市、龙岩市1988年合资企业分别为11家和7家，1989年则发展到23家和17家；④台资企业大幅度增加。

6．乡镇企业开始走出国门，出国办厂。乡镇企业已经单独或联合其它单位共同出国办厂，已经建成的企业有三家。

第一批“贸工农”联合出口商品生产基地企业命名

周　涵　达

1987年10月，国务院批准了原国家经委、经贸部、农业部《关于建立“贸工农”联合出口商品生产基地的报告》。根据贸工农出口基地建设领导小组的决定，由经贸部、农业部具体执行基地企业的命名工作。这项工作是贸工农联合出口商品生产基地建设工作的组成部分，也是国家出口商品生产体系的组成部分。基地企业的命名，有利于各级经贸和乡镇企业主管部门加强对基地企业的指导和管理，有利于落实中央和地方对基地企业所规定的各项扶持措施和优惠政策，有利于进一步调动乡镇企业发展工贸联合，发展外向型经济和扩大出口创汇的积极性，也有利于各外贸进出口公司进一步加强和基地企业的密切合作，做到互通信息、平等互利、开诚布公、互相支持，促进贸工农联合出口商品生产基地建设的稳步健康发展。

第一批贸工农出口商品生产基地企业经农业部和经贸部批准，共命名193家(见附件)。这193家基地企业是由各省、市、自治区、计划单列市计经委、经贸委、乡镇企业局、经贸部所属各进出口总公司申报的近8 000家企业中，初选1 900家企业，最后由贸工农出口基地办公室聘请各方面的专家评审出193家。这批基地企业1987年出口创汇都在170万美元以上，共计创汇73 459万美元，平均每个企业创汇316.6万美元，平均换汇成本3.64元，人均创汇3 630美元，每万元固定资产创汇5 480美元。1987年创汇1 000万美元以上的企业3家，500万美元以上的企业23家。第一批命名的基地企业中，有的已经成为我国单项商品出口的主力工厂，这些工厂除少数土畜产品加工厂、工艺品厂外，设备比较先进，技术力量较强，经营管理水平较高。

附件

第一批贸工农联合出口商品生产基地企业名单

北京市

1. 平谷县鱼子山纸箱厂
2. 顺义县张镇服装厂
3. 顺义县平各庄乡河南村服装厂
4. 北京市红蓝服装厂
5. 北京市华联时装公司
6. 北京密云县服装十二厂
7. 北京密云县渔阳服装厂
8. 北京市平谷县山东庄羊毛衫二厂
9. 北京市平谷县峪口服装厂
10. 北京市平谷县乐政务毛织一厂
11. 顺义县高丽营乡毛织厂
12. 北京市昌平北七家乡鲁疃服装厂

天津市

13. 天津市地毯厂十五厂
14. 天津凌云制衣有限公司
15. 天津市环球旅游帐蓬厂

河北省

16. 河北省香河县王板旅游制品厂
17. 河北省永年县第一化工厂
18. 石家庄市华北蓄电池厂
19. 涞水县第一挂毯厂
20. 河北省涿州市西河地毯总厂
21. 河北省文安县围河工具厂
22. 天津地毯进出口分公司联合一厂

山西省

23. 山西省平定县工业硅厂

辽宁省

24. 丹东市安民服装一厂
25. 海城市牌楼滑石矿
26. 海城市中档镁砂厂
27. 海城市英落镁砂厂
28. 营口县官屯镁矿
29. 彰武县油脂厂
30. 海城市牌楼镁矿
31. 海城市铧镁实业公司

黑龙江省

32. 黑龙江兰西亚麻纺织工业联合公司
33. 齐齐哈尔市铁锋肉类加工厂
34. 巴彦县西集油厂

上海市

35. 上海大港被单厂
36. 上海市针织进出口公司象山荣达针织联营厂
37. 上海扬中地毯联营厂
38. 无锡县前达毛纺厂
39. 上海市金山被单漂印厂
40. 上海市金山毛衫厂
41. 上海市服装进出口公司塘湾联营服装厂
42. 上海纪王联营帽厂
43. 上海颛桥制鞋联营厂
44. 泰申联合制鬃厂
45. 上海市丝绸进出口公司淀山湖时装厂
46. 上海春申服装厂
47. 上海罗南服装一厂
48. 上海市丝绸进出口公司南场丝绸服装联营厂
49. 上海市丝绸进出口公司北蔡绣衣联营厂
50. 上海东方丝绸服装厂
51. 上海市江镇丝绸时装联营厂
52. 上海市丝绸进出口公司四达丝绸服装厂
53. 上海抽纱公司合庆绣品联营厂
54. 上海市汇达针织总厂
55. 上海市航头针织厂
56. 上海远东羊毛衫染织厂
57. 青浦县蒸淀羊毛衫厂
58. 青浦环城工艺编结厂
59. 上海玩具进出口公司吴泾玩具联营厂
60. 上海玩具进出口公司徐泾联营厂
61. 嘉定毛巾厂
62. 上海市益民毛巾厂
63. 上海市川申鞋厂
64. 崇明县港东织布厂

65．上海县新泾丝织厂
66．上海外贸界龙彩印厂
67．上海市远东被单厂
68．上海华东毛巾总厂
69．上海市服装进出口公司白鹤联营服装厂
70．上海市服装进出口公司白鹤联营第二服装厂
71．松江县九亭五金厂

江苏省

72．常熟市江南稀土材料总厂
73．工贸合营张家港市美容刀剪厂
74．工贸联营无锡县羽绒厂
75．工贸合营无锡江南皮件厂
76．南京土畜产进出口支公司江都联营猪鬃厂
77．上海畜产进出口公司羽绒厂常熟联营厂
78．昆山县苎麻纺织厂
79．工贸合营江阴针织服装厂
80．工贸合营无锡县长安棉纺织总厂
81．无锡县棉绸厂
82．武进新中布厂
83．武进新艺棉织厂
84．常熟市碧溪羊毛衫厂
85．工贸合营张家港印染厂
86．工贸合营吴江绣服厂
87．如东县环镇缫丝厂
88．南通市棉织十厂
89．南通市棉织八厂
90．南通绣衣时装集团公司
91．如东县掘港缫丝厂
92．工贸合营江苏省泰州棉织品厂
93．工贸合营泰县医用药品厂
94．丹阳市横塘缫丝厂
95．工贸合营常州市武进苎麻纺织厂
96．上海市针织品进出口公司江阴市茂达棉纺厂
97．江阴市申达针织厂
98．江阴棉纺织厂青山分厂
99．常熟市第二针织内衣厂
100．工贸合营张家港市光达针织绒厂
101．工贸合营张家港市恒达纺织厂
102．太仓县第二棉纺厂
103．太仓县第四布厂
104．太仓县第三棉纺厂上海丝绸进出口公司联营厂
105．太仓县新沪印染厂
106．吴县印染厂
107．江阴康达手套厂
108．工贸合营无锡前洲玩具厂
109．工贸合营永红塑料编织厂
110．常州市茶山塑料编织厂
111．江苏武进麻塑包装联营公司
112．吴县工艺草制品总厂

浙江省

113．浙江省湘湖印染厂
114．萧山土畜产绒毛厂
115．萧山羽绒制品总公司
116．桐庐针织总厂
117．黄岩工艺品联营厂
118．浙江省绍兴市平绒总厂

安徽省

119．安徽省彩虹纺织工业（集团）公司
120．安徽省金寨县乡镇企业丝绸集团
121．安徽省霍山县外贸产品联合加工厂

福建省

122．石狮胸罩服装厂
123．莆田涵江鳗鱼养殖基地
124．福州马尾新江冷冻厂
125．福建省新雅联合手袋公司

江西省

126．进贤县李渡出口花炮厂
127．万载县黄茅出口花炮厂
128．万载县株潭出口花炮厂

山东省

129．莱州市帆布厂
130．定陶县陈集国华贸易公司
131．菏泽市沙土酿造厂
132．莒南县第二苎麻纺织厂
133．工贸联合牟平纺织总厂
134．牟平县渤海花生制品厂
135．安丘县第三化工厂
136．工贸合营临沂制桶厂
137．聊城市阎寺油厂
138．淄博市八陡工贸联合总公司
139．招远县针织厂
140．烟台东海联合有限公司
141．烟台渤海联合有限公司
142．定陶县南关皮厂
143．定陶对外贸易公司中沙海皮厂
144．潍坊市水貂良种场
145．淄博市第七毛巾厂

河南省

146. 河南省镇平县工艺品集团公司
147. 河南省禹州市中州实业开发公司
148. 河南省乡联工具联合制造公司

湖北省

149. 湖北省嘉鱼县麻纺织厂
150. 工贸联营公安肉联厂
151. 仙桃市刵河服装厂

湖南省

152. 醴陵市浦口出口花炮厂
153. 临湼县太平农工商实业开发总公司
154. 沅江市第二苎麻纺织厂
155. 浏阳县城关出口花炮厂
156. 益阳市资江锑品冶炼厂

广东省

157. 顺德容奇镇金凤制衣厂
158. 中山高级时装厂
159. 南海九江制衣厂
160. 中山黄圃镇服装厂
161. 中山浪纲新华手套厂
162. 顺德县龙江锦屏针织厂
163. 佛山市张槎针织厂
164. 南海里水镇制鞋实业有限公司
165. 中山健力鞋厂
166. 顺德桂州畜产品企业集团公司
167. 南海县中美玩具厂
168. 中山黄圃镇腰果厂

四川省

169. 四川省大竹县江水苎麻纺织厂

广西壮族自治区

170. 广西博白县江宁芒竹编织厂
171. 广西北海市华侨渔业公司

成都市

172. 四川省双流羽绒厂

云南省

173. 云南省个旧市焊料厂

武汉市

174. 湖北省土畜产进出口公司黄黄环城联营猪鬃厂

广州市

175. 番禺县大岗橡胶厂
176. 广州市东圃中鑫玩具厂
177. 广州市番禺县绣品服装厂
178. 番禺县南兴服装厂
179. 广州市番禺万新时装厂

大连市

180. 金益有限总公司
181. 大连杨树房实业总公司
182. 新金县皮口第一服装厂
183. 金州后石水产养殖加工厂
184. 金州大孤山水产加工厂
185. 金州兴民冷冻厂
186. 瓦房店市炮台外贸加工厂
187. 辽宁省土产进出口公司蜂蜜加工厂

青岛市

188. 胶州市发制品总厂
189. 胶州市氨基酸厂
190. 即墨南南粮油加工厂
191. 平度田庄镇石墨矿
192. 青岛金冠帽厂

宁波市

193. 宁波先锋橡胶制品厂

中国乡镇企业第二届出口商品展览

丛　锡　江

为了扩大乡镇企业对外影响，展示近年来乡镇企业在出口创汇工作中取得的成就，由农业部和对外经济贸易部联合主办的“中国乡镇企业第二届出口商品展览”于1989年9月23日至10月4日在北京举行。这届展览规模大、产品多，参展企业多，是乡镇企业发展史上一次盛况空前的盛会。展览展销面积共计1.2万平方米，其中展览部分6 000多平方米。本届展览共有39个省、自治区、直辖市和计划单列市组团参加了展览。各地经过精心挑选，共有9 000多个企业送来了1万多件名、特、优、新产品。展品既具有浓郁的地方特色和民族特色，也具有较强的时代潮流。机电产品品种多、款式新、技术程度高，轻工、纺织、服装、工艺品花色品种新，档次水平高，部分科技新产品令人耳目一新。本届展览充分显示了乡镇企业的实力、水平和潜力。

展览期间，党中央、国务院领导同志、有关部门的负责人、30多个国家和地区的驻华代表、商社也参观了展览。

乡镇企业出国考察情况

丛　锡　江

1989年9月18日，应日本三菱株式会社和日本国际贸易促进委员会的邀请，中国农业国际交流协会和农业部乡镇企业司组织以辽宁省乡镇企业局局长王大军同志为团长的乡镇企业食品考察团一行8人，对日本的食品加工行业进行了为期13天的考察。代表团考察了日本的农副产品原料处理，罐头、饮料、糖果、速冻食品生产、包装、保鲜技术和设备，企业管理、卫生措施以及市场流通情况等。贸易洽谈取得初步进展，日方对天津武清县长城罐头厂的“牛肉大和煮”罐头样品十分满意，愿意积极成交；日贸促会提出在大连合资建食品包装机械厂的愿望。

1989年11月7日，经日中经济协会的邀请和安排，中国乡镇企业服装考察团一行7人，对日进行12天的考察访问。代表团考察了日本的纺织服装生产、服装市场、中国服装在日的市场状况及服装设备的生产。了解到中国服装在日本市场上存在的主要问题是：①中国生产工作服的面料，最大的问题是颜色不均匀；②面料、成衣脏污点多；③机器修理跟不上，影响生产、影响产品的数量和质量。

1989年12月2日至17日，中国农业国际交流协会和农业部乡镇企业司派出了以浙江省乡镇企业局徐惠民副局长为团长的乡镇企业食品代表团一行8人，参观考察了法国的食品工业，并进行了贸易洽谈。江西南昌热心实业公司商谈了向法出口200吨蜂蜜，并签订了出口130吨土霉素碱的合同；浙江舟山大巨冷冻厂商谈了出口鲳鱼、对虾和螃蟹业务；浙江武岭罐头厂初步商定引进法水果生产线搞补偿贸易。

专 题 文 章

坚定信念 积极调整 渡过难关

——评"坚决压乡办企业，保全民企业"

张　毅

长期以来形成的我国二元经济结构，制约着我国生产力和经济的发展。党的十一届三中全会制定的改革、开放、搞活方针使我们找到了打开这把死锁的钥匙——乡镇企业。邓小平同志说：农村改革最大的收获，就是乡镇企业发展起来了。异军突起。解决了占农村剩余劳动力百分之五十的人的出路问题。李鹏同志说：在中国，发展乡镇企业是一个正常的趋势。乡镇企业已成为农村经济的主要支柱和国民经济的重要组成部分，为实现有中国特色的工业化开辟了一条新的路子。中央、国务院对农民这一事业的充分肯定，更坚定了他们的信心。广大农民和基层干部在极困难情况下，培养这一"夹缝经济"、"野草经济"茁壮成长。

一、乡镇企业红旗还能打多久

自从党的十三届三中全会提出治理、整顿、改革方针以来，广大基层干部和乡镇企业干部、职工，理解国家的困难，正在国务院统一布置下，压缩基本建设，调整产业、行业、产品结构，降低发展速度，克服企业存在的各种问题时，也有一些部门和同志，站在不同的立场和角度，把我国国民经济中出现的问题根源，委罪于乡镇企业，要求把乡镇企业作为整治和调整的重点，用坚决压乡镇企业来保国营企业。这种不符合十二大、十三大精神的不公平的非议，引起广大基层干部的思想混乱，引起广大乡镇企业家的恐慌，在当前一年生产之首，许多企业不主动开展业务活动，而在那里观望，加上银行不贷款，原材料实行专营而调节市场尚未形成、电力严重不足，煤炭吨位价格比去年涨价数倍还难以买到……，在这种形势下，他们大喊乡镇企业现在处于"困境"、"危机"，向社会呼吁"救救乡镇企业"；另方面对十二大、十三大确定的我国经济发展总任务、总目标、总政策发生了怀疑，提出"乡镇企业红旗还能打多久?"。

据1989年1月份统计，乡村工业产值比上年同期增长24%，这一速度看来虽然还有些高，但却比1987年增长44%、1988年增长58%是成倍减少。大家分析，这一速度下降，说明乡镇企业是认真地落实了十三届三中全会精神，整顿治理见了成效，而能有这一较高的速度，也是过去高速的"余温"，是用过去积存的原料，利用国营企业休假等电进行生产。从全年发展形势分析，北京、浙江估计将有25%的乡镇企业要关停，江苏估计将有30%的乡镇企业要关停，如果这一情况出现，全国将有1 500多万乡镇企业职工要返农，这一信号，需要引起我们极大关注，它将是目前100万民工大盲流后出现的第二次更大的冲击，因为目前的乡镇企业，已不是孤岛上的企业，也不是60年代初刚发展起来的社队企业，它已占全国社会总产值五分之一，成为农村经济主要支柱，成为我国工业化重要一翼，成为国家财政新的重要来源，成为外向型经济的生力军，它已处于牵一动万的重要地位。为了使我国经济在调整中免受重大损失，为了不严重挫伤农民积极性，为了社会稳定，为了使这一最有活力的经济不象目前国营工业和农业失去活力，大量关停和大幅度滑坡，我们希望大家都来关注乡镇企业，为在新的历史条件下加强工农联盟、密切政府和农民关系，作些有利于具有中国特色的社会主义建设的有益工作。

二、全民工业滑坡是乡镇工业的罪过吗

最近，有的部门，有的同志在分析1月份工业生产形势时认为："乡办工业高速增长仍未得到有效控制，使得应当优先保障的全民所有制工业增长出现了明显的滑坡"。"乡办工业高速增长仍未得到有效控制，使全民所有制工业生产1月份仅增长3.7%，已出现滑坡迹象"。因此提出：要"坚决压乡办工业，保全民工业"的主张。这些意见归纳起来不外是：一是我国要优先发展全民所有制工业；二是乡村工业高速增长未得到有效控制；三是全民工业滑坡是乡镇企业造成的；四是要用坚决压乡村工业来防止全民工业滑坡。这些看法显然是欠妥的，既不符合事实，又是离开现实的假想。

首先，我们要敢于面对现实。我们认为1月份乡村工业发展速度已得到大大的"有效控制"。1月份乡村工业比上年同期增长24%，这个速度比全民工业仅增3.7%显然是高的，但比去年12月增长32%下降25%，比1987年1月份增长44%下降45%，比1988年1月份增长58%下降1.4倍。这些下降幅度，均高于全民工业下降10.9%的幅度。在谈速度时，不容忽视两点，一是我国农村工业刚起步，基数低，因此它增长幅度高；二是经济从高速降到正常速度要有一个过程，就连吃饭也不可能一声令下都同时放下筷子碗，也还有个行动快慢之分，有个过程。

其次，把全民工业滑坡委过于乡村工业是不公正的。全民工业速度下降是由外界和本身多种原因造成的，绝非乡村工业的“威力”。在这里既有我们宣传上的问题，一味要求降温，给人一种错觉，好象增长速度越低越光荣，增长速度高变成了错误，使大家失去了奋斗目标。也有一些治理措施过急、过猛，又缺少配套措施，企业一下子承受不了的问题。如国营工业流动资金80%左右靠银行贷款，一紧缩银根，没有了“血液”，天大的本事也周转不过来。从企业本身说，长期以来形成的目前全民工业这一缺少活力的机制，使它前后左右受制约，难以发挥企业的潜力和活力。

第三，不说坚决压，就是坚决砍掉乡村工业也救不了全民工业的命。因为全民工业的病，不是得在乡镇工业身上，而是得在全民工业身上，而这个病又是目前不仅社会主义国家，甚至资本主义国家的所有国营经济的通病，这就是“大锅饭”，企业和职工的积极性调动不起来，缺乏竞争力。特别是在当前我国横向经济联合得到深入发展的这一具体国情下，正象有的同志说：现在是你中有我，我中有你，好象一个笼子里的螃蟹，扭在一起，谁也离不开谁，要死同死，要活同活。对当前我国经济中出现的这些错综复杂情况，还是应坚持实事求是的政治思想路线，多做调查研究，辨明症状，对症下药，一不要把张三得病说成李四；二不要治张三的病，叫李四吃药，这样不仅张三的病治不了，李四可能因吃错药而被治死。因此辨症要慎重，治病、下药更要慎重。

但从这些观点中，给我们提出了这样三个问题：一是党的十二大、十三大所确定的在我国农村实现工业化的决策对不对？二是乡镇工业在我国经济中处于何种地位？三是为什么一些部门和一些同志对农民搞二、三产业老有偏见？这些问题，有待我们进一步探讨。

三、发展乡镇企业是我们的一条基本方针

我国虽经过四十年社会主义建设，取得了举世瞩目的成就，但我国还是一个没有实现工业化的农业国，是世界大家庭中的一个低收入国，是一个尚处在社会主义初级阶段的发展中国家。究其原因，虽有千条万条，但从根本上说，是因为我们仍然是一个十亿人口几亿农民的国家，世界上还没有一个国家工业化了，人民富裕了，农民还占这么大的比例。英国从事农业的劳力占总劳力的2%，美国、西德占3%，日本占9%，苏联占15%。这一特殊国情的存在，决定了我国社会主义建设，必须首先解决农民问题；决定了我们在制定政策时，必须首先考虑农民的积极性和农村的稳定。正如邓小平同志所说：从中国的实际出发，中国有百分之几十的人口住在农村。农村不稳定，整个政治局势就不稳定，农民就摆脱不了贫困。如果不解决这百分之几十的人的生活问题，社会就不会是安定的。城市搞得再漂亮，没有农村这一稳定的基础是不行的。

要从根本上解决农民问题，实现我国工业化，出路何在？摆在我们面前的有这样几个选择：

第一，保持目前我国二元经济结构。为了“不和国营工业争原料”，为了防止农民流入城市，为了不出现务工“影响农业生产”，让农村劳力统统归田，不许他们搞工业、商业、建筑业、运输业，只许他们搞种养业、手工业。这样做行吗？当然不行，因为1952年我国农村有耕地17亿亩，农村劳力1.8亿，劳均负担耕地9亩；目前我国耕地减少到15亿亩，农村劳力增加到3.9亿，劳均负担耕地降到3.8亩，暂且放下农业机械化代替劳力不说，仅按1952年劳均负担耕地计算，目前农村就有剩余劳力2.2亿，到2000年据各方预测，农村劳力达5.4亿，劳均负担耕地将减到2.8亩，出现剩余劳力3.7亿。在这样有限的耕地上劳作，不仅达不到小康水平，而且连自身最基本生活也难以维持。十亿农民单一经营连基本生活都难以维持，那我国的政治稳定又从何谈起？靠国营经济发展给他平均一个小康？这是不现实的。因此，此路不通。

第二，按照世界经济发展的规律，农村剩余劳力涌入城市向二、三产业转移。但为了防止农民办工业“与国营工业争原料”、防止污染、防止破坏资源、防止农民收入多国家财政收入少，农民不要自己在农村办，由国家投资在城市办，吸收农村剩余劳力。对农民来说这当然是盼之不得的，自己不用掏钱，可以得到一个职业和铁饭碗，但从我国国情来说，这样作我国财力是承受不了的。国家安置一个劳力，最低要投资2万多元，3.7亿剩余劳力，就要投资7.4万亿元，这是我国财政难以承担的；3.7亿农村劳力进城，到国营企业工作，每人再带一个人口，就有7.4亿人进城，目前我国城市非农业人口1.2亿，那就是说，要建相当于目前六倍的城市，这么大规模的城市建设费用，国家也是拿不出来的。因此，此路也不通。

第三，从我国国情出发，根据十二大、十三大制定的方针、路线、政策，在国家宏观计划指导下，实行四个齐发展。即国家、集体、个体齐发展，大、中、小齐发展，城市工业、农村工业齐发展，大中城市、农村小城镇齐发展，在国家指导、支持、扶持下，主要依靠农民自我积累，积极发展乡镇企业，这是被我国实践证明了唯一能走得通的、既利国又利民、可以从根本上解决农民问题、又可促进实现我国工业化的道路。中央领导同志说：“乡镇企业必须逐步地、有计划的发展，这是我们的一条基本方针。不发展乡镇企业，农村剩余劳动力就无法转移。没有农村劳动力的

转移，就没有农业的规模经营。没有规模经营，就没有现代化农业，农业劳动生产率就不能大幅度提高，农村贫困面貌也不能得到根本改变。”也正象毛泽东同志所说：我们伟大、光明、灿烂的希望就在这里。

四、乡镇工业是我国工业化的重要一翼

回顾世界所有工业化国家的发展史，它们从农业国向工业国过渡的过程、从穷国向富国过渡的过程，虽然科学技术发挥了巨大的推动作用，但这一过渡的实质，都是靠农业剩余劳动力向二、三产业转移来实现的。什么叫工业化？工业产值超过农业产值就叫工业化，那是穷工业化。只讲这个是不科学的，工业产值超过农业产值了，农业人口还占80％，那你还是个穷国。工业化不仅工业产值要超过农业产值，还必须是从事二、三产业人口超过农业人口，这才叫工业化。这就是一个富裕的标志。二、三产业人口没有超过农业人口，这个国家肯定是富裕不了的。

从我国的国情出发，我国农业剩余劳力向二、三产业转移，不是农村人口大量流向城市，而是发展乡镇企业就地消化、就地转移，这样就决定了我国工业化的特色是城市工业化与农村工业同步发展，城市工业化以全民工业为主体，农村工业化以乡镇工业为主体，在此基础上逐步实现城乡工业横向联合一体化。从这个意义来说，农村工业不仅是我国工业化的重要一翼，由于今后向二、三产业转移的劳动力主要在农村，农村工业化的历史决定了必将是今后我国工业化的主战场。没有农村工业化的实现，我国工业化不但是永远实现不了，就连我国“低收入国”的帽子也是摘不掉的，社会主义初级阶段这个门槛，也是迈不过去的。那种忽视农村工业化的议论，是不符合我国国情和党的十二大、十三大确定了的农村工业化方针的。

从我国社会主义性质来说，我国是社会主义公有经济，这一公有经济由全民所有制和集体所有制组成。我们要发展社会主义经济，实行的是以公有制经济为主体的国家、集体、个人齐发展的方针。这是被我国宪法和党的十二大、十三大所肯定了的。据1987年国家统计局材料，集体所有制工业企业共185万个，是全民所有制工业企业9.8万个的18.8倍，其中乡村集体工业企业170万个，占全国集体工业企业总数的92％；集体工业产值4 778亿元，占全民所有制工业总产值8 250亿元的58％，其中乡村集体工业产值2 440亿元，占集体工业总产值51％。乡村工业的发展，正象李鹏同志在第七届全国人民代表大会第一次会议的政府工作报告中所说：“为实现有中国特色的工业化开辟了一条新的路子。”现在有的部门和同志主张为了优先发展全民工业，坚决压乡村工业，显然与这些纲领性文件的精神是不一致的。因为乡村工业的发展，是壮大社会主义公有经济，发展社会主义生产力，而不是发展资本主义。再不能用过去“割资本主义尾巴”的办法“坚决压乡村工业”，再犯历史性的错误。

为了实现我国工业化的历史任务，必须由过去城市工业发展过快，农村工业刚刚起步，转到城乡工业真正同步、协调发展。对这两种公有制经济，要创造公平竞争的环境，劳动对象——资源的划分，不能以所有制为标准，而应以劳动力为标准，对城市工业化和农村工业化统筹安排，从事农村工业化的劳动力如果没有资源，失去了劳动对象，农村工业化就成了无源之水，这样的工业化是永远实现不了的。乡镇工业没有计划物资，全靠国家在保证国营工业计划需要外的小部分由市场调节的物资来进行生产，这不能看作是与国营工业争原料，更不能为了保国营工业，把这小小的物资调节渠道堵死。这样做的结果，国营工业不一定能搞活，相反却会把刚刚发展起来的农村工业化致于死地。在这个问题上，我们必须慎之又慎。

五、小企业是美的不是丑的

小企业在我国国民经济中究竟居于何种地位，历史上曾对此有过争论，这毕竟是过去的历史，实践已经证明了小企业在国民经济中的举足轻重的地位，并作为我国经济发展的方针——大、中、小结合而载入十二大、十三大文件，在我们进行治理、整顿以来，有的同志却视小企业为我国国民经济一大害，认为它浪费资源，经济效益低、争市场、争原料，因而对现有的要“关停”、“要限制”，今后更不许发展。对于这一关系国家经济的方针政策，关系目前几千万职工的“饭碗”，关系农村工业化的中坚力量——乡镇工业的前途的重大问题，目前展开讨论是可以的，但要作为国策定下来，却是十分危险的。广大基层同志希望在决定这一类重大政策时，为了避免我国国民经济不出现大的波折，应听听基层干部和企业家的呼声和意见。

从目前我国的工业企业构成来分析，根据1987年统计，我国乡及乡以上工业企业共49.3万个，其中大型企业 2 908 个，占0.59％；中型企业 6 957 个，占1.41％；小型企业 48.38 万个，占98％。再从工业产值来分析，1987年全国乡及乡以上工业产值11 829亿元，其中大型企业产值3 532 亿元，占30.7％；中型企业产值 2 243 亿元，占19％；小型企业产值6 054亿元，占51.3％。在小企业中，既包括国营企业，也包含集体企业。在国营企业中，还包含中央、省、地、县工业企业；在集体企业中，也包含城市集体企业、国营企业办的集体企业和乡村企业。有些省、自治区连一个大型企业也没有，甚至中型企业也廖廖无几。

这种一味强调"规模经营",实质是阻碍地方经济的发展,特别是在我们国家,小企业已居举足轻重的地位,更不宜进行歧视。

世界上经济发达的国家,对中小企业也极为重视,许多国家、政府设有中小企业厅(局),制定了"反垄断法"保护中小企业的利益,建立中小企业银行、中小企业协会、中小企业大学或培训中心,以及为中小企业新产品开发而设立科研组织,采取扶持的低税政策等。因为中小企业在这些国家也占了极大的比重,英国中小企业占全国中小企业总数的98%,美国、西德占99%,日本占99.3%。他们还认为中小企业是解决失业、谋求就业的好模式,是培养人才、提高职工素质的好形式,是变科研成果为新生产力、开发新产品的最积极进取者,是适应人们多样化需要、保证供给的多花色、多品种商品的生产者,是能随着国际、国内市场变化随时进行掉头的最有活力的企业。因此,他们称小的是美的。认为中小企业是日本经济发展的秘密武器。就连一些大企业他们已不是象资本主义发展初期吞并、挤垮小企业,而是设法保护,让它存在,为自己加工配套或生产零部件。

从目前世界经济发展的趋势看,已不是一次性投资建一个大型的全能厂,而是依托现代化的交通运输业、现代化的通信业,发展全国性工厂、世界性工厂,由众多的小厂加工零部件,由一个总厂组装,在此形势下,原有的一些大厂也有划大为小,使各个分厂独立经营。同时随着人们收入的增加,人们的生活需要也从单一化、整齐化向多样化发展,这要求工业品生产也要小批量、多花色、多品种、多口味、多喜好的需要,大型工业企业已不适应这一客观形势,而中小企业却大有作为, 。

我国目前正处在向工业化转变时期,由于我国还穷,资金有限,一次投资几十万、上亿元的建设工业项目很有限,大量的企业的新建,还只能靠众多的分散投资主体,通过滚雪球,自我积累,由小到大,逐步扩大规模,特别是乡镇企业,叫农民一次拿出上千万、上亿元资金办大型企业是不可能的。在这个问题上,我们一定要从我国国情出发,吸取过去不看条件贪大的经验教训,坚决地贯彻中央、国务院制定的大、中、小结合的方针。

六、坚决压乡镇工业保不住国营企业滑坡

在分析一月份经济形势时,有的同志认为,国营企业已出现滑坡,为了"保全民工业",他们提出了"坚决压乡办工业"的主张。最近我们到河北调查,大量事实说明,这一主张是不从实际出发的主观判断,如果按照这种主张去办,不仅保不住国营企业,而且肯定还会使国营企业出现更大的滑坡。因为现在乡镇企业和国营企业结合在一起,互相制约,互为依赖,一方生产瘫痪,必将波及另一方生产的正常运转。今年以来,银行为保大工业、农业,停止对乡镇企业贷款,造成一些企业不能正常生产,这不但带给乡镇企业严重的直接经济损失,而更重要的是将造成紧紧依赖乡镇企业的某些国营大企业受到更重大的损失,沧州地区几个县、市的企业现状,可以启迪我们作更深的思考。

黄骅县李村乡大麻姑村的中国瑞达集团大麻电路板厂,是我国目前第二个电路板的专营大厂,设备全部从国外进口,1987年自筹600万,银行贷款780多万建成该厂。目前已形成固定资金1 400多万元,自有流动资金200多万元,设计产值2 000多万元,现在产品三分之一为军工配套,三分之一为邮电部几个大的电讯厂配套,另三分之一为其他几个国营大厂配套,现在银行不但不给流动资金贷款,贷款来了就扣,使企业无钱进料,不能正常生产,这样势必波及主机厂因缺电路板不能正常生产。

盐山县韩集镇电力管件总厂,是一家镇办管件集团公司,生产各种口径弯头,是全国最大的弯头专营厂,其产品销往28个省、市、自治区,出口三个国家。该厂是全县最大的一个企业,交纳的税金占全县税金的五分之一。1989年,该厂产品销售前景仍畅销不衰,水利工程等订货2 100万元。但从去年以来,银行连续三次压缩贷款,扣压货款,使企业难以周转,该厂本为能源部的定点厂,拥有2 000千瓦的专用指标,但现在连专用指标的一半都难以满足,致使其不能正常开工,常常因突然断电造成未成形产品的极大损失,现在许多工程坐等催货,厂长、职工只能望电兴叹,无能为力。

东光县减震器总厂,是该县一家乡办企业,为国内几家大摩托车厂配套生产减震器的专营厂家,亦为中国汽车集团成员,1989年订货138万套只,可装配46万辆摩托车,目前只因缺少100万元流动资金而无法完成订购任务。对这个厂来说将影响1 000多万元的产值,而对几家国营摩托车厂,则是46万辆摩托车无法组装,进而影响产值28个亿。

泊头市(原交河县)是我国三大铸造中心(无锡、佛山、交河)之一,大件铸造又是泊头市的特色,目前他们为全国6 100个产品配套,其中又以国营企业为主,如果他们被"压"得无法正常生产,那么全国6 100多种产品也难以生产出来。该市齐桥镇办企业——泊头市压滤机总厂,是一家生产医药、食品、化工用的压滤机的专营厂,产品销往全国28个省、市、自治区和5个国家(地区),在全国同行业88个厂家中,产品质量(获一个部优、两个省优)、产品覆盖面(占全国总产量四分之一)、产品型号规格、经济效益均为全

国第一，由于国营企业欠他货款300万元收不回来，使他短缺流动资金而不能购进原材料，银行部门又分文不贷，企业生产难以维持，订得合同难以供货，仅天津市第一、第三、第四染料厂因搬迁订购的63台压滤机不能供应的话，就将使三个厂家的1.5亿产值难以实现。

衡水地区冀县胶棍厂，是一家乡办企业，也是我国唯一生产印刷、复印胶棍的专营厂，目前除人民日报外，所有大的报纸印刷，全国几百个印刷厂，还有进口国内生产的复印机胶棍全由该厂生产。现在因缺200万元流动资金，也不能正常生产，这样将严重影响新闻、印刷行业，影响复印机生产，还将影响国产印刷机出口。

……类似事例，数不胜数，我们由此不难看出，坚决压了乡镇工业，不仅保不住国营工业滑坡，而且相反由于乡镇企业被压，将拉动众多的国营工业出现更大的滑坡。

七、乡镇企业如出现闪失必将影响全局

有些部门和同志想用“坚决压乡办工业”，使我国摆脱经济困境，渡过难关。站在全民所有制立场上说这种话是可以理解的，为国着想的精神也是可佳的。但是要作为一个渡过难关的政策设想，却是不敢苟同。这不仅难关难渡，而且还会难上加难，因为在目前乡镇企业已处于国民经济五分之一、全国工业四分之一、农村经济二分之一形势下，“坚决压”不仅国家财政承受不了，地方财政承受不了，八亿农民和成千上万的县以下干部的心理更是承受不了。

首先，国家财政难以承受。1987年在国家财政2 243.6亿元的总收入中，各项税收占总收入的95.2%。在税收中，1987年比1985年净增114亿元，同期，乡镇企业向国家纳税净增85亿元，年平均增42亿元，占全国税收净增的75%。86年和87年国家对国营企业生产性投资3 048亿元，银行工业、商业贷款1987年比1985年二年增2 380多亿，但1987年国营企业向国家缴纳的所得税和利润，不但未增加，相反却由1985年的557.6亿元减少到547.9亿元，净减9.7亿元。而同期银行和国家对乡镇企业无投资，仅信用社信贷净增300亿元，却为国家新增税源85亿元。如果坚决压乡镇企业，使他大幅度滑坡，那我国当前财政必将减少，使我国财政失去新的来源。

其次，地方财政将普遍出现危机。据我们最近调查的河北省廊坊和沧州地区情况来看，1988年廊坊地区财政收入2.89亿元，其中乡镇企业缴纳税金1.44亿元，占50%；沧州地区乡镇企业纳税1.4亿元，占地区财政收入49%，地区行署的同志说，这几年财政新增部分，主要来自乡镇企业，并在地区乡镇企业工作会议上对乡镇企业的干部们说：“我们靠着你们吃饭呢，谢谢你们”。在县财政中，乡镇企业的税收更是占有举足轻重的地位，廊坊地区的霸县1988年财政收入4 600万元，其中乡镇企业税收2 700万元，占县财政的59%；文安县财政收入3 300万元，其中乡镇企业税收2 100万元，占县财政的64%；沧州地区的黄骅县财政收入8 040万元，其中乡镇企业税金为3 400万元，占42%；东光县财政收入1 400万元，其中乡镇企业纳税711万元，占50%；泊头市财政收入4 225万元，乡镇企业纳税1 370万元，占32%；衡水地区的冀县财政收入2 082万元，其中乡镇企业纳税1 227万元，占59%。几乎是所到之县的所有县长、书记说，我们县不说离开乡镇企业，就是他稍加萎缩，我们县也受不了。日子过不下去，职工工资也发不了。因为他已处于左右全县经济的地位。

再次，乡镇工作将处于瘫痪。从我们调查过的廊坊、沧州、衡水的十几个乡镇来看，乡镇的建设支出，包括公路和集镇建设、教育投资、支农资金等十几项支出，甚至部分乡镇政府的公职人员的工资都要依赖于乡办企业。廊坊地区文安县大国河回族乡，国家每年给它财政包干14万元，连乡政府在编干部和乡国办教师的工资都不能全部满足，更不用说其它正常的行政费用开支。该乡几年来办卫生院用15万元，办中小学用100万元，敬老院用20万元，影剧院用100万元，为农业灌溉打深井用192万元，建小集镇用100万余元，这些所有的费用全都是依赖乡镇企业而建之，现在许多部门下文件把工作重点放在乡（镇），但只叫增加人员，不给经费，叫“自行解决”。

许多县和乡镇干部说：“现在乡镇企业在整顿、治理的条条措施下，已遇到了重重困难，难以承受、难以生存，现在还要压，而且要“坚决压”，这不是要乡镇企业的命吗?!”“坚决压乡办工业，保全民工业”不仅农民接受不了，我们也想不通，在当前财政包干情况下，乡镇企业一搞死，我们县、乡干部和国办、民办教师的工资都发不了，农业基本建设无法投入，各项工作无钱开展，农民的收入也因此而跌降，这样我们刚形成的农村经济发展的稳定局面，都将会向逆向发展，我们希望你们上边的同志能下来听一听我们农民的呼声。

八、乡镇企业要坚定不移地贯彻治理、整顿方针

我们不同意那些主张“坚决压乡办工业，保全民工业”的观点，但并不等于我们不赞同十三届三中全会关于治理整顿的方针。我们认为中央这一方针不仅对全民企业适用，对乡镇企业也适用。为了使乡镇企

业今后能健康、稳步、持续地发展，乡镇企业应结合自己的实际情况，坚定不移地贯彻中央治理、整顿的方针。我们这一看法，是面对以下现实：一是一九八四年以来发展速度过快，忽视了巩固提高；二是在高度发展下，存在一定盲目性，加上市场和资源的变化，需要及时对产业结构、行业结构、产品结构进行调整；三是高速发展，超越了自身和国家的承受能力，需要适当降低速度；四是乡镇企业在前进中存在这样那样一些问题，陆续暴露了出来，为了不使问题成堆，也要及时加以解决。

贯彻治理整顿方针，不是把乡镇企业搞死，而是为了发挥它的机制优势搞得更活；不是限制乡镇企业的发展，而是引导他更健康地发展；不是单靠行政手段"坚决压"垮，今后不再发展，而是靠宏观引导和经济手段扶持其继续发展。总之一句话，就是要利用这个机遇，在调整和提高上下功夫，保持一个量力而行的适度的发展速度。

贯彻治理整顿方针，要从各地实际出发，存在什么问题就解决什么问题。是速度过快，就降温；是结构问题，就调整；是不正之风，就整治；是质量问题，就提高；是污染问题，就治理；是效益问题，就加强管理。总之，要对企业分类排队，对症下药，不要一个药方治百病。为了体现政策，必须区别对待。

进行治理整顿，并不是国家对乡镇企业的扶持政策过时了，再不扶持了，要坚决压、压、压。越是坚决贯彻十三届三中全会精神，国家对乡镇企业的扶持政策越要稳定不变。对乡镇企业中的不同产业，要采取不同的扶持政策，特别是对一些骨干企业、龙头企业、出口创汇企业，为城市工业配套生产的企业，能源、原材料生产企业，农产品加工企业，更要从政策上倾斜，重点扶持和保护。

在治理整顿中，由于事物错综复杂，矛盾层出不穷，各方面的利害关系冲突激烈，再加上我们对客观事物认识上的局限性，在治理整顿中采取的措施不配套，这些都给治理整顿带来了极大的难度。为了少走弯路，少受损失，就要求我们对治理整顿过程中出现的这样那样的问题，认真调查研究，重要情况及时报告上级，以寻求合理的解决办法。

在这方面，各级乡镇企业管理部门和企业，正在面对当前遇到的困难，迎刃而上，积极寻求解决办法，渡过难关。我们相信，通过这次顾全大局、主动整治、积极调整、共谋良策，乡镇企业一定会以新的活力、新的水平、新的面貌展现在人们面前，它的前途永远是光明的，宏伟的，社会主义新农村的建设依赖着它创业立功!

新的形势需要我们作出新的决策

鲁　冠　球

党的十三届三中全会，向我们提出了"治理经济环境、整顿经济秩序、推进配套改革"这样一个指导近期国民经济发展的总方针。针对十三届三中全会提出的总方针，面临当前这样一个经济形势，面临如何摆脱的困境，我认为我们不需再从客观上寻找解决问题的办法，而是要从主观上作努力，获得解决问题的良策。

一、进一步完善经营机制，进行多元化经营

乡镇企业中目前搞的产品很多，根据产品生产加工技术和工艺的难易程度，将个人可以加工的产品，给个人去加工，再由个人将产品转换成商品。因为产品能否转换成商品，关键在于产品的适用性，而产品的适用性取决于产品制造人本身的活力；而作为个人，产品如不能变为商品，将最直接地影响到他的切身利益。这种极大的风险性，促使他将尽全力去拼搏。这样，个人经营的机制，其灵活性将明显大于集体经营的机制。在现在的乡镇企业中，所经营的范围很广，类型众多。企业规模多则上千人，少则十来个人；固定资产多则有几千万元，少则是"露天"工厂。在众多的乡镇企业和个体厂家中，经营最灵活的要算个体企业。个体企业比乡镇企业灵活，在遵守国家法律的前提下，其一切经营活动都可自作主张。因此，我认为个人可以生产的，可租赁给个人经营。租赁经营除形式上与个人经营有所不同之外，他们具有的活力仍不亚于个体企业。

当然，对一些规模比较大、个人难以租赁的企业，企业可采取股份制的办法。股份制可以根据企业的实际情况，或个人入股，或发行股票。这样可以使全体职工关心企业的兴衰，关心企业的效益，把个人和企

业的关系形成相互依存的关系。企业如果能成为有国家股份、集体股份和个人股份的“混合型”股份制企业，则更好。从实践来看，实行股份制不仅仅是征集闲散资金扩大再生产，更重要的作用是能够促使国家、企业、个人三者进一步的结合，大家都有股，共担竞争风险，共同得利。譬如通过职工入股，可进一步把生产者的劳动成果与劳动收获以及企业的发展结合起来，职工干得多，工资奖金可多得，入股后年终还可分红，从而使职工发挥主人翁的作用，重视产品质量，重视节约，重视市场变化，重视经济效益等。同时，对企业经营者的决策权行使监督作用。如果经营者决策失误，或者搞短期行为，企业经济效益下降，职工是不会漠不关心、熟视无睹的。入股后的职工做什么工作都必然会看到和想到企业的长远利益。

二、寻求伙伴，加强联合，巩固自身的地位

乡镇企业要在目前这一非常时期下巩固自身的地位，必须走联合之路。联合要形式多样。在资金不足，而农村剩余劳动力又多的地区，乡镇企业可以采取与国外联合的形式，利用外国人的设备、技术、资金，利用本地人力资源优势，进行联合生产加工；有的乡镇企业也可以利用外国资源优势，进行“三来一补”，即来料加工、来样订货、来件装配和补偿贸易。在弥补乡镇企业资源不足的同时，从中可以学到先进国家企业中有用的东西，如市场信息、生产技术、科学管理等。

同时，乡镇企业积极地与国营企业联合。在运用各自的有利条件进行生产、协作、配套、加工的基础上，努力把乡镇企业与国营企业之间的利益紧密地结合在一起，同舟共济。乡镇企业与国营企业的合作途径很多，如有些国营企业扩大再生产，受到土地、人员等困难的制约，而我们乡镇企业恰恰具有这方面的优势，这实际上是一种两全齐美的联合形式。与国营企业联合，还可以借鉴国营企业的优点，使生产加工的产品逐步向中高档转变，从而能经得起竞争，能固守在市场上已争得的一席之地。

乡镇企业还可根据不同的行业，进行跨地区的相互协作，形成连片的加工点、加工区，向进料加工、合资、合作经营集团等方向发展。这样可以集中各自的优势，生产出有地区特色的商品，增强竞争能力。

三、立足本地资源优势，向深加工方向发展

国营企业有大工业的优势，而我们乡镇企业，则有农业资源的优势。进一步寻找自己的优势，这是关键的一步。这种优势就是走“以工补农，以工建农，以工促农，以农生工”的道路。比如种植业、养殖业，不仅仅以人、财、物扶持发展第一产业，而且还要发展第二产业、第三产业。这样，就可以发展很多与之有关联的产供销、农工贸联合发展的乡镇企业。形成乡镇企业独有的新优势。

四、重视企业素质的进一步提高

企业素质，包括人的素质、技术素质、管理素质等。这个素质主要反映在企业经营活动能力的高低上。所谓经营活动能力的高低，实质上是人、财、物的有机组合。其中关键是人，尤其是经营管理者。只有企业素质的提高，才能以不变应万变。所以，作为乡镇企业的领导者，要增强这样的观念，树立这样的思想即办企业不要单纯地以赚钱为唯一目的，而应该是在满足社会需要的基础上谋取经济效益。我们不能忘记，办企业要为社会作贡献这个根本原则。我们要讲经济效益，要赚钱。第一，要以社会需要的产品去赚。第二，要靠优质产品去赚，要靠创优、创新、创汇的产品，信得过的产品去赚。这就要通过不断地提高人的素质和技术水平，实行科学管理来取得。

在新的形势下，我们乡镇企业如何进一步发展，进一步前进，还要抓住两个根本性的环节。

首先，要从热衷于上项目、设备投入、资金投入，转移到对人的投入当中来。

发展壮大乡镇企业，在一定的主客观条件下，上项目，增加设备，资金投入是可以的。但当前的形势迫使我们不能这样做。怎么办？我认为应该转移到对人的投入上来，对人的投入，对职工从脑袋和口袋这两方面的投入，脑袋的投入，就是更重视做职工的政治思想工作；口袋的投入就是要增强职工的风险意识，使职工通过风险去创造比原来更大的价值，从而得到优厚的风险工资。思想工作的目的是提高人的觉悟，树立主人翁的责任感。但思想工作必须与经济手段相适应，与生产实际相结合。为此，职工要“做主人翁”，必须“想主人事”，“干主人活”，最后才能“享主人乐”。

其次，要提高经营者与生产者这两者的积极性，这一条也是不能忽视的。

现在在企业工作中，有几种反常的表现，现有不少人在说：“要当官，找后台；要发财，靠胡来；想要名声，找电台；要找清官，在舞台。”人们的语言也高度概括成一个“钱”字，个人为钱，集体为钱，国家也为钱，钱的币值也达到了登峰造极，出神入化的地步。在这种思想支配下，产生了许多乡镇企业“个人承包、自己吃饱”，削弱了企业的资金积累。另一种是少数乡干部对企业的大事小事一手揽，企业没有真正的自主权，最终以产品不对路，管理不上轨道，导致

企业半死不活。还有在政府组织工作中，乡干部一是调动频繁，二是任期短，致使行为短期化，产生“半拉子”工程不少，死钱难以活用，变相浪费严重。要解决这个问题，我建议，必须对有关同志加强行政考核，考核借了多少钱，出了多少效益，人均收入水平怎样等等。在加强行政考核的同时，把他们的政绩与工资奖金挂钩以此来促使其按经济规律办事，促使政企的彻底分离，在此基础上，再来调动经营者和生产者的积极性。

所谓提高经营者的积极性，就是上级有关领导应给予企业负责人以真正的权力，企业具体的经营决策不能受行政干预，要实行所有权和经营权的彻底分离，企业才能在千变万化的市场竞争中灵活经营，迅速应变。没有决策权的企业参与竞争，就意味着失败。

所谓生产者积极性的提高，就是真正体现职工收入与经济效益挂钩，打破大锅饭。社会主义必须充分体现物质利益原则，实行按劳分配，而分配的来源是企业的经济效益，没有经济效益，利益分配也就无从谈起。

因此，要调动经营者和生产者的积极性，我认为，前者要赋予应得的权力，即有主宰企业生死存亡的权力，促使其在商品经济的大海洋里敢于冒风险，使之成为企业家，能驾御企业的兴衰；后者要使他与企业的利益捆在一起，树立整体的利益观，使之感到一荣俱荣，一损俱损。从而激发起热切工作、为企业创高效的积极性。

调整乡镇企业产业结构若干问题的思考

程祖琪　王建平

当前，我国经济的治理整顿进入了总量控制下调整产业结构的阶段。作为国民经济重要组成部分的乡镇企业，在大幅度降低了增长速度之后也同样面临着按照宏观经济的要求调整内部结构的艰巨任务。合理地、稳步地实现产业结构、产品结构、组织结构以及生产布局的调整，将是乡镇企业进入持续、稳定、协调发展新阶段的关键所在。

一、进一步明确乡镇企业调整的基本方向和指导思想

（一）乡镇企业产业结构调整的方向

一是建立农村经济一体化的产业格局。通过发展与农业前向和后向关联的产业，形成农村经济中农业与非农产业相互衔接、互为依存、彼此推进的良性循环。

二是促进城乡工业、大中小企业的合理分工。继续发展农村工业以改善城乡经济二元化结构；从效益原则出发，合理进行资源配置和生产力布局，逐步实现城乡工业、大中小企业协作、配套、互补、协调发展。

三是优化乡镇企业内部结构。按照国家产业政策和专业化、社会化生产的原则，进一步改善产业结构、产品结构以及企业组织结构。

四是促进生产布局的合理化。根据各地不同的市场、资源、技术、交通等条件，实行产业的地区分工，克服趋同化倾向，使不同地区的经济发展建立在发挥各自地区优势的基础上。

（二）在调整工作中，应坚持的指导思想和工作原则

1．正确处理调整与发展的关系。继续坚定不移地贯彻执行中央制定的对乡镇企业“积极扶持、合理规划、正确引导、加强管理”的方针，以积极的调整促进乡镇企业更加健康地发展。

2．正确处理计划经济与市场调节的关系。在加强宏观调控和计划指导的同时，继续重视发挥市场机制的作用，保持乡镇企业灵活的优势，走出一条计划与市场有机结合的发展乡镇企业的新路。

3．正确处理有保有压，重点和一般的关系。以产业政策为导向，对不同行业、产品和企业按照市场需求、技术进步、创汇作用、经济效益、安排劳动力等因素实行分类指导，对国家产业政策重点支持和重点限制的，分别实行重点保和重点压。

4．正确处理产业政策的集中统一和发挥地区优势的关系。地区产业结构的调整，既要符合宏观调控和产业总体配置的要求，又要有利于地区优势的发挥和地区经济的发展。因此必须坚持实事求是的思想，因地制宜制定调整规划和实施方案。

5．既要积极推进技术进步，发展集约化生产和规模经济，又要遵循地区经济发展的阶段性的规律，量力而行；既要坚持产业结构优化的原则，又要有利于

发挥乡镇企业吸收农村剩余劳动力等社会功能和满足社会多层次需求的作用。

6．积极慎重,稳步调整。应当特别重视保持农村经济的稳定和社会的安定，保护农民发展社会主义商品经济的积极性。实行产业微调，产品快调，对需要关停并转的企业，尽量采取少关停多并转的措施。

二、抓好重点支持和限制产业的调整

在乡镇企业产业结构中，国家产业政策支持和允许发展的产值比重约占85%，因此主体结构是基本合理的。但是问题在于，由于种种原因产业政策重点支持的，特别是某些乡镇企业的优势产业、产品，发展相对缓慢，而重点限制的仍有不同程度的增长,因此，调整产业结构，关键是解决好国家产业政策重点支持和重点限制产业、产品的一上一下问题。

根据乡镇企业的实际和国家产业政策的要求，乡镇企业应重点发展农副产品加工业、能源原材料工业、外向型工业、为大工业配套的工业以及为城乡人民生活、生产提供有效供给的轻纺产品特别是小商品和支农产品。

农副产品加工业是农业的延伸和继续，是农业系统工程中一个重要组成部分。在农村发展农副产品加工，不仅可以增强对种植和养殖业的关联、带动效应，而且能够使原料生产和加工的利益矛盾在农村经济内部得到统一,调动农民发展农业生产的积极性。因此，农副产品加工应是乡镇企业一个重要的产业方向。发展农副产品加工业应当走“种、养、加”一条龙的路子。其中关键是实行“厂、农共兴”,把种、养和加工的利益紧密联结在一起；实行“工商结合”,保证生产的连续与均衡，避免大起大落，给农、工带来损失，挫伤农民生产积极性；建立原料基地，合理解决资源的分散储存与生产相对集中的矛盾。当前需要重视的一个问题是为乡镇企业发展农副产品加工业创造适宜的政策环境。为此必须严格划定“大工业”的界限，在避免与其“争原料”的同时，对一般工业坚决执行中央关于适宜在农村加工的农副产品应放在农村加工，国家不在城市增加生产能力的方针；对国务院没有规定实行专营的农副产品，应放开市场；规定实行专营的，对完成上交基数后的剩余部分，应允许留在农村加工。

乡镇矿业是乡镇企业重要的能源、原材料工业，也是经济不发达地区乡镇企业得以发挥资源和劳动力优势的行业。对其发展的必要性不容置疑，对存在的生产不安全、大小矿争资源等问题不可忽视。当前有必要重申继续全面贯彻执行“放开、搞活、管好”的矿业开发方针，整顿和扶持两手抓。乡镇矿业开发的重点产品是煤炭及市场短缺的黑色金属矿、化学矿、非金属矿；开发的重点区域是国营矿区以外的区域；支持的重点企业是乡村集体矿山企业。当务之急是抓好依法办矿，合理划分矿产资源，解决好乡镇矿源不足问题；积极鼓励联合办矿，发展适度规模经营，改善安全生产条件。同时还要切实保障企业的合法权益，坚决抵制运销环节的层层盘剥。

在发展外向型经济中，乡镇企业已表现出极大的活力，成为出口创汇的一支重要力量。今后，摆在乡镇企业面前的一个重要任务是在不断扩大传统产品出口的同时，积极发展机电、轻纺、食品等产品出口，提高出口产品的加工附加价值。为了调动企业出口创汇的积极性，应当认真落实国家制定的对乡镇出口创汇企业的各项优惠政策；继续做好外向型企业发展规划，做好“贸工农”出口商品基地建设；机电产品扩权企业和轻纺、农副产品出口项目的有关工作；努力扩大对外经济交流，发展“两头在外”、“三来一补”和“三资企业”。

乡镇企业与城市大工业协作配套不仅是城乡工业发展的共同需要，也是大中小企业合理分工的重要途径，对于促进城乡经济一体化有着重要意义。为此，乡镇企业应积极发展与城市大工业的专业化协作，在自愿互利的基础上实行多种形式的横向联合。值得注意的是，发展与大工业配套产品，同样有避免盲目性的问题，应根据国家产业政策和科学的市场预测，正确选择合作对象和产品，不能接受转移污染和没有市场前途的产品。

城乡人民生活和农业生产需要的小商品、小农具有极其广阔的市场，是乡镇企业发挥拾遗补缺优势、极有潜力的行业。重视开拓这一领域将会创造显著的经济效益和社会效益。应当优先安排人民生活必需的小五金、小化工、小塑料等产品和支农产品的生产，增加短线及出口产品，开发适应新的消费需求的新产品。对小商品的生产应继续执行放开价格的政策，对微利产品生产应实行扶持和优惠政策。

实现乡镇企业产品结构的合理化，还必须认真整顿国家产业政策重点限制的行业。整顿的重点应当是消耗高、质量差、污染严重以及与大企业争原料、争能源而效益又很差的企业。由于整顿工作涉及面广，情况复杂，政策性很强，因此既要态度坚决，又必须严格掌握政策，分类指导，区别对待。对生产关系国计民生的产品和短线产品的，立足点应是改造提高；对产品滞销、经济效益差的企业必须下决心关停并转，甩掉包袱。当然，具体执行宜稳妥，注意做好善后工作。

三、坚持因地制宜的原则，发挥地区优势

我国的自然资源分布和社会经济发展很不平衡。因此在产业发展上，必须力避地区趋同，发挥地区优势。这一点，无论就总体还是区域来说，都是产业结构合理化的一个重要标志。

首要问题是正确选择地区产业结构。大体上，西部地带应以资源产业和资源加工型产业为主，加快自然资源的开发利用，发展适宜放在资源产地的适度加工，促进产业结构的多元化；东部地带应以资源加工型和加工型产业为主，发展技术密集和低能耗、低物耗产业，支持高技术水平加工业，限制一般水平的加工业，加快产业结构的高度化；中部地带应注重三种类型产业的结合，发挥综合经济优势，增强各类产业间的关联效应，建立合理、均衡、协调的结构。当然，由于同一地带、同一省区内不同地方经济技术条件的差异，也有从实际出发合理选择产业结构的问题。

其次是正确选择主导产业。农业地区，乡镇企业的发展应建立在粮食和经济作物资源优势上，大力发展农副产品加工和综合利用。畜牧业地区，应以畜产品加工业为主导，带动相关产业发展。山区和丘陵地区，应在统筹规划下合理开发矿产和各类山林资源，发展林、特、矿产品加工业。沿海地区，应以开拓国际市场为目标，努力发展以轻纺、机电工业为重点的外向型经济。靠近大中城市的地区，应以城市为依托，积极发展为大工业配套的加工制造业和为城市生活及城市建设服务的产业，向城乡经济一体化方向发展。

四、以优化产业结构为目标，积极推进技术进步，深化企业改革

优化产业结构实质上是优化资源配置。其结果，不仅表现为生产要素量的变动，而且意味着生产要素质的提高。在这一过程中，科学技术将起着至关重要的作用。而对于以较低技术层次为基础的乡镇企业产业结构的调整来说，技术进步的作用则显得尤为重要和迫切。

发挥技术进步的作用有赖于技术进步工作同产业结构、产品结构和企业组织结构的调整紧密结合，在产业政策指导下有重点地进行。从目前乡镇企业产业结构调整的任务来看，技术进步的重点应当放在两个方面。一是推进国家产业政策重点支持的农副产品加工业、能源原材料工业、出口创汇工业以及适销对路的短线产品的发展；二是加速改造、治理某些浪费能源原材料、环境污染严重而又关系国计民生的行业。而在对上述行业进行技术改造时，又应当优先安排投入少、效果显著的项目和完善工艺配套的“填平补齐”项目，集中力量抓好乡村骨干企业。

在当前严格控制基本建设规模和资金紧张的情况下，乡镇企业的技术进步更应当注重“软件”的投入，用“软件”投入挖掘“硬件”的潜力。一方面，积极开展人才培训；另一方面，继续重视发挥社会各方面技术和管理人才的作用；同时大力加强企业的各项基础管理工作。

乡镇企业是改革的成果。改革赋予了乡镇企业自我调整的灵活机制。在以产业政策指导下的产业结构调整中，乡镇企业更需要自觉地以改革为动力，在新的广度和深度上实现生产要素的合理组合，实现产业结构的优化。一是在稳定、完善承包、租赁经营责任制的同时，继续试行公有制为主体的各种形式的股份制，大胆尝试利用这一手段打破农村社区所有制对生产要素的束缚，促进资产合理集中，以利克服重复建设和产业结构、行业结构、产品结构的社区趋同化倾向。二是积极通过转让、拍卖、兼并等方式进行资产存量的调整，发挥被调整企业资产的效益，减少因企业关停给国家、集体和个人造成的损失。但要注意避免给骨干企业背包袱，影响其活力与发展。三是打破社区、部门和所有制界线，发展各种形式的横向联合，建立企业集团和企业群体，在实现生产的专业化分工中扩大经济规模，优化组织结构。有条件的地方，可以结合小城镇建设，规划建立工业小区，逐步引导企业适度集中，从而使企业布局得到改善。

乡镇企业与其资源配置

邱　继　成

1979～1988年乡镇企业一直处于快速增长的时期，这成为我国国民经济生活中的一件大事。乡镇企业究竟是何等模样，其资源是如何配置的，这些基本经济问题一直没有得到充分的讨论。本文将乡镇企业看作

是一种有别于国营企业体制的特殊类别企业。根据它在我国经济增长过程中占有愈来愈多的份额，我们着重论述这一特殊类别的企业是在怎样的约束条件下获得资源配置，并且讨论社区、政府、市场三股力量在乡镇企业资源配置过程中的影响。

一、重工业化战略和社区乡土环境对乡镇企业资源配置的影响

乡镇企业的定义至今仍很不统一，据我们了解，人们起码是从三个含义上理解乡镇企业的。这三个含义是：①身份概念。因为是由农民创办经营的，所以定义为乡镇企业。②地域概念。因为创办经营于我国农村而定义为乡镇企业。③所有制划分的概念。即把乡镇企业划分成区办集体企业、乡办集体企业、村办企业和户办联户办企业，这是一种按所有制定义的方法。这里讨论的乡镇企业资源配置是指乡、村两级企业的资源配置，本文所依托的材料和数据主要来自国务院农村发展研究中心发展研究所组织的10省 200 家大型乡镇工业企业抽样调查及笔者几次的实地调查。

乡镇企业资源配置已出现两个明显的征兆：①乡镇企业对于周围环境的连续灵敏反应已显示出它的体制优势；②乡镇企业起步和发展以“低资金投入高劳动密集型产业”为依托。把这两个特征概括起来，就可以得到这样一种认识，乡镇企业是比国营集体企业更能够正确运用比较优势原则的特殊类别企业。如果这一判断能够成立的话，那么，我们就可以就乡镇企业的资源配置作一个结论，改革10年来，乡镇企业迅速的发展整体上是提高了国民经济配置的总效率，因为乡镇企业当前的资源配置特征更加符合我国“资金稀缺、劳动力相对无限供给”的这一国情特点。

从结果的形态看，乡镇企业所以比较正确地发挥自己的长处，是同下述两个约束条件有关：一是国家过去全面推行的重工业化战略；二是农村资源贫乏但相对独立的地位。以往我们国家推行重工业化战略，把我国有限的资金集中地投入城市工业的建设，为此设计了一套控制非常严格的计划管理体制。由此造成了农村经济的贫困。由于高产值低效率的体制，使得有限资金不能很好地吸收农村剩余人口，这进一步影响了农村的发展。好在中国农村具有相对的独立性，因此改革首先从农村开始。经过三十年左右对工业化的贡献，在改革开初，农村除了大量剩余的劳动力为其最大优势外，其它几乎一无所有。正是在这样的约束条件下，乡镇企业选择了劳动密集型的资源配置，为我国农村经济的发展争得了重要的一步。1985年，全国大中型企业平均拥有的固定资产原值为5485.47万元，全民所有制独立核算工业企业平均拥有的固定资产原值为852.9万元，全国乡办工业只有9.30万元。大中型企业和全民独立核算工业企业的固定资产原值分别是乡办企业的589.8倍和91.7倍，这是一个鲜明对比。

农村的地位确定了乡镇企业的资源配置导向更多的劳动密集，这固然是我们国家的财富。但是，也应该指出，农村中也存在着种种与工业文明不相适应的消极因素和旧的传统，这些消极因素和旧的传统时时刻刻地影响着乡镇企业的成长，也对乡镇企业的资源配置产生深刻影响。所以，乡镇企业的资源配置过程不仅取决于对宏观战略环境的反应，同时也包含了社区传统对资源配置的影响。我们从实地调查和观察乡镇企业行为中发现，社区内下列因素对乡镇企业资源配置产生着重大影响：

第一，乡镇企业生长环境的乡土性。乡镇企业无论就其创办经营者的身份来说，还是就其创办运营的地点，它们都是同广大农区的特征相联系，乡土性则是所有各种联系中表现最突出的一种。由农村社区的血地缘纽带所结晶出来的人力资源和血地缘资源是西方社会所不曾有的，造成了我国农村人情关系重于竞争关系的格局。在农村人际关系上，言钱——要求用金钱来结清相互往来的活动被看作是见外的行动。这使我们从中可以看到乡土性对乡镇企业财产关系的一个重大影响：乡镇企业的资产既容易在本乡本土的熟悉环境中生成，也容易因为血地缘关系的纠纷而散失殆尽。

第二，乡镇企业通过自发分离经营权来缓慢地培养锻炼本土中产生的各类农民企业家。这批企业家的产生明显地溶于他们所处的乡土背景中，他们产生于农民这一大家族，身受很浓重的乡土意识观念的熏陶，他们对现代企业的管理知识知之甚少，他们是农村中的佼佼者，也是缠受传统乡土关系影响颇深的第一代农民企业家。虽然承包经营是这两级企业制度变革的主流，但不同形式的所有权分享试验中也在产生着一些新的企业家。

第三，乡镇企业经营目标的三个方面：社区福利、政府收益和职工利益高度合一地保持在经营过程中，它们对不同当事人打上很深的印记。乡镇企业经营目标因此而体现为“目标多样化，企业动机社区化。”我们在运营中也发现，一些能够妥善处理这三方面关系的乡镇企业，它在社区资源分配中总能占有有利份额，因而发展也比较快。

第四，乡镇企业生产函数大部分是由农村自己决定，少部分才由城市扩散、辐射提供。我们知道，乡镇企业的技术大部分是由农村中的能人提供，所以创办门槛较低。加之农村中人力资本的不匀质性，为乡镇企业的创办提供了很大的人力和组织资源。如我们抽样调查中发现，乡镇企业厂长（经理）、供销人员和技术人员等这类人员大部分来自农村本土，在这样一

种环境下，组织技术和创新的许多条件都是前定的，企业通过购买原材料、机器、招收工人从事生产活动。这个过程的流量大小很大程度上取决于农村本土中所能寻觅到的资源。因此，对乡镇企业管理制度的形成产生了影响。

第五，乡镇企业不同层次的决策序列有着自己的特色。在乡村政府（乡村企业的所有者）与企业经营者（厂长、经理）的决策分界中，在涉及企业存量方面的调整（如加入横向联合、企业搬迁、停产或转产等）及企业级人事任命，区乡政府比企业厂长(经理)有更大的决策权。在涉及企业流量方面的调整或车间级干部任命（前者如生产何种产品、销售和定价、新建车间）等方面，决策权的重心是基于企业和乡村政府的共同商量。在企业内部的决策分界上，一方面它同国营企业相比较，决策层的等级制要简单得多，没有国营企业那么齐全的管理科室，另一方面，同单部门传统西方企业比较，乡镇企业的管理幅度仍是过大，决策的效率与结构都不如典型的西方企业。在传统西方企业里，最高一级通常只有一个业主，它同下面的机构形成金字塔形。而乡镇企业内部的许多决策都要靠三个或三个以上的干部集体议决后才能确定。

通过以上城乡格局及社区因素的分析，我们可以看到乡镇企业资源配置过程中的一个重要核心：即乡镇企业必须面对以往国家工业化战略及与此配套的一系列制度环境这一事实，同时又必须立足于农村乡土资源的这一特色，在这样两重的约束条件下从事经济活动。乡镇企业必须对其内外部环境作出正确反馈，尤其在同社区乡土关系上，如果处理不当，就可能危及企业的生存和发展。正是这一点决定了乡镇企业不可能像西方企业那样是纯粹依赖市场时，对于乡镇企业来说，社区（政府）的影响有时甚至胜过市场。如果说，西方的市场是协调社会资源分配的“无形之手”，那么，在农村领域，社区（政府）则起着协调资源分配的功能。有鉴于此，我们认为，企业的微观体制认识实际上取决于它所处的外部环境。对乡镇企业资源配置过程的认识也有利于人们作更深的反思：计划与市场确实是一对可以并存的范畴，但去掉计划未必等于市场，市场的形成取决于微观机体理性的反馈过程中种种非市场（包括社区、政府的力量）力量的侵消过程。

二、投入——产出品市场对乡镇企业资源配置的影响

理论上，市场协调社会资源分配，企业依靠市场谋求盈利事业，反过来，企业还可以降低市场上的交易费用。因此，企业同市场是不可分割的。泛泛地讲，乡镇企业没有市场协调是说不过去的，因为乡镇企业生活于计划外空间，它们的活动领域更接近于我们理想中的市场（人们通常说乡镇企业是靠市场“找米吃”）。然而，深入地考察乡镇企业产出品——投入品市场，发现这两类产品的市场是很不对称的，尤其在投入品市场，经济学教科书宣称的市场交易两大特征——相互的和自愿的特征并不具备。乡镇企业依赖的市场也是极其不完备的，其间充满了摩擦和动荡，这样的市场对于社会资源的分配来说，效率是很低的。

首先从投入品市场分析。乡镇企业很少或几乎不享受国家的计划物资供应，主要要靠各种关系自己想办法。据国务院农研中心发展所10省200家乡镇企业抽样调查的数据，1985年样本企业平均消费的原料、燃料和动力等物品消耗总计为2 401.94万元，其中18.83%企业拥有县及县以上政府机构的分配渠道；有2.92%企业拥有乡（镇）政府的分配渠道，11.41%企业靠来料加工解决原材料供应问题；4.51%企业用物资串换或补偿贸易解决原材料；42.18%企业利用市场系统自购原材料；10.61%企业在付市场价的同时添加其他交易条件或契约来获得原材料的供应；1.86%企业通过在原材料生产单位投资而获得原材料的供应；7.62%企业通过问卷表未列出的其他途径获得原材料的供应。投入品的供应特征有二个：一是供给渠道几乎为政府系统所掌握。所谓政府系统，基本上是城市工业的诸多管理部门，在很多场合，乡镇企业的供销业务是靠它们来协调分配的，这样，就使真正的市场又缩小了一块。二是投入品普遍短缺。样本企业对1984年至1986年上半年的主要原料和能源供应的判断是，约有34.28%认为主要原料和能源来源“一直比较稳定而且有保障”，26.86%认为“从来都是好一阵，差一阵”，18.73%认为“历史不稳定，也无保障”，7.77%认为“越来越紧张，供给状况恶化”，12.37%认为“供给情况有所好转”。短缺加投入品供应政府控制，使得市场变得极不完全起来。我们考虑到近年来我国因体制性原因所造成的原材料和能源同加工业长期脱节状态，那么乡镇企业的投入品市场不仅取决于两者之间实际的脱节程度，而且也取决于城市工业管理部门对投入品分配的紧松政策。这样的市场状态显然不能同有“自愿和相互性”特点的市场划等号的。而这对于资源配置来说是很不正常的，企业微观主体无法通过掌握稳定的投入品供应而建立一种长期的行为机制，所以，乡镇企业经常因等待原料、燃料、电力供应而停工停产，浪费了许多资源配置机会。

其次，从产出品市场分析。乡镇企业产品的销售基本上依靠自己的销售能力，它们产品的70～80%是靠自销来实现。销售对象主要是国营企业、商业部门和其他乡镇企业，产品约有70%左右是用作于中间产品。从销售方式看，乡镇企业的产品分自销、收购、

包销几种，收购和包销实际上是乡镇企业利用我们国家已有的国营商业和物资流通部门渠道，以及通过横向联合取得国营工厂的信任而获得国营厂商的固定渠道。可以看出，乡镇企业产出品市场竞争是充分的。

乡镇企业小规模并不能必然证明生存环境的恶化。但是投入品——产出品市场的如此不对称却造成了市场竞争的质量降低，资源的低效分配。理由在于，当一个企业不能自由地获得相对价格较为有利的投入品要素时，那么它的投入品替代率会受到影响，它因为无法找到一种更好的投入而只好求其次，这必然证明它的产出竞争力受到影响。正是投入品市场的不完备，导致了乡镇企业产出品市场的过度竞争。容易理解，乡镇企业面对国营企业这一庞大实体，尽可能选择一些资金技术都容易克服的产品，尽量避免同国营企业发生正面的交锋，是明智之至的做法。这样的做法使乡镇企业不得不在相同的技术层面上选择生存空间，而大家都这么做时，就使生存空间过于狭窄了，无法满足适度竞争要求。然后我们看到了，乡镇企业“船小好掉头”。转产确实是它最后唯一的选择。从10省200家样本企业分析，主要产品发生重大改变的主要原因是：①生产同类产品的企业太多，竞争太激烈；②生产这种产品利润太低或亏损；③产品销路虽然很好，但得不到原材料、能源。乡镇企业小规模发展如此过度弥散分布已经使得其自身的生存环境恶化，过度竞争逼迫企业的需求曲线处于不稳定界面，是市场质量过低的一个表现。

综上所述，乡镇企业资源配置受到投入——产出品市场不对称状况的影响。可以推论，并非所有劳动密集型产业都适合乡镇企业，只有满足投入——产出品市场条件的劳动密集产业才可能获得发展。而目前乡镇企业所置身其中的投入——产出品市场充满了激烈的竞争、动荡和投入品市场上的行政性垄断。如果能对投入——产出品市场进行改善，那么，乡镇企业资源配置的状况就能得到改善，亦即乡镇企业更能够充分地发挥比较优势的作用，为农村经济作出进一步的贡献。

三、社区政府对乡镇企业资源配置的影响

乡镇企业与社区（政府）的关系则是乡镇企业管理制度中又一个极为重要的侧面。可以说，乡镇企业很大程度上是靠社区（政府）发动的。尤其是在所有权和基本要素（土地和劳动）问题上，社区(政府)的力量绝不可加以轻估，它是农村社区资源协调和分配的另一个主角，由于基本生产要素远没有市场化，因此这类资源的调度不得不维系原有的行政序列。原来政社合一时，基层政府就执行着农村经济资源的生产和分配功能。改革并没有造就一个纯粹的市场，改革又是渐进的，因此，在目前的发展阶段上，政府参与乡镇企业资源分配是必然的。下面我们描述政府影响资源分配的若干方面。

（一）所有权

在所有权这样重要的基本问题上，由行政隶属决定所有制的等级，这一指向一直是我国政府在所有制划分问题上所持的一个基本立场。这一特性也不变地在乡镇企业的所有权归属上产生决定性的影响。乡镇企业实际上则是根据行政隶属而被赋予等级的，这一观点已为我所的研究人员所提出。行政隶属决定所有制等级，实际上是我国农村包产到户前“三级所有，队为基础”这种政社合一制度的必然产物，它导致了农村经济资源由行政来分配而不是由市场分配的模式，本质上是过去行政管理城市全民所有制企业模式的翻版。确实，行政隶属带来了经济资源的各种实惠和方便，至今，我们仍能从样本企业的所有制类型归属和分配经济资源的政府部门的对应中发现这种关联。乡镇企业实际所有权很大程度上是受行政赋权的特点影响。乡村政府不管是否实际出资，只要该企业创办在本乡村，要得到承认就必须归属为乡办企业或村办企业。利用集体积累创办的乡镇企业则通过赋权来实现。企业领导人的选择和任命是赋权的第一项重要内容。根据调查可以发现，乡镇企业领导人是尽可能在行政系统内有才干的人物中找的。其次是如何保证赋权目标的实施。乡镇政府始终不渝地将就业、收入和财政收入三重目标贯彻在企业营运过程。为了实现社区利益，乡镇政府参与企业的利润分配，而提取利润的依据是：企业利润的多少和企业的经营情况。这也就是说，乡镇企业的行政所有权并不是毫无意义的，而且带有了实实在在的经济内容。承认这种行政序列，意味着企业生存的基本权利，同时包含了经济资源的分配机会。

（二）基本生产要素的协调

社区政府协调着劳力和土地的征用，这个领域中几乎没有市场协调和市场交易。土地是乡镇企业从事生产活动的最基本条件。乡镇企业的用地基本上靠政府协商解决。从实地了解到，乡镇企业用地的程序大致是：地皮多由乡政府划拨。所谓划拨，实际上是区乡政府出面协商，将若干农户的部分承包地征用，企业赔偿土地承包人数额很低的“青苗费”，帮助解决征地户若干劳力的就业，土地的交易大致就算公平了。根本没有讲企业若倒闭，地产是否可用于抵债。但在乡民眼里，土地就是这个社区的，企业并无权来拍卖或作为债务的抵债物。所以土地可以无代价或低价地为本乡人所有，同样，企业的利益好处也应是社区内

共享的。这造成了土地流转上的缺陷，而且地权的管理上，也遇到了愈来愈明显的困难。区乡政府作为集体地产所有者的代表，它在对农用地的审批上存在着两个缺点：①机会的不均等性。很容易就能看出，非农用地与农用地的纯收入差当在好几倍以上，只有政府人员相熟识并有交情或结有血地缘联系的人，才容易得到非农用地；②几无补偿的等价性。“青苗费”数额很低，几乎是象征性的，离土地实际所值相差甚远。因此，可以说象土地这样基本的生产资料是没有什么市场的，它仍然要由社区的基层政府管理和协调。劳动力的资源则是乡镇企业另一项基本生产要素。从实地调查中发现，乡镇企业所需要的劳动力资源并非随便能够找到，大部分供给来自本乡本村，据估算，外乡村劳动力在乡镇企业的总就业中所占不过10～15%。劳动力资源的区域间流动既受到企业数量的限制，更受到区乡政府的政策限制。就业目标是社区政府的重要目标，如果一个社区的农村剩余劳力过多，社区政府的压力会加重，社区政府通常与企业的效率观存在着不一致，因此，尽管乡镇企业面临效率和需要减缩生产这样的问题时，仍不能自主地做到裁员或减雇。企业不能裁员的原因是：①开除本乡本村工人无法向同乡们交待；②减雇对本厂职工无经济上的好处；③减雇对企业无好处。可以看出，社区传统人情关系在劳动力资源的分配上起着很大影响。

（三）其他方面的影响

社区（政府）支配乡镇企业领域可以说是相当广泛的。在涉及企业投资、存量流转（如横向联合）和经济纠纷等等方面，社区（政府）都是企业运转必不可少的“保护神”。为了获得更广泛的生存资源和发展资源，在现有的资源分配机制下，乡镇企业是很愿意作出这种选择的，即让渡所有权和决策的边界，允许并依托社区政府的力量获得其他资源的享受。我们对200家样本企业的检索发现：社区政府能对企业事务决策独立起作用的事项有：①企业级干部任命；②企业搬迁；③与别的企业合并；④停产或转产；⑤投资；⑥加入横向联合；⑦出售多余设备；⑧生产何种产品。等等。

毫无疑问，社区政府全面地介入乡镇企业管理事务，表明了我国社会资源的协调系统至今还掌握在社区（政府）——企业——市场这三种不同的角色上。社区政府有能力并事实上协调着社会资源分配，这同农村基层政权三十多年来一直行使着分配农村经济资源有关。在农村改革的今天，乡镇企业的所有权管理仍然脱离不开行政系统的保护，是改革进程仍不完善的一个表现。

四、社会资源重新调整及政策建议

乡镇企业资源配置既然受制于社区、市场、政府这三股力量的调节，那么，改善乡镇企业资源的办法只能从改变其约束条件中产生。限制或者取消乡镇企业的政策不仅无助于乡镇企业资源配置效率的提高，更会造成国民经济总效率的下降。在调节乡镇企业过程中，我们必须切记：乡镇企业是目前最能够发挥我国比较优势的特殊类别企业，因此，提高乡镇企业资源配置效率的领域只有三个：一是改善市场状况，二是清理企业产权，脱离和社区模糊的关系，三是产权保护移向社会性的法规体系上来。为此，我们认为有三个重要的方面需要为此作好长期准备：

第一，全国性的市场制度建设，建立一个有效的供所有企业平等选择利用的市场体系。所谓“市场秩序”，就是要达到高效率的平等市场目标。然而，我们至今没有清醒地认识到这一战略的必要，仍然为旧的框框和旧的思维所束缚，以为市场秩序就是维持现存的所有制等级格局。这是带有很大主观片面性的，也是旧思维的习惯所致。新的市场制度要求城乡通开的政策和法规体系，要有建立有效竞争的企业体制的决心，只有这样，才能使社区协调资源分配的形式达到效率和公平兼得。

第二，应对乡镇企业的不同产权加以清理整顿和归类，在此基础上提出可行的保护办法。近期首先应注意下列两类产权的区分，一是社区政府因投资而握有的产权复合部分；二是因政策环境不安全而造成的企业挂靠或甘受政府支配的虚拟的产权部分。对于前者应从协同管理的思路去加以改造，使之达到有效的形式上去。对于后者我们应尽早培养起社会的产权保护系统，使之有所归宿。

第三，产权保护应移向社会性的法规体系上来。目前，乡镇企业的产权保护实际上是靠社区（政府）力量来做到的，这种社区性行政保护，对于抵御社区外的侵权现象起到一定的效果。但是，对于企业免遭社区本身或政府本身的侵犯则几无效力。正是基于这样的认识，我们认为，在商品经济的进一步发展中，法律应紧随企业产权保护的需求作出努力，否则社区（政府）将比企业更有力地占据财富分享的地位，最终断送企业的命运。

为解决上述三大问题，我们认为，近期应设计一些重要的政策措施，作为体制改革的政策储备。可供选择的政策建议有：

首先，针对日益弥散增长的微小乡镇企业建立适当的宏观调整机制，避免市场和产品结构过于动荡变化。完全彻底的控制对乡镇企业来说并不合适，但中央政府通过适当的公共政策设计，如增加强调企业的效益指标而非产值增长指标，并给所强调指标以合理的刺激手段，这可能对当前快速的产值增长起到某种抑制。

第二，对乡镇企业的宏观指导和控制，重要的不是怎样努力去计划它们的产值增长速度或控制它们的经济规模，而在于引导分流，即应放宽政策允许农民从事更多的非农领域，如金融业、商业。从样本企业及全国乡镇企业的结构看,它们的结构显得过于单调，而且绝大部分在制造业这一产业，加重了全国性产业结构调整的压力。随着人均收入水平的提高，第三产业的发展已成必然之势。而这一势头正是吸纳非农就业的好时机。政策引导分流，实际上就是要对乡镇企业实施结构政策，引导农村非农产业走向高度化和多样化的道路。

第三，分流政策须同城乡流通政策结合起来。分流的导向是使乡镇企业转向更有潜在市场的第三产业。国际经验表明：第三产业的发展环境天然是在城市，而农民作为我国低收入人口的代表，应是调整全国性产业结构的积极力量。分流政策，就是引导更多的农民从事城市的供销业务、金融业务和代理人业务。只有允许农民把储蓄资金投到城里办企业，才能避免农村企业小规模的弥散分布，也才能够使更多的人口享受城市的规模效益及其现代的文明。当然，如何管理好城市也是一个重要问题。

第四，加快促使城市大中型企业提高效率，这不仅有利于整体国民经济效率与福利的增进，而且改善了乡镇企业所处的外部环境。因为，在计划量一定的条件下，大中型企业更高的效率，只能使资源状况变得富裕，从而有利于乡镇企业在市场中的位置。所以，改进大中型企业的运转机制，不仅不会同乡镇企业发生冲突，反而会改善乡镇企业所处的市场质量。

第五，增进乡镇企业资产运行的稳定性，逐步提高企业留利额，引进新的投资方式。样本企业既作为国家税赋的承担者，又作为社区企业上交乡村利润，这种方式已使乡镇企业常常被逼迫得竭泽而渔。而一村一户的分散投资使稀缺资源不能有效利用。因此，对乡镇企业的地位应作重新的探讨，究竟是让它们从属于中央政府从而迫使它们更加严格地遵循国家目标，还是承认它们作为完全社区性企业，也许我们应该在资源稀缺性限制和社区集团利益模式之间寻找一种替代的方案，让农村企业采取股份制形式可能更有利于促进新投资方式的形成。

第六，无论是何种方式，企业的独立必须作为全部改革任务的重心。因此，管理单位不管是中央级机构，还是地方级机构，都必须努力规范自己的行为。对于社区性企业来说，在进行过程中如何保持自己产权是很困难的事情。我们认为，运用社会公正的第三者裁决力量是非常重要的。所以，引进商法体系来保护企业是急待尝试的一件国家大事。

第七，社区企业内部化的特征更加加重了企业责任清晰化和产权界定的困难。由于社会企业同基层政府的“脐带”不是减弱了，而是采取了协同的方式，因此，有必要设计出一套适合于内部化企业的刺激系统和责任分享形式，从而使众多的所有权分享者都明确其责、其利、其风险。

总之，乡镇企业的内外部制度建设是乡镇企业壮大健康发展的根本途径。制度建设应成为乡镇企业发展政策中的长久之计。

建设乡镇工业小区的设想

河北省乡镇企业局

为了有目的、有计划、有组织地按照工业发展的客观规律，不失时机地组织引导乡镇工业相对集中，建设工业小区，使其稳步健康地发展，发挥更好的经济效益、社会效益和生态效益，根据国家有关政策和河北省乡镇工业发展的实际，对建设乡镇工业小区提出一些设想。

一、要充分认识建设乡镇工业小区的客观性和必然性

建设乡镇工业小区，是乡镇工业发展的客观需要，必然趋势。近年来，河北省乡镇企业异军突起，乡镇工业在一些县和乡镇已初具规模，并形成了不同的骨干行业和产品格局。随着乡镇工业的发展壮大，在一些地方已涌现出了一些乡镇工业小区。不完全统计，全省形成不同规模和形式的工业小区有200多个，年产值达30多亿元，占乡镇工业总产值的14%。这些工业小区，目前多是在发展中自然形成的。首先集中在统一解决占地和能源、交通、通讯方便的城市郊区，县城周围和商品经济比较发达的大集镇。小区的形式主要有同行业同类产品工业区；协作配套专业化生产工业区；污染行业集中处理公害工业区；多行业综合工业区等四种不同形式。小区的规模一般少的有五、六个企业，多的有十多个企业，企业一般有一定的规

模，有年产值几万元、几十万元，也有过百万元的。小区内的企业有乡办、村办、部分农民联办，还有多层次跨地区的联营股份企业。目前，涌现出的乡镇工业小区，尽管还处在雏形阶段，很不规范，很不完善，但也显示出了它的强大生命力和优越性。突出表现在十个方面：一是有利于工业合理布局协调发展；二是有利于加速小城镇建设；三是有利于深化农村改革，促进农业现代化；四是有利于统一建设工业企业所需的公共设施，节约投资，少占耕地；五是有利于同行业协作联合，配套生产，向专业化方向发展；六是有利于提高企业管理水平，采用新技术，搞好综合利用；七是有利于集中处理公害，搞好环境保护；八是有利于提高企业知名度，引进人才、技术，发展对外联合；九是有利于控制大城市，实现城乡经济一体化；十是有利于统一协调管理，集中搞好服务。中央领导同志曾指出，发展农村工业，必须相对集中，不能太分散。省委、省政府主要领导同志曾多次指示，建立工业小区好处很多，应加强引导，逐步建立一批工业小区，并在全省农村工作会上做了具体要求和布署。

二、要自下而上地制定建设乡镇工业小区的规划

为了防止和避免乡镇工业小区盲目建设，造成不应有的经济损失，搞好小区建设规划是一个十分重要的问题。如何具体地搞好规划，应明确以下五个方面的问题：

1. 乡镇工业小区的概念和要求。也就是说什么叫乡镇工业小区，我们认为应有五条：①有一定数量的适合集中在一起生产的工业企业，并形成群体；②小区规划可大可小，形式可多种多样；③小区内工业企业的产业和产业结构应经济合理，无污染；④统一建设交通、能源、通讯、供热、供排水等生产公用设施和相应的生活设施，比分散建设节约投资，少占耕地；⑤有相应地管理、服务机构，为企业进行技术、信息、培训、产、供、销等综合服务。

2. 在具体规划中应遵循掌握好五个原则：①要遵循工业经济发展的客观规律和乡镇工业自身的特殊规律，做到兴利除弊，扬长避短；②要立足当前，着眼长远；③要从当地现有乡镇工业的基础、条件、优势和发展趋势出发，做到因地因条件制宜；④要坚持集中与分散相结合，做到相对集中，尽量就近就地又布局合理；⑤要做到同小城镇建设规划、经济开发区规划、整顿经济发展规划相联系相结合。

3. 规划的重点和内容。一般应以县为单位制订出小区的布局规划，以乡镇和有条件的村制订不同小区的具体建设规划。如在现有工业企业基础上建设，应提出保留哪些企业，逐步调整哪些企业的具体方案和计划；如新建工业小区，其具体内容应包括对小区规模、行业及产业布局、交通、能源、通讯、供热、供排水、环境保护、生活设施等，进行具体科学地规划安排。

4. 规划的方法和步骤。第一步，是摸清底数，分析现状、条件、优势，展望前景，确定小区形式。建设工业小区，是一项极为复杂、政策性很强的系统工程，不能简单从事，各级乡镇企业主管部门，应主动积极地组织人员，对本地乡镇工业企业的行业、产品结构、企业布局、发展前景进行全面调查。在了解掌握情况的基础上，根据市场需求和当地资源、能源、人才、技术等条件，进行发展趋势的研究、论证，科学地选择当地今后发展的优势行业和产品，确定小区形式和规模；第二步，根据不同行业、不同小区制订出新建或调整建设的具体规划，要绘出总体设计、交通、能源、通讯、供热、供排水、企业布局、生活设施等设计图纸，并写出具体规划材料；第三步，制订的规划，要请有关部门专家进行论证，修改补充，使规划科学、合理，真正建立在切实可行的基础上。

5. 在制订小区建设规划时，应注意处理好五个方面的关系：①小区规划与小城镇建设的关系。乡镇工业小区应尽量向小城镇靠拢，并按小城镇的建设规划，去规划工业小区。但有污染而又无法治理的工业企业，不宜集中于小城镇；②大企业和小企业的关系。集中于工业小区的企业，应优先集中规模较大、设备技术先进、产品寿命周期长的企业，对小产品周期短的企业，可以不集中；③集中与分散的关系。建设乡镇工业小区，不是简单地工业企业合大堆，一定要根据不同行业、产品、机械化程度等不同情况，引导适合集中的行业和产品，集中于工业小区，对适宜分散生产，经济效益好的行业产品，就不应强调集中到工业小区，有的也可采取小区集中与家庭工业分散相结合的生产形式；④生产和生活设施的关系。建小区应尽量利用发挥农民离土不离乡就近就地这个优势，但是，对距家较远需要在小区食宿的，小区应规划生活设施的建设；⑤新建企业与原有企业的关系。建设工业小区，一般应掌握新上企业尽量安排到工业小区，对原有企业，可根据企业本身需要和要求去具体确定，绝不能采取强迫命令进行搬迁，造成经济损失。

三、要本着量力而行、分步实施的原则，积极引导建设乡镇工业小区

如何实施建设乡镇工业小区的规划，从我省实际情况看，应以县、乡镇为重点，从当地乡镇工业实际情况出发，采取经济的、法律的和辅以行政的手段，坚持量力而行、分步实施的原则，做到既不放任自流、

又要积极引导，按客观经济规律办事。具体来说，应突出抓好五个方面的工作：

1. **要制定优惠政策，吸引乡镇工业集中于工业小区**。这就是制订优惠政策，用经济手段吸引乡镇工业。从实践情况看，优惠政策一般表现在土地占用、户口转移、粮食供应、工商登记、税收减免、信贷支持、企业隶属关系、利益分配、职工原承包土地转移等各个方面。在这个问题上，中央和省已经规定了的政策，我们应该积极贯彻落实；中央和省尚未规定的，各地可在中央总的方针政策指引下，结合当地实际，从有利发展生产力出发，制订本地的一些具体规定，去吸引乡镇工业相对集中。

2. **要按照小区的建设规划，统一解决征地，统一建设公共设施**。在这方面，应本着谁投资谁受益的原则，采取国家支持和多方集资的办法，统一在小区修路、办电、建设通讯、供排水等企业公用设施。实践证明，凡是这样做了的，乡镇工业就积极向小区靠拢，很快形成规模。

3. **要分类指导因地因条件制宜**。建设乡镇工业小区，绝不能一哄而起，盲目建设。一定要根据当地乡镇工业发展的基础条件去组织引导。对已形成但还不完善的工业小区，要按照规划，逐步进行调整、完善、提高；对目前乡镇工业过于分散的地方，要按规划，按经济发展需要，去组织，去建设，做到经济合理，自愿互利；对开发区新规划建设的工业小区，要量力而行，分步实施，不能急于求成。

4. **要坚持申请审批制度**。有了优惠政策和建设小区的基础条件，一些乡镇工业将根据自己的需要，自愿申请到小区办厂，这就要求主管部门和小区的领导机构，根据小区建设规划和申请企业的具体情况，履行审批手续，严格把关。以此做到有计划，有目的地进行工业小区建设，使小区行业和产品结构合理，健康发展，效益提高。

5. **要切实加强对建设乡镇工业小区的领导**。建设乡镇工业小区是乡镇工业发展过程中的新事物、新课题，我们还没有经验，必须在实践中切实加强领导。①各级政府应把建设乡镇工业小区列入重要议事日程，做为城乡一体化建设，振兴发展全省工业经济的一项战略任务来抓。②以各级政府主管乡镇工业的领导牵头，吸收计划、土地、城建、电力、交通、银行、工商、税收、粮食、公安等有关部门的负责同志参加，成立乡镇工业小区建设领导小组，下设办公室，设在各级乡镇企业局，负责日常具体工作。已经建立或自然形成的乡镇工业小区，也应从实际需要出发，建立相应机构，加强对小区工业企业的协调管理和搞好各种服务。③要搞好试点，以点带面。乡镇企业管理部门，要在各级政府领导支持下，组织有关部门人员，进行建立工业小区的试点工作，从规划到建设，总结推广好的经验，及时发现和解决建设中存在的问题。④有关方面要给予支持和帮助。建设乡镇工业小区，它需要计划、财政、工商、税收、土地、城建、环保、公安、交通、电力、邮电、粮食、水文地质等有关部门，在政府统一领导下，同心协力，满腔热情地给予支持和帮助，要具体帮助解决在建设乡镇工业小区中的实际问题。

建设乡镇工业小区，不仅是个理论问题，也是个实践问题，同时还是一个具有中国特色的缩小城乡差别，实现城乡协作，振兴发展工业，实现国家工业化的战略问题。我们应该在实践中，不断地探讨研究，提高思想，统一认识，通过有计划、有目的地建设乡镇工业小区，为乡镇工业向规范化、科学化、现代化方向发展做出积极的贡献。

论乡村集体企业机制

史永生　泰永楠

机制是指一事物内在的必然联系。机制一词原是指机器的构造和动作原理，生物学和医学通过类比使用此词在研究一种生物功能时，常说分析它的机制，即了解它内在的工作方式。阐明一事物功能的机制，意味着从现象进到本质的说明。

企业机制是近年来在我国出现的新概念。这个概念的特点在于将企业看作是一个具有内在必然联系的有机整体。企业机制是企业要素之间内在必然联系的综合。这种联系的综合首先表现为企业要素的组合方式和相互作用的方式，这些方式具体化为企业的体制和企业的运行。企业要素的内在必然联系，通过它的组合方式和相互作用方式决定着企业的功能，从而决定着企业行为。

企业要素可以分为内部要素与外部要素。内部要素分为企业的主体与客体。企业主体包括企业的经营与管理者、生产者、所有者。企业客体包括企业财产、资金、物资等形态。企业外部要素是指企业的外部环境条件，在我国主要包括经济因素和非经济因素，具体表现为计划、市场以及企业同社会其他部门的关系。

企业要素的内在必然联系是一个统一体，它具有层次性。其表层关系是经营关系，这是企业最一般的关系。它的深层关系是财产关系和企业主体的社会关系及企业文化关系。

企业机制也可以表述为：企业在进行经济活动当中，其内外各方面的总体和动态的联系，以及由于这种联系的存在和作用，从而具有某些内在规定性的运营方式和功能。

在企业经济活动中发挥作用的有多种具体的企业机制，如理论界一段时期以来经常谈论的企业经营机制、动力机制、调节机制、约束机制等等。所有这些机制从企业发展过程的角度可以归纳为三个组成部分，并分为三个层次，即企业生成机制、企业经营机制和企业发展机制。

企业生成机制。也可称为企业发生机制。企业生成机制有若干方面，包括：企业生成的动力机制；企业资金生成机制；企业管理人员生成机制；企业生产经营项目的生成机制等。

企业经营机制。也称企业运营机制或运行机制。企业经营机制，作用于企业日常运营的全部经济活动当中，是企业机制的核心部分。企业经营机制有若干方面，包括：企业经营的动力机制；企业的经营决策机制；企业的资金运用机制；企业的用人机制；企业的分配机制；企业的内外约束机制；企业的自我调节机制等。

企业发展机制。也可以称为企业拓展机制。企业发展机制也有若干方面，包括：企业发展的动力机制；企业资金拓展机制；企业生产经营规模拓展机制；企业的市场拓展机制；企业的技术发展机制等。

企业机制是由众多具体机制所组成的一套复合系统。这些机制之间既有明确的界线，又有内在的不可分割的联系，它们在企业的全部经济活动过程中共同发挥作用，并共同勾画出企业机制的全貌。

一、乡村集体企业机制的一般特征

乡村集体企业是我国企业的一种类型，这种类型企业的机制具有同国营企业、私营企业不同的特征。

乡村集体企业的功能及其特性是研究乡村集体企业的起点，而乡村集体企业的功能及其特性只能从乡村集体企业的行为中概括。从纷繁复杂的乡村集体企业行为可以看出，乡村集体企业的功能具有以下特性，即企业目标的非单一性、决策的不完全自主性，以及相对性、融合性和过渡性。

企业目标是企业功能最集中的表现。从调查材料可以看出，乡村集体企业的目标，不但包括对企业利润或收入最大化的追求，而且包括对社区利益最大化、社区就业最大化、社区福利最大化，甚至社区产值最大化的追求。在不同类型、经济发展水平不同的地区，乡村集体企业目标的侧重不同，但都不是单一的。

乡村集体企业的决策功能是企业的中枢功能。从目前现实的乡村集体企业的决策行为可以看出，乡村集体企业的决策自主性不完全。在大多数地区，乡村党政机构及其负责人，仍旧控制着乡村集体企业的部分决策权，这些决策权包括投资权、分配权以及人事权。

乡村集体企业的功能还具有相对性。例如，同国营企业相比，乡村集体企业的功能有着决策链短，自主灵活等特点，但同私营企业相比，其决策链有时又显长，自主灵活性也不如，表现出很强的相对性。

乡村集体企业的功能也具有融合性。例如，既有公有制企业的内容（如社区目标的追求），又有一部分私营企业功能的内容（如追求利润最大化）；在市场环境中，乡村集体企业具有厂商的一切功能，在内部分配及与社区党政权力机构的关系上，乡村集体企业又具有另外一些功能等，从而表现出功能的融合性。

此外，乡村集体企业的功能还具有过渡性。目前的乡村集体企业的功能还处在一个发展变化的过程中，伴随着乡村集体企业功能的发育，它的功能将产生局部变化，因而乡村集体企业功能及其状态具有过渡性。

（一）乡村集体企业机制的一般特征

同国营企业相比，乡村集体企业的机制具有下列几个结构性特征：

1. 决策链短。乡村集体企业几乎全部经营决策和大部分投资决策均可由厂长、经理直接作出，不必象国营企业那样层层请示，多方审批，决策链甚至可能从企业一直延伸到政府首脑。

2. 责任比较完整。乡村集体企业内部职责的分配以业务为中心，在业务活动中保证当事人对具体业务基本上有全权亦要负全责。而国营企业则以监督为中心职责分裂，几乎所有人的权力都不是以完成某项业务，同时也就没有人能够为工作后果承担全部责任。

3. 报酬对应。乡村集体企业从业者的收入基本取决于企业的经营状况，个人报酬较易于与个人工作实绩联系，而不存在国营企业那样的全国一拉平、平均性福利比重极大、报酬与业绩无从对应的情况。

4. 目标明确。以盈利最大化为目标是企业所有活动的唯一不变目标，是调节企业行为的基本标准，是从业人员的利益维系点。虽然乡村集体企业的目标具有不单一性，但不象国营企业那样，既有国家为维持国民经济结构的宏观目标附加给企业的特定价格和产出水平的任务，又有从业者为改变企业财产流向以惠利塞入企业的“微观”目标，从而导致企业对盈利最大化这一关系企业存亡目标的追求无法突出。

5．边界清楚。相对于国营企业，乡村集体企业资产的边界是确定的，因而投资与预算是无弹性的，企业盈亏只能自负。而国营企业资产的边界十分模糊，存在着向外侵蚀与被外部侵蚀的许多可能，国营企业所谓的独立核算向来是表面现象。

6．竞争域宽。乡村集体企业不享受行政垄断权和低价资源获取权，除了在市场上竞争之外别无出路，因而乡村集体企业的对外竞争几乎是全方位的。相比之下，国营企业则由政府直接保护和扶持，远离竞争压力或起码处于在竞争中占据有利地位的一方。

7．选择余地大。乡村集体企业不受全国统一资源配置体系的约束，遇到障碍时可以不受限制地另行选择。国营企业的资产及活动则受到企业之外力量的全面控制，基本上没有回旋余地。

乡村集体企业的这些结构性特征，给企业发展提供了一定的内在动力和环境要素的约束力。在此之下，乡村集体企业的经营管理者和生产者既受到较强的推动，又能得到较高的心理满足，以及比较合理的物质报酬。企业本身亦能达到相对优化的资源利用水平。

同国营企业相比，乡村集体企业虽然机制较好，仍然存在着公有制企业的一些缺陷，如行为不能完全自主，企业目标有被附加的缺口（以工补农)，经营管理有被干预的缺口（基层地方政府可以下达指令)；产权不明确，资产缺乏最终的责任者；仍具有行政依赖性，或多或少受到地方权力垄断的庇护。这些缺陷构成了乡村集体企业持续发展、要素配置不断优化的障碍，导致乡村集体企业在完全竞争的市场（例如国际市场）上将处于劣势。

（二）乡村集体企业机制一般性特征的相对性

乡村集体企业机制的一般特征具有相对性。同国营企业比较，乡村集体企业独立于僵硬的计划体制之外，国家对其控制较弱，因而乡村集体企业一开始就面对市场，采取灵活的经营方式。同时由于乡村集体企业从业者的来源为不享受国家就业福利的农民，因而乡村集体企业和农民各自进行选择的阻力不象城市那样大。但是另一方面，乡村集体企业同国营企业相比，它技术设备、人才相对落后，没有国家统配物资的供给和国家财力的巨大支持，因而又处于相对劣势的状态。

同私营企业相比较，乡村集体企业的优势与劣势也处在相对的状态。乡村集体企业责任和利益之间连接的环节比私营企业要多，决策链要长，目标要多，缺乏私营企业那种天生具有的资本扩张的动力。可是，在我国特有的环境中，乡村集体企业同私营企业相比又有两大相对优势：

1．乡村集体企业能够受到当地政府的行政保护。这种保护使乡村集体企业在土地征用、资金筹集等方面都优于私营企业。

2．乡村集体企业具有较好的社会心理和政治基础优势。在我国以往特殊的政治环境中，对于私营企业的政策常处于肯定和否定的摇摆中，私营企业的雇员和雇主之间的心理承受能力也均不足。而乡村集体企业尽管其政治地位远不如国营企业，并且也时常受到政局摇摆的影响，但却可以因其公有制经济的性质而免受社会各方面对私营企业那样过分的歧视。

从经济和政治等方面来看，乡村集体企业在我国所有企业形态中处于一种相对中间的地位，这是乡村集体企业的一个重要特征，这就决定了它的机制的相对性。

二、乡镇企业机制好在哪里

乡镇企业机制的基本特征是自主经营、自负盈亏、自我约束、放开经营，其机制的优势，就是自主、风险、竞争、灵活。

（一）自主

就是企业有充分的自主权。如企业经营方式的选择，产供销的安排，产品自定价格的确定，留成资金和信贷资金的使用，干部的任免，职工的录用，机构设置，人员编制，工资形式，奖励办法的确定等等，都由企业决定。企业又是彻底的厂长（经理）负责制，厂长的中心地位及其作为法人代表的权威性十分明确，厂长（经理）对企业一切生产经营问题都有决定权，说话算数。因此，决策果断、迅速，指挥灵敏、畅通，不论是生产问题，还是经营管理问题，说行就行，说否就否，说干就干，说止就止，不受上下左右的干扰和限制。所以，企业和以厂长（经理）为代表的企业经营管理人员主动性、积极性特别高。

（二）风险

就是生产经营风险完全由企业承担。资金筹集由企业完成，资金运用由企业支配，经营成败由企业承受，是真正的自负盈亏企业。它发生亏损无人给补，不但不能照发工资，有的企业职工还要按比例负亏。企业没有大锅饭可吃，实在干不了就倒闭，干部、工人回家务农或转谋他业，企业一般没有退休金，部分企业有社会保险金。因此，企业压力感、责任感很强，这是激励干部群众团结奋进，改善生产经营，拼命谋求企业发展的直接动力，也叫风险动力。

（三）竞争

就是乡镇企业的生产和经营管理靠竞争推动，靠竞争取胜。乡镇企业是以市场为导向的，其产供销完全靠市场，没有现成渠道，原材料自己采，产品自行销，不仅困难多，而且费用高，搞得不多，随时有被挤垮的危险，没有平稳日子可过。因此，乡镇企业危机感和竞争意识很强，总是千方百计提高适应能力和自我消化能力，在市场竞争中求得不断发展和提高。你无我有，你有我转，你贵我廉和优质服务等，就是一个时期一批乡镇企业参与市场竞争的策略思想。其经营管理也是在竞争中发展、提高和完善的，如企业的生产、技术、经济活动的预测和计划、组织和指挥、监督和控制、教育和鼓励、挖潜和创新等，都是按竞争原则组织和实施的。通过竞争，使大批能人得以施展才华，不断提高企业的生产、技术、管理水平。竞争是乡镇企业发展和提高的重要动力。

（四）灵活

就是有一套灵活有效的管理制度。一是，有灵活的劳动制度。职工全部实行合同制和临时工制；工作制度也是弹性的；干部实行聘任制、选举制和任期制。二是，有灵活适宜的内部管理体制。坚持一切以生产和效益为中心的原则。机构设置、人员配备都从实际出发，办事机构少，管理层次少，管理人员少，非生产人员少。大部分企业采用直线职能制组织形式，适应性比较强。三是，采取灵活放开的经营方式。一切依市场为转移，按市场需要组织生产，按原材料和能源供应、运输条件安排产供销，能干什么就干什么，能干多少就干多少。许多企业实行一主多营，适时开拓新的生产项目，或转移生产项目，或发展联合与协作，不受任何限制，转换快，见效快。四是，实行灵活的分配制度。乡镇企业实行收益共享、风险共担机制，职工工资按企业效益和各类人员贡献大小来确定。尤其对能人十分器重。

三、乡镇企业机制还要进一步发展、提高、完善

乡镇企业机制好，但也不是一切都好，更不是所有乡镇企业都好。应该说，现行乡镇企业机制也存在不适应性，就是乡镇企业机制比较好的方面，也有不完善的地方，需要随着乡镇企业的发展和改革的不断深化，进一步发展和提高。为此，对乡镇企业要加强引导，按照我国现阶段商品经济发展的要求，完善经营机制，规范经营行为，不断提高经营管理水平，保障乡镇企业持续、稳定、健康发展。

试论乡镇企业的适度发展

康世银　赵为民

党的十一届三中全会以后，乡镇企业异军突起，成为国民经济的重要支柱。在乡镇企业发达地区，已成为当地经济的“半壁山河”。因此，正确认识乡镇企业的存在价值，促进乡镇企业的适度发展，这对于建设有中国特色的社会主义，振兴农村经济，实现我国工业化、造就新农民，都有极为重要的意义。本文试就乡镇企业的适度发展问题，作一粗浅探索。

一、适度发展的界定性

乡镇企业适度发展的含义，通常是指其发展规模、发展动力、发展环境和发展效应要符合我国现代化利益的一种科学合理的程度，这种程度也包含符合客观经济发展规律的某种速度。它区别于那种主观脱离客观的狂热度，也区别于那种无视现实的零度。适度发展是一个科学的概念，内涵较为丰富，对量的大小、质的高低、范围宽窄、程度深浅、速度快慢、温度升降等等都有所要求和界定。我们不妨作一简要剖视，以坚定乡镇企业适度发展的正确方向。

1．发展规模问题。目前东台市乡镇企业规模上的特征是小型化、分散化和重复化，规模效益较差，微观层次上的竞争过度疲软，资源配置效益不高，景气容易波动。初期是“靠投资、铺摊子、上项目”盲目扩大规模，投入不能有效产出。前三年这个市乡镇企业总投入为1.4亿元，平均达产率只有70%，而启动运行的资产为1.17亿，占84%；未启动运行的资产2 170万元，占16%，这样铺的结果，由于难以形成一定的规模，往往削弱了社会化、专业化和高技术化特长的发挥。这就表明，乡镇企业规模是否合理、大小是否得当，对适度发展是有一定的关联。

2．发展速度问题。小平同志指出“经济不能滑坡，

凡是能够积极争取的速度还是要积极争取”。就东台市乡镇企业这十年发展速度来看，平均稳定在25—30%。如果没有这个速度，整个经济面貌的改变，将是不可想象的。积极争取的速度，决不是超高速，更不是零速。据了解有的省乡镇企业产值才一亿多，而天津市有一个村乡镇企业产值是两亿多，相比之下，不适当调整速度能行吗？当然，有一些高能耗、高物耗的“两高”企业，速度越高对整个资源的配置浪费和损失越大，只有忍痛“割爱”。这对于保证正常的发展速度是会有好处的。

3．发展环境问题。这个环境不单单是自然地理环境，也包括政治环境、经济环境、政策环境等等，一定的环境对乡镇企业的发展不无影响，环境的不同为适度发展提供的条件也不同。在苏南和珠江三角洲的一些县市的乡镇企业，是在市场导向的环境下发展起来的；而不少县、市，就东台市的乡镇企业来讲，是在农村改革和产业结构调整的浪潮推动下发展起来的。前者可通过市场来获得所需信息、技术、原材料和中间产品，其应变力、竞争力、接受大中城市的技术和经济的辐射力就相当强，发展也快；后者就比较棘手，因为它不具备“全开放”式的环境，而是处于“半封闭”式的境地，发展能力就较之微弱。国家指导市场，市场引导企业，是适度发展、改善环境必须恪守的重要原则。

4．发展动力问题。这里我们所指的动力，不能狭义地去理解为对乡镇企业的“供氧输血”，应当理解为是企业的一种创新动力。由于现阶段国内市场是基本上属于卖方市场，市场机制不尽完善，市场需求多样化又不突出，加之县市的多数乡镇企业起点不高，布点重复，产业结构不合理，这些因素，导致了企业创新动力的不足。现有乡镇企业是刚从传统的农业经济脱胎而来的，为农民所办，因而短期行为严重，对采用新技术的要求不强烈。其中有一大批企业是属于“办厂靠贷、吃饭靠借、经营靠负债”的“三靠”企业，“先天不足”的创伤，急待弥补。对发展中的创新，以创新来补足后天，是有一个渐变过程的，要求得适度发展，如不解决创新动力，那“四轮”就难以驱动。

5．发展效应问题。主要是要消除“政绩效应”的影响，有不少地区的乡镇企业已变成乡镇政府的企业，以政代企，政企不分的现象严重存在，导致了企业产权上的混乱，异化了企业与农民群众的经济联系，弱化了乡镇企业应有的活力发挥，使企业创办的经营动机要服从本社区的收入和最大福利目标，这样往往难以顾及其生态效应和社会效应。笔者认为，只有在深化改革中，不断抑制负效应，弘扬正效应，才能为乡镇企业的适度发展增添有利条件。

剖析表明，适度发展乡镇企业的方针，是一个积极的方针。在一个县市如果没有乡镇企业的适度和健康的发展，就不可能由传统的农业文明走向现代工业文明，适度发展乡镇企业是不可逆转的客观必然。

二、适度发展的区域性

区域性是指要因地制宜，从本区域的特点和实际出发，来确立乡镇企业的适度发展目标速度和水平。经济区域的不同，规划的发展适度也应不同。区位理论告诉我们：无论是一个市区或一个社区，由于自然的、经济的、社会的、资源的乃至政治条件各异，必然带来区间性的差异。有的区间发展缓慢的，按适度要求就应适当升温、加速；有的区间发展过猛的，乃至超过承受能力的，按适度要求就应适当减速降温。乡镇企业经济区域大体上可划分为三类：

第一类是发达区域，基本上属于工业化的农业区，其发展适度，应以城乡一体化为原则。具体要求是能形成以乡村两级集体工业为主，以为城市工业协作配套为主，以提高技术密集程度为主的乡镇工业发展格局。围绕“三上三创三提高”，逐步实行由分散经营型向联合集团型、由劳动密集型向技术密集型、由数量型向质量型、由内向型为主向外向型发展转移，这类区域应成为大城市与大工业的前沿腹地。成为乡镇二元经济结构直接转向城乡一元经济结构的标杆。

第二类是次发达区域，基本上属于集约化农业区，其发展适度，应以以工促农、工农互补为原则，具体要求是能形成以“四轮驱动、双轨并进”的经济格局，一手抓提高，一手抓开发，边开发，边巩固，边提高。及时调整产业结构和产品结构，大力发展农副产品的精加工、深加工，发展资源开发性的产业和创汇业产品，使集体工业和两户工业分工协作，相互依存，共同发展。

第三类是欠发达区域，基本上属于农业资源的保护区，其发展适度，应以生态效益、稳定基础、工农并重，综合发展为原则。具体要求是能形成以发展粮棉、畜禽、桑果林、水产、垦植、贸工农一体化的开发性乡镇企业为主，尽可能地发展“无公害工业”。有重点地办一些乡村骨干企业，适当扩大生产规模，提高投资项目的经济效益，坚持速度与效益并重，尽量实现“相对的高效益”。同时还应充分利用商品农产品资源优势和丰富的劳力资源优势，有选择地吸收大中城市的经济辐射和技术的适度转移，抓住机遇努力向经济次发达区域过渡，促进农村的脱贫致富。

按区域的划分，提出乡镇企业不同适度的发展思路，旨在能使每个区域、或每个县市的公有制占主导地位、多种经济成分并存、多种经营方式并举，促进生产力水平的提高和社会经济发展，凭借亿万农民和农村干部历尽艰辛而创建起来的乡镇企业，成为走向现代化工业的加速器，成为农村经济发展的原动力。

三、适度发展的择优性

乡镇企业适度发展的择优性，系指企业的发展速度、目标、规模和条件要服从全局。要同整个国民经济的发展协调起来，通过比较、筛选、论证而求得发展的最佳适度。

择优性，是优选理论在乡镇企业自我发展中的引用，一个企业如果离开择优的要求，要讲任何适度发展，也是不可能的。我们不妨对适度发展的四个界定的择优要求，简要剖视一下：就速度的择优而言，主要是防止超高速，防止“几股热”，或叫防止“过热”。在经济基础本来就很差的苏北地区，如果不保持一定的发展速度，这与苏南和苏中地区的经济差异，就会越来越大。江苏省委、省政府提出要加快发展苏北，“加快”就是界定的“优速”。近两三年东台市乡镇企业的平均速度是25%左右，按现已投入的固定资产6亿元和1:3.2的产投率对照，年产值应为18个亿，而实际才有一半。所以，速度在这里是不高的。如果处理失当，那刚刚建立起来的微弱的经济基础，有可能受到严重冲击或垮掉相当一批企业，经济发展再次折腾，那么对整个经济发展将是不利的。再就目标的择优而言，这主要是建立和筹划一个市区的经济发展和管理的目标体系，以防止发展中的盲目性和实施中的随意性，目标的制订要根据扬长避短和能够充分发挥本地区的各种物化的资源和非物化资源的优势和人文风情等其他优势为原则，并提出质的标准化和数的定量化的目标要求。同时还要考虑到与宏观相协调，这样的目标才是积极可行的。东台市是全省重点生产蚕桑的基地，过去只有一家缫丝厂，很不相适应。近三、五年已发展乡镇办缫丝厂六家，使白厂丝的出口量增长了6倍，而蚕茧调出量则降为零，改变了经济资源的逆向运行，推动了农村经济的综合发展。就规模择优而言，主要是指乡镇企业经济要形成适度的发展规模，这样较能经得起市场竞争激烈的风浪，有利于资源配置，扩大社会的有效供应，使本来就很脆弱的经济实力能够释放出最大的潜能和获得规模效益的提高。乡镇企业的规模择优要视其市区的现实条件而定，其选择的形式有：①将专业化的小型企业群通过市场机制进行社会化的大生产。如东台市廉贻乡的造船工业，是由全乡11个自然村的小船厂组成的联合体，一个乡的年产船舶吨位超过了全市产量总和的二倍。②发展一批具有一定规模的骨干企业。据调查，东台市原来年产值在30万元以下的小企业约占全市企业总数的半数以上，小企业的生产比重占60%，一有风波，经济就出现波动。近两三年，这个市经过逐厂逐项筛选，充实壮大和发展了一批规模骨干企业，这些企业年利在50万元以上，或年值在500万元以上，使规模经济比重提高至60%，这批骨干企业都具有一定的竞争能力。③在横联中扩大生产规模，或甘当大企业的“卫星厂”，或积极投入企业集团的怀抱，有选择地吸收乡镇工业发达地区的经济、技术、资源、资金的辐射，冲破封闭式的带自然经济色彩的小体系，而进入大的经济循环。④组织种养加一条龙企业或积极发展工贸、农贸、技贸联营企业或大力发展密集型产品。如东台市的茧、丝、绸、绣衣一条龙，地毯、绣品、勾针编结、抽纱等，或大力发展劳动与技术密集型的产品的加工出口企业，最后就条件的择优而言，适度发展与区域的自然经济和资源条件应当密切结合起来，进行扬长避短。就东台讲，农业资源相当丰富，猪羊禽蛋兔蜂茧等产量均位于江苏的前列，人均产粮550公斤，皮棉总产70万担、蚕茧17万担、海淡水产品年产50万担，外界人称这里为“苏北天府”。过去这些农副产品原料，不是原料出口卖资源就是搞半成品的粗加工，现在只要确保国家指令性的任务完成，给地方一些弹性，把普遍性初加工、延伸性深加工和高技术精加工配套起来就可以变成“农业资源＋劳动力＋乡镇工业的催化剂”的迭加优势。生产条件的改善，生产规模就可以成倍增长。不少市区参照“星火计划”，拟定本地区的“山川计划”、“河海计划”、“平原计划”，再逐步形成“劳动力＋新技术＋乡镇企业的催化剂”的第二个优势迭加。这样分段前进，就可以使欠发达地区的乡镇工业经济，在两个市场上立于不败之地。

四、适度发展的契机性

在宏观调控的形势下，乡镇企业面临着极其严峻的考验。据调查，东台市有近三分之一的企业面临停顿半停顿的困境。然而，由于市委、市政府和各乡镇、各主管部门及行业主管部门的重视，由于经济发展的环境比较宽松，精神准备和物质准备比较充分，克服困难和解决困难的办法比较多，上半年仍呈现好的发展势头。事实说明，宏观调控的考验，对乡镇企业来讲都是一种发展的契机，关键在于如何因势利导，抓住契机促其转化。当前乡镇企业如何抓住契机，共渡难关，保持适度的发展，最根本的是要抓住以下对策。

1．对发展乡镇企业的战略方针不能动摇。因为大力发展乡镇企业将是我国的一项基本国策，是我党为引导八亿农民脱贫致富，寻找了几十年才找到的唯一正确的道路。党中央1983年、1984年、1985年下达的文件，都充分肯定了乡镇企业的重要地位，中央对乡镇企业的发展战略方针是没有改变的。因此，各级领导力量要继续向乡镇企业倾斜，什么困难都可以克服。

2．乡镇企业靠走技术进步的发展道路不能动摇。在困难的条件下非走此路不可，如果靠新的投入发展生产很难做到，那么就必须靠技术进步挖潜，靠技术进步增值，靠技术进步来提高质量，提高效益，建设现代化企业。当前乡镇企业面临的人才短缺、设备陈旧、技术工艺落后，管理水平不高，很不适应国内外日益加剧的市场竞争和新的经济环境。因此，依靠科技进步，创造出一条新的发展道路，已是乡镇企业持续稳定发展的首要任务。乡镇企业技术进步的路子是：以引进先进的适用技术为主，继续发挥传统技术的优势，并注重传统工艺与新技术的结合。某些具备条件的地区、行业和企业也可根据不同的情况有重点地采用高技术或尖端技术，形成以先进的适用技术为主体的多层次的技术体系。推行技术进步，也要视其区域经济的不同，分层次进行，由于技术进步是一个系统工程，因此，必须多部门协同动作，完善和建立促进乡镇企业技术进步的服务体系，把乡镇企业的技术进步推向一个新阶段。

3．对国家扶持乡镇企业而实施的调控政策不能动摇。调控的目的在于保护乡镇企业的健康稳定发展。这些调控，包括规划布局的调控，计划的调控，优惠政策和约束政策的调控，法律的调控和行政的调控。这些调控必须与乡镇企业的产业结构、行业结构、产品结构的调整紧密结合起来。根据国家产业政策的序列有重点地利用政策倾斜的有利契机，使乡镇企业取得长足的进步。

4．对乡镇企业的治理整顿不能动摇。中央提出的治理整顿，对乡镇企业也不能例外。通过整治，将为乡镇企业的稳步健康发展创造条件。①是创造了更好的生存空间和拓展条件；②是有利于减轻企业负担，增强企业的消化能力和自我积累能力；③是有利于提高自身素质和竞争能力；④党中央提出的整治方针是有保有压，增强农业的投入。

5．对乡镇企业内部结构的调整不能动摇。内部结构包括产业结构、产品结构、技术结构、投资结构。通过调整，淘汰一批企业，可以加快发展一批有生命力的企业，改造一批销路好，但技术质量不过硬的企业，新建和扩建一批外向型的出口创汇企业。

6．对乡镇企业首创的经营机制的运用不能动摇。这是我们战胜困难的法宝。这些机制包括竞争机制、风险机制、多元融资机制、自我约束机制等等。这些机制已得到社会的公认，只有在改革中加以完善，充分应用，就能为乡镇企业的适度发展，增添强大的活力。

1989乡镇企业专题文章（部分）索引

新的形势需要我们作出的新思维
鲁冠球　《中国乡镇企业》　1989.1

股份制：乡镇企业深化改革的最佳选择
富　源　《丹东农村经济》　1989.1

对现阶段乡镇企业股份制的分析与思考
胡倔强等　《农经理论研究》　1989.1

关于乡镇企业推行股份制的几点思考
吴荣生　《上海农村经济》　1989.1

乡镇企业的现实困境及发展股份制条件
夏　丹　《广西经济研究》　1989.1

拍卖：乡镇集体企业改革的最佳选择
陈定新　《今日企业》　1989.1

乡镇企业竞争承包初探
姬保新等　《中青年经济论坛》　1989.1

试论乡镇企业的所有权
金保贵　《经济法制》　1989.1

乡镇企业进一步发展的对策研究
张岱斌等　《东岳论丛》　1989.1

相对集中：乡镇企业蓬勃发展的必然趋势
焦必方　《上海农村经济》　1989.1

加强乡镇工业质量管理
钱天华　《上海质量》　1989.1

财政政策与乡镇企业的发展
许建平　《管理世界》　1989.1

乡镇工业收益分配特点
吴孔芳　《中国经济问题》　1989.1

对乡镇工业规模问题的战略思考
陈德兴等　《经济与管理研究》　1989.1

试论建立乡镇工业群区的产业政策
朱　钢　《软科学》　1989.1

苏南模式乡镇工业推进股份制的探讨
王正俊　《江苏经济探讨》　1989.2

乡镇企业推行股份制的实践与思考
高剑明等　《浙江金融》　1989.2

试论股份制对乡镇企业机制转换的作用
张天新等　《东岳论丛》　1989.2

论乡镇集体企业经营机制
夏　军　《咨询与决策》　1989.2

乡镇企业机制探析
赵朝贵　《中国农村经济》　1989.2

乡镇工业企业考核指标体系的探讨
邵新福 《上海统计》 1989.2
乡镇企业管理体制改革初探
杨玉华等 《经济论坛》 1989.2
关于评定乡镇企业人才职称的探讨
甘乃康 《人才与现代化》 1989.2
乡镇工业结构调整的一点思考
刘金波 《农村工作通讯》 1989.3
建立和发展乡镇出口工业集团浅议
叶濂溪 《理论学习月刊》 1989.3
乡镇企业集团化的思考
柏长庚等 《财经科学》 1989.3
关于我国乡镇企业发展的几个问题
隔子望等 《决策探索》 1989.3
乡镇企业管理体制构造中的优化选择问题
胡同恭 《南京师大学报》 1989.3
论乡镇企业中的股份制
蔡德莹 《乡镇企业》 1989.3
我国农村民办企业的行为分析
贾生华 《当代经济科学》 1989.3
浅谈乡镇企业内部生产经营管理问题
张光明 《天津劳动》 1989.3
乡镇企业宏观管理问卷资料分析报告
毕国华等 《农业经济》 1989.3
乡村工业必须走内涵扩大再生产之路
王泽民 《农业经济》 1989.3
乡镇企业与资源配置
邱继成 《教学与研究》 1989.3
冷思：乡镇企业的集资热
黄鹤群 《经济与管理研究》 1989.3
乡镇企业新产品开发对策
张金莲 《江西社会科学》 1989.3
乡镇企业标准化工作应向纵深发展
王永跃 《企业标准化》 1989.3
发展乡村集体企业的思考
刘伯光 《经营管理者》 1989.4
发展乡村集体企业势在必行
蔡天初 《福建经济》 1989.4
乡镇企业兼并初探
王瑞元 《经济改革》 1989.4
乡镇企业信贷结构优化的思考
吴国兴 《财经研究》 1989.4
乡镇企业会计分析的意义和方法
吴敬瑗 《农业会计研究》 1989.4
论农村私营企业的发展
白振山等 《经济论坛》 1989.4
乡镇企业走“跨跃式”发展之路的思考
彭广荣 《企业经济》 1989.4

乡镇企业信用评估的若干问题
雷世平等 《湖湘论坛》 1989.4
乡镇企业技术结构成因及其改造
胡　虹 《探索》 1989.4
浅议乡镇企业积累机制
徐伟荣 《苏州乡镇企业》 1989.5
对制订乡镇企业岗位培训规范的几点探索
姜占生 《农村成人教育》 1989.5
面对困境，奋发腾飞
龚川政 《上海管理科学》 1989.5
乡镇企业：完善科技进步机制的实践与思考
周耀标 《科技发展与改革》 1989.5
乡镇企业县级管理改革模式选择
孙自铎 《开发研究》 1989.5
强化乡镇企业现代化管理刍议
陈喜田等 《学术交流》 1989.5
转化县级政府管理职能、促进乡镇企业健康发展
徐维纲 《城市改革与发展》 1989.5
乡镇企业的兼并与兼管
张镛生等 《中国乡镇企业报》 1989.6.23
搞好乡镇集体企业拍卖的思考
俞龙等 《中国乡镇企业报》 1989.6.23
努力发挥乡镇企业局的职能作用
曹序东 《乡镇企业》 1989.6
建立新型的乡镇企业劳动管理体制
胡汉池 《咨询与决策》 1989.6
拍卖：调整所有制、搞活乡镇企业
吉林白城市体改委 《中国经济体制改革》 1989.6
乡镇企业和国营企业承包异同浅析
董凤梅 《工厂管理》 1989.6
对乡镇企业发展再认识
张庆兰 《山东计划经济》 1989.6
刍议乡镇企业经营者的适度报酬
尤正廷 《上海农村经济》 1989.6
对完善乡镇企业经济承包经营合同的几点思考
朱成林 《上海农村经济》 1989.6
乡村企业承包经营责任制的现状、问题及其对策
傅纪新 《上海经济》 1989.6
乡镇企业实行股份制问题
羽　佳 《农经理论研究》 1989.6
建立农村家庭工业服务体系
段连庄等 《人民日报》 1989.7.17
对乡镇企业两个突出问题的思考
范洪根等 《中国农村经济》 1989.7
走活三条路、稳步发展乡镇企业
陈彰嘉 《经济问题探索》 1989.7
乡镇企业的行为特征和制约因素
彭　军等 《乡镇企业》 1989.7

紧缩对乡镇企业的影响及其对策
　　张宗冠等 《农村经济》 1989.7
试论乡镇企业经营之道
　　陈增雄 《广西经济研究》 1989.8
论我国乡镇企业体制改革
　　侯建中等 《中国农村经济》 1989.8
充分发挥优势，发展乡镇企业
　　张桂生 《金融与经济》 1989.8
乡镇企业经营机制扭曲问题的探讨
　　朱忠元 《经营与管理》 1989.8
从乡镇企业发展谈治理整顿中的政府行为
　　徐　周 《农村经济》 1989.9
我国乡镇企业管理者的十大通病
　　申辛 《决策与信息》 1989.9
乡镇企业的倒闭对农村经济的冲击及思考
　　汤桂帮等 《理论导刊》 1989.9
科技进步是发展乡镇企业的重要支柱
　　陈民强 《理论学习月刊》 1989.9
乡镇企业走出困境的有效途径
　　王庆明 《农民日报》 1989.10.17
深化完善乡镇企业经营机制的新思路
　　唐树镛等 《中国乡镇企业报》 1989.10.13
试论村办企业经营权与承包指标分离模式
　　江登斌 《中国乡镇企业报》 1989.10.13
加强乡镇企业职工政治思想教育
　　张小凡 《珠海特区报》 1989.10.4
乡镇企业承包经营中的“负效应”
　　胡冬青 《经营与管理》 1989.10
浅议建立健全乡镇企业综合管理机构的必要性
　　孙惠彬 《江苏经济探讨》 1989.10
推行股份制要注意七个问题
　　毛林军 《乡镇企业之家》 1989.10
浅谈建立乡镇企业风险基金制度
　　陈启明 《经营管理者》 1989.10
大力发展乡镇集体企业，壮大农村集体经济
　　谢竹林 《求知》 1989.11
浅谈乡镇企业承包后的职工教育
　　李尚德 《山西成人教育》 1989.11
乡镇企业承包经营中短期行为分析
　　李光新 《成才之路》 1989.11
浅谈村办企业发展的战略转移
　　倪明武等 《湖北社会科学》 1989.11
乡镇企业的困境与对策
　　胡俊来等 《经济问题》 1989.11
乡镇企业关停后的问题与对策
　　杜景瑛 《老区建设》 1989.11
试述乡镇企业与社会主义的关系
　　朱水雄 《中国乡镇企业报》 1989.11.24
税务部门促进乡镇企业治理整顿的几点思考
　　徐志鲁 《上海财税》 1989.12
对乡镇企业资金严重短缺的思考
　　顾锡梅等 《财政研究》 1989.12
乡镇企业职称评聘探讨
　　吴建成 《发展研究》 1989.12
乡镇企业文化建设浅见
　　章瑞华 《中国企业家》 1989.12
乡镇企业的治理整顿与协调发展
　　蔡秋明等 《江苏经济探讨》 1989.12
治理整顿与乡镇企业发展
　　魏国浩等 《乡镇企业》 1989.12
乡镇企业在宏观紧缩下的处境与对策
　　彭　辰 《咨询与决策》 1989.12
宏观紧缩下乡镇企业发展的若干对策
　　李百汉 《经营与管理》 1989.12

（贺军伟）

1989年乡镇企业之最

乡镇企业皮革制品产量最高的省（市、区） 是广东省，全省乡镇企业年产皮革制品23063万件，占全国乡镇企业皮革制品总产量的34.5%。

乡镇企业电风扇产量最高的省（市、区） 是广东省，全省乡镇企业年产电风扇1687万台，占全国乡镇企业电风扇总产量的81.5%。

乡镇企业服装产量最高的省（市、区） 是广东省，全省乡镇企业服装产量为58393万件，占全国乡镇企业服装总产量的25.1%。

乡镇企业暖气片产量最高的省（市、区） 是河南省，全省乡镇企业年产暖气片7558万片，占全国乡镇企业暖气片总产量的61.7%。

乡镇企业原盐产量最高的省（市、区） 是山东省，全省乡镇企业原盐年产量为168万吨，占全国乡镇企业原盐总产量的42.3%。

乡镇企业棉布产量最高的省（市、区） 是山东省，全省乡镇企业年产棉布73623万米，占全国乡镇企业棉布总产量的19.5%。

乡镇企业呢绒产量最高的省（市、区） 是江苏省，全省乡镇企业年产呢绒14584万米，占全国乡镇企业呢绒总产量的85.1%。

乡镇企业糖产量最高的省（市、区） 是广东省，全省乡镇企业年产糖3.88万吨，占全国乡镇企业糖总产量的37%。

乡镇企业乳品产量最高的省（市、区） 是吉林省，全省乡镇企业年产乳品46250吨，占全国乡镇企业乳品总产量的17.2%。

乡镇企业罐头食品产量最高的省（市、区） 是山东省，全省乡镇企业年产罐头食品16.1万吨，占全国乡镇企业罐头食品总产量的18.5%。

乡镇企业饮料酒产量最高的省（市、区） 是辽宁省，全省乡镇企业年产饮料酒36.87万吨，占全国乡镇企业饮料酒总产量的14.9%。

乡镇企业食用植物油产量最高的省（市、区） 是山东省，全省乡镇企业年产食用植物油40.75万吨，占全国乡镇企业食用植物油总产量的19.9%。

乡镇企业粮食加工量最大的省（市、区） 是四川省，全省乡镇企业年加工粮食2215万吨，占全国乡镇企业粮食加工总量的13.2%。

调查·研究

全国乡镇企业收入分配情况调查

乡镇企业制度建设试验区调查报告

在治理整顿中提高发展水平

——无锡市乡镇企业的调查与思考

乡镇企业如何能够生存和发展

——吉林市31个重点乡镇企业调查

乡镇企业党组织状况调查

依靠自我发展能力　在治理整顿中崛起

——湖南省沅江市乡镇企业调查

发展壮大集体经济　加速农民共同致富

——湖南省益阳县19个富村的调查

柳暗花明又一村

——浙江省杭州市西湖区转塘镇发展农业企业的调查

全国乡镇企业收入分配情况调查

农业部乡镇企业司

1989年8～10月份，我们对全国乡村集体企业个人收入分配与管理情况进行了调查。调查情况如下：

一、乡镇企业基本情况

党的十一届三中全会以来，我国乡镇企业在改革开放中“异军突起”，取得了举世瞩目的成就。1988年，全国已有乡镇企业1 888万个，比1978年增长11.3倍；从业人员9 545万人，比1978年增长2.5倍，占农村总劳力的23.8%，占农村剩余劳动力的一半以上，成为我国农村剩余劳力就业的根本出路；拥有固定资产2 099亿元，流动资金1 825亿元，比1978年增长11倍；总产值6 496亿元，比1978年增长12.2倍，占农村社会总产值的58%，成为农村经济的主要支柱，占全国社会总产值的24%，成为国民经济的重要组成部分，其中工业产值4 529亿元，比1978年增长10.8倍，占全国工业总产值的27.6%，成为我国工业中的一支生力军；实现纯利润550亿元，比1978年增长5.2倍；上缴国家税金310亿元，比1978年增长13.1倍，占全国税收总额的13%，从1985到1988年，在国家增加的税收中，乡镇企业增长的占52.3%，成为国家财政收入的重要来源；出口创汇80.2亿美元，占全国出口创汇总额的16.9%。到1988年止，已有1 631个产品获国家和部优产品称号，还出现了一批在国际上获奖的产品。工资总额963.5亿元，比1978年增长10.1倍，职工年人均平均工资1 009元，比1978年增长2.3倍。

乡镇企业中乡村集体企业是主体。1988年共有159万个，比1978年增长4.3%，占乡镇企业总数的8.4%；从业人员4 894万人，占51.3%；总产值4 363亿元，占67%，成为社会主义占领农村阵地的主要物质基础；纯利润259亿元，占47%；上缴税金236.5亿元，占76%，固定资产原值1 584亿元，占75.5%，成为农村发展社会主义公有制的主要物质力量；全员劳动生产率8 915元，人均工资1 106元。

乡镇企业经济效益不断提高。1988年乡村集体企业劳动生产率为8 915元，其中乡村集体工业为9 803元，分别比1987年增长29.9%和31.2%；人均创利税1 077元，其中工业1 183元，分别比1987年增长35.1%和36.8%；百元固定资产实现产值275元，其中工业258元，分别比1987年增长4.6%和5.3%；百元固定资产实现利润33.3元，其中工业31.2元，分别比1987年增长9.2%和9.6%；百元资金实现利税24.6元，其中工业23.3元，分别比1987年增长6.5%和9.4%；百元产值实现利润12.1元，其中工业12.1元，均比1987年增长4.3%；百元销售收入工资含量12.8元，其中工业12元，分别比1987年减少12.3%和13%。

乡镇企业的崛起，是党的十一届三中全会以来我国改革开放的丰硕成果，它充分证明了邓小平同志所说的：党中央制订的改革开放的政策是完全正确的。乡镇企业的发展是历史发展的必然，是我国农村一场伟大的产业革命，也是建设有中国特色的社会主义的重要内容。

二、乡村企业收入分配情况

（一）企业净收入的分配

企业净收入分配是指企业销售收入减去物质成本后，新创造价值的分配。

据统计，全国乡村集体企业净收入上缴国家部分占24.6%。上缴地方占8.6%，企业留14.6%，个人分配48.4%，其他3.8%。

河南省对79个企业调查，1988年实现净收入3 211万元，其中职工分配923万元，占28.74%；销售税金310万元，占9.65%，所得税190万元，占5.19%；上缴能源交通基金41万元，占1.28%；贷款利息294万元，占9.16%；管理费71万元，占2.21%；上缴乡村334万元，占10.4%；国家有关单位的各种摊派733万元，占22.83%，国家和地方行政单位拿走61.43%；企业各项提留94万元，占2.93%；企业留利221万元，占6.89%；企业留下的仅占9.82%。浙江省上虞、余姚11家骨干企业1988年新创造的价值2 126万元，其中上交国家税金956万元，占44.97%；上缴乡村184.8万元，占8.69%；仅两项国家和地方拿走53.66%；企业职工分配611.1万元，占28.74%；企业留利374.1万元，占17.6%。

（二）企业利税分配

据1988年对全国159万个乡村集体企业的统计，实现利税总额527.3亿元，比上年增长40.2%，其中上缴国家税金236.5亿元，占44.85%；上缴政府各部门的各种费31.6亿元，占6%；上缴乡村94亿元，占17.83%，以上均属交给国家和地区行政部门的共362.3亿元，占68.68%，留给企业157.7亿元，占29.91%。在企业留利中，用于扩大再生产109.1亿元，占69.2%；用于集体福利18.5亿元，占11.7%；用于职工教育6.4

亿元，占4.1%；用于职工奖励23.7亿元，占15.0%；其它支出7.5 亿元，占1.42%。

上述情况表明，乡村企业利税分配是国家得了大头，如果再加上上缴乡村部分，比例就更大了。企业得了中头，职工得了小头。

（三）企业个人收入分配

1．企业个人收入来源。乡村集体企业个人收入主要由成本中列支和利润中提取两部分组成。从成本中列支的部分，按实列支的企业包括基本工资、工资性质的奖金以及按基本工资10—12%提取的奖励基金部分。实行计税工资制的企业包括按计税工资标准列入成本部分。从税前利润中提取的企业基金的一部分及税后留利中的奖金部分。

2．乡村集体企业内部个人分配形式。乡镇企业在改革中按照自身的运行机制和实际情况形成了多元化的分配形式，主要有：计件工资、结构工资（即由基本工资、岗位津贴、工龄工资、奖金等组成）、基本工资加奖励、百分考核制、计时工资等。在一个企业内一般都是几种分配形式并存。对企业经营者多采用结构工资或基本工资加奖励，也有实行八级工资制和百分考核制的；对管理和技术人员一般采用基本工资加奖励、岗位工资、百分考核制；对生产工人多采用计件工资，也有实行基本工资加奖励的，对不宜实行计件的企业或工种则实行计时工资；对购销人员多采用联购、联销、联利、联收贷款的责任制，有的在“四联”的基础上采用费用包干（包括工资、奖励、差旅费、经营业务费等）；对后勤人员多采用计时工资或基本工资加奖励。

3．乡村集体企业个人收入分配的特点。一是收入与经济效益挂钩，如与产量、质量、消耗等指标挂钩，实行浮动，职工收入的高低取决于企业自身经营的好坏；二是固定工资少，浮动工资多；三是适当拉开档次，按劳分配，多劳多得的成分多，平均主义的成分较少；四是没有铁工资，企业经营不好，工资没有保障；五是分配时间不固定。发放工资有的按月，有的按季，有的一年结算一次。企业资金发生困难时，可暂不发工资或只发部分工资；六是福利待遇低，职工没有诸如交通补助费、洗理费、住房补助费、取暖费、副食补贴、托儿费、医疗费等各种津贴、补贴；七是没有铁饭碗，即没有退休制度，离职后的所有费用全部自理。

4．乡村集体企业中个人收入水平。1988年乡村集体企业工资总额为541.17亿元，比上年增长25.9%；人年平均工资1 106元，比上年提高21.4%，扣除物价上涨因素实际只增长2.9%，工资总额和人均工资增长幅度均低于产值（增长34.8%）、利税（增长40.2%）、劳动生产率（增长29.9%）的增长幅度。

5．乡村集体企业不同产业和行业的个人收入情况。交通运输业最高为1 516元，依次是商业饮食服务业1 258元，工业1 109元，建筑业1 075元，农业895元。据成都市调查，在工业中煤炭采掘业最高为1 482元，依次是建材业1 381元，机械工业1 314元，化学工业1 129元，造纸工业1 128元，纺织工业1 071元，冶金工业1 055元，森林工业1 051元，电力工业951元，食品工业933 元，缝纫皮革工业848 元。一般来说，流通企业高于生产企业，工业中重工业高于轻工业。

6．不同地区之间乡村企业中的个人收入是，沿海高于内地，城市近郊高于远郊。1988年北京、天津、上海、辽宁、河北、山东、江苏、浙江、福建、广东10省市的乡村集体企业人均收入为1 147元，山西、内蒙、吉林、黑龙江、安徽、江西、河南、湖北、湖南、广西10省区平均为846 元，海南、四川、贵州、云南、西藏、陕西、甘肃、青海、宁夏、新疆10省区平均为793元，东部比中部高35.6%，比西部高44.6%，中部比西部高6.7%。

7．企业内部各类人员年人均收入。最高为厂长（书记），依次为副厂长、供销人员、技术人员、聘用退休人员、管理人员、生产一线工人、后勤服务人员。

8．乡村集体企业年人均收入与其他所有制企业的比较：1988年乡村集体企业人均年收入1 106元，比国营企业职工年人均工资1 853元低40.2%；比轻工集体企业职工年人均工资1 381元，低19.7%；1988年乡村集体企业中人均工资性奖金为48.4元，分别比国营企业职工人均奖金319 元和轻工集体企业职工人均奖金178.7元低84.8%和72.9%。

1988年乡村集体企业年人均收入横向比较表

项目 地区	人均年收入（元）		
	乡村企业	国营企业	城镇企业
陕西省	1 152	1 852	1 156
甘肃省	935	1 960	1 320
河南新乡市	805	1 535	1 193
安徽省	872	1 640	1 116
重庆市	976	1 830	1 320
福建省	1 233	1 742	1 342
江苏省	1 116	2 035	1 586
浙江省	1 281	1 967	1 619
上海市	1 480	1 986	1 996

三、收入分配的宏观管理与调控

乡镇企业是农民办的企业，企业财产属于举办该企业的农民所有。乡镇企业中的乡村企业财产，分别属于全乡、全村农民集体所有。一般由代表农民集体所有制经济的乡(镇)经济委员会、乡或村工业公司、乡或村农工商联合公司、董事会等行使所有权，对企业的经营方向，经营方式，厂长、经理人选的选聘，利润分配等直接进行管理与监督。

为了加强对乡镇企业收入分配的管理，中央、国务院有关部门和各级人民政府都制订了一系列政策、法规和制度。

(一) 税收方面

国家已经开征的有产品税、营业税、增值税、盐税、资源税、城市建设维护税、建筑税、车船使用税、房产税、耕地占用税、城镇土地使用税、印花税、教育费附加、所得税、能交基金、预算外调节基金、奖金税、个人收入调节税。与国营和城镇集体企业是一样的。不同的是国营和二轻集体企业能享受100％和60%的税前还贷以及税前弥补亏损，乡镇企业没有；有的省份还规定了乡镇企业要交纳粮食附加税，这也是国营和二轻集体企业所没有的。

(二) 成本管理方面

农财两部1986年制订了《关于乡镇企业成本开支范围的规定》，对各类企业列入成本的费用作了明确规定。各地主管部门和财政、税务部门都作了具体的补充规定并监督执行。

(三) 利润分配方面

1986年农财两部制订的《乡镇企业财务制度》中规定:“企业实现的利润应在兼顾国家、集体、个人三者利益和保障投资者权益的原则下进行分配，要确保国家税收，增加企业积累，适当补助社会性支出，兑现投资者分利，增加职工收入。《制度》还规定：税后利润净额除提取乡镇企业扶助基金和支付非联营企业税后投资分利外，留给企业的部分不应少于60%。同年10月原国家经委和农牧渔业部又颁发了《关于乡镇企业利润分配问题的若干意见》，规定“合理确定税后利润净额的分配比例，留给企业部分不应少于60%，其中绝大部分应用于扩大再生产。上缴乡(镇)、村(村民委员会)政府及乡(镇)、村企业管理机构的利润，要统筹安排，其中除有相当部分用于老企业的更新、改造和发展新企业外，还应用于以工补农”。根据这一原则精神，地方各级政府或乡镇企业主管部门和财务部门又都作了具体的规定。另外，有的省市还规定，按乡镇企业职工人数每月每人在利润中提取一部分作为建农补副基金。如上海市规定每人每年提取328元；浙江省规定每人每月提取10元的建农基金，全年每人共120 元；江苏省规定每人每月提取补农资金10元，一个人一年120 元。

(四) 个人收入分配

1986年农财两部制订的《乡镇企业财务制度》规定:“为了控制消费基金过高增长，企业年均工资的增长一般不得超过税利增长水平。”同时还规定:“无论采取哪种形式，都要充分体现按劳分配原则，以利于调动企业职工的积极性，提高劳动生产率。”1987年农牧渔业部印发的《关于完善乡村集体企业承包责任制的意见》规定:“对完成承包任务，取得较好的经济效益的承包企业，厂长(经理)的报酬要从优，他们的收入可超过职工平均收入的3至5倍”。各地根据实际情况，对具体分配方式和分配比例都作了规定。

从这次调查中发现，各地在实践中创造和积累了一些对乡镇企业收入分配进行宏观管理与调控的经验：

第一，各级地方政府根据实际情况，制定和完善乡镇企业分配政策。如江苏省启东县规定：企业自有资金增长1%，消费基金增长0.5%，最高不得突破0.7%；因价格因素增加的利润，只准留给企业发展生产或充实流动资金；亏损企业不准发放奖金；各企业自订的分配制度，必需符合国家、省、市、县有关文件规定，否则无效。上海市规定，净收入增1%，分配增长0.3～0.7%。

第二，一些地方的乡镇企业主管部门加强对乡镇企业收入分配审计监督。江苏省各级乡镇企业主管部门从1982年起，每年年终在全省乡村企业中开展“两清一核”(即清理资金、清理物资、核实利润)活动，在此基础上，制定分配方案，进行合同结算兑现。凡没有开展“两清一核”的企业，一律不准结算分配。一些县乡为加强工资、奖金分配的管理，月月审批企业工资计划和奖金分配方案，年终审计后才批准企业的结算分配方案。四川省天全县由乡镇企业主管部门对全县乡镇企业实行年终承包审计，经审批后才能兑现，从而有效地控制了职工收入的过快增长。

第三，一些企业建立了自我约束机制。如上海、江苏等地的相当部分企业建立了丰欠调节基金，以平衡年度间的职工收入水平，既抑制了部分企业消费基金的过快增长，又避免了职工收入的大起大落。还有一些经营者能自觉消除和工人收入水平差距拉大的问题，把承包分利或奖金的大部分留作企业积累，增强企业的凝聚力和工人的主人翁责任感。

第四，各地普遍推行了风险抵押承包制。有的地方除承包时缴纳抵押金外，规定从承包人奖金中提取一定比例作为风险抵押金。这样不仅缓解了企业资金困难，增加了承包人的风险度和责任感，而且控制了承包人的个人消费。

四、收入分配中存在的主要问题

由于各级政府和有关部门采取了一系列宏观管理与调控措施，乡镇企业的收入分配，从总体上看是基本合理的，绝大多数企业较好地处理了国家、集体、企业、个人之间的关系。在个人收入分配上较好地贯彻了按劳分配原则。但是，一些地方和企业在积累与消费、企业各类人员之间的分配关系和分配制度上，也存在一些需要引起重视和认真研究解决的问题。

（一）企业负担过重，积累少，发展后劲不足

从1980年至1988年乡村集体企业产值年均增长26.7%，利润年均增长10%，而税收年均增长32%。乡村集体企业的百元资金纳税率高于国营企业和城市二轻企业。1988年乡村集体工业企业百元资金纳税率为7.7%，而国营工业企业为7.4%，二轻集体工业企业为5.4%；百元固定资产纳税率乡村集体工业企业为15%，国营工业企业为9.5%，二轻集体工业企业为12.1%。以1988年乡村企业的统计和财务汇总情况看，上缴国家的各种税费占可分配利税的45%左右，如果加上县以上政府各部门提取的费用，则超过50%。各地普遍反映，乡村集体企业是国家财政基本不投资，主要依靠农民自身积累兴办的，而且生产资料主要依靠市场高价购进，国家对它实行与国营企业、城镇集体企业同样的税收政策是不合理的。一些地方乡村行政管理部门取之过多。乡村企业除上缴税费外，还要承担国营企业、城镇集体企业所没有的补农、建农和农村社会性开支和乡镇政府的部分行政开支。1988年对130.58万个乡村集体企业的统计，上缴补农、建农资金67亿元，补助社会性支出15亿元，合计上缴乡村82亿元，占实现利润总额的27.9%，相当于税后利润净额的44.8%。据河南省的79个乡村集体企业调查，1988年上缴乡村利润达334万元，占实现利润总额912万元的36.6%，相当于税后利润净额的63.4%。黑龙江省汤原县18家乡村企业调查，1988年上缴乡村行政部门50万元，占净利润的71%。福建省永定县24家乡办企业调查，1988年利润净额为46.8万元，上缴乡政府高达41.5万元，占88.68%，企业留利只剩5.3万元，占11.32%，平均每家企业仅留利2 000余元。调查中发现，不仅相当部分乡村企业超度上缴，有的乡村还不顾企业盈亏，根据需要硬性规定上缴金额，如黑龙江省汤原县某镇一家砖厂1987年亏损8.7万元，却上缴镇政府5.5万元，至今还挂在帐上，1988年企业盈利9.9万元，上缴镇政府9.5万元。又如甘肃省兰州市安宁区长城机械厂，1988年税后利润7.5万元，全部上缴用于学校、医院和干部工资开支，并将企业提留的福利基金和教育基金的50%也拿走了。各地摊派过多，社会上各种名目的摊派是目前乡镇企业统计和财务反映不出来的，有的地方十分严重。据重庆市的35家乡村企业调查，收费涉及23个部门的27个单位，收费项目达64种，其中属摊派、乱收费的项目达45种，占70.3%。该市的九龙坡区九龙乡1989年1至5月份统计，各方面向乡村企业的摊派和收费达20.79万元，占企业利润总额的10.5%，人均40.12元。据黑龙江省汤原县、双城市46个乡村企业调查，各种摊派名目达20多种，金额达23.3万元，占利润总额的11.5%。原材料大幅度涨价，使主要依靠市场调节的乡村企业成本大幅度上升。1988年全国乡村企业百元销售收入含物耗为61.1元，比1987年提高8.3元，上升13.6%。贷款利率提高，有的高达2分以上。乡镇企业的开户银行是农行和信用社，贷款利率高于国营企业。

（二）少数企业经营者和供销人员的收入与职工人均收入悬殊

从各地调查情况看，企业经营者和供销人员收入与职工人均收入相比，绝大多数相差一到三倍，但也有极少数企业差距悬殊。据常州市郊区87个乡村企业调查，职工人均年收入为1 345元，而87名厂长人均收入达到5 608元，超过职工的3.17倍，其中超过5倍的有19人，占21.8%。最高的武进县罗溪乡第三农药厂厂长1988年工资、补贴和奖金合计缴了个人收入调节税后还拿了3.15万元。据江苏省24个乡村企业调查，供销人员年平均收入超过5 000元的有6个，占25%，超万元的有一个。武进县锅炉自动控制设备厂供销员年收入13 000元，高出职工7.97倍。浙江省慈溪市道林动力电器配件厂，厂长33 000元，超过职工人均收入1 397元的22.62倍。造成上述收入悬殊的主要原因：一是承包制不完善。有的个人承包，利润大包干；有的承包基数偏低，分成比例过高，如河北省辛集乡色织厂原是一个亏损近10万元的乡办企业，当时乡里决定面向社会公开招标承包，规定纯利润承包人可提取10%作为工资，工人实行计件工资，1988年全厂实现利润33万元，承包人收入14 770元，全厂平均工资1 350元，厂长收入是全厂职工平均收入的11倍；有的承包人短期行为，少列成本，少提留，虚报利润，套取承包奖金。二是有的厂长兼供销，拿双份工资。三是供销人员收入采用业务包干的办法不够完善。由于市场变化，供销渠道不稳定等因素，对业务费用包干基数很难准确的确定。四是近年来，在收入分配上偏重于提高干部报酬，刺激企业主要领导人的积极性，忽视一线生产工人的积极性。这些问题的存在，在一定程度上影响了企业经营者和群众的关系，挫伤了生产者的积极性，造成一些职工的不满。

（三）计税工资不够完善

实行计税工资对控制工资总额增长起到了一定作

用，但各地普遍反映存在不少问题：一是企业人工成本固化，造成企业成本和利润的虚假，不利于企业核算成本；三是计税工资标准偏低，加重了企业税负，减少了企业积累；三是挫伤了企业积极性，个人收入不能随生产发展和经济效益提高而增长，也不能随物价上涨而适当提高；四是有的地区“一刀切”，不能体现不同行业之间的区别，一些从事有毒有害工种或重体力劳动的企业支出工资额较大，一旦超过计税工资标准，就要补交所得税，企业难以承受。

（四）付出了劳动，不能得到相应的报酬

乡镇企业的从业人员劳动时间长、劳动强度大，每天劳动时间基本在10小时以上，有时还要根据电、水的供应情况加班加点，大大高于国营、集体企业。有些企业也没有节、假日，但是，由于计税工资的限制，既不能发加班费，又不能发补助费。如果按标准工时发了超工时补助、加班补助费，就作为奖金要交纳奖金税，鉴于企业的承受能力有限，所以，加班加点也没有报酬。

五、几 点 建 议

为了促进和引导乡镇企业健康发展，加强收入分配管理，纠正分配中的不合理现象，增强企业自我积累、自我改造、自我发展的能力，提出如下建议：

（一）保持乡镇企业政策的连续性和稳定性

党的十一届三中全会以来，中央和国务院为发展乡镇企业制订了一系列方针政策，要继续保持稳定。包括继续实行“积极扶持，合理规划，正确引导，加强管理”的总方针，农村要“农林牧副渔全面发展，农工商综合经营”；要调整农村产业结构，转移农村剩余劳动力，实现农村工业化，要明确乡村企业是社会主义公有制的重要组成部分，不能与“私有化”相提并论，要继续实行按劳分配为主多种分配形式并存的分配政策等。

（二）减轻企业负担，扩大企业自身积累

鉴于目前乡镇企业社会负担比国营企业、城镇集体企业重，除上缴国家税收外，还要负担乡村行政开支，支农建农，以及农村各项社会性支出，同时在国家财政基本不投资，资金靠自筹，能源、原材料、人才等主要靠市场高价解决的情况下，在制定税收、分配等政策时，要考虑到这些实际情况。要重申农财两部颁发的《乡镇企业财务制度》的有关规定，严格控制“上缴”比例。

（三）严禁各种名目的摊派，维护企业的合法权益

国务院要采取切实有效措施作出明确规定，禁止乱摊派。

（四）完善乡镇企业个人收入分配制度，包括计税工资制，经营承包制等

在兼顾国家、集体、个人三者利益前提下，在生产发展、经济效益提高的基础上，个人收入逐步有所提高。

（五）建立乡镇企业内部的财务审计制度，强化经济监督机制

为杜绝不合理的分配和防止超分配现象发生，各级财政、税务和审计等部门会同乡镇企业主管部门，在监督企业严格执行乡镇企业财务制度、会计制度和成本开支范围的规定的同时，帮助企业建立起财务审计制度。

乡镇企业的收入分配问题内涵错综复杂，处理得好与坏不仅关系到乡镇企业自身的健康发展，也关系到整个社会一系列矛盾的解决。我们相信，通过这次调查，并制订出相应的分配政策，乡镇企业的收入分配制度会日趋合理，对克服存在的某些分配不公现象，调动各方面的积极性，促进社会安定团结，会发挥更大的作用。

乡镇企业制度建设试验区调查报告

编者按： 国务院于1987年批准在全国范围内设立21个农村改革试验区。乡镇企业制度建设试验为5项重点试验项目之一，主要集中在安徽省阜阳地区、浙江省温州地区和山东省淄博市周村区。1989年初对这三个试验区的进展情况进行了调查研究和阶段小结。

一、背 景 和 问 题

中国乡镇企业1978至1988年的总产值以平均每年28%的高速度递增。1988年，乡镇企业总产值已达到6 496亿元，占农村社会总产值的58%，其中工业总产值4 529亿元，占全国工业总产值的27.6%，乡镇企业

从业人员9 500万人，占农村劳动力总数的23.8%。

乡镇企业已经成为中国农村经济乃至国民经济中生气勃勃而又引人瞩目的部门。

谁都不能否认乡镇企业在为农民提供就业机会，增加农民的货币收入，改造农村地面设施建设和传统农业结构，以及在提高全社会劳动生产率方面所取得的巨大成就和深远意义。但是，必须承认在乡镇企业的发展中也逐步累积起某些可能抑制未来增长的矛盾和问题。产生这些问题的根源，部分地可以归结为以市场为导向的乡镇企业与旧体制环境的冲突和摩擦，而政府如何管理并为非国有制经济的快速增长提供适宜的政策环境和法律环境，尚缺乏经验。此外，还有一些矛盾和问题则需要从现行体制及其背后的传统文化社会结构对乡镇企业肌体的影响中寻求解释，在我们看来，至少以下几个问题对于乡镇企业的长期增长显得格外突出。

无论哪种所有制性质的乡镇企业，普遍存在着产权界定模糊的问题。由于企业财产权利结构中各层利益当事人的权利、义务和风险责任既不对称，又带有较强的任意性，结果导致：①企业财产收益的预期不良。因此，任何扩大积累的企图都可能是徒劳无益的，乡镇企业近年平均工资以超过人均利润的速度增长就说明了这一点；②普遍的信用关系建立不起来。比如农业银行作为乡镇企业最大的债权人，对乡镇企业的贷款余额中逾期贷款占1/4，坏帐占5%，这种情况又反过来损害了乡镇企业自身的使用基础；③企业行为短期化延伸到市场上，又造成交易过程中破坏性的摩擦和紊乱。

企业的政策环境和市场环境亟待清理。在乡镇企业和私营企业缺乏明确的和行之有效的法律保护和法律规范的情况下，企业权利往往受到来自行政权力和乡土势力两个方面的挤压而难以独立，由此不难理解企业行为扭曲的外部原因。而企业行为的扭曲，又进一步加剧了市场关系中“劣币驱逐良币”的恶性循环，导致市场和政策的透明度进一步降低。从这个角度看，乡镇企业的产权界定模糊，或许可以说是对付不良环境的明智选择。

另一个值得指出的问题是，乡镇企业的创办动机直接服从于社区收入、就业最大化的福利目标、土地、资金、财货和劳动力在社区内和社区间的流动都是极不充分的，由此带来乡镇企业布局上的分散化（全国平均每个乡255 家企业、每个行政村21家企业）和规模上的小型化（平均每个企业5～6人）。这对于已出现城市化发展不足和投资质量不高的中国工业化进程来说，无疑又增加了解决问题的难度。

最后一个问题是，与资金、劳动和土地等要素的投入相比，乡镇企业更短缺的是技术创新的能力、专业人才、销售服务体系、统计和簿记的基本训练，以及干练的管理人才等等。这种短缺与近年乡镇企业的突发式增长和迅速膨胀显得极不协调，以致在许多场合上，这种不协调可以直接说明乡镇企业市场范围内的“低水平过度竞争”现象，以及盈利能力在五年内骤然下降一半的事实。

创办乡镇企业制度建设试验区就是在上述背景下提出的。毫无疑问，试验区的工作是着眼于乡镇企业的未来发展的，它并不奢望一举解决乡镇企业发展中存在的全部问题，而是试图通过突破企业制度建设这个关键性问题，去推动和促进其他问题的解决。

乡镇企业制度建设的宗旨，是要按照现代商品经济的一般准则去界定企业产权和规范企业的交易规则和政策环境。从某种意义上讲，这同样也是城市企业和国营企业在改革中所要解决的问题。尽管人们公认乡镇企业由于较少受到国家计划的控制而更具活力，但是不能因此而忽略了在中国目前独特的企业等级结构中，恰恰是较少受计划控制的企业，其组织基础和制度基础往往是最不牢靠的。因此，当乡镇企业发展初期的那种突发性增长阶段结束后，如何为乡镇企业下一个时期的发展奠定牢靠的组织和制度基础便显得格外迫切和必要。

二、试验内容与方案设计

阜阳、温州及山东周村三个试验区就是在上述思想指导下建立起来的。这三个试验区共同的工作目标是，结合当地乡镇企业发展的实际情况，有针对性地引入某些新的组织因素和制度因素，通过观察、比较、主动探索乡镇企业制度建设的途径、可能遇到的问题以及解决问题的方法，最终为全国制定有关乡镇企业的政策和法规提供系统的和有说服力的信息。

三个试验区分别代表了中国乡镇企业地方发展模式中的几种不同类型。其中，温州以近年私营企业的迅速发展而著称，它代表了沿海商业活动较为发达地区（如广东、福建）乡镇企业发展的一种类型；周村（属山东淄博市）则代表了城市郊区乡镇企业发展类型，那里可以分享城市经济提供的就业机会，且历来集体经济基础雄厚；而阜阳则是典型的传统农区，既远离城市，经济结构又带有前工业化社会的鲜明特点，那里乡镇企业的发展形式在中国广大中部西部地区具有广泛的代表性。

三个试验区从各自实际出发，制定和实施了各具特点的方案。温州试验区侧重于为私营企业的发展提供法律保护和规范，在试验的开始阶段就自上而下地颁布了若干地方行政性法规；周村则把企业内部的制度建设作为试验工作的重点，着重总结企业实行股份制的经验，尔后在不同类型的乡镇企业中加以推广；而阜阳试验的特点是将企业内外部制度建设工作结合起来，先后推出了两批共20个试验项目，这些项目所涉及的内容差不多覆盖了乡镇企业发展中的几乎所有问题领域。概括起来，三个试验区的乡镇企业制度建设试验大体包括三个方面的内容：

1. **明确企业产权，建立财产责任制度**。企业制度是市场运作的基础，而财产关系又是企业制度的核心。因此，乡镇企业制度建设的全部内容都是围绕这个核心展开的。企业产权制度建设的具体涵意包括两方面，从企业内部来讲，就是要对企业的投资者、经营者和劳动者等各层利益当事人，在其对企业财产的收益权利和财产的风险责任之间建立起对称而又明确的关系以强化企业积累和财产增值的内在激励机制；从企业外部来讲，就是要解除企业（作为现代组织形式）对行政权力关系和传统血缘地缘关系的依附，使企业真正具备法人地位并成为独立的市场活动主体。

为了达到上述目标，试验工作必须充分考虑不同类型的乡镇企业对财产责任形式的不同需求，以及实现企业法人化的中间环节和过渡条件。换句话说，乡镇企业产权制度很难一开始就提出一套完整的方案，而只能采取逐步逼近目标的渐进方式。因此，在这里，重要的是工作程序的选择和安排。阜阳、周村和温州的试验工作尽管在起步方式上有所不同，但在工作程序上实际上都包含了三个步骤：第一步首先在企业层次上完成个案解剖和对企业形态的初步分类，制定出若干种规范性强的企业章程，这些章程对自愿采用并被确认的试点企业具有约束力，尔后，放到实践中加以观察和比较；第二步，总结试点企业的经验，以示范的方式加以推广，并对其中带有普遍性的问题作进一步的规范化处理；第三步，制定地方性法规，最终以法律的形式确认试验的制度性成果，并提供给全国立法作为依据。

2. **市场组织与制度建设**。这个层次试验工作的直接目的有二：一是通过新规则、新制度的建立来清理乡镇企业市场环境中存在的种种混乱现象，二是通过某些商业性或非商业性组织的发育以有效提高乡镇企业的外部规模效益。不仅如此，市场组织和市场制度建设在更深层次上是同产权制度建设相辅相成密不可分的。企业产权制度建设，在本质上讲是一个代替过程，即企业对市场关系的依存取而代之企业对行政、社区系统依存的过程。但是在推进这一过程时必须充分注意到这一个基本事实，即目前的行政、社区在干预企业的同时，对企业实际也承担了某种保护的功能。在这种情况下，如果不为企业率先开辟出新的市场组织条件和制度条件，而硬性推行所谓“政企分开”，其结果无异于让企业塌台，更何况乡镇企业又多为中小企业，本身与市场联系的中间环节就十分薄弱。再者，市场的规范程度与企业的规范程度又是互为因果的，在市场的混乱得不到清理的情况下单独规范企业行为，也很难为企业所接受。这些就是为什么要把市场组织与制度建设纳入乡镇企业制度建设总体方案的基本原因。

三个试验区在这个层次上的试验工作主要包括以下内容：

——清理整顿市场环境。阜阳推出了清理整顿市场和清理整顿路卡两个试验项目，以扫除企业进入市场的人为障碍。其要点是：①明确市场管理机构及其职权，防止多头插手市场管理；②重新核定税、费收取的依据、标准、办法和用途；③建立公开收取税、费制度和举报监督制度。

建立工业团地，组建企业集团，改善乡镇企业布局和规模结构。这里包括阜阳和太和经济开发区、蒙城双涧工业小区、界首光武商工开发区、古井企业集团、城镇街面房屋商业化等试验项目，温州试验区也开辟了若干工业小区。

——建立专门为乡镇企业服务的金融支持系统。阜阳试验区在这方面的尝试主要是鼓励民办金融机构的建立和发展，一方面解决了乡镇企业资信度低、授信难的问题，一方面促进农村金融体制的改革；周村试验区围绕股份制企业试验，安排了建立投资公司及股票二级市场等试验项目。

——改善农村就业结构，促进劳动力横向流动。阜阳试验区在沿淮贫困县临泉县安排了建立劳务输出系统的试验；温州试验区则针对农村劳务市场的发展，颁布了相应的管理条例。

——疏通乡镇企业流通渠道，开办生产资料市场。阜阳试验区设置了扩大钢材、汽车、水泥的市场分配份额，缩小按行政条块分配的比重，建立专门的生产资料市场的试验。

——为了提高乡镇企业和农民企业家的社会地位，增强企业自我保护、自我教育、自我提高的功能，阜阳试验区提出了组织乡镇企业协会的项目。

——成立乡镇企业培训中心。在阜阳试验方案中，建立以实用为本、民办公助的乡镇企业培训中心被列为重要内容。

3. **政府部门管理体制的改革**。无论如何估计政府目前以至将来在乡镇企业发展中的作用，都有必要将各方面的内容纳入试验体系。从目前的情况看，这方面的试验主要解决三类问题：①整肃腐败之风，防止权力货币化，建立廉政制度；②改革管理体制，以协调政府部门对企业的服务；③促使政府的工作职能从直接参与经济活动转变到依法管理上来，为此，阜阳试验方案中列入了有关部门合署办公制度、编制乡镇企业创办指南，组建中小企业局，以及改革乡镇企业统计制度等项目，并把它视与企业产权制度建设、市场组织和制度建设并行不悖的一项重要内容。

三、试验工作的实施进展情况

阜阳试验区自1987年3月成立，当年8月出台第一批11个试验项目，到1988年4月陆续推出第二批9个试验项目，1988年该试验区工作的重点放在已出台20个试验项目的调整、总结和推广上。总的来看，项目的实施取得了一些新的进展，其中有些项目成效显著，也有的项目碰到一些新问题。温州和周村则分别于1987年底和1988年4月列入全国试验区序列。由于温州的试验体系有待进一步明确，以下着重介绍阜阳和周村试验工作的进展情况。

阜阳试验区在企业制度建设示范中先后推出了9家不同类型的试点企业。这9家企业是通过广泛的个案调查筛选出来的，其中包括独资企业、合伙企业、责任有限公司、中外合资企业，以及在经营上实行承包制、租赁制和"挂靠",在就业上实行社会保险制、在分配上实行利润分享制等几家典型企业。这些试验企业基本上代表了阜阳地区乡镇企业（特别是其中成型企业）的主要类型。试点企业分别制定了企业章程或有关文件（如承包合同、租赁合同、挂靠协议等）。从实施的结果来看，这些章程或文件虽然难免有疏漏之处，但在界定企业产权和明确企业当事人各自的权利和义务上无疑起到了积极的促进作用，不仅为试点企业在处理财产、分配、劳资纠纷、以及排除外部干预等问题上提供了依据，而且对地区内外同类企业产生了广泛的示范效应。据估计，全地区一半以上的成型企业，参照试点企业的经验制定了本企业的规章制度。

在企业制度示范的基础上，阜阳试验区根据既定工作计划开始着手《民营企业条例》的起草工作。试验区确定此条例作为地方性法规，经法律程序批准后率先在亳州市颁布执行。1988年9月成立专门起草小组，该小组经过反复调查、论证和修订，于1988年12月完成了《亳州市民营企业条例》及4个配套文件——《亳州市民营企业登记管理办法》、《亳州市民营企业银行开户与贷款管理办法》、《亳州市民营企业税收管理办法》、《亳州市民营企业破产条例》的起草工作。该条例以所有非国营企业为统一调整对象、内容涉及民营企业的界定、企业的登记、开业、停业、歇业及破产程序，企业的权利和义务、组织机构、劳资关系、分配关系等，并按独资企业、合伙企业、隐名合伙企业、债券式股份有限公司、有限责任公司5种企业分类分别予以详细规定，共9章125条。1988年12月下旬，在北京召开的专家咨询论证会上，法学界的专家一致认为该条例如颁布实行，将对我国目前有关企业的立法体系产生强烈影响。

清理整顿市场和交通路卡工作，经试点取得经验后，于去年初开始在全地区800多个城乡主要市场和交通干线上全面推开。试验区制定了有关"双清"的33条政策规定和具体实施方案，其要点是：①明确工商和公安部门为市场和交通管理的主管机关，其他部门不得插手；②税务、工商部门为市场上法定的税费收取单位，公安部门协助税务、交通部门做好税金和交通税费的征收，其它单位和个人一律不得在市场、路卡上收取费用；③挂牌公开税、费收取项目、标准；④对小型工商企业、个体户实行定额款税；⑤规定主管机关收取费用的开支中，用于市场建设的比例不低于80%；⑥建立市场监察署。以上规定由行署、县市政府签署公布，张贴到村。"双清"工作涉及面广、政策性强，工作难度大，试验区发动有关部门，动员了上千人，配合以舆论力量推进试验，取得了显著成效。经过清理整顿，市场管理由原来的12家改为工商部门一家，收取税费由23种减少为10种，交通管理由原来13家插手改为公安部门一家，收取的税费由21种减少为7种。由于中间流失大大减少，农民负担减轻，国家税费收入仍然增加。

工业团地的建设取得了令人鼓舞的进展。阜阳试验区自1987年8月到1988年4月先后创办了5个工业小区或开发区（其中太和县城郊、蒙城县双涧、界首县光武、涡阳县义门4个小区被正式列为试验区项目，涡阳县城东小区接受试验区指导）。各工业小区在创办阶段主要开展了以下工作：①制定包括区位、布局、环境、行业结构、管理开发体系在内的整体规划；②组建在行政上与所在社区脱钩的工业区管理机构；③制定吸引企业进入的优惠政策，如太和县开发区制定了涉及土地征用、户籍管理、供电、贷款、税收、工商登记6个方面53条优惠政策；④管理委员会下设办公室和开发机构，统一办理征地、企业注册手续并负责基础设施建设；⑤成立金融服务社或基金会，为小区建设融通资金。目前，5个工业小区的建设已初具规模，一批企业已建成投产。

民间金融组织发展较快，到1988年底，阜阳地区民办金融机构已发展到12家。其中张集企业金融服务社为试验区正式试验项目，太和城郊、蒙城双涧、涡阳义门3家金融服务社为所属工业小区试验项目规定的内容，其余作为试验区的固定观察点。这些民办金融组织具有与国家银行和信用社不同的特点：①向企业、农民发行股票吸收股金作为本金；②独立于政府组织，自主经营、自负盈亏，业务上接受地区人民银行的指导；③灵活开展存贷、折借、贴现、结算业务，存贷利率浮动；④内部管理制度较健全，实行考绩与工资奖金挂钩；⑤在经营方向上主要为乡镇企业服务。这些民间金融组织的出现有力地支持了当地乡镇企业的发展，并通过竞争促进了信用社的改革。

在临泉县实行的劳务输出试验按项目计划成立了县、区、乡劳务输出组织网络，制定了有利于促进劳务输出的具体政策，对劳务人员进行培训，提供信息服务，开展了有组织的多渠道输出。1988年该县输出劳力达10万人，比上年增长16%，劳务纯收入6 200万元，比上年增长20%。

乡镇企业协会与行业协会试验项目确定蒙城县农民企业家协会、亳州市药业协会、太和县供销员协会、阜阳县私人企业协会、涡阳县个体和联户机动车运输协会等5个农民自发组成的协会为试点。在试验区人员的参与下，这5个协会修订章程、健全组织、开展了与政府对话、举办培训班、编印小报交流信息、组织企业诊断等活动，在协调企业产供销，调解会员纠纷，保护会员合法权益上发挥了重要作用，到目前为止，5个协会已有分会50多个，会员达6 000余人。

阜阳乡镇企业培训中心试验项目的实施，依托原阜阳乡镇企业学校。该校由农民创办，以企业养学。1988年列入试验项目以来有较大发展变化，重新制定了发展规划，明确了办学方针，扩大专业设置和招生人数，改进教学方法和内部管理制度，全年共举办财务、统计、建筑、种植养殖、食品卫生、新闻摄影等9个短期培训班，招生562人。1988年9月开始举办乡镇企业管理、建筑两个为期三年的中专班，招生80人，这两个班已纳入省教委统一的招生计划。

有关政府行为和管理体制改革试验项目的进展情况是，由试验区办公室与行署乡镇企业局共同编写的《乡镇企业创办指南》一书已由农村读物出版社出版，在全国发行。全书共10章47节，详细向农民介绍了乡镇企业创办过程中有关企业登记，土地征用、环境保护、银行开户、用工和经营合同、税收，以及经营项目选择和审批等方面的政策性知识；合署办公制度在蒙城县试行取得初步成果，去年共召开合署办公会议20多次，由主管部门牵头，召集有关部门现场解决乡镇企业的难题，减少了部门之间互相扯皮推诿的现象，提高了行政效率；原定在涡阳县实行的统计制度改革试验，对乡镇企业统计的现状、问题进行了调查，提出了包括3个方面内容的改进方案，但由于建立乡一级统计站涉及增加编制和财政经费问题，而县里难以承受，故该项目有待重新调整；最后是蒙城中小企业局管理体制改革试验，这项试验在干部人事制度改革上率先突破，成效显著。但自该局成立以后，如何达到统一管理城乡二轻企业和乡镇企业，加强城乡经济联合，转变职能为企业服务的试验初衷，面临不少困难：一是改革不配套，二是缺乏经验。即便如此，中小企业局上下协力努力探索，各方面的工作亦取得相当进展。

周村试验区的主要试验内容是探讨乡镇企业走普遍实行股份合作制的路子。围绕这一主题推出了包括5个项目内容的试验方案，这5项内容是：①企业股权的划分、确立与保护；②股份合作企业的分配制度；③乡村行政组织对企业的行为规范；④股票市场和投资公司的建立；⑤各类股份合作企业示范章程。

周村工作的进展比较顺利，具体实施情况是：

——总结了5种类型股份合作企业的经验并制定了相应的企业示范章程。这些企业在股份形式和经营方式上各具特点。

——将股权一般划为四种，即集体股、企业股、个人股和社会股。对原集体企业股权的划分和确立采取如下方式和程序：①将全部资产净值作价折股；②或全部作为集体公股（所有权代表为村集体经济组织或乡、镇经委），或按一定比例划分为集体公股和个人股两部分；③个人股或按本村劳动力的人1年，或按本企业职工的工龄和工资落实到个人，并规定不准退股；④企业股的形成或参与现有资产折股后的划分，或来自今后企业税后利润的比例提成；⑤吸收社会股，其形式可以是资金，也可以是设备、技术专利、劳务的折算。

——实行股份合作制后，规定乡村行政组织的负责人以乡村集体股代表人的身份进企业董事会，作为董事之一行使权利；改企业上缴乡村利润为按乡村集体股份分红，乡村行政领导为企业跑项目、搞贷款、作担保，试验按智力投资折成乡村集体股，参与利润分配。

——股份合作企业的分配程序和方式是，照章纳税；税后利润先提取发展基金、福利基金和奖励基金；按股分红。按股分红部分一般占企业税后利润的40%～60%。在按股分红中，对不承担企业风险的集资股，实行保息，保息率高于银行存款利率。

——拟创办周村股份投资公司，作为控股公司发行股票或代理企业发行股票。

四、指标监测及若干分析评价

为了提供更充分的推广依据，对所有试验项目进行指标监测的重要性是不言自明的。但是对乡镇企业制度建设的监测必须考虑以下因素：①排除宏观经济波动和随机挠动的外在影响；②与粮食购销体制改革相比，乡镇企业制度试验在选取某些反映以期增长速度和质量的指标作为监测指标时必须更为慎重；③具体到阜阳，由于众多试验项目在内容和空间分布上的离散程度较高，增加了建立监测系统和利用现有统计资料的困难，这与周村又不一样。因此，如下指标监测的范围和所能说明的问题都将是有限度的。

1988年，阜阳地区乡镇企业总产值达到307 034万元，比1987年增长42.6%，是近年增长率最高的一年，在全省各地市中也名列前茅。乡镇企业就业人数增加到86万人，占农村劳动力的17.4%。9家试点企业的产值平均增长51.7%，高于全地区平均水平，职工人数增长13.5%，职工人均月收入增长12%。

5个工业小区总计，规划总面积1.9平方公里（=2 850亩），目前已征地500亩；接到要求进入小区的项目申请400多个，已获得批准和正在建设的有145家，涉及化工、纺织、制革、造纸、机械、运输等十几个行业，其中国营企业占15%，民营企业占85%，计划总投资4 400万元；计划产值1.6亿元；已建成投产的企业41家，总投资800多万元，计划年产值3 000多万元；小区内的水、电、路等基础设施投资已达500多万元，道路已形成网络，供水、排水系统初步建立，输变电线路已架设3 000多米，供电能力与县城相同。据测算，达到同样产值所占用土地面积，小区内比小区外分散建厂可节约40%。

12家民间金融服务社，到年底共有职工62人，拥有股金520多万元，吸收存款530多万元，自有融通资金800多万元，折借资金1 700多元，贷款发生额5 400多万元，贷款余额1 800多万元，贷款回收率在90%以上，自身盈利60多万元。贷款的主要方向是乡镇企业，由几家民间金融组织提供给镇企业的贷款，约相当于地区农行系统对乡镇企业贷款的1/3左右。

1988年是阜阳试验区的工作初见成效的一年。这些初步的成果已引起省内外的关注和中央有关部门的重视。年内有10多个省市自治区的300多人次到阜阳试验区考察，还收到全国各地数百封来信，要求介绍试验经验，索要企业示范章程及其他有关资料。试验区办公室将部分政策性、法规性成果共计15万余字汇编成册。1988年8月，经安徽省委、省政府批准，"双清"及合署办公等项目正式在全省范围内推广。其中有关廉政建设内容的报告还作为参阅材料在中央召开的有关会议上印发。

周村的股份合作企业已由1987年的331家发展到1988年的791家，占该区乡镇企业总数的21%。作为监测对象的188家乡村两级股份合作企业与该区全部545家乡村两级企业，1988年主要经济指标的对比情况见下表：

项　　目	188家总计（A）	545家总计（B）	A/B（%）
职工人数（人）	16 466	36 108	45.6
固定资产原值（万元）	11 268	18 229	61.8
总产值（万元）	29 760	52 826	56.3
税后利润（万元）	1 378	2 777	49.6
人均产值（元/人）	18 074	14 630	123.5
人均利润（元/人）	837	769	108.8
资产利润率（%）	12.23	15.23	80.3

五、主要问题及下一步计划

乡镇企业制度建设目前面临的问题分两类，一类问题是由于大环境的变化带来的，主要是指当前宏观经济政策紧缩对乡镇企业的影响。由于采取一系列措施紧缩银行信贷，压缩固定资产投资，恢复重要生产资料的计划管理或实行专营，以及限制农村"五小"工业，从城市清退部分农民工等，使高速增长的乡镇企业突然面临反差强烈的严峻局面，全国各地约20%的乡镇企业由于资金短缺、原料能源供给卡断而处于停工停产甚至倒闭状态，这对于试验工作不能不带来直接的影响。第二类问题，则属于试验工作进一步深入需要研究解决的问题。

对乡镇企业，我们认为问题不在于是否有必要采取紧缩政策，而在于通过紧缩最终所要达到的目标。近年乡镇企业的高速增长中包含着某些不正常因素。关于这一点从微观层次上进行的分析已有所涉及，这里要进一步指出的是，更深刻的矛盾在于宏观政策环境的扭曲。一方面，近年来的改革已经使通过计划分配资源的体制大为松动，企业的利润动机和市场需求的导向作用都大大强化，而另一方面，以低利率、低工资、低农产品价格、低基础工业品价格和高加工工业品价格组成的一整套政策环境都没有根本改变，在这种情况下，企业的发展冲动愈是强烈，国民经济的总量平衡和结构平衡就愈是难以承受。这就是近年来伴随着乡镇企业的迅速发展，国民经济的结构矛盾和景气波动加剧的基本原因。这个基本矛盾一日不解决，乡镇企业的发展就始终难以避免"膨胀、紧缩、再膨胀、再紧缩"周期振荡的厄运。因此，乡镇企业在这次紧缩中付出一定的代价是早已注定和不可避免的，关键问题是看它能否换来上述基本矛盾的解决或初步的理顺。我们认为目前对乡镇企业政策的重点，不应是简单地压乡镇企业的发展速度，用种种手段限制对乡镇企业贷款和原料供给的数量，尤其是要警惕城市倾向的放纵和抬头，而是应因势利导的推行利率、汇率、价格和工资改革，完善乡镇企业发展的政策环境。比如目前对乡镇企业的贷款，与其一个不给，不如大幅度提高存贷利率，这既有利于治理通货膨胀，也有助于乡镇企业的结构调整和升级换代。如果当前的紧缩朝这样的政策目标努力，那么对乡镇企业的制度建设试验来说，不仅会大大减少可能的不利影响，而且可能带来一些新的机遇。

试验工作本身面临的问题既有认识上的问题，也有操作上的问题。比如，在企业制度建设方面，股份制被认为是今后乡镇企业普遍的产权形式，但是目前存在的问题是，由于没有二级市场转让股票，因此采取了股份形式的企业不得不允许股东拥有退股的权利，股权实际上蜕变为债权，股东实际上不承担企业风险。可见股票市场的发育制约着股份制企业试验的深入；在市场建设方面，由于对某些重要产品重新采取行政计划控制，使"双清"的某些制度性成果有得而复失的危险。在工业团地的建设中，土地征用的审批权限、价格，当地农民的就业一类问题显得比较突出，目前还没有找到一套有效的办法解决这类问题。在民办金融组织的发展中，如何使之脱离社区行政干预，又能安全运行，看来有必要建立民办金融组织的联合机构等等。

阜阳试验工作的一项重要计划是《亳州市民营企业条例》及其配套文件的出台。目前起草工作已基本完成，尚需经省人大（或省政府）授权，经市人大通过（或市政府批准），尔后作为地方法律（或行政法规）颁布执行。阜阳的其他试验项目将围绕着这一中心工作进行适当调整，以便有足够的力量用于重点试验项目的指导和实施，进而带动整个试验工作向纵深发展。对全部试验项目加强管理并进一步完善监测指标体系也将作为重要内容列入下一步工作计划。另一项重要计划是在周村、温州等股份制企业比较集中的地区，进行创办股票市场的试点，以解决目前由于“股份非票据化、票据非市场化”造成的股东权利严重倾斜的问题。

在治理整顿中提高发展水平

——无锡市乡镇企业的调查与思考

袁　明　发

一、面临的压力

十三届三中全会提出治理、整顿和全面深化改革的指导方针后，无锡市乡镇企业不仅面临银行压缩信贷，能源缺口加大，原料价格暴涨，经营渠道阻塞，优惠取消，负担加重等矛盾和困难，给乡镇企业干部职工带来了很大忧虑和压力。

异军突起的乡镇企业，上无靠山，下无后盾，是在逆境中求生存求发展。正由于此，它便成了宏观经济中“最敏感的一根神经”，只要经济社会出现某些动荡，乡镇企业总是成为众矢之的。人们记得，过去它曾被视为“资本主义的尾巴”而割除过，被作为“挖社会主义墙脚”而批判过，还曾被视为“不正之风的根源”而清理过。但这一切都没有削弱乡镇企业的锐气，它硬是以强烈的生存意识、竞争意识和改革意识不断发展，不断壮大。

就无锡地区来说，到1988年，全市乡镇企业的固定资产已达到49.8亿元，自有流动资金9.68亿元；上交税收7.66亿元，占全市财政收入的40%；外贸出口供货总值9.8亿元，占全市的41.5%；乡、村二级工业总产值达201亿元，占全市工业总产值的61%，乡以下工农业总产值在全市工农业总产值中，已从“半壁江山”发展成为“三分天下占其二”的地位。

从城市全民企业看，乡镇企业已成为其得力的助手和伙伴。如今的乡镇企业已与全民企业紧密地结合在一起，互相依赖，互相制约，谁也离不开谁。全市上万家乡镇企业，至少有三分之一的企业与全民企业有多种形式的经济技术联合。无锡县与城市全民企业紧密联合的产值近30亿。有人说，现在如果乡镇企业出现“感冒”就会引起全民企业“咳嗽”，这话一点不错。

再从稳定发展农业来看，问题就更清楚了。这几年，国家对农业的投入大量减少，而农业生产资料价格成倍上涨，粮食收购价提高不多。农业面临如此困境，全靠乡镇企业的建（补）农金，支撑着粮食、蔬菜、生猪的发展。“六五”期间，全市乡镇企业共拿出补、建农资金达4.5亿元，去年达1.2亿元。乡镇企业的“以工补农”，其实质也可以说是“以乡补城”。乡镇企业吸收农村剩余劳力，增加农民收入和建设小城镇方面的贡献，更是人所共知了。事实说明，乡镇企业的发展，根本不存在挤了农业，冷了粮食，而是保了农业，保证了城市农副产品的供给。没有乡镇企业的发展，就没有今天发达的农村经济。乡镇企业的生死存亡，联系着农村乃至整个社会的盛衰，影响着当前治理整顿的成败。

我们强调正确对待乡镇企业，并不是说乡镇企业不要治理整顿。乡镇企业确实存在不少问题，需要通过整治来解决，如投资规模过大，重复布点过多，发展速度过猛，产品结构不合理，以及经济活动中的各种短期行为等等，在整顿治理中，各乡镇应从本地实际出发，存在什么问题就解决什么问题，对症下药，该压的压，该保的保，该上的上，为了服从全局，甚至可以作出一些牺牲。

二、机遇主导着困难

治理整顿，对乡镇工业来说，确实是困难与希望共存，危机与机遇同在。然而，机遇主导着困难。三县（市）一郊上万家乡镇企业，凭着自己灵活经营的机制，艰苦创业的精神和吃苦耐劳的劲头，依靠自己积累的实力，抓住有利机会，真正做到服从大局，面对现实，注重效益，提高水平。

人们原来预计89年一季度有三分之一的乡镇企业要关闭的“大滑坡”局面并未出现。据各县，区综合分析，生产经营状况好的企业约占40%，生产经营一般，还过得去的企业约占45～50%，困难较大、日子不好过的企业约占10～15%。各县区和乡村之间喜与忧、好与差很不平衡。另据江阴市对31个乡的1 000家企业分析，开工开台率在90%以上的占76.1%，50～90%的占17.2%，停工停产的仅占1.7%。在抽样调查的2 000多种产品中，热销产品有977种，占45%，平销产品有992种，占45.7%，滞销产品200种，占9.3%。

在人们认为乡镇企业处于危机四伏的逆境之中，无锡市的乡镇企业怎么出现“柳暗花明”的较好势头，其转机在哪里呢？我们感到，今年以来的较好势头是来之不易的，除了原有的基础，去年的投入，市场的需求以及全民企业发展受到控制等客观因素外，从乡镇企业自身来看，主要有这样三条：

1．主动服从宏观控制，精神状态较好。无锡市乡镇企业的广大干部职工，在长期生产劳动、经营管理中发扬改革开拓、奋发向上、艰苦创业的精神，这是创建、发展乡镇企业最宝贵的精神支柱，也是渡过难关、巩固提高乡镇企业最重要的活力源泉。在宏观控制的情况下，许多乡镇企业做到“四个不”：不泄气、不动摇、不等待、不落后。有的企业为了增加有效供给，完成出口任务，实行10小时工作制；许多干部职工为缓解企业资金矛盾，推迟年终分配或暂存企业，有的把造房、结婚用的钱都拿出来充实企业流动资金，无锡县阳山镇原规划今年造七幢大楼，乡党委决定全部停建。郊区扬名乡把全乡划分四个片，引导干部职工开展保供给、增效益竞赛，力争今年增加销售收入，产值税利同步增长。

2．紧紧抓住突出矛盾，资金融通较好。资金是企业的“血液”，没有资金周转，企业就无法运转。国家紧缩信贷后，资金已由以往部分企业短缺变为全面紧张，成为乡镇企业能否发展的最大困难、主要矛盾。造成资金严重短缺的原因：一是前几年基建投入过猛，急需大量流动资金配套；二是不少企业搞“赤字经济”，靠贷款、拆借运行；三是有些项目失误，投入后没有产出；四是原材料价格暴涨，流动资金缺口加大；五是银根抽紧后、横向拆借受到制约。据估计，全市乡镇企业保持去年发展速度，仅流动资金一项，缺口就达7～8亿元。为了确保当前生产，增加有效供给，许多乡镇不得不“书记挂帅”，有的成立资金融通领导小组，有的成立资金协调办公室。为解决资金矛盾，无锡县一些乡镇采取了“十字”措施，江阴市一些乡镇提出了“八字”方针，即借、引、储、集、缓、收、清、挤、节、压等等，对维持和搞好生产起了关键作用。

3．发挥灵活经营优势，机遇抓得较好。治理整顿，对于整个乡镇企业来说，困难和希望双重并存，而希望优于困难，关键在于能不能抓住机遇。无锡市乡镇企业在服从宏观控制的同时，都注重化难点为契机，抓住新的机遇，从而把握了提高发展的主动权。

一是抓住压缩基本建设的机遇，培养提高骨干企业，压缩基建，迫使企业走内涵提高的新路。各乡镇把有限的资金用在刀口上，通过调整结构、企业兼并、技术改造、横向联合等途径，扶持和发展骨干企业。全市农村现有产值上千元，税利上百万的骨干企业668家，这批具有较强经济实力、竞争能力和管理水平的企业，企业数只占全市的6%，但总产值占三分之一，利润占50%左右。

二是抓住增加有效供给的机遇，积极调整产品结构。无锡县把调整结构与提高水平，增强后劲结合起来，排出100个重点扶持项目，大力发展“三高二低”产品（高技术、高效益、高创汇、低能耗、低物耗）和农用产品，增加有效供给。江阴市制订了倾斜政策，扶持20种拳头产品，208种适销对路产品，还计划开发102种新产品。

三是抓住增加农业投入的机遇，发展壮大村办企业，稳定提高农业。主要靠乡村两级，尤其是村办企业的投入。由于村办企业经营灵活、自主权大，资金状况又好于乡办企业。因此，各乡镇给予重点支持和积极引导。去年全市已出现三个亿元村（西塘、金星、华西）；扬名乡12个行政村，村村工业超3 000万元。今年一季度，全市乡办工业产值增长27.1%，村办工业增长40.2%。

四是抓住对外“网开一面”的机遇，大力发展外向经济。在整治的新形势下，县、乡、村都加强了“打出去，引进来”的意识，把解决资金，原材料紧张矛盾的思路向国外拓展。据不完全统计，全市乡镇企业已初步落实外贸收购额近11亿元（包括外口岸），比88年可增长50%左右。全市乡镇企业中已有“三资”企业43家，总投资9 804万元。其中外方投资3 300万元，江阴北国乡已与台商合资办了一个厂，今年还要争取再谈成2～3个项目。

三、发展水平必须提高

当前，我们既要理直气壮地肯定乡镇企业的地位和作用，又要清醒地看到乡镇企业面临的严峻形势和存在的突出问题。治理整顿半年多来。乡镇企业虽有震动和触痛，但尚未刺入筋骨，从调查情况看，乡镇企业的困难还没到谷底。下半年乡镇企业面临的矛盾将更多，形势更加严峻。除了资金、能源、原材料紧缺的矛盾只会扩大不会缓解外,市场形势将发生变化，相当一部分产品的销售可能出现疲软以至萎缩。如果市场出现萎缩，首当其冲的是乡镇企业，对此，决不能掉以轻心。

我们认为，要在进一步调整中提高发展乡镇企业的水平，着重处理如下几个关系：

1. **治理整顿与发展提高的关系**。治理整顿是为了发展提高，发展提高需要治理整顿。治理整顿是加强宏观控制的战略措施，也是乡镇企业发展的自身要求。乡镇工业发展不可能直线上升，整治就是必要的休整。只有及时休整，才能换来提高发展。这次整治与84年、86年两次调整有三个不同：一是周期长，二是硬性强，三是难度大。乡镇和企业领导要充分利用整治机会，把本地的经济发展与国家宏观控制的方针结合起来，制订和修改乡镇企业的战略发展规划，逐步实现“四个”转变：从注重产值增长转向注重经济效益，从注重外延扩大转向注重内涵提高，从粗放经营转向集约经营，从注重国内市场转向国内外市场并重。抓住并实现了“四个”转变，乡镇工业的发展水平就能上升到一个新的台阶。

2. **控制速度与提高经济效益的关系**。讲究经济效益，是小厂的最终目的，也是最基本的要求。应该承认，没有一定的速度，就没有一定的经济效益，特别是财政包干后，要完成财政任务，必须保持相当的速度。但是，相互攀比，盲目追求速度，超过资金，资源和市场承受力去追求速度，必然会造成经济混乱，效益“滑坡”。所以，速度与效益相统一，速度必须服从效益。无效的速度要控制，适当的速度要保持，有效益的速度要扶持、要力争。无锡市委、市政府已明确提出：今年对乡镇企业不再考核产值指标，而是考核纯产值、外贸收购额和八项主要经济技术指标。把主要精力用在抓技术改造、产品创优、新产品开发、全员培训、企业升级上，力求做到既保持合理的发展速度，又提高企业的经济效益。

3. **压缩基建与增加有效供给的关系**。压缩基建规模和保持有效供给，都是治理、整顿的重要内容。解决这对矛盾的最好办法，是找出两者的结合点，主要的“结合点”是调整结构，包括产业结构、企业结构、产品结构。从基础性调整到适应性调整，再到提高性调整。县（市）一级主要抓产业结构的调整，要从县（市）情况出发，发挥自己的优势，制定相应的倾斜政策；乡镇一级重点抓企业结构的调整。通过横联、兼并、技改、优化组合，形成一批有竞争能力的骨干企业；企业着重抓产品结构的调整，淘汰低劣产品、增加适销产品、扩大名优产品、开发战略产品，这样，既压缩基建投入，又增加有效供给。

4. **国内市场与国际市场的关系**。当前，企业碰到的一个现实问题，就是外销不如内销。上外贸一时无利可图，甚至要亏本。对企业来说，外贸包干成了包袱。怎样处理这一矛盾？总的战略方针应是两个市场一起抓，巩固内销阵地，扩大外贸市场。无锡市乡镇企业大多是加工工业，虽然产品在国内有较大市场，但资源先天不足，原材料供给短缺，客观形势和自身发展迫使我们要发展外向型经济。无锡县提出的“三个突破”设想可以借鉴。一是要在机电、电子元器件和轻化工产品出口方面搞突破，二是要在出口自营方面搞突破；三是要在兴办“三资”企业和境外企业方面搞突破。

5. **扩大横联与练好“内功”的关系**。现在的问题是要克服重经营轻管理的倾向，强化内部管理，向管理要效益，要后劲。强化企业内部管理，就是深化企业内部改革，要紧紧抓住企业内部的主要矛盾和薄弱环节，从加强基础管理抓起，重点抓好财务管理、质量管理和劳动管理。要切实加强资金管理，健全成本核算，推行厂内银行；加强质量管理，提高工作质量和产品质量；加强劳动管理，优化劳动组合，精简非生产性人员，压缩外来劳力，重视职工教育，抓好岗位培训，不断提高职工素质。

乡镇企业如何能够生存和发展

——吉林市31个重点乡镇企业调查

张　林　王彦宝

在“治理、整顿”新形势下，如何办好乡镇企业？最近，我们深入到21个乡（镇），对治理、整顿前后形势一直比较好的31个企业进行了调查，其中：乡（镇）办企业23个，村办企业7个，个体企业1个。在这些企业中有出口创汇企业、支农企业、化工企业、为城市大工业配套企业、农副产品加工企业、矿产建材企业、中外合资和补偿贸易企业等。通过调查开阔了视野，看到了乡镇企业生存发展之路。

一、31个重点企业的主要特点

1. 企业规模大。调查的这些企业，一般产值都超过100万元，利税都超过30万元，产值最高的市郊区龙谭第二化工厂，去年实现产值1 092万元，利税160万元。固定资产总值达600万元。蛟河县蛟河镇杨木林子综合厂，经过几年的发展，固定资产达到了230万元，预计今年将成为吉林市乡镇企业第二个产值超1 000万元，利税超100万元的企业。投资560万元建成的桦甸市老金厂乡金矿，今年可创产值350万元，实现利税105万元。

2. 企业干部、职工素质好。形势一直比较好的这31个企业，在干部、职工素质上都给人留下了极深的印象。每到一处，无论是听企业领导介绍情况，还是和工人座谈，他们对本企业的生产、技术管理等工作都非常清楚，对自己分管的工作和岗位都比较胜任。

3. 企业管理好。被调查的企业尽管生产性质和产品不尽相同，但他们的共同特点是，都十分注意从基础做起，用科学的、正规化的管理手段对企业实行严格的管理。从厂容厂貌，到车间仓库；从计划下达，原料购进，到产品出厂，每个部门，每个环节都建立了周密齐全的管理制度，摆脱了管理混乱杂乱无章的局面，跨进了国营企业管理水平的行列。舒兰县溪河乡溪河村制桶厂仓库，实行了按物品分类、按品种定位，分品种挂牌自动增减的管理办法。人们一进仓库不但能很快找到要出库的东西，而且往挂牌上一看，就知道该物品进库量和现有量。

4. 名、优产品多。这些企业都有自己的定型产品，并且都十分注意产品质量，把争优质创名牌当作企业生存、发展的重要战略措施。调查的31个企业中，有市以上优秀新产品和优质产品的企业11个，其中有3个企业有部优产品。

5. 经济效益高。这31个企业不但规模大、产值多，而且利税率也很高。永吉县缸窑镇塑料编织厂产值利税率达18.7%，舒兰县朝阳镇东富村钙塑门窗厂产值利税率达25%，蛟河县奶子山镇炭素厂产值利税率达22%，桦甸市老金厂乡金矿产值利税率达30%。

二、31个重点企业的主要经验

调查的31个企业都有广阔的发展前途和较强的生命力，特别是在“治理、整顿”的新形势下，这些企业不但没有受到大的冲击，反而显得更加生机勃勃。归纳起来有如下几条经验：

1. 盯住两个市场，开发适销对路产品。31个企业中的很多领导都深有感触的说，一个企业要想生存，首要的一条，就是要有适销对路的产品，没有受用户欢迎的产品企业就很难生存。所以这些企业既注意开发国内市场，又注意开发国际市场。每个企业都有自己的拳头产品，销路也都很好。蛟河县乌林乡电热器材厂，在市场调查中，发现工业用的铁铬铝电阻丝很难买到，于是在有关部门的支持下，他们很快上马生产铁铬铝电阻丝，填补了东北工业产品的空白。产品投放市场后，深受一些工业企业的欢迎，1988年实现产值180万元，1989年头三个月又完成了产值40万元。磐石县三棚乡大理石厂，在原来单一生产大理石装饰板的情况下，又根据市场需要推出了象棋、笔筒、茶几等几十个品种的大理石工艺品，使企业不断发展壮大。在开发国内市场的同时，这些企业还都十分注意开发国际市场，龙谭第二化工厂、旺起卫生筷子厂、呼兰硅灰石矿等企业先后把自己的产品打入国际市场，增强了企业生存、竞争的能力。

2. 深化改革，增加新的活力。为了在困境中使企业获得新的发展，这些企业都把深化改革当做主要措施。通过改革，调动了干部职工的积极性，强化了企业的经营机制，使企业获得了发展的新活力。如吉林市江南有色金属加工厂，全厂实行了股份制，每个职工都有自己的股份，大家对企业的前途和命运都十分关心。在企业资金紧张，将要影响生产的情况下，全厂职工主动向企业集资23万元，使企业渡过了难关。永吉县双河镇水泥厂，为了改变企业领导人承包不担风险的做法，厂领导班子每人交风险抵押金3 000元。市郊区九站乡，为了增强全体职工的风险意识，今年在乡办企业中，全部推行了全员风险抵押，共收上抵押金 17.26 万元，既增强了全体职工的风险意识，又缓解了资金短缺的困难。

3．开展横向联合，实现城乡优势互补。农村发展乡镇企业，既有很多优势，又有一些自己难以解决的困难。对此，这些企业，采取的办法是：开展各种形式的联合，在联合中使乡镇企业缺项目、缺技术、缺资金等问题得到了解决，实现了城乡优势互补，各自都得了发展。如磐石县呼兰镇，有丰富的硅灰石资源，国内外都有市场，但由于缺资金，无力大规模开采，在这种情况下，他们主动和省有关部门研究，从香港中林公司引进资金 100 万美元，办起了全市乡镇中第一个中外合资企业，引进资金全部发挥效益后，这个企业年产值可达到1 000万元，利润200万元。舒兰县溪河乡溪河村，自己手中有钱，想办新企业就是找不到项目，通过和市溶器厂联合，办起了制桶厂，当年建厂，当年投产，可实现年产值 600 万元，利润30万元。永吉县缸窑镇利用自己厂房、劳力等优势和长松化工厂联合办起了塑料袋编织厂，长松工厂提供技术和原料。投产四个月就创产值102万元，利润8.6万元。

4．采取多种渠道，大力开发人才。调查的这些企业，都十分重视开发人才，他们把人才当做企业生存的发展之本，在开发人才中有的不惜重金外引，有的送到同类企业代培。还有的送到大专院校、科研单位学习，更多的是企业自己办班培训。通过采取这些办法开发人才，使企业职工队伍素质有了很大提高，一些拔尖人才在企业发展中起了很大作用。市郊区江南泰山电子仪器厂，以每年五万元和一万元的重金从浙江和江苏请来了两名模具、塑料和铝合金铸塑技术人才，使企业生产中的难题都得到了解决。这个个体企业产值可达到 150 万元，利润25万元。蛟河县乌林乡从 104 厂招聘了一名技术人员，办起了化工厂，生产氯化苄和丁苄脂，这两个产品年产值可达 500 万元，利税达 200 万元。市郊区龙谭第二化工厂，除了外请技术人员外，现在全厂还送出18人到大专院校、科研单位深造，为了提高全员职工素质，他们还办起了职工文化技术学校，分期分批对职工进行轮训，使职工素质有了明显提高。

5．抓紧调整，提高企业对市场的适应能力。中央提出“治理、整顿”方针后，这些企业根据形势的变化，不等不靠，积极主动进行调整，提高自身发展的功能。永吉县旺起卫生筷子厂，乌拉街三砖厂，为了摆脱电力紧张的困扰，从单纯靠国家供电进行生产，转向自己发电，这两个企业分别都购买了发电机，电网停电后，在两分钟内，自己的发电机就会送电，保证了生产的正常进行。吉林市郊区松花江冷冻公司，把原来自用自冻，转向租用，这样既提高了冷冻设备的利用率，又增加了企业收入。

6．重视科技进步，靠科技促进发展。永吉县旺起农机厂，原来是搞农机维修的企业，几年来他们把抓科技当做企业振兴之本，经无数次的研究改进，他们生产的流线型节煤器，在被评为省优秀新产品后，又被评为部优产品，由原来年产值30万元，利税4万元，上升到年产值 130 万元，利税30万元。市郊区江南有色金属加工厂，自今年以来，还在全厂开展了小改小革立功授奖活动。活动开展仅一个多月，就有两项成果被采用，对促进企业生产发展起了很大作用。

三、受到的启事

1．发展规模企业，是提高竞争能力的关键。通过调查这些企业，我们感到，在乡镇企业有了一定发展和条件之后，必须向规模型企业发展。规模企业基础牢、资产雄厚、技术力量强、职工队伍素质好，又有定型产品，能经得起风浪的冲击，不至于在小风小浪中翻船。

2．开展各种形式的联合，是解决乡镇企业先天不足的重要措施。农民在农村举办乡镇企业，有就近利用资源，安排农村剩余劳动力等优越条件，但还缺少技术、缺少管理经验、缺少设备和项目等，调查的这些企业的实践证明，开展与城市工矿企业、大专院校和科研单位的联合，是解决这些先天不足的重要措施。在联合中可以使优势得到发挥，劣势得到提高，实现城乡优势互补，达到共同发展的目的。

3．抓好人才、科技开发，是企业振兴之本。这些企业的实践告诉我们，人才是企业发展的动力，科技是企业生存的血液，发展乡镇企业没有人才不行，有了人才不抓科技也不行，只有把两者紧紧抓住才能推动企业发展。

4．只有抓好经常性的调整，才能有不断的发展。乡镇企业要想获得发展，必须根据市场的变化，竞争对手的增加，经常调整企业产品结构和方向，才能使企业有较强的适应性，不断获得新的发展。

乡镇企业党组织状况调查

费守义　李方本　林祚勤

一、乡镇企业党组织的基本状况

胶州市共有乡镇办企业206个，到1989年3月底已建立党组织的196个，占企业总数的95.1%；未建党组织的10个，占企业总数的4.9%(其中有5个企业因正式党员不足3名，并入了其他企业支部)。通过定位升级，被评为先进党支部的37个，已占建党支部总数的18.9%。一类党支部的94个，占47.9%，二类党支部的61个，占31%，三类党支部的4个，占2%。全部企业共有党员2 541名，通过民主评议、定格升位，被评为优秀党员的997名，占党员总数的39.2%，合格党员的1 089名，占42.9%，基本合格党员的413名，占16.3%，基本不合格党员的39名，占1.5%，不合格党员3名，占0.1%。

通过调查，我们看到，大部分企业党组织活动比较正常，工作团结协调，在群众中的威信较高，党群关系比较融洽。在振兴企业、发展经济的过程中起了关键的作用。特别是近两年来，在全市范围内实行了党员目标化管理，制订下发了《关于实施党要管党原则的意见》、《乡镇企业党组织工作条例》等文件，开展了民主评议党员、党支部“定位升级”、党员“定格升位”等活动。乡镇企业党组织的重视程度大大提高，思想观念不断更新，并在职工教育、党员学习的内容和方式方法等方面积极进行了新的探索。具体表现在：一是针对本企业的特点，利用不同形式，抓了党员的培训教育，开展了党的知识竞赛、爱我中华、技术比武、岗位练兵、争先创优等有意义的活动。促进了企业的发展。二是注重了智力投资，不少企业党组织把生产中的骨干党员和优秀职工，通过各种渠道和形式送出去学习、进修和培训，提高了他们的科学文化素质和业务技术素质。三是不少企业实行了“两公开一监督”。制订了与职工定期对话的制度，沟通了干群思想，密切了干群关系，增强了党组织的凝聚力。

二、乡镇企业党组织存在的几个主要问题

在调查中，我们同时发现，乡镇企业党组织建设取得了不少成绩的同时，也存在着与当前形势不适应的一些问题。

1. 党政关系没有理顺。多数乡镇企业党组织设置是书记厂长(经理)一人兼，又很少设党支部副书记。部分企业领导把大量的时间和精力用在处理经济业务上，无暇顾及党的建设，形成组织工作无人抓的被动局面。有的企业组织生活不正常，党的“三会一课”制度不能坚持，往往生产会代替了支部会、党员会。有少数口头喊的多，思想政治工作“空台”、政工人员“空位”严重，党组织的战斗力比较薄弱。

2. 规章制度不落实。部分企业党组织制度不健全、不完善，企业管理制度代替了党建制度，党员目标管理流于形式，月小结、季考评、半年初评的党建措施不落实。个别企业的少数党员长期不接转组织关系，既不参加所在单位组织生活，又不参加村的组织生活，不缴纳党费，成了失去监督和管理的自由党员。有少数党员经常“跳槽”，今天在这，明天在那，单位不固定，哪里吃香哪里去，哪里收入高哪里去。其中个别的连续一二年不过组织生活、不缴纳党费，甚至下落不明。

3. 党员分布不合理。乡镇企业党员普遍占全乡镇党员总数的比重太小，而且结构不合理，分布不平衡。多数企业，后勤和各科室党员占企业党员总数的80%以上，而生产一线的党员仅占20%。如夼集乡全乡1 500余名党员，企业只有84名，而且85%的党员都集中在企业后勤、科室的管理岗位上，生产一线数量太少。现在应引起重视的是部分企业党组织的党员发展工作出现了萎缩趋势。由过去的“入党难”变为目前的“难发展”。要求入党的积极分子越来越少。凡是写入党申请的，往往多数是各企业后勤科室人员，生产一线的工人很少。还发现个别企业党组织对预备党员转正时间拖得太长。

4. 书记素质不高。多数企业支部书记未经专门培训和教育，党的基础知识掌握较差。有的平时只忙于业务，不注重政治学习，政策、理论水平太低，无法教育别人，不适应商品经济的发展和经营方式的变革。有的对党的工作不愿抓，对职工的思想政治工作不会抓，使党的建设受到较大影响。有的凭“老经验”办事，对职工的教育和问题处理，只是我说你听，讲完了事，方法简单陈旧，家长作风严重。还有极个别的事业心不强，私心较重，办事不公，引起职工反感，损害了党在群众中的威信。

三、建议与措施

根据当前的形势，针对企业党组织存在的问题，我们认为，进一步加强乡镇企业党的组织、思想、作

风建设，强化党在企业中的地位和作用是非常重要的，十分迫切的，必须下功夫抓紧抓好。

1．乡镇党委要切实加强对乡镇企业党组织的领导，提到重要议事议程上。首先抓好企业党组织的自身建设，把抓经济工作与抓党的建设统一起来，发挥好党支部的战斗保垒作用。其次要健全党政工团组织，发挥职能部门作用，抓好企业党员、职工的思想政治工作。再次是抓好企业党支部书记的培训教育，促使他们尽快适应新形势的发展，由经营型向管理型转化，不断提高他们的党性观念、政策理论水平和经营管理水平。同时认真总结和探索出一套既不同于国营企业，又不同于农村，而具有乡镇企业特点的党建经验和管理办法，把乡镇企业党的建设搞上去。

2．狠抓党的组织建设，发挥支部"堡垒"作用。要认真分析本乡镇企业班子状况，及时调整那些弱班子和散班子；对有3名正式党员以上的企业，没建党支部的要尽快建立党支部；对不足3名党员的企业，党委要根据企业实际，考虑成立联合支部；对个别没有党员的企业，党委可以根据企业需要作适当调整。对产值500万，利润50万，党员在30名以上的较大企业，最好设一名专职副书记；对产值1 000万元，利润100万元，党员在50名以上的企业，可以考虑成立党总支。

企业党组织的活动内容和方式要从实际出发，坚持业余、小型、分散、灵活的方法，既有针对性又有吸引力。同时，要尽快建立健全党小组，加强党小组建设，发挥党小组作用。

3．坚持规章制度，抓好党员管理。一是抓好企业的党员目标管理，把目标管理同两个文明建设目标的考核紧密结合起来，做到定期检查，定期评议，定期考核，把处置不合格党员工作落实到实处。二是抓好党员培训，不断提高党员素质。各企业党组织要根据党员的数量，有组织有计划地进行有趣、有形、有色、有吸引力等多种形式的培训教育。特别是要抓好党员的思想和形势教育。三是抓好个别党员组织关系的转递。凡是有固定单位时间在六个月以上的，都要转递组织关系，参加所在单位的组织生活，接受党的教育和监督。

4．抓好党员的发展工作，不断增强党组织的活力。要针对企业的实际，重点解决好企业的空白生产班组和党员分布不合理的问题。对没有党支部和党员的单位，乡镇党委要指定与其单位临近的党组织负责做好发展党员工作。同时还要抓好入党积极分子的培养教育和预备党员按期转正工作。

5．搞好两公开一监督，提高党内生活透明度，避免部分企业领导决策上的失误。用人上的不当，分配上的不公问题。同时，要经常开展不同形式的对话活动。通过对话，及时掌握党员、职工思想上的热点、难点和疑点，做到下情上达，上情下达，彼此沟通，增进理解，密切联系，增强企业党组织的凝聚力、向心力、吸引力。

依靠自我发展能力　在治理整顿中崛起

——湖南省沅江市乡镇企业调查

益阳地区乡镇企业经济委员会

治理整顿以来，各地乡镇企业普遍陷入了步履艰难的困境。而地处洞庭湖畔的沅江市却突破了困境，出现了前所未有的发展势头。为此我们进行了调查。

沅江市是一个县级市，发展乡镇企业并无得天独厚的条件。境内一无矿藏，二无森林资源，自然资源缺乏。发展乡镇企业所需的能源十分短缺。电力只能满足生产需要的50%，煤炭全部依赖外地支援供应，汽油、柴油等更是杯水车薪，其他原材料大都靠从外地乞讨求援。特别是1986到1987年的"苎麻热"中，由于市场信息不灵，宏观调控不力，全市大搞苎麻加工的乡镇企业一哄而上，共耗资1 630多万元，兴建了44家精干麻厂，后因苎麻价格大起大落，以致发生亏损940多万元；不仅如此，还背上了3 000多万元贷款的沉重包袱，整个乡镇企业濒临困境。1988年下半年以来，由于治理经济环境，整顿经济秩序，国家抽紧银根，压缩基建规模，以致乡镇企业发展资金更加困难，全市乡镇企业四大支柱之一的建材行业受到巨大影响。去年底全市有10多家红砖厂不得不关闭停业。加之去年秋季遭受了百年不遇的洪涝灾害，使全市整个经济发展受到严重冲击，乡镇企业的发展更是困难重重。在这样的条件下，沅江市各级党政领导和基层干部，振奋精神，依靠自己的力量，群策群力，迎难而上。

一、正确分析形势，增强自我发展的信心

面对困境，沅江市委、市政府不但没有动摇发展乡镇企业的信心，反而重新确立了乡镇企业在振兴沅江经济中的战略地位。他们认为，在国家进行经济整治的条件下，要振兴沅江经济，只有发展以加工本地农副产品为主的乡镇企业，才是出路。他们看到，尽管1987年乡镇企业受挫，但还是创造了2.88亿元的产值，占到当年全市社会总产值的28%，乡镇工业产值占到全市工业产值的30%。如果乡镇企业一垮，全市整个国民经济就要滑坡。他们还通过对市场、资金等的调查分析，进一步看到了乡镇企业摆脱困境、重振雄风已为期不远。市场方面，由于文化事业的迅速发展，纸张销量销价看好，占全市乡镇企业收入五分之一左右的造纸业可望率先搞活；占全市乡镇企业三分之一的麻纺业，虽然1987年损失惨重，但也透出了一线希望之光：国际上的麻纺品（麻条、麻纱、麻布）销量稳步增加，价格稳中有升；国内棉纺原料短缺，以麻代棉的趋势日趋明显。只要适时适市地调整产品结构，扩大深加工，就有可能在不长的时间内获得勃勃生机；其他如食品行业等，生产只有微小波动，起伏不大，可在保本或微利经营的基础上等待时机，资金方面，尽管国家抽紧银根，贷款困难，但农民手中在苎麻热中积累的资金至少还有1亿以上，可采取鼓励储蓄、吸收入股等方式聚集资金来发展乡镇企业。至于能源和原辅材料短缺这些其他地方也存在的问题，则可通过调节等办法加以解决。基于以上分析和认识，市委、市政府一方面力排来自社会上的对乡镇企业的各种非难指责，帮助各级党委和政府提高认识，树立信心，切实加强对乡镇企业的领导；另一方面，继续放宽政策，进一步改善乡镇企业发展的外部环境。这样，很快出现了一个领导带头、群策群力办乡镇企业的新局面。

二、靠自力更生，走自我发展之路

1987年的困境，使沅江各级干部和群众明白了这样一个道理：过去乡镇企业那种完全靠贷款生存、发展的道路如今再也走不通了。要解决发展资金问题，必须靠自力更生，自我积累。所以，他们从去年下半年以来，由“两眼向上”(贷)，转到了“两眼向下”(集)，立足企业，面向社会，多渠道、全方位筹集资金。一是大力推广全员资产抵押承包，已有48家乡村企业推行了这一改革措施，共吸收风险抵押金426万元；二是发动职工集资，全市95%以上的企业采取了带资来劳的集资办法，共集资382万元；三是面向社会集资，已有20多家效益好的骨干企业向社会集资289万元；四是发展股份制企业，已有15家乡镇企业试行股份制，共吸收股金137万元；五是开展横向联合，积极引进外来资金。全市乡镇企业已引进联营资金762万元；六是预收定贷款。有48家产品销路好的企业已预收定货款436万元；七是抓紧收回应收货款。在1988年已收回应收款594万元的基础上，1989年又收回335万元；八是严格控制上缴比例，坚持按政策规定提足各项集体提留。同时，严格按政策规定的范围和标准，提取固定资产折旧费、大修理基金、福利基金、教育基金、管理费等，其中可作流动资金使用。通过上述种种办法，全市乡镇企业自力更生筹集资金达338多万元，有效地解决了生产经营中的资金困难。资金搞活了，生产经营就有了主动权。全市210家乡办企业，有198家已投入了正常生产。

三、强化管理，确立经济效益的中心地位

1．推行完善资产抵押承包制。各个乡镇企业把生产经营的产值、产量、质量、利润等各项指标层层加以分解，一直落实到工厂、班组以至个人，实行几定一奖罚，这样进一步把职工的个人利益与企业的整体利益紧密地联系起来，更好地调动了职工的生产积极性。

2．大力开发新产品，增强竞争能力。全市开发新产品17个，其中5个通过省地鉴定，投入批量生产，经过试销，产品对路，效益可观。预计今年可增加产值1 600万元，利润500万元。洞庭红纤维板厂为开发利用本地丰富的杨柳资源，新建了一条牛皮纸生产线，目前已建成投产，年内可新增产值450万元，利润可达90万元以上。

3．依靠技术进步，降低生产成本。团山造纸厂从去年以来注重内涵挖潜，在降耗上实行“两改”：改一次性装球为两次装球，使碱耗降低了10%，同时缩短了筛漂时间，增强了纤维强度和纸张扩张力；改平辊压榨为沟温辊压榨，延长了毛布使用寿命，提高了纸张纤维匀度和产量。“两改”的结果，使32克2号有光纸获得了省优，吨纸耗料由原来的2.87吨降到了2.5吨，耗煤由1.4吨降到了1.1吨。同时，他们针对蒸煮、漂洗等工段纸浆流失较多的现象，从外地请来高级技术人员，投资7 000元新建了一个纸浆回收装置，每天可收回纸浆200公斤，全年可增加产值近6万元。

四、发挥本地优势，发展横向联合

沅江市40多家乡镇麻纺企业之所以能够起死回生，而且还能生气勃勃，其中一个重要因素，就是横

向联合搞得好。1987年，全市有34家麻纺厂因精干麻滞销而被迫停产。后来通过与山东、河北、湖北、广东等省市以及本省的一些纺织企业建立联营关系，先后从联营单位引进新技术8项，新设备117台，技术人员167人，对搞活企业、推动生产，起了很大的作用。其中15家联营较好的企业都实现了由粗加工（生产精干麻）到中、深加工（生产麻条、麻纱）的战略转移，大大提高了产品档次和经济效益。南株麻制品厂与株洲麻纺厂建立联营关系后，从对方引进资金20万元，设备5台，技术人员3人，使得产品质量、产值和效益大大提高。

除麻纺行业外，其他行业在横向经济联合方面也有长足的发展。全市已有113个企业与省内外200多家单位建立了联营关系，先后引进资金1 290万元，设备286台套，技术人员326人，代培技术人员460人次。这给该市乡镇企业的崛起增添了活力和后劲。

发展壮大集体经济　加速农民共同致富

——湖南省益阳县19个富村的调查

傅芳世　何伟良

一

我们对益阳县集体经济年收入过100万元、人均纯收入850～1 200元的19个富村进行了调查。事实证明，发展壮大集体经济，是加速农民共同富裕的重要途径。

这19个村分布在全县不同类别地区，湖、山、丘、郊、边区都有，人口偏多，资源偏中，很有代表性。目前，这19个村共有农工商骨干企业82家，固定资产积累达1 390万元。1988年集体经济收入达3 730. 万元，占全县村级经济收入38.4%，流动资金积累达290多万元。

二

农村实行生产责任制以后，村集体经济需不需要发展，19个村的村民用他们亲身的感受作了回答："不盼天，不盼地，只盼村里有实力；千条路，万条路，发展村级经济是共同致富的光明路。"

村集体经济之所以受到农民的青睐，是因为它具有四大功能：

1. **引导功能**。合理引导农民发家致富，首先是观念上的引导。村集体经济的发展，客观上潜移默化地改变了广大农民的小农经济观念，使广大农民从自然生产形态走向了商品生产形态；其次是技能上的引导。如这些村相继形成的区域性的砖瓦专业村、运输专业村、纸袋加工专业村、预制构件专业村、矿藏开采专业村、农副产品加工专业村等，开始都只是村里集体的加工生产项目，后来才逐步发展到联办、户办、以致成片生产，其中多数技术骨干都发源于村办企业。沧水铺镇沧水铺村的包装袋加工厂自创办以来，就有意识地先后"培训"过110多名无技农民，被村民自誉为"商品生产技能培训中心"；再次是在提供服务性业务上引导。村办企业发展了，产品的销售、运输及有些原材料的采购、供应等，这些村基本上是依托本村农民完成的。天成垸乡白石塘村，村上办了砖瓦厂，运输任务全交给本村农民，继而推进了个体运输业的发展，全村大型机动运输车辆就达70多辆，平均每4户有1台车。

2. **造血功能**。村集体经济的发展壮大，使这些村真正形成了"以工补农，兴农促工"的互补机制，增添了农业的内在活力。1988年，这19个村集体用于农业投入的资金达38.42万元，占企业上交利润的33%；企业职工工资直接投入农业的达160多万元，占职工工资总额的30%；这些村粮食亩产一年比一年高，去年亩平产量达800多公斤，高出全县水平30多公斤。粮食等种植业的增产增收，既推动了养殖业的发展，又为村农产品加工企业提供了原料，促进了集体经济的进一步繁荣。村办骨干企业比1980年增长6倍。村办企业的发展，集体经济的巩固，又为广大农民共同致富开辟了途径。这些村企业安置的劳力占村总劳力的30.6%，比全县村办企业劳力安置率高出21个百分点，较好地实现了富村——补农——兴工——富民的良性循环。

3. **服务功能**。服务上，一家一户办不到的，这些村能办到。一是公共设施服务。自1980年以来，这些村集体兴建的公共设施达360多处，实现了组组通电通水通公路。二是农业技术服务。村里根据农事活动规律，每年届时到县乡聘请农技干部到村举办农业技术培训班，提高村民科技生产水平。据统计，这些村每年村平均举办农技培训班3～5期，村平均参训的达

900人次以上，学费、资料费全由村统支。三是生产资料服务。农业生产资金紧缺时，经济困难的农民可以到村领取无息贷款；生产资料紧缺时，这些村还从外地议购部分农药，平价销给农民，同时还对积极推广新技术新品种的农民适当予以补贴。如兰溪镇金塘村，去年村里议转平销给村民的化肥达110多吨、农药500多公斤。除国家计划外，户平均得到平价化肥200多公斤、平价农药1公斤；冬季农业生产所需的种子费全部由村负担。

4．凝聚功能。由于集体实力雄厚，这19个村普遍实现了“一无九有”，即村民无上缴任务（除公粮和合同定购粮外）；村内行车有公路，照明有电灯，宣传有广播，读书有学校，农田灌溉有设施，五保户烈军属优抚有保障，干部工资有来源，计划生育有奖励，村民个个有保险。泥江口镇水口山村，除实现上述“一无九有”外，村里每年还从企业利润中人平拨50～70元给村民作福利金。因而，这些村集体和村委成员真正成了村民的主心骨，有较强的凝聚力和战斗力。村干部说话有人听，村里办事喊得应，干群关系融洽和谐。这些村的粮食入库任务历年都是率先完成的，今年在8月6日前已全部完成，比全县快10天完成任务。

三

这19个村在发展集体经济的途径上虽各有不同，但主要的共同作法有四个：

1．把准方向，用好党的农村经济政策。自实行农业生产责任制以来，这些村总是积极地贯彻党的农村经济政策，始终没有放松巩固发展集体经济这项工作，没有偏离于社会主义这个方向。一是不啃教条，稳住了集体原有“家业”。实行责任制时，他们正确贯彻党的政策，没有一哄而散把集体财产分光卖光，而是适应客观要求，继续唱好发展集体经济这台戏。二是灵活运用农村承包经济政策，对不便分户承包或分户经营不景气的田土山水，留给或重新收归集体统一经营。目前，这些村共有统一经营面积1 500多亩，其中收回的各类承包面积760亩。泥江口镇荷叶塘村，有187亩茶叶，原分包到户经营，几年之后，茶园严重衰败，年亩平收入仅70～80元。针对这一情况，1986年，村里重新收回，当年改造，亩收入达200多元，去年产绿茶550担，产黑毛茶1 050担，收入达28.6万元。赀湖口乡桃林村有100多亩湖田甩亩，过去由几个组的农户零星分散经营，效益不佳，1988年，村里与农户签定承包合同，实行统一经营，不仅增强了原承包户的收入，而且集体每年也可获利2 000多元，相当于新增一个年产3～4万元的村办企业。三是抓住机遇巩固发展集体经济成果。这些村把巩固发展村办企业，壮大集体经济作为农业升温的重要措施来抓，把治理整顿看成是求生存求发展的机遇。一方面调整产业结构或产品结构，减少滞销品的生产，注重农业企业和农产品加工企业的挖潜增值；另一方面发动企业职工和村民集资解困，集资额达160多万元，缓和了生产资金紧缺的状况。今年1至8月，不仅无一企业停产倒闭，而且新增10多个农业企业生产项目，集体经济收入比去年同期增长25％以上。

2．因地制宜，走准村办企业的发展路子。这些村在发展企业上坚持因地制宜，量力而行，不贪大求洋、舍近求远。他们把重点放在发展投资少效益高的农业或农业加工型企业和自有资源的资源开发型企业上。目前，82个骨干企业中，这两个类型的企业就有64个，占75.6％。农工商各类企业的配置比重也较合理，大宗农产品，如粮、麻、油、茶等基本上实现了自生产、自加工、自销售“一条龙”经营，结束了长期出卖原料的状况。这些村善于从各自的特点出发，确立自己的生产项目和发展自己的骨干企业，从而兴一业而带多业。19个村中，以农业和农业加工企业为主的3个，以砖瓦、陶瓷生产为主的4个，以采矿生产为主的4个，以加工“三废”（废纸片、废料、废玻璃纤维）生产包装袋为主的3个，以采石和建筑业为主的5个。兰溪镇金塘村村办企业主要有麻纺厂、服装厂、皮蛋厂、油厂、砂石队、大米加工厂等15家企业，从整体而言，基本上是就地取材，就地加工。该村生产的麻纺制品和服装远销新疆、内蒙、坦桑尼亚等地。去年，这个村在银根紧缩、能源紧张、原材料提价等情况下，仍实现收入300万元，上缴税利23.5万元，发放职工工资30.1万元，集体新增积累8万多元。

3．脚踏实地，不断艰苦创业。这些村的干部勇于奉献，为人民服务的宗旨没有忘记。在村里创办企业时，场地不够，资金不够、厂房不够，村干部就把自己的房屋、积蓄让给村里。19个村中，先后有15个村的58名村干部作出过这种贡献。村里企业办起来后，村干部首先想到的是企业的生存、发展，职工的利益和村上的建设，把“治村先治己”作为工作准则，不贪集体一分钱，不做特殊村民。不铺张浪费。在前些年吃喝成风时，这些村没有这样做，并严格接待标准，村干部不作陪客。有的村还设立了“发展村级经济意见箱”和“廉政建设意见箱”，有的村召开征求意见座谈会，自觉接受群众监督。这些村不断艰苦创业，集体经济才不断发展壮大。责任制开始时，村里一般只有打米机加代销店，收入也只有千多元，而且有12个村属于当时贫困村，经过多年艰苦创业才改变贫困面貌。

羊舞岭乡早禾村到1985年，还是全县的“五大贫困村”之一，村里路、电、水“三不通”，人均口粮仅150公斤，纯收入仅192元，常年贫困户占66％，16户村民被迫外迁，30岁以上的单身汉就有65个，村里负债2.8万元。1986年村班子改选后，面对困难，开始了艰难创业，经过几年艰苦奋斗，终于改变了面貌，村里办起了伞厂、砖厂、瓦厂、玻璃钢厂、良种猪场、饲料厂、瓷厂等企业。1988年收入250万元，获利28万元。集体活了，村民也富了。人均口粮增加到425公斤，人均纯收入达975元，成为全县的富村之一。

4．兴农固本，建立强化"基础工程"的建设机制。这些村把发展种养业，特别是粮食生产视为集体经济的动力和"基础工程"，对强化"基础工程"建设制定了明确的规章制度。一是投入制度，村里规定每年从集体利润中提取25～35％用于以工补农；二是奖励制度，村里对推广农业新技术和发展生态农业设立了单项奖。泥江口镇水口山村，每年从企业利润中拿出10万多元用于支农固本。如对粮食过"双纲"的户每亩奖励10元，每种一亩大麦或油菜奖励20元等。有效保证了农业的良性循环。这个村85％的粮田亩产过吨关，连续两年获省"丰收杯"奖，真正实现了以工补农，兴农助工的目的，村办企业愈加充满活力。三是考绩制度。这些村规定村组干部必须在种养业上成为全村或组里的一流户，并各有示范点和示范片，生产指标未达标，年终按比例核减村组干部工资。这些得力措施，既保证了种养业的健康发展，又促进了村级经济的良性发育。

柳暗花明又一村

——浙江省杭州市西湖区转塘镇发展农业企业的调查

林宗平　侯靖方

在治理整顿的大环境中，"异军突起"的乡镇企业，正面临着严峻考验和剧烈的冲击，一些企业陷入了困境。如何使乡镇企业渡过难关，走出困境？杭州市西湖区转塘镇的思路和做法给人们以启迪。他们顺应形势变化，立足本地实际，发挥地理优势和资源优势，大力发展农业企业，使乡镇企业由"山重水复疑无路"，变为"柳暗花明又一村"。

一、在竞争和冲击中另辟蹊径

近年来由于乡镇工业企业发展过快，竞争激烈，平均利润率已开始大幅度下降；而由于农业偏冷，多数农产品价格呈大幅度上升趋势，农产品流通体制的改革，又为农产品加工增值疏通了渠道，在这种形势下，转塘镇党委和政府认为，转塘地处杭州近郊，农业资源丰富，商品信息灵通，交通运输便利，为发展农业企业提供了得天独厚的条件。全镇应当不失时机地"转轨变型"，另辟蹊径，控制工业企业的发展，腾出力量大力发展农业企业。

思路理顺后，镇党委和政府及时调整了经济发展规划，采取多种政策措施，调动镇、村和农民个人三个积极性，大力发展农业企业，建立以资源开发为主干，种、养、加配套一条龙，形成一定规模的农业企业群体。现在全镇已办起农业企业69家。有集体的、合作的、个体的，也有相互交叉融合的。种类有种植业、养殖业、加工业和服务业。有全过程的产供销合作；有农工商联合，按投资比例返还盈利的紧密型，也有农商多方配合，产销挂钩，盈利按产品交易返还的松散型。在兴办农业企业中，大多数的村都采取与镇外企事业单位联办的形式，由企事业单位出资金，村出场地和劳力，实行利权共有，联营共管，比例分成。目前，已有50多个镇外企事业单位投资150多万元，联合建立了一批以种植养殖业为主的农业企业，其中浮山、南村两个养鸡场已实现机械化，年饲养蛋鸡5万只、肉鸡4万只。

二、多维辐射的经济社会效应

农业企业的兴起，发挥了多维辐射的经济社会效应，为转塘镇的经济和社会发展注入了新的活力。

1．增强了农业的"造血功能"，使农业走上"以农养农"良性循环发展轨道。发展农业企业投入少，风险小，经济效益稳步上升，有力地推动了村级经济的发展，增强了农业自身的"造血功能"。如南村村，近年来，充分利用资源优势和传统技术优势，兴办养鸡场、奶牛场、茶场和加工服务业，现全村固定资产有186万元，去年人均收入达1 240元。对农业的投入也增加了。粮食亩产达到816公斤，总产达到1 323万公斤，比去年增加4.1万公斤。

2．促进了商品生产的发展，为城市提供了大量农副产品。农业企业以特有的"粘连"作用，把合作经营的优势与家庭经营优势"粘连"在一起，扩大了生产经营覆盖面，为规模化、集约化、商品化创造了条件。现全镇有5个中型养鸡场，4个综合养殖场，并以此为龙头带动了一大批有种养殖经验的专业户进行规模经营，成为杭州“三分天下有其一”的副食品基地。

3．促进了农村产业结构的调整，加速了农业资源开发。农业企业的直接经济效益和光明前景，把集体和村民个人的视线转移到荒山、荒坡、荒地和水面上，调动了上下左右开发农业资源的积极性，推动了产业结构的调整。近一、两年来，各村相继关停了一批产品销路差、经济效益低的加工工业，集中资金和劳力，多层次开发农业资源。创办了10个渔场，改造荒山4 000亩，办起果园、菜园及蔬菜基地，办起了以农副产品为主要原料的加工企业。促使全镇的产业结构更趋合理。

4．促进了农村剩余劳力的消化，为稳定社会作出了贡献。农业企业的发展，开辟了新的就业门路，提供了新的就业机会。近年来，全镇农业企业共吸收消化了623个农业劳力，其中有的是农村的闲散劳力，有的是压缩基本建设规模从城市返回的“农民工”，他们如今都能“安居乐业”，由不安定因素转化为安定因素。此外，还从外地招进农民工66个，为稳定社会作出了贡献。

三、为今后的发展创造了外部条件

转塘镇的农业企业虽已崭露头角，但无论生存还是发展，都受到不少制约。其内部的一些问题，尽可能由内部自行解决；其外部的一些条件，则应由外部积极帮助创造。目前，主要要在以下几个方面积极帮助创造条件。

1．各级政府加强对农业企业的领导。农业企业的生产经营，虽不象一般性加工企业那样面临着巨大的市场风险，但潜在的市场风险是不容忽视的。特别是不少农业企业，生产经营带有相当的盲目性，如果同市场对不上号，也有可能陷入困境。各级政府不但要通过一定的行政手段加强对农业企业的领导和管理，同时要运用经济杠杆和价值规律，引导农业企业按照国家宏观经济发展要求去组织生产经营。可以通过签订合同订购协议等形式，帮助农业企业确定生产发展计划；可以通过建立农副产品批发市场和期货市场，帮助农业企业打开产品销路。同时，可以帮助农业企业成立行业性协会等中间组织，沟通信息，协调产销，进行自我服务，自我保护。

2．加强对农业企业的社会化服务。农业企业的发展，加快了农副产品生产的规模化、集约化、商品化的过程，原先小农经济式的自我服务已不适应，开始急切呼唤产前、产中、产后的社会化服务。对农业企业的社会化服务，农业部门和商业部门应当负起主要责任，积极进行组织和协调；金融部门可设立专项低息贷款，保险部门可实行养殖业保险制度，科技部门可挂钩提供技术咨询服务，从而为农业企业的发展逐步建立起社会化服务体系。

3．加强对农业企业技术人才的培养。农业企业的生存，要依靠科技支撑；农业企业的发展，更要以科技为内动力。为解决技术人才问题，一是高薪聘请外地的技术人才，二是选送少数职工到高等院校培训，还可以同当地的中学或职业学校联办职业班，培养人才。

经 验 交 流

坚持走城乡一体化道路

天津市乡镇企业管理局

以乡村集体企业为骨干，以工业企业为主体的天津市乡镇企业，从实际出发，按照天津市委、市政府确定的“城乡结合发展乡镇企业，整体推动振兴天津经济”的基本思路，实施城乡结合，整体推动的政策、措施，把城市和农村作为一个整体，统筹规划，互相促进，共同繁荣，已成为天津乡镇企业发展的突出特点和优势。

一、具有天津特色的“城郊型”乡镇企业

1. 乡镇企业已成为城市工业不可缺少的配角和助手。一是承担城市工业下放或扩散的产品生产任务。如各种小商品、工具、中小农具，部分纺织品、文化用品等；二是承担城市工业产品的零部件加工配套任务。如为天津的机械、自行车、汽车、家用电器等产品的零部件生产；三是承担城市工业的工艺性协作加工任务，如电镀、铸造、喷漆、地毯的砍毯等；四是城乡联合办企业，形成新的生产力；五是承担城市工业、科研单位提供的科研成果或新产品生产任务。据统计，近几年在天津乡镇企业中为城市工业服务的产值比重已约占50％以上。其中大部分直接或间接纳入计划，使乡镇企业的发展建立在一个比较稳固的基础上。

2. 农工贸联合，促进外向型经济蓬勃发展。在城乡一体化方针指引下，乡镇企业和外贸部门的合作在不断加强，已成为天津出口创汇的一支生力军。1989年在外贸出口面临许多困难的情况下，乡镇企业提供的外贸出口产品收购值，仍保持了较大幅度的增长。据统计，乡镇企业生产出口产品的企业比上年又增加了40家，完成出口产值超过16亿元，比上年增长50％以上。为保证天津外贸出口任务的完成作出了贡献。政策上的鼓励和贸工农的共同扶植，为外向型经济的蓬勃发展增添了实力。

3. 开拓了科研、生产相结合的新领域。城乡一体化成为科研单位与乡镇企业连接的纽带。天津的有关部门已把加强乡镇企业管理，实施“星火计划”，组织乡镇企业参加评发生产许可证和产品评优等活动，列入了全市统一规划。乡镇企业已成为科研与生产相结合，承接科研成果和建立中试基地的最好伙伴。不同层次，不同形式的生产科研联合体，遍布津郊乡镇企业，不但加速了科研成果的开发，而且使科研成果更快地转化为生产力。如西郊区的丽华色材总厂就是一个新型的科研生产联合体，它相继推出的8种新技术产品，分别填补了国家和本市的空白。通过联合，农科双方都收益匪浅，从整体上加快了城乡科技进步的步伐。

4. 乡镇企业的人才培养与开发得到了全社会的重视。城乡一体发展教育，为乡镇企业培养和引进了各类人才。在学历教育上，有关部门从实际出发，采取了新的办法。一是规定乡镇企业职工入学可适当降低分数线；年龄不限；试行学分制；学费税前列支等一系列鼓励政策，解决了职工入学难和经费紧张的困难。二是采取延伸办学的方式，将教学班办在乡镇企业中，解决了生产和学习之间的矛盾。三是将各方面的教育力量汇集起来，形成乡乡办学的局面，使职工入学人数实现了突破。据统计，到1989年，全市乡镇企业已开办了各类大中专班165个，占乡镇工业职工总数1.2％的人在保证生产的同时，接受了大中专学历教育。

在市科委等有关部门协助下，乡镇企业还开展了多层次的岗位职务培训工作，在此基础上，首次在乡镇企业进行了专业技术职称评聘工作。使乡镇企业的专业技术职称评聘工作纳入全市职改工作的轨道。到1989年底，已有从事会计、统计、工程等三个系列的11 837名乡镇企业专业技术人员获得了任职资格证书，为全市科技队伍增添了新的力量。

在市政府和有关部门的重视支持下，乡镇企业在培养自有人才的同时还引进各类人才1.2万人，这批人才对推动乡镇企业技术和管理水平的提高，发挥了骨干作用。城乡结合，齐抓共促，使天津乡镇企业的职工素质和人才结构发生了明显的变化。1989年，各类专业技术人员占职工总数的比例，比1986年提高了近10倍。

5. 按照城乡一体化的要求，加强对乡镇企业的宏观指导。市委、市政府专门成立了由常务副市长挂帅、的乡镇企业指导小组，下设办公室。实行对乡镇企业的宏观管理，协调同各部门的关系，制定有关具体政策，组织对乡镇企业扩散项目和新项目的招标工作等。近几年，市委、市政府的领导同志还亲自带队，并组织有关部门对乡镇企业的发展情况开展联合调研。并每年召开一次乡镇企业工作会议，专门研究部署发展乡镇企业大计，对城郊型乡镇企业的健康发展，起到了很好地推动作用。

二、城乡一体化，促进了乡镇企业的发展壮大

坚持走城乡一体化道路，使天津乡镇企业大有作为，在天津经济全局中占有重要的位置。1989年全市乡镇工业的产值，将超过140 亿元，已相当于1977年全市工业产值的总和；在全市工业总产值中所占的比重也由1978年的6%增加到近30%。

从城乡结合，整体推动的战略出发，乡镇企业进行了不断地调整，形成了36个工业行业，其中20个行业年产值超过了1亿元，纺织、缝纫、机械、金属制品等行业的年产值超过了10亿元。乡镇企业生产的中小农具、服装、地毯、皮鞋、钢木家具等产品，均占全市产量的一半以上。做为城市工业的延伸，一批乡村集体企业已发展成为具有一定生产规模和较高技术水平的骨干企业。据1988年底统计，乡村集体企业中，年产值超过100 万元以上的骨干企业有 2 500 多个，其中年产值在500 万元以上的有370 个，这些企业的产值、税收约占全市乡镇工业的70%，是城市工业发展的生力军。

城乡优势的结合，推动了乡镇企业整体素质的提高。已有3个企业跨入了国家二级企业的行列，101个企业被批准为市级先进企业。已有局优253 个，市优98个，部优36个，国优 1 个；有10个项目获得了部、市级科技进步奖；有51个项目列入国家和市级“星火计划”，其中有 8 个项目已获得国家“星火计划”奖。

三、在治理整顿中，将城乡一体化提高到一个新水平

一年来，按照国家产业政策和天津市经济发展的整体需要，天津乡镇企业又认真进行了产业和产品结构的调整，使乡镇企业出现了速度降、效益增、结构更加合理，生产稳步发展的局面。

据初步统计，1989年天津乡镇企业可实现产值164亿元，增长速度为28%，与上年相比，增长幅度降低了26个百分点。在产值增长速度趋缓的情况下，乡镇企业的收入、利税等仍保持了一定的增长。与此同时，天津乡镇企业围绕城市工业的调整和市场变化后的需求状况，采取扶优限劣、扶短限长、有保有压的方针，对1 000 多个物耗、能耗高、污染严重、亏损、微利以及国家明令限制的小化工、小染料、小轧钢、小铝型材加工等企业进行了关停并转。在关停并转的同时，又利用闲置的厂房、设备、劳力，新上了一批为城市经济所急需的项目，使乡镇企业的结构更加合理。据不完全统计，在治理整顿中，天津市为城市工业配套的乡镇企业不但没有减少，反而有所增加。仅1989年上半年，这样的企业就增加了383 个。实践证明，按城乡一体化的方针发展天津乡镇企业是完全正确的，可以经得起治理整顿的检验和各种因素的冲击。“城郊型”、“外向型”的乡镇企业，不但可以促进生产力的发展、科学技术的进步、国民经济的振兴，对于建立新型的城乡关系、工农关系，建设具有中国特色的社会主义工业具有深远的意义，而且有利于把城市经济的潜力和农村经济的优势更好地融合起来；有利于解决和克服乡镇企业与城市工业争能源、争原料、争市场的矛盾；有利于推动城市工业改造，促进产品升级换代；有利于发展外向型经济，扩大外贸出口；有利于提高乡镇企业的素质，缩小城乡在技术、管理水平上的差距；有利于调整农村产业结构，加速农业现代化的发展。认真贯彻党中央提出的“调整、整顿、改造、提高”的方针，天津乡镇企业今后的发展，要在与农业以及整个国民经济的发展更加协调，与中央的宏观调控要求和市场需要更加适应的基础上，把城乡一体化提高到一个新水平。

横向联合给企业带来了可喜的变化

郁　文　彬

我们太仓复塑厂于1979年建成一条复塑铝板生产线。不仅复塑铝板是填补国内空白的新产品，而且质量也大大优于传统的喷漆工艺。但是，由于它的基材价格高，所以复塑铝板比较昂贵，多年来只是在仪器、塑表箱体等贵重器材上使用，一般设备从经济角度考虑不能采用，因此销售局面打不开，产量增加缓慢，设备利用率极低，1985年上半年与上钢三厂达成以加工形式的松散型联营，当年就争取到1 500 吨复塑钢板的加工任务，实现产值 380 万元，利润30万元。1986年达到2 000 吨复塑钢板产量，产值520万元，利润45万元。1987年产量2 100 吨，产值 550万元，利润48万元。1988年上半年又与该厂签订了紧密型联营的协议书，将上钢三厂复塑生产流水线全部搬迁到我厂，从而使我厂产、供、销全部列入上钢三厂的计划。

1988年当年产量就达到4 500 吨，产值 1 100万元，利润120 万元，比联营前的1984年产值增长11倍，利润猛增12倍，一跃成为县乡镇骨干企业，连续三年被评为苏州市文明单位。1989年产值可达1 500万元,利润120万元。由此可见，以大工业为依托，发展横向经济联合是促进我厂发展的根本，同时横向经济联合使双方解决了好多原来难以解决的难题。

1. 保证了原辅材料的需要，结束了找米下锅的被动局面。乡镇企业的弱点之一是原辅材料供应无计划。通过与上钢三厂联营，将供应列入三厂的计划渠道，结束了原来东奔西跑求材料的被动局面，确保了大批量生产的需要。

2. 按计划组织生产,克服了盲目生产的弊病。生产的产品能否卖得出去，也是乡镇企业能否生存的关键，紧密联营后我们的生产任务是按上海市经委下达的指令性计划执行的，因此不存在能否销得出去的问题,从而克服了盲目生产的弊病,减少和避免了库存产品的积压,加速了资金周转,提高了企业的经济效益。

3. 解决了关键的质量难题。由于联营生产，上钢三厂专门派出了技术人员和工人师傅，带来了生产技术和工艺规程并结合我厂的实际情况制订了一整套质监、质检制度，完善了各种测试手段，解决了我厂原来存在的复合粘结力差的质量难题，使一级品率从原来的78％提高到80％，合格率从98％提高到99％，并使产品质量达到日本国标准。1988年金属复塑板通过了采用国际标准的验收，同年又通过了上海市冶金局的产品质量认证，还通过了国家黑色金属监测中心的质量认证，为我厂的复塑板从市优基础上创省优、部优奠定了基础。

4. 促进了企业素质的提高。乡镇企业普遍存在管理水平低，人员素质差的弱点，通过联营客观上促使企业必须提高管理水平，从传统的管理方式向科学管理和现代化管理转变。上钢三厂是国家一级企业，他们的先进管理经验，有很多适合我厂实际，如质保体系、财务管理、物资消耗、计量工作、安全生产、班组建设等都给了我们很大启示和帮助，为我们1989年创省级先进企业起了指导和保证作用。

5. 补充了大工业的不足，缓解了大工业场地紧张的矛盾。横向经济联营不仅促进了乡镇企业的发展，同样对大企业来说也解决许多难以克服的困难。例如上钢三厂原有复塑车间场地小，作业线年生产能力只有 3 000吨，而1985年上海市经委下达的年生产任务是5 500吨,扩建无场地，要完成生产计划也困难重重,通过松散型联营才解决了这一矛盾。1989年上钢三厂要开发新产品，场地又成问题，在与我厂的紧密型联营中找到了出路，将复塑车间全搬到我厂，腾出场地发展新产品。

我厂几年来的联营实践证明，发展横向经济联合是促进城乡企业不断发展的一条成功之路，更是乡镇企业发展的可靠途径。

建设工业小区 走集约经营的路子

河北省武安市人民政府

近几年来，随着乡镇企业的发展，我们相继在鼓山、矿山、磁山、紫山和市区、团城、邑城、固镇等11个乡镇，建起了以煤炭、冶金、建材、轻工、化工为主导产业的“四山四城”八个工业小区。

工业小区占地面积达105平方公里,现有工业企业361家，拥有固定资产12 379万元，从业人员23 600人，1988年工业产值20 050万元，占全市乡镇工业产值的41％。不仅增强了企业的后劲和竞争能力，而且促进了乡镇企业产业结构、产品结构和企业布局的调整，由分散经营向专业化、社会化和协作化生产的集约经营迈进，展示了乡镇企业发展的广阔前景。在积极调整、引导乡镇企业相对集中建设工业小区工作中，我们的主要做法是：

一、按照产业政策，搞好科学规划

1. 全面调查，慎重选址。这是一项既关系到小区在本市工业中的布局，又涉及到能否“经济合理”细致复杂的工作。在做法上，一是全面考察，摸清底数。二是明确条件，评估论证，确定地址。为了发挥优势，扬长避短和尽量经济合理，布局得当，我们确定了建址的五个条件。①工业基础好，相对集中在一个较小区域内；②交通方便，又紧临集镇和人口密集区；③资源条件较好，有发展后劲；④群众有积极性，有一个工业发展较快而又有一定规模的乡村或几个骨干企业；⑤尽量少占耕地。根据上述条件，经过反复对比、论证、筛选出了鼓山、磁山、矿山、紫山和市区、固镇、团城、邑城八个工业小区，分布在11个乡镇，其中六个小区就是现有镇所在地。小区内平均每平方公里人达790 人，适应了亦工亦农，离土不离乡的特点。小区内荒山坡地占50％以上。

2．根据产业政策，确定规划方向。为保证规划的可行性和长远性，我们根据国家产业政策要求和本市的资源优势，着眼当前，考虑未来，确定小区的主导产业，战略产业和配套产业。目前，我市规划内八个小区是以冶金、煤炭、建材三大支柱行业为主的重工业结构，主导产业是采掘工业和为大工业配套的矿产品初加工的原材料、能源工业。战略产业以深加工为重点，发展冶金、机械、铸造、化工、新型建筑材料，开发陶瓷、机电新产品、精密铸造、工艺美术和以当地资源生产的出口化工产品。同时发展为此配套的第三产业，从而形成以小区为龙头，带动全市乡镇企业协调发展的新格局。

3．制定发展目标，完善规划内容。我们的规划目标是，从1988年起到2000年，用十三年的时间，使小区内工业产值翻两番，达到8.5 亿元。采取分三步走的发展战略：第一步从1988年到1991年，用四年的时间搞好小区内的产业结构调整。第二步从1992年到1995年，全面完成小区内骨干企业的技术改造，开发一批新产品。逐步实现管理科学化，实现第一个翻番。第三步到2000年，用先进的技术，现代化的设备装备企业，产品在国内外有一定市场，使每个小区产值都突破一亿元。在规划内容上，形成了“六图一书”。即：①小区总体发展规划图；②地理位置、区划及资源分布图；③现有企业分布图；④供电、通讯图；⑤道路规划图；⑥给水、排水图。一书是《总体规划说明书》。

二、制定优惠政策，坚持正确引导

为保证小区的健康发展，根据我市的实际情况和国家、省有关规定精神，制定了十个方面的优惠政策。

1．凡在工业小区兴办企业占地，主管部门要大力支持，简便手续，提供方便。

2．小区内的供电、物资、贷款优先安排和保证。

3．凡外地到小区联合兴办的联营合资企业，都视为乡镇企业，享受国家、省和本市对乡镇企业的一切优惠政策。

4．市财政每年要从乡镇企业上缴税金比上年增长部分，拿出50％作为乡镇企业发展基金，重点用于扶持小区建设。

5．市财政每年从扶贫款中拿出一部分资金，在市区征用土地，有计划安排西部贫困乡镇进城办厂，在税收上仍按“老、少、边、贫”区给以照顾。

6．市环保、邮电、电力、公路养护、水利等部门每年都要筹措部分资金，专项补贴工业小区内的水、电、路、通讯、污染治理等有关基础设施的维修和建设。

7．对小区内新办企业、升级创优企业，在税收上，按市有关规定给以适当的减免照顾。对晋升为省和国家级先进企业，创省、部、国优产品的企业分别给予奖励。

8．凡外地愿到我市乡镇工业小区工作的工程技术人员、大中专毕业生、国家机关干部都给以优惠待遇。

9．在小区内乡镇企业连续工作10年以上，现任企业厂（矿）长的，因年老病退，仍享受现任职务的工资待遇，以解决他们的后顾之忧。

10、凡被确定为工业小区的乡镇，同时也成为科学、文化、教育、卫生等建设重点，有关部门优先安排投资。

三、切实加强领导，狠抓组织实施

建设工业小区是一个综合性的系统工程，我们在组织实施上，狠抓了五个关键环节。一是加强领导，一抓到底。市政府成立了工业小区建设协调小组，合署办公，现场解决问题。以在办事处、乡镇都建立相应强有力的组织机构，具体组织小区规划的实施协调工作。二是制定具体实施步骤。乡镇企业主管部门制定了与规划相配套的分步实施计划和办法，颁发了《工业小区产业、产品结构调整意见》和有关规定。各小区乡镇根据自己的财力状况和规划目标，制定出本小区规划的具体实施步骤。三是积极调整，优化结构我们采取“一保二扶三压四停”的办法，保护既符合国家产业政策，又独具武安资源优势的煤炭，冶金、建材工业，积极扶持小区内的名优产品和出口创汇产品，坚决压缩不符合国家产业政策的项目，强令关闭了那些高耗能低效益，污染严重，原材料没来源和浪费资源的小硫磺、小烧碱、小炼油、小硅铁和无证开采的个体小煤矿、小铁矿共45家。四是相互配合，加快基础设施建设。市直有关部门按照规划，优先安排小区内水、电、路、通讯等设施的建设和投资，优化了投资环境。五是发挥部门作用，加强行业指导。即充分发挥行业主管部门的作用，加强对小区由主管行业的整顿、改造、提高工作。

实践使我们认识到，工业小区有以下几个方面的功能和优越性。

第一，有利于乡镇企业产业、产品结构的调整，向生产专业化、经营集团化方向发展。

第二，有利于公共基础设施的建设，节约投资，少占耕地，为综合治理创造了条件。

第三，有利于吸引外来投资和人才、技术交流，发展规模经济。

第四，有利于促进小城镇建设。

第五，有利于政府有关职能部门的监督、管理、指导、培训和服务工作。

四、正确处理五个关系，保证小区健康发展

建设工业小区是一项复杂的工程，涉及面广，困难多，难度大，为保证建设的顺利发展，在规划和实施中，我们十分注意解决好五个方面的关系和问题。①处理好整体与局部的关系。②处理好行政区划与工业小区的关系。③处理好小区乡镇与全市乡镇的关系。④处理好原有企业与新办企业的关系。⑤处理好行政区划分割与集中占地的关系。

工业小区建设刚刚起步，还有许多问题有待于我们去探索、研究、完善、解决。但是，我们坚信，工业小区的建设与形成，是农村经济发展的客观规律，乡镇企业发展的必然结果，随着治理整顿和改革的深入发展，她将更加完善、壮大。工业小区将以崭新的姿态屹立于我国工业之林，为改变我国的经济结构，将产生深远影响。

立足平原实际　优化产业结构

河南省周口地区乡镇企业管理局

我区乡镇企业起步晚、基础差，发展比较落后。近几年，特别是1988年以来，我区乡镇企业立足农业和劳力两大资源优势，以农副产品加工为突破口，优化产业结构、产品结构和企业组织结构，使我区乡镇企业在治理整顿中仍保持了持续、健康的发展。1989年1至11月份完成总产值26.43亿元，比去年同期增长29.9%；实现利润2.96亿元，比去年同期增长28.1%，上缴税金2 415万元，比去年同期增长25.7%。

一、立足两大资源优势，选准一个突破口

70年代，我们忽视当地农业资源优势，舍近求远，盲目发展无米之炊的“五小工业”，结果是劳民伤财。后来，又兴办以砖瓦为主的建材业，结果是大片良田被毁，得不偿失。由于脱离实际，产业结构不合理，乡镇企业发展速度低而不稳。1980年前的10年间，产值一直徘徊在1.3～1.5亿之间。平原农区发展乡镇企业应走什么路子？如何加快发展步伐？1984年，地委、行署特邀省内外70多位专家教授一起调查研究，分析论证。认为开发利用农业和劳力资源，使二者有机结合，形成新的生产力，把资源优势转化为商品优势、经济优势，是加快我区乡镇企业发展步伐的唯一正确道路。我们决定着力开发粮、棉、牛、树、果农业资源和劳力资源，以农副产品加工为突破口，推动我区乡镇企业健康发展。

二、优化结构，主攻四大加工系列

粮油、棉麻、畜产品、林果秸杆这四大类产品在我区农副产品中处于主导地位。本着种养加一条龙，农工商一体化的总体设想，我们把粮油加工、棉麻加工、畜产品加工、林果秸杆加工作为增加社会有效供给，调整行业结构、产品结构和企业组织结构的主攻方向。

一是建设商品基地，提供原料市场。在全区逐步进行了千万亩优质小麦生产基地，优质棉生产基地，黄泛区水果生产基地，黄牛出口基地，槐山羊板皮出口基地，长毛兔出口基地，瘦肉型猪出口基地，泡桐出口基地等九大基地建设，为四大加工系列奠定了坚实的资源基础，提供了广阔的原料市场。

二是发展企业群体，优化企业组织结构。①合理布局。搞好规划。根据全区资源分布加工能力，技术状况，合理规划出以扶沟为基地的桐木加工生产中心；以西华、商水为基地的果品加工生产中心；以项城、淮阳为基地的烟花爆竹生产中心；以鹿邑、郸城为基地的草制品加工中心；以沈丘为基地的肉食品加工中心和以项城、周口、沈丘为基地的皮革加工中心。②狠抓骨干企业，扩大辐射面。目前全区500万元以上产值的企业38个，1 000万元以上产值的企业11个。我们以此为龙头带动企业群体的发展。③开展“靠、联、带”活动，即向企业集团、同行业的骨干企业靠；同国营大中型企业、大专院校联；在企业之间实行以大带小，从而促使企业群体的形成。④加强行业管理。先后建立了食品协会、造纸协会、纺织协会等五个行

业管理组织，以促进企业群体的形成和发展。⑤实行企业兼并。对一些素质差、不景气、亏损、业不抵债又没出路的企业，实行面向社会公开招标兼并。

三是发展名优特新出口产品，优化产品结构。根据我区乡镇企业在产品上，存在着花色品种少、优质产品少，精加工和深加工产品少、外销产品、技术密集性产品少的状况，我们把发展名优特新出口产品批量化作为优化产品结构的重点来抓。首先，广泛宣传名优产品。通过登广告、搞录像、刊名录、出专版等形式，广泛宣传，提高名优产品的知名度。其次，积极开展争名牌、创优质活动，本着抓骨干、带一般、先集体后个体、创地优、争省优、夺部优的指导思想，我们对全区的骨干企业进行了分类排队，制定了三年的创优计划和奖励措施，并把计划和措施落实到企业，调动争创名优的积极性。88年全区乡镇企业产品获地优、省优、部优239个，而四大加工系列的产品达211个。第三，开发新产品。我们积极引进技术、努力开发新产品。1988年开发新产品25个，四大加工系列占17个。第四，对质劣、无前景的产品及时帮助其转变生产项目。第五，建立检测制度。为提高产品质量，我们狠抓了企业质量管理的基础工作，逐步建立了质量管理制度。目前，全区 4 500 个乡村集体企业绝大部分都建立了检测制度，保证了产品质量的提高。产品结构进一步优化，使我区乡镇企业的四大加工系列产品，出现了花色品种多样化，名优特出口产品大批量的好形势。截止目前，以农副产品为原料的四大加工系列产值占乡镇工业总产值的76%以上，一个两大资源优势开发并举，农副产品加工业蓬勃发展的兴旺局面已基本形成。

三、适应新形势，创造适合发展的小气候

在治理整顿中，我们坚持微观搞活与宏观控制相结合，积极发展“小气候”，使我区乡镇企业适应新形势发展的需要。

一是适应新形势，实现五个转变。在治理整顿中，地委、行署审时度势及时地提出了实现五个转变的战略措施：由粗加工向深加工、精加工转变；由单一产品向多种产品、群体协作转变；由传统工艺向先进技术转变；由“三就地”的资源型向市场型转变；由内向型向外向型转变。由于逐步实现五个转变，使农副产品加工业保持了良好的发展势头。

二是实行政策倾斜，保持政策的连续性和稳定性。地委、行署注意对四大加工系列，实行资金、政策、能源等全方位倾斜，引导企业向四大加工系列集结。仅1988年就投入资金1.4 亿元，较上年增长180%。全区集资兴办的 4 285个股份制合作企业，四大加工系列企业占89%。在治理整顿中，我们从当地实际出发，继续在资金、能源、原材料、信贷、税收、换照和物价等方面实行倾斜，为农副产品加工业适当发展创造良好的外部条件。同时，地委、行署反复强调：发展乡镇企业的决心不变，目标任务不变，领导力量及工作位置不变，放宽的优惠政策不变。并且进行定期不定期检查落实情况，促使对乡镇企业的政策真正落到实处。

三是加强领导，优化服务。为了加强对乡镇企业的领导，我们地委、行署采取了五条措施。首先，在全区公开选拔招聘了地区乡镇企业管理局正副局长。其次，选拔了一大批懂经营、会管理、事业心强、勇于开拓的干部充实加强到各级领导和主管部门。第三，地、县市、乡镇政府领导除一、二把手确定一人亲自抓乡镇企业外，还配备一名副职或助理专抓乡镇企业。第四，各乡镇拿出三分之一到二分之一的力量抓乡镇企业。第五，优化企业管理队伍。目前全区乡镇企业的领导干部队伍已达 9 700 多人，企业内部的管理队伍已达4.68万人。我们对这支队伍层层制订目标责任制，促进他们在调整产业结构中努力转轨变型，钻研业务，注重实绩，发挥作用。1988年以来，这批队伍分批外出参观、落地学习，引进农副产品开发项目240多项，设备102 套，资金 2 500多万元。由于采取以上措施，进一步强化了对乡镇企业的领导，保证了全区乡镇企业持续、协调、健康发展。

调整优化结构的几项措施

王　建　中

1989年，北京市委、市政府提出了“抓调整、上水平、求效益”的乡镇企业发展方针，突出抓好调整、优化经济结构的工作，引导乡镇企业走上持续、稳定发展的道路。

具体做法主要是：

1. **调整企业结构**。抓了四项工作：①以骨干企业

为依托，以优势拳头产品为龙头，大力发展企业群体和企业集团。顺义县顺华毛织厂，实行“两头在我、中间在外”，即企业负责原料供给和产品销售，产品在其他乡镇企业加工，在不扩大厂房、增加设备的情况下，迅速扩大了出口毛衣产量。②狠抓同行业企业之间的兼并，鼓励产品在市场中供不应求的企业兼并同行业中的亏损微利企业。③优先支持骨干企业。④明确规定，对亏损微利企业、严重污染企业、高能耗和生产落后淘汰产品的企业，实行关停并转。

2. 调整投资结构和信贷结构。重点抓了三方面工作：①对再建项目认真清理，停建了85个项目，压缩投资2.4 亿元。②明确规定今年资金使用的重点是老企业的技术改造和正常生产所需流动资金。不再支持铺新摊子、上新项目。③增加企业留利比例。企业纯利的60％、折旧费的70％必须留在企业。

3. 调整产业、产品结构。针对过去京郊乡镇企业对本地资源开发、利用不够的状况，今年重点抓了这项工作。

针对产品结构上存在“五多五少”的问题，今年以来抓了六个方面的工作：①大力发展与城市工业配套的产品。城市企业有技术和产品优势，与他们联合起来，可以有效地解决资金、技术、产品销路和原材料供应问题。1988年北京城市企业扩散产品和工农联营企业产值共计36亿元，占乡村工业总产值的37％。计划今年在工农联营、产品扩散等方面再上“一层楼”。②大力发展出口创汇产品。首先是扩大出口创汇产品产量；其次是积极引进外资、发展合资企业。今年力争使中外合资企业总数达到100个。③大力增产市场短线产品，扩大拳头产品产量。市乡镇企业局对郊区乡镇企业30大类、286小类产品逐项排队，搞出了产品序列表，其中扶持发展的166 类，维持稳定的66类，控制发展的57类。通县列出了本县114 种适销对路产品名单，从资金、供电等方面采取倾斜政策。④大力发展高技术产品。这类产品成本低、产值大、效益高，是今后优先发展的重点。⑤大力发展高档次产品和优质产品。⑥今明两年停止审批自产自销的下列企业：小毛纺、小棉纺、铝合金门窗、橡胶制品、塑料制品、硅铁、花岗石、大理石板材加工、占用农田的土窑粘土砖等。对现有生产这些产品的企业，逐个分析，原料无来源或产品无销路的限期关、停、并、转。

4. 调整企业布局。按照“统筹规划、合理布局”的原则，要求各县（区）都要划定若干个具有行业特色的工业小区。对在小区内兴办的企业从供电、交通、通讯等方面提供方便；支持现有企业改扩建时，按行业特点和规划进入小区；对污染严重、布局分散的企业实行停产搬迁，集中治理。

通过调整，优化经济结构，今年以来，在资金严重短缺、电力十分紧张、原材料大幅度涨价的情况下，京郊乡镇企业仍保持了较高的增长速度。一季度总产值完成27亿元，比去年同期增长46.8％，总收入完成24亿元，增长45.2％；利润总额完成2.6 亿元，增长35％，基本实现了产值、销售、效益的同步增长。

优化投资结构 推动产品合理转化

陈晓明　徐天鸿　周志斌

浙江省慈溪市位于长江三角洲，属乡镇企业发展较好的地区，他们的产业结构调整取得了显著成效。他们的做法是：

1. 准确的投资决策。由盲目、自发的投资而带来的低水平重复结构，成为制约生产健康发展的顽症。他们是从教训开始的，1981年的“电表热、电扇热”，“一哄而上”和1985年的盲目提倡企业负债经营，造成企业亏损，利润减少。教训使慈溪的同志开始自觉地探求市场规律，制订了“三避三攻”的投资决策。首先是“避多攻少”。慈溪缺电少煤，工业原料多靠外进，而又远离铁路动脉。他们力求避开耗能、原材料消耗高、环境高污染的投资项目，以节能、低耗、少污染为目标，使能源、原材料总量消耗增长比例低于经济增长比例，保证生产的“长久治安”。1988年比1987年产值增长46％，利税增长59％，而电耗仅增长22％，煤耗增长17％。其次是避强攻弱。投资中坚决避开市场竞争对手多、实力强、覆盖率高的项目和产品，改造传统产业与开发新兴产业结合，从而获得高于社会平均利润率的投资效益。发展最快是电子及通讯设备业，1988年产值已达1.9 亿元，比1985年增长4.5倍，99家企业销售利润率达10.8％，远远超过全市其他行业。再是避内攻外。以扩大出口创汇为突破口，推进国际经济技术合作交流。1986年只有出口创汇企业59家，直接销售额151 万元，1988年增加到121家，5 684 万元，预计今年直接出口销售额超亿元。

2. 强化投资管理。有了准确的投资决策，还须跟上有效的投资管理。他们的体会，一是有一个明确的投资实施规划。以宏观产业政策作为制订投资规划的基本依据，明确在当前和今后的一个时期在投资上扶什么,限什么。二是有一套运用经济杠杆的调控手段。他们用“多位一体、协调动作”的办法，改变以前多头审批，互不统一的状况。由乡镇局与有关局、行联合发文，把项目审批、土地征用、银行贷款、工商登记、税收减免等几道投资前期准备环节统一起来，投资在20万元以上项目，均要提供可行性报告，然后由主管部门牵头，召开“圆桌会议”分析、论证。

三是有一支素质较好的管理队伍。从市局到乡镇都有一名领导负责，配备专职人员，形成上下管理网络。

3. 合理分配投资。强调资金相对集中、重点倾斜，以此来重新组织新的优势。这一优势包括：

第一，以骨干集体企业为主体，四轮驱动协调发展的优势。他们下决心搞投资倾斜“造几条能飘洋过海的大船”,加快集体企业的三上一高，然后再带动联户个体企业的发展，形成生产梯次结构优势。1988年与1985年相比，产值百万元以上企业在乡镇企业的产值中所占比例由43％提高到55％，固定资产原值由44％提高到61％。

第二，以横向联合为主要手段的规模经营优势。他们以名牌作靠山、科技为后盾，组织骨干企业为核心的生产群体，合理配置人财物生产要素。

第三，以拳头产品当家，产品结构趋向合理的市场竞争优势。投资结构的调整，推动产品结构逐步向五方面转化。一是劳动密集型产品逐步向技术密集型转化。二是低档产品逐步向中高档产品、优质产品转化。三是初加工逐步向深度加工转化，实现多次增值提高产品附加值。四是由内向型逐步向外向型转化。

依靠技术进步和先进管理促进乡镇企业健康发展

吴　虞　史孝宏

江海电容器厂，在国内具有较高的知名度，是全国铝电解电容器行业中的“四强”之一（其余三家均为国营企业）,1988年在全省乡镇企业中第一个进入国家二级企业的行列，1989年又列入国家一级企业的试评审计划。该厂自1978年以来固定资产、工业总产量、总产值和销售总收入、全员劳动生产率及利润等平均增长速度分别为47.68％、69.23％、34.59％、44.46％、11.09％、35.53％，目前拥有固定资产2 100万元，为1958年建厂初期的700倍。产品质量、物资消耗和经济效益等10项指标均已达到和超过国家一级企业的标准。

这里，我们着重介绍江海电容器厂依靠技术进步和先进管理促进企业健康发展的调查情况。

一、依靠技术进步，推动乡镇企业健康发展

1. 大力开发培养技术人才,这是技术进步的根本所在。江海电容器厂通过精心培养、正确使用、严格考核，造就了一大批既懂管理又勇于实践的工程技术人员。现在这个厂有各类技术人员 182 人，占全厂职工的19.2％。

2. 积极采用新设备、新工艺。江海电容器厂的设备一是新，二是先进。目前该厂的工业总产值居全国同行业之第三位。

3. 狠抓技术改造。几年来，他们围绕节能、降耗、上质量、上批量、增效益等，进行了一系列技术改造，促进了产品质量上水平和经济效益的大提高。

4. 采用先进标准和提高测试水平，是技术进步的重要手段。江海电容器厂十分重视采用先进标准组织生产，现有 8 个系列产品中，已有 5 个通过了“采标”验收，主产品“采标”覆盖率达100％。1985年这个厂在全市乡镇企业中第一个通过了二级计量验收。

5. 不断开发新产品。他们始终把研制新产品作为技术进步的主要工作来抓，做到有组织、有计划、有目标、有措施、有检查，保证新品开发计划的实现，增强了工厂的后劲。

6. 积极开展产品创优。厂领导十分重视领导分管，落实专人，技术部门和管理部门共同负责，因而在产品创优工作上都取得显著成绩。江海电器厂优质产品率达到81.5％。

二、依靠先进管理，是保证乡镇企业健康发展的重要因素

1. **企业管理突出了质量管理**。江海电容器厂在实践中深刻认识到，TQC是一项系统工程，是企业管理的中心环节，是提高产品质量和经济效益的有效途径。因此，工厂自1978年以来，坚定不移的在厂内大力推行。首先从人力、物力和财力等方面给予保证；其次是使全厂职工中牢固树立"质量第一"的思想；三是狠抓各项基础工作和生产过程中的质量控制，保证工序控制处于受控状态。

2. **努力使管理具有科学性和先进性**。江海电容器厂的经济责任制，1983年首先在全市和全国同行业中独创了联质（量）、联（台）时、联（成）本、全额浮动的"计效"工资制，使经济责任制充分体现了质量否决权，把职工的劳动报酬与其所创造的经济效益密切挂起钩，实现了按劳分配的原则。正确地解决了厂内各个层次和不同岗位的分配问题，最大限度地调动了全厂职工的社会主义劳动积极性。

3. **积极开展方针目标管理**。江海电容器厂在实行方针目标管理中，在有效性上狠下功夫。坚持PDCA循环，做好月检查、季分析、半年一总结，使方针、目标和措施三位一体。

4. **管理工作制度化、规范化**。江海电容器厂现在凡事有人管，办事有标准，结果有考核，使职能部门和各类管理人员的工作成效与经济责任制密切联系，有效地实现了每个职工对自己工作的自我保证、自我负责和自我控制。

5. **努力运用现代化管理方法，积极推动工厂管理进步**。几年来，这个厂先后有104人参加了《现代化管理十八法》的学习。自1983年以来，先后有14项管理成果得到省市的奖励。

三、管理技术与专业技术的并重和密切配合，是实现乡镇企业健康发展的决定性因素

江海电容器厂十分重视抓好专业技术队伍的建设，实现技术进步。一是厂长带头学技术、学管理，在推行TQC中，厂长始终是决策者、指挥者和带头人，因而能使TQC不断深入和提高。二是培养人才并重。三是在使用上并重。从某项具体工作班子的组建到职能科室人员的安排，企业十分注意配备必要的技术干部和管理干部，从组织上保证管理技术和专业技术的密切配合。四是在待遇上一视同仁。

多渠道培训　推进技术进步

宁波市乡镇企业局

一、端正认识，重视培训工作

近几年，随着乡镇企业的发展，我们对培训这项工作进行了重新认识。感到在新形势下，乡镇企业人才奇缺、技术落后的弱点影响了在激烈的市场竞争中的能力。要求生存、求发展，培训工作不是可有可无，而是当务之急。随着管理工作的逐步深化，现有的管理干部已远不能应付面上要做的工作。为提高工作效率，我们只能选择职工培训这种对企业辐射面广、收效好的办法，以摆脱埋头具体事务而事倍功半的困扰。市局从1987年起设立科技教育处和科技指导站，确定一名副局长负责培训工作。在年度资金安排上，保证培训经费的落实。每年的工作目标责任制中，把培训工作列入工作目标中，做到培训工作有计划、有部署、有落实、有检查。使培训工作得以扎扎实实地顺利开展。

二、制定培训计划，明确工作职责

一年来，我们根据乡镇企业的实际，在年初制定全年的培训计划，具体地列出培训内容、对象、人次、时间等，落实培训地点、师资、教材和学员。在培训工作的分工关系上采取分级培训、各有侧重的原则。

三、多渠道培训，提高培训效率

我们在培训形式上采取"内外结合"的方法，动员社会各方面力量，做好我们的培训工作。除了本局单独开展培训之外，还根据培训内容，寻求有关部门开展联合培训与委托培训。三年来我们开办了外经贸知识培训班，工办主任、骨干企业厂长上岗培训班，企业标准化、计量管理培训班，青年厂长培训班，消防工作培训班，刀具切割培训班，纺织技术人员培训班等。

四、灵活多样、因人施教

一是集中脱产学；二是函授为主，面授为辅进行培训；三是组织师资下基层开展培训；四是集中起来送出去培训。

五、抓住时机，结合工作培训

如工办人员的上岗前培训、厂长统考培训、会计上岗培训、技术职务任职资格评聘培训、产品创优的TQC培训等等。

六、指导、协调县(市、区)管理部门做好培训工作

主要是三方面：一是把培训工作具体布置到各县(市、区)、帮助他们制定中长期和短期培训规(计)划；二是培训县（市、区）管理部门干部，提高他们的业务素质，使这些同志回去后，把学到的知识传授给各区、乡镇的有关人员，从而加快了知识的传播；三是总结典型，推广经验。

强化企业管理　促进乡镇企业健康发展

山东省潍坊市乡镇企业管理局

贯彻治理整顿方针以来，我们认真贯彻1986年国务院《关于加强工业企业管理若干问题的决定》，把工作的重点由量的扩大转向质的提高，切实加强企业管理，努力提高乡镇企业的整体素质和管理水平。到1989年底，全市乡镇企业已有4个晋升为国家二级企业；20个企业被省政府批准为省级先进企业，60个企业荣获省系统内先进企业，256个企业进入市级先进企业行列，320个创县级先进企业。

1．统一思想，加强领导，实行战略转移。1989年以来我们在市委、市政府的领导下，统一了思想，及时地进行了工作着重点的转移，由过去的依靠外延扩大再生产，转移到加强企业管理，推动技术进步，提高企业素质的轨道上来，切实加强了对企业管理工作的领导。首先，市政府成立了由分管副市长任组长、市直有关部门负责人参加的乡镇企业管理工作领导小组，领导协调全市乡镇企业强化企业管理的工作。所辖12个县（市）区及各乡镇、企业也逐级成立了企业管理工作领导班子。同时，从市乡镇企业局到各县(市)区局都成立了4～6人组成的企业管理办公室，作为企业管理工作的常设机构；其次，层层召开会议，进行宣传发动。在全市掀起了向管理要素质、要水平、要效益的浓厚气氛。第三制定鼓励政策。1988年，市政府下达了“关于乡镇企业开展管理升级工作的意见”，对升级企业在税收、工资、晋升职称、信贷、技术改造立项、外汇使用、技术引进等方面都规定了优惠政策。如在工资方面，创县级先进企业，干部职工浮动工资一级，创市级先进企业浮动二级，税前列支；在税收方面，创县级先进企业计税工资按80～100元计算，创市级先进企业计税工资按100～120元计算，创省级以上先进企业，计税工资按130元计算；在晋升职称方面，市级以上先进企业的厂长，可以不受学历、资历的限制，评审经济师。其中国家二级企业的厂长，可以不受学历、资历的限制评审高级经济师；在贷款方面，凡升为先进企业的单位均按一类企业安排贷款。为保证市政府上述优惠政策的落实，我们市局会同市企业管理办公室、税务局、农业银行等单位联合下发了“关于执行和落实市政府意见的通知”，使各项优惠政策落到了实处。各县（市）区、乡镇也都结合自己的情况制定了许多与之配套的政策，创造了一个鼓励企业开展管理工作的“小气候”，有力地推动了企业管理工作的持续开展。

2．把企业升级作为突破口，促进乡镇企业管理工作的全面提高。第一，确定了企业升级的等级体系，制定了企业升级规划。我们根据企业管理工作总的精神和我市乡镇企业的实际情况，确定了乡镇办企业抓升级、村办企业搞整顿，在整顿的基础上再开展升级的原则。等级体系的设置，在省级先进企业以下，我们又增设了市级先进企业和县级先进企业。同时制定了市级先进企业标准、县级先进企业标准和村办企业的整顿标准。在此基础上，经过广泛深入的调查研究，制定了“七五”期间乡镇企业管理升级规划，计划到“七五”末，全市乡镇办企业要有10％以上的企业达到省级先进企业标准，20％以上的企业达到市级先进企业标准，50％以上的企业达到县级先进企业标准，到1990年基本完成村办企业的整顿任务。

第二，搞好试点，取得经验，指导面上企业管理

升级工作的开展。在取得试点经验之后，市政府召开了全市乡镇企业管理升级工作现场会，推广了试点单位的经验，全面部署了乡镇企业的管理升级工作，为全市乡镇企业开展企业管理升级工作创造了前提条件。

第三，大力开展了骨干力量的培训。我们采取了三种办法进行培训。一是县级培训。由县主管部门对分管乡镇企业的乡镇长、经委主任和列入企业升级计划的企业厂长和升级工作的干部进行培训；二是企业培训，主要对象是车间主任、班组长和专门从事企业升级的工作人员的培训。三是组织升级企业到已创省、市级先进企业的单位，进行对口学习。近几年，全市共培训乡镇企业管理升级工作业务骨干5 000人，保证了企业管理升级工作的顺利开展。

第四，积极做好部门协调工作。为乡镇企业开展咨询服务和指导帮助，为乡镇企业管理升级工作的开展创造了一个良好的外部环境。

3. 认真开展了对先进企业的复查工作，巩固和发展企业管理升级工作的成果。对已经获得先进企业的单位是刀枪入库、撒手不管，还是进一步加强管理来巩固和发展企业升级的成果，是摆在我们面前的一个新课题。为此，我们十分注意升级企业的复查工作，主要采取了四条措施。第一，树立复查工作的样板。我们先在乡镇企业发展较好，先进企业比较多的安邱镇和高密镇进行了试点：第一步，由镇政府成立复查整改班子；第二步，企业对照标准，排查问题，逐项整改；第三步，在企业自查整改的基础上，由企业提出申请，县局会同有关部门进行复查。第二，是在县(市)区复查的同时，市局会同市直有关部门进行抽查。规定每县抽查二处企业，如果有一处企业抽查不合格，再抽查二处企业，其中再有一处企业不合格则为全县复查工作不合格，其整个复查工作必须重新进行，并通报批评。第三，在复查中，发现企业弄虚作假和管理工作滑坡，立即限期整顿；整顿无效的，收回先进奖牌，注销先进企业称号。第四，搞好企业管理工作的咨询指导。

在开展复查工作中，我们要求复查组一定要借对企业管理工作进行全面检查的机会，切实搞好企业管理工作的咨询指导，帮助企业排查问题，研究解决问题的具体办法，受到了企业的欢迎。通过这些措施，保证了企业升级工作的质量和企业管理水平的巩固提高。

4. 不断完善配套机制，为深化企业管理提供可靠保证。首先，深化了企业改革。我们一是把企业管理工作与深化企业改革紧密结合，使其互相制约、互相促进共同发展。二是把竞争机制、风险机制引入承包，增强了企业活力，为企业管理的深化创造了良好的条件。三是推广了潍城区工业联合公司划小核算单位和推行厂内银行的经验。其次，大力开展了企业管理人员的培训。一是狠抓了企业管理人员的岗位培训。二是对市级以上先进企业的厂长、经理，有计划地开展了企业管理专业的高等教育。三是在开展企业管理培训的同时，还积极开展了其他专业人员的业务培训工作，从市局到各县（市）区局都成立了人才培训中心，并在1.39万处企业办起了企业技术夜校，自去年以来，培养各类专业人才 2.3 万人次。还以乡镇为单位对乡镇企业的车间主任、班组长进行业务培训达1.67万人次。第三，积极推行现代化管理。从1988年以来，我们通过举办现代化管理培训班，召开现代化管理成果发布会，表彰奖励等方式，在市级以上先进企业推行了现代化管理，提高了乡镇企业管理工作的档次。

通过加强企业管理，还促进了我市乡镇企业新技术的应用和新产品的开发，提高了产品档次，保证了各项经济指标的全面提高。今年全市新开发产品300多项，其中有 6 项填补国内空白，40项填补省内空白，可年增产值 5.1 亿元；今年省市质检部门对我市173种产品逐月检查，12个月平均合格率为95.1%，全市创省以上优质产品已达 129 项，有 100 个企业获全质证书。同时，全市乡镇企业资金周转由去年的 132 天减少到今年的 125 天，加快了 7 天。百元资金创利税达得17%，在贷款利率提高，原材物料涨价等各项增支因素增多的情况下，我市乡镇企业的各项指标仍保持历史较好水平。

上管理 增效益 求发展

天津市北郊区乡镇企业经济委员会

1989年以来，我们坚持“治理、整顿、改革、管理”八字方针，搞调整，抓改革，上管理，增效益，保持了速度、效益同步增长的好势头。主要做法是：

一、坚持治理整顿，搞好战略调整

首先是积极地调整了发展战略。在治理整顿新形势下，乡镇企业应该如何发展？我们不失时机地针对实际，提出了乡镇企业发展战略，要从过去的主要靠铺新摊子求发展，转移到主要靠充分利用现有条件求发展上来。一是把注意力转移到充分发挥原有老企业的作用上来。对于经营比较好的，突出抓“三上一提高”；对下降、微亏企业重点抓强化管理、降低消耗，增强消化能力；对于经营不善产品滞销的调整产品或关停并转。二是把注意力转移到狠抓新建、在建企业的投产达产。对于1988年新建投产361个企业，积极进行填平补齐，帮助解决急需资金和原材料，搞好建章建制，切实组织好生产和经营。对于在建和新建项目，凡是能保的尽一切努力促其尽快投产，使新投产的116个企业完成工业产值6 103万，占总增值的17.5%。三是把注意力转移到骨干企业和55个村。我们全区有百万产值以上骨干大厂300多个，产值占全区的75%左右。对于这些骨干企业，建立了月报分析制度，随时进行经济分析，把握生产动态，搞好指导和服务。

第二是认真调整产业和产品结构。围绕中央和天津市工业调整方向，我们以提高经济效益、增加有效供给为目标，抓了“三个重点，两个突出”，即重点抓汽车行业、机电行业和化工行业，突出发展短线产品和外向经济。围绕“三个重点，两个突出”，新增产品或品种151个，调下耗能高、质量差、效益低的产品56个。

二、不断深化改革，在困难中稳住大局

我们把改革当做推进企业上管理增效益的主要动力，突出地抓了四个深化点。第一，把厂长任期目标放在群众的监督之下，企业厂长普遍将任期承包目标公诸于众，进行民主评议，增加了透明度，使1989年承包合同的签约率在一季度末就达到97%以上。第二，提高积累率，走自我发展道路。对企业积累率普遍进行了调整，使全区企业积累率由原来的30%上升到40%以上。第三，把风险机制引入承包，促使承包责任制进一步深化完善。1989年，在占全区76%的648个企业中实行了全员风险抵押承包，不仅解决了1 300多万元的风险抵押金，还增强了干部职工的主人翁意识。第四，把企业内部“五制”配套改革，集中到提高经济效益上来。除了在层层目标责任制、后勤岗位责任制、供销人员三联效益提成制、效益工资制四个方面有所发展外，突出地是在31个企业有效地推行了厂币结算买卖制，普遍加强了成本核算，提高了经济效益。

三、以提高“三率”为目标，强化资金管理

在资金管理上，以提高“三率”（资金自有率、资金周转率，资金利润率）为目标，树立了计划、时间、效益三个观念；从会计达标入手，全面强化了资金管理。

首先抓了资金的筹集。采取群众集资，搞风险抵押，社会拆借，融资，扩大积累，保优税保折旧等多种形式，为企业聚集了1.5亿资金投入生产，使自有流动资金较上年大为增加。有了资金，还要管好用活。我们狠抓了五个字。一是算，就是强化成本核算。二是用，就是严格资金投向。三是转，就是加速资金运转。四是建，就是有针对性地建立健全各项财务制度。五是降，就是降低成本，降低消耗。为抓好以上五个环节，从1989年3月起，我们在乡村两级普遍开展了会计工作达标升级，决定对于不能按期达标的要从工艺和聘任方面加以限制。目前，已在115个骨干企业完成了考评细则和自查验收，并为325名会计发放了会计许可证，保证了资金管理的正常开展。

四、以企业定级为龙头，夯实基础管理

以企业定级为龙头，以质量管理为重点，以全面提高企业素质为目标，抓企业定级工作。首先抓了国家级、市级、市局级的定级工作，同时又做了区级定级的准备。到目前，双街钢管厂，已被国家批准为国家二级企业；漆包线、海河工业泵厂等12个企业被批准为市级企业；30多个市局级企业正在审定之中。很多企业厂长都说，企业就得上等级，不上等级企业就没了根，就失去了生存的希望。现在，我们已制定出区级企业定级标准和考评细则。围绕企业定级，在基础管理上做到了“四抓”。一抓按标生产。二抓产品一次投入产出合格率。三抓鼓励创优。四抓人才培养。

注重选拔和培养承包者

山东省泰安市多种经营乡镇企业局

党的十一届三中全会以来，我们就在乡村集体企业中推行了承包经营责任制。大体经历了三个阶段：1982年以前为一个阶段，这个时期主要围绕企业与企业之间和企业内部吃大锅饭的问题，借鉴农村大包干

的经验，推行了较为简单的经营承包责任制；1982至1985年为第二阶段，这个时期主要是推行了江苏省堰桥乡“一包三改”的经验；从1985年到现在，为第三阶段。这个时期由于贯彻了《中共中央关于经济体制改革的决定》，在城市经济体制改革的推动下，乡镇企业推行了企业内部配套改革，实行厂长负责制和任期目标责任制，从而使承包经营责任制得到了不断完善和深化。从目前承包经营的形式来看，全市百分之九十以上是实行的集体承包、厂长（经理）负责制。承包的指标内容、承包期、发包者与承包者的义务和权利，以及承包合同的签定手续，均执行了农业部有关规定。并特别注意了把选拔和培养承包者作为一项根本措施来抓，从而在推行承包经营责任制中，避免了大起大落，巩固发展了乡村集体经济，推动了全市乡镇企业持续健康地发展。1989年，全市乡镇企业产值达到54亿元，其中工业产值达到35亿元，从业人员达到83万。与1984年相比，乡镇企业产值和工业产值分别增长5.4倍和4倍。回顾几年来不断完善深化经营承包责任制的过程，我们主要有这样几点体会：

一、从总结正反经验中提高认识

把选拔培养承包经营者和造就一大批农民企业家，作为不断完善承包经营责任制的一项根本措施来抓。这个认识是在总结正反两方面经验教训中逐步形成的，在推行承包经营责任制的初期，由于受干部终身制的影响，很多地方把乡镇党委任命的书记、厂长，当成理所当然的经营承包者。在这批干部中，有相当一部分是过去的大队干部，因年老体弱，不便在农业第一线工作，又由党委照顾安排到乡镇企业担任领导职务的。这些同志虽然搞农业比较内行，但对搞工业毕竟缺乏经验。因此，承包经营责任制推行以后，在乡镇企业收效不大。许多企业缺乏生机和活力。从事乡镇企业的领导们开始意识到这样一个真理：办厂没有“能人”不行。于是，干部制度上“终身制”、“铁椅子”的旧观念开始动摇。在推行承包经营责任制中，一些开明的领导注意启用人才、引进人才，让懂经营、会管理、有专业知识的人才充当承包者。当时，在全市影响较大的有两个单位：一个是泰山区三友村办的金刚石厂，一个是市郊区黄前镇的食品罐头厂。三友村位于市郊，虽然较早地推行了承包经营责任制，但由于缺乏人才，制度流于形式，村办企业发展缓慢，1980年前，工农业总产值21万元，年人均收入仅130元。1984年前后，他们引进九名专业人员，承包村办企业，其中有早年毕业于沈阳机电学院，在全国锻压行业颇有影响的退休工程师奚兴源；有早年毕业于北京机械学院，对生产工艺设计、管理颇为内行的工程师贾文瑞；有吉林大学毕业、从事金刚石研究二十余年，被誉为金刚石专家的工程师刘永学；有五十年代“马恒昌”小组的第三任组长、曾任西宁第一机床厂附属厂厂长、被同行誉为“丝杠大王”的技师张洪儒，有了这样一个“专家群”，领办承包企业，使这个村的村办企业如虎添翼，飞快发展。其中，他们办的金刚石厂，当年建厂，当年投产，年创产值770万元，利税200万元。他们生产的ＤＳ-029Ｂ型3 600吨绞式液压机，在国内处于领先地位，成为全国四大液压机生产厂家之一，产量居全国同行业首位。在推行承包责任制中，失误也在所难免。我市有些地方和单位也曾走过一段弯路。1982年前后，我市东平县以“投标叫行”的形式，从外地招来一批承包人，由于没有很好的审查考核，结果上当受骗，给企业造成损失。如一个来自河南省，自称“内行”的农民承包了一个乡的砖厂，由于他不懂装懂，滥芋充数，企业管理陷于混乱，两年下来，机器成了一堆废铁，给企业只留下一个土坑，一只烟囱，八万元的外债，然后不辞而别，官司打了好几年，最后不了了之。正反两方面的经验教训使我们认识到，乡镇企业的承包经营责任制，作为一种微观生产关系，对启动乡镇企业的内部活力无疑是重要的。如果没有好的承包经营者，没有好的厂长、经理，再好制度也不可能落实，不可能取得好的成果。

二、不拘一格选拔承包经营者

为了选拔乡镇企业的承包经营者，近几年我市搞了几次大的活动：一是在1987年7月份，市委、市政府召开了全市有线广播大会，鼓励机关、科研企事业单位的专业技术人员和有志之士，到农村承包或领办乡镇企业；二是市委、市政府制定了《关于鼓励专业技术人员支援乡镇企业的试行规定》，《关于进一步完善乡村集体企业承包经营责任制的意见》；三是市委、市政府从1986年至1988年连续三年召开了全市乡镇企业工作会，每年大会都有如何选拔承包经营人的经验介绍。各县市区也制定了许多引进人才的优惠政策。通过这些活动，在我市造成了一个不拘一格选拔人才的小气候。

1. 树立新的用人观念。按照四化建设和发展商品经济的要求，我们确定，选拔承包人的基本条件是，坚持党的十一届三中全会路线和四项基本原则，能开创新局面，有真才实学和优良作风。新泰市无氧铜材厂夏立德，1962年高中毕业后，回家当了农民。1968年来到城关农具厂当钳工，这期间他自学了设计绘图、材料力学、电子原理，研制成功的大长度无氧铜异型管达到了世界先进水平。推行承包经营责任制以后，他被选为承包厂长。他带领全厂职工不断向生产的深度和广度进军，制造出了我国第一台无氧铜杆上引连续铸造设备，把昔日以生产小农具为主的农具厂，变成能生产无氧铜杆、异型铜管、电炉的无氧铜材厂。该厂研制生产的异型无氧铜管被评为全国乡镇企业科技进步一等奖。

2．从当地选拔优秀承包者。乡镇企业地处农村，有些地方曾出现了亲属承包，“仗权”承包的现象。再加乡镇领导班子变动频繁，往往出现调换一次班子，换一茬承包人，垮掉一批企业。这时，有的地方就叹息自己那里没有合格的承包者。针对这种情况，我们及时总结推广了一批典型。并指出只要我们清除“左”的影响，优秀的承包人才就在身边。我们还要求领导干部，要有举才之德、识才之眼、容才之量、用才之能。从而使一些名不见经传的“小人物”走上了承包岗位，大显身手。

3．招聘引进承包者。近几年，我市采用鼓励专业技术干部到农村支援乡镇企业，机关企事业干部轮流到农村挂职等形式，共有六千多名干部去农业第一线，其中一部分被选为企业的承包者。此外，有的企业还从外地引进承包者，对弥补乡镇企业经营管理人才不足，推动承包经营责任制的落实，都起了重要作用。

4．注意启用有开拓精神的承包者。乡镇企业需要那种有强烈的竞争意识和创新精神，敢于承担风险，敢于严格治厂，勇于打破现状，不断开拓进取的承包者。但是，在现实中，谁要取得一点成就，总会有人说三道四。莱芜市兴华实业总公司经理、全国人大代表孙华心，1975年带着26名农民，500元资金和十几只破抬筐进山开矿，经过十几年的艰苦创业，由一间工棚变成了拥有两万多平方米厂房、一千多台现代化设备，二千多万元固定资产，拥有铁矿、纺纱、染织、建筑安装、冶金、贸易等十几个单位的综合实业公司。几年来，累计创产值一亿多元，上缴利税1 500多万元。就是这样一个优秀企业家，也曾遭到一些非议。我们对这些有开创精神的承包者有一个正确的态度，注意发挥他们的长处，把他们放在重要岗位上发挥作用。

三、满腔热情培养承包经营者

要不断完善承包经营责任制，关键要有一批好的承包者。但是好的承包者或者农民企业家也不是天生的，它需要关心培养，以不断提高基本素质，只有他们的素质提高了，才能促进承包经营责任制的不断深化完善。在这方面，我们主要抓了以下几点：

一是搞培训，提高管理水平。1984年，以自力更生的精神，办起了职工中专学校，今年又经市政府批准，建立了泰山乡镇企业学院。办起教学基地以后，我们把培养轮训厂长、经理、乡镇工办主任作为一项重要工作来抓。现任工办主任、乡镇办企业的厂长、经理都培训了一遍，重点村办企业的厂长也已经培训。通过培训，管理水平有了普遍提高。

二是抓了职称评定工作。为了鼓励承包者自学成才，使他们能认识到自身价值，激发他们的荣誉感和责任感，我们从一九八五年开始，就在乡镇企业系统开展了职称评定工作，目前共有9 482人获得专业技术职称，其中有3 312人为企业的承包厂长经理。

三是开展了评选农民企业家活动。为了表扬鼓励一批优秀承包经营者，倡导和发扬企业家精神，我们联合报社、电台等单位，在去年搞了一次评选农民企业家活动，全市共评出市级农民企业家25名，对他们的事迹进行了大张旗鼓的宣传，从而进一步激发了他们的事业心、责任感。

四是理顺关系，给承包者创造一个好的外部环境。过去，乡镇企业的经营，在当地政府的直接参与下，有些领导包揽了一些本来由企业承包者行使的权力，严重束缚了企业自身发展能力。为了改变这种政企不分的现象，现在各地都注意按合同规定办事，把风险压力放在企业头上，真正把经营权放给承包者，为承包者创造了一个天高任鸟飞的环境。

五是注意解决承包者的短期行为。①科学地处理承包期问题。明确规定，只要不超章、不违纪，按合同办事，就可继续干，否则发包人随时可解除合同。这样承包人感到“只要干的好，就可继续干”，承包人有了稳定感和信任感。②科学的确定承包基数和承包内容。根据市场变化，对指标采取一年一审定，不搞鞭打快牛。在指标内容上，不仅规定产值、利润、上缴指标，同时还规定了产品质量、创优、新产品开发、企业升级、职工教育、安全生产、精神文明建设等关系企业长远利益的指标，③采取正确的考核奖励办法。对创优、升级、开发新产品都分别制定了奖惩规定。④健全约束机制，加强思想政治工作。他们不以包代管，加强了对企业的管理。主要是通过定期审计，严格新项目的审批，不准企业私招乱雇人员，促使企业制定长远规划。同时，加强对干部职工的思想教育，使干部职工树立“前人栽树，后人乘凉”的宽大胸怀。

近几年来，由于我们十分重视选拔和培养承包经营者，使乡镇企业的承包经营责任制不断深化完善。初步打破了所有制和承包形式过分单一的状况，一个多元化的、运转自如的承包经营体系正在形成。一些地方和单位有选择地试行股份制，推行了租赁承包制、集团抵押承包制和企业之间的相互兼并。同时，各地为了不断完善承包经营责任制还制定了一些相应地配套措施，使乡镇企业的承包经营责任制基本适合生产力发展的要求。

我们是怎样推行全面质量管理的

陕西省武功县乡镇企业管理局

1989年，上级主管部门把我县作为全省乡镇企业推行全面质量管理试点县，先走一步，其基本做法是：

1．**搞好宣传，提高认识**。我们首先抓了宣传教育，提高对推行全面质量管理工作的认识。一是利用各种会议分析乡镇企业目前面临的新形势，强调推行全面质量管理的重要性和必要性，重点解决乡镇主管领导、企业办主任和重点企业厂长（经理）的认识。二是请质量管理搞的早、效果好的企业介绍经验。三是组织重点企业厂长(经理)、企业办主任现场观摩学习。在提高认识的基础上，县上制定下发了有关文件，对试点工作进行了全面细致的安排部署，使这项工作有计划、有步骤的开展。

2．**建立机构，培训队伍**。县局成立了领导小组，县乡镇企业产品质量管理监督站具体抓这项工作。15个乡镇企业办公室分别成立了2～3人的指导小组。各企业明确了主管领导，配备了专职人员，落实了责任。同时采取了三种形式搞好培训。一是专业培训。我们举办了为期15天的培训班，对全县93名企业办和试点企业主管质量的同志进行了专业培训；二是以会代训。县上利用召开乡镇主管领导、企业办主任、骨干企业厂长（经理）会的机会，组织专题辅导；三是企业自训。各企业由已培训的骨干担任教师，组织职工学习全面质量管理的理论和方法。全县为推行全面质量管理建立了近200人的骨干队伍。

3．**全面铺开，自我推行**。在企业推行全面质量管理过程中，主要抓：①四建立：即建立综合性质量管理部门和质量检验机构;建立质量管理岗位责任制，操作规程工艺、工序管理等各项规章制度；建立各职能部门工作定额及考核标准；建立各种原始记录、台账、图表。②三抓好：即抓好全员质量教育，抓好计量检测，抓好工装设备的使用、维修、保养。③两严格：即严格考核工作、实行"质量否决权";严格奖惩，奖优罚劣。④一突出：即突出抓好群众性的质量管理活动。在此基础上，重点抓好产品质量、工序质量、质保体系的审核。对一般企业采取"中间突破、两头延伸"的办法，重点抓好生产过程的质量管理，然后向售后服务和设计试制环节这两头的质量管理延伸。

4．**咨询诊断，指导完善**。我们抽调企业中负责全面质量管理工作有实践经验的13名同志分成3个小组，对49个企业进行了咨询诊断。具体采取一听、二看、三查、四问、五评、六完善的办法。一听：听厂领导质量工作的汇报；二看：看实际生产现场，看工装工序状况；三查：查原始资料、台账、记录、规章制度；四问：问机构体系情况，领导重视情况、TQC小组活动情况，了解职工对全面质量管理知识的掌握情况；五评：按照《全国乡镇企业系统全面质量管理细则》逐条评审，寻找工作中的薄弱环节，提出存在问题和整改建议；六完善：就是根据诊断，帮助企业完善推行全面质量管理工作中的薄弱环节，进行基础业务建设。

通过前阶段试点工作，初步取得了以下一些成效：

1．**提高了干部职工的质量意识，使企业干部职工增强了质量第一的观念。**

2．**强化了质量管理"内功"**。一是标准化工作有了新的进展，所有试点企业不仅消灭了无标生产，而且都制定了优于国家标准的企业内控标准，建立了较完善的、能够保证工作质量的工作标准和管理标准。二是计量工作普遍得到重视。企业按工艺要求及时添置了计量器具，重点抓了配备率和检测率，建立了能适应经营管理和质量管理的计量保证体系。三是技术管理得到了加强，大部分企业都建立了科技档案。四是质量信息工作纳入了管理，各企业都建立了质量信息管理机构，信息传递反馈系统已初步形成，为提高产品质量搞好经营管理提供了第一手资料。五是质检能力有了提高，改变了个别企业过去存在的三无（无机构、无工具、无人员）现象。

3．**出了一批TQC成果**。经过几个月的工作，群众性的质量管理活动在企业中已经开展起来，在提高效益、节能降耗、技术革新等方面取得了11项成果。

4．**取得了明显的经济效益**。通过推行全面质量管理，促进了生产发展，提高了企业在困境中排难而进的能力。县上重点抓的23户试点企业，实现产值较去年同期增长21.89%，收入增长57.82%，利润增长436%，税金增长了174%。截止8月底，全县乡镇企业实际总收入9 413.14万元；工业产值达到6 685.65万元，分别比去年同期增长了17.3%和30.6%。

搞好煤炭综合利用 认真治理环境污染

山西省介休县乡镇企业局

在发展煤炭加工转化中，我们群策群力，坚持不懈地狠抓了综合利用和治理污染，先后试验改造成功4种新型焦炉，开发了8种煤化新产品。几年来，我县先后八次参加了全国性环保会议，两次被评为省环保先进单位。我们乡镇局曾三次应邀参加了全国性会议，1988年，省里为我们记了集体二等功。我们深深体会到，只有大力发展综合利用，认真治理环境污染，才能不断提高煤炭加工转化的经济效益，社会效益和环境效益。

一、以改造炉型为主线开辟炼焦和治污技术新途径

我县煤炭资源比较丰富，多数为主焦煤。农民群众素有烧土焦的传统，但土焦生产浪费资源，污染严重，效益不高。在充分调研的基础上，我们提出了一年治水，二年治烟，三年治渣的整治目标，紧紧抓住对焦炉的改造这条主线，不断开辟炼焦生产和治污技术的新途径，到目前大体经历了三个阶段。

第一是探索性改造阶段。在乡镇局和环保部门的督促指导下，1987年7月我县研制改造成"TJ-75"型焦炉，利用对煤气和焦油的二次燃烧原理，在原萍乡炉基础上加了一个封顶，实行全封闭作业，无回收冶炼，生产出了优质铸造焦。经山西省劳动卫生职业病防治研究所测定，每100立方米废气中，强致癌物质苯并(a)芘的含量，下降到8.664微克，比土焦减少95.536微克，比萍乡炉减少48.376微克。

第二是结构性改造阶段。在初步探索的基础上，我们组织有关技术人员，考察了首钢、太钢、临钢等国营大厂的焦化设备，分析了吕梁炉、萍乡炉、七五炉等炉型的利弊，结合我县的实践，经过反复试验，于1987年10月在义安焦化厂推出了"介休一号炉"。使焦炭质量提高了一次档次，由原来的二级冶金焦变为一级冶金焦；缩短了结焦周期，由原来的8天减少为4天；提高了出焦率，同样大小的焦炉可增加产量9%；改造费用低，吨焦技改投资仅需3.8元；提高了生产率，该厂由原来的43个焦池减少为22个，焦炉占地面积减少了一半，而年产量却由6万吨增加到12万吨；明显减少了环境污染，经山西省环境监测中心站测定，烟尘排放浓度为每立方米48.77毫克，二氧化硫排放量为每小时1.8公斤，一氧化碳排放量每10.191公斤，大大低于国家规定的排放标准。

第三是总体性改造阶段。我们经进一步的分析论证，取长补短，于1989年7月又推出了"JKH-89"型焦炉。这种炉型杜绝了焦油渗漏，焦油回收率提高了20%。产品全部为二级铸造焦。经环保部门测定，污染物的排放量均在国家规定的环保指标内。被省科委列为科技攻关项目，是目前小型焦化厂较为理想的一种炉型。

二、以综合利用为目标开拓煤炭加工转化技术新领域

全县冶金焦生产形成一定规模之后，各个焦化厂的中煤、矸石、焦油等副产品大批积存，怎样搞好综合加工利用，变废为宝，不断延伸产业、产品链、形成产业结构性优势，实现环境综合治理，使全县的煤炭加工转化稳定协调地向前发展。我们先后从以下四个方面着手：

一是煤焦油加工线。我们通过兰州、淮北等地炼油厂的技术援助，经过苦心钻研、反复试验、几经改造、建成了一座年处理5 000吨煤焦油的焦油加工厂，除生产提炼柴油外，还提取分离出大工业急需的苯酚、轻油、洗油等多种化工产品。1989年，又建成一座年产5 000吨炭黑的焦油炭黑厂，现已进入试产阶段。

二是煤矸石化工线。先后建成一座硅铝炭黑厂和两座硫酸铝厂，开发了橡胶塑料工业添加剂和印染、造纸工业发酵剂新产品，总设计能力为年产矸石化工产品8 500吨，可增加利润200万元，现均已投入生产，投放市场。

三是煤矸石建材线。全县已经建成4个以矸石为原料的砖厂。这些矸石砖厂年生产能力总共达到1 500万块。这项新技术的推广，既为大批煤矸石的废渣治理和三废利用找到了新出路，又节约了土地资源，促进了建材业的发展。

四是煤矸石改碱线。我县汾河沿岸，由于盐碱下湿，农业产量长期低而不稳。1989年秋后，我们在大搞农田水利基本建设改碱工作中，组织科技人员，开展了利用煤矸石改良盐碱滩的试验，如果获得成功，将为改碱治土找到一个新办法。同时，我们还和北京煤炭化学研究所正在开展煤气净化和矸石发电的研讨，为煤气的回收净化和矸石的多方利用开辟更广阔的前景。

引侨搭"桥" 发展外向型经济

福建省泉州市乡镇企业管理局

近几年来，泉州市乡镇企业认真贯彻改革开放的方针和特殊政策，引侨搭"桥"，大胆引进国外资金、设备、技术、样品和先进的管理经验。外向型乡镇企业已成为泉州市发展外向型经济的生力军，其特点是：

1．突破了长期以来外向型只有乡村集体企业的老框框，形成了"四轮驱动、双轨前进"的新格局。

2．出口产品初步实现了四个转变：即从出口单元化产品向多元化系列产品转变；从低档产品向中高档产品转变；从劳动密集型产品向技术密集型产品转变；从生产滞销的传统产品向生产外销走俏新产品转变。

3．出口生产逐步实现了基地、群体化。至1988年，全部已建立15个出口生产基地，出口交货值超百万元的企业群体67个，其中出口交货值1 000万元以上的有4个企业群体。

4．产品外销多样化，由过去8大类300多个品种规格增至16大类7 500多个品种规格，远销世界60多个国家和地区。

5．外商投资出现三个转变。投资对象，由港澳地区扩展到东南亚、欧洲等国家和地区，尤其是台胞投资猛增，投资心理，由带着试探性向长期稳定性转变。投资项目，由原来的服装、鞋帽、食品、电子玩具、工艺美术等轻工行业向第一、第三产业扩展。

泉州市乡镇企业外向型经济的兴起促进了农业出口生产基地的兴起；逐步形成了贸工农型的生产结构；推动了乡镇企业科技进步；优化了农民集资股份合作企业和劳动结构；促进了创汇企业小区的建设；增加了全市外汇收入，对全市经济产生了明显的积极作用。

我们主要做了以下工作：

1．努力争取侨心，取信于侨。引资先引人，引人先引心。吸引外资，发展外向型经济，关键在于做好"争取侨心"的工作，我们从落实党的侨务政策入手，进一步激发他们热爱祖国、热爱家乡的思想感情。同时，利用考察、探亲、同乡会及展销会和重大节日等活动形式，组织县（区、市）、乡（镇）有关人员往港澳及其他国家，广泛接触侨胞、外商，大力宣传党的开放改革方针和各项优惠政策，介绍改善投资环境的措施和设想，以争取侨心。

2．改善投资环境，增强外商吸引力。外向型经济迅速发展的另一个重要因素是注重"硬"、"软"环境的改善，增强外商的吸引力。几年来，泉州市以"项目领头，优惠政策、优质服务开路，基础设施坐镇"为指导思想，刻意改善投资环境，规划并开始实施了全市以鲤城为中心，抓好南北两翼，建设泉州湾沿海一线及26个卫星镇，形成了以出口创汇为主体的各种"三资"企业小区，集中一定的财力、物力，加强基础建设，改善水电、道路、通信、码头等设施。近三年内全市投资1.2亿元，建设了22万伏井山变电站，形成了以11万伏为主架的电力网络。总装机容量7.45千瓦的中型电站龙门滩引水工程一级电站也已经完工发电，国家"七五"期间计划建设的肖厝万吨级杂货码头第一期工程和我国第一座对台贸易专用码头惠安崇武码头已交付使用。同时，我们还十分注意"软"环境的改善，制定了《鼓励外商投资的十条优惠政策》和十一条补充规定及加快发展来料加工的八条措施。另一方面注重提高办事效率。

3．采取"七路并进"形式，不断拓宽创汇路子。几年来，泉州市发展外向型乡镇企业主要采取七种经营形式，搞活经营机制，不断拓宽创汇路子。一是通过"三胞"（港、澳、台胞）大力发动"三商"（外商、侨商、台商）大办"三资"企业，大量承受"三来一补"业务；二是与外贸专业公司"工贸联营"，实现企业转轨变型；三是继续推行外贸代理制，大力发展各行业的外贸产品定点厂家；四是依托"龙头"产品和创汇骨干企业，实行大厂带小厂，统一产品质量标准，采取松散联营，委托有直接出口权的厂家出口产品；五是到特区建"窗口"，利用特区的进出口优惠政策，"借船出海"，共同对外；六是充分运用一年两次"广交会"看样订货的机会，大量组织样品，在会上找主顾或通过代理商，把商品推到国际市场去；七是组织名、优、特、新产品和传统产品到国外去开展销会，直接与外商洽谈，发展新客户，开拓新市场。

在治理整顿中积极发展外向型企业

东莞市乡镇企业管理局

东莞市地处珠江三角洲东部，穗港经济走廊的中间。1985年东莞被国务院列为珠江三角洲经济开放区。

东莞市发展外向型经济最突出的特点是充分利用交通方便、紧靠国际市场、华侨港澳同胞众多和乡镇企业机制灵活的优势，广泛与世界各国和地区开展经济技术合作，先后与日本、美国、澳大利亚、联邦德国等10多个国家与地区建立了合作关系。1979年至1988年底，全市签订了“三来一补”协议6216宗，已投产3 420宗；签订“三资”协议508宗，已执行300宗。利用外资1.74亿元，引进先进设备19.1万台（套），共创汇6.78亿美元。加工装配的产品有电子电器、纺织服装、玩具首饰等15个行业，4 000多个品种。通过发展外向型企业，不仅就地转移了本市原有的30多万农村剩余劳力，而且还吸收了大量外来劳力，为东莞农村工业的发展积累了资金、技术和人才。

在投资环境建设方面，一是加强“硬环境”建设：全市可通车公路增到1 493公里，新建和扩建交通桥梁71座，开辟了太平直通香港的客运航线，新建了太平港3 000吨级货柜码头，设立太平海关和东莞海关，设有石龙等7个货物进出口口岸和装卸点，形成了由海运、内河、空运、公路、铁路组成的交通网络。国家在虎门投资兴建的120万千瓦的沙角火力发电厂A厂和省港合资兴建的70万千瓦的沙角火力发电厂B厂，已建成运行发电。市除了筹集1亿元参加省集资办电外，先后投资近4 000万元，建成了2座共3.6千瓦的火力发电厂，为了迅速改善东莞的电网结构，适应农村乡镇企业的发展，采取“三个一点”的办法（即国家投资一点、地方自筹一点、群众集资一点），建成了容量786 500千伏安的变电站。在解决水资源方面全市各镇及大部分农村都建有自来水厂，供水质量完全符合卫生标准，生产、生活用水十分方便。通讯方面，东莞的邮电通讯便捷居全国首位。还兴建了一批商业、饮食、旅游等生活服务设施，为外商投资兴办企业提供一个较为理想的环境。在“软环境”建设方面：建立了一套方便外商投资的办事机构和程序，培养了一批善于公关，素质较高的干部，市设立对外加工装配办公室，坚持“一个窗口”对外，实行“一条龙”服务，简化办事程序，提高办事效率，深受外商欢迎。

东莞市委为了更好地促进经济持续、稳步、协调地发展，采取了更积极的措施：

1. 继续加强交通、能源、通讯、电力等基础设施的建设。
2. 继续发展“三来一补”和中外合作合资企业。
3. 继续与外贸部门联办出口产品基地。
4. 继续引进国外先进设备生产出口产品。

1989年12月28日

发挥优势抓经营　克服困难促发展

尤　俊　明

1989年以来，我们在面临着银根紧缩，原辅材料价格成倍上涨的巨大压力下，认真分析市场行情，认准认清自己的优势，增强对困难的承受能力，在逆境中发展、巩固和提高。年实现产值2 653万元，实现销售2 310万元，创利税总额646万元，分别比去年同期增长了14.5%、51%和63%，三个疗效型产品打进了国际市场，出口额达23万美元。顺利地通过了“省级先进企业”的评审。在激烈的市场竞争中，我厂取得成绩的优势何在呢？这就是我们一贯确立的灵活经营的优势机制。

一、发挥敢于超前的优势，让国内外市场追着企业的产品“跑”

在经营中发挥超前的优势，坚持做到“增加适销对路产品，以短补长；调整产品结构，以新补旧；发展多品种生产，以辅补主；扩大特色产品，以缺补齐；注重综合效益，以盈补亏。”

1. 确立忧患意识，紧紧把握市场的脉搏。化妆品市场生产厂家多、洋货充斥市场、产品周期短，逼得我们在超前开发新产品上丝毫不敢松懈，始终以开拓创新作为企业经营的“主旋律”，坚持销售一批，研制一批，储备一批。为此，我们在全国建立了信息网络，制定信息反馈责任制，在全国100多个大型的百货公司、百货二级站中，聘请了兼职信息联络员，同时在全国31个大城市派驻营业员，率先运用产销直接见面的方式，更准确更及时地听取消费者的建议和意见。对国际市场信息，我们则以我厂的出口总代理为依靠，借助各旅游城市的友谊商店搜集信息。在此基础上，我厂又增派了两名市场行情和新产品信息的市场巡视员、两名普查员。

2．创出新产品的特色，把潜在的市场诱导出来。企业要打开局面，把潜在的市场诱导出来。1986年三季度，我们从中国即将对南极进行首次科学考察的信息中得到预感，华东地区六省一市数亿人口，冬季生冻疮者较多，如能研制出高效防冻霜，将对这一地区传送“福音”。结果，我们与科研单位联合研制生产的高效防冻健美霜、委托南极考察队在极地低温环境下进行试验，获得很大的成功，被誉为冻疮的“克星”。三年累计销售900万合，销售额达900多万元。超前的信息产生超前的产品，但这一过程的实现往往要承担一定的风险。我厂的新产品“肤美灵”，投入生产一次性投入需要300多万元，似乎风险较大，但经过认真的科学论证和广泛的市场调查分析，在强化宣传的基础上，新产品投放市场立即轰动各大商场，被抢购一空。

3．放远眼光，让有中国特色的化妆品走俏国际市场。当今的世界化妆品市场，基本上是洋人的一统天下。国外对保健产品的开发很重视，对化妆品用料提出了“重返大自然”的口号，我们决定从适应“新潮流”方面选突破口，去年来与中科院高能生物研究所合作研制出虹雨牌天然沙棘系列化妆品，对治疗老年斑、雀斑等有很好的疗效，现在已通过了国家级鉴定，并获得了国际专利优秀奖，引起了外商的极大兴趣。

二、发挥注重信誉的优势，在全社会树立有特色的企业形象

我厂的经营风格主要表现为以“诚”为本，以“信”为上，坚持“用户就是皇帝”的原则，根据客户的要求，在品种上“开小灶”，交货时“开快车”，求援时“开绿灯”，大生意认真做好，小生意热情接待，靠优质服务赢得了广大用户。我们做到了四个坚持：

一是大众产品，坚持一包到底，我们规定产品在销售过程中，如遇市场变化，超储积压，我们负责调剂、包退换，赢得了可贵的信誉。

二是疗效性产品，坚持使用无效，一律退款。

三是企业出名了，坚持服务不傲气。几年来，我们先后被评为扬州市和江苏省的明星企业。厂长尤俊明同志，先后获得“全国经济改革人才奖”、“江苏省劳动模范”、“省、市明星企业家”、“江苏省有突出贡献的中青年专家”等荣誉称号。我们以实际行动不忘老朋友，广交新朋友，我们从方便用户出发，在企业内部分别建立了专职的查询科，聘请了两名医学顾问，解难释疑；设置了邮购服务部，专门办理邮购业务；增设了咨询中心，认真听取和答复用户意见。

四是社会必需的小产品，坚持保本微利经营。我们对赖以起家的群众必须的一些小产品，老产品，坚持做到保本、微利，甚至微亏生产经营，以此赢得更多的社会信誉。

三、发挥群体经营的优势，经营者生产者携手连心挑重担

乡镇企业承包以后，突出了经营者的地位和利益，这是十分必要的，但也面临着承包者如何尊重职工的主人翁权利，调动他们的积极性，把企业的经营意识变为全体职工的行为目标，发挥群体经营优势的问题。我们首先对职工较为敏感的诸如利益分配等问题摆正干部与职工的关系，得到了职工的信赖和拥护。

去年以来，国家遏制过热的经济形势，但也给工厂带来了市场疲软供销难的困难局面。这时我们提出了“精神思想不滑坡、生产效益要上坡”的口号，发动全厂职工强化主人翁意识，群策群力献计献策，采取多种措施，及时稳定了生产。

另外，我们还在关心职工生活方面做了大量的工作，主要表现在三个方面：一是在经营过程中，不断增强“自我约束”的意识。二是当经营与生产者的利益发生冲突时，自觉服从经营。三是树立现代经营意识，增强经营的基本功。

四、发挥宣传的优势，让企业和产品的知名度名扬海内外

现在的市场已经不是“酒好不怕巷子深”的年代了，除了自己的产品要货真价实，适销对路外，如何使企业和产品被人们所认识，所了解，已成为越来越重要的问题，我们历来坚持实事求是地宣传自己，每年的宣传经费一般占销售额的3%以上，去年达到5%左右，为提高企业和产品的知名度产生了不可估量的作用。宣传是一门学问，如何做好宣传工作大有讲究，今年来，我们更注意了宣传的“真实性、立体性、连续性”三个方面。

宣传的真实性。宣传的基础就在于优质的产品和优质的服务，我们在宣传中，历来坚持实事求是的态度，宣传中既讲成绩也讲问题，使消费者对我们的宣传越来越信任，产品也越来越好销。

宣传的立体性。我们的宣传手段主要表现在三个方面：即新闻媒介、广告和公共关系。我们结合实际

地交替运用了这三种宣传手段，相互补充，相得益彰，宣传效果较为理想。

宣传的连续性。我们根据经营需要逐步制定了连续系统的宣传计划，做到宣传在前，产品跟上，步步深入，年年有计划，年年有动作。

开展“三爱”教育活动

王福祥　叶　鼎

江苏省张家港市塘桥镇党委抓住能够驾驭全局的大问题，有计划、有步骤地开展了爱祖国、爱社会主义、爱集体企业的“三爱”教育活动，使处于主人翁地位的企业职工，关心企业，争作贡献，促进集体经济发展，更加坚定不移地走共同富裕道路。他们的主要做法是：

1. **联系实际激发“三爱”热情**。联系实际，回顾过去，摸准“三爱”脉搏。党的十一届三中全会后，塘桥镇经济得到了迅速发展。1983年，全镇农、副、工三业产值超亿元，工业占90%。近年来，发挥镇的调控作用，从“小、土、群”企业里，有计划地择优选项，重点发展，涌现18家年产值超千万元的骨干工业村和镇办厂。1988年，镇村工业产值达5亿元，集体企业积累了1.5亿元自有资金。从回忆对比中激发出来的“三爱”热情，引导、凝聚到对社会主义集体企业的向心力上。

针对实际，立足当前，瞄准工作目标。当前，在严峻的经济形势下，许多困难反映到乡镇企业中来，一度出现思想波动。镇党委分析，认为思想滑坡势必导致经济滑坡，尽管需要研究解决的问题很多，但首要的是广泛而深入地进行“三爱”教育和自力更生、艰苦奋斗的教育，只有这样，才能完成治理整顿的艰巨任务。

结合实际，总结典型，选准教育方式。去年下半年来，塘桥镇党委多次组织企业座谈，围绕“振奋精神，需要行之有效的方法”进行讨论。把探索新形式集中到三个深层上考虑：即以经济建设为中心，如何落地有声“两手抓”；企业经营困难多，如何激励动力振奋精神；“三爱”教育要提高，如何有骨有肉去深化。座谈会上，总结了为我国第一颗通讯卫星上天作出贡献的电子计算机厂开展“爱我企业，我为企业作贡献”活动的内容和做法，形成一个以“三爱”教育为主线联系企业、联系自己的活动形式。

2. **精心组织，开展“三爱”活动**。以“三爱”教育为主线的“爱我企业，我为企业作贡献”活动，采取启发式的自我教育方法。具体做法是：相对集中一段时间，联系实际，逐步引导，由浅入深，循序渐进。集中活动分四个阶段：

第一阶段，总结回顾，激发“三爱”的深厚感情。主要进行“四史”教育。一是十年巨变史。用前后数据对比，讲解国家和本地的巨变，深化没有共产党就没有新中国，没有社会主义方向就没有共同致富之路的认识。二是企业发展史。有领导和老职工回顾企业艰苦创业的历程，理顺企业和职工的关系，摆正集体和个人的位置，增强我要作贡献的光荣感、使命感。三是个人成长史。弄明“有厂才有我，无厂没有我”就业的道理，明确自己的技能是集体培养的结果，增强集体意识，树立主人翁思想。四是家庭致富史。使大家体会到，致富离不开集体经济发展，增强集体经济向心力。通过“四史”教育，用群众形象语言来表达，叫做“厂兴我富，厂衰我贫，无厂无我，无工不富”。引发珍惜过去，再创业绩的共鸣。

第二阶段，学习对照，让全体干群找到自己的位置。主要在学习十三届四、五中全会精神基础上，针对企业实际，开展“十二个怎么办”的讨论。围绕企业管理升级，开展强化管理、降低成本、加强纪律、提高效益中我怎么办？围绕经营生产环节，开展承包之后、上下配套、设备管理、产销脱节中我怎么办？围绕社会安定团结，开展在发生争议中、歪风侵袭来、收入有差距、意见不采纳时我怎么办等讨论，明确担负的任务和职责。

第三阶段，确立目标，结合本职制订建功立业规划。主要组织“四比”活动，使每一个干群，联系本职岗位实际，比工作效率，比劳动效益，比自我贡献，比提高素质，对照先进找差距，订规划。

第四阶段，共渡难关，作好过“紧日子”的精神准备。紧紧围绕“一切要服从企业再生产”这个突出主题，实事求是把企业情况向职工交底，把困难讲清，办法讲明，从内涵挖潜求发展，引导正确处理国家、镇村、企业、职工个人三者四方利益关系，从而控制消费基金，强化企业积累功能，达到保企业、保生产、保积极性；求生存、求稳定、求发展的目的。树立起“六种精神”支柱，即：一心为公的乐于奉献精神，一往无前的难苦创业精神，一脉相承的团结互助精神，一如既往的自力更生精神，一鼓作气的雷励风行精神，一尘不染的廉洁奉公精神。

环环扣紧才能步步深入。在活动中力求形式多样，目标明确，多项结合，务实持久。形式上，充分利用黑板报、画廊、厂内广播、镇刊等宣传工具；步骤上，一般利用工余时间，先学习动员，再座谈体会，最后阶段小结；方法上，注意六个结合，即集中活动和经常教育、单向灌输和双向交流、讲道理和摆事实、专题讨论和全面教育、谈体会和见成效、思想教育和解决问题相结合；效果上，确定了“四看”的标准，这就是：一看人心是否稳定，企业是否稳定；二看士气是否振足，上进心是否增强；三看责任感是否树立，使命感是否强烈；四看企业凝聚力是否增强，经营是否好转。

3．步步深入，初见“三爱”效应。经过一个时期的活动，塘桥镇企业干群精神焕然一新，表现在四个方面：

一是“人人有事做，人人有责任”。在没有新的投入情况下，1989年，完成工业产值5.56亿元，比上年增长10％，全员劳动生产率比上年提高16.8％。二是“人人钻技术，人人求进步”。自学成风，人才涌现，获技术员以上职称的人占职工总数2.4％。总体素质有所提高，促进了外贸生产，全镇外贸出口值已达7 020万元。三是“人人动脑筋，人人争贡献”。建功立业的风气得到发扬。全镇开发新品种63个，完成“双革四新”23项。电子计算机厂“固态扩展存贮器”获石油工业部科技一等奖。全镇已有部优产品5个、省优产品9个、市优产品7个。四是“人人守纪律，人人爱企业。展示出“五多”的新局面。即：遵纪守法、关心企业、献计献策、努力工作、乐于奉献的人多了。

正确引导镇、村工业健康发展

大连市旅顺口区江西镇政府

我们江西镇位于旅顺口区西部，面临渤海湾，共有十三个行政村，海岸线长6.5公里，有五千多亩养殖水面，有闻名于世的蛇岛和海猫岛，自然环境十分优美，是旅游观光的胜地。

全镇共有工企业厂点80个，从业人员4 500人，占全镇劳动力总数的79％。1989年实现工业总产值7 570万元，比去年同期增长43％；实现工业销售收入6 700万元，比去年同期增长39％；实现利税1 300万元，比去年同期增长38％；上缴国家税金700万元，出口总值2 100万元，比去年同期增长78％。

在国家银根紧缩，原材料涨价，市场疲软的严峻时期，我们面对新形势、新问题，结合我镇的实际，对镇、村企业的现状进行了全面地分析研究。统一了思想，统一了认识，看到了镇、村企业发展的优势和有利的条件，也找到了发展中存在的问题。

我镇主要优势是：一、已初步形成了较强的机械加工能力。二、海产品资源丰富，可实行捕养、加工结合。目前已有近、远洋捕养渔船19条，有两座千吨冰库和海产品加工厂。三、现已形成了较强的化工产品生产能力。四、已经形成了针棉织配套生产能力。五、出口产品品种和数量连年增加。六、合资联营及合作企业不断扩大和增加。

存在的主要问题是：镇、村企业的发展缺乏统一规划，管理素质差；原材料无保障，经济效益低；行业结构不合理；分配多、积累少，没有自我发展能力；依靠贷款，企业生产后劲不足。要使我镇村企业在严峻的困难时期达到持续、稳定、健康的发展，就必须下定决心进行产业、产品结构调整。一是减少项目，压缩投资；二是保经济效益好，出口创汇多的企业；三是对经营管理差、效益低和个别亏损企业实行行业结构、产品结构调整，以并、联为主，关、停为辅的基本指导思想。首先打破镇、村界线，由经营水平高、管理素质好的骨干企业牵头引线，进行并联和带帮。几年来，随着镇、村企业不断发展，已初步形成了四条龙、四大支柱，即机电加工业、化学工业、针绵织工业，海产品捕、养加工业。镇党委决定由“四龙”牵头，挑重担，以这四根支柱做靠山，形成了四大集体总公司。他们既对内，又对外；既负责组织镇村企业兼并联合，又负责外部的城乡联合。

在调整、并联中，我们坚持了以下作法：

1．坚持企业兼并的条件是：以上档次、上质量、上水平、上效益为基本点。既要保证兼并联合的成功，又要以大局为重，服从治理整顿的方针和国家的产业政策。做到密切配合，稳步发展。

2．打破镇、村行政隶属界限，以行业为主，向经营管理好的企业靠拢。

3．坚持兼并、联合企业的资产、债权债务的清点核实，做到既不使原有产权吃亏，又使双方满意接受，不留尾巴，实行一次性转让。

4．坚持兼并联合企业的从业人员合理使用、妥善安排。

5．坚持开展深入细致的思想教育工作，以保证行业结构、产品结构调整和兼并、联合工作的顺利进行。

我们在调整、兼并联合工作中的几点体会是：

1．充分发挥了骨干企业和企业家的主导作用，调动了各方面的积极性。

2．充分发挥了有限资金的有效作用。有利于集中资金，统一安排、统一使用、重点倾斜，优化企业结构，加快资金周转，保证企业发展。

3．有效地挽救了亏损企业，巩固、提高了一批水平低的企业，提高了经济效益。

4．合理配置生产要素。全镇兼并了35个企业，减少非生产性人员140人，车辆20多台，节约了大量的非生产性开支，增加了企业效益。

山西省古交市发展乡镇企业的主要特点和经验

山西省古交市人民政府

古交市位于山西省中部，全市总面积1 540平方公里，总人口20万，所辖3镇12乡共208个行政村，416个自然村。

古交地下矿产资源丰富，煤、铁、铝、石英石、水晶石等20多种矿藏贮量可观，而且品位高，易开采，为全市乡镇企业的发展提供了得天独厚的条件。截至1989年底，全市乡镇企业已发展到2 897个，从业人员1.8万多人，总产值2.2亿元，占全市农村社会总产值的90%，分别比1978年增长了10.7倍、5.6倍和16.4倍。

古交市乡镇企业发展的主要特点是，在生产结构上全市形成了以五大体系为主的多元结构型的乡镇企业体系。

山西省古交市镇城底镇办的铁厂

1．以原煤采掘为主，形成洗煤——机焦——焦油——炭素——合成系列产品生产体系。全市乡镇企业中有103座乡村煤矿，年生产原煤280万吨，50余座附有洗煤设备的焦化厂年产机焦60万吨，转化原煤100多万吨。同时兴建了两座活性炭厂，一座炭素厂及焦油加工厂，使煤炭生产逐步由粗加工向精加工转化。

2．以铁矿采掘为基础的采矿——炼铁——铸造——铸造件加工的冶金系列产品生产体系。1986年以来，古交市采取补偿贸易的联营形式，引进资金、技术、人才，先后投资2 000多万元兴建了20个铁矿采掘场，10个铁厂，年转化铁矿15万吨，生产生铁6万吨以上，创产值1 050万元。随之以家庭翻砂为主形成了星罗棋布的铸件加工企业，实现了铁矿石的深加工转化。

3．开辟了石英石生产线，铝矾土生产线及建材生产线。近年来，通过逐步的投资开发，古交市兴建了石英沙厂和玻璃器皿厂，形成石英石生产线；全市开办了15个铝矾烧结厂，把生铝矾烧制成熟矾土和矾石粉，为生产高铝砖等耐火材料和铝合金提供精制原料，形成了铝矾土的线型生产体系；同时，年产值1 000余万元的以石料、水泥、砖瓦为主的建材生产体系，经过多年来的发展已趋完善。

4．发展了大、中型企业的“卫星”产品，开展来料加工生产，形成横向联合的对外经济体系。古交市在经济开发中大开山门，采取“走出去，请进来”的办法，与许多外地企业、科研单位、高等院校进行多种形式、多种成分的合作，全市共有各种性质和形式的经济联合体109个，总产值5 900多万元，形成一个富有活力的乡镇企业和经济市场。

5. 形成了服务矿区、富裕农民的农副产品的加工和服务性企业体系。这些年，在抓重型企业发展的同时，为服务矿区、富裕农民，古交市抓了农副产品的加工和服务性行业的发展，投资500万元兴办了食品厂、饮料厂、酒厂等，现在全市服务性企业达400多个。这些企业把生产和消费、原料和加工结合起来，农民的产品销路有保证，企业职工的消费有场所，使乡镇企业由零星的农村化逐步向系统化、城市化发展，走向自我完善。

古交市在乡镇企业迅猛地发展过程中积累起来的主要经验有四条：

1. 抓好人才的培育是乡镇企业发展的基础。古交市乡镇企业的发展一开始就狠抓了管理、技术人才的培训，针对本地人才缺乏的状况，市乡镇企业局、协作办等部门从外地请来能人示范教学，从大专院校、科研部门请来专家学者举办“乡镇企业培训班”。与此同时，有组织、有计划地分期分批带领乡镇企业中的技术骨干到外地参观学习，开阔眼界，增加知识，提高素质。这些年来，古交市除1 200余人接受了专门培训与辅导外，全市1 800余名乡镇企业从业人员都不同程度地接受了培训和教育。

2. 抓好管理，搞好服务是乡镇企业发展的关键。在乡镇企业的发展过程中，古交市乡镇企业管理部门制订了一系列措施和规划，人定岗、岗定责，形成了一套完整的管理体制。同时，以企业为家，同创办者一起订制度，抓技术，跑贷款，上项目，把管理和服务结合起来。近年来，一共为各个企业筹借款项1 500余万元，为430多家企业推销过产品，直接扶植厂家297个，培植了一批明星企业、先进企业和达标企业，使全市乡镇企业一步一步走向正轨。

3. 搞活流通，健全服务体系，产品销售是企业发展的关键因素。古交市成立了供销、冶金、铝矾、建材等4个公司，为产品销路打开了广阔的通道。供销公司有自备车皮4列，每年向省外发运焦炭40多万吨。冶金公司每年往省外发运18#～34#生铁4万吨。为乡镇企业的稳步发展提供了优越条件。

4. 因地制宜，科学规划是乡镇企业稳定发展的保证。古交市煤炭资源丰富，前些年，乡镇煤炭的开采出现了“一窝蜂”，资源浪费比较严重。近年来，对现有的乡镇企业积极进行技术改造，搞好乡镇企业内部的产业结构调整，关闭了一些资源浪费严重，对环境造成严重污染的乡镇企业，有步骤地把一批乡镇企业转移到深加工、高增值的轨道上来，改变了古交市乡镇企业唯一依靠煤炭采掘而造成的脆弱性、短期性和低效性。由于狠抓了产品质量的提高，充分引进资金、技术、人才和适用项目，保证了乡镇企业持续稳定地向前发展。

立足本地资源优势　发展山区乡镇企业

褚　庆　观

山东省枣庄市山亭区是1983年底组建的新划区，位于沂蒙山区西南麓，全区辖14个乡镇，531个行政村。总面积 1009.2平方公里，总人口40.44万人。近年来，我们立足本区资源优势，择优突破，大力发展了农副产品加工业和建材业，形成了农产品、林产品、畜产品、矿产品四大加工体系，走出了具有山区特色的乡镇企业发展的路子。

一、选准主攻方向，调整发展战略

我区山场广阔，地矿资源贮量大，林果、畜牧已形成基地规模，发展农副产品加工业、建材业有着得天独厚的条件。但是，前些年个别乡镇发展乡镇企业，忽视立足当地资源，结果走了弯路。为了改变这种被动局面，1985年区委、区政府在深入调查研究总结经验的基础上，确立了立足山区资源优势，以农副产品加工、畜产品加工和建材业为主攻方向，带动乡镇企业全面发展的战略决策。在实践中，我们坚定不移地进行了产业结构和产品结构的调整，关、停、并、转了一批无原料、能耗高、亏损严重的依靠外来原料为主的企业，限制吃土毁地的砖瓦行业的发展，只保留农机维修和有发展前途并已列入国家计划的有拳头产品的企业。对农副产品加工业和以水泥为主的建材工业进行合理规划，优先扶持，鼓励发展。全区形成了以农副产品加工和建材工业为主的产业结构和产品结构。到1989年底，全区乡镇工业总产值中农副产品加工、畜产品加工和建材产品工业产值已由1984年的不足四分之一，上升到三分之二以上。由于企业立足当地资源，产品适销对路，竞争能力强，镇企业仍以较快的速度向前发展。

二、发挥资源优势，形成四大工业体系

粮油、畜产品、干鲜果品、石灰石四大类资源在

我区居于主导地位。我区是全市最大的油料生产基地，花生种植面积达6万多亩，年产花生1 200万公斤；林果业、畜牧业形成了十大干鲜果品基地和五大畜产品基地，年产干鲜果品3 800万公斤，畜禽饲养量达10万标准畜。石灰石更是遍地皆是。为了合理利用这些资源优势，我们本着种、养、加一条龙，农、工、商一体化的总体规划，把以上四大类产品的加工和生产作为大力发展的对象，经过四年的调整，四大工业体系已初具规模。

1. 粮油加工体系已由过去的人工生产发展到机械化生产，产品品种已拥有面粉、食用植物油、酿酒、淀粉、豆制品、制糖、草酸、糕点等8个门类30多个品种，企业年产值占农副产品加工业的40%。

2. 干鲜果品加工生产体系已形成干鲜果品贮藏保鲜、罐头、果饯、果脯、果品饮料等生产系列。企业年产值占全区农副产品加工业产值的60%。仅水泉、冯卯、辛召、城头四个罐头厂，每年就可生产加工黄梨、黄桃、山楂、樱桃、葡萄、杏等多种水果罐头万余吨。

3. 畜产品加工体系已由过去单纯的人工皮毛初加工发展到羊皮制革、羊皮服装、奶粉、麦乳精、肉类加工、皮鞋等多品种、多门类的加工生产系列。全区畜产品加工业年产值已占全区乡镇企业工业总产值的20%以上。

4. 建材工业体系已由过去的单纯生产石灰发展到水泥制造、水泥制品、花岗石开采及系列加工等多种产品。全区14个乡镇已有11个乡镇办起了水泥厂、水泥工业已成为全区乡镇企业的一个支柱行业。

三、实现五个转变，向更高层次发展

为了促进乡镇企业在调整中不断向更高的层次发展，在指导乡镇企业的发展中，我们根据本区的实际情况，重点抓了五个方面的转变。

1. 由粗加工向深加工、精加工转变。全区各项农副产品加工业和畜产品加工业，如农副产品加工业过去只是把黄梨、山楂、桃、杏等进行初级加工，有的甚至直接出售，经济效益很低。现在已能生产各种水果罐头及其它产品。水泉罐头厂1979年建成投产后，加工能力不断提高，已成为全区乡镇企业中能生产各种水果罐头、果脯、果饯、饮料的一个综合性骨干企业，年生产能力已达5 000吨，产值1 000多万元，拥有固定资产371万元。畜产品加工已由过去的脱毛、去油、削皮的粗加工阶段发展到肉类联合加工和皮革的精细加工。冯卯乡肉类联合加工厂已能生产肉松、罐头等各种肉类制品，年产值500多万元。桑树乡庄裕羊皮制革有限公司，利用当地山羊板皮，采用先进的加工生产技术生产的兰湿革、加工制做的羊皮服装已成为国际市场上的抢手货，年产值已达1 000万元以上。

2. 由传统工艺向先进技术转变。为了克服我区乡镇企业技术水平低、产品质量差、市场竞争能力不强的状况，近几年来，我们对一些大型农副产品加工工业和建材工业推行了技术进步，在抓好技术改造的同时，推广和应用新技术、新工艺，提高产品质量和经济效益。店子乳制品厂1986年投资72万美元，从西德引进了一条花生酱生产线，年生产花生酱3 000吨，产值由原来的150万元，增加到1 500万元，成为枣庄市唯一的花生酱出口企业。该项产品1988年在首届中国食品博览会上获得金奖，1989年在北京国际食品博览会上又获得铜奖。全区乡镇企业已有一个升为省级先进企业，二家升为省系统级先进企业，有10几种产品获省以上优质、优良产品称号。

山东省枣庄市乳制品厂花生酱生产线一角

3. 由孤军作战向横向联合和群体化协作转变。我区由于基础差、底子薄，经济、技术缺乏，发展乡镇企业存在着先天不足的现象。为改变这种局面，我们利用山区的资源优势，积极发展与大专院校、科研单位、城市大工业企业等多层次、全方位的横向经济联合，通过引进技术、引进资金、引进人才弥补我们在技术、人才、资金上的不足，达到了扬长避短，自我发展壮大的目的。西集镇汽车配件厂，通过联合，引进先进技术生产的各种汽车配件，质量均达到国内同类产品要求，已成为山东省机械厅的定点厂，并被吸收为中国汽车集团成员，他们生产的汽车配件畅销全国20多个省、市和地区，年产值达500多万元。

4. 由内向型向外向型发展。我区乡镇企业由于起步较晚，在出口创汇上直到1987年还是个空白。为此，我们在调整产业和产品结构时，把发展出口创汇向国际市场进军，作为发展乡镇企业的一项重要战略措施来抓，制定优惠政策，建立出口基地，使农副产品加工由内向型向外向型转变。1989年全区乡镇企业已有花生酱、兰湿革、羊皮服装、成品革、绒绣地毯等产品向美国、日本、香港、东南亚等国家和地区出口，完成出口产品交货值3 000多万元，为我区乡镇企业占领国际市场打开了局面。

5．由劳务输出向就地安排转变。我区农业人口占90％，农村劳动力16万多人，按每人负担2亩地计算，有近8万名剩余劳动力。且由于文化层次低、思想守旧，对从事一些高技术要求的生产和工作大部分人不能胜任。过去只是靠到外地做买卖，干建筑等一些低技术的劳务输出性事业，但仍有一大部分劳动力无就业门路。针对这种情况，我们在继续抓好劳务输出的同时，把发展的重点放在一些劳力密集型企业上，尽最大努力开辟就业门路。全区14处乡镇已有8处办起了地毯加工厂，安排劳力2 000多人。成立了15个建筑队，组织5 000多名劳动力承担全区的基建任务和房地产开发任务。同时积极扶持和发展水泥制品、刺绣、草编、石料开采加工等投资少、见效快、技术要求低的工副业项目，为山区广大农民脱贫致富找到了一条新路。

改革之功　希望之路

——湖北省天门市乡镇企业发展历程回顾

龙　望　友

天门市地处湖北省中部秀丽富饶的江汉平原，全市总面积2 602平方公里，人口145万。这里气候适宜、雨量充沛，土地肥沃、物产丰富，素称“鱼米之乡”，又以皮棉年总产量连续多年过百万担而闻名全国。

十年改革，使天门市乡镇企业有了迅速发展。1988年，全市乡镇企业完成产值119 679万元，实现利润6 536万元，实现税金2 665万元，分别比1987年增长30.3％、13.24％和28.8％。1988年乡镇企业产值占全市工农业总产值的比重为61.37％，是农业产值的2.2倍。

天门市乡镇企业在发展中逐步形成了自己的特点。一是发展规模不断扩大，年产值过100万元的企业已发展到175家，规模最大的是车湾村东方红服装厂，1988年产值为3 585万元。在全市30个乡、镇、场、办事处中，有两个乡镇企业产值过亿元，7个产值过5 000万元，8个过3 000万元，最少的也超过1 000万元。二是行业发展比较齐全。在全市5 700多家乡镇企业中，工业企业比重占69.5％，农业企业占8.4％，运输业占4.3％，建筑业占7.5％，其余的为商业服务业等企业。乡镇工业初步形成了以纺织、服装、塑料、五金、机械、建材为主的乡镇工业体系。三是村办企业发展迅速。1988年，全市村办工业完成产值50 606万元，占乡镇企业总产值42.28％，比上年增长32.13％。四是产品质量逐步提高，名优产品增多。从1986年以来，连续有62个产品被评为优质产品，其中部优质8个、省优质11个、省优良27个，其他获奖产品16个。

坚持和深化农村改革，是促进我市乡镇企业发展的催化剂。这些年，市委、市政府组织抓乡镇企业的作法和体会，主要表现在以下三个方面：

一、强化改革意识，端正指导思想

1．迎接挑战，增强发展乡镇企业的紧迫感。市委在我市“七五”规划中提出，到1990年全市工农业产值要达到25亿元，财政收入1亿元，农村人均收入600元。实现这个目标，单靠农业是不可能的，靠国营和城镇工业力量也很单薄，只有发展乡镇企业才是振兴农村经济，促进农民致富的必由之路。这样，层层有压力，人人有责任，从而使发展乡镇企业的紧迫感在广大党员干部中明显增强。

2．排除阻力，坚定发展乡镇企业信念。在指导思想上重点解决重国营工业、城镇工业，轻乡镇企业的传统观念和怕担风险的畏难情绪。在此基础上，采取了有力措施：首先是在全面部署农村工作时突出乡镇企业的位置；其次是建立各级抓乡镇企业的责任制，并以此作为考核政绩的依据；再次是打破城乡封闭体系，实行全市行业归口管理，促进全市同行业发展一盘棋。

3．更新观念，注入发展商品经济的思想。对此，我们通过一批企业发展较快的村与单一农业经济村的对比分析，帮助农村干部增强了发展商品生产的感性认识。另外，我们还对农村干部进行培训，树立他们的商品经济思想；组织一批卓有成效的改革者和企业家到各地进行改革实践的现身说法，等等。

二、明确工作重点，推进全面发展

在实践中，我们突出抓了乡镇企业发展中的几个重点：

1. **重点抓村办企业**。市委认为，抓村办企业是富民壮集体的关键，因此，首先强化村级领导，每个村规定2～3名干部专职抓好村办企业。第二是市领导和市直单位分别与160多个村建立联系点，加强调查研究与指导服务。第三是大胆启用能人，引导他们走专业户——企业家的道路。第四是狠抓企业产值在10万元以下的“空白村”的发展和创建“百万村”的活动。通过抓两头，克服了“喊得凶，落实空”的现象。

2. **抓好分类指导**。根据我市特点，对四种不同类型地区的发展采取了不同的指导方针。一是对靠近城镇、企业起步早、基础好的地区提出了“以大带小，产品扩散，母鸡下蛋，形成群体”的发展方向。二是对主产棉花，集体经济比较雄厚的地区，提出了“工业为主，骨干带头，成龙配套，形成拳头”的发展路子。三是对传统艺人较多，联户发展较快的滨湖、临江地区，我们要求形成“龙头在村、龙尾在户，统一购销，搞好服务”的发展格局。四是对资源比较丰富的丘陵地区，我们提出“发挥优势，选准项目，由小到大，重点突破”的发展要求。这样，根据各类地区情况，坚持因地制宜的予以指导，有力地促进了各类不同企业的发展。

3. **发挥集镇的辐射作用**。发挥集镇功能，加速农村工业发展，是近几年我市采取的一项重大改革措施，并取得了显著成效。1984年将全市3个市辖镇扩建到7个，将原来的7个小镇扩大到13个，初步形成了以原城市为中心的卫星城镇布局。1987年撤区建乡，将原11个区及其区公所所在地的集镇改为市辖镇，构成了镇管村的新体制，使集镇的辐射作用充分发挥，促进了农村工业的发展。

4. **抓企业的优化组合**。到目前为止，以全市不同类型的50家年产值500万元以上的骨干企业为龙头，网络了800多家乡村企业，组成了脱脂药用纱布集团、机械工业集团、服装工业集团、建筑建材工业集团等，提高了企业在产销上的相对稳定性，增强了群体竞争能力。同时，还积极发展了对外的引进和联合。全市乡镇企业已与全国53所大专院校、210个科研单位签订了长期技术协作协议；引进科技人员273人；联营企业已发展到53个。

三、改进领导方法，强化服务手段

实践使我们认识到，发展乡镇企业不能只靠自发因素，必须要有坚强的领导和优质的服务。

1. **参与经济活动，取得服务的主动权**。一方面要求市和乡镇领导转变作风，深入实践调查研究，及时发现并解决问题，总结推广典型经验，有效指导全面另一方面，各级普遍推行挂钩责任制，通过挂钩服务，从实处促进乡镇企业的发展。

2. **做好协调平衡、着眼服务的入手处**。市委动员各部门从振兴天门经济的大局出发，为乡镇企业办实事。金融部门为乡镇企业投放贷款金额6 500多万元；财政近几年提供周转资金1 050万元；科技部门为企业研制和论证新产品17个；司法部门为乡镇企业办理经济案件130起，挽回损失200多万元。

3. **实施有效政策，增强服务的指导性**。近三年来，按照改革开放的总方针，市委针对本市乡镇企业发展状况，先后制定了关于“开展横向联合”、“推进技术进步”、“开发新产品”、“深化企业改革、增强企业后劲”、“保护企业经营自主权”和禁止乱摊派等一系列政策规定和措施，促进了乡镇企业的健康发展。

在治理整顿中，我们把乡镇企业的改革重点放在建立和完善经营机制上，促进乡镇企业向效益型方向发展。尽管目前我们面临着许多困难，但是，我们依靠深化改革求发展的信心是牢固的。路在改革者的脚下，关键是要再迈新步伐。

湖北省天门市东方红服装厂外景

优 秀 企 业

邯郸市变压器厂

梅河口市啤酒厂

绥滨啤酒厂

上海市联合灯泡厂

江宁县第二服装厂

慈溪微型轴承总厂

福州开关总厂第一分厂

南昌洪婺名茶开发公司

威海市木工机械厂

仙桃市刘河服装总厂

湖南省平江电器厂

广州市石井水泥厂

顺德县裕华实业公司

四川新兴公司

贵阳金刚砂厂

西安市高教基建木器加工厂

甘肃省兰州黄河啤酒厂

尉犁县第二建筑公司

邯郸市变压器厂

河北省邯郸市变压器厂是邯郸市丛台区河西村办企业，创建于1972年。现有职工220名，工程技术人员40余名，占地面积16 000平方米，建筑面积5 000平方米，固定资产原值385万元。工厂装有现代化的生产设备和试验设备，主要生产110千伏及以下8个系列132个规格的变压器，主要产品均采用国际IEC标准生产。企业连续4年被评为市级文明单位，1989年被评为市级、省级先进企业，并晋升为国家二级企业。

邯郸市变压器厂是在一个“五七”修造组的基础上发展起来的，到1980年时，企业产值只有6万元，利润4千元。1984年以来，企业连续6年产值以50%的速度递增，利税以38%的速度递增，1989年完成产值1 004万元，利税250万元。

河北邯郸市变压器厂

该厂主要是靠科技兴厂；以人才、管理、技术为产品质量保驾；强调“质量第一、用户至上”，以此搞活经销，推动企业的发展。

发掘和培养人才，是企业发展的关键。该厂大多数职工来自农民，文化素质、技术素质都很差，不适应生产发展的需要。为迅速改变这一状况，从社会上招聘了9名高级技工，2名工程技术人员和8名大专毕业生。另外，企业不断地选送几名技术骨干到大专院校深造，1988年派出一名大学生和7名青工到重庆大学、河北工学院等大专院校去代培深造。同时，开展全员职工普及培训教育，先后举办各种专业技术培训班19期，共672人参加，通过这三种途径，使全员职工的技术素质和文化素质，得到了很大的提高。

抓好科学管理，不断开发新产品。在当今瞬息万变，激烈的市场竞争中，只有靠现代化的管理，新颖的产品，先进的技术，企业才能生存和发展。该厂在1981年购置了一台PC-1500型计算机，利用微机进行产品设计和企业管理，提高了工作效率，降低了产品成本。1986年获省、市利用计算机现代化管理三等奖。

自1983年以来，该厂根据市场变化，利用微机共开发了S7、S9、SLE7系列低损耗变压器，HS7矿热炉变压器，KS7矿用变压器，ZHK7整流变压器和高压静电除尘变压器等8个系列132个规格的产品，并分别通过了省、市级鉴定。其中S7-100/10变压器获省机电产品大奖赛第三名，S7-200/10变压器1987、1988年创省优质产品，S7-50/10HS7矿热炉、ZHK7整流变压器获市科技成果三等奖。1989年在全省变压器产品质量抽查中，全部为一等品。由于有过硬的产品质量和雄厚的技术力量，从而达到了市场疲软我不软的效果。

该厂在达到国家二级企业标准的基础上，力争将企业各项工作提到一个新水平。

梅河口市啤酒厂

吉林省梅河口市啤酒厂建于1980年6月，到1989年，仅仅十年，发生了巨大变化。1989年有固定资产原值1 600万元，比建厂时增长68倍；从业人员由原来42名农民发展到有中高级工程技术人员和技工479人；啤酒产量35 576吨，比投产时提高30倍；年产值1 556万元；利税166万元；全员劳动生产率为35 503元/人；从建厂到1989年共资助公益事业的费用近30万元。1989年被评为国家二级企业。

吉林省梅河口市啤酒厂

这个厂之所以取得成功，主要经验是：

1．他们以大庆人为榜样，以铁人精神为动力，发扬自力更生，艰苦奋斗的光荣传统，没有图纸，一边学习一边设计；土建工程不外请工程队，自己施工；酿酒专用设备自己动手制造，全部设备自己安装、自己调试。

为了满足市场需要，他们分别在1983、1985、1988年进行了技术改造，每期工程都是当年动工、当年竣工、当年投产，取得了投资少、工期短、效益好的成绩。

2. 注重技术和设备引进。1986年以前，他们使用的灌装设备只有一套国产半自动灌装线和两条手工灌装机，生产效率低、劳动强度大。为了解决这些问题，工厂决定引进一条民主德国产的全自动灌装线。1987年5月设备到厂，如请人安装调试，需费用30万元，还要延长工期，他们组成了以厂长贾文才同志为首的安装指挥部，翻译图纸，查阅资料，集思广益，解决难点。这条灌装线7天拿下安装，7天完成了调试，又用7天完成了岗位培训，一次试车成功。

3. 质量是企业的生命，他们把提高产品质量做为一件大事来抓，千方百计创优。为了增强全厂职工的质量意识，树立质量第一的思想，在全厂上下开展了质量教育和质量培训工作，形成了生产优质产品光荣、生产劣质产品可耻的风气。他们还注意从基础工作抓起，从生产的每个环节抓起，成立了以厂长为首的全面质量管理委员会，配备了专职人员，把质量指标分解到人。建立了标准化和各项质量管理制度。开展了QC小组活动，实行单位成本工资含量联质联奖计酬，奖优罚劣，调动了广大职工的积极性。他们还注意学习外地经验，把评酒员、专家请进厂传授经验。还请用户或走访用户倾听广大消费者对啤酒质量的意见，改进产品质量，提高服务水平。为加强全面管理，保证产品质量，投资100多万元，进行微机控制，提高了管理水平。

1988年这个厂被通化市人民政府命名为质量管理先进单位。梅河牌啤酒荣获省优、部优、全国行业评比优质银牌奖，获国家级金牌2块。12°梅河牌啤酒荣获哈尔滨国际啤酒博览会“金熊杯”大奖，获国家级金、银牌各一块。开发新产品无醇啤酒荣获吉林优秀新产品称号，获国家级银牌2块。十年来共获得省、部级以上奖励15项。

绥 滨 啤 酒 厂

绥滨啤酒厂是黑龙江省绥滨县的一个乡镇企业，始建于1980年，1981年试产，1982年正式投产，1984年扩建。现已成为具有职工727人，厂区占地面积4万多平方米，建筑面积2.02万平方米，固定资产原值1 145万元，拥有两条现代化生产线，啤酒年生产能力20 000吨的中型企业。几年来，绥滨啤酒厂靠现代化科学管理企业，生产速度发展很快，产品质量和经济效益在全省同行业中名列前茅，是黑龙江省乡镇企业中的盈利大户，各项技术质量标准均达到国内同行业先进水平。

黑龙江省绥滨啤酒厂生产流水线

绥滨啤酒厂有啤酒酿造工艺工程师2人，会计师1人，助理工程师3人，经济师3人，技术员36人。主要产品是“北国牌”11°、12°啤酒。

“北国牌”11°啤酒，1984年以来连续4年获黑龙江省优质产品奖，1987年8月获首届东北轻工名牌产品群评“银杯奖”，1987年12月在佳木斯计经委等单位主办的“晨星杯”中获金杯奖。“北国牌”12°啤酒1986年被评为黑龙江省优质产品，1987年10月获农牧渔业部优质产品称号，1987年8月获首届东北轻工名牌产品群评“优胜杯奖”，1987年12月在佳木斯计经委等单位主办的“晨星杯”中获银杯奖。1988年哈尔滨首届国际啤酒博览会上“北国牌”11°、12°啤酒双获“金熊杯”奖，1988年12月北京首届食品博览会获银牌、铜牌奖。

几年来该厂受省、市、县级以上表彰奖励75次。1985年评为省级先进企业；连续4年评为“贯彻食品卫生法”先进集体；连续3年评为市级两个文明建设标兵；连续6年评为县级先进集体标兵；1988年被评为二级计量合格单位，全面质量管理二级单位；1988年，在全省乡镇企业中，第一个晋升为国家二级企业；1989年获得省优秀企业管理单位奖。

上海市联合灯泡厂

上海市联合灯泡厂是嘉定县的一家乡镇企业，由徐行、华亭、曹王三个乡联办（原名团结灯泡厂），建于1971年。现有职工2 344人，固定资产原值3 054.61万元，流动资金2 162.98万元，建筑面积59 000平方米。1986年全国工业普查，确认全国有11家乡镇企业首批列入大中型企业，该厂是其中的一家。1989年，被轻工业部批准为国家二级企业。

这家专业生产联合牌灯泡的企业，主要产品有普通灯泡、低压灯泡、特种灯泡和荧光灯管四个大类，17个品种，300多个规格，是国内同行业中规格最多，品种最齐的企业。其中铁路信号泡、矿用防爆泡，分别被铁道部、煤炭部列入定点产品。普通灯泡占全厂灯泡总量的70%。产品质量在全国评比中一直处于领先地位，其中普通灯泡、低压灯泡系列和棒式碘钨灯被评为轻工业部优质产品，铁路信号灯泡被评为上海市优质产品。

1989年，灯泡产量突破8 000万只，工业产值突破5 000万元，实现利润突破1 000万元，分别比上年增长7.6%、8.5%和13.3%。三项主要指标在全国灯泡行业中再次夺冠。1989年上缴国家税金722万元，列全市1万多家乡镇企业第二。

上海市联合灯泡厂

这家企业取得这样的好成绩，是与该厂狠抓企业管理、狠抓技术进步、狠抓产品质量、狠抓“双增双节”，全心全意依靠广大职工，发扬艰苦创业精神分不开的。

1. **建立和完善经济责任制**。1989年起，该厂实行定员、定额、定酬的分配制度，使生产积极性得到充分调动，出现了三个变化：一是劳动力从紧缺到富裕，全厂压缩临时工100多人；二是关心生产的人越来越多了；三是加班加点天数大幅度下降，生产却不断上升。

2. **大力进行技术改造**。这家厂原有的设备均为上海灯泡二厂下放的老设备，要想提高产品质量，扩大产量，形成规模效益，走向全国灯泡制造业的先进行列，就必须走技术改造的道路。近十年来，联合灯泡厂技术改造年年搞，次次都成功，把个原本设备陈旧、技术落后、厂房简陋的工厂，改造成拥有国内第一流设备的现代化企业。这家厂每年搞成的技术改造项目，都对降低能耗、提高质量、扩大产量起着至关重大的作用。如对方炉进行技术改造这一项，就提高产量8.5倍，降低能耗30%，全年可节约煤炭3 000多吨。

3. **加强职工技术培训**。该厂针对生产工人来自农村的特点，规定新职工进厂，须经过三个月的培训，合格者方能上岗操作。该厂还通过每年举办4～5期技术短训班，开办中、高级培训班，开展技术岗位练兵活动等形式，不断提高职工的技术水平。同时产品质量不断有所提高，深受用户欢迎，产品畅销全国各省市和美国、欧洲、非洲等国家和地区。首都中南海、天安门城楼、人民大会堂等处都安装了该厂的“联合牌”灯泡。

4. **深入开展“双增双节”运动，节支降本效果显著**。该厂发动全体职工开展我为企业振兴的献计献策活动，每年都取得数十项小改小革成果。1989年该厂仅节约煤及煤气两项，就节约开支105万元。该厂还重视废旧物资回收利用工作，1989年此项工作就回收货物价值4万多元。另外，该厂还把历年积累起来的700多万元资金用于技术改造和改善职工生活设施上，而厂部办公楼却四次缓建。

（梁正鸣）

江宁县第二服装厂

江苏省江宁县第二服装厂1975年始建。创办时期只有41名职工，年产值2万元，固定资产1.5万元。目前，该厂已拥有职工630人，厂房5 500平方米，固定资产350万元，形成一个初具规模的服装专业生产厂家。1989年，全厂加工生产服装120万件，创产值1 274万元，实现利税152万元。十年来该厂依靠自我积累，自我发展，成为江宁县创汇大户，作为免检产品。该厂生产的服装百分之百出口，主要销往日本、澳大利亚、联邦德国、美国、苏联、香港等十多个国家和地区。近四年来，为国家创汇290万美元，多次受到上级有关部门及国外客商的好评。

1987年4月，该厂首次参加了在西安召开的全国乡镇企业男女衬衫质量评比，获得质量和外观两个满分，并进入全国乡镇企业出口服装十强企业之列。

江苏省江宁县第二服装厂的生产车间

1988年4月，日本日绵公司经理专程来该厂，与该厂签订了补偿贸易协定，并赠送“质量信得过，交期配合好”奖牌。

1988年、1989年，企业两次中标，被农业部、国家轻纺投资公司列入出口创汇扶持企业。

1987年，企业获南京市“明星企业”称号，1989年，又获江苏省“明星企业”称号。

近几年，厂里先后投资120万元，盖了整洁干净的生产大楼，对一部分旧设备进行了改造，添置了一批较好的缝纫设备，还从国外引进了40多台套先进设备，生产能力和产品质量得到进一步提高。

1988年10月，在农业部“贸、工、农”联合基地项目投标招标和1989年上半年国家轻纺投资公司投标招标中双双中标，1990年7月项目将正式竣工投产。

由于重视企业思想政治工作，极大地调动了职工的劳动积极性。1989年11月，日本一批15万件衬衫急需要货，全厂职工主动加班加点，仅40天内，就全部完成了任务，提前十天交货，受到外商好评。

慈溪微型轴承总厂

浙江省慈溪市慈溪微型轴承总厂创建于1985年4月，1988年10月与香港宁兴开发公司合资成立宁波慈兴轴承有限公司，同年经国务院机电产品出口办公室批准为外贸扩权企业。1989年通过出口产品质量许可证验收。先后获得农业部“扶贫先进单位”、宁波市“先进企业”、宁波市农行“特级信用企业”、浙江省乡镇局“明星企业”等荣誉称号。

浙江省慈溪市微型轴承总厂

该厂1989年末固定资产原值704万元，注册资本700万元，厂区面积11 624平方米；建筑面积10 567平方米；拥有先进水平的金属切削、压力加工等各种机具设备250余台，各种精密检测仪器和设备150余台。开发出2.5mm至15mm各种球类轴承30多种，年生产能力为1 000万套。质量达到优等品等级，其中180 901轴承为省优产品。产品畅销国内，远销美国、苏联、朝鲜、香港等国家和地区。1989年外销折外汇176万美元。

主要经济指标

年份＼项目	产值（万元）	销售额（万元）	利润（万元）	税金（万元）	人均产值（元）	人均利税（元）
1987	434	335	76	24	11 824	2 724
1988	1 455	984	180	69	25 890	4 600
1989	2 647	1 722	437	72	39 864	7 693

慈溪微型轴承厂发展的主要经验：①科技开发，多方位、多渠道引进技术、管理人才。形成了有45名初、中级职称的科技队伍。建立了三师（总工程师、总会计师、总经济师）、三办（厂部办、总师办、企管办）、一所（轴承研究所）、一校（职工技术学校）的科技开发和管理体制，为提高科技素质和企业发展起到关键作用；②组织专业化生产。成立了生产群体，把产品粗加工的各道工序扩散到各分厂生产。实行统一

计划，严格质量把关，有效地扩大了生产规模，提高了产品质量；③开拓外销渠道。以厂办为中心组成了信息反馈网络，提高超前意识和应变能力。及时捕捉市场变化信息，扩大外商接触，不失时机地把内销转向外销，保持了企业良好的发展势头；④加强企业管理。建立和完善各项管理制度，从内涵下功夫，降低物质消耗，提高经济效益。

轴承外销市场前景广阔，该厂通过调整生产结构，提高产品档次，加快发展步伐。已与轻纺出口产品投资公司签订合同，合作扩建1 850万元自动化生产线项目。建成投产后，年产轴承3 000万套。产值超亿元，利税超2 000万元。同时已同美商达成意向，在墨西哥联营办厂，扩大影响，跻身于国际市场。

福州开关总厂第一分厂

福州开关总厂第一分厂是福州市郊区新店乡秀山村村办企业。工厂虽小，但能根据市场需求，善于创新创优，使产品打进几十个城市，进入千家万户。名牌的产品，优质的服务，使这个厂的生产不断发展，企业日益壮大。全厂已拥有固定资产200多万元。1989年工业产值达620万元，实现利润25万元，上缴国家税金35万元，分别比1985年增长63％、56％和95％。

这个村办企业之所以取得成功，主要经验是：

1．产品质量狠抓一个“优”字。这个厂把产品质量看作是企业的生命线，教育全厂职工增强质量意识，而且从上到下建立起一套完整、科学的产品质量保证体系，把好产品的自检、互检、抽检三个关口，使产品的优质品率经常保持在95％以上。该厂为福州开关总厂加工的绝缘件、玻璃钢筒和弹簧绕制等零部件，都是为国优、省优产品整机配套，质量精益求精，合格率达到百分之百。如8m/m弹簧达到国家先进水平，深受全国各大厂家的欢迎。

2．市场开发狠抓一个“新”字。几年来，该厂在调整产品结构中十分注意市场的深度开发，根据掌握的市场信息，敢于创新，自创名牌。1989年经过反复试制成功的GN19-10系列高压隔离开关共四种八个规格，不仅填补了省内空白，产品经过省机械厅、省电力局、省中检所、中研所等有关单位的专家鉴定，有些项目分别达到国际和国内先进水平，产品打入北京、上海、陕西、青岛等几十个地区和厂矿企业。1989年2月还承担了建设北京亚运会体育中心变电站任务。

3．企业管理狠抓一个“严”字。该厂的前身是五金电器厂，从一个只能生产一些标准件的小厂发展成为能够生产高压开关成套设备的具有一定规模的中等企业，而且产品不断更新换代，在激烈的市场竞争中站稳脚跟，主要是依靠严明的厂规厂风，各种企业管理制度做保证。全厂上下，不论厂长和管理人员，也不论技术工人和勤杂人员，都能自觉遵守，从不松弛。

南昌洪婺名茶开发公司

南昌洪婺名茶开发公司创建于1985年，是生产加工名茶和研制开发茶叶名优新产品的生产经营专业性公司，也是中国茶叶进出口公司江西省分公司各类出口包装茶生产基地。公司下辖南昌闽赣名茶加工厂、南昌洪婺酒厂、南昌茶瓷商场和南昌信茂茶号。该公司与北京、上海、广州等地设立了相应的业务机构。公司现有固定资产1 300余万元，职工300余名，配套齐全的茶叶加工、包装设备近百台（套）。厂区及营业大楼占地2.6万平方米，建筑面积1.5万平方米，是具有现代建筑风格与古建筑艺术相结合的园林式新型茶叶加工企业。

公司生产经营的茶叶产品分红茶、绿茶、花茶、乌龙茶、特种茶、保健茶及各种新型酒茶7大类60多个花色品种。主要产品有“珠兰茶精”、“茉莉花茶”、“中国绿茶”、“中国红茶”、“狗牯脑茶”、“庐山云雾茶”、“井岗翠绿茶”、“中国酒茶”以及各种名贵茶、系列袋泡茶。为弘扬中国灿烂的茶瓷文化，公司已和景德镇、宜兴等地建立联营，开发茶瓷配套工艺产品和开发以茶叶为原料的第二代、第三代茶叶制品，如酒茶、茶

江西省南昌洪婺名茶开发公司

饮料、茶叶食品等，其产品70%以上出口。远销美国、法国、英国、加拿大、摩洛哥、利比亚、日本、新加坡、香港等十多个国家和地区。

“珠兰茶精”是本公司开发独家恢复生产的“龙头”产品，该产品由原婺源县俞协和昌茶庄独家创制，世传三百余年，早在清代曾列为贡品，宣统二年御封金牌，赐誉“官礼名茶”。1915年曾获巴拿马国际博览会一等奖，以其特有的色、香、形、味列为中国传统极品名茶，享誉海内外。1985年一问世，就获得国内外客商的一致赞誉，1988年参加评比中连获“江西省优质产品”、“农业部优质产品”称号和首届中国食品博览会金牌奖。

公司是江西省重点乡镇企业之一，为适应市场和外贸出口的需要，1989年在各级政府和有关部门的大力支持下，公司进行了大规模的技术改造，在短短的6个月中，完成了740万元的技改工程任务，新建的生产车间、仓库、营业大楼万余平方米，增添了一批先进的生产设备和设施，使企业具备了年综合加工生产出口茶叶3 700吨的能力。同时，1989年边建设、边投产，实现产值1 326万元，税利136万元，创汇200余万美元。全员劳动生产率达8.5万元/人，年人均创税利达8 700余元。

公司引进和集合了一大批懂技术、善管理的人才，拥有大中专毕业生15名，并形成了一整套严格的管理制度，以适应企业发展的需要。为实现1994年年产值1亿元，创汇1 565万美元，税利1 018万元的第一步经济目标，公司全体职工决心狠抓管理，努力开拓。

威海市木工机械厂

山东省威海市木工机械厂始建于1958年，经30多年的开拓发展，现已成为山东省最大的木工机械生产厂，1988年被国务院命名为国家二级企业。工厂拥有固定资产1 500多万元，流动资金2 600万元，现有职工1 300多人，高中以上文化程度占50%，其中工程技术人员155人，管理人员110人，主要生产设备326台，其中大型精密设备51台。

该厂设有职能科室20多个，机构完善，职能齐全，生产过程配有冷热加工等13个生产车间和配件铸造两个分厂。工厂生产规模大，能力强，计量器具配套齐全，检测手段科学先进，1987年获国家二级计量合格证书。

主要产品有微型木工机械类，平、压、刨类，锯割类等30余种优质大、中、小型“卫海牌”系列产品。

山东威海市木工机械厂外景

其中部分产品先后荣获省、部优质产品称号。主导产品微型木工多用机床，具有刨面、锯割、打方眼三个基本功能，此外尚有开榫、扒簧、倒角、裁口、刃磨等多种辅助功能，该产品根据用户各种建议，集中外木工机械之精华精研而成，具有功能齐全、体积小、重量轻、结构紧凑、造型美观、运转平稳、操作维修方便等特点，是木材加工行业的理想作业工具，1989年全省木工机械行评获第一名。“卫海牌”系列产品畅销全国及东南亚、欧美等十多个国家和地区，享有较高声誉。

企业为健康稳定发展，以品种和质量赢得用户，于1985年将全面质量管理的科学运用于企业中，坚持走向管理要效益，向技术开发要活力，向扩大规模要能力之路，建立了产品形成及售后服务全过程的质量保证体系。全厂上下本着“质量第一、用户至上”为宗旨，振奋企业精神，开拓群体意识的企业文化，卓有成效。形势严峻的1989年，工厂创产值6 200多万元，实现利税893.5万元，出现有史以来第一次利税增长率高于产值增长率的好成绩，同时获部质量管理奖、省级设备管理奖、省级节能先进单位，省特级信用，木工系列产品开发银奖等数项荣誉称号。

进取无止境，该厂正向国家一级企业的宏伟蓝图迈出了步伐。

仙桃市刽河服装总厂

湖北省仙桃市刽河服装总厂属镇办企业，始建于1980年，当时只有十几个人，三间破厂房，十来台缝纫机，年产值不过10万元，年利税不过1万元。至1989

年，该厂发展到拥有38 700平方米的占地面积，585名职工，83名专业技术人员，395万元固定资产，647万元流动资金。1989年完成产值1 503万元，比上年的1 283万元增长了17%；销售收入939万元，比上年的757万元增长24%；利税127万元，比上年的110万元增长15%。

湖北省仙桃市到河服装总厂厂貌

该厂是具有一定规模的服装专业生产厂家，主导产品有全毛华达呢中山服、各式茄克衫、男女衬衫三大系列产品，具有年产各式服装160万件的生产能力。近年来，该厂从加强全面质量管理入手，逐渐推行现代化管理方法，使企业不断上规模、上水平，多次被评为市双文明单位，先进党组织，成人教育先进单位，质量管理先进单位，重合同守信用单位，省地市安全文明生产先进单位；1988年，获省系统质量管理奖，评为省先进集体，被批准为省级先进企业；1989年，荣升为国家二级企业。产品质量逐年提高，先后获一项部优、二项省优质、五项省优良。他们生产的“昌欣”牌中山服1988年在部优产品评比中获第一名。产品覆盖面达21个省市。在开拓国内市场的同时，努力发展外贸产品。1989年完成出口服装交货额1 180万元，占企业工业产值的67%，产品远销日本、美国、加拿大、新加坡、巴拿马、香港等国家和地区，企业成为全省三家“贸工农”联合出口商品生产基地企业之一。厂长昌先炎办厂十年，成绩卓著，多次被评为省地市先进工作者、标兵、农民企业家、优秀共产党员，1989年被评为省优秀农民企业家，获全国农业劳动模范称号。

（梁银厚）

湖南省平江电器厂

平江电器厂是1978年靠借款2 900元、拼凑两台旧虎钳、租借40平方米的旧民房兴办起来的村办企业。经过10多年的艰苦奋斗，现已发展成为拥有固定资产320万元，自有流动资金100万元，厂区占地面积13 180平方米，厂房建筑面积8 975平方米，主要机械和专用工艺设备213台（套），各种技术人员43人的国家机电部、能源部定点专业生产厂家。1987年经国家行业整顿验收，其效益、质量、管理水平名列省内同行业榜首；1988年跨入省级先进企业行列；1989年被国务院企业管理委员会批准为“国家二级企业”，成为湖南第一家获得此证书的乡镇企业。

湖南省平江电器厂

平江电器厂主要生产高压开关柜、低压配电屏等5个系列200多种规格的产品和配电设备。产品畅销全国15个省75个县，深受用户好评。1989年，全厂职工213人，完成总产值982万元，全员劳动生产率达4.61万元，居省内同行业之首；实现利税178万元，职工人均创税利8 374元。其主要经验是：

第一，以改革分配体制为突破口，强化基础管理。近年来，厂长艾建勋以改革分配体制为突破口，紧紧围绕企业生产经营总体目标，切实加强基础管理。具体采取了以下措施：一是实行严格的经济责任制，建立激励型工资制。全厂改固定工资加浮动工资为效益工资，实行一酬多挂，即将职工工资同企业产值、利润、产品质量、资金周转率等十项指标挂钩。二是建立定额管理制度，降低物化劳动和活劳动的消耗。全厂各科室、车间、工序、机台都实行定规范、定人员、定标准、定费用、定报酬的定额管理。并按下达的指标进行考核，决定奖罚。从而强化了全面经济核算，降低了活劳动和物化劳动的消耗。全厂钢材利用率由1984年的63%提高到1989年的85%；万元产值综合能耗由1985年的0.5吨标煤下降到0.2吨标煤；职工每月劳动工时由1985年的375小时下降到1989年的250小时。全厂各项费用1989年比1987年下降3.2万元。三是建立与利益分配体制相配套的管理制度，强化基础管理。全厂共制定了具有本企业特色的计划、财务、物资、资金、设备等八大管理327项制度，形成了切实可行的企业基础管理体系。

第二，以市场竞争为动力，强化质量管理。平江电器厂能在艰难中崛起，在改革中发展，关键就是强化了质量管理。厂里成立了全面质量管理领导小组，建立了独立的产品质量检测机构。对各项工艺实行环环把关，项项验收。该厂近4年来销售产品2 000万元，均未出现质量问题。同时，坚持信誉第一，提供优质服务。"出一流产品，创一流服务"，已渗透在全厂工作、生产的每一个岗位和工序中。

第三，依靠科技进步，促进企业管理。1989年，该厂依靠科技进步，在原来每年开发一个新产品的基础上，完善了THB_1积木式四合一集控台的设计方案，研制了KYN_{1-10}铠装式高压开关柜，填补了我国金属铠装柜的空白。同时，该厂还下大力气提高职工素质。既加强基层工人文化、业务、技术培训，又加强基层干部业务素质和管理知识水平的提高。1989年，全厂直接用于人才培训、职工教育的资金达3万多元。通过各种渠道培训，全厂已拥有高级经济师1名，工程师2名，助理工程师12名，技术员28名。

（舒寅舟　陈湘安）

广州市石井水泥厂

1989年，在国家治理、整顿和压缩基建投资的情况下，石井水泥厂产品以质优价廉赢得了市场，使全年生产销售平衡，产量、产值、利税均创该厂历史最高水平。该厂是设计能力年12万吨的企业，1989年生产水泥16.15万吨，销售收入4 506万元，上缴利税568万元，产量、销售收入、利税分别比上年增长42.66%、48.86%和13.14%。该厂多年来不断加强企业的科学管理工作，注重提高产品质量，不断创优创新，使产品质量年年提高，年年有新的进步，出厂水泥合格率和富余标号合格率已经连续8年达到100%，连续6年全部生产425#以上的高标号水泥。

石井牌425#矿渣酸盐水泥1984年先后获得广东省优质产品奖和农牧渔业部优质产品证书，1989年的部优复评比中，再荣获部优称号。1988年，新生产线投产后，生产的425#R普通硅酸盐水泥，获省优质产品称号。并先后被广州市委、市政府授予"文明单位"称号，省经委、省企业管理协会授予"企业管理优秀单位"称号。是广东省首批省级先进企业。目前，该厂已取得企业整顿验收合格证书，二级计量合格证书，水泥生产许可证书和质量认证书。广州市人民政府列为1990年全市87家重点企业中的"双保"企业之一。该厂在全国水泥行业的行检行评中，从1988年第7名到1989年跃居第一名。在同行业中享有较高的声誉，是中国水泥工业协会理事会员，广东省水泥情报网到网单位。

广州市石井水泥厂

1982年该厂迁厂扩产后，制订了"优质、高产、低耗、安全、文明、美化"12字企业总体发展规划，把创优质产品摆在企业发展的第一位。坚定不移的坚持"质量第一"的信念。首先提高企业职工队伍的质量，坚持不懈地对职工进行质量意识的教育。几年来，该厂派到华南理工大学和市建材中等专业学校参加进修的技术骨干170多人次，每年用于教育经费上的投资达10多万元；对主要机台和重要岗位的人员做到先培训，再由主管部门和工厂考核凭证上岗，目前全厂有三分之二以上人员接受不同层次的技术培训，技术人员占全厂职工的12%，文化素质较高的工人占50%。二是重视用先进的技术设备及采用新技术和新工艺提高产品质量。目前，生料磨机采用了微机控制配料和生料空气搅拌技术，使生料均化质量稳定，生料饱和比合格率达95%以上。在立窑车间，安排了连续监测记录仪表，操作工人根据记录数据和控制参数指挥生产。三是用严格的科学管理保障产品质量，质量上要"严"，生产上要"紧"，作风上要"实"，工作上要"细"，质量管理制度化，规范化。对每道工序、每项工作的质量都制订了严格的要求，纳入经济责任制和岗位责任制中去，实行以质计产，以产计酬，质量奖大于产量奖的原则。当产量与质量发生矛盾时，产量服从质量。目前，该厂水泥的生产质量控制点已由原来的12个增加到27个，控制项目由原来18项增加到57项。各项内控质量指标都严于、高于国家标准。1983年以来，先后开展30项提高产品质量和产量的研究课题，都取得了成果。1989年取得全国水泥行业评比第一名后，1990年该厂又提出抓稳定质量的要求，确保所有生产技术指标都稳定在高水平上，争创国优产品。

（余永光）

顺德县裕华实业公司

广东省顺德县裕华实业公司原是顺德县北滘镇一间生产粮油副食品、软木瓶塞、电器塑料等产品为主的镇办综合厂。1978年开始生产电风扇后，易名为裕华电风扇厂。改革开放以来，该厂面貌焕然一新，生产规模和经营项目不断发展壮大。今天的裕华实业公司，包括电风扇厂（国家二级企业）、钢瓶厂、塑料厂、微波炉厂（中外合资企业），成为一家拥有固定资产8 000万元，职工1 800人的企业集团。

实施科学管理，加速科技进步。近年来，该公司坚持不断提高企业的管理水平，加快技术进步。一方面，以电风扇厂为龙头，通过企业上等级工作，在整改中提高经济效益，带动了其它各厂的内涵挖潜和加强管理；另一方面，利用微波炉厂这个中外合资项目，引进国外的先进技术，借鉴外商的管理经验，改进和完善中方的管理。公司根据市场的变化，对下属各厂之间的技术力量、资金运用等方面加强协调管理，充分发挥各自优势，以保证取得较高的经济效益。

努力拓展外向型经济。1987年起，该公司下属的电风扇厂开始将产品投入国际市场，并逐年扩大。目前，电风扇出口占总产量的18%；微波炉厂年产微波炉30万台，出口量达90%以上。两项产品年创汇1 500万美元，使公司成为创汇大户，曾获得1988年全国出口创汇的金龙奖。

应用新技术，开发新产品。该公司从1983年开始引进国外的先进技术和设备，先后招聘了一批专业技术人才，建立起一支素质较高的技术管理队伍，从而提高了新产品的设计、生产、检测能力。电风扇厂自1984年首创座钟式鸿运扇以来，到目前止共研制出十三个款式的电风扇，平均每年有两个新产品投产。微波炉投产才二年，已推出十一种规格、型号的微波炉。目前，该公司属下四家厂共有万宝牌电风扇、裕华牌塑料制品、钢瓶、石油气炉、SMC牌微波炉等五个系列近四十款产品投放市场。其中四个产品获部优质产品称号；电脑遥控风扇和微波炉被广东省经委列为技术密集型产品。

该公司以优质的产品、优质的服务赢得了国内外广大客户的信赖，在社会上树立起良好的企业形象，被评为广东省先进乡镇企业，广东省企业管理优秀企业。公司总经理区鉴泉也获得了全国最佳农民企业家、全国劳动模范、七届全国人大代表等殊荣。几年来，该公司还注意发挥镇办集体企业的主导和骨干作用，扶持、带动了一大批村办企业的发展，创造了良好的社会效益。

广东省顺德县裕华实业公司大厦全景

（广东省乡镇企业管理局）

四川新兴公司

四川新兴公司，是成都市新都县的一个乡镇企业。1981年创业初期，是产值不过30万元，利润3 000元的乡办建筑工程队。经过九年艰苦努力，现已成为以建筑业为龙头，集建工、商贸为一体的企业集团，拥有职工2 415名，固定资产1 193.8万元，是全国乡镇企业唯一经国家建设部批准的一级建筑企业。先后创优质工程19个，其中承建的国营红光电子管厂黑白生产线工程，荣获国家银质奖。1989年，在市场疲软、基建压缩的情况下，产值达到3 627.45万元，比上年增长21%，利润190.04万元，比上年增长59%，交税136.46万元，比上年增长30%。产值、利税同步增长，企业欣欣向荣。

新兴公司的发展，其主要经验，是靠狠抓思想政治工作，培养、造就了一代新型农民。公司的职工来自农村，绝大部分是农民，家有责任田，有所谓“种田吃饭，做工找钱”之说，当初不大关心企业，缺乏当家作主的主人翁意识。培养教育具有现代工人阶级的有理想、有道德、有文化、有纪律的职工队伍，就成为公司思想政治工作的基本任务。

四川新兴公司

新兴公司的领导认为办好一个企业“设备是基础，技术是动力，管理是关键，人员是根本”。企业是一个经济实体，必须以生产经营为中心，但一切生产经营活动是通过人去做的，人的素质直接影响经济成果。因此，他们把思想政治工作作为企业的生命线，坚持四个观念。

一是战略观念。把思想政治工作作为一项长期任务，实行生产、经营、思想政治工作三位一体的集体承包经营责任制，纳入企业目标管理，有任务，有考核要求，使软指标成为硬任务，做到领导包片，干部包队，使思想政治工作直接落实到工地、班组、家庭。

二是保证观念。企业担负着物质生产和培养“四有”新人的双重任务，思想政治工作就是保证这一目标的实现。在生产、经营中特别注意培养人才和壮大集体经济实力。1987年、1988年公司超额完成了经济承包任务，按合同规定，承包组分别应得17万元、8万元，除4万元作为先进集体、先进个人奖励外，其余21万元用于充实企业流动资金。这样既壮大了集体经济，又为职工收入增加有了可靠保证。为造就人才、提高文化科技素质，每年智力投资6万多元，累计38万多元，用于职工培训，共培养中专生45名、大专生23名，短期轮训368名，拥有各类专业技术人员358名，职工平均技术等级达4.2级，初步建立了自己的科技队伍。

三是群体观念。思想政治工作是一项社会系统工程，他们以党组织为核心，党政干部为骨干，群团一起抓，专兼职政工干部相结合，形成一支130多人的政工队伍，齐抓共管，群策群力，充分发挥了思想政治优势。

四是服务观念。思想政治工作不仅要讲道理，还要采取有效措施为群众办实事，解决实际问题，把工作做到实处。为了巩固、扩大企业思想政治工作成果，领导和群团干部一切为群众着想，密切联系群众，坚持家访制度。职工家庭出现生、老、病、死、子女入学就业等困难，公司从人力、物力、财力上帮助解决；每年夏秋季节公司组织助耕、派车接送，帮助职工家庭抢收、抢种；职工福利也是量力而行，增设了多种文娱、体育设施，开展多种活动：对400多名骨干实行了退休保险，已储备保险金24万元；先后修建21 000多平方米宿舍，解决182户职工的住房；随着企业的发展还安排了340名子女就业，增加职工家庭收入。从而解决了职工后顾之忧，稳定了职工队伍，社会主义集体企业的优越性已经展现出来。

（李顺清）

贵阳金刚砂厂

贵阳金刚砂厂是贵州省乌当区小箐村的一个村办企业，距贵阳市区13公里，创建于1984年8月。现已建成既有倾倒式冶炼，又有溶块法冶炼以及制粒加工棕刚玉磨料的生产厂家。全厂占地面积59 974平方米，建筑面积31 206平方米。该厂由五个分厂和一个中外合资厂组成。现有职工1 100人，其中专业技术人员101人，检验人员60人。有主要生产设备375台，检验设备50台。现有固定资产原值3 268万元，净值2 640.5元，流动资金1 000万元。

该厂已形成年产棕刚玉4～4.5万吨，磨料2.5万吨的生产能力，生产量名列全国同行业（含国营企业）第二名。主要产品有棕刚玉一级块、二级块、0～5mm砂、16—240号19个A砂、16—150号B砂以及硅铁等。16—150号产品先后三次评为省、市优质产品。该厂生产的“三山”牌产品，销往内地20个省、市的50多个厂家，并远销日本、美国、加拿大、德国、南朝鲜、台湾、香港等国家和地区，深受用户欢迎。

1989年，该厂生产一级棕刚玉块15 468吨，创产值2 873.5万元，纯利润450万元，上缴国家税金108万元，以工补农资金40万元，直接出口创汇231万美元。该厂注重智力开发，以工补农，狠抓管理基础，

贵阳金刚砂厂全景

节约降耗和技术进步，产品质量优良，经济效益显著。一等品率为100％，优质品率达70％。资金利润率48％，人均利润率5 000元，净产值全员劳动生产率10 000元，均达到和超过国家二级企业标准。1989年小箐村农村社会总产值达3 200万元，农民人均纯收入3 112元，产值和收入的88％来自贵阳金刚砂厂。

该厂近年来均受到省、市政府和有关部门的表彰。1985年荣获贵州省人民政府授予“增产增收先进企业”称号；1987年荣获“环境保护文明工厂”称号；1988年荣获省级先进企业、AAA企业；1989年荣获省级先进企业称号。产品质量均达到国家标准，1988年4－90号获贵州省优质产品奖；90－150号获贵阳市优质产品奖。首创国内外同行业高压直降式节能新技术，获贵州省“星火科技进步”二等奖。该厂厂长刘元举，系全国劳动模范、七届全国人大代表，全国优秀经营管理者、优秀农民企业家。

（李志强）

西安市高教基建木器加工厂

西安市高教基建木器加工厂，是西安市雁塔区长延堡村的村办企业。创建于1980年，1988年被定为陕西省高教系统的定点生产厂家。该厂占地面积14 652平方米，建筑面积3 450平方米，固定资产115万元，主要产品为高教系统的教具、试验设备、门窗木制品、高档家具四大类128个品种，年生产各种家具教具13 000多套（件），门窗5万多平方米。经过几年的发展，已成为省高教系统定点生产的一支骨干企业。该厂1989年产值为422万元，与1985年相比翻了四番，利税增长了4.42倍，生产能力为建厂时的10倍。先后四次被雁塔区评为优秀企业。1989年获得了陕西省先进企业称号。

西安市高教基建木器加工厂

1．改革领导体制，层层落实责任，提高经济效益。该厂从1982年以来，就着意培养了一批年富力强的有专业知识的人来担任厂各个岗位的领导工作。他们深入生产第一线，处理问题一杆子插到底，绝不拖泥带水。厂里实行大权集中，小权分散的做法，除遇大事由班子讨论外，各股室、车间都按企业管理规程办事。这样不但做到了事有人管，而且也树立了中层干部的威信，使整个班子上下一致、团结一心。使全厂从优质、高产、低耗、安全、文明、优美等总体目标出发，制定了一个从实际出发的管理规程共六章四十一条。管理方案的特点就是把每道工序实行层层分解的经济责任制，并在奖罚中实行重点部门重奖重罚。在制定奖罚方案时质量奖大于生产奖的比例，使职工知道有质量才有产量，生产和经济直接结合起来。由于经济责任制采取分解落实的方法，因而，使质量管理工作得到用经济手段来保证，形成了人人关心质量的局面。

2．注重智力投资，培养技术骨干队伍。几年来企业采取请进来、派出去的方法，培训骨干，从本地和外省聘请高级技师12人，来厂进行传、帮、带，同时又派出4名管理人员和6名技工分别到陕西财经学院和西安交通大学参加培训。并在厂内对职工举办技术培训11期，参加学习521人次，从而提高了职工的技术水平。根据职工建议对工装工艺不断进行改造，自筹资金修建了两个锯末烘干窑，不仅提高了木材烘干的速度而且节约了燃料，保证了木料烘干的质量。职工积极开展技术革新活动，提高材料利用率。

3．建立严密的质量保证体系。该厂建立了以厂长为核心的质量管理体系，设立了全面质量管理领导小组，全面质量管理办公室，车间配备了检验、质量管理专职、兼职人员，负责全厂产品检验及质量管理工作，使质量管理从组织上、人员上有了保证。质量管理领导小组订立了质量管理验收细则共五章二十八条。整个质量管理工作，坚持质量第一的宗旨。在制定厂内控指标时，坚持高于国家指标和严于国家指标的原则，全厂质量控制点14个，控制项目34项，并且要求坚持好“事先控制、把关堵口”的八字工作原则。不合格的产品不能送往下一道工序，质检部门的工作不受任何外部干扰，质量控制指标生产指挥部门无权更改，形成一种互相制约的局面。以而使产品的板面平整度、木材含水率、漆膜耐热性能、耐干热性能、附着力、产品耐久性、稳定性等都高于或达到部颁标准。

该厂由于各项经济技术指标要求做到有先进性，从而保证了产品质量，赢得了用户，在全省高教系统建立了良好的声誉。

（魏　楚）

甘肃省兰州黄河啤酒厂

甘肃兰州黄河啤酒厂

兰州黄河啤酒厂是兰州市七里河区崔家崖乡郑家村农民兴办的村办企业。该厂1985年3月筹建，1986年5月1日正式投产。到1989年已形成2万吨生产能力，拥有固定资产1 400万元，流动资金900万元，年上缴国家税金605万元，实现利润335万元。

该厂从建厂伊始，就十分注重科技进步的作用，聘请国营企业的酿酒专家和管理人才，立足于高起点，采用先进科学技术和国际先进标准生产。整个生产过程采用电渗析水处理法、制药行业三次空气净水技术、粮食系统的无底泵斗自动输送工艺、自动密闭洗涤管道杀菌工艺和微机控制发酵新技术等五大工艺系统。并在省内啤酒行业中率先采用国际标准，通过了甘肃省质检站、兰州市标准计量局共同组织的采用国际标准验收和计量定级。生产的兰乐牌12°特制啤酒，在1987年9月6日农牧渔业部组织的全国乡镇企业啤酒、果酒、葡萄酒三大酒类质量评比中，获第二名，成为部优产品。同年9月22日，在甘肃省啤酒质量评比中，兰乐牌12°普通啤酒名列榜首，成为甘肃省优质产品。产品远销北京、广州、湖北、新疆、青海、西藏和省内各地，深受广大消费者的青睐。

该厂非常重视企业的基础管理工作。他们以产品质量为核心，以经济效益为中心，以企业标准计量管理为突破口，提高了企业管理水平。通过几年的不断改进完善，制定了各项工作标准139项，建立健全了各项规章制度143条。基本达到了企业管理制度化、物资消耗定额化、工作任务合同化。物耗、能耗、经济效益等各项经济技术指标均达到甘肃省一级企业标准。1988年7月被晋升为省一级企业。成为甘肃省乡镇企业系统唯一的省一级企业。

目前，已形成以黄河啤酒厂为龙头，纸箱厂、商标印刷厂、瓶箱厂、养殖厂、汽车队、物资供应公司、科技咨询服务中心等9个经济实体配套的经济实体公司。拥有职工667人，高中级工程技术人员90多人。

由于该厂的兰乐牌啤酒荣获部优、省优产品称号，深受广大消费者的欢迎，也由于该厂管理先进，经济效益显著，晋升为全省乡镇企业中的省一级企业，省乡镇明星企业，人们称誉该厂为黄河之滨的一颗“明珠”。

尉犁县第二建筑公司

以全国农业劳动模范、新疆最佳农民企业家李延杰为经理的新疆尉犁县第二建筑公司是新疆二级建筑企业。该公司现有25个施工队，建筑职工2 100多人，固定资产952万元，自有流动资金490万元，拥有大型建筑机械549台，大中型运输汽车、拖拉机71辆。公司成立仅三年多，不仅有这么多的资产，并为国家创利税615万元，上缴管理费92.8万元。1989年，公司总产值2 118.5万元，占全县工农业总产值的56.5%，人均劳动生产率达10 088元，实现利税234.12万元，成为尉犁县地方经济四大支柱之一。

该公司尽管是个小修缮队起家，但一直重视工程质量。三年多来所建工程质量优良率达20%，合格率达80%。在1989年全疆76个国营、集体建筑企业工程质量大检查评比中，该公司以最高分夺得第一名，受到自治区建设厅的通报表扬，并先后被评为自治区、全国先进集体建筑企业，自治区农牧业十年丰收先进

全国农业劳动模范、新疆最佳农民企业家、尉犁二建经理李延杰(左)在施工现场指导施工。

集体。

随着公司的不断发展壮大，在“以工补农”方面他们做出了突出贡献。据统计，近几年返乡支农资金245万元，为农业投入拖拉机43台，修建扬水站9座，架设输电线路25公里。这些支农投入，已使团结乡实现了耕作机械化，排灌电气化，极大的改变了家乡的农业生产面貌，为夺得农业丰收创造了条件。1989年和1978年相比，公司所在的团结乡粮食生产增长了2.8倍，单产增长了2.3倍，人均收入905元，增长5.5倍。农民生活发生了很大变化，几乎家家都有比较齐全的家电设备。

该公司经理李延杰是善经营、会管理、卓有远见的企业家。1988年，他已预见到建筑市场将要出现困境。他看到国际市场麻纺制品走俏和尉犁遍地生长着的罗布麻，建设一座麻纺厂的蓝图很快地在他的头脑中构成。他们耗资5 992万元，一座3万锭的棉麻纺织厂于1989年春破土动工，于1990年5月建成试生产。棉麻纺织厂全部投产后，尉犁二建的总产值将突破一亿元大关。

（铁　军）

1989年乡镇企业之最

乡镇出口创汇企业产值最高的省(市、区) 是广东省，全省乡镇出口创汇企业产值91.2亿元，占全国乡镇出口创汇企业总产值的19.7%。

乡镇企业出口产品交货额最高的省(市、区) 是江苏省，全省乡镇企业出口产品交货额为78.6亿元,占全国乡镇企业出口交货总额的21.2%。

乡镇企业“三来一补”上缴费收入最高的省 是广东省，全省乡镇企业“三来一补”工缴费收入47.4亿元，占全国乡镇企业总收入的92.7%。

乡镇企业化工产品出口交货额最高的省(市、区) 是江苏省，全省乡镇企业化工产品出口交货额为7.84亿元,占全国乡镇企业总额的37.7%。

乡镇企业机械产品出口交货额最高的省(市、区) 是江苏省，全省乡镇企业机械产品出口交货额为4.61亿元,占全国乡镇企业总额的25.9%。

乡镇企业矿产品出口交货额最高的省(市、区) 是山东省，全省乡镇企业矿产品出口交货额为3.12亿元，占全国乡镇企业总额的16.3%。

乡镇企业轻工产品出口交货额最高的省(市、区) 是广东省，全省乡镇企业轻工产品出口交货额为9.77亿元,占全国乡镇企业总额的25.4%。

乡镇企业食品出口交货额最高的省(市、区) 是山东省，全省乡镇企业食品出口交货额为7.76亿元，占全国乡镇企业总额的22.2%。

乡镇企业土产品出口交货额最高的省(市、区) 是浙江省，全省乡镇企业土产品出口交货额为1.7亿元,占全国乡镇企业总额的24.9%。

乡镇企业畜产品出口交货额最高的省(市、区) 是广东省，全省乡镇企业畜产品出口交货额为2.52亿元，占全国乡镇企业总额的17.1%。

乡镇企业纺织品出口交货额最高的省(市、区) 是江苏省，全省乡镇企业纺织品出口交货额为25.5亿元，占全国乡镇企业总额的41.7%。

乡镇企业丝织品出口交货总额最高的省(市、区) 是上海市，全市乡镇企业丝织品出口交货总额为6.57亿元,占全国乡镇企业总额的38.0%。

乡镇企业服装出口量最大的省(市、区) 是上海市，全市乡镇企业服装出口交货额为12.79亿元,占全国乡镇企业总额的26.14%。

乡镇企业工艺品出口交货额最高的省(市、区) 是江苏省，全省乡镇企业工艺品出口交货额为7.22亿元，占全国乡镇企业总额的15%。

企　业　家

1989年全国劳动模范（乡镇企业系统）名单

共青团中央、农业部关于表彰全国优秀青年乡镇企业厂长（经理）的决定

全国明星青年乡镇企业家名单

全国优秀青年乡镇企业厂长（经理）名单

张金海（北　京）

杨树欣（河　北）

孙乃奇（黑龙江）

李培佩（上　海）

俞志伟（江　苏）

胡先根（浙　江）

黄开惠（福　建）

曾荣苟（江　西）

张淑珍（湖　北）

张湘平（湖　南）

张鸿强（广　东）

李　根（广　州）

叶　治（四　川）

李仲秋（贵　州）

王笃同（甘　肃）

何占山（新　疆）

1989年全国劳动模范（乡镇企业系统）名单

1989年 9 月28日，全国劳动模范和先进工作者表彰大会在人民大会堂隆重开幕。大会表彰了来自全国51个系统或行业的2 790名全国劳动模范和先进工作者，其中乡镇企业系统90名，名单如下：

姓　名	省(市、区)	单　　位	职　务
段马柱	山西省	山西文水工程机械总厂	厂　长
刘宗远	吉林省	吉林省浑江市种鸡场	场　长
卢志民	吉林省	吉林省四平红咀农工商联合公司	总经理
贾文才	吉林省	吉林省梅河口市啤酒厂	厂　长
金洪彬	吉林省	延吉市光明企业公司小营砖厂	厂　长
吴志泉	湖南省	临澧县太平农工商实业开发公司	总经理
吴同南	湖南省	醴陵市浦口出口花炮厂	厂　长
陈荣官	福建省	福建省长乐县第一制鞋厂	厂　长
吴彦赞	福建省	福建省石狮市新湖工贸公司	总经理
叶水龙	福建省	漳州市长春县岩溪青年果林场	场　长
白广忠	黑龙江省	黑龙江省绥化市第二电机厂	厂　长
吴彦成	黑龙江省	牡丹江市龙江开发总公司	总经理
张洪田	黑龙江省	密山市铁西村企业公司	总经理
夏鼎湖	安徽省	安徽省宁国密封件厂	厂　长
谢纲有	安徽省	安徽省霍邱县叶集工艺厂	厂　长
王战文	安徽省	怀宁县皖河村肠衣厂	厂　长
杭兴长	安徽省	安徽省无为县轻工工艺厂	厂　长
谷明友	安徽省	临泉县土坡乡后园自然村	村　长
黄登贵	甘肃省	平凉市峡门回族乡白坡村工业公司	经　理
杨纪强	甘肃省	甘肃省兰州黄河啤酒厂	厂　长
刘全国	甘肃省	甘肃省武威市梧桐联营公司	董事长
于国华	甘肃省	甘肃省酒泉市农工商公司	经　理
毕玉和	天津市	天津市东郊区军粮城镇东 村农工商公司	总经理
杨玉成	天津市	天津市西郊区西营门乡王顶堤村农工商公司	总经理
柴竹金	天津市	天津市北郊区双街乡双街钢管总厂	厂　长
禹作敏	天津市	天津市静海县蔡公乡大邱庄农工商总公司	总经理
张耀发	天津市	天津市营城滨海工业公司	总经理
傅国定	浙江省	浙江省定海纺织机械厂	厂　长
马仕秀	浙江省	浙江省绍兴县第二纺织厂	厂　长
朱贵法	浙江省	浙江省嘉兴市中华化工总厂	厂　长
南士木	浙江省	浙江省乐清县柳市繁兴农场	场　长
鲁冠球	浙江省	浙江省杭州万向节厂	厂　长
赵章光	浙江省	浙江省乐清章光毛发再生精厂	厂　长

姓　名	省(市、区)	单　　位	职　务
尚双印	陕西省	陕西省洛南县石门镇杨河村机砖厂	厂　长
林纪功	陕西省	陕西省眉县砖瓦机械厂	厂　长
郭建民	陕西省	陕西省三原美乐公司	总经理
梁全善	宁夏回族自治区	宁夏中卫县常乐乡煤矿	矿　长
陈宝章	海南省	海南省琼山县东营宝光海藻加工厂	厂　长
韩　瑞	内蒙古自治区	内蒙古自治区呼和浩特市玛钢厂	厂　长
辛胜发	江西省	江西省万载县黄第出口花炮厂	厂　长
何占山	新疆维吾尔自治区	新疆乌鲁木齐县二工乡八家户村农工商公司	总经理
张其发	河北省	河北省邯郸市第一轧钢厂	厂　长
李永怀	河北省	枣强县新中国化学工业公司	经　理
李全贵	河北省	河北省宣化县南兴渠皮毛厂	厂　长
武吉龙	河北省	河北省藁城县冶炼厂	厂　长
郑廷尧	贵州省	贵州省六枝特区郑家寨水泥厂	厂　长
刘元举	贵州省	乌当区野鸭乡小菁村贵阳金刚砂厂	厂　长
谭巨添	广东省	广州市白云区高镇江村养鸡场	场　长
李科生	广东省	广东省汕头市达豪民生塑胶公司	经　理
谢耀文	广东省	广东省梅县雁洋自行车零件厂	厂　长
林文芳	广东省	广东省吴川县林屋机械厂	厂　长
柯华土	广东省	广东省化州县同庆果菜北运公司	经　理
区鉴泉	广东省	广东省顺德县北滘裕华实业公司	总经理
杨　安	云南省	云南省昆明市福保农工商联合公司	总经理
侯继华	云南省	云南省澄江县万海乡砖瓦总厂	厂　长
肖水根	江苏省	江苏省苏州市达胜皮鞋总厂	厂　长
曾国华	四川省	内江市中区交通乡内江玉溪宾馆	经　理
邓世荣	四川省	四川省重庆红旗钢板弹簧厂	厂　长
张应礼	四川省	四川省联合镇白家村	村委会主任
柯文龙	四川省	四川省巴中县农运公司	经　理
周殿鳌	四川省	四川省夹江平板玻璃厂	厂　长
徐通杰	四川省	四川省彭县西郊油脂厂	厂　长
周遂记	河南省	河南省汝州市种鸡场	场　长
张生活	河南省	河南省第一造纸机械厂	厂　长
周年尚	河南省	河南省偃师县刹车带厂	厂　长
李崇岩	辽宁省	辽宁省灯塔县轻工机械厂	厂　长

姓　名	省(市、区)	单　位	职　务
李桂莲	辽宁省	大连市杨树房实业总公司	总经理
叶昌保	湖北省	湖北省洪湖市洪林村农工商公司	总经理
周宝生	湖北省	湖北省嘉鱼县官桥镇官桥村八组	支部书记
周作亮	湖北省	湖北省潜江市幸福服装厂	厂　长
张道槐	湖北省	湖北省广州翠竹饲料添加剂厂	厂　长
李春圃	山东省	济南市天桥区北园镇清河村农工商总公司	总经理
苏寿堂	山东省	山东省乐陵市帆布厂	厂　长
王新成	山东省	山东省临邑县南关村农工商公司	经　理
孙保来	山东省	山东省单县谢集乡陈桥村	支部书记
杨自田	山东省	定陶镇南关居委会皮革服装公司	经　理
纪玉君	山东省	山东省青岛第四毛巾厂	厂　长
孙启玉	山东省	博山区岜山村博山万通达总公司	总经理
常宗琳	山东省	牟平新牟国际联合企业总公司	总经理
赵延年	青海省	青海省湟中县新庄地毯厂	厂　长
顾正德	上海市	上海市南汇金属丝网厂	厂　长
苏炳祥	上海市	上海市白鹤轧钢厂	厂　长
戴永良	上海市	上海市嘉定硼砂厂	厂　长
沈　雯	上海市	上海市紫江皮塑制品公司	总经理
卢万兴	上海市	上海市光明灯头厂	厂　长
梁仕增	北京市	北京市通县艺海实业公司	经　理
赵满荣	北京市	北京市平谷县大兴庄乡周村羊毛衫厂	厂　长
程春博	北京市	北京市顺义县马坡乡木材厂	厂　长
张金海	北京市	北京市第二汽车齿轮厂	厂　长
邢仲山	北京市	通县梨元乡大稿村农工商联合公司	经　理

共青团中央、农业部

关于表彰全国优秀青年乡镇企业厂长（经理）的决定

（1989年12月1日）

农村改革十年来，乡镇企业迅速发展，一大批优秀青年乡镇企业厂长（经理）在实践中脱颖而出。他们带头执行党的路线、方针和政策，锐意改革，艰苦创业，积极发展有计划的商品经济，为农村社会主义物质文明和精神文明建设作出了突出贡献。他们所领导的企业，产业路子对，管理水平高，经营作风正，经济效益好，对国家和集体贡献大，为我国乡镇企业健康发展提供了经验。为贯彻落实治理经济环境、整顿经济秩序和全面深化改革的方针，激励广大乡镇企业厂长（经理）健康成长，引导和促进乡镇企业健康发展，共青团中央、农业部决定表彰110名全国优秀青年乡镇企业厂长（经理），授予徐汉林等10名同志“全国明星青年乡镇企业家”称号，授予李长军等100名同志“全国优秀青年乡镇企业厂长（经理）”称号。

共青团中央、农业部希望这次受表彰的乡镇企业厂长（经理）谦虚谨慎，戒骄戒躁，更加努力工作，不断取得新成绩。同时，号召全国乡镇企业战线的广大厂长（经理）和团员青年以他们为榜样，坚持四项基本原则，坚持改革开放，发扬开拓进取、艰苦奋斗的精神，勤奋劳动，建功立业，为建设具有中国特色的社会主义现代化新农村而努力奋斗。

全国明星青年乡镇企业家名单

徐汉林　山东滨州市凯拓实业总公司总经理
胡　浩　江苏省吴县工艺草制品总厂厂长
魏光明　河南省驻马店市喷灌机厂厂长
杨吉奎　辽宁省大连渤海水产总公司总经理
李常友　广东省廉江县石城水泥厂厂长
刘世忠　天津市静海县三街农工商联合公司总经理
陈建成　浙江省上虞多速微型电机厂厂长
唐庆余　上海市黄渡针织厂厂长
王洪元　河北省三河县马起乏村工业公司总经理
张国淑（女）　四川省巴县红卫丝厂厂长

全国优秀青年乡镇企业厂长（经理）名单

李长军　北京市顺义县赵全营淀粉厂厂长
张伯良　北京市通县钢窗厂厂长
郭宝印　天津市西郊区津兰企业有限总公司总经理
张延军　天津市静海县大邱庄津海工业公司经理
郧计忠　河北省石家庄大明造纸厂厂长
徐同考　河北省平乡县塑料制品厂厂长
杨树欣　河北省石家庄市华北蓄电池厂厂长
王玉庆　河北省武安市青泉啤酒厂厂长
李增虎　山西省文水县桑树铁厂厂长
梁谢虎　山西省霍县辛置镇选煤厂厂长
王喜文　山西省黎城西井铁合金厂厂长
杨　阳　内蒙古清水河县喇嘛湾果品加工厂厂长
吕忠民　辽宁省清原县线材厂厂长
金洪岩　辽宁省海城市石粉二厂厂长
陈　凤（女）辽宁省盖县暖泉乡地毯厂厂长
王心智　辽宁省沈阳市北陵企业公司第八分公司经理
刘风儒　辽宁省阜新市细河区纤维板厂厂长
曲凤彩　吉林省通化县果松纤维板厂厂长
陈德刚　吉林省镇赉县萤光灯厂厂长
邴荣会　吉林省长春市化学品厂厂长
姜刚海　黑龙江牡丹江市兴隆建材公司经理
王焕达　黑龙江省肇东市黎明砖厂厂长
尹美良　黑龙江省牡丹江市郊区金龙企业公司经理
郭秀荣　黑龙江省哈尔滨市南岗区新春食品糖厂厂长
周惠明　上海市川沙县恒大工业公司总经理
诸建华　上海市华通开关厂奉贤三分厂厂长
张培华　江苏省常熟市白雪制冷设备集团公司三分厂厂长
俞志伟　江苏省南京市雨花台区西善桥纺织厂厂长
荆玉堂　江苏省丹阳市绒绣厂厂长
杨文民　江苏省沛县第二皮革制品厂厂长
耿昌明　江苏省武进县铜管厂厂长
黄　华　江苏省无锡市富昌皮件有限公司中方总经理
薛云霞（女）　江苏省如东县黄海化工厂厂长
蒋阿大　江苏省昆山县大市乡工业公司经理兼塑料泡沫厂厂长
蒋明廉　浙江省天台铜件厂厂长
夏柏潮　浙江省绍兴毛麻纺织总厂厂长
樊开锵　浙江省奉化武岭罐头食品厂厂长
许瑞坤　浙江省海宁市周王店镇上标制革厂厂长
吴文标　浙江省杭州市康桥汽车修配厂厂长
张宗强　福建省莆田县西天尾鞋厂厂长
李德生　福建省长乐县羽绒制品厂厂长
蔡京彦　福建省同安县新圩兴华罐头厂厂长
洪清艺　福建省石狮市龙山电子有限公司业务经理
林　鹏　福建省周宁联谊化工厂厂长
韩光席　安徽省宿州市振兴食品厂厂长
张贻森　安徽省金寨县第二缫丝厂厂长
麻元友　安徽当涂县黄池食品工业公司经理
钱昌德　安徽省宣州市羽绒厂厂长
周洪琳　江西省万载县金钟出口花炮厂厂长
陈学田　江西省永新县三湾造纸厂厂长
黎增仁　江西省萍乡市毛涤沦厂厂长
梁贤久　山东省龙口啤酒厂厂长
于良法　山东省青岛第二减速机厂厂长
孙乐生　山东茌平县鑫峰实业总公司总经理
张留林　山东省郓城县地毯厂厂长
孙其昌　山东省肥城县石横水泥厂厂长
彭俊元　山东省宁津电梯厂厂长
王元茂　河南省巩县驻驾庄村工业公司经理
李建中　河南省长葛县和尚桥镇八七农工商联合公司总经理
宁坤让　河南省郏县实业股份有限公司经理
陈　勇　河南省淇县化轻总厂厂长
李守荣　湖北省钟祥县双河砖瓦厂厂长

肖晓星　湖北省汉川县新堰羽绒厂厂长
谭昌林　湖北省宜昌县太平溪茶叶公司经理
冯学凯　湖北省武汉市江堤瓦楞纸箱厂厂长
涂日明　湖南省果园汽车改装厂厂长
张日平　湖南省娄底市特种耐火材料厂厂长
庞长志　湖南省桃源县陬市橡胶厂厂长
肖建设　湖南省衡阳市西湖渔业机械厂厂长
杨子良　广东省博罗县罗浮山制药厂厂长
莫志林　广东省广州市第一水泵厂厂长
曾丽清（女）　广东省宝安县横岗光学厂厂长
林景珍　广东省电白县渔农实业公司董事长兼南方面粉厂经理
杨欣欢　广东省梅县梅雁企业集团公司总经理
杨金城　广东省顺德县陈村镇华英风扇厂副厂长
凌　贯　广西北流县民乐钢件总厂厂长
韦清文　广西容县南方食品厂厂长
蔡汝新　海南儋县常丰实业有限公司总经理
巫道玉　四川省德阳市中区孝感工业股份有限公司总经理
张文艺　四川省仁寿县东方红造纸厂厂长
刘信勇　四川省重庆市山城铁合金厂厂长
胡义明　四川省双流县二峨曲酒厂厂长
严树生　四川省成都市十里店标准件厂厂长
黄万义　四川省广汉市川兴棉纺织厂厂长
赵永生　云南省施甸县银川综合厂商行经理
李栋章　云南省宜良县南羊建筑公司经理
张开林　贵州省赫章锌厂厂长
林素琼（女）　贵州省毕节县素琼酱油厂厂长
洛　旦　西藏自治区拉萨市城关区第四建筑安装公司经理
高来成　陕西省宝鸡市渭滨区高家村工商公司经理
边社章　陕西省兴平县茂陵针织厂厂长
王周权　陕西省扶风造纸厂厂长
刘旭东　陕西西安市美佳日用化学品厂厂长
李军平　陕西省长安县前进电器厂厂长
任宗周　甘肃省秦安县罐头厂厂长
杨永平　甘肃省兰州市城关区段家滩村农工商企业公司经理
虎　福　宁夏海原县粉丝厂厂长
李安平　青海省西宁建材厂厂长
钱卫山　新疆石河子花园奶粉厂厂长
赵志进　新疆米泉县米渭联营常压炉厂厂长

张金海　北京市第二汽车齿轮厂厂长。连年被评为北京市先进工作者，丰台区人民代表大会代表。1987年被评为全国优秀农民企业家，1989年被评为全国劳动模范。

张金海是一位具有不断进取精神和勇于改革的企业家。在短短十多年的时间里，北京市第二汽车齿轮厂，由一个破烂的砖窑，经过不断的技术进步，开发新产品，实行科学管理和深化企业内部改革，得到了不断的发展和提高。如今，已经成为了一个具有中等规模的专业化齿轮制造厂。产品品种，已由建厂初期的两种简单的齿轮，发展为八个系列共65种产品，并向泰国出口齿轮40种。年生产齿轮 110 多万只。1987年，张金海带头在全区四百多家乡镇企业中，第一个实行了经营承包责任制。1989年该厂工业总产值达到1 800万元，十年共上缴国家税金1 825万元，是原投资 280 万元的六倍以上。

张金海是一位讲求科学，注重实效，善于学习的企业家。在长期的管理工作中，他由普通的农民锻炼成长为一个有胆识、有远见、懂管理、善经营的成功的企业家。十年来，北京市第二汽车齿轮厂，在他的领导下，不断加强企业管理，已经形成了以提高产品质量和经济效益为中心的计量、标准、技术、信息、质量检测，物质消耗等一系列管理基础工作。全厂各项经济技术指标，每年都有较大幅度的提高，在全国66家同行业企业中居领先地位，多年来一直被评为北京市级的各类先进单位。并在1988年 8 月，通过国家考评，以优秀的成绩，成为北京市 1.8 万多家乡镇企业中的第一家国家二级企业。1989年又被评为国家星火示范企业，被市政府评为明星企业。

杨树欣　河北省华北蓄电池厂厂长。石家庄市优秀农民企业家，多次被评为县、市劳动模范和优秀共产党员。1989年被选为市人大代表并获得河北省科委“星火优秀青年”奖，又被团中央和农业部评选为“全国优秀青年乡镇企业厂长”。

几年来，华北蓄电池厂产值、利润连年翻番，发展较快，取得了可喜的成绩，五年间累计为国家创汇1 200多万美元。

杨树欣以厂为家，勇于开拓。自1981年担任厂长后，在短短几年里，就使一个濒临倒闭的小厂焕发出勃勃生机。他务实创新、刻意进取、立足国内、开拓国际市场，使该厂在国内已成为一个有名气有声望的外向型企业。

杨树欣担任厂长后，工作废寝忘食，与工人干在一起，吃在一起，当工厂资金紧缺时，他主动拿出自己的积蓄5 000元带动大家集资。为寻找技术资料，解决工厂生产难题，他经常每天工作十几个小时。他火一样的热情感动了职工，激发了工人们的积极性。苦尽甘来，现在他领导的华北蓄电池厂已成为国家“出口基地企业”、“机电部重点企业”、河北省“科技星火示范企业”、河北省“文明单位”、石家庄市“明星企业”。

1989年在国家资金、能源紧张与原材料涨价的经济环境中，他号召全厂以内功克外耗，深入开展双增双节活动，当年全厂总产值达2 105万元、利税250万元、出口创汇504万美元，分别比1988年增长100%、25%和6.2%，全员劳动生产率7.3万元，人均利税0.88万元，人均创汇1.5万美元，居河北省同行之首，也是全国出口创汇大户。

他指挥生产有方，善于经营管理，在内部采取了目标管理，实行了层层承包制，理顺了分配关系，充分调动了广大干部职工的积极性。他把厂内的各项工作管理得井然有序。因此经济效益和社会效益明显提高。

杨树欣重视人才培训，重视工厂的技术改造和产品质量。经有关部门批准投资500万元进行第二期技术改造（包括引进意大利先进设备）预计1990年7月投入使用，竣工后经济效益和社会效益将大幅度的增长。本厂提出的口号是“上技术、上管理、上质量”他经常告戒干部职工：“没有质量，就没有产品”。该厂产品先后获得市、省和部优称号，河北省“高质量奖企业”；1989年在河北省消费者协会组织的20万名消费者直接评选的信得过产品活动中获得“信任杯”。

孙乃奇　黑龙江省绥滨啤酒厂厂长、啤酒酿造工艺高级工程师。是一位懂技术、善管理、有胆识、勇于开拓的市级特等劳动模范，也是黑龙江省优秀乡镇企业家，省级优秀企业家。

孙乃奇同志以超人的胆识和气魄，把一个濒临倒闭、负债累累的绥滨县绥滨镇农具厂，变成一个生产啤酒的中型企业，跃进全省同行业盈利大户。十年来，共生产啤酒7.56万吨，实现利税2 140万元，成为绥滨县财政支柱企业。

孙乃奇同志，在实际工作中始终坚持向前看，从不满足已取得的成绩，努力学习，锐意进取。他大力推进技术进步，强化企业管理；坚持依法从严治厂，创办一流企业为目标；团结和带领广大职工艰苦奋斗，忘我工作；以靠人才兴厂，靠质量创誉，靠管理增效，靠科技发展的方针和“你下我上，人有我优，发挥优势，以变应变”的经营战略，使绥滨啤酒厂的生产经营取得了突出成就，经济效益大幅度提高，工厂面貌发生了显著变化。1985年至1989年，工业总产值年均递增15.7%，啤酒产量年均递增13.8%，实现利润年均递增31%，上缴税金年递增23.7%，人均利税年均递增11.5%，产品质量、工艺、经营管理、经济效益等在全省同行业名列前茅，是省乡镇企业第一家晋升为国家二级企业的企业单位。

李培佩　上海市上海宇宙平绒厂厂长。1986年以前，三次被评为上海县先进工作者，一次市农机局先进工作者，两次被评为市“三八”红旗手；1987年，获上海市巾帼奖，市劳动模范，全国优秀农民企业家；1988年被评为全国“三八”红旗手；1989年被评为上海郊区明星企业家。

上海宇宙平绒厂，十年前是一个不引人注意的乡办企业，经厂长李培佩悉心治厂，现已成为全国30余个同行业的排头兵。1989年跨上国家二级企业的台阶，望春花牌4 240纯棉平绒评为部优质产品。

李厂长从建厂的第一天起，就狠抓了产品质量。1980年，在她的主持下，宇宙平绒厂在全县乡办企业中第一个开展全面质量管理活动，厂部建立了全面质量管理办公室，车间、部门建立了TQC小组。随后，采取请进来，走出去的办法培训业务骨干，有效地推进了质量管理工作。

为了使质量第一的观念溶于生产中，李培佩从建厂一开始就实行质量分制度，严格执行质量否决权的制度。科学的管理，严密的组织，使产品质量一直优于同行业。到1983年，落机一等品率超过93%，熟坯超过95%，宇宙平绒厂生产的平绒，在上海丝绒染整厂绒类产品评比中，质量一直保持前茅，在全国同类产品中，也属佼佼者。

李培佩认为，管理的首要职能就是最大限度地激励全体职工奋发向上的精神状态，浓厚的质量意识，一流的工作质量。为此，李培佩在全厂范围内开展了以提高产品质量为核心的竞赛活动，在档车工中开展“万米无疵布”等活动，在二三线职工中开展最佳保健工、最佳加油工、最佳勤杂工等竞赛活动，在全体职工中开展TQC知识竞赛活动。这些活动的开展，既增强了全体职工的质量意识，又提高了职工主人翁地位。全员抓质量，质量年年提高。印染厂1988年色坯质量为76%，到1989年上升到95%。

李培佩说，抓产品质量，必须首先抓职工教育。根据实际情况，她对职工进行了多层次、多形式的培训，有效地提高了职工素质，并在工作中产生了实效。

十年的全面质量管理活动，结成丰硕成果。1988年，“望春花”牌4 240平绒获上海市优质产品。但李培佩不满足现状。她继续运用PDCA循环的方法，采用一条龙的质量保证体系，坚持四个服从，即产品服从质量，设备服从质量，消耗服从质量，生产管理服从质量管理，并相继制订和完善了《设备维护保养制度》、《固定资产（设备）管理制度》等12个管理制度，使12个直接影响产品质量的因素得到有效控制。

严格的质量管理，使产品质量在1989年更上一个台阶，4240望春花纯棉平绒评为部优质产品。

宇宙平绒厂从1986年起，企业利润年年增长，1986年181万元，1987年250万元，1988年340万元，1989年518万元。1988年直接出口47万米，1989年134万米，占全市出口的70%，全年创汇400余万美元。

俞志伟 江苏省南京市西善桥纺织厂厂长。1987年被评为“南京市乡镇企业家”、“南京市优秀厂长”。1989年被评为江苏省“乡镇企业家”；并被团中央、农业部授于“全国优秀青年乡镇企业厂长”称号。

1985年在南京西善桥纺织厂经济处于最困难的时候，70%设备停产，产品积压180万元，企业亏损53万元，近百名工人弃职离厂，工厂濒临倒闭。俞志伟受命于危难之时，但任了西善桥纺织厂厂长。他从疏通销售渠道、开辟供销市场入手，迅速卸掉了180万元积压产品的包袱，使资金运转起来，企业恢复正常生产，逐步实现产供销平衡，扭转了亏损局面，扭亏为盈，把企业引入良性循环的轨道。

1986年，俞志伟推行了企业内部的配套改革，实行了全面经济责任制，以此推动企业各项工作的正常开展。特别是各项承包责任制的实行和分配制度的改革，极大地调动了各方面人员的积极性，促进了劳动生产率的大幅度提高。全员劳动生产率1985年为13 382元/人，1989年达23 364元/人，增长了74.6%，平均每年增长14.9%。

俞志伟十分重视科学管理。1986年开展企业整顿，健全和完善了各项基础管理工作，使之正常化、正规化。在此基础上，进一步引入了全面质量管理，全面经济责任制，量本利分析、全员设备管理等现代化管理方法。在把量本利分析法运用于经营决策过程中，成绩显著，1988年获南京市管理进步成果奖。

三年来，俞志伟对工厂的发展倾注了大量的心血。在扩建、改建、挖潜等措施项目方面企业共投入资金近400万元，使固定资产规模由460万元发展到880万元，增长近一倍，年产量由590万米发展到1 000万米以上，翻了近一番。产品由原来只能生产中低档产品发展到高中低档产品均能生产。开发了人棉、麻涤粘等适销对路、物美价廉的新产品，满足了社会需要，取得了较好的经济效益。俞志伟注重人才培训工作，三年来，企业教育经费7万余元，除了办好职工的短期教育培训外，还选送了优秀职工和管理人员接受正规的学历培训，培养了大中专人才39名，专业技术人员21名。

1989年，在治理整顿，宏观调控的严峻形势下，企业经受了资金紧缺，市场疲软的严峻考验。面对急剧变化的外部环境，俞志伟一方面迅速组成市场调研开发小组，北上天津、北京，南下上海、广州等地。先后与北京床单厂、天津织物厂、上海华申纺织印染联合公司等新的客户签订大笔供销合同；另一方面，苦练内功，加强管理，采取了一系列技术组织措施，创造了建厂几年最好成绩。用事实证明了他的名言“困境不是绝境”。

在他担任厂长后，企业四年迈了四大步。产值由1985年1 147万元，增加到1989年2 535万元，利税由1985年亏损53万元发展到1989年的盈利189万元。1987年西纺厂被评为省、市“明星企业”、市级先进企业，1988年被评为江苏省省级先进企业。

胡先根 浙江省慈溪微型轴承总厂厂长。在改革开放方针的指引下，他带领全厂职工，经过四年多的努力，把一个乡镇小厂，发展成为相当规模的外向型企业，多次获得省市领导部门的嘉奖。

慈溪微型轴承总厂的前身是一家村办小型汽车配件厂，四年前濒临倒闭。胡先根在极为困难的条件下，创建了新的轴承厂。他先与上海轴承研究所联营，把工厂“救活”，走上了发展道路；接着建立了横向联营分厂，组成了生产群体，扩大了生产规模；尔后与香港宁兴公司合资经营成立了慈兴轴承有限公司，建成了外向型企业。三年迈出三大步，企业利税平均每年递增2～4倍。1989年实现产值2 647万元，利润437万元，分别比上年增长81.9%和142.8%，全厂职工705人，固定资产原值达到704万元，工厂发展之快，效益之高，名列全省前茅。

胡先根把创建外向型企业，扩大出口创汇作为工厂的奋斗目标，并作出不懈的努力。工厂有一定基础之后，着眼于开拓外销，成立了中外合资公司，扩大同外商的接触，建立了信息反馈网络，系统地掌握国际市场动态。他多次去香港、深圳进行外销渠道的谈判。1989年8月去美国访问，获得了很大成功，稳定了产销关系，争取了42.7万美元的预付款，把外销业务推向新阶段。近二年来的外销发展很快，1988年创汇102万美元，1989年增长到176万美元。1990年以来改为直接出口，比重达到70%以上，开拓了广阔的外销前景。

胡先根下功夫狠抓各项基础建设，通过各种渠道，多方位引进技术、管理人才，厂长亲自主持，整顿了物资仓库，组建了生产和管理体系，健全了各项制度，改变了企业面貌，向规范化管理迈进了一步，顺利通过了省级企业验收，产品出口质量许可证验收，名列宁波市第一。

他一贯重视思想政治工作，坚持四项基本原则和两个文明一起抓。他建立了以厂部为核心，以班组为基础的政治思想工作网，把艰苦奋斗、勤俭建厂的优良传统教育做到深入人心。厂长以身作则，严以律己，勇于奉献，所以深得广大职工的信任和爱戴。

黄开惠　福建省福州第二阀门厂厂长。全国劳动模范，福建省最佳农民企业家。黄开惠17年如一日，带领企业职工艰苦创业，开拓进取，工厂面貌日新月异，生产蒸蒸日上，“两个文明”建设硕果累累。党的十一届三中全会以来，年年被评为乡、区、市先进党支部和市先进单位。

黄开惠治厂有方，一贯坚持“三个依靠”、“四个第一”，即：依靠工厂领导班子的带头作用、依靠职工的积极性和创造性、依靠产品创优创新；质量第一、信誉第一、服务态度第一、消费者利益第一。并且不断提高职工的政治素质、技术素质、管理素质，使企业由小变大，从土到“洋”，不断发展壮大。17年来，福州第二阀门厂在厂长黄开惠的领导下，全厂上下齐心协力，艰苦奋斗，出现了“十大变化”：①产值变。1989年企业工业总产值702万，相当于建厂初期年工业产值的88倍。②利润变。1989年实现纯利58万元；相当于建厂初期年利润额的52倍。③税金变。1989年缴纳国家税金70万元，相当于建厂初期缴纳税金总额的117倍。④工效变。1989年工厂全员劳动生产率为35 000元/人，相当于建厂初期劳动生产率的17.5倍。⑤家底变。建厂第一年，只有1万多元资金、10条钢锯条，白手起家，把厂办起来，到1989年已拥有固定资产净值200多万元，相当于建厂初期固定资产净值的190倍。⑥设备变。建厂时，全厂只有5台皮带车床，目前已拥有各种机床72台，技术装备水平大大提高，还有大、小交通运输车辆。⑦职工素质变。目前全厂已有三级以上技术工人92人，向外聘请两名工程师，职工技术素质比建厂初期大大提高。⑧产品品种变。建厂初期，只能生产3种低压阀门，目前已能生产各种低压阀门256种，阀门口径从15厘扩大到600厘。⑨职工生活福利变。建厂初期全厂职工月平均工资只有26元，1989年职工月平均工资已达220元，相当于建厂初期的八倍多，还实行了工人公费医疗和退休制度，做到了职工病有所医、老有所养。

黄开惠一心为公，无私奉献的精神，对福州第二阀门厂的“两个文明”建设起到了很大推动作用。1989年，工厂实行承包后，超额完成利润11万元，在他的倡议下，把这笔超额利润作为企业发展基金，1988年，他把个人的8 000元奖金中，拿出其中的4 000元支援乡间公路建设，2 500元捐助给村幼儿园。

黄开惠积极带领福州第二阀门厂全厂干部职工，奋力拼搏，朝着实现年产值超1 000万元的目标前进。

曾荣荀　江西省南昌市郊区顺外村党支部书记。先后多次被评为省、市劳动模范和优秀党员。1987年被评为全国、省、市优秀农民企业家，省劳动模范，市特等劳模；1988年当选为全国第七届人民代表和荣获全国首届“经济改革人才”奖；1989年被评为全国劳动模范和省劳模，南昌市特等劳模。

曾荣荀同志以身作则，以他自己的模范行为，带领全村干部群众，使顺外村发生了巨大的变化，摆脱了曾经超支欠款达32万元的贫穷困境，1980年被农业部列为全国26个典型之一。之后，顺外村多次被评为省市农业先进单位，1986年被评为全国先进党支部，1989年又被评为全国、省、市先进党总支。

曾荣荀同志在党的十一届三中全会精神指引下，坚持近郊方针，在发展农副产品的基础上本着“离土不离乡、开店办工厂”的原则，先后办起了农民饭店、保健饮料厂、印刷厂、药物制造厂、化工塑料厂等21个村办企业。1989年全村总产值达1.1亿元，总收入近9 000万元，连续两年上缴国家税金总额高于村民分配收入总额。改革11年来，全村上缴税金累计为1 440万元。到1989年，全村有集体固定资产（原值）达5 000万元（相当于1978年的40个顺外村），集体建筑面积15.5万平方米，拥有各种机动车辆74辆，村民生活富裕，全村人均住房面积达53.6平方米。曾荣荀还在全省率先支援老革命根据地的建设，为老区宁都县梅江镇北门村办起了“食品厂”、“酱菜厂”、“锯板厂”、“竹木制品厂”，使北门村的人均收入达到600余元。

在发展村办企业的同时，曾荣荀同志带领大家坚定不移地贯彻近郊“服务城市、富裕农民”的生产方针，以工补农，以工促农，工农业并举。1989年在银根紧缩、资金短缺的困境下，他千方百计地筹集了100余万元，兴建了一座占地4 000余平方米的水上养猪场。

为了使村里的经济更上一层楼，自1987年底开始，他又带头压缩自己分配的60%。在他的带领下，全村过紧日子，连续三年全村推行“三增一减”（增收入、增税金、增积累，减分配），共减少分配300余万元，集体积累1 895万元。自1987年下半年开始，为增强企业后劲，兴建了“江西制药工厂”、“洪城钢管厂”、“村外村副食品生产基地”、“水上养猪场”等。曾荣荀同志对精神文明建设极为重视：幼儿免费入托，为在校学生设立了奖学金，老年农民有退休金，村民免费医疗，兴办了农民业余学校，设立了计划生育奖，兴建了全省第一座农民骨灰堂，组建了农民铜管乐队，兴建了富有民族特色的“农民乐园”和“水中园”。

今日顺外的共同富裕，是党的好政策，中央省市领导的亲切关怀所带来的结晶。1989年10月13日，江泽民同志亲临顺外视察，对省委负责同志讲：“看了南昌市郊顺外村以后，我得到一个很大的启发。这个村的生活应该说是很好的，它有几点很突出：一是共同富裕，二不是吃光用光，拿出一部分钱继续发展生产。村党支部书记首先带头，把9 000多元的收入自动减掉4 000多元，这么一减就作出了表率”。

张淑珍 湖北省鄂州市葛店兰芳服装厂厂长。先后被评为市劳动模范，省优秀女厂长、农民企业家、劳动模范，全国劳动模范。

1982年，葛店镇羽毛厂正值亏损6万元、200多名职工面临失业之际，张淑珍出任该厂厂长。首先，她根据市场需求，调整产品结构。为求得企业生存和发展，张淑珍根据市场变化，以保障社会有效供给，1984年组织羽毛厂80%的年轻女工转产时令服装，组建了“兰芳服装厂”，使企业起死回生，年产值一跃过百万元。第二，实行对外开放，开展联合引进。1986年，她抓住机遇，冒着风险筹资200万元兴建了面积约1万多平方米的外贸生产大楼，集资80万元作为股金，与省服装进出口公司及港商合资联办了“中外合资鄂州市长进制衣有限公司”，被选任公司副董事长兼副经理。1989年创产值2 462万元（现行价），创汇371万美元，实现利润296万元，全员劳动生产力年人均53 174元，年人均创利税6 393元。第三，重视人才开发，提高企业素质。在兰芳服装厂处于困境时，张淑珍筹资万元聘请专业技术人员和培训厂内人员。先后选送50多人参加函授和上级举办的专业培训班学习，厂内有计划地举办短训班和岗位练兵，对职工进行全员培训。她带头学习，于1985年参加湖北函授大学学习企业管理。第四，强化基础管理，提高产品质量。她带领技术人员与干部职工共同努力，加强全面管理，开展创优创汇活动，使企业分别取得市有关部门颁发的计量验收合格证、全面质量管理工作合格证和省颁发的质量许可证。主要出口产品珠帆萝卜裤，1989年被评为省优质产品。第五，工作兢兢业业，尽职锲而不舍。1986年3月，张淑珍为联系合资联办企业事宜，乘汽车出差途中因发生车祸造成右臂脱位并骨折，住院治疗尚未痊愈就回厂坚持工作，促进了“长进”的成立与建成投产。1988年8月，她又代表兰芳服装厂与市外贸进出口公司及香港永资投资有限公司洽谈，达成联合在葛店镇建立“中外合资鄂州喷胶棉有限公司”的协议。

兰芳服装厂在困境中崛起，并不断发展壮大，成为全市外向型乡镇企业的佼佼者，全省“三资”企业的先进单位。张淑珍为“兰芳”的崛起辛勤耕耘，伴随“长进”的发展锻炼成长。

（胡 斌 杨次明）

张湘平 湖南省坪塘氧化铁颜料厂厂长，望城县政协委员，湖南省七届人大代表，长沙市劳动模范，湖南省十佳优秀农民企业家，全国优秀农民企业家。

经过20多年的艰苦创业，他带领广大职工，把一个当时只有“一座破庙、三口铁锅、八名职工、千元借款”的化工小作坊，发展成为一个拥有固定资产530万元，流动资金275万元，生产的氧化铁红产品质量和经济效益名列全国同行业前茅的企业。1989年，全厂拥有职工242名，生产氧化铁系颜料4 470吨，完成产值780万元，实现利税201万元。产品不仅畅销全国28个省、市，而且远销美国、东南亚等国际市场。

这一串串数字，一个个荣誉，饱含了职工艰苦奋斗的心血和汗水，也记载着张湘平同志不断开拓进取的足迹。

张湘平同志在中学期间就酷爱化学，1961年，他到长沙市南区大华化工厂担任厂长。他在这初试锋芒，首战告捷，使企业产值、效益逐年上升。但由于家庭出身的“过错”,被无端的免职。

1965年10月，他毅然辞职，丢掉“铁饭碗”,到农村去开拓自己的事业。携带妻儿来到望城县坪塘渔场，寻找施展才干的机会。当时全国石油紧张，工业用机油、黄油奇缺，而大小工厂用后的废机油又无人回收。张湘平在得到渔场领导的支持后，邀集8名男女青年，借款1 000元，在白龙庙的一角，创办了“坪塘综合化工厂”,搞废机油再生。尽管困难重重，但他以艰苦创业，不断进取的精神，带领职工度过了艰难的岁月，取得一个又一个胜利，企业不断发展。到70年代末，企业产值超过了100万元，产品由单一的再生机油扩大到生产植物油酸、过磷酸钙、民用肥皂等10多个产品。这一时期，尽管厂里的生产技术和产品销售全是他的事，但又由于家庭出身的影响，却不能抛头露面，只能当“配角”,搞“配音”。

党的十一届三中全会，给一切有志之士创造了施展才华的新天地。1983年，张湘平入了党，1984年担任厂长兼党支部书记，工厂也更名为“望城坪塘氧化铁颜料厂”。上任后，张湘平就大刀阔斧地进行改革，在改革中求发展。他首先调整对化工生产是门外汉的领导班子，重新组阁，使新的领导班子成员减少4个，年龄下降14岁，全部高中以上文化。第二，改革分配制度。全厂实行工资、奖金全浮动，克服分配上的平均主义，充分调动干部职工的生产积极性。第三，改革人事、用工制度。全厂实行固定工、合同工，有升有降；当干部、当工人有上有下的制度。打破了干部、工人进厂定终身的老规矩，使职工看到劳动态度的利害得失，促使干部、工人尽职尽责。第四，严格劳动纪律，强化企业管理。全厂建立了100多项企业管理章程和制度；全面实行目标、计划等十项管理责任制，各项经济指标层层分解、落实，物资消耗实行定额，原材料进厂通过化验、过磅，厂内推行标准化、规范化、制度化。第五，加强职工教育培训和企业技术改造。1984年至1989年，全厂投资7.6万元，培训职工185名，占职工总数的70%，其中18名获中、高级技术职称。企业近6年进行了3次技术改造，年产量由几百吨扩大到8 000吨，产品质量也得到了提高，氧化铁红产品1989年获省优质产品证书。

（陈湘安）

张鸿强　广东省顺德县乐从镇广东神州燃气具联合实业公司总经理。1988年被评为省乡镇企业家，1989年被评为佛山市劳动模范，全国农业劳动模范。

张鸿强所领导的公司，仅用了短短的五年时间，

从原来仅有的100多平方米厂房、年产值不到40万元的镇办农机修配厂，发展成为有固定资产4 650万元、设备先进、规模较大的国家二级企业。在这五年里，该公司的“神州牌”热水器连创省优、部优、国优，畅销全国各地，并打入了东南亚、中东和香港等国家和地区的市场，成了全国第一家热水器出口企业。该公司的发展壮大，是与张鸿强的辛勤工作分不开的。

“乡镇企业一定要依靠高技术和高附加值来维系自己，发展自己”。这是张鸿强在企业发展的实践中得出的真知。几年来，他把劲头主要地用在积极推动企业的技术进步和企业的管理改革方面上来，从未停止过企业的技术革新和技术进步；站在企业发展战略的高度审时度势，把新产品开发作为一项重要课题认真对待。他经常带领公司干部职工深入市场调查，倾听用户意见，及时调整经营策略，抓好产品质量的提高、抓降能节耗、提高经济效益。同时充分发挥供销人员的积极作用，扩大销售网点，开展售后维修服务等。特别是1989年，在市场疲软、资金紧缺、部分原材料价格上涨等困难情况下，他迎难而上，采取一系列的对策措施，使企业渡过了难关，保持稳步发展。销售热水器17.2万台，创税利807万元，还回收投资1 204万元。取得了较好的经济效益。

他十分重视提高企业人员的素质，特别是工人队伍技术素质的提高和技术队伍素质的再提高。在他的倡导下，公司每年都拿出了不少于30万元的教育经费，用于青工技术培训和老工人技术更新；1984年以来，公司共招收20多名大学生，1名研究生。从1987年开始，公司与佛山大学共同开办工人业余大学，直接为公司培养技术人才。

勤奋好学，事业心强，这是张鸿强的最大特点。几年来，他立志苦学，充分利用业余时间参加学习，从未间断过，并已获得机械大专班、中文大专函授班两项结业证书，还获助理工程师职称。勤学苦练，使他的技术业务水平和管理能力不断提高。他还经常关心干部职工的疾苦，密切与群众的关系，不搞特殊化。在他的影响下，公司干部职工上下团结一致，人人心情舒畅，积极工作，个个以“神州人”而感到自豪。

李　根　广东省广州市石井水泥厂厂长。全国优秀农民企业家，全国乡镇企业协会副会长，全国农业劳动模范。

靠艰苦奋斗和开拓进取精神，在短短十年时间，

李根带领全厂职工把石井水泥厂原来只是一间年产水泥5 000吨的镇办小厂办成了年设计能力12万吨，1989年生产水泥16.15万吨，销售收入4 506万元，上缴利润568万元的一家具有规模、效益显著的水泥企业，成为全国水泥行业的佼佼者。

在多年办厂的实践中，李根深深懂得质量是企业的生命，一间镇办水泥厂要求得生存，把自己产品赢得市场，必须不断提高产品的质量。他确立质量是企业的生命的管理宗旨，不断提高企业的科学管理水平，加强产品质量的监督控制工作，强化质量意识和质量网络，重视人才建设，用人的质量保证产品质量；抓好全面质量管理，用科学数据来管理生产，年年提出管理新任务，给自己加压力等一系列措施。该厂产量从0.5万吨发展到6万吨，产值、利润也同步直线上升。这些成绩并未使李根满足，他又提出新建一条年产8万吨水泥生产线的设想。这一设想很快得到镇党委、镇政府的大力支持。他为建新厂而绞尽脑汁，与厂里的工程技术人员一起，自行设计厂房、设计安装设备，于1987年着手扩大生产能力，第二年就新上一条8万吨的生产线。合理的厂房布局，改善了生产流程，1989年生产水泥超设计能力34.6%。李根八年来，始终在坚持提高质量的前提下求效益，因而，连续八年出厂水泥合格率100%，在全省乡镇水泥企业中连续创造了“五个第一”。即：第一批省级先进企业，第一批省优产品，第一批领取生产许可证，第一批质量认证和第一个领取国家二级计量证书。1989年取得全国水泥行业评比第一名。

（余永光）

叶　治　四川省成都市金牛玻璃钢厂厂长。省、市优秀乡镇企业家、最佳农民企业家。

叶治于1979年3月筹建成都金牛玻璃钢厂，带领全厂职工艰苦创业，把一个乡办小厂发展成为目前西南地区规模最大、产值最多、利润最高的生产玻璃钢制品的专业骨干厂家。

现在，该厂有职工300余人，固定资产120万元，自留资金195万元；年产值800万元，年利润100万元。产品从一个型号发展到现在的10个品种的40多个规格，销售国内20多个省、市及亚、非一些国家和地区。该厂的主导产品玻璃钢冷却塔系列产品和玻璃钢支架连续荣获市、省、部优质产品称号。该厂获省、市先进企业称号。

叶治为了掌握玻璃钢生产技术和适应企业的发展需要，10年来他夜以继日地学习钻研科学技术，1979年他带队到上海自来水公司学习了三个月的玻璃钢生产技术。回厂后他亲自主持制定玻璃钢冷却塔试制方案，于同年9月底制造成功了第一台玻璃钢冷却塔，经专家鉴定达到了设计要求，这项产品投产后有效地满足了用户需要，填补了西南地区的空白。叶治先后又到上海化工学院进行玻璃钢复合材料专业基础理论知识进修，参加了成都市经委等单位举办的企业推行TQC培训班，参加了国家经委等单位举办的经济管理刊授联合大学的学习，于1987年9月获得了大专毕业证书。十年来，叶治同志通过刻苦学习专业知识、管理知识，大大提高了理论水平，解决了本厂的技术和管理中的重大问题。他写的一些论文和学术成果在全国性和省、市一些专业会上发表。1988年叶治同志破格晋升为高级经济师。

叶治注重技术又注重管理，狠抓企业基础工作，该厂获得了二级计量合格证，质量管理和企业管理分别获得市质量管理奖和企业管理优秀奖，获省级先进企业与成都市文明单位称号。

叶治同志并不满足现有成绩，正在与科研部门联合协同开发“采暖通风容器管道”等新产品，努力建设一个以玻璃钢为基础、以优质产品为龙头，一业为主，多种经营全方位拓展的多功能企业集团。

（李顺清）

李仲秋　贵州省遵义县尚嵇镇水泥厂厂长。中国乡镇企业管理研究会常务理事。1988年被评为省优秀农民企业家；1989年被评为省质量管理优秀工作者，全国农业劳动模范。

李仲秋于1981年任水泥厂厂长，当时该厂只有几千吨的生产能力。经1983年、1987年两次扩建使水泥厂年产已达2万吨的规模。短短的几年时间，固定资产由13万多元增到148万元，产值由1982年的21万元增到1989年的218万元。

作为企业当家人，李仲秋同志严于律己，起表率作用。首先注重厂的规章制度建设。几年来，先后制定了财务、劳动人事、技术、质量、物资、固定资产和班组管理制度等70多项，使企业有了较好的运行机制。李仲秋严于律己，也激励了全厂职工自觉地遵章守纪。1985年秋，尚嵇水泥厂被评为全县五面红旗之一。1986年，省企业整顿领导小组、省经委授于该厂“贵州省先进单位”光荣称号。同年李仲秋同志光荣地加入了中国共产党。

李仲秋根据本厂的特点和实际，为增强企业活力进行了三点有效的改革：①实行车间承包人交纳承包风险金，交纳金额1 000元，以一年度为一考核期。这样，就把承包人与车间职工责、权、利捆在一起，使生产始终保持上升的局面。②提出“以质量求生存，以效益求发展”的治厂宗旨，实行“质量否定产量”法。即把半成品实行质量分配、优质优奖，达不到质量内控制指标不计酬，强化了上下工序间的配合。1987年以来，水泥质量和袋重合格质量合格率达100%。③实行联效交酬法。即把工资与厂的经济效益挂起钩来，车间工人工资按车间实绩、劳动效果考核发给，厂部管理人员工资按月经济效益和工作完成好坏评议发给，从而调动了职工积极性。几年来尚嵇水泥厂在煤耗和电耗的吨成本在同地区同行业中一直处于最佳水平。1987年，该厂生产的425号普通硅酸盐水泥荣获“贵州省优质产品”称号。1989年8月在全省行业评比中获立窑式生产质量第一名。

（吴国辉）

王笃同　甘肃省民勤县三雷针织厂厂长。甘肃省最佳农民企业家，多次被评为先进个人，优秀共产党员。

1983年，正当民勤县经济展翅腾飞、而乡镇企业徘徊不前之时，农民出身的王笃同受命筹办三雷针织厂。他利用1万元银行贷款和3万元支农周转金，艰苦创业，克服重重困难，用了不到一年的时间，就使针织厂建成投产，并很快形成了毛衣、裤生产线，取得了良好的经济效益和社会效益。从1984年到1989年，企业连续六年实现产量、产值、利税和固定资产四大指标的同步增长。该厂已形成针织毛衣裤、方巾、空气变形纱、童装四条生产线，拥有固定资产61万元，流动资金126万元，职工216人。1989年完成产值187万元，实现利税17万元。

王笃同办厂六年，处处以身作则，刻苦学习，潜心钻研，在生产工艺和企业管理上他既重视学习外地经验，又能结合本厂实际创出新路子。1987年，他大胆改革内部管理体制，实行厂长负责下的分工承包责任制，对企业的生产、购销、财务等工作和经济指标层层分解承包。包任务，包定额，保质量，保安全，保信誉。在此基础上，他改革工资结构，搞活内部分配。管理、供销和技术人员的报酬，与完成的工作量与企业的效益挂钩；一线生产工人实行质量系数计件工资制；辅助生产工人实行联产计酬工资制，充分调动了各方面的工作责任心和劳动积极性。

他一直把提高产品质量当作主要工作来抓，强调产品质量是企业兴衰的关键。他亲自抓全面质量管理工作，兼任企业质量管理小组组长，对全厂每个干部职工进行质量管理知识培训，增强全体职工的质量意识。全厂实行厂、车间、班组、个人四级质量管理制度，把产品质量同每个工人的工资挂起钩来，实行质量奖惩制度，做到不合格产品绝不许出厂。几年来，该厂半成品合格率一直在98%以上，入库一等品率在99%以上，有十多个产品在区、省轻纺系统质量评比中获奖，1988年“牧羊”牌彩虹衫被评为甘肃省优质产品，受到省政府的嘉奖，得到了广大用户的好评。

王笃同治厂有方，通过短短几年的艰苦创业，使三雷针织厂经济效益显著提高，企业活力不断增强，大大提高了企业在社会上的知名度。三雷针织厂多次被评为省、地、县先进集体，1990年被评为甘肃省乡镇明星企业。

何占山　新疆乌鲁木齐县二工乡八家户村村长，村农工商联合总公司经理。县、市、自治区和全国劳动模范，自治区最佳农民企业家，全国优秀农民企业家，全国少数民族优秀农民企业家。

八家户村，座落在乌鲁木齐市北郊，是乌鲁木齐市蔬菜基地之一。全村614户，2 288人，60%是回族，人均耕地0.8亩。党的十一届三中全会以前，全村人民靠仅有的土地，日出而作，日入而息，过着粗茶淡饭的日子。

何占山勇于开拓，锐意改革，带领全村干部群众转变观念，广招人才，依托自治区首府的技术密集、供销渠道畅通、市场广阔、资金易融通的优势，大刀阔斧地办起了乡镇企业，七八十位科技人员在八家户村大显身手，施展他们的平生所学。到1989年，全村乡镇企业发展到39个，其中村办企业17个。全村工农业总产值达3 340万元，其中乡镇企业产值3 257万元，乡镇工业产值达2 840万元，上缴税金229.7万元，实现利润226万元，固定资产净值1 452万元。目前全村已拥有建材、建筑、钢材加工、彩印、化工、轻纺、食品及交通运输等十几个行业，能生产各种建材、冷轧带钢、彩印、碳酸锶、纬编织品、复合肥、针纺织品等32个产品，其中有孔石膏装饰板1988年被评为区优产品。

乡镇企业的发展，给八家户村带来了巨变：1989年全村人均收入1 500元，居全自治区村级单位之首；100来户村民住进自己盖的“小洋房”，村里投资64万元，铺设了3.56万平方米的沥青路，为400余户村民家里安装了免费自来水；村里的老年人享受着退休金待遇，建了一座耗资30余万元的幼儿园，使120多名儿童受到了学前教育，村上的两个小学，每年可得到村委会3万元的补助，用于改善教学条件，一栋二层楼的教职员工宿舍，完全是村上投资40万元修建起来的；为缩小务工务农村民的收入差别，菜农每年的水电、管理费和农业税，全部在乡镇企业利润中支付。

八家户村的变化表明，只有发展乡镇企业，才能壮大农村经济，才能使农民脱贫致富。八家户村农民为全新疆农民做出了表率。

（谭兴国）

荟萃农业科学技术知识的大型工具书

《中国农业百科全书》

《中国农业百科全书》是全国辞书编写出版规划中的重点工程之一。该书在农业部、林业部、水利部、机械电子工业部和国家气象局等领导部门的协同主持下，成立了全书编撰出版领导小组和全书总编辑委员会，制订出总体设计规划和编撰体例，组建各卷的编委会，并在农业出版社设立了中国农业百科全书编辑部，分别约请全国农业院校和科研单位的专家学者参加撰稿和审稿工作。全书以汇集农、林、牧、渔各业生产经营知识为基本内容，以农业各学科的知识体系为基础设卷，共设25卷31册，分卷陆续出版。

全书各卷以条目的形式简明扼要地介绍知识和资料，在概述基本概念和基础理论的同时，重视应用技术的介绍，具有一定的专业深度和实用性，反映了当今国内外农业科学研究和农业生产实践的新成就。各卷篇幅80万至140万字不等，正文内配有插图，另有若干彩图插页，内容全面，资料翔实，文图并茂，检索方便，是各地图书馆、文化馆、资料室以及农业科技工作者、农业院校师生、农业管理干部和生产经营者值得备用的工具。

《中国农业百科全书》卷目

农业经济卷
农业历史卷
生物学卷
农业气象卷
土壤卷
农业化学卷
水利卷（上、下）
农业工程卷
农业机械化卷
植物病理卷
昆虫卷
农药卷
农作物卷（上、下）
蔬菜卷
果树卷
茶业卷
观赏园艺卷
林业卷（上、下）
森林工业卷
畜牧业卷（上、下）
兽医卷（上、下）
中兽医卷
蚕业卷
养蜂业卷
水产业卷（上、下）

重要会议

全国乡镇企业局局长座谈会

全国乡镇企业安全工作会议

全国乡镇企业系统干部、职工教育培训工作座谈会

全国优秀青年乡镇企业厂长（经理）表彰会

乡镇企业国际研讨会

全国乡镇企业工作会议

全国乡镇企业局局长座谈会

1989年7月23日至29日，农业部在大连市召开了全国乡镇企业局长座谈会。座谈会的指导思想和中心任务是：全面正确地贯彻党的十三届四中全会精神和邓小平同志的重要讲话，分析乡镇企业面临的新形势，冷静地总结过去，考虑未来，统一思想，振奋精神，积极调整，深化改革，艰苦奋斗，促进乡镇企业持续、协调、健康地发展，为我国政治、经济和社会的稳定作出新的更大的贡献。

在座谈中，31个省、市、区乡镇企业局长介绍了贯彻十三届四中全会精神和治理整顿中出现的新情况、新问题和新经验。大家认为，1989年上半年全国乡镇企业总的发展形势是好的，保持了稳步发展的势头，治理整顿取得了初步成效。出现三个明显特点：一是发展速度适度增长。全国乡镇企业总产值和乡镇企业总产值分别比上年同期下降16和11个百分点，尤其是4月份以来产值增长逐月减慢，到6月已降到15%。二是基本建设规模得到有效控制。据19个省市初步统计，上半年停、缓建的基建项目1万多个，压缩投资60多亿元。同时调整了产业、行业、企业和产品结构。三是经济效益有所提高。上半年在发展速度回落、银根抽紧和物价不断上涨的情况下，工业销售收入比上年同期增长30%，利润增长20.5%，上缴国家税金增长31%。

会议认为，当前和今后乡镇企业面临的形势是十分严峻的，不仅资金、能源、原材料、人才紧缺等方面的老问题难以彻底解决，同时由于在治理整顿中一些宏观调控政策措施的配套和完善需要有一个过程，经济体制和产业结构不尽合理、旧矛盾和新矛盾相互交织，一些省市出现经济滑坡、社会舆论压力很大，各方责难颇多，一此企业干部和职工出现思想波动。对此，各级领导必须高度重视，认真研究解决，在工作中要作最困难的打算，以最大的努力，争取最好的效果。

陈耀邦副部长根据大家座谈讨论的情况，作了总结讲话。着重强调了五个问题：第一，要坚定不移地坚持发展乡镇企业的战略方针和政策。第二，总结过去，考虑未来，引导乡镇企业进入持续、协调、健康发展的新阶段。第三，积极调整，优化结构。第四，强化企业管理，深化企业改革。第五，切实加强领导，抓好思想政治工作。

会议还就联户办、户办企业的管理、成立全国乡镇企业协会、干部职工培训、收入分配等问题，进行了专题讨论研究。

会议最后号召各级乡镇企业管理部门和广大乡镇企业干部职工，振奋精神，加倍努力，认真、全面、准确地贯彻党的十三届四中全会和邓小平同志重要讲话精神，实事求是，把握政策，在新形势下，适时引导乡镇企业进入历史性发展的新阶段。

（宗绵耀）

全国乡镇企业安全工作会议

1989年10月29日至31日农业部在成都市召开了首届全国乡镇企业安全工作会议。参加会议的有各省、自治区、直辖市和计划单列市乡镇企业局主管安全生产的处长或主管同志，重点煤炭、花炮产区的省、县、企业代表，全国安委会办公室副主任程映雪和四川省政府领导同志。

会议的中心议题是：贯彻落实全国安全工作会议的精神，交流强化安全管理的经验，广泛动员乡镇企业的干部、职工积极治理整顿安全生产秩序，努力创造良好的安全生产环境，促进乡镇企业健康发展。

会议由黄海光副司长主持，陈耀邦副部长作重要讲话。其主要内容是：

1. **分析了全国乡镇企业安全生产形势**。指出：近几年来，在各级政府的领导下，各地乡镇企业安全工作得到了加强。从乡镇企业主管部门到企业领导，在思想上不断强化安全意识，带领广大职工逐步从重生产任务、重经济指标、重一般号召，转到了重目标管理、重防范措施、重严格管理的轨道上来，不断强化安全管理，使乡镇企业的安全生产管理工作有了一定的提高，许多地方乡镇企业的事故有所下降。1989年上半年，各类事故下降40%以上的有山西、湖北，下降30%以上的有成都、云南，下降18%以上的有辽宁、大连、四川；因工死亡下降50%以上的有山西，下降40%以上的有安徽，下降30%以上的有云南、成都、湖北，下降20%以上的有大连、辽宁，下降10%以上的有四川。但全国乡镇企业的安全工作很不平衡，必须引起高度重视。

2. 提出了乡镇企业要努力做到"三坚持"。在讲到要求"坚持治理安全生产秩序，认真抓好安全生产"时，指出：全国安委会确定今明两年全国安全工作的中心，是抓好安全生产秩序和环境的治理整顿。其主要标志是：在经济发展和生产建设中，"安全第一、预防为主"的方针能够真正得到落实；安全生产责任制能够在各级政府、部门和企业中认真推行；重大事故隐患一经发现能尽快消除解决；劳动纪律和安全生产规章制度能够自觉地遵守；生产劳动条件能够有计划、有步骤地得到改善；尘毒危害能够逐步得到治理；伤亡事故不断减少；职业病率逐步下降。在要求"坚持管生产必须管安全，强化安全管理"时，指出：各地乡镇企业主管部门要千方百计从以下三个方面，不断强化安全生产管理工作。①强化安全管理网络，充实安全管理人员，不断强化安全管理和安全监督两大职能。②强化安全目标管理，落实安全责任制。③强化依法从严管管理，一切照章办事。在要求"坚持安全教育，持之以恒"时，提出了"分级培训" 的方针。把安全工作放在重要位置。

会议期间，四川、湖北、北京、湖南、江西、山西等省市代表在大会上作了典型发言，交流了综合安全管理、煤矿安全管理、花炮安全管理和消防安全管理方面的经验。

代表们一致认为，首届全国乡镇企业安全工作会议开的适时，开的好，这次会议将促使全国乡镇企业安全生产进入"强化管理"的新时期。

（郑宗道）

全国乡镇企业系统干部职工教育培训工作座谈会

1989年11月7日至13日农业部乡镇企业司在广西南宁召开了全国乡镇企业系统干部职工教育培训工作座谈会。除西藏、海南、西安外，39个省、自治区、直辖市和计划单列市乡镇企业局部分主管教育工作局领导、教育处及培训中心负责人参加会议，共计82人。广西壮族自治区人民政府王嵩贞副主席到会并讲话，区计委、教委（职教办）、科委、人事厅的代表出席了会议。

农业部乡镇企业司副司长黄海光同志出席会议，并做了题为"贯彻党的十三届四中全会精神，把乡镇企业系统的教育培训工作推进一步"的重要报告。

他首先肯定了改革十年来，乡镇企业教育培训工作取得的可喜成绩。他指出，乡镇企业取得巨大成就的十年是与不断加强干部职工教育培训工作分不开的。1984年中共中央4号文件提出社队企业要加强技术队伍建设，尽快改变社队企业技术人才缺乏的情况。从此，全国乡镇企业职工教育有了新的发展，解决乡镇企业人才不足的问题转向了有计划、有目的的引进人才与培养自己人才并重的新阶段。绝大多数省、自治区、直辖市和大部分地市乡镇企业局都建立、健全了教育管理机构、培训机构和基地，全国乡镇企业培训网络逐步形成，乡镇企业人才奇缺状况有所改善。1983年，乡村企业专门人才队伍只有2.28万人，占职工总数的0.09%，到1988年年底乡村企业工程技术人员队伍增加到108.75万人，占职工总数2.36%，五年时间壮大近47倍。乡村企业职工具有初中以上文化程度的人数已占职工总数的67.78%。

黄副司长强调说抓好职工教育培训工作是乡镇企业实现"五个转变"的重要内容，提出在治理整顿和深化企业改革中教育培训工作的五项基本任务：(一)拟用三年左右的时间抓好乡镇企业各级领导干部和厂长（经理）的岗位培训；(二) 有计划地组织开展大中专成人学历教育和专业证书教育；（三）加强对各类专业人员的继续教育；(四) 全面开展乡镇企业职工教育和培训，重点抓好乡村集体企业职工的全员岗位培训；（五）在教育培训工作中要加强思想政治教育。

这次会议重点讨论了修改《关于乡镇企业系统各级领导干部开展岗位培训的意见》(草稿)，研究在职工教育培训工作中如何加强思想政治教育问题。会议还总结交流了各地的经验；颁发了农业部成人教育先进集体和先进工作者的奖状和证书，乡镇企业系统共有63个先进集体和157名先进工作者受到了表彰。

（顾大智）

全国优秀青年乡镇企业厂长（经理）表彰会

1989年12月1日至4日共青团中央、农业部在江苏省苏州市召开全国优秀青年乡镇企业厂长（经理）表彰大会。

会议决定表彰 110 名全国优秀青年乡镇企业厂长（经理），授予徐林汉、胡浩、魏光明、杨吉奎、李常友、刘世忠、陈建成、唐庆余、王洪元、张国淑10名同志全国明星青年乡镇企业家称号，授予李长军等100

名同志全国优秀青年乡镇企业厂长（经理）称号。表彰他们带头执行党的路线、方针和政策，锐意改革，艰苦创业，积极发展有计划的商品经济，为农村社会主义的物质文明和精神文明建设作出的突出贡献。

会议认为优秀青年乡镇企业厂长（经理）的共同特点是：坚定不移地贯彻执行党的基本路线，坚持正确的经营方向；艰苦奋斗，为国家富强和人民富裕建功立业；推进企业改革，不断增强企业活力；依靠科学进步，提高企业经济效益和产品质量；重视发挥青年工人的作用，支持搞好共青团工作。

会议认为当代优秀青年乡镇企业厂长（经理）应具备的素质是：有政治觉悟、丰富知识、改革意识、全局观念、民主作风、拼搏精神。

中顾委副主任薄一波同志给大会发来了贺信。信中说："祝贺你们被评为全国优秀青年乡镇企业厂长(经理)，你们是发展乡镇企业、推进农村改革的先锋，希望你们坚决贯彻执行中央关于进一步治理整顿和深化改革的决定，使乡镇企业有秩序地、健康地发展，为实现四化作出新贡献"。

农业部副部长陈耀邦到会并讲了话。他代表农业部和本届优秀青年乡镇企业厂长（经理）评选活动委员会，向出席这次会议的全体优秀青年乡镇企业厂长(经理)和明星青年乡镇企业家为发展乡镇企业和繁荣农村经济作出的优异成绩，表示热烈的祝贺！并对他们提出几点希望，即：适当控制发展速度，认真调整产业结构，积极发展横向联合，努力优化企业布局，不断强化企业管理，大力推进科技进步，深入开展双增双节活动，继续深化企业改革，重视环境保护，切实加强思想政治工作。

团中央副书记冯军同志到会并作了重要讲话。

（刘力进）

乡镇企业国际研讨会

1989年12月6日至11日联合国亚洲及太平洋地区经济及社会委员会（简称亚太经社会ESCAP）和中华人民共和国农业部在江苏省无锡市联合召开了"乡镇企业国际研讨会"。鉴于中国农村实行经济体制改革以来，在农业和乡镇企业发展方面取得的举世瞩目的成绩，亚太经社会倡议在中国举行乡镇企业国际研讨会。在获得中国政府同意后，农业部乡镇企业司和国际合作司做了大量工作，并最终选定在乡镇企业发达的无锡市举行这次会议，向亚太地区国家提供了一个良好的观摩交流场所。

来自中国、印度、印度尼西亚、泰国、孟加拉、南朝鲜和亚太经社会的官员及专家参加了会议。会议还邀请了40余名观察员。农业部陈耀邦副部长被选举为会议主席。研讨会的中心议题是：农业发展与乡村工业发展之间的关系。

会议期间，各国代表就各自的农业发展与乡村工业化发表了论文。中方代表重点介绍了乡镇企业的来由及发展历程，乡镇企业吸纳劳动力的途径，乡镇企业与农业的互相促进关系，以及乡镇企业在对外贸易和经济合作方面作出的努力；孟加拉代表也介绍了他们正在走的乡村综合发展道路，通过发展农业和工业，增加供求，创造就业机会，提供急需的外汇，使农业和乡村工业均得到发展；印度把发展乡村工业作为解决本国乡村地区贫困和失业的最重要途径之一；泰国提出应采取足够的优惠措施，提供条件刺激和吸引企业家在农村建立工业；南朝鲜为了发展乡村地区和增加农民的非农业收入，建立了推动乡村工业化地区，并提供优惠的补贴和贷款。

会议组织参观了无锡市的乡镇企业，安排代表与乡镇企业家就生产管理方面的问题进行了讨论。讨论的范围包括了工人的收入、就业机会、产品销售、原料供应、政府支持、财政和管理，生产技术及控制污染等方面。

会议讨论了农业发展和乡村工业化之间联系的所有各个方面。会议提出：乡村工业化的发展是建立在农业发展的基础上，应以吸收农村剩余劳力和消除就业不足为主要战略，以便加速减轻乡村贫困。环境保护应在发展乡镇企业之前加以考虑，要制定适当的方针，对环境进行保护。乡村工业的发展应根据其产品的种类和市场情况来选择技术，应根据技术、产品和市场进行研究和发展。乡镇企业应与大规模和现代化工业建立联系。

会议表示，有必要在国家、区域和地方一级对乡镇工业的发展采取不同的做法。国家、区域和地方政府在制定政策时，应给予乡镇工业以鼓励和刺激。

会议建议：亚太经社会成员国应定期组织有关此题目的研讨会、现场讨论会和访问，这类研讨会应在各国轮流举行；要求亚太经社会收集、整理和散发有关亚太地区乡镇企业发展以及它们与农业发展相联系的信息；亚太经社会和其他有关的国际机构应从事双边技术交流和促进合资企业的工作；应在质量检查、产品测试以及产品和技术的研究、开发方面设立公共设施中心；应尽可能统一和协调农业发展和乡村工业化相联系方面的规划，以实现乡村的全面发展，同时会议建议由中国与亚太经社会共同投资建立一个中心，用来培训乡镇企业人员；组织各类会议，包括研讨会和现场讨论会；向乡镇企业提供咨询服务；促进亚太成员国的技术合作和经济合作。

（张　健）

全国乡镇企业工作会议

1990年1月5日至9日，农业部在北京召开1989年度全国乡镇企业工作会议。会议的主要任务是：认真贯彻党的十三届五中全会精神，总结交流乡镇企业在治理整顿、深化改革中取得的成绩和经验，分析当前形势，贯彻“调整、整顿、改造、提高”的“八字方针”，统一思想，稳定政策，振奋精神，积极工作，促进乡镇企业持续、协调、健康地发展，为加强农业基础产业，发展农村经济，稳定社会，增加社会的有效供给作出更大贡献。

会议指出，1989年是乡镇企业贯彻党的十三届三中全会关于治理整顿、深化改革指导方针的一年。这一年遇到的困难最大，取得的成绩最大，作出的贡献也最大。全国乡镇企业实现总产值（不变价，下同）7 428.38亿元，比上年增长14.36%；实现工业总产值5 344.1亿元，比上年增长13.2%；外贸企业出口创汇105亿美元；生产的重要产品、产量都有适度的增长；上缴国家税金364.62亿元，比上年增长15.2%。企业素质进一步提高，1989年度获国家二级企业称号的有47家，获省级先进企业称号的近千家，获农业部科技进步奖的项目31个，获国家优质产品称号的6个、部优产品称号的444个，据10省市统计，有37项新产品首次列入国家级重大新产品试产计划。治理整顿取得了显著成效，关停并转了一批效益差的企业，压缩了基本建设投资规模。

会议重申了发展乡镇企业的方针政策八个不变：一是党中央、国务院关于发展乡镇企业“积极扶持，合理规划，正确引导，加强管理”的总方针不变。二是坚持公有制为主体，发展多种经济成份的政策不变。三是实行计划经济与市场调节相结合的政策不变。四是坚持按劳分配为主体的多种分配形式的政策不变。五是坚持企业承包经营责任制和厂长（经理）负责制的政策不变。六是搞活企业的产供销，继续发挥供销人员作用的政策不变。七是坚持科技人员下乡的政策不变。八是坚持发挥乡镇企业主管部门的职能作用。

会议要求在认真贯彻党中央、国务院发展乡镇企业的方针政策时，要注意划清十个界限，即：把企业依法多渠道经营与违法转手倒卖严格区别开来；把政策历来允许的“高进高出”与哄抬物价严格区别开来；把厂长（经理）、供销人员的正常业务往来与违反廉政建设严格区别开来；把政策允许的多劳多得与社会分配不公严格区别开来；把兑现合同，落实分配政策与滥发奖金严格区别开来；把集资入股救活企业与基层干部经商严格区别开来。

会议指出，1990年要着重抓好调整产业结构；练好内功，全面提高企业管理水平；优化组合生产要素，努力搞活经营；大力发展外向型企业；加强服务体系建设；切实加强思想政治工作；为乡镇企业治理整顿、深化改革创造良好环境。

会议还就加强乡镇企业主管部门和本系统的工作进行了部署。1.要在乡镇企业系统积极开展“三基本”（基本国情、基本路线、基本政策）、“三热爱”（热爱国家、热爱社会主义、热爱集体企业）的教育活动。2.积极开展“企业管理年”的活动。3.重点抓好骨干企业带动一般企业。4.大力加强调查研究工作。5.认真抓好乡镇企业法规制度的建设。6.切实搞好乡一级乡镇企业管理机构的建设。7.加强乡镇企业的内部审计工作。

会议有十二位代表介绍了经验，大会还向1989年荣获国家二级企业和国家质量管理奖称号的先进企业颁发了奖品和证书，讨论修改了《调整乡镇工业结构的若干意见》、《关于农民股份合作企业的暂行规定》和《农民股份合作企业示范章程》、《关于进一步完善乡村集体企业承包经营责任制的若干规定》等四个文件。

田纪云副总理给会议发来了贺信。信中写道：“正值迎新春辞旧岁之际，我代表国务院向您们并通过您们向九千万乡镇企业职工致以亲切的问候！去年，全国乡镇企业在治理整顿、深化改革中，经受了新的考验，积累了新的经验，克服了前进中的困难，实现了稳定增长。这对于加强农业的基础，稳定农村经济，稳定社会安定作出了很大贡献。”“党的十一届三中全会以来中央所制定的发展乡镇企业的方针政策稳定不变。希望您们以及战斗在第一线的乡镇企业干部职工，认真学习党的十三届五中全会精神，贯彻对乡镇企业‘调整、整顿、改造、提高’的方针，再接再励，艰苦奋斗，努力工作，在新的一年使乡镇企业继续健康发展，取得新的成绩！”

农业部部长何康、副部长陈耀邦、王连铮以及各省市区、计划单列市的乡镇企业局长或副局长参加了这次会议，何康和陈耀邦在会上作了报告与总结。

（刘力进）

大 事 记

1 月19日　以农业部农（企）字第 1 号文颁发了《乡镇企业职工伤亡事故调查、登记、统计、报告暂行办法》，并要求各省、自治区、直辖市和计划单列市乡镇企业局认真贯彻执行。

1 月23日　以农业部农（企）字第 3 号下发了《关于转发全国乡镇企业技术进步工作会议的通知》，将宋健、何康、刘中一、蒋民宽、王明达等同志在全国乡镇企业技术进步工作会议上的讲话和《乡镇企业技术进步实施大纲》（试行稿）印发给各省、自治区、直辖市和计划单列市的计委、科协、教委、乡镇企业局，要求各有关单位参照执行。

1 月25日　以农业部农(企)字第 5 号文印发《全国乡镇企业工作会议有关文件的通知》将何康、陈耀邦等同志在全国乡镇企业工作会议上的报告、总结及重要讲话，印发给各省、自治区、直辖市和计划单列市乡镇企业局，要求结合本地实际认真研究贯彻。

2 月19日　国务院机电产品出口办公室和对外经济贸易部，以国机出（1989）8 号文发出了《关于表彰1989年机电产品出口先进单位的决定》，并下发到全国。先进单位的标准必须是年出口创汇在 300 万美元以上的企业。“决定”共表彰了115个先进单位，其中乡镇企业有15个，占13%。

2 月27日　根据农业部的统一部署，我司为了贯彻精减机构、转变职能、下放权力、提高效率和政、事、企分设的原则，制定了关于乡镇企业司“三定”方案。新组建的乡镇企业司行政编制75人，设10个处室，职能分为14款。2月27日，经部机构改革领导小组审议，以(1989)农(人)字第26号文批准了乡镇企业司“三定”方案。

3 月26日　召开了“中国乡镇企业第二届出口商品展览”第一筹备会，会期三天。各省、自治区、直辖市和计划单列市乡镇企业局和经贸委（厅、局）有关负责同志参加了会议。会议主要研究和部署筹展的各项准备工作。马杰三司长到会讲了话。

4 月 2 日　农业部邀请来自乡镇企业战线的参加七届人大二次会议的56名代表，就如何引导乡镇企业稳定、协调、健康发展进行了座谈。何康部长讲话，王连铮、刘江副部长参加。

4 月25日　根据政、事、企分设的改革要求，向人事部写了《关于成立农业部乡镇企业服务中心的报告》。报告就成立乡镇企业服务中心的必要性、可行性、中心与有关部门的关系以及职能与编制等作了较详细的说明。

6 月　　邓小平同志在接见戒严部队军以上领导时要求:“对那些浪费电力和原材料的乡镇企业关一批”。

6 月17日　民政部以（1989）民社函字第 216 号文下达了《关于成立中国乡镇企业协会的批复》:同意成立中国乡镇企业协会。

6 月26～27日　“中国乡镇企业第二届出口商品展览”筹展办公室在山东济南召开了第二次筹展会，共有15个省市及河北省六个地区乡镇企业局负责同志和负责筹展工作的同志共36人参加。

7 月21～31日　全国乡镇企业局长座谈会在大连召开，到会的各省、自治区、直辖市乡镇企业局长认真学习了中央四中全会精神和邓小平同志的重要讲话。经过学习和联系实际地讨论，与会者一致认为，当前要统一思想，积极调整，深化改革，艰苦奋斗，促进乡镇企业持续、协调、健康地发展，为保持我国安定团结的大好政治局面和国民经济的持续稳定发展做出更大的贡献。农业部副部长陈耀邦同志参加会议并讲话。

8 月 4 日　以农业部农（企）字第 8 号向国务院企业管理指导委员会办公室写了《关于请求增加晋升国家二级企业名额的报告》。

报告在强调企业升级工作对提高乡镇企业素质、提高管理水平和推动技术进步的作用之后，恳请再给乡镇企业增加一部分升级指标。

8 月10日　以农业部农（企）函字第32号文下发了《关于印发陈耀邦副部长在全国乡镇企业局长座谈会的讲话的通知》，要求各省、自治区、直辖市和计划单列市乡镇企业局结合学习党的十三届四中全会文件和邓小平同志的讲话，从本地实际出发，认真贯彻讲话精神。

9 月 8 日　国家计委下达1989年国家重大新产品试产计划共2 395项。农业部共有68项被列入计划，其中乡镇企业有37项。这是第一次由我司组织初审、由农业部申报并被列入计划的项目，占我司申报项目的50%。

9 月13日　农业部以（1989）农（体改）字第20号文发出了《农业部系统第二届优秀QC小组评选及成果发布会情况通报》，通报公布了乡镇企业系统获国家级优秀质量管理小组奖2个，获部级优秀质量管理小组奖27个。

9月　李鹏总理在东北视察时指出：对乡镇企业一要扶持，二要引导。

9月23日～10月4日　由农业部和经贸部联合主办的“中国乡镇企业第二届出口商品展览”于9月23日在北京中国国际展览中心开幕。农业部长何康主持开幕式，全国人大常委会副委员长陈慕华为开幕式剪了彩。

此次参加展览的全国29个省、自治区、直辖市和10个计划单列市的9 000余家企业选送了一万多件名、特、优、稀、新产品。展览采用展览、销售、外贸洽谈同时进行的方式，取得了较好的展览效果。展览期间，党和国家领导人李鹏、姚依林、宋平、田纪云以及200多位副部（省）级以上领导同志和首都15万观众参观了展览。还有30多个国家和地区、200多名国外驻华代表、商社代表参观了展览，并初步达成了许多意向性协议。

本届展览展示了中国乡镇企业近年来在出口创汇以及同世界各国开展经济技术交往方面所取得的成绩，汇报了贸工农基地建设成果。丰富繁荣了首都国庆市场。为进一步推动乡镇企业出口创汇和外向型经济的发展起了积极的推动促进作用。

9月28日　国务院召开了表彰全国劳动模范大会，来自乡镇企业战线的厂长（经理）92名同志参加了大会，被授予全国劳动模范，并受到中央领导同志的接见。

9月29日　国务院副总理姚依林在中外记者招待会上说：“乡镇企业在我国国民经济中占有重要位置，国家将继续保证乡镇企业向着更加健康的方向发展”。

9月30日　江泽民总书记在国庆四十周年讲话中指出：“要在大力加强农业的前提下，继续鼓励和引导乡镇企业健康发展”。

10月9日　以农业部农（体改）函字第22号公布了农业部国家二级企业名单。经过考核审定，1989年农业部共批准国家二级企业70个，其中47个为乡镇企业。到目前为止，共有66个乡镇企业被评为国家二级企业。

10月　李鹏总理在全国生产工作会议上指出：“乡镇企业今后仍将对发展农村经济发挥重要的作用，国家要继续支持乡镇企业健康发展”。

10月20日　以农业部农（企）字第11号文向国务院上报了《关于乡镇企业情况和治理整顿意见的报告》。

报告中主要汇报了乡镇企业现状及1989年上半年乡镇企业治理整顿初见成效的有关情况，并着重提出了三年治理整顿的八条意见。

10月25日　根据国务院总理办公室会议的决定和国务院城镇集体企业和乡镇企业个人收入管理调研小组的部署，组织四个调查组，深入江苏、上海、河南、湖北、陕西、甘肃等省市进行了调查。在调查的基础上写出了“全国乡镇企业收入分配情况的调查”报告。报告在分析企业基本情况、乡镇企业收入分配情况、收入分配的宏观管理与调控、收入分配中存在的主要问题之后，提出了搞好收入分配的六条建议。上报劳动部。

10月27日　国家质量奖审定委员会办公室于1989年10月27日发布了国家技术监督局第22号公告，公告中公布乡镇企业系统有三种白酒被授予1988年度国家银质奖。

10月30日　以农业部（1989）农（企）字第12号文向国务院上报了《关于“中国乡镇企业第二届出口商品展览”情况的报告》。报告中除向国务院汇报了展览会有关情况外，提出“八五”期间继续保留每年1亿元的贴息贷款，用于贸工农基地建设和建议每年安排5 000万到1亿元拨改贷专项资金，用于出口创汇企业的技术改造两项建议，请国务院审批。

10月29日～31日　全国乡镇企业安全生产管理工作会议在四川成都市召开，各省、自治区、直辖市和计划单列市乡镇企业局主管安全工作的同志参加。陈耀邦副部长到会讲了话。

10月30日　1989年8月农业部科学技术委员会第二届第二次全体会议评审，决定授予农业部科技进步奖184项，乡镇企业系统占31项，其中二等奖3项，三等奖28项。

11月3日　根据国务院第44次常务会议关于“在国家计划的原材料中，要划出一块通过市场渠道给乡镇企业”的决定，以农业部（1989）农（企）字第14号，向国家计划上报了《关于乡镇企业原材料供应问题的报告》。要求把乡镇企业所需的部分物资列入国家计划。

11月7日～14日　全国乡镇企业系统职工教育工作座谈会在广西南宁召开，各省、自治区、直辖市和计划单列市乡镇企业局主管教育工作及培训中心负责人参加。

11月10日　农（教宣）字第38号文发布了《关于通报表彰全国农业系统成人教育先进集体、先进工作者的通知》，乡镇企业系统有63个集体、157人受到表彰。

11月14日　以农业部农（企）字第13号文印发了《乡镇建筑业调整意见》，要求乡镇建筑业要根据国家三年调整总体要求和本地区实际情况以及企业不同技术专长、管理水平，确定发展方向。目的是促进乡镇建筑业的稳定、健康发展。

12月　江泽民总书记对上海来京汇报的同志说：“乡镇企业是农村集体致富的必由之路，它的作用不仅在于以工补农，以工补副，而且还与城市大工业和外贸出口紧紧捆在一起，与农业和副食品生产紧紧捆在一起。没有乡镇企业，没有‘钱袋子’，不仅‘菜篮子、米袋子’要落空，而且还要影响国家的财政收入和出口创汇”。

12月1日 由共青团中央、农业部举行的十名全国名星青年乡镇企业家和百名全国优秀青年乡镇企业厂长（经理）表彰会在江苏无锡市召开。会议充分肯定了乡镇企业青年厂长（经理）在全国农村改革和经济建设中的地位和作用。农业部副部长陈耀邦、共青团中央书记处书记冯军到会并讲了话。

12月6日 由联合国亚洲及太平洋地区经济和社会委员会召开的“乡镇企业国际研讨会”在江苏省无锡市举行。亚太地区八个国家的代表、六个国际组织和许多国家的观察员以及我国有关部门和部分乡镇企业家的代表出席了会议。农业部副部长陈耀邦致开幕词。会议就乡镇企业对外经济合作与出口贸易、乡镇企业与小城镇建设、乡镇企业与农业以及乡镇企业与安置农村剩余劳动力就业关系等问题进行了研讨。

12月21日 经国家质量管理奖审定委员会审查批准，浙江上虞风机厂为国家级质量管理奖预评合格单位。这是我部到目前为止获该项荣誉唯一的一个厂家。

12月21日 经国家质量管理奖审定委员会审查批准，乡镇企业系统有六个产品获得国家银质奖。

12月22日 经农业部优质产品审定委员会审查批准，乡镇企业系统有444个产品获得1989年农业部优质产品称号。

12月22日 经农业部优质产品审定委员会审查批准，乡镇企业系统有18个企业获农业部质量管理奖。

（农业部乡镇企业司办公室）

《乡镇企业经营管理人员培训丛书》书目

乡镇企业经济
乡镇企业经营管理
市场经营
乡镇企业全面质量管理
乡镇企业财务管理
乡镇企业会计
乡镇企业统计
乡镇企业科技管理
乡镇企业信息工作
乡镇企业标准化工作
乡镇企业评估
怎样当好厂长
购销员教程
经济法简明教程
乡镇企业环境管理
乡镇企业能源管理
乡镇企业外贸知识
乡镇企业工商行政管理知识
乡镇企业金融信贷知识
乡镇企业税收知识
乡镇企业经济应用文体

《全国农牧渔业丰收计划丛书》书目

主要农作物优良推广品种介绍
稻田亩产吨粮配套栽培技术
小麦叶龄指标促控栽培技术
旱地小麦耕作与栽培
水稻工厂化育秧与本田栽培技术
杂交稻生产技术
杂交玉米地膜覆盖栽培技术
棉花营养钵薄膜育苗移栽技术
橡胶树高产综合技术
水田机械化新技术
保护地黄瓜、蕃茄和辣椒栽培技术
中国美利奴羊生产技术
中国黑白花奶牛增产技术
中原肉牛饲养技术
黄羽肉鸡饲养管理
瘦肉型北京鸭饲养
集约化网箱养鱼
杂交鲤鱼的繁育与饲养
高密度流水养鱼
红富士苹果栽培技术
稻萍鱼综合生产技术
香菇黑木耳高产栽培技术

（上列各书已由农业出版社陆续出版）

附　　录

附录一　1989年农业部科技进步奖乡镇企业项目

附录二　1989年乡镇企业产品获农业部优质产品奖名单

附录三　1989年各省、直辖市、自治区、计划单列市乡镇企业优质产品名录

附录四　1989年乡镇企业新产品、新技术名录

附录五　1989年各省、直辖市、自治区、计划单列市乡镇企业总产值前10名乡（镇）名单

附录六　1989年各省、直辖市、自治区、计划单列市乡镇企业总产值前10名企业名单

附录一

1989年农业部科技进步奖乡镇企业项目

项目名称	主要完成单位	主要完成人	授奖级别
薄壁灰口铸铁件金属模挤压铸造新工艺的研究与应用	山东省临沂市第二农机制造厂	徐秀元 李金杰 张金荣 胡贵泉 高西安 刘方臣 徐志才 谢朝能	二等
NG高强耐蚀铝合金轮辋研制	江苏省无锡县前洲西塘车圈厂	顾均清 杜国平 袁佩远 沈祖民 孙卫红 唐中益	二等
TDS-1型电缆数字测距仪	河南省项城县电子仪器仪表厂	孙文科 于建华 李尊亮 李学中 孙永峰 刘兰轩 王卫东 李秀丽 马太山	二等
XDG100-Ⅰ型消静电管	河北省冀县消静电设备厂	谭风贵 牛溪准 张立坦	三等
10KV户内高压隔离开关成型触头	河南省长葛高压电器厂	楚金甫 王德甫 温翠英 刘书平 陈慧明 李金铭 贾春明 杨照辛 范宗民	三等
100QJ2、100QJ5、100QJS微型潜水电泵	河北省石家庄市通用水泵厂	王风山 袁秀文 刘金城 侯志玉	三等
水喷铜粉的制造工艺	河北省衡水市复合材料厂	王占斌 李丙新 谷运华 王仲亭 胡长安	三等
真空-结晶-混酸电解生产高质量精锡技术	云南省个旧市焊料厂	聂景星 杨国栋 张学英 袁铁文 杨赛金	三等
石棉铜丝刹车带“干涂法”新工艺	河南省洛阳市偃师县刹车带厂	周年上 李欣堂 周华斌 周延斌 马金彪	三等
MZ 3-1型密封式钻孔攻丝机	四川省重庆大足供水设备厂	焦发兆 刘英爵 冯登荣 杨月强 刘英吾 王子安 杨焕钦 刘英康 刘贤彬	三等
JZR2-86C全自动多功能燃气灶	河南省巩县家用灶具厂	张红昭 钟 庆 崔玉敏 张进忠 李天恩 康丙坤 张腾广	三等
RC-90-9XQ网带式电阻炉	江苏省吴县热处理设备厂	吴根土 王 乃 张根海 金涛元 蒋金根	三等
ZHA型锥环式无级变速器	辽宁省大连市庄河县机床厂	于振洪 孟凡福 刘春堂 文 波 肖更生 朱有新 陈荣斌 冷石林 吕世德	三等
ф200-ф500系列硬质合金可转位精面铣刀	河南省洛阳硬质合金工具厂	王德选 桂育鹏 王贵涛 盛树照 马金鸣 孙双芹 尤守位	三等
台式木工多用机床的研制	山东省威海市通用机械厂	董延卫 宋志敏 罗室桥 刘虎昌 杜洪波 林治起	三等
铜磷系列丝状钎料的研制	江苏省扬中县钎焊材料厂	宋奋武 王德俊 钟万生 吴仕美 陈学智	三等
高效率新型WSJ-89型卫生巾制造机研制	河南省三门峡市卫生巾设备厂	崔宁平 张鹏飞 水国巷 曹曾熬 任铁庄 王双保 任帮国 任黑虎 张春让 任志周	三等
压滤机的改进工艺研究	河南省禹州市化工机械厂	王礼星 袁雪成 李法林 魏章寅 秦玉海 王文玉 李明华 李狮子 韩真有 魏国军	三等

项目名称	主要完成单位	主要完成人	授奖级别
SL910自动翻转收录机	江苏省常州市第五无线电厂	朱国忠 顾浩云 王岳林 何文霖 蒋谷良	三等
FSF-BLW型系列三状态反吹风袋式除尘器	江苏省吴江除尘设备厂 北京市劳动保护科学研究所	宋七棣 程秀菊 徐天平 顾文学 张根荣	三等
节能型轮窑和焙烧工艺的改进	天津市振兴砖瓦厂	马保武	三等
富兰克林-民生长效降阻剂	四川省成都市郫县犀浦民生化工厂	傅辅成	三等
DZ-2四元羧基丁腈胶乳	山东省德州市第二化工厂	王占忠 张玉春 白风臣 刘美艳	三等
天然塑料干酪素与尼龙单体接枝缩聚合成新型皮革涂饰粘合剂新技术及工业化生产	湖北省武汉市解放化工厂	陈望年 李德华 黄佳芝	三等
从精制石蜡的废白土中提取石蜡的方法	江苏省太仓县颜料化工二厂	朱志平 朱秉耕 冯美芬 朱宪 朱志昂 马明球 朱仁芬 包世昌 蒋明达	三等
玻璃鳞片	河北省文安县玻璃鳞片厂	杨广顺 陈友让	三等
相转移催化法合成邻氨基苯乙醚	江苏省泰兴县化工厂 华东化工学院	杨恒富 祁国珍 樊福平 董泽军 王跃林 顾凯 张亚萍 王金娣	三等
WMTK-1铸铁搪瓷浴缸新瓷釉	江苏省武进搪瓷厂 轻工业部玻璃搪瓷工业科学研究所	郎鹏九 俞和海 殳林春	三等
NOx废气回收利用新途径研究	河南省尉氏县化工厂 河南师范大学化学系 河南省化学研究所	吴浩 鲁富贵 张深松 赵根锁 孙玉新 张清枝	三等
"SDL"交联聚丙烯酸盐在高吸液复合卫生材料中的开发应用	江苏省南通市如皋县特种医用材料厂	沈恒德 杨中一 茅衍祥 李永亮	三等
以禽废弃物为原料化制出动物蛋白饲料的蒸煮干燥机	吉林省长春市畜禽废弃物开发利用研究所	吴玉富 梁其成 吴德平 李世国 张洪义 李玉华	三等

附录二

1989年乡镇企业产品获农业部优质产品奖名单

产品名称	生产厂家	产品名称	生产厂家
宝牛牌1万μ/g、1.5万μ/g、2万μ/g2709碱性蛋白酶	北京市酶制剂厂	天建牌ZX50型行星插入式混凝土振动器	湖北省天门市建筑机械厂
		远达牌H140型珩磨头	湖北省公安县机床附件厂
鹿头牌MT-10型轧面机	湖北省枣阳市轧面机厂	宇宙牌SI-1A工业硅	湖北省通山县铁合金厂
宇宙牌PDX2250×13×32斜边砂轮	湖北省潜江市砂轮厂	鄂仙牌静电植绒布	湖北省仙桃市民族舒美绒厂
西陵牌F型二次热风节煤炉	湖北省宜昌市民用炉灶厂	飞翔牌411-3型组合家具	湖北省黄岗县飞翔家具厂

产品名称	生产厂家
力士牌TEC套装锯	湖北省襄阳县锯条厂
美厦牌天然花岗石装饰板材	湖北省大冶县花岗石厂
武当山牌高密度聚乙烯超微薄膜	湖北省老河口市塑料三厂
雪狮牌轻质碳酸钙	湖北省蒲圻市第一化工厂
猇牌A极黄磷	湖北省枝江县黄磷厂
铁锚牌4-50目镀锌低碳钢丝布	上海市南汇金属丝网厂
雄狮牌花岗石建筑板材	大连花岗石制品厂
山泉牌35分水巢丝	大连安波丝绸厂
山石牌喷织机浆料	大连新金农药化工总厂
瓦通牌AT10型通井机滚筒离合器	大连瓦房店市通用机械厂
竹江牌1500公支苎麻条	四川省大竹县江水麻纺厂
飞川牌DYC粗纱锭翼130×320	四川省遂宁市纺机专件厂
慈化牌CH-31双组份通用型胶粘剂	江西省宜春市赣西化工厂
柔雪牌2100×1800%高档羽绒被	安徽省宣州市羽绒厂
环球牌中铬黄	江西省萍乡市铬黄厂
冠华牌840蛋鸡粒状配合饲料	广东省顺德县容奇饲料厂
南港牌苯乙烯-丙烯酸脂水性建筑涂料(B08-2喷塑涂料)	广东省中山县南下制漆厂
顺风牌汽车用夹层安全玻璃	广东省伦教汽车玻璃厂
嘎林牌HCD系列盒式力矩规	广东省珠海华声磁带厂
SL牌WPB-900平面网版印刷机	广东省顺德县顺联丝印技术中心
剑鱼牌、嘉城牌、2″3″4″5″6″8″10″12″塑柄螺钉旋具	广东省澄海五金工具总厂
神州牌JSYD5-A平衡式燃气快速热水器	广东省神州燃气具联合实业公司
劲牌仿丰田、五十铃1.75T以下系列轻型载重汽车钢制车厢	广东省佛山市澜石机械厂
顺峰牌13、16、19mm鞋钉	广东省顺德县容奇五金镀锌线材厂
香山牌88PSA1D/2劳动手套	广东省中山市浪网新华手套厂
金蝶牌管制锁口玻璃瓶	广东省佛山市张槎玻璃二厂

产品名称	生产厂家
赛车牌人革轻便秋冬系列童鞋	广东省顺德县大良镇凤山鞋厂
AGF牌洗水牛仔系列	广东省顺德县大进纺织服装实业公司大进制衣厂
摩力克牌摩力克装饰布	广东省佛山市张槎棉织厂
永发牌螺旋式卷筒纸管	广东省顺德县龙江永发包装实业公司纸管厂
金威牌真丝针织服装	广东省顺德县容奇镇金凤制衣厂
鸥翔牌A102华兰	河南省郑州市金海化工厂
青峰牌ZV4-1575造纸机	河南省温县第三机械厂
奔流牌BMAS、BMAJ、BMAY450、635、810型双面多功能板框压滤机	河南省禹州市化工机械厂
精工牌DFM-120型蜂窝煤机	河南省巩县站街减速机厂
金鹿牌JB100-230、JB180×8×22高速钹型砂轮	河南省沈丘县予东砂轮厂
潞佳牌钢制防火门	北京市潞洲钢窗厂福利分厂
华灯牌鞋油	北京市光明鞋油厂
稚新牌3021酚醛层压纸板	北京市平谷县绝缘板厂
盾牌DWIY dxxy安全带	北京市振兴劳保用品厂
南峰牌4.50E×16钢圈	湖南省衡南县钢圈厂
衡洲牌6N-63型碾米机	湖南省衡南县碾米机厂
君莲牌QZ-1/155/I漆包线	湖南省湘潭市霞城电工厂
三益牌LA-10电流互感器	湖南省湘潭市长城电器厂
资牌Dg25球阀	湖南省益阳县球阀厂
爱斯牌CD117-16V铝电解电容器	湖南省益阳市资江电子元件厂
太洋牌GD-I型带电清洗剂	湖南大学科技中心常德精细化工厂
星火牌RH360HPE高效节能素	湖南省衡阳市高效节能素厂
船山牌轻质碳酸钙I型	湖南省衡阳市和平碳酸钙厂
天星牌Sb-2精锑	湖南省益阳市资江锑品厂
前进牌800～1000m×0.03～0.08mm聚乙烯吹塑农用薄膜	河北省石家庄市正定县塑料厂
日星牌ZBl300欧/75欧阻抗变换器	江苏省常熟市浒浦无线电厂
力字牌DN15-DN50系列Z15T-16闸阀	天津市大站阀门厂

产品名称	生产厂家
驼峰牌HSY-5型液压升柱器	江西省德安煤矿液压件厂
新松牌黑钨特—1—2黑钨精矿	江西省分宜县松山钨矿
金石牌ZH65装饰性环氧粉末涂料	安徽省合肥市肥东塑料厂
闪电牌DZ15L-40G电流型漏电保护器	安徽省繁昌省电器厂
乐仪牌XMT-102数字式温度显示调节仪	安徽省天长县电子仪器厂
云马牌S195油箱	安徽省泾县油箱厂
勒流牌龟鹿补肾丸（大蜜丸6克/丸；水蜜小丸50克/瓶）	广东省顺德县勒流中药厂
精工牌HYAT型50×2×0.5铜芯全塑石油膏填充市内通信电缆	广东省顺德电缆厂
蓬莱阁牌AS-2型席梦思套床	山东省枣庄市蓬莱阁沙发厂
结安牌CT型6A×250V单相二极、三极不可重接插头	江苏省无锡县荡口无线电附件厂
蓓花牌仿羽绒踏花被	江苏省丹阳市被服厂
浪花牌HSn60-2-I、HHSn60-2-I树脂芯焊锡丝	江苏省扬中县锡合金厂
青牌Dn15-1；dn20-1螺旋升降式水嘴	青岛市黄岛阀门厂
闪光牌低钙工业硅	江苏省东海县金属冶炼厂
华宝牌软性集装袋	江苏省无锡市集装袋厂
三河牌SDX-3型手用电磁吸盘	江苏省金湖县机械电器配件厂
三龙牌贴花铝箔	南京市花园金箔厂
花冠牌LFN241型羊绒分梳联合机	青岛市胶南第三纺织机械厂
开源牌KY-Ⅱ型无内胎汽车轮胎修补枪	浙江省绍兴县汽车专用工具厂
沪字牌ES220-15装饰灯泡	上海市南翔灯泡厂
临字牌DTIX-10DN100对夹式碟阀	山东省淄博市临淄阀门厂
天地牌QS型（0～40T）电阻应变称重传感器	宁波市余姚仪表二厂
三凤牌XZ8A12 195柱塞偶件	山东省莱州市油泵油嘴厂
宝通牌LT6.5M陶瓷滤波器	江苏省无锡市电讯元件厂

产品名称	生产厂家
宁华牌KZJ1（KZJ）型直键开关	宁波市华丰电子器材厂
友谊牌FQSn7-73、FQSn10、FQTbl1-10-2气雾化铜基合金粉末	河北省衡水市有色金属粉末厂
金鹏牌FTH7.20电焊条用还原钛铁矿粉	河北省石家庄市钛铁厂
金龟牌J41T-16DN50低压截止阀	河北省深泽县阀门厂
天鸣牌WXG11、12、13型电接点玻璃温度计	河北省黄骅仪表厂
帅牌PB300、400×3×32A24-36QBF70纤维增强树脂薄片砂轮	河北省故城县砂轮厂
亚华牌钢制两节柜文件柜	河北省石家庄市亚华铁柜厂
双斧、钻石、飞燕牌8″、10″12″德、英、美式白铁剪	河南省平舆县高扬店机械厂
娜宝牌鲜奶系列天然化妆品	河南省新郑县娜宝美容营造公司
腾飞牌还原铁粉（FHY100目）	河南省焦作市粉末冶金厂
华美牌25co型铸铁烘缸	河南省沁阳县第一造纸厂
洁美牌1200×700×380cm、1500×700×380cm、1700×700×380瓷釉GRC浴缸	河南省驻马店市新型材料厂
天工牌JC-T石棉铜丝干涂法刹车带	河南省洛阳市堰师县刹车带厂
太行牌TZS系列矿用平层振动筛	河南省新乡太行振动机械厂
精英牌CD191梳麻机	青岛市胶南第四纺织机械厂
岩石牌通用型防老剂RD	青岛市助剂厂
富昌牌羊皮夹克	江苏省江阴市皮件服装厂
兰迪牌麻布镶拼勾绣衣、裙衣片	江苏省如皋县工艺绣品总厂
玮力牌消音隔热内饰软化材料	江苏省金坛县消音隔热材料厂
凤凰牌DSA108型通用瓶盖滴塑机	湖北省鄂州市葛店滴塑机厂
大别山牌D80A-12推土机履带板	湖北省麻城市高锰钢铸件厂
金辉牌AV2系列聚氯乙烯阻燃安装线	北京市金辉电线厂
洛工牌KJM200-500系列可转位精面铣刀	河南省洛阳市硬制合金工具厂

产品名称	生产厂家
北斗牌ZWJ2-1575复卷机	河南省焦作市崇义轻工机械厂
风柳牌男女童浅鞋	天津市静海县静海镇三街皮鞋厂
双凤亭牌腈纶提花毛毯	武汉市双凤亭毛毯厂
丽珠牌不饱和聚脂钮扣	武汉市武昌县华利树脂钮扣厂
宝波牌ZN50电动软轴插入式混凝土震动器	青岛市震动器厂
5A牌38、60、90、地弹簧门系列铝合金型材	大连市铝材厂
英字牌9FQ-50型锤片机饲料粉碎机	大连市黄海机械厂
DZ 牌552732、652732、752732QT铁路机车轴箱新型轴承	大连市轴承厂
双航牌BDW2型蓄电池搬运车	青岛市电瓶车厂
富丽牌PVF5-6、COT5-6多层单纬输送板	沈阳市富丽涂板带厂
宝石牌彩色玻璃马赛克	沈阳市新型建筑材料彩色玻璃马赛克联合厂
双元牌冶金胶辊	武汉市红桥橡胶厂
彩塔牌电视机防护玻璃	沈阳市彩电玻璃厂
泉山牌药用松油醇	江西省婺源许村香料厂
长河牌JZB-A型金属遮阳百页窗帘	北京市长河建筑门窗厂
369牌LGJ35钢芯铝绞线	黑龙江省宾县宾州电线厂
HH牌可锻铸铁车轮系列产品	内蒙古呼和浩特市玛钢厂
青量牌直板尺150～1 000mm、木工拐尺200～500mm、直角尺150～300mm不锈钢量具	青岛市量具厂
月牙泉牌工业无水硫酸钠	甘肃省敦煌市郭家堡元明粉厂
天马牌JLM轮型铝合金卷门	成都市天回有色金属制品厂
飞州牌摩擦焊铜铝管接头	成都市发动机公司工艺研究所新津制造厂
昌宁牌ZQS-2型全自动气压给水设备	黑龙江省哈尔滨市昌宁给水设备厂
福泰牌农民高筒靴	天津市西郊区福星胶鞋厂
巨龙牌UNF-5非引气型高效减水剂	天津市雍阳减水剂公司

产品名称	生产厂家
飘风牌SBEB双玻璃丝包扁铜线	湖南省汨罗市电线厂
铁鸟牌Dg50-150热推弯头	辽宁省抚顺市机床附件厂
建城牌JZ 350锥形反转出料混凝土搅拌机	建设部建设机械综合研究所海城建筑机械厂
弘飞牌BR系列产品聚氯乙烯绝缘电线	河北省枣强唐林电线厂
白兰牌脱脂纱布	江苏省南通县卫生材料厂
鲁梅牌七彩织锦被面	山东省滕州市丝绸厂
双力牌7C-2T、7C-2.5T农用挂车、钢板弹簧	山东省文登市平板弹簧厂
登州牌195柴油机主轴瓦、联杆瓦	山东省蓬莱县轴瓦厂
景阳岗牌MP-SDO-0.5-36-54人造金钢石微粉	山东省阳谷县金钢石厂
龙旋牌1.83×7m球磨机	山东省章丘县建材机械厂
飞鱼牌1511M型棉织用梭子	福建省崇安县吴屯纺织器材厂
银凤牌首饰盒	福建省新桥工艺厂
闽字牌日式木筷	福建省邵武市水北木筷厂
利美多牌牛津尼龙革侧袋	福建省晋江县利丰旅行用品有限公司
双轮牌AZD85-3-32×500mm高压节力打气管	河北省气管厂
月季牌胶印树脂油墨	河北省冀县冀州油墨厂
华荣牌硬性食用明胶	河北省石家庄市明胶厂
鹰轮牌山东195柴油机齿轮	山东省招远县齿轮厂
鲁泉牌YQB 10-5型液化石油气泵	山东省淄博市博山耐酸泵厂
长丰牌6FY-1825B农用对辊式磨粉机	山东省乳山县育犁镇农机修造厂
明牌GZ 3-1.2/5-8钢制柱型散热器	山东省高密兴华总公司采暖设备厂
济峨牌HKF 40-2型配合式滑动水口阀	山东省济南峨嵋滑动水口厂
华宇牌K型2000L搪玻璃反应罐	山东省淄博工业搪瓷厂
宝鼎牌K型1500L搪玻璃反应罐	山东省淄博化工设备厂
山花牌铸造锡铅焊料	云南省个旧市焊料厂
云个牌精锡锭	云南省个旧市焊料厂
云昆牌一级沉淀硫酸钡	云南省昆明市大板桥冶炼化工厂
建丰牌802橡胶防水油膏	云南省昆明市宜良建丰橡胶防水材料厂

产品名称	生产厂家
千佛牌三色软缎被面	云南省陆良丝绸厂
糊状叶绿素	山东省临朐县叶绿素厂
劲欢牌LD-A型电动单梁起重机	辽宁省开原起重机械厂
金松牌FV1058锥型装饰蜡	辽宁省抚顺市华光蜡厂
兰光牌交链剂FH	辽宁省营口县助剂厂
海珠牌Ms-95中档镁砂	辽宁省海城市中档镁砂厂
本字牌ZGCr13型高铬铸铁球	辽宁省本溪市煤矿机械厂
溪牛牌φ15、25mm低压流体输送用焊接钢管	辽宁省海城市高频焊管厂
旭峰牌1M-4M电铲铜套	辽宁省阜新精密铸造厂
北牌J23W-160PDN4-6针型截止阀	辽宁省沈阳市北方阀门公司直属阀门厂
萧曲牌R175A型柴油机曲轴	浙江省杭州市曲轴总厂
老板牌PY-2型脱排油烟机	浙江省余杭红星五金厂
诞海牌CA-15型24V水温表	浙江省地方国营绍兴县汽车仪表厂
三花牌BG1、BG2型冰箱干燥过滤器	浙江省新昌制冷配件总厂
腾飞牌再生胶油毡	吉林省九台市防水材料橡胶油毡厂
雪星牌氯乙酸	吉林省吉林市红旗化工厂
风满牌1000×1.2mmPE厚型大规格农膜	吉林省长春市上台塑料厂
富字牌TL7-260-Ⅲ拉杆天线	浙江省富阳县场口电子器材厂
联丰牌BL（Ⅱ）中温型玻璃钢冷却塔	浙江省上虞联丰玻璃钢厂
芙蓉牌Z570A、570A/B、507A/C、507A/D单系统绣花袜机	浙江省绍兴市柯桥轻纺机械厂
云鸥牌SJ-90B塑料挤压机	山东省潍坊市塑料机械厂
崇江牌GYD20-161A号气压自动开关	上海市机电设备供应公司江口仪表电器联营厂
环球牌B1.5L5型立式冷藏柜	上海市环球冷冻机厂
晶山牌YZ2-220/40型荧光灯镇流器	上海市陈桥电器灯具厂
双冠牌女毛呢大衣	上海市川沙服装厂
经纬牌腈纶薄绒衫裤	上海市汇达针织总厂
望春花牌4240染色平绒	上海市宇宙平绒厂

产品名称	生产厂家
鸥翔牌CT21A空气压缩机	山东省龙口市气泵厂
联友牌JZ200型混凝土搅拌机	山东省安丘县建筑机械厂
榆微牌CO_z-90S_z单相异步电机	山西省榆次市微电机厂
明石牌MZ-87镁砖	山西省平定县巨城第二耐火材料厂
凤山牌硫氰酸氨	山西省陵川县附城电化厂
铁牛牌Y系列80-200三相异步电机座	山西省榆次市潇河铸造厂
PT型磨擦焊铜铝管接头	山西省晋城电冰箱配件厂
双叶牌沥青防潮原纸	山东省滕州市第一造纸厂
丹崖牌0.7g×100片盖胃平片	山东省蓬莱制药厂
昆峰牌玉米淀粉（药用）	山东省文登玉米淀粉厂
驰明牌φ150×8m、φ150×10m环形预应力混凝土电杆	山东省潍坊市坊子水泥制品厂
天尽头牌400×400×25彩色水磨石板	山东省荣城市第一大理石厂
麒麟牌QLY-G岩棉保温管壳	山东省曲府市岩棉厂
第一山牌泡沫石棉制品	山东省泰安市山口泡沫石棉厂
涌流牌糠醛	山东省淄博市临淄有机化工厂
一字牌195型柴油机冷却水泵	山东省招远动力机配件厂
永安牌VC352倾斜式真空干燥机	江苏省张家港市化工机械厂
白龙牌WMTK系列铸铁搪瓷浴缸新瓷釉	江苏省武进搪瓷厂
凯达牌中镍铬冷硬铸铁轧辊系列	江苏省武进轧辊厂
太平州牌Pn2.5-32MPa Dn5-15仪表阀门	江苏省扬中县化工仪表配件厂
元电牌SL/DB系列收录机用电源变压器	江苏省常州市无线电元件十厂
霞峰牌水处理剂氮三亚甲基磷酸	江苏省武进县精细化工厂
东方牌碳膜印制板	江苏省武进东方无线电厂
万云牌LG4、φ1.2 1.5 2.0mm电解电容器用高纯铝线	江苏省江阴市电子材料厂

产品名称	生产厂家
金柳牌 φ0.28mm—φ0.45mm圆形针布钢丝	江苏省张家港市沙州钢丝绳厂
竟春牌DDK-2型石英电子定时控制器	江苏省昆山晶体管三厂
飞凡牌QPH20-90-N16B型偏转线圈	江苏省太仓电视机元件厂
金星牌JSY118×68×40聚乙烯钙塑料浴缸	江苏省无锡市金星塑料厂
达贵牌26″ABS旅行箱系列	江苏省张家港市新型箱包厂
江山牌13型φ50、φ65有衬里橡胶乳胶消防水带	江苏省海门消防水带总厂
TB牌NS 02210 B-NS 10030B玻璃高脚酒杯	江苏省泰兴县玻璃厂
林雀牌平立安全网	江苏省建湖县绳网厂
百乐牌工艺太阳帽	江苏省常熟市帽厂
佳蓓牌2倍增焦距镜	宁波市余姚光学仪器厂
鹏程牌D.X.B型钢丝软管拉索总成	宁波市汽车软轴软管厂
万安牌YSF-2型液化石油气钢瓶阀	宁波市万安阀门厂
东海牌3Q-120铅酸蓄电池	宁波市东海蓄电池厂
灵桥牌QZ-Ⅰ0.03～0.06mm聚脂漆包圆铜线	宁波市电工材料厂
新生牌TJS-2A(VHF)电视调谐器	宁波市电视调谐器厂
工宝牌TDA型温度指示调谐仪	宁波市余姚温度仪器厂
月桂牌H2336仿毛花呢	浙江省杭州笕桥绸厂
湘湖牌漂白全棉纱卡	浙江省湘湖印染厂
众爱牌F9043尼龙织锦缎	浙江省杭州迎春丝织厂
回天力牌高密交聚乙烯单丝	浙江省舟山市塑料厂
东方牌GE246-4/1型提花径编机	浙江省绍兴县径编机械厂
三友牌棉纺用塑料经纬管	浙江省三友纺织器材总厂
长箭牌45升缩口式锁口钢桶	武汉市长丰包装容器厂
腾飞牌300L-500L快开压滤器	武汉市黄陂化工机械厂
虹艺牌HSC型高硅铸铁阳极	武汉市汉阳县张湾防腐器材厂
野牛牌高级除虫菊蚊香	广西平乐县蚊香厂

产品名称	生产厂家
宝山牌Y6-25型（1-4吨/时）低噪声锅炉引风机	天津市通风除尘设备厂
津东牌LXS-15℃-40℃旋翼湿式水表	天津市津东水表厂
天津牌TLW（30W—500W）外热式电烙铁	天津市电烙铁厂
金环牌P字系列不锈钢手表带	广州市番禺县市桥镇环城表带厂
仙鹤牌双重绝缘电热线	广州市番禺县化龙家用电器厂
三福牌禽宝系列产品	天津市动物药厂
力士牌YB150A、YB300A搬运车	武汉市新洲县家用工具厂
集美牌A型100×1830mm排水用灰口铸铁直管	武汉市汉阳县大集铸造厂
锡山牌JRBL型家用电冰箱化霜电加热器	江苏省江阴市电冰箱配件厂
燕牌MR系列美容刀包	江苏省张家港市第二医疗器械厂
星龙牌YF-NφⅡ400型浮动床钠离子交换器	江苏省南京锅炉辅机厂
登冠牌SJ65-MF1200塑料吹塑薄膜机组	江苏省武进县塑料机械厂
武容牌WYP20-400C 5吨液氯钢瓶	江苏省武进容器厂
银鼎牌EXKX型耐热普通级补偿导线	江苏省常州市新河发电设备附件厂
凤凰牌FS-40多功能四季送风器	江苏省南通市启东电扇厂
武风牌Y9-26 No9D锅炉离心引风机	江苏省武进风机厂
金虎牌断线钳18″-36″系列	江苏省丕县工具厂
星月牌Z 211型棉毛机铜针筒	江苏省南通市针织机械专件厂
启工牌GN1-2型三线包缝机	江苏省启东工业缝纫机厂
太西工牌φ0.8-12.5直柄麻花钻	江苏省泰兴县刃具厂
溪流牌Z14-5型单击分模自动冷镦机	江苏省宜兴市锻压机床厂
常蒸牌ZBS.ZBD.ZBB全系列铝-铝复合板式家用电冰箱蒸发器	江苏省常州蒸发器厂
宝巧牌FP-5型（1060×240×630）风机盘管空调器	青岛市同和空调设备厂

产品名称	生产厂家
银山牌B301立德粉	湖南省澧县化工三厂
环花牌B-301立德粉	河北省行唐县化工三厂
红棉牌MX-15 MH-30颗粒活性炭	河南省新乡市中原化工厂
双凤牌DTB型三相四线有功电度表	辽宁省凤城满族自治县电工仪表厂
YC牌J41T-16DN50低压截止阀	湖北省应城市第一阀门厂
蔡伦牌T03-1白脂胶调合漆	陕西省洋县油漆厂
力达牌60s/2高强聚脂缝纫线	江苏省常熟市特种化纤总厂徐市线厂
常工牌手提式封包机	江苏省常熟市工业缝纫机厂
密水牌A、C型自行车中轴	山东省高密县自行车配件厂
谊群牌WZP-040小型工业玻璃铂热电阻	北京市海淀区东升测温元件厂
三角牌JN10-25型三线包缝机	湖北省浠水县三线机厂
曙光牌DB-7-2型收录机用电源变压器	上海市无线电二十七厂拓林分厂
双锤牌4E3012324单列圆柱滚子轴承	大连市瓦房店非标准轴承厂
玉茗牌84-12型节煤炉	江西省抚州市炉具厂
银球牌H型54#大孔磺酸性阳离子交换树脂	北京市安定特种树脂厂
永胜牌195型柴油机冷却水泵	山东省安丘县水泵厂
双鸽牌AN型衬垫石棉抄取板	浙江省岱山县石棉制品厂
津港牌6-22mm梅花两用系列扳手	天津市大港工具六厂
乐光牌B系列聚氯乙烯绝缘电缆	广州市番禺电缆厂
船山牌BZ-10-50高效净水器	浙江省上虞县环保设备总厂
星冠牌YLZ 132S-8-2.2KW冷却塔专用电机	浙江省上虞县百官电机厂
工农牌半补强炭黑	四川省垫江县炭黑厂
华星牌BH型熔断器盒	宁波市余姚熔断器厂
中丹牌对氨基苯甲醚、对氨基苯乙醚	江苏省泰兴化工厂
华冠牌工业磷酸三钠	吉林省吉林市龙潭第二化工厂
果园牌GY2010农用运输车	湖南省长沙县果园交通机械厂
桔州牌JZ-120型农用运输车	湖南省果园汽车改装厂
泰山牌DT100、120mm多用台虎钳	山东省莱州市造纸机械厂
挺达威牌14s/2羊仔毛男开衫	上海市新河羊毛衫厂
金友牌240mm自行车把心	山东省五莲县于里自行车零件厂
华晶牌金属眼镜架	江苏省扬中县眼镜厂
双菱牌φ52-58金属眼镜架	江苏省丹阳市眼镜二厂
新目牌φ50-60金属眼镜架	江苏省镇江市眼镜总厂
新目牌φ52-65光致变色眼镜	江苏省镇江市眼镜总厂
“猫头”牌813金属镜架	江苏省泰兴县光学仪器厂
金塔牌金属眼镜架	江苏省建湖县眼镜厂
美中美牌φ50-56塑料眼镜架	江苏省宝应县眼镜厂
中字牌φ60、φ65变色平光眼镜片	江西省鹰潭市中童眼镜厂
明欢牌φ56-φ65光学眼镜片	河北省衡水市大光明眼镜厂
泰峰牌NB型机制农用锹	山东省肥城县五金厂
云涛牌NB型机制农用锹	山东省桓台县制锨厂
茌山牌NB型机制农用锹	山东省茌平县制锨厂
双牛牌NB型机制农用锹	山东省潍坊农具厂
凶猛牌2#机制尖锹	山东省淄博市周村大华锻压厂
铁塔牌NB型机制农用锹	山东省济宁市制锨厂
蓝鲸牌NB型机制农用锹 蓝鲸牌2#机制尖锹	山东省烟台制锨厂
吉舒牌2#机制尖锹	吉林省舒兰县吉舒农具厂
烧结普通砖	辽宁省法库县登仕堡镇红砖厂
北龙牌烧结普通砖	吉林省辽源市龙山区工农砖厂
红宝石牌烧结普通砖	黑龙江省双城市周家镇综合加工厂
相牌SD11烧结普通砖	沈阳东陵李相砖一厂
罗山牌烧结普通砖	大连瓦房店市复州湾镇李屯红砖厂
烧结普通砖	河北省滦县滦州镇砖厂
烧结普通砖	河北省邯郸市峰峰矿区羊角铺砖厂
烧结普通砖	河北省沧县风化店乡第二砖厂

产品名称	生产厂家
春厦牌烧结普通砖	青岛胶州市小麻湾镇建筑材料厂
港山牌烧结普通砖	山东省日照市河山建材厂
志远牌烧结普通砖	山东省济南市志远砖厂
烧结普通砖	湖北省石首市高基庙镇砖瓦厂
烧结普通砖	湖北省孝感市杨店镇机砖厂
烧结普通砖	湖北省钟祥县双河镇砖瓦厂
马当牌烧结普通砖	江西省彭泽县马当砖瓦厂
金牛牌烧结普通砖	山东省济南市长清县马山砖瓦厂
烧结普通砖	贵州省贵阳市花溪联办砖厂
烧结普通砖	北京市房山区窦店乡望楚砖厂
烧结普通砖	内蒙古赤峰市元宝山区元宝山砖瓦厂
烧砖普通砖	内蒙古赤峰市建元宝山区建昌营镇建昌营村砖厂
烧结普通砖	四川省宜宾市黄桶坪乡吴桥页岩砖厂
烧结普通砖	甘肃省张掖市乌江砖厂
烧结普通砖	西安市灞桥区新市村砖厂
烧结普通砖	新疆乌鲁木齐县七道湾村砖厂
烧结普通砖	南京市高淳县古柏砖瓦厂
义轮牌烧结普通砖	安徽省合肥市义兴轮窑厂
建城牌烧结普通砖	浙江省嘉兴市余新砖瓦厂
烧结普通砖	内蒙古自治区满洲里市扎来诺尔矿区第一机制砖厂
西塘桥牌烧结普通砖	浙江省海盐县西塘轮窑厂
风塔牌烧结普通砖	甘肃省张掖市党寨砖瓦总厂
A 05牌烧结普通砖	辽宁省鞍山市旧堡区唐家房乡红砖厂
宝山牌烧结普通砖	黑龙江省安达市万宝山镇联办砖厂
烧结普通砖	哈尔滨市跃进砖瓦厂
烧结普通砖	湖南省澧县梦溪砖瓦厂
烧结普通砖	南京市板桥砖瓦四厂
塔峰牌325#火山灰质硅酸盐水泥	山东省栖霞县大庄头水泥厂
潍河牌325#火山灰质硅酸盐水泥	山东省诸城市第二水泥厂
茂龙山牌325#火山灰质硅酸盐水泥	山东省栖霞第二水泥厂
金宝牌325#火山灰质硅酸盐水泥	湖北省黄石市屏山水泥厂
通天牌325#火山灰质硅酸盐水泥	广东省四会县迳口水泥厂
镇泉山牌325#火山灰质硅酸盐水泥	山东省烟台市第三水泥厂
伟明牌325#火山灰质硅酸盐水泥	河南省密县第六水泥厂
胶州牌325#火山灰质硅酸盐水泥	青岛市胶州水泥厂
金鼎牌325#火山灰质硅酸盐水泥	广东省新会县双水水泥厂
沽河牌325#火山灰质硅酸盐水泥	青岛市胶州市沽河水泥厂
洞林牌425#火山灰质硅酸盐水泥	河南省郑州市荥阳水泥厂
汾湖牌325#粉煤灰硅酸盐水泥	浙江省嘉善县汾五水泥厂
宝塔牌325#粉煤灰硅酸盐水泥	江苏省泰兴县第二水泥厂
矗立牌425#粉煤灰质硅酸盐水泥	江苏省如皋县第二水泥厂
白石牌425#硅酸盐水泥	湖南省长沙县河田石灰水泥厂
中星牌525#硅酸盐水泥	浙江省长兴县李家港镇水泥厂
四棵松牌425#硅酸盐水泥	湖北省大冶县四棵水泥厂
(190×190×90mm)承重型和(190×190×190mm)非承重型烧结黏土砖	福建省福州市琅岐红旗空心砖厂
双跃牌492Q-1005115飞轮及齿圈总成	北京市双桥农场黑庄户汽车配件厂
青湖牌东风汽车散热器	新疆微型汽车厂
白云牌实腹钢窗	广州市白云配件工业公司白云钢窗厂
双跃牌492Q-100810进排气歧管总成	北京市双桥农场黑庄户汽车配件厂
兰店牌YJB2-1300型双色包装制品胶版印刷机	辽宁省庄河县兰店机械厂
丝路牌软质聚氨脂泡沫塑料	新疆生产建设兵团工交局丝路塑料厂

产品名称	生产厂家
林雪牌苯乙酸	天津市东亚化工厂
金鳟牌直径5mm三股聚乙烯单丝绳	重庆市长寿渔网厂
金鳟牌渔用单丝	重庆市长寿渔网厂
白银牌聚乙烯农用地膜	武汉市汉南区东荆塑料厂
青松牌JI型石墨垫片	武汉市常青石墨化工厂
东华牌7701复合缓蚀剂	武汉市国营径河化工厂
湖峰牌191#不饱和聚酯树脂	湖北省国营黄盖湖树脂厂
蝶舞牌绣花女开衫7107	新疆石河子市友谊针织厂
九东牌男女皮夹克	大连市艳丽皮革服装厂
星立牌尿醛竹胶板	江西省黄岗山竹板厂
劲松牌玻璃钢塔式水准标尺	江西省国营黎川县华山测绘仪器厂
荷花牌60g装油酥米花糖	重庆市江津米花糖厂
兴字牌醇香牛肉干	贵州省黄平县兴华食品厂
虬江牌99%结晶味精	福建省沙县味精厂
维鸥牌益健乐	吉林省长春市光明乳品实业公司
佳宝牌九制陈皮	广东省潮州市庵阜佳味食品厂
喜进门牌一级品甜菊糖甙	山东省济宁市甜菊糖厂
华月牌草莓硬糖	山东省莱芜市白元食品厂
南方牌高蛋白健儿粉	广西容县南方食品厂
醒狮牌酒芯巧克力	山东省容城市石岛东方食品厂
彩碟牌桂圆晶	广西荔蒲县荔城副食品厂
沈光牌GPV-营养强化牛肉罐头	河南省沈邱县罐头食品厂
红云牌五香鹌鹑蛋罐头	江苏省江阴市罐头食品厂
联荣牌松花蛋	江苏省海安县淀粉二厂
同福牌五香鹌鹑蛋罐头	河北省抚宁县燕山实业公司
昌海牌五香鹌鹑蛋罐头	河北省昌黎县渤海罐头厂
山华牌鹌鹑蛋罐头	河南省京华实业公司
福隆牌五香鹌鹑蛋罐头	山东省沂水县沂蒙畜禽良种厂
石门牌红烧鸡罐头	山东省临朐县食品一厂
丹崖牌红烧鸡罐头	山东省蓬莱县果品加工厂
清宫牌五香烧鸡罐头	河南省沁阳县中原罐头厂
腾石牌红烧鸡肉罐头	辽宁省海城市罐头饮料厂
一轮月牌铁听整装五香脱骨扒鸡	山东省德州市清真食品罐头厂
颜陵牌德州五香脱骨扒鸡	山东省德州扒鸡罐头厂
双山顶牌原汁海螺罐头	山东省长岛县砣矶后口罐头厂

产品名称	生产厂家
宝鲁牌五香狮鱼罐头	青岛市龙泉食品厂
天门山牌五香鱼罐头	山东省容城市石岛远东罐头厂
天门山牌黄花鱼罐头	山东省容城市石岛远东罐头厂
丹崖牌黄花鱼罐头	山东省蓬莱县果品加工厂
显浪牌五香狮鱼罐头	青岛市黄岛区罐头厂
惠河牌红烧赤贝罐头	河北省海兴县罐头厂
惠河牌清蒸对虾罐头	河北省海兴县罐头厂
如燕牌红烧牛肉罐头	河南省新乡市食品罐头厂
山华牌红烧牛肉罐头	河南省京华实业公司
纶城牌午餐牛肉	河南省虞城县利民清海罐头食品厂
红莲牌无铅松花蛋	湖北省监利县禽蛋联营公司
安和牌无铅松花蛋	安徽省和县黄山寺乡禽蛋厂
水仙花牌松花蛋	福建省仙游县大济副食品厂
星湖牌松花蛋	山东省微山县欢城养殖场
梅香牌松花蛋	江苏省泰州市第二食品厂
中光牌无铅松花蛋	湖北省石首市横沟市镇蛋制品厂
南阳湖牌无铅涂膜松花蛋	山东省鱼台县张黄食品加工厂
东平牌无铅松花蛋	山东省东平县松花蛋厂
三乐牌乐平陈醋	江西省乐平县醋厂
鹊华牌米醋	济南市鲁兴醋厂
孙皐牌元红酒	安徽省宣州市黄酒厂
月仙牌花露蜜酒	湖北省十堰市茅箭酒厂
双兔牌糯米蜜	江西省上高县徐市酒厂
饶子江牌保鲜皇太黑糯米甜酒	江西省南昌县富山酒厂
双兔牌益寿酒	江西省上高县徐市酒厂
花寿牌糯米东酒	江西省宜丰县第二酒厂
清宫牌清宫酒	河南省焦作市清宫酒厂
郧南首都牌双头黄酒	河南省汤阴县双头黄酒厂
孙皐牌香雪酒	安徽省宣州市黄酒厂
龙塔牌黄酒	浙江省余姚市第一酒厂
端阳牌黄酒	山东省临朐县端阳酒厂
海神牌加饭酒	安徽省庐江县黄酒厂
越宫牌加饭酒	浙江省绍兴县东浦酿酒厂
咸亨牌加饭酒	浙江省绍兴县咸亨酿酒厂
柯岩牌加饭酒	浙江省绍兴县梅市酒厂
海神牌花雕酒	安徽省庐江县黄酒厂
越鉴牌花雕酒	浙江省绍兴县酒厂

产品名称	生产厂家	产品名称	生产厂家
绍乐牌加饭酒	江西省景德镇市绍红酒厂	柳杜牌陈醋	山西省清徐第三醋厂
端阳牌中国端阳酒	山东省临朐县端阳酒厂	双楼牌陈醋	山西省太原市清徐第四醋厂
黄檗牌中华封缸酒	江西省宜丰县新昌酒厂	汪字牌滴醋	江苏省灌云县板浦酱醋厂
越宫牌善酿酒	浙江省绍兴县东浦酿酒厂	四眼井牌熏醋	山西省榆次市怀仁酿造厂
锦港牌原浆虾油	辽宁省锦西市高桥小菜厂	四明楼牌辣醋	山西省榆次市南六堡曲醋厂
竹水牌一级生抽王	山东省荷泽沙土酿造总厂	绵山牌陈醋	山西省介休县绵山陈醋厂
蒲亭牌二级酱油	江西省德安县副食调料厂	三洋牌香醋	江苏省江都县三洋香醋厂
福山牌特味酱油（特级）	江西省南昌市滕王阁酿造厂	峰波牌陈醋	山西省壶关县辛寨老陈醋厂
二七牌一级酱油	郑州市向阳味精厂	清流牌加料醋	四川省内江县田家酿造厂
清流牌天成酱酒	四川省内江县田家酿造厂		

附录三

1989年各省、直辖市、自治区、计划单列市乡镇企业优质产品名录

北　京　市

产品名称	生产厂家	产品名称	生产厂家
SZL4-13-AⅢ蒸气锅炉	北京市四季青锅炉一分厂	京城牌KF-23无油透明切削液	北京市洗涤剂厂
KZG0.5T-7-AⅢ蒸气锅炉	北京市四季青锅炉三分厂	竺牌钢制截止阀	北京市顺义天竺阀门厂
G6-41-11No5.4A、No6.3A、No7.1A鼓引风机	北京市四季青风机厂	新星牌GQ-75型管道清理机	北京市新星机械厂
东焊牌BX_3-300-1弧焊变压器	北京市东升电焊机厂	新星牌GQ-200型管道清理机	北京市新星机械厂
彩虹牌MC-24-120系列脉冲反吹扁袋除尘器	北京市四季青除尘设备厂	低压燃气旋塞阀	北京市燕山煤气节门厂
BXA手提式电冰箱修理成套工具	北京市海淀区制冷工具设备厂	温阳牌羊仔毛V领衫	北京市怀柔羊毛衫厂
包装纸桶	北京市海淀区四季青化工包装厂	卫星牌200A漏电继电器	北京市新星电器厂
古塔牌管螺纹绞板、板牙	北京市玉渊潭永安机械厂	铁锚牌抛光膏	北京市怀柔抛光膏厂
DG6-25型多级离心泵	北京市北方水泵厂	世友牌男衬衫	北京市怀柔辛营服装厂
PF_2A_2-141酚醛塑料粉	北京市丰台区南苑化工厂	柔字牌铁路混凝土轨枕橡胶垫板	北京市怀柔橡胶厂
PF_2A_1-132酚醛模塑料	北京市丰台区南苑化工厂	柔字牌氧气管	北京市怀柔橡胶厂
溶解乙炔气	北京市丰台区长辛店电石厂	柔字牌乙炔管	北京市怀柔橡胶厂
		合欢牌单、双人电热毯	石景山冬乐电热毯厂
		玻璃量筒量杯	北京市石景山玻璃仪器厂
		芦沟桥牌BX660、760保险柜	北京市丰台区芦沟桥铁柜厂

产品名称	生产厂家
太字牌JBC-26-1机制扁袋除尘器	北京市太阳宫除尘设备总厂
圣字牌钢管脚手架扣件	北京市通县玛钢厂
华通牌可转位轴向微调式端铣刀	北京市青锋机床刀具厂
蜜蜂牌1398中性蛋白酶	北京市房山区酶制剂厂
蜜蜂牌2709颗粒蛋白酶	北京市房山区酶制剂厂
蜜蜂牌7658-α淀粉酶	北京市房山区酶制剂厂
新明牌应急照明灯具	北京新明灯具厂
碧煌牌琉璃瓦	北京市西山琉璃瓦厂
振洲牌FA型400排风扇	北京市微电机总厂平谷分厂
单级单吸清水离心泵	北京市大兴青云店水泵厂
景泰兰摆件、周期垒	北京市大兴青云店珐琅厂
盾牌安全网	北京市振兴劳保用品厂
25A空腹钢窗	北京市大兴兴堡金属制品厂
消烟沥清锅	北京市密云金属结构厂
佳环牌LJ-6保温冒口	北京市顺义绝热板厂

天津市

产品名称	生产厂家
大鑫牌铝合金自行车圈型材	天津市津港有色金属材料厂
晶晶牌麦饭石祛斑凝	天津市津东日用化工厂
凸版药品包装盒	天津市静海三呼庄鑫兴合作印刷厂
大鹏牌JL型防火保险柜	天津市津安器材厂
天狗牌训练鞋	天津市新丽鞋业有限公司
华日牌草帽	天津市艺华联合工艺品厂
雪源牌皮制劳动手套系列	天津市军粮城皮件厂
宝光牌棱镜薄膜	天津市宝坻县闪光棱镜薄膜厂
宝光牌无纺布胶带	天津市宝坻县闪光棱镜薄膜厂
津宝牌JB_1-JB_3高级爵士鼓	天津市津宝乐器厂
金杯牌旅游帐篷	天津市环球旅游帐篷厂
金杯牌尼龙旅游登山背包	天津市登峰旅游用品厂
双方牌索具螺旋扣、直型索具卸扣	天津市津南五金制品厂
大北牌合成革坡跟男凉鞋	天津市橡胶制品六厂一分厂
港明牌日光灯架	天津市津港五金电器厂
飞燕牌手板锯	天津市大港工具五厂
飞燕牌圆头锤	天津市大港工具三厂
渤龙、金杯牌镀锌电焊网	天津市大港区渤海金属网厂
保平牌JZT_2家用煤气灶	天津市宁河芦台煤气用具厂
四方牌9.5×17m铝镁合金扒杆	天津市蓟县下仓线路器材厂
大丽牌工艺被罩、童被	天津市西郊区绗缝绣品厂
瑞雪、冰峰牌羊仔毛衫	天津市津华羊毛衫厂
精武牌印花毛巾	天津市振华毛巾厂
渔阳牌纯毛绒线	天津市渔阳毛纺织厂
瑞雪牌雪兰毛毛衫	天津市振华羊毛衫厂
外环牌全化纤有纬针刺毯	天津市外环工业用毯厂
飞鱼、环球牌渔用网片	天津市渔网厂
飞鱼、环球牌锦纶渔网线	天津市渔网厂
飞舟、津花牌色织纯棉精梳府绸	天津市富强纺织厂
翠湖牌21×21工艺布	天津市蓟县马伸桥织布厂
联盟牌固体氢氧化钠	天津市汉沽建华烧碱厂
上化牌一氯乙酸	天津市西郊北方氯乙酸厂
蓝星牌单组分聚氨酯清化	天津市西郊丽华色材总厂
天风牌20-26系列压力锅胶圈	天津市西郊永生压力锅胶圈厂
上福牌A.B.C型三角胶带	天津市西郊福利机带厂
大力牌26×21/2力车内胎	天津市西郊丰收橡胶厂
安化牌工业无水亚硫酸钠	天津市大安化工厂
晓峰牌软质聚氨酯泡沫塑料	天津市静海县大邱庄泡沫厂
鸣鸥牌甲萘胺	天津市静海县子牙化工厂
天征牌XHF-50不延天然橡胶带	天津市静海胜利橡胶制品厂
巧云牌工农高筒胶靴	天津市静海静双橡胶制品厂
永定河牌碱性玫瑰精	天津市武清县胜利化工厂
迎宝牌TRS弹性体煤气管	天津市武清县橡塑合成材料制品厂
五星牌首架自紧油封系列	天津市大港中塘五金橡胶厂
腾飞牌搪玻璃反应缸	天津市南郊津南搪瓷厂
五星牌O型密封圈系列	天津市大港区橡胶密封件厂
金贝牌TMTD硫化促进剂	天津市塘沽中心庄化工厂
普芳牌不饱和聚酯树脂	天津市蓟县普芳化工厂
津宝牌高级脂肪酸异丙酯	天津市津宝化工厂

产品名称	生产厂家
大鹏牌BF4-72-6A玻璃钢通风机	天津市玻璃钢风机厂
金顶牌G7125型弓锯床	天津市宝坻县光华机床厂
特力牌3-QA-120AH起动用铅酸蓄电池	天津市津东蓄电池厂
东安牌MFZ-5手提式干粉灭火器	天津市消防药剂器材厂
金兰牌YH型电焊机用电缆	天津市津兰电缆厂
金兰牌YZ型通用橡套软电缆	天津市津兰电缆厂
银河牌IS型25系列单级单吸离心泵	天津市海河工业泵厂
中试牌LGR型空气等离子切割机	天津市中环电器厂
天友牌φ159-φ3000热压椭圆封头	天津市塘沽容器制造厂
联星牌TD-75型（系列）B-500-800固定式、带式输送机	天津市宁河县联星运输机械厂
新潮牌B30 B40叶轮导壳	天津市宁河县芦台精密铸造厂
港明牌370W 500W YZB单项水泵电动机	天津市大港区津港微电机厂
MT牌“1/2-8”铸钢法兰盘	天津市津海机械厂
开字牌J41T-16（DN15-DN100）J11T-16（DN15-DN50）系列截止阀	天津市津南阀门二厂
久字牌Z15T-10(DN15-50) DN40-DN150 Z44T-10系列闸阀	天津市津南阀门三厂
长城牌YZB-370W550W单项水泵电动机	天津市长城电机厂
乾坤牌FJP型粉末静电喷涂设备	天津市粉末静电涂装设备厂
北洋牌MF21型手提贮压式干粉灭火器	天津市北洋消防器材厂
金燕牌棉花打包用低碳镀锌钢丝	天津市金峰五金线材厂
中津牌盐酸硫胺(注射用)	天津市中津制药分厂
利特嘉牌NJ134钢板弹簧	天津市武清县上马台华峰弹簧厂
TL牌TJ133C汽车油箱	天津市津西汽车油箱厂
津汉牌32毫米实腹平开钢窗	天津市汉沽大田钢窗厂
三联牌薄型弯钢化玻璃	天津三联工业技术玻璃厂
烧结普通砖	天津市蓟县尤古庄乡砖厂
利爽牌柠檬甲级汽水	天津市珠江饮料厂
海翔牌全脂加糖奶粉	天津市联营第一乳品厂
王冠牌单晶冰糖	天津市天增食品厂
华都牌港式面包	天津市华都食品厂
长城牌白条芦笋罐头	天津市长城罐头厂
长城牌红烧牛肉罐头	天津市长城罐头厂
三义牌φ280-φ430×340～720mm开口式缩口桶	天津市津北三义村制桶厂
三义牌φ375-430×480～580开口式缩口钢桶	天津市东郊区一村制桶厂
三义牌系列瓦楞纸箱	天津市蓟县燕南福利综合厂
MJ牌200升闭口钢桶	天津市津军制桶厂

河 北 省

产品名称	生产厂家
广合牌425#矿渣硅酸盐水泥	武安市下白石红旗水泥厂
宫牌GH275玻璃挂棒吊灯	南宫市灯具厂
35牌185×150尖头砌铲、抹子	获鹿县建筑工具厂
φ2500造纸机械用铸铁烘缸	获鹿县第一造纸机械厂
温乐牌可发性聚苯乙烯珠粒	石家庄市东方泡沫塑料二分厂
乐春牌钢制板式散热器	深泽县散热器厂
双吉牌50%硫悬浮剂	辛集市化工三厂
石乐牌、三环牌釉面砖	石家庄地区建筑陶瓷厂
GG-1A(F)高压开关柜	丰南县开关厂
7C-11.5农用挂车	唐山市滦柏机械厂
清东陵牌PEX-150×750鄂式破碎机	遵化矿山机械厂
唐黄牌耐酸砖	丰南县黄各庄乡陶瓷厂
华欣牌Sr-1500高级席梦思铜床	河北京大铜床厂
连环牌钢制柱型散热器	永清县津西散热器厂
箭头牌G01-30.100.300割咀	文安县史各庄镇中学焊接器材厂
铁狮牌BZ单级微型离心泵	沧州市民用机械总厂
金龙牌A-M型φ4-φ51mm液压软管总成	青县渤海液压附件厂

产品名称	生产厂家
白洋淀牌Rm-500柴油机动三轮车	任邱市摩托车配件厂
天津大发 110型汽车后制动轮毂	泊头市汽车配件厂
春明牌φ25-φ400碳钢无缝对焊异径管	孟村回族自治县渤海管件厂
全系列低碳钢钢制弯管	盐山县沧海管件厂
渤海牌对氨基偶氮苯盐酸盐	黄骅市渤海化工厂
自行车把	黄骅市渤海工业公司自行车零件厂
枣光牌32W吊式荧光灯	枣强红光灯具厂
博陵牌毛料中山套装	深县王家井服装厂
金凤牌725钢制枪柜	武邑县保密器材厂
海鲸牌MF 5.8手提式干粉灭火器	冀县消防器材厂
冀玻牌Mr1.2手提式1211灭火器	冀县吴吕消防器材厂
长城牌PP1-81型三用打包机	沧州市包装机械厂
文章牌玉米淀粉	武安县文章淀粉厂
金榜牌玉米淀粉	晋县胜利淀粉厂
刘伶牌酸枣汁	徐水刘伶饮料厂
青松岭牌山楂汁	兴隆县茅山果品加工厂
金燕牌果叶酸乳饮料喜力佳	玉田县乳制品厂
五星牌11°啤酒	北京双合盛五星啤酒厂唐山联营厂
沧狮牌玉米淀粉	青县玉米淀粉厂
春明牌中槐茶	衡水市还童茶饮料厂
耐张线夹	唐山市北新金属结构总厂
实腹钢窗	石家庄市华西钢窗厂
龙凤山牌实腹钢窗	石家庄市振南钢窗厂
空腹钢窗	石家庄市华西钢窗厂
空腹钢窗	丰南县侉子庄钢窗厂
Z 14 218铸造生铁	武安市太行炼铁厂
NG0.6、0.8空心微珠耐火保温砖	唐山市开平区冶里保温材料厂

山 西 省

产品名称	生产厂家
梅花牌STD桑蚕双宫丝	沁水县端氏双宫丝厂
永升牌不锈钢厨具	榆次市永升不锈钢制品厂
晋泉牌200QJ 50-26/2型潜水泵	祁县水泵厂
榆微牌CO_2-9O_2单相异步电动机	榆次市微电机厂
龙丽牌3205 2507热轧窗框钢	壶关县型钢厂
75#硅铁(AL1.0-A)	大同市云中铁合金工业公司
75#硅铁(AL2.0-A)	昔阳县铁合金厂
铝电解用普通阴极炭块	灵石晋阳电碳厂
铝电解用碳块	介休县朝阳炭素厂
工业糠醇	高平县冶金化工公司
苏字牌轻质碳酸钙	阳泉市轻质碳酸钙厂
轻质碳酸钙	大同市新旺轻钙厂
锁簧牌工业硫酸(92.5%)	平定锁簧硫酸厂
龙华牌岩棉	平定县金龙岩棉制品厂
烧结普通砖	寿阳县太安驿砖瓦厂
傅山牌糖水苹果罐头	太原市北郊汾河食品厂
水塔牌熏醋	清徐县第二醋厂
四眼井牌香醋	榆次怀仁酿造厂
紫金山牌陈醋	榆社县小杜余沟曲醋厂
峰波牌陈醋	壶关县辛寨老陈醋厂
健身牌小米陈醋	曲沃县酱醋制品厂
金光牌调味灵酒	太原市徐沟酒厂
威明牌玉米笋罐头	太谷县食品罐头厂
敦牌灰铸铁型散热器	清徐县敦化暖气片厂
32mm实腹钢窗	清徐县红旗钢窗厂
冶金焦用精煤	霍县辛置镇选煤厂
蓖麻籽油	文水县油脂化工厂

内蒙古自治区

产品名称	生产厂家
11°淡色啤酒	赤峰市喀喇沁锦承联合啤酒厂
食用马铃薯淀粉	翁牛特旗杨树沟门淀粉厂
清水鹌鹑蛋罐头	赤峰市兴华食品厂
扁铜线	赤峰市电磁线厂
红砖	赤峰市元宝山区元宝山镇砖瓦厂
红砖	赤峰市元宝山区建昌营村砖厂
100%葡萄糖注射液清胃散	赤峰兽药厂
离心风机	呼和浩特市风机厂
人参王浆晶	乌兰浩特市蜂乳厂

产品名称	生产厂家
人参蜂王浆	乌兰浩特市蜂乳厂

辽　宁　省

产品名称	生产厂家
SC-1型携带式刷车机	大连刷车器厂
WFM-4k复模机	庄河县印刷设备厂
大字牌K2H-2　快速淬火油	瓦房店市石油化工厂
棒棰岛牌矿渣硅酸盐水泥	大连市甘井子区前革水泥厂
飞鱼牌325#矿渣硅酸盐水泥	大连市大连湾水泥厂
三箭牌325#矿渣硅酸盐水泥	新金县第三水泥厂
龙王牌325#矿渣硅酸盐水泥	大连金州龙王水泥厂
白天鹅牌855-化纤布挺括剂	海城有机化工厂
鞍容牌球型贮罐瓣片及附件	鞍山市低压容器厂
长龄牌镁碳砖	鞍海镁碳砖厂
辽海牌电缆用滑石粉	海城市高档滑石粉厂
毛祁牌325#矿渣硅酸盐水泥	海城市毛祁水泥厂
镇阳牌铁红橡胶酚醛地板漆	抚顺市常新化工厂
华光牌FH民用蜡烛	抚顺市华光蜡厂
金花牌 FS 8039、FH 9557、HF 7026蜡烛	抚顺市红光蜡厂
石油井口用装置法兰用密封垫环	清原县石油化工机械厂
红山牌77101型化学漆片	本溪市恩山岭漆片厂
宽红牌JLB 36/30型稠油泵	丹东市油泵厂
T_2紫铜冰箱管	北镇县铜管厂
大大牌WRN-240型防爆耐磨热电偶	锦州市热工仪表元件厂
凤凰山牌325#矿渣硅酸盐水泥	锦西市钢屯水泥厂
EPGC1型整体胶粘绝缘隔板	营口市光华绝缘材料厂
玉书牌磁性写字板	阜新市细河区文教用品厂
组合钢模板	辽阳五金结构厂
昌字牌4115建筑胶粘剂	昌图县新型建筑材料厂
耐磨合金冲击板	北票铸钢总厂
耐磨合金冲击板	建平县热水铸钢厂
蒂莲牌325#矿渣硅酸盐水泥	北票市水泥四厂
菱镁砼包装箱（2 000×1 000×920）	北票市菱镁制品厂
路南牌男女牛仔套装	营口市老边区路南服装厂
大松牌烤大花生	大连大松食品加工厂
鞍南牌玉米淀粉	鞍山市旧堡区大弧山淀粉厂

吉　林　省

产品名称	生产厂家
华冠牌无水氯化铝	吉林市龙潭第二化工厂
吉双牌石棉水泥小波瓦	双阳县长岭石棉水泥瓦厂
吉龙牌真空镀铝纸	延边镀铝纸厂
接力牌焊接链条	四平市特种输送链条厂
江滨牌铸钢型材	吉林市江南有色金属化工厂
雪浪花牌人参系列滋补酒	辽源市人参酒厂
先锋牌乳白胶	东丰县第一化工厂
金吉牌糖蜜山核桃仁罐头	集安市罐头厂
思威牌男女之春皮肤脱色乳蜜	长春市化学品厂
烧结普通砖	永吉县乌拉街满族乡第三砖厂
梨电牌交流低压配电屏	四平市梨树开关厂
大华牌手摇玉米脱粒机	吉林省大华机械厂
梨花牌系列菜刀	梨树县刃具厂
吉舒牌225型机制镰刀	舒兰县吉舒农具厂
乳燕牌白色硅酸盐水泥	集安市白水泥厂
白光牌自镇流冷阴极灯管	镇赉县荧光灯厂
双鱼牌植物蛋白肉	白城市联营东风食品厂
牛牌四齿钢叉	洮南市农具厂
日月牌无水亚硫酸钠	吉林市江南化工厂
烧结普通砖	永吉县墙体材料厂
烧结普通砖	梅河口市李炉砖厂
辽塔牌工业氯化胺	农安县化工塑料厂

黑　龙　江　省

产品名称	生产厂家
烧结普通砖	依兰县达连河双扶砖厂

产品名称	生产厂家
珠河牌手提式干粉灭火器	尚志县工业消防器材厂
吉祥牌小波纹石棉松泥瓦	汤原县新型建材厂
纯麻半漂布	黑龙江省兰西亚麻纺织联合工业公司
三环牌镀锌线	阿城市蜚克图铁编织厂
铁盾牌防腐用转化底漆	牡丹江新荣防腐漆厂
泉雪牌11°泉雪啤酒	阿城市玉泉酿酒厂
富江牌连续铸铁管	齐齐哈尔富江铸管厂
白鸽牌双眼炉具	呼兰县炉具厂
东风牌烧结普通砖	双城县兰棱镇东风砖厂
烧结普通砖	安达市万宝山砖厂

上 海 市

产品名称	生产厂家
绣花女衬衫	川沙县上海市北蔡绣衣联营厂
中式印花床单	崇明县上海市远东被单厂
龙虾牌鸡精调味料	奉贤县上海回美味精厂

浙 江 省

产品名称	生产厂家
三潭牌JZY-2型电子点火煤气灶	余杭县煤气灶具厂
万安牌 JYT-0.6B 型家用液化石油气调压器	宁波万安阀门厂
长河牌JYT-0.6-A型家用液化石油气调压器	慈溪市阀门厂
联丰牌 BLSS、FBLSS系列超低噪声玻璃钢冷却塔（≥100吨）	上虞联丰玻璃钢厂
三联牌ZS-100型手提式链动复合薄膜封口机	泸越联合包装机械厂
大家族牌CEO15 型五功能电动熊猫玩具	浙江省舟山玩具厂
金力牌DQ48681P电力袜针	平湖织针厂
狼牙牌硬质合金系列旋转锉	余姚市东方刀具厂
大新牌 XJ1A1/Y 系列液压裁料机	杭州皮革机械总厂
海鸥牌家用电冰箱凝器	玉环县冰箱冷凝器厂
杭兰牌杭灰大理石薄板	萧山天然大理石厂
竹山牌425普通硅酸盐水泥	安吉山河水泥厂
羽绒被（含绒量≥50%）（北天鹅牌）	萧山羽绒总厂
羽绒被（含绒量≥50%）（佳羽牌）	宁波羽绒制品公司
羽绒被（内销侣鹅牌、外销冬鹅牌）	诸暨县羽绒制品厂
男、女式羽绒衣（含绒量≥50%）（北天鹅牌）（地羽牌）	萧山羽绒总厂 宁波羽绒制品公司
梅花牌桑蚕白厂丝(Z/64)	桐乡县大庆丝厂
(Z/62)	桐乡省东方红丝厂
(Z/77)	桐乡县留良丝厂
(Z/118)	海宁县袁化丝厂
(Z/72)	湖州市溪西丝厂
鹿牌C 278tex纱	萧山三利棉纺织厂
含笑牌C 18tex纱	萧山市纺织印染实业公司
津夏牌830纯苎麻坯布	绍兴毛麻纺织总厂
如意牌NG90-Ⅱ型医用高压氧舱	宁波市高压氧舱厂
兰花牌GT 503A针型提花机	绍兴齐贤纺织机械厂
越峰牌KV8703系列网络丝机	绍兴县加会轻纺机械厂
双龙牌120克/m² 装饰纸	临安玲龙造纸厂
仙鹿牌FN2-7三线包缝机	缙云缝纫机厂
三江牌JA1-1缝纫机针杆连接轴	奉化缝纫机零件厂
甬字牌JA1-1家用缝纫机摆棱	鄞县缝纫机零件厂
联珠牌（外销西子牌）U1系列节日灯	黄岩浙江节日灯厂
富字牌tL7-263-直拉杆天线	富阳场口电子器材厂
东风牌tL7-164-直拉杆天线	富阳东风电子元件厂
光明牌CKB-14-1-18-1开关电源变压器	平湖光明电讯变压器厂
金鹰牌tBB继电器	绍兴通讯设备厂
奇乐牌75M148支单槽雪糕模	平湖食品机械厂
常恒牌天然桉叶油	江山市香料总厂
常恒牌山苍子精油	江山市香料总厂
晶峰牌0903A（银花）B（菊花红）花岗石晶板	上虞县花岗石厂
诞海牌CA 141汽车用组合仪表	绍兴县汽车仪表厂

产品名称	生产厂家
优龙牌氯丁橡胶系列同步带	宁波慈溪同步带厂
环美牌玻璃钢系列蜂窝斜管	浙江省玉环县净水设备厂
金山牌氧化亚镍	黄岩县江口化工厂
船山牌半导体发光二极管	绍兴市光电器件厂
双华牌 AES 防静电织物	海盐县特种纤维织造厂
红叶牌 3 号、特号双管打气筒	绍兴市红光五金厂
四圆牌微晶灯状远红外加热器	岱山县耐火器材厂
闯龙牌6-6-3气雾化锡青铜粉	绍兴粉末冶炼厂
青春牌铜芯聚氯乙烯电线 RVB0.3mm²	杭州庆春电线厂
明姚牌铜芯聚氯乙烯塑料软电线（RVVB型）	余姚市电线插头厂
铁鹰牌 RVVB 阻燃聚氯乙烯绝缘连接用软电线	长兴县电线厂
天固牌（钨）MJF 系列建筑工具夹具	慈溪县机械工具厂
工宝牌 TDW 温度指示调节仪	余姚市温度仪表厂
北仑牌 YS-20/20-C注塑成型机	宁波第二塑料机械厂
海光牌A 186D梳棉机	定海纺织机械厂
飞前牌 BJ212（492Q）机油泵总成	绍兴县汽车油泵厂
仙人牌6120输油泵	慈溪市油泵厂
绍齿牌链轮	绍兴县齿轮厂
2 全牌JM轻型卷窗门	杭州新兴卷闸厂
水晶牌 205 深沟球轴承	新昌县第二轴承厂
园星牌DF 系列电磁阀	余姚市仪表四厂
健康牌HY2C-01型血球分类计数器	绍兴县医疗器械厂
狄盾牌63/37锡铅焊料	绍兴县熔炼厂
狄盾牌ZLD 108 铸造系列铝合金锭	绍兴县熔炼厂
狄盾牌ZLD 110 铸造系列铝合金锭	绍兴县熔炼厂
弓箭牌黄铜带H68 0.2×200mm H68 0.8×200mm	绍兴第三铜材厂
三安牌QF-11型液氨钢瓶阀	象山制阀厂
闯龙牌球形青铜粉	绍兴粉末冶炼厂
杭生牌FP-5WA 风机盘管空调器	杭州杭生空调设备厂
DFJ60 120min机械式风扇定时器（双冠牌）	杭州西湖定时器厂
（月兔牌）	杭州钱江定时器厂
兰天牌12-D-36型充电器	鄞县自动化仪表二厂
宁缝牌GC 15-1型工业缝纫机零件(抬牙、叉形、曲柄、送料、摆杆座）	宁波市工业缝纫机零件厂
宝龙牌DTG-63A 涂塑软管	嵊县水带厂
金凯牌 DBL 1-20型漏电保护器	余姚市保安器厂
金佛牌 DZL 26-10型漏电保护器	义乌市电器设备厂
嘉电牌铜芯聚氯乙烯绝缘护套平型电线	嘉兴市净湘电线厂
火星牌HS-2摩力蒙	绍兴县光明丝织厂（绍兴市丝绸炼染厂）
越秀牌彩捻呢	绍兴县第二纺织厂（绍兴县丝绸炼染厂）
美特牌塔斯顿	绍兴第六纺织厂
稽强牌（H2223）涤丽绸	绍兴鉴湖丝织厂（丝绸炼染厂）
洛特牌LZ 2822罗拉轴承	慈溪永红纺织器材厂
天牌胶粘牛皮男式皮鞋	黄岩县利民皮鞋总厂
毛精纺男西装	
金海乐牌	奉化制衣厂
罗蒙牌	奉化罗蒙西服厂
迷霞牌	奉化华中西服厂
恋舒牌	奉化屯头服装厂
培罗成牌	宁波培罗成西服厂
申迷牌	奉化第八服装厂
达吉牌茄克衫	奉化时装厂
梅影牌纯毛32支精纺单毛衫	温岭县羊毛衫厂
老板牌PY-2型脱排油烟机	余杭县红星五金厂
安途牌进口汽车横直拉杆接头总成	绍兴第二汽车配件厂
湘湖牌BJ-130 制动器	萧山汽车制动器厂
湘湖牌 130 型双管路制动总成	萧山汽车制动器厂
钱潮牌ST-30-500/10低损耗变压器	杭州钱江变压器厂

产品名称	生产厂家
佳磁牌QZ-$\frac{1}{2}$/155/I 0.15～1.20聚脂漆包圆铜钱	桐乡县漆包线厂
云岩牌SIST-150台式砂轮机	绍兴电动工具厂
鱼龙牌TECA-0301电子调节仪	余姚仪表成套厂
鱼跃牌TDA-8001温度显示调节仪	余姚仪表厂
铁锚牌1001-1005密度计	余姚传感器厂
天坛牌平绿珠茶特级	新昌县儒岙茶厂
新芽牌珠茶三级	嵊县三界茶厂
钱江牌MJ319型普通木工带锯机	临安木工机械厂
环月牌CSB/C9H-1·62DN15—50圆盘式疏水阀	杭州红丰机械厂
东方牌80018微型轴承	慈溪东方轴承厂
统纱牌QD×6-7-0.25小型潜水泵	诸暨水泵厂
统纱牌QD×3-10-0.25小型潜水泵	诸暨水泵厂
统纱牌QD×3-20(18)-0.55小型潜水泵	诸暨水泵厂
安宇牌S 195喷油器总成	临安内燃机配件厂
天女牌聚氨脂清漆	桐乡造漆厂
天女牌A04-9氨基烘干磁漆（白）	桐乡造漆厂
双梅牌开放式炼胶机(XK-360、XK-400A)	绍兴橡塑机械厂
大地牌力车内胎气门咀(Z6-33)	余姚气门咀厂
松城牌硬质纤维板(2000×1000×3.2)	淳安纤维板厂
外销双瓦楞纸箱(木凿箱)	舟山出口商品纸箱厂
外销单瓦楞纸箱(炸鱼箱)	舟山出口商品纸箱厂
流角复·亭牌善酿酒	绍兴县鉴湖酿酒厂
超宫牌善酿酒	绍兴县东浦酿酒厂
海峡牌白葡萄酒	岱山葡萄酒厂

安　徽　省

产品名称	生产厂家
棉料四尺单立宣纸	泾县金竹坑宣纸厂
WN2-3 型手提式混流泵	泾县喷灌水泵厂
男女式羽绒服	宣州市羽绒厂
棉料四尺单宣纸	泾县李元宣纸厂
7Y-5000B型农用三轮运输车	宁国县通用机械厂
ZCSB-18型氟塑料合金磁力泵	泾县氟塑料制品厂
天开文运牌油烟书画墨	徽州绩溪上庄老胡开文墨厂
14654素绉缎	广德县第一丝织厂
62035织锦缎	淮北市杭淮丝绸厂
S 195柴油机连杆瓦	桐城县轴瓦厂
J205电机用电刷	桐城县电碳厂
S 195柴油机凸轮轴	桐城县凸轮轴厂
425号矿渣硅酸盐水泥	淮南市八公山水泥厂
CM12C小型灰铸铁电机座	芜湖县围山机械农机厂
DZL37-10漏电开关	繁昌县电器厂
出口室内羽毛球	繁昌县羽毛球厂
CA141型双针刹车气压表	当涂县仪表厂
7C-Q5型农用挂车	来安县机动车辆修造厂
JM型不锈钢离心式酒泵	天长县水泵厂
WRP 铂铑10-铂热电偶	天长仪表元件厂
WRN 镍铬-镍硅热电偶	天长县自动化仪表厂
HY2-30倒顺开关	嘉山光明电器厂
19×16．98cm本色棉布	蚌埠市第六棉织厂
BV-20型台式车床	蚌埠市家用机床厂
乙纶机织渔网片	六安县渔网厂
J422φ3.2电焊条	宿县电焊条厂
烧结普通砖	合肥市义兴轮窑厂
香雪酒	宣州市黄酒厂
加饭酒	郎溪县黄酒厂
善酿酒	宣州市黄酒厂
牛皮糖	宿州市东华食品厂
单晶冰糖	宿州市东华食品厂
棒棒鲜果糕	宿州市振兴食品厂
蛋杏元	合肥味美食品厂
加饭酒	庐江县黄酒厂
500克清水鹌鹑蛋罐头	滁州市食品罐头厂
元红酒	宣州市黄酒厂

江　西　省

产品名称	生产厂家
昆宇牌釉面砖	上高县瓷厂

产品名称	生产厂家
长颂牌细木腊光出口三五斗缝纫机台板	宜丰县芳溪缝纫机台板厂
洪流牌IS 80-65-160单级吸清水离心泵	高安县水泵厂
航空牌纤维板	宜丰县黄岗胶合板厂
金鸥牌石墨坩埚	江西坩埚厂
花兰牌茶花香烟花	万载县黄茅出口花炮厂
花兰牌连发老鼠烟花	万载县黄茅出口花炮厂
花兰牌飞机场烟花	万载县潭埠出口花炮厂
力航牌大长度光亮无氧铜线（TY3.00）	德兴县铜材线缆厂
鹤山牌绞泾蚊帐布	上饶市蚊帐布厂
富湾牌松花蛋	余干县富湾鸭制品总厂
汤湖牌狗牯脑茶	遂川县狗牯脑茶厂
幸福牌预应力水泥电杆	临川县水泥电杆厂
石钟山牌6160A曲轴	湖口县内燃机配件厂
雪棉牌B级绉纹卫生纸	彭泽县新洲造纸厂
双宁牌B 8411型救生圈	武宁县泡沫塑料厂
安秀牌羽绒被	德安县义峰羽绒厂
庐山牌男羽绒服	九江制衣厂
庐山牌4×40开槽沉头木螺钉	九江县木螺钉厂
庐山牌绿豆粉丝	永修县永兴粉丝厂
马挡牌烧结普通砖	彭泽县马挡砖瓦厂
童灵牌鸡胚宝宝素	南昌市儿童营养补剂厂
双环牌蜂蛹晶	南昌县双环蜂乳厂
新联牌烧结普通砖	新建县联圩砖瓦厂
环球牌中铬黄	萍乡市铬黄厂
庐山牌轻质碳酸钙	萍乡市碳酸钙厂
花兰牌群猴闹天空烟花	萍乡市芦溪出口烟花厂
花兰牌彩明珠烟花	萍乡市芦溪出口烟花厂
大力牌皮安全鞋(重型)	新余市胜利皮鞋厂
历山牌YF-10型绝热板	分宜县石英粉绝热板厂
春潮牌太阳帽女鞋	鹰潭市工艺玩具厂

山东省

产品名称	生产厂家
鲁光牌1$^{\#}$35g/m^{2}有光纸	东营市造纸厂
兴隆塔牌2$^{\#}$ 365g/m^{2}箱板纸	兖州县造纸厂
莱莲牌1$^{\#}$35g/m^{2}有光纸	莱芜市第三造纸厂
得宝牌YDN16-2D高效节能灯	蓬莱县新光源灯具厂
金友牌自行车保险叉	五莲县于里自行车配件厂
桐木拼板	临沂市桐木拼板加工厂
福星牌6FSM-125型浆渣分离大豆磨浆机	肥城县农业机械配件厂
大王牌鳞片高碳石墨	青岛市平度县田庄石墨矿
采花牌鳞片中碳石墨	青岛市平度县田庄第二石墨矿
旭春牌425$^{\#}$R普硅水泥	章丘县第二水泥厂
丛林河牌425$^{\#}$R普硅水泥	龙口市渚由水泥厂
官桥牌425$^{\#}$R普硅水泥	滕州市官桥水泥厂
万灵山牌425$^{\#}$R普硅水泥	肥城县建筑材料工业公司第一水泥厂
建利牌425$^{\#}$R普硅水泥	肥城县建筑材料工业公司水泥二厂
胶州牌425$^{\#}$R普硅水泥	青岛胶州水泥厂
白石洞牌425$^{\#}$R普硅水泥	淄博市博山区域城水泥厂
益华牌425$^{\#}$R普硅水泥	临沂市第二水泥厂
茂龙山牌425$^{\#}$R普硅水泥	栖霞第二水泥厂
金马牌B64型木工凿	山东临沂木凿厂
飞鱼牌平口油灰刀（63、75mm）	武城县五金工具厂
牛牌钳工锉（圆锉、半圆锉）	即墨县钢锉厂
永合牌钳工锉（扁锉、三角锉）	龙口市钢锉厂
开元牌钢插肖（75～150mm）	滕州市五金电镀厂
迪美乐牌羊皮男女上衣	莱州市新华时装厂
春启牌男毛呢大衣	临沂市春蕾工艺时装厂
岱崇牌仿编网胶粘男皮鞋	泰安市皮鞋厂
伯爵牌仿编网胶粘男皮鞋	高密兴华鞋业股份有限公司
利普牌牛皮胶粘女皮鞋	海阳县环球皮鞋厂
金河牌ZB316-1单火水晶壁灯	龙口市照明器材厂
三山牌205毫米经纱塑料管	文登市纺织器材总厂
花冠牌LFN 241型羊绒分梳联合机	胶南第三纺织机械厂
海龙牌毛毯包边机（5.F 5cm）	威海市纺织带厂
洁玉牌808-2提花毛巾被	高密县毛巾厂
飞翔牌6-06提花毛巾被	邹平县毛巾厂
丽虹牌27.8tex纯棉普梳纱	潍坊市潍城棉纺织厂
寿帆牌纯棉蓬盖帆布	寿光县帆布厂
联山牌高含毛量男开衫	新太市羊毛衫厂
双L牌L×101型电源滤波电感器	青州市无线电器材厂
双L牌BJL 201型行推动	青州市无线电器材厂

产品名称	生产厂家
变压器	
银座牌THD电极糊	淄博炭素厂
龙力牌P_3型镀锌金属软管	冠县金属软管总厂
金丹牌稀土高铬氮耐热钢喷燃器火嘴	莘县特种钢铁铸造厂
鲁明牌RGK系列空心微珠耐火砖	章丘县耐火材料厂
裕民牌合成硅酸盐耐火制品	淄博市张店裕民玻璃耐火材料厂
YNS44、45硬质粘土熟料	章丘县明水镇赭山粘土矿
金耐牌JG-94焦炉用硅砖	博山区八陡北河口耐火材料厂
恒悠牌连铸用硅质绝热板	济南东郊耐火材料厂
雄鹰牌4.00-12拖拉机导向轮胎	莱州市橡胶厂
仙山牌超薄型防水胶布	蓬莱县橡塑制品三厂
振威牌过氧化二苯甲酰	乳山县珍珠化工厂
美星牌过氧化二苯甲酰	莱芜市助剂厂
氯化石蜡—52	青岛美容化工厂
沣化牌糠醇	淄博市沣水化工厂
滕晶牌三聚磷酸钠	滕州市化工二厂
飞驰牌三聚磷酸钠	滕州化工原料厂
丹凤啤红铅丹	淄川无机化工厂
仙桥牌LA09-01,LA09-02华兰	蓬莱县化工厂
三五牌硫化黑	济宁市第一化工厂一分厂
三久牌硫化红棕B3R	高密染料化工厂
BF牌SZ45T-10DN100低压闸阀	诸城市阀门厂
金城牌LQG—0.5电流互感器	招远县电器厂
195紫油机正时齿轮室盖	莱州市农机配件厂
第一关牌PGl $\frac{1}{2}$型交流低压配电屏	淄博开关厂
金鸟牌PG $\frac{1}{2}$型固定面板式交流低压配电屏	莱州市开关厂
崇字牌RC 1″镀锌三通弯头	临沂罗德玛钢有限公司
鲁冠牌KT管路连接件三通弯头	滕州市玛钢厂
灵岩牌ZB-0.45纸包绕组扁铜线	济南市灵岩电磁线厂
金声牌DJ型汽车倒车报警器	莱州市汽车电器厂
诸龙牌SQ08型机动三轮车前轮总成	诸城市第二农机制造厂

产品名称	生产厂家
莱山牌6100B_3 Q_1柴油机气缸盖	莱阳动力机械厂招远灵山分厂
激流牌WB系列微型离心泵	济南明水机械厂
原发牌IL-120调幅单铧犁	文登市第一通用机械厂
八田牌211H-40DN15钢制闸阀	邹平县阀门厂
黄管牌195柴油机高压油管组件	山东龙口市油管厂
鲁波牌QS 60-20-5.5潜水电泵	山东单县水泵厂
新变牌S7-50-100/6-10低损耗电力变压器	大连变压器厂牟平分厂
鲁光牌T_2×160系列三相同步发电机	潍坊电机厂
连环牌G01系列射吸式割炬	青岛汽焊工具厂
ST-50/10油浸式电力变压器	潍坊变压器厂
牧马城牌SCP 160A型塑料粉碎机	青岛橡胶塑料厂
BW22系列摆线针轮减速机	博山机械厂
CT21A型可分离空压机	龙口市气泵厂
X49H-25型双平面水位计	高密县锅炉附件厂
W150-Ⅱ自熟淀粉粉碎机	寿光县发动机配件厂
PN 16 DN 300/PN 16 DN 400平面整体锻钢法兰	邹平县锻压机械厂
ZX2-2/0.7-260系列电阻器	庆云县起重电器厂
农乐牌NL-5型手扶拖拉机	荣成市手扶拖拉机厂
吉龙牌165/99裘皮衣	诸城市皮毛厂
天门牌肉用仔鸡微量元素预混合饲料	淄博兽药厂
奋起牌JZ 350型混凝土搅拌机	海阳县轻工机械厂
铁力士牌QT 160KN、M塔式起重机	莱阳市建筑机械厂
华塔牌QT 16A塔式起重机	文登市建筑机械厂
东阿牌阿胶	滕州市阿胶厂
飞龙牌510g糖水苹果罐头	龙口罐头食品厂

产品名称	生产厂家
观海牌510g糖水苹果罐头	威海市第三食品罐头厂
飞龙牌510g糖水雪梨罐头	龙口罐头食品厂
喜临门牌510g糖水雪梨罐头	莱阳市果菜加工厂
蜜蝶牌软糖(桔子、菠萝)	龙口市糖果厂
莱宝牌龙虾酥心糖	莱阳市新兴副食品厂
乳海牌红豆羹	乳山县海阳所琼脂粉厂
东平湖牌松花蛋	东平县松花蛋厂
湖滨牌松花蛋	鱼台县松花蛋厂
劲松牌松花蛋	枣庄市松花蛋厂
三美牌苹果脯	莱州市果脯厂
神岭牌山楂饼	青岛果品加工厂

河南省

产品名称	生产厂家
高炉高铝砖	郑州市中州耐火材料厂
烟用红枣精	新郑县车站枣精厂
金龙牌TGX-脱氧剂	巩县寿义金钢砂冶炼厂
炼钢电炉顶用高铝砖	武汉钢院密县联营耐火材料厂
煤矿许用瞬发电雷管	巩县五七化工厂
中原牌造纸用润滑剂SCp	河南省巩县化工助剂厂
少林牌ϕ38—ϕ 377热推无缝弯头	郑州市巩县管件厂
针织人造仿兽皮	郑州市人造毛皮厂
上蝶牌D 3 T 71—10对夹式蝶阀	郑州市上街蝶阀厂
普通425#硅酸盐水泥	新乡市中原水泥厂
VHJ-1型220kg组合打浆机	辉县郑电机械厂
K－15颗粒活性炭	辉县市朝阳化工厂
新容牌CBB系列低压电力电容器	新乡电容器厂
ZDSA双缸双网造纸机	新乡市造纸设备厂
三星牌A101、A102铁兰	新乡颜料总厂
九能口牌前后视广视场角光学镜片	长垣县群英光学镜片厂
6号抽提溶剂油	长垣县化工总厂
铸钢灰盘	辉县市化肥设备配件厂
507提花毛巾被	新乡市大西洋毛巾厂
FRP封闭式电缆槽盒及耐火隔板	沁阳县太行化工设备厂
红星牌ϕ1500电刷镀烘缸	沁阳县红星机械厂
$25m^3$蒸球	沁阳中州造纸机械厂
平机牌ϕ1500合金铸铁烘缸	焦作市平原机械厂
群牌橡塑防滑仿牛皮鞋底	沁阳县橡胶厂
12#16#镀锌铁丝	博爱县拨丝厂
中强牌 180克一号瓦楞原纸	孟县缑村乡造纸制箱厂
古温牌GM8－500型组合挂面机	温县机械厂
HZM牌ZV_1型1575双圆网双缸造纸机	河南省第一造纸机械厂
怀牌QXN耐水绕线组	河南省修武电线厂
ϕ2500高强度铸铁烘缸	泌阳县第一造纸机械厂
金鹿牌青年双排扣牛皮鞋	汝南县协利鞋厂
鸿羽牌750DW微型喷灌机40PY_2型喷头	河南省驻马店市喷灌机厂
双峰牌麻椒酱	新蔡县韩集食品厂
美制镀锌刺身油毡钉	泌阳县泌水镇钉丝厂
金鹿牌HO795牛绒面轻便鞋	汝南县人武部鞋厂
编织座垫	平舆县工艺品公司
瓷釉GRC浴缸	驻马店新型材料制品厂
建筑石灰	确山县刘店石灰厂
PC60-1膨胀型乳胶防火涂料	商水县防火涂料厂
CZ－20型纯紫尖小楷毛笔	项城县汝阳刘传统笔刷厂
春燕牌钢制屏壁型散热器	沈丘县建筑材料厂
13013丘花呢	沈丘县毛纺织厂
双友牌花炮	淮阳花炮厂
兰宝石牌骡马修面革	项城县兰宝石制革厂
墨龙牌采煤机截齿	项城矿山配件厂
天姿牌聚氯乙烯壁纸	洛阳市塑料壁纸厂
中岳牌250型摩托车活塞环	偃师活塞环厂
白云牌ϕ57－ϕ 426无缝三通	偃师县石油化工机械厂
九都牌ZFR－26ZFR－46轴承防锈润滑油	偃师县石油化工厂
钼精粉	栾川赤土店钼矿
豫夏牌泡沫石棉	夏邑泡沫石棉厂
百峰牌湿纺石棉线	夏邑县化建总厂
民风牌FD_2－100型微风发电机组	柘城微风发电设备厂
妖莲牌泡沫型革皮	宁陵县皮毛革厂
油毡原纸	安阳县新华造纸厂

产品名称	生产厂家
宇凌牌CA－10EQ－140前后轮毂	林县汽车配件总厂
FQ—140后轮壳	林县汽车附件厂
中州牌MJ317型普通带锯机	临颖木工机械厂
蜂珠牌聚合物加固GRC瓷浴缸	舞阳县新型装饰材料厂
硅酸钾钠	漯河市水玻璃厂
鸡鹤牌丁酸	尉氏县香料厂
铁塔牌TTB－B型弹性套管式补偿器	开封柳园水暖器材厂
碧光牌32mm实腹钢窗	平顶山市钢窗厂
源涛牌80WG型污水泵	宝丰李庄矿山机械厂
180克特号瓦楞原纸	宝丰县石桥福利造纸厂
H_2系列铸铁闸门	商城县水利机械厂
灿丽牌羽绒服装	商城县羽绒制品厂
固联牌多孔活性二氧化硅微粉	往流镇化工原料厂
伏牛牌ZD—12/100Mpa超高压注油器	镇平注油器厂
康乃馨牌抽纱绣衣	云阳抽纱服饰厂
豫西牌F_2复合保护渣	西峡县保护材料厂
SC－氯丁橡胶防水涂料	三门峡西涂料厂
大漆推广餐桌	卢氏县文峪国漆工艺厂
淇河牌铸铁暖气片	浚县暖气片厂
CG牌110kv电流互感器瓷套	长葛高压电瓷厂
宇新牌RS－2型脱硫活性炭	河南宇新活性炭厂

湖北省

产品名称	生产厂家
精制腐竹	枝江县腐竹厂
TGI型70×250液压油缸	枝城市液压机械厂
长坂坡牌425#普通硅酸盐水泥	当阳市干溪水泥厂
凯驰牌女裙	天门市九真童装厂
劲松牌MJ318C型普通木工带锯机	天门市干驿木工机械厂
欢天喜地花炮	公安县花炮厂
振华牌毛呢男大衣	潜江市幸福服装厂
48×88男童游乐服套装	洪湖市童装厂
晨光牌电光快引鞭炮	京山县三阳鞭炮厂
秋莲牌23—24注塑女布鞋	洪湖市塑料制鞋厂
仙女山牌30%5×10ml安乃近注射液	汉川县兽药厂
棉胶衬布	孝感市杨店染织厂
铜铝管接头	沙市市家电器材厂
铸铁锅	利川市团堡锅厂
江河牌3－Q－120起动用铅酸蓄电池	蕲春县蓄电池厂
φ200×300气缸	麻城市液压气动元件厂
吴都牌提花七彩织锦被面	鄂州市华容丝织厂
珠帆牌女式罗卜裤	长进制衣有限公司
胜佳牌GC系列油烟净化机	武汉市黄陂滠口排烟器厂
特制大地红全红鞭炮	崇阳县沙坪鞭炮厂
联乐牌弹簧软床垫	嘉鱼县床俱厂
盛喜牌A－1百菊花	宜城县花炮厂
WS1型卫生灭蚊涂料	老河口市化学涂料厂
云雾毛尖茶	随州市云峰山茶场
神龙牌MP6型手提式泡沫灭火器	黄石市消防器材厂
惊云牌民用棉絮	宜昌市棉絮厂
烧结普通砖	石首市大垸黄金đ砖瓦厂
磨力牌11C型长孔圆弧筛片	监利北横米筛厂
飞腾牌MJ318A型普通木工带锯机	芦埠机械联合制造厂
白鹤牌仿古真丝挂毯	潜江市丝毯总厂
羊牌明油花纸伞	蒲圻市羊楼洞镇扇筷厂
楚都牌73×126羽绒防寒服	潜江市仙桥服装厂
金黄蜜枣	随州市金黄蜜枣厂
勇进牌25%除草醚可湿性粉剂	随州市随西化工厂
力士牌十字型套筒扳手	英山县钢圈厂
烧结普通砖	钟祥县九里回族乡肖店砖瓦厂
神工牌EQ144汽车备胎升降器	十偃市汽车附件厂
金鸽牌人造金红石	武汉市武昌县乌龙泉冶炼厂
HB牌75×1830臭气管	武汉市汉阳县沌口铸造厂
白鹤牌油漆刷	崇阳县制刷厂
铁塔牌781-A型氧化铁红	大冶县金牛颜料化工厂
门神牌828型门锁	黄石市第二制锁厂
振华牌全毛男西服套装	潜江市幸福服装厂

产品名称	生产厂家
钻石牌圆头锤	孝感市龙店工具厂
楼鹤牌线缝男皮鞋	武汉市左岭皮鞋厂
关庙山牌YJP-1型乙炔发生器	枝江县问安机械厂
荆江牌双面油石	潜江市砂轮厂
大桥牌铜头链条锁	潜江市锁厂
江汉牌2V—0.6/7合金铝连杆	仙桃市空压机配件厂
花山牌816型氧化铁黄	十偃市氧化铁黄厂
金星牌铸钢丸	十偃市钢砂厂
菱镁砼构件包装箱	鄂州市菱镁构件厂

湖南省

产品名称	生产厂家
DB型系列微孔不锈钢过滤网板	岳阳市机筛厂
金盘牌 BDL-10/300 BL-35/600 变压器瓷套	醴陵市第一电瓷厂
梨江牌MFB-50-100型电容式发爆器	长沙县槊梨防爆电器厂
飞力牌系列轴流式排气风扇	长沙高岭电动风机厂
金龙牌DZW0.4-01-A型锅炉	益阳锅炉厂
蓝天牌起动用铅酸蓄电池	湘潭市汽车蓄电池厂
2715聚氯乙烯玻璃漆管	新邵县电机槽楔总厂
喜乐牌6NF-9分离式铁辊碾米机	汉寿县百禄桥农机厂
飘峰牌Z纸包圆铜线	汨罗市电线厂
蛟龙牌BX80—15型离心型清水泵	益阳市农机厂
二号锌锭	浬县炼锌厂
2%叶蝉散粉剂	湘潭市昭山农药厂
硅酸钠	长沙化工一厂
猫鱼牌红丹粉	邵东红丹厂
皇亲牌高锰酸钾	浬县高锰酸钾厂
双凤牌425#普通硅酸盐水泥	临浬县龙凤山水泥三厂
湘码牌425#普通硅酸盐水泥	浬县码头铺水泥厂
燕水牌425#普通硅酸盐水泥	邵东县第二水泥厂
洞庭牌425#普通硅酸盐水泥	岳阳市路口水泥厂
预应力砼空心板	常德县武陵镇建筑器材厂
YKB_2-236预应力空心楼板	益阳市金银山建筑材料厂
GB熔抽耐热不锈钢纤维	衡阳市岳屏钢纤维厂
LG蜡梗火柴	常德火柴厂
中型聚丙烯编织袋	邵阳市塑料编织包装厂
PVC中空企口板	衡山县汽车配件厂
羽毛扇	岳阳市羽绒工艺厂
畅日牌《万里长城》绣片	长沙县沙坪湘绣厂
44-152mm汉装水煮猪鬃	湘潭市猪鬃厂
76mm汉装水洗猪鬃	湖南省澧申联营猪鬃厂
83-2A型节煤炉	澧县通用设备厂
吉达利牌电光鞭炮	安化县天罩坪花炮厂
红灯牌全红炮	浏阳县金刚出口花炮厂
三江牌二型水玻璃	株州市水玻璃厂
内销纸包装	湘阴县出口包装厂
三环牌H101氧化铁红	望城县坪塘氧化铁颜料厂
硅铁（FeSi75）	宜章县五岭铁合金厂
湘江牌66型双保险弹子门锁	祁东县制锁总厂
三氧化钨	永兴县化工厂
镉红	长沙湘欧化工厂
GM-1型高强度淬火钢球	邵东县铁合金厂
夹山牌新2#岩石粉状铵锑炸药	石门县化工三厂
桔峰牌鲜桂圆露（350毫升塑料听）	醴陵市第一食品罐头厂
醴泉井牌醴泉可乐（1.25升可乐瓶装）	醴陵市白鹤泉饮料厂
食用淀粉（25kg袋装）	邵阳市淀粉厂
二级菜油（180kg桶装）	常德县油脂厂
新佳牌无铅松花皮蛋（18枚篓装）	攸县新市蛋品加工厂
桃花江牌速食豆腐花（250g袋装）	桃江食品厂
速溶高蛋白豆腐花（250g袋装）	岳阳市洞庭食品厂

广 东 省

产品名称	生产厂家
MJ10、MJ12磨浆机	番禺县石楼机械配件厂
电冰箱用加热器	番禺化龙家用电器厂
"T"型电梯导轨	广州市龙潭电梯导轨厂
梭织高尔夫球运动套服	番禺化龙服装集团公司
连衣裙	广州番禺万新时装厂
男睡衣套	番禺县绣品服装厂
女睡衣套	番禺县绣品服装厂
NLYV、NLVV农用低压地埋线	广州市番禺电缆厂
425#R普通硅酸盐水泥	广州市石井水泥厂
VVVV12电力电缆	番禺电缆厂
百草油	罗浮山制药厂
两轮摩托车制线（转速表软轴、操纵线）	珠海市三灶成发机动车配件厂
C－O盒	珠海市华声磁带厂
6A 250V一、二、三位暗开关	佛山市澜石电器厂
FHJr防火卷闸	佛山市澜石卷闸厂
DCY12—15型感应式液晶符号显示测电笔	顺德县容奇电器厂
ST-42型超薄薄膜吹塑机	顺德建丰塑料机械厂
IDB-1型漏电保护器测试仪	南海县珠江开关厂
NLYV农用低压地埋线	顺德电缆厂
HYAT23市内通信电缆	顺德电缆厂
10A 250V单相三极暗插座	佛山澜石电器厂
10A、15A 250V单相三极插头	佛山澜石电器厂
印刷橡皮胶布还原清洗剂	佛山市澜石银星化工厂
350-1中油醇酸树脂	顺德县龙江化工厂
铝质易开盖二片罐清洗剂SRC124/120	佛山市东鄱易拉罐辅料厂
铝质易开盖二片罐表面处理剂SRT4040/404	佛山市东鄱易拉罐辅料厂
35IH接技型氯丁橡胶胶粘剂	南海县粤港大明树脂厂
8168普通型氯丁橡胶胶粘剂	南海县粤港大明树脂厂
OF型调幅广播收音机用振荡线圈	南海县平州电子厂
一般用途热镀锌低碳钢丝	顺德县容奇镇镀锌线材厂

产品名称	生产厂家
90弯管系列	佛山市澜石不锈钢弯管厂
人造丝绣花线	顺德县容奇朝阳制线厂
纸排线	佛山朝东制线厂
针织人革里布	佛山市张槎针织厂
棉氮纱纬向弹力布（弹力牛仔布）	顺德容奇大进制衣厂
伊莉莎	顺德伦教织造厂
棉纺用经纱塑料筒管	顺德桂洲纺织器材厂
"D、G"仿石、刻花陶瓷砖	佛山市石湾陶瓷工艺厂
电热水器DG15冷热混合阀	顺德县桂洲水暖器材厂
水乳型橡胶沥青防水涂料	顺德县大良镇防水建筑材料厂
鲜炸狮子鱼罐头	顺德县桂洲罐头厂
蜜 橙	广东顺德饮料厂
师奶装系列服装	顺德桂洲服装厂
人造革晚礼袋	顺德龙江珠艺厂
水晶棒双托壁灯	顺德县金利灯饰实业公司
水晶棒单托壁灯	顺德县金利灯饰实业公司
户外壁灯	顺德县金利灯饰实业公司
玻璃片壁灯	顺德县金利灯饰实业公司
玻璃罩双托壁灯	顺德县金利灯饰实业公司
摇杆壁灯	顺德县金利灯饰实业公司
陶瓷台灯	顺德县金利灯饰实业公司
摇杆台灯	顺德县金利灯饰实业公司
冷热两用箱	佛山市致冷器件厂
聚丙烯建筑塑料篾	顺德县龙山塑料制器厂
c5601～1050mm吊扇	顺德桂洲第一风扇厂
DS 48～1200mm吊扇	顺德环球电器厂
HS－D3601吊扇	顺德桂洲日用电器厂
K-140型沸腾式电热开水器	南海县平北电热设备厂
DKL-5型电烤箱	南海县平北电热设备厂
特醇米酒杯	佛山张槎玻璃三厂
M6-12带垫圈膨胀螺栓	南海县东村标件厂
1.25升PETP聚脂饮料瓶	顺德龙江(香港)珠塑五金实业公司
1.25升PETP聚脂饮料瓶	顺德大良第一塑料制品工业公司
人革轻便系列童凉鞋	顺德大良凤山制鞋厂
QKS 12－QK 250型汽车空调冷却扇	顺德杏坛华山电器厂
纸塑复合包装袋	顺德大良塑织联营厂
保险式定时自动熄火石油气炉	顺德裕华钢瓶厂

产品名称	生产厂家	产品名称	生产厂家
止痒（痕）粉	佛山市敦厚化工厂	动机	
多用消毒灵	佛山市敦厚化工厂	酶　清	江门市食用生化制品厂
3#5#涤纶螺旋拉链	顺德大良凤城拉链厂	漆竹筷	南雄县雄州镇筷子工艺厂
床垫（密集型）	顺德龙江南天家具厂	H型尼龙万向轮	澄海五金工具总厂
G系列打火机	顺德桂洲打火机厂	油灰刀	澄海五金工具总厂
连衣裙	顺德容奇容纺制衣厂	聚丙烯捆扎绳(球盘形)	澄海县东里塑料绳缆厂
YSP-15型液化石油气钢瓶	顺德县裕华钢瓶厂	聚乙烯缆绳	澄海五金工具总厂
		传动用短节距精密滚子链条05B、06B	澄海链条总厂
YSP-15型液化石油气钢瓶	南海县钢瓶厂		
		滚子链条04	澄海五金工具总厂
轻便网鞋	三水县大塘制鞋厂	仿古浮雕鱼缸	潮州市古巷仿古瓷厂
SL8-2.5系列条列式插头座	南海县沙头镇电子厂	仿古浮雕花瓶	潮州市古巷仿古瓷厂
		得利梅芒果	潮州市庵埠镇第一糖果厂
热喷涂纯锌线	顺德县桂洲红旗金属拉丝厂	椰柳橙丝	潮州市庵埠乔林糖果厂
		男睡衣套	潮州市枫溪镇机绣服装厂
人造丝绣花线	顺德龙江棉线染织厂	46～233cm特异型釉上彩系列花瓶	潮州市枫溪镇瓷五厂
PVC豪华塑料百叶窗帘	顺德县捷华窗帘厂		
FC-42吊扇(1050mm)	佛山市华英风扇厂	9～19cm低温颜色釉加彩小礼品系列花瓶	潮州市枫溪镇陈桥瓷厂
FC-48吊扇(1200mm)	佛山市华英风扇厂		
FC6-20、1200mm吊扇	佛山市恒丰电器厂	陶瓷艺术坛、瓶系列产品	潮州市枫溪镇池湖瓷厂
FC6-15、1650mm吊扇	佛山市恒丰电器厂	工艺蜡烛	潮州市庵埠镇蜡烛化工厂
BW×60A电子消毒柜	顺德杏坛康宝电器厂	速溶咖啡	潮州市庵埠镇爱群食品厂
KF-1048吊扇	顺德县北滘南方电器厂	手绣女绣衣	潮州市古巷绣品工艺厂
普及型沙发	顺德县龙江南天家具厂	宇亭酒	湛江市官渡酒厂
勒流牌上清丸（小丸）	勒流中药厂	灭杀毙乳油	中国专利技术开发公司化州联营农药厂
J44-55D底传动双拉伸压力机	广东锻压机床厂		
		压花玻璃	化州县下郭工贸实业公司
KYT-25转页扇	佛山华英风扇厂	100-SH2铜质手电筒	电白县电筒工业公司
陶瓷锦砖	佛山石湾捷兴陶瓷厂	海棉弹簧床垫(普通型)	博罗县石湾床具制造厂
陶瓷锦砖	佛山澜石建筑陶瓷厂	425#普通硅酸盐水泥	焦岭县福岭水泥厂
自行车反射器系列	顺德县勒流自行车配件厂	人造涤纶植物单支花类	陆丰县东溪工艺厂
自行车脚蹬子	顺德县均安自行车零件厂	739#爽仔灯	阳江萤华灯饰厂
彩色瓦楞纸箱	顺德美安达包装公司	7038#台灯	阳江萤华灯饰厂
彩釉墙地砖	南海县上元陶瓷厂	JZ260型挤砖机	中山市小榄农械厂
502肉鸭配合饲料	顺德华星饲料厂	YSP-15型液化石油气钢瓶	中山市广沙钢瓶厂
1200毫升不锈钢旋塞保温瓶	南海县嫦娥汽压水瓶厂		
		改性PVC泡沫旅游鞋	中山市皮鞋厂
1200毫升不锈钢鸭咀保温瓶	南海县嫦娥汽压水瓶厂	BA-2型印花台(地)板胶	中山市南下制漆厂
		HS-834型遥控电源开关	中山市沙溪电子厂
JB/DQ6141-86	新会电器厂	13459双宫绸	中山小榄丝织厂
ID35泵用电动机	开平三埠微型电机厂	碧宝龄天然蜂花粉含汽饮料	中山石歧饮料厂
软质模型聚氨酯泡沫塑料	台山海棉厂		
床垫（普通型）	江门外海弹簧厂	中山龙须鱼	中山市广利罐头食品厂
325#火山灰质硅酸盐水泥	恩平县沙湖水泥厂	梭织运动服	中山黄圃服装厂
FC-15、1050mm吊扇	台山县家用电器厂	电子点火气灶阀门（CK82、83系列）	中山市小榄气具阀门厂
YL9V双值电容异步电	开平三埠微型电机厂		

产品名称	生产厂家
TTZ-2、4、8台式弹簧度盘秤	中山市石歧衡器厂
棉纸基双面压敏胶粘带	中山市永大胶粘制品有限公司
电流互感器	中山和泰机电厂
间线软皮簿	中山市张家边印刷实业公司
耳聋助听器	中山市小榄织西电器配件厂
RYA-88型封闭式电冰箱用风扇电机	中山市小榄电器厂
东方可乐	中山市东方保健饮料厂
雅黛定型雾丝(280毫升)	中山市永利日用化工厂有限公司
HS-885型载波对讲机	中山市沙溪电子厂
果酸奶	中山小榄美达饮料厂
万向轮型手推车	中山市黄圃镇二轻金属结构厂
彩釉墙地砖系列	中山市香山彩釉砖厂
RVVZ-2P阻燃不可重接插头电源线	中山市中永电器有限公司
球型门锁	中山小榄制锁二厂
P205铸造轴承座	广东三联机械厂
P207铸造轴承座	广东三联机械厂
加大5波魔术弹	东莞市万江区烟花炮竹厂
加大10波魔术弹	东莞市万江区烟花炮竹厂
外星人飞船	东莞市万江区烟花炮竹厂
50颗双龙争珠	东莞市明华烟花厂
60颗双龙争珠	东莞市明华烟花厂
88头全红排炮	东莞市寮步烟花炮竹厂
一万头全红礼炮	东莞市寮步烟花炮竹厂
425#普通硅酸盐水泥	东莞市望牛墩水泥厂
425#普通硅酸盐水泥	东莞市万鹰水泥厂
425#矿渣硅酸盐水泥	东莞新洲水泥厂
复合肥	东莞市珠江复合肥厂

广西壮族自治区

产品名称	生产厂家
525#普通硅酸盐水泥	邕宁县伶俐水泥厂
425#普通硅酸盐水泥	容县六美水泥厂
金山牌钻井液用重晶石粉	永福镇三钡矿粉厂
20#×10.9mm电镀锌铁线	容县拉丝制品厂
缝口水泥纸袋	南宁市北湖纸品厂
邕峰牌沉头开槽木螺钉	南宁市北湖木螺钉厂
茶源牌茶籽洗发精	三江侗族自治县春乐日用化工厂
20/12/12W533笛音云箭	浦北县寨圩炮竹厂
海鹰牌1/2″×1/8″×122自行车链条	玉林市链条厂
ZD50-590四层糊口水泥袋纸	玉林市纸袋厂
南流牌玻璃马赛克	博白县玻璃马赛克厂
莲花石牌400克听装桂圆晶	荔浦县荔城食品厂
双峰牌绿茶一号	灵山县沙坪茶厂
双峰牌绿茶二号	灵山县沙坪茶厂
伊岭岩牌515克糖水菠萝罐头	武鸣双桥罐头食品厂
葛仙翁牌10ml/支健育素	广西荔浦县制药厂
榕湖牌250克（150克）瓶装桂林辣椒酱	桂林市七星酱料厂
550×360×307啤酒塑料周转箱	桂林市安新塑料厂

四　川　省

产品名称	生产厂家
都江牌轻质碳酸钙	都江堰市幸福化工厂
金星牌防寒服系列	新都县金星服装厂
八一牌席梦思床垫	成都八一家俱厂
SH牌精制硫酸铝	都江堰市蒲阳化工厂
棠湖牌低压流体焊管	双流县高频焊管厂
团结牌青白料普瓶	新都县玻璃制品厂
梅花牌白厂丝	三台县西平丝绸厂
天星桥牌普硅425#水泥	涪陵市酒店水泥二厂
强牌混凝土用变形钢筋	德阳市钢铁厂
万新牌蒸压灰砂砖	万县新田建材厂
卷浪牌1500支苎麻条	大竹县江河麻纺厂
文星牌4号皱纹卫生纸	巴中县造纸厂
梅花牌白厂丝	南部县南隆丝厂
龙头牌树脂薄片砂轮	简阳县砂轮厂
银河牌2号凸版纸	仁寿东方红造纸厂
川天牌全镀铬钢制球阀	犍为县仪表阀门厂
高碳锰铁	汉源县铁合金厂
江牌人参蜂王浆	乐山市天然营养补剂厂
泉鹅牌羽绒服	绵竹县羽绒制品厂
青发牌石棉水泥小波瓦	成都青白江区石棉水泥制品厂

产品名称	生产厂家
巴蜀牌普硅425#水泥	江油市马角坝水泥厂
玉龙牌广味香肠	成都龙泉玉石食品加工厂
梅喜牌电光炮	西充县红旗鞭炮厂
新羊牌2号瓦楞原纸	梁平县新胜造纸厂
凌燕牌Y20型401环型钡永磁钛氧磁体	自贡无线电十厂
飞水牌红梅酒	大邑县莱梨酒厂
红光黑白显象管玻壳生产改造工程	四川省新兴建筑工程公司

贵州省

产品名称	生产厂家
素琼牌酱油(500毫升)	毕节素琼酱油厂
飞天牌冬笋罐头(2950g)	榕江食品厂
大力牌手推力车(SL12-F)	贵阳手推车辆厂
贵狮牌425#硅酸盐水泥	桐梓县南洋水泥厂
文笔塔牌羧甲基纤维素钠	镇远县化工厂
三山牌棕刚玉磨料(A16#-17#)	贵阳金刚砂厂

云南省

产品名称	生产厂家
钢筋混凝土用变形钢筋	昆明市呈贡钢厂
1#电解精铅	建水陈官冶炼厂
双玻璃丝包绕组线(圆线$\phi 1 \sim \phi 5$mm，扁线$1.04 \sim 5.60 \times 2$mm)	昆明电缆厂电磁线分厂
白酯胶调合漆T03-1	昆明万里油漆化工厂
双氧水(27.5%—工业品级)	昆明双氧水厂
T03-1白色脂胶调合漆	昆明嵩山化工厂
双塔牌立德粉	昆明市官度化工厂
饲料磷酸氢钙	宜良联营化工厂
0.006%聚乙烯微地膜	陆良县塑料厂
250克硫酸盐浆挂面箱板纸	昆明市福保造纸厂
玉龙牌425#矿渣硅酸盐水泥	玉溪市北城水泥厂
联谊牌风味油炸土豆片	昆明市联谊食品厂

产品名称	生产厂家
秀香牌豆沫糖	通海县长河豆沫糖厂

陕西省

产品名称	生产厂家
南湖牌425#普通硅酸盐水泥	南郑县阳春水泥厂
烽火牌425#硅酸盐水泥	礼泉县烽火水泥厂
汉塔牌425#硅酸盐水泥	西乡县板桥水泥厂
预应力多孔楼板	城固县龙头水泥制品厂
预应力多孔楼板	城固县上道院水泥制品厂
雪峰牌二号35克/m^2有光纸	耀县造纸厂
和菊牌二号35克/m^2有光纸	武功县东方造纸厂
二号180克/m^2瓦楞原纸	眉县板纸厂
单人沙发	安康市沙发蓬套厂
康乐牌组合柜	武功县康乐木器厂
组合柜	西安市高教基建木器厂
渭北牌瓦楞纸箱	合阳县路井纸箱厂
凤舞牌男运动注塑布鞋	凤翔县振兴鞋厂
达达牌男相巾注塑布鞋	岐山县城北鞋厂
男机绱布鞋	宝鸡县天王布鞋厂
女胶粘牛皮鞋	永寿县长宁皮鞋厂
男式大舌头线缝牛皮鞋	洋县皮鞋厂
金鹰牌淡色啤酒	安康啤酒厂
小麦标准粉	户县粮油厂
楼上楼牌团圆肉饼	城固县城西食品厂
红星牌麻片	礼泉县红星副食加工厂
对边牌DB系列石膏装饰天板	紫阳县装磺制品厂
电解金属锰	宝鸡县电解锰厂
电冰箱搁架	千阳县长虹电器厂
移开式交流金属封闭开关设备	长安县前进电器厂
梅花牌离心式单相交流电动吹风机	眉县吹风机厂
半自动营养钵制钵器	旬阳县甘溪农机修配厂

甘肃省

产品名称	生产厂家
ϕ3.2mm电焊条	兰州市长河电焊条厂
ϕ4.0mm电焊条	兰州市长河电焊条厂

产品名称	生产厂家
男衬衫	兰州市安宁衬衫厂
水泥墙板	兰州市安宁建筑构件厂
红葡萄酒	张掖市果酒厂
丙纶长丝	定西县丙纶厂
软木画	天水市软木画厂
桃子罐头	秦安县罐头厂

新疆维吾尔自治区

产品名称	生产厂家
2～4mm精选蛭石	尉犁县蛭石有限公司
天池牌纯毛半开胸绣花女套衫	乌鲁木齐县天池羊毛衫厂
天池牌纯毛圆领绣花女套衫	乌鲁木齐县天池羊毛衫厂
天池牌圆领纯毛女套衫	乌鲁木齐县天池羊毛衫厂
亚西牌纯毛男开背心	查布察尔县针织厂
雪鸡牌纯毛V领男开衫	特克斯县针织厂
腈纶提花男开衫	额敏县针织厂
腈纶绣花女开衫	额敏县针织厂
西王母牌文化衫	呼图壁县针织厂

重 庆 市

产品名称	生产厂家
鸦山牌一级茉莉花茶	重庆市荣昌县安北茶厂
吉祥牌甲醇钠一级品	江北县洛碛化工厂
梅花牌优级土丝	重庆市北碚丝绸厂
飞鹿牌150#烧结普通页岩砖	巴县鹿角页岩砖厂
北泉牌420g/m²黄板纸	重庆北碚纸板厂
川塔牌氯丁胶乳沥青防水涂料	重庆市长寿长江化工厂
石马牌MZ 3-1型密封式钻孔攻丝机	重庆市大足县供水设备厂
中梁牌 120 移动式胶带输送机	重庆市中梁山运输机械厂
天宫牌无铅皮蛋	巴县界石蛋制品厂

西 安 市

产品名称	生产厂家
多功能高效增产素	长安崔营化工制肥厂
漂珠型保温冒口套	未央西秦保温冒口厂
棉 胎	坝桥浐河棉绒厂
烧结普通砖	蓝田网川砖瓦厂
标准粉	长安子午镇高村面粉厂
特级粉	长安子午镇高村面粉厂
石油沥青毡	未央武库油毡厂
高效快速破乳机	西安未央红旗石油化工机械厂
教学木器	雁塔高教木器加工厂
仿古家具	雁塔高教木器加工厂
菱镁砼包装箱	坝桥区菱镁砼制品厂
挂车制动阀	长安电子仪器厂
电动调节阀	户县热工仪表厂
石油沥青油毡	未央建章公司油毡厂
小米薄酥脆	坝桥特种食品厂
农用硝酸稀土微肥	长安稀土微肥厂
小型电力电容器	高陵电力电容器厂
民用望远镜	西安灞陵光电仪器厂
过磷酸钙	阎良磷肥厂
纯棉纱卡	坝桥纺织印染厂
涤棉细布	坝桥纺织印染厂
小磨香油	高陵通远香油厂
铸造生铁	坝桥铸管厂
无公害植物保护剂	周至秦岭生物试剂厂
啤酒大麦芽	长安麦芽厂
铬革黄牛正鞋面革	未央兴华福利制革厂
食用明胶	未央区红光明胶厂
烧结普通砖	西安市灞桥新市砖厂
TS2C型天线输入器	西安市灞桥电子仪器厂
彩电包装箱	西安市未央纸箱厂
实腹钢窗	西安市灞桥金属结构厂
铸铁浴盆	西安雁塔天池浴盆厂
毛料中山装	西安新城兴庆服装厂
男西服套装	西安新城兴庆服装厂
实腹钢窗	西安市灞桥钢窗厂
羽绒服	西安市羽绒制品厂
纸质漆包线	西安市新城电器线材厂
LS-3茶水炉	西安灞桥矿山设备厂
仿羊皮飞行服	西安迎宾西服厂
全脂牛奶粉	西安市蓝田玉山奶粉厂
男衬衫	西安市长安衬衫厂

武 汉 市

产品名称	生产厂家
GC系列油烟净化机	武汉市胜佳油烟净化机厂
HB版铸铁污水管	武汉市汉阳沌口铸造厂
金鸽牌人造金红石	武汉市武昌县鸟龙泉冶炼厂
楼鹤牌男式线缝六眼三接头皮鞋	武汉市左岭皮鞋厂
小螺口灯头	武汉市黄陂县灯头厂
螺旋输送机	武汉市黄陂县建材机械厂
卷扬式启闭机	武汉市黄陂县通用机械厂
粗粉分离器	武汉市黄陂县锅炉辅机厂
烟花	武汉市黄陂县滠口烟火器材厂
热交换器	武汉市黄陂县化工机械厂
水煮猪鬃	武汉市黄陂县环城猪鬃厂
ZZT 50型组装夹	武汉市新洲电扇厂
食品包装纸箱	武汉工贸合营新洲纸箱厂
毛呢男西服	武汉市新洲县风华服装厂
帆布	武汉市汉阳县侏儒铸电织布厂
PP塑料编织带	武汉市武昌县化纤塑料编带厂
龙井茶	武汉市武昌县金水茶场
铁兰	武汉市联合石油化工厂
酸式磷酸锰	武汉市青菱化工厂
组合钢管脚手架	武汉市青菱除尘设备厂
LHS型微压锅炉	武汉市花山锅炉厂
翠毫茶	武汉市花山茶场
X^{X}_{R} mO系列照明配电箱	武汉市环球电器厂
锅炉化学清灰剂	武汉市解放化工厂
共挤复合塑料服装包装袋	武汉市永红塑料制品厂
铜线	武汉市扬子江铜线厂
各色印花色浆	武汉市江汉印花色浆厂
羊皮茄克衫	武汉市长青服装厂
水煮猪鬃	武汉市汉阳猪鬃厂

广 州 市

产品名称	生产厂家
索佳牌"T"型电梯导轨	广州市龙潭电梯导轨厂
蓝鹰牌梭织高尔夫球运动套服	番禺化龙服装集团公司
大白鲨牌连衣裙	广州番禺万新时装厂
彩鸟牌男睡衣套	番禺县绣品服装厂
彩鸟牌女睡衣套	番禺县绣品服装厂
恒联牌MJ10、MJ12型磨浆机	番禺石楼机械配件厂
仙鹤牌电冰箱用加热器	番禺化龙家用电器厂
乐光牌NLYV、NLVV农用低压地埋线	广州市番禺电缆厂
石井牌$425^{\#}$R 普通硅酸盐水泥	广州市石井水泥厂
乐光牌聚氯乙烯绝缘及护套电力电缆 VV_{11}、VV_{22}	番禺电缆厂
石菊花牌一次性使用输血器	花县花山医用塑料厂
石菊花牌一次性使用输液器	花县花山医用塑料厂
菱珠牌C6 232A车床	广州珠江机床厂
宝马牌$\phi 2-24$mm玻璃管	番禺县石基玻璃管厂
兴驼牌真丝化纤连衣裙	番禺县南兴服装厂
恒联牌MJ型磨浆机	番禺石楼机械配件厂
华协牌尼龙搭扣16-50mm	广东省华协尼龙搭扣厂
衣导牌女装睡衣套	番禺环宇制衣厂
企鹅牌435X282人革公文袋	番禺县化龙手袋集团公司
庆丰牌BV铜芯聚氯乙烯绝缘电线芯	广州市庆丰电线电缆厂
庆丰牌BVV铜芯聚氯乙烯绝缘电线芯	广州市庆丰电线电缆厂
彩鸟牌软料连衣裙	番禺县绣品服装厂

沈 阳 市

产品名称	生产厂家
新星牌-2空调管	沈阳市科兴金属制品厂
GFC-15(F)手车式高压开关柜	沈阳电站成套设备厂
雁牌工业硫酸亚铁	沈阳无机化工厂
东陵牌玉米淀粉	沈阳市淀粉厂
三山牌JZA-型机油增效剂	沈阳市三山精细化学厂
沈东牌单面双槽热轧弹簧扁钢	沈阳市沈东金属材料厂
健达牌复方新诺明片	沈阳市东陵制药厂
三山牌HS_{121}A型轻型载货汽车	沈阳三山汽车工业联营公司

产品名称	生产厂家
华辽牌实腹钢窗	沈阳市长白钢窗厂
万年牌SY_{132}型橡胶副簧	沈阳市长青橡胶制品厂
七星牌T_2拉制钢管	沈阳市制冷铜管厂
水字牌复方扑热息痛片	沈阳辽河制药厂
水字牌复方氟脲嘧啶多相脂质体口服液	沈阳辽河制药厂
红阳牌猎式皮夹克	沈阳市红阳服装厂
瓷瓶牌双层金属网可拆卸式屏蔽室	沈阳屏蔽设备厂
金鹿兽用安钠咖注射液	沈阳市兽药厂
飞宇牌Sy型（系列）压力释放器	沈阳市沈新电器厂
新星牌E4303碳钢焊条	沈阳市长城多功能电焊条厂
菱光牌菱镁砼系列包装箱	沈阳市平罗镁制品厂
如花牌男纯毛西服套装	沈阳市彰驿服装厂
200L闭口钢桶	沈阳市于洪轻工机械厂
曙光牌DBSN－3 DBSN－4手提金柜	沈阳市曙光金属制品厂
北星牌T_2冰箱管	沈阳市新城仪表管厂
双石牌铅锑印刷合金	沈阳冶金实验厂沈北联合分厂
百花牌新驱虫丹	沈阳市新城子制药厂
百花牌复方铝酸铋片	沈阳市新城子制药厂
棋盘山牌矿渣水泥325$^{\#}$	沈阳市新城子区水泥厂
菱环牌RXS橡皮电线TWB聚氯乙烯绝缘护套软线	沈阳市新城子电线厂
玉字牌磷酸盐结合高铝砖	新民县耐火材料厂
辽河牌PE250×400 400×600复杂摆动型颚式破碎机	沈阳市新民化工设备厂
辽新阀牌J41N－25QDN50－DN100J41H－40QCN－50CN100中压系列截止阀	沈阳市新民高中压阀门厂
尖字牌Z15T－10闸阀	沈阳市兴中阀门厂
金龟牌QS型“三合一”减速器	沈阳市辽中减速机厂
凤凰牌毛料女西服160/81	沈阳凤凰西服厂
沈城牌11°熟啤酒	沈阳市虎石台啤酒厂
沈花牌奶油巧克力豆	沈阳市望花食品厂
新城牌老窖酒	沈阳市新城子酒厂
SD2烧结普通砖	沈阳市东陵区高坎建材企业公司[illegible]砖二厂
SD24烧结普通砖	沈阳市望花建材厂

哈尔滨市

产品名称	生产厂家
食用玉米淀粉	哈尔滨太平淀粉厂
饴糖	哈尔滨新春饴糖厂
广泛pH试纸	哈尔滨新春化工厂
Z44T-10-50阀门	哈尔滨新春阀门厂
美术石膏纤维装饰板材料	哈尔滨新春阀门厂
TZG弹力丝纸筒管	阿城市纺织器材厂
棕刚玉	阿城市平山磨料厂
白鸽牌双眼炉具	呼兰县炉具厂
11°泉雪啤酒	阿城市玉泉酿酒厂
镀锌线	阿城市蜚克图铁编织厂
红砖	哈尔滨市南岗区跃进砖瓦厂
给水设备	哈尔滨市昌宁给水设备厂

青岛市

产品名称	生产厂家
L牌275毫升汽水瓶	青岛崂山玻璃厂
室雅牌柚木小条拼方地板	青岛城阳地板厂
沙字牌CS4A1AH-1.6Z自由浮球式疏水阀	青岛疏水阀厂
发育牌食用小苏打	青岛红寨化工厂
飞牌275毫升汽水瓶	胶州日用玻璃厂
麒麟牌450g复合洗衣膏	胶州家用化工厂
典雅瑶池牌席梦思床罩	青岛第二刺绣厂
华青牌BVR聚氯乙烯绝缘电线	胶州电缆厂
胶州牌425$^{\#}$普通硅酸盐水泥	胶州水泥厂
晓波牌婚礼套装	青岛第九针织厂
鲁东牌陈酿黄酒	青岛龙泉酒厂
老黄牛牌复合装饰板	青岛胶南合成材料厂
老黄牛牌不饱和聚脂树脂	青岛胶南合成材料厂
黑猫牌胶粘布鞋	青岛灵山卫布鞋厂
青平牌氧化淀粉浆料	青岛平度变性淀粉厂
双和牌洗衣机用管状电热元件	青岛莱西电热电器厂

产品名称	生产厂家
培力牌高、中级乒乓球台	青岛体育用品厂
柳花牌橡塑胶辊	青岛市黄岛新兴胶轴厂
圈型牌铸型尼龙	青岛工程塑料厂
卫士牌JTJ-3-3030型金属探测器	青岛电子检测仪器厂
SHARP洗衣机纸箱	青岛工贸合营包装厂
青新牌圆火腿	青岛新盛圆肉制品厂
四化牌橡塑胶搓皮板	青岛纺织橡胶厂
四化牌涤棉印花涂料金黄FG	青岛油墨厂
四化牌涤棉印花涂料嫩黄FG	青岛油墨厂
四化牌涂料大红FFG	青岛油墨厂
四化牌涂料蓝FFG	青岛油墨厂
岩石牌防老剂BLE	青岛助剂厂
楼山牌7C－1.5A型农用挂车	青岛楼山农机厂
琴华牌精梳涤棉细平布	青岛楼山织布厂
恒光牌R_{20}S电池	青岛电池厂
双环牌氯化石蜡—52	青岛美容化工厂
牧马城牌SCP160A塑料破碎机	青岛胶州橡胶塑料机械厂
胶州牌425#R普通硅酸盐水泥	青岛胶州水泥厂
牛牌中圆、半圆锉	青岛即墨钢锉厂
花冠牌LFN241羊绒分梳联合机	青岛胶南第三纺织机械厂
大王牌鳞片高碳石墨	青岛平度田庄石墨一矿
采花牌鳞片中碳石墨	青岛平度田庄石墨二矿
神岭牌山楂饼	青岛果品加工厂
连环牌G01系列射吸式割炬	青岛气焊工具厂

南京市

产品名称	生产厂家
PVC壁纸	南京装饰材料厂
硅酸铝耐火纤维卷毯	南京铜井耐火材料厂
PVC增强塑料软管	六合县竹镇塑料二厂
日光灯镇流器	南京雨花光源电器厂
可锻铸铁管路连接件	南京水暖器材厂
BES1300－6－475/25－8.5/5.0系列铜制列管式换热器	南京除尘设备厂
环形钢筋混凝土电杆系列	南京石门坎水泥制杆厂

宁波市

产品名称	生产厂家
万安牌JYT－0.6B型家用液化石油气调压器	宁波万安阀门厂
长河牌JYT－0.6A型家用液化石油气调压器	慈溪市阀门厂
狼牙牌硬质合金系列旋转锉	余姚市东方量具厂
佳羽牌羽绒被（含绒量≥50%）	宁波市羽绒制品公司
地羽牌男式羽绒衣（含绒量≥50%）	宁波羽绒制品公司
地羽牌女式羽绒衣（含绒量≥50%）	宁波羽绒制品公司
如意牌NG90－Ⅱ型医用高压氧舱	宁波市高压氧舱厂
三江牌JA 1－1缝纫机针杆连接轴	奉化缝纫机零件厂
甬字牌JA 1－1家用缝纫机摆梭	鄞县缝纫机零件厂
金凯牌DBL_1－20型漏电保护器	余姚市保安器厂
洛特牌LZ2822型罗拉轴承	慈溪永红纺织器材厂
金海乐牌毛精纺男西装	奉化制衣厂
罗蒙牌毛精纺男西装	奉化罗蒙西服厂
迷霞牌毛精纺男西装	奉化华中西服厂
恋舒牌毛精纺男西装	奉化屯头西服厂
培罗成牌毛精纺男西装	宁波培罗成西服厂
申迷牌毛精纺男西装	奉化第八服装厂
达吉牌茄克衫	奉化时装厂
鱼龙牌TECA－0301电子调节仪	余姚仪表成套厂
鱼跃牌TDA－8001温度显示调节仪	余姚仪表厂
铁锚牌1001－1005密度计	余姚传感器厂
伏龙牌氯丁橡胶系列同步带	宁波慈溪同步带厂
明姚牌铜芯聚氯乙烯塑料软电线（RVVB型）	余姚电线插头厂
天固牌（钨）MIF系列建筑工具夹具	慈溪机械工具厂
工宝牌TDW温度指示调节仪	余姚市温度仪表厂
北仑牌YS25.20－C注塑成型机	宁波第二塑料机械厂

产品名称	生产厂家
仙人牌6120输油泵	慈溪油泵厂
圆星牌DF系列电磁阀	余姚仪表四厂
三安牌QF－11型液氨钢瓶阀	象山制阀厂
兰天牌12－D－3G型充电器	鄞县自动化仪表二厂
宁缝牌GC15－1型工业缝纫机零件(牙架抬牙、叉型曲柄、送料摆杆座)	宁波工业缝纫机零件厂
大地牌力车内胎气门咀	余姚气门咀厂
波花牌1511棉织梭子	宁波梭子厂
蜜蜂牌1511棉织梭子	鄞县纺织器材厂
东海牌YG－1永磁感应器	宁波电子器材一厂
镇电牌$42C_3$－V、$6C_2$－A、$42L_6$－A/V、$6L_6$－A/V，$44C_2$－A/V、$44L_1$－A/V交直流电压表	镇海电表厂
甬安牌S.SOF－16车轮	宁波第二车辆厂
天童牌YSF－2溶解乙炔气瓶阀	宁波化工阀门厂
天童牌YSF－1液化石油气瓶阀	宁波化工阀门厂
银环牌LZB－15－100(液体)玻璃转子流量计	余姚流量仪表厂
泰山牌GJ－2速印机	宁波速印机厂
金塘牌WSB－22型无尘石棉布	余姚市无尘石棉厂
镇电牌85C1－A、91C4－A交直流电流电压表C1－V、C4－V	镇海电表厂
圆星牌DF系列电磁阀	余姚仪表四厂
铁锚牌1001－1005密度计	余姚仪表二厂
新安牌SN10－101型户内高压少油断路器	慈溪电器开关厂
海天牌SZ－200/100塑料注射成型机	宁波第一塑料机械厂
万家乐牌GZ4414、GP4306型分支器	宁波长征电子元件厂
双又牌WH12碳膜电位器	余姚仪表八厂
振宇牌KDC－AD4型彩电电源开关	余姚市电子器件二厂
仙凤牌增白润肤霜	宁波仙凤化学制品厂
明春牌白玉霜	慈溪佳美化学品厂

产品名称	生产厂家
精华牌GBD－A型防爆灯	余姚防爆电器厂
北仑牌H62拉杆天线套管	宁波铜管厂
畅翔牌丝绸短袖宽松衫	鄞县第五服装厂
江桥牌100g小包装榨菜	余姚第二菜类制品厂
鱼跃牌TEEA－2301电子调节仪	余姚仪表厂
金凯牌DBL1－20型漏电保护器	余姚市保安器厂
回龙牌1511粒子花呢	余姚市毛纺织厂
金鼎牌IDY－1A电熨斗	余姚市电熨斗厂
三安牌QF－11型液氨钢瓶阀	象山制阀厂
九龙牌高级口洁净	象山日用化学厂
一休牌童茄克衫	宁海一休童装厂
野马牌毛腈骆驼绒	宁波骆驼绒厂
镇仪牌DYS氧化铝水位计电接点	滨海电子元件厂
欣达牌D10.4A自动门锁	宁波欣达电梯配件厂
东港牌XD型旋锻变径机	宁波针机制造厂
北仑牌T2紫铜管	宁波铜管厂
天坛牌（9372）珠茶	鄞县第二精制茶厂
海日牌食用盐	鄞县联胜盐厂

成都市

产品名称	生产厂家
温泉牌HSGK－01－ϕ110液压缸	成都工程机械液压件厂
都江堰牌沉淀碳酸钙（轻质）Ⅰ型	都江堰市幸福化工厂
SH牌精制硫酸铝一级品	都江堰市蒲阳化工厂
BY牌席梦思软床垫（密集型）	成都八一家俱厂
青发牌石棉水泥小波瓦	成都青白江石棉水泥制品厂
金星牌QJ男女系列防寒服	成都市新都金星服装厂
棠湖牌低压流体焊管	双流高频焊管厂
团结牌青白料500毫升普瓶	新都县玻璃制品厂
玉凤牌广味香肠	龙泉洪河玉石香肠厂
钢模	龙泉红星钢模厂

附录四

1989年乡镇企业新产品、新技术名录

北　京　市

名　　称	开发单位	鉴定部门
紧凑型高效电子节能灯	昌平新星电气公司	市乡镇企业局
系列紫外线杀菌灯	朝阳平房石英玻璃仪器厂	市乡镇企业局
镁纤系列建材产品	房山豆店宏伟新型建材厂	市乡镇企业局
燃气球阀	昌平崔村燕山煤气节门厂	市乡镇企业局
无石棉汽车制动衬片	海淀四季青无石棉摩擦制品厂	市乡镇企业局
活动地板固定式联网支架	海淀四季青京西中频电子设备厂	市乡镇企业局
服装蒸汽熨烫设备	丰台万泉机械厂	市乡镇企业局
半自动卧式带锯床	丰台青塔机械厂	市乡镇企业局
复合型水处理药剂	朝阳金盏兴华水压稳定剂厂	市乡镇企业局
新型抹灰粉	朝阳楼梓庄东方建筑石膏板厂	市第五建筑工程公司
早凝早强钢渣水泥	丰台太子峪知青水泥厂	市第五建筑工程公司
室外翻转式金属平开窗	怀柔茶坞钢窗厂	市科委
喷射式清洗机	通县新光电器厂	市科委
防火防水石膏板	顺义李桥东方新型建材厂	市科委
烟草专用肥、复合肥	平谷新平碱厂	市科委
复合氨基酸饲料添加剂	石景山化工厂	市科委
推车式空气泡沫产生器	延庆东方消防器材厂	市消防器材工业公司
无机结合料拌合机	延庆镇修配厂	市消防器材工业公司
光固阻焊油墨	大兴兴福精细化学研究所	市经委
不锈钢波纹管	北京兴达波纹管厂	市经委
无铬泥浆稀释剂	北京怀柔县化工厂	市经委
钢水测温定碳仪	燕山无线电仪器厂	市经委
10%嗅氰菊酯马拉硫磷乳油	顺义农药厂	化工部科技司

天　津　市

名　　称	开发单位	鉴定部门
CTX-1磁性绘图片	天津市海河磁性材料厂	市科委
ZDX地毯清洗机	天津市蓟县七三一二联营厂	市科委
高精度冷拔管产品及工艺	天津市长城高精度金属冷拔厂	市科委
钾盐干粉灭火剂	天津市中原消防化工厂	市科委
对氨基苯磺酸及T法新工艺	天津治安化工厂	市科委
汉性胶粉及工艺	天津再生胶厂 天津橡胶工业研究所	市科委
尼龙纤维1000-20定性能实心轮胎	天津耀华实心轮胎厂	市科委

名　　称	开发单位	鉴定部门
一步法区域钢化玻璃	天津市三联工业技术玻璃厂	市科委
2C蜗杆减速机	天津市6所减速机厂	市科委
897农药增塑剂	津北农用化工厂	市科委
高效杀虫涂沫剂	天津富岭杀虫剂厂 天津市防病中心	市科委
耐油微孔劳保鞋底产品及工艺	天津津海橡塑鞋业有限公司	市科委

山　西　省

名　　称	开发单位	鉴定部门
LSAC活性硅铝炭黑	山西省介休县炭黑厂	省乡镇企业局
通用橡套软电缆	山西省阳城县电缆厂	省乡镇企业局
食品添加剂姜黄色素	山西省清徐县徐沟天然植物色素厂	省乡镇企业局
铝电解用普通阳极碳块	山西省灵石晋阳电碳厂	省乡镇企业局
软质钻孔装饰吸音板	山西省运城市龙居建材厂	省乡镇企业局
WOJ碗扣型多功能脚手架	山西省文水县工程机械总厂脚手架厂	省乡镇企业局
DGN-GK-1V型多功能锅炉自控仪	山西省晋城市东关防爆电器厂	省乡镇企业局
BY-J型医用过滤式防尘面罩	山西省太原市防尘器具厂	省乡镇企业局
铜芯漆包聚乙烯绝缘尼龙护套耐火绕组线	山西省清徐县集义耐水电磁线厂	省乡镇企业局
快硬硫铝酸盐水泥	山西省阳泉市特种水泥厂	省乡镇企业局
ZBGF-140型浅耕施肥播种多用机	山西省临猗县卓里机械厂、运城地区农机研究所	省科委

内蒙古自治区

名　　称	开　发　单　位	鉴定部门
中华麦饭石粉丝	凉城岱海粉丝厂	盟科委
绒面印花皮领带	包头东宝皮革厂	包头市科委

辽　宁　省

名　　称	开发单位	鉴定部门
铝芯水泥柱限流电抗器电缆	沈阳电缆厂十分厂	沈阳市标准计量局
LS-25型流速试验台	沈阳市变压器厂继电联合分厂	沈阳市标准计量局
QJ4-25型气体继电器	沈阳市变压器厂继电联合分厂	沈阳市标准计量局
JE-A机油增效剂	沈阳市三山精细化工厂	中国科学院长春应用化学研究所
水工观测电缆	沈阳市红星电缆厂	水电部八局科研所
DCP-120型电动草袋机	沈阳市满融机械厂	沈阳市标准计量局、省农机鉴定站
高密度性能安全阀	沈阳市文官金属阀门厂	沈阳市标准计量局
节能冲洗阀	沈阳市文官金属阀门厂	沈阳市科技委

名　称	开发单位	鉴定部门
圆孔旋塞阀	沈阳市文官金属阀门厂	沈阳市标准计量局
CL-G、CL-2G型冷光管	沈阳市新兴灯具厂	省计量局矿用安全仪器计量站
喷水织机浆料	大连新金农药化工总厂	大连市标准计量局、市经委
WFM-4K复膜机	大连庄河印刷设备厂	大连市标准计量局
MYT3-40、MYT-70电动液压推动器	大连低压开关厂电器制动器分厂	大连市标准计量局
SC-1型携带式刷车器	大连刷车器厂	大连市标准计量局
MP新型洗涤助剂	大连新金精细化工厂	大连市标准计量局
P1A-601调剂剂	大连有机助剂厂	大连市标准计量局
印刷胶辊	大连庄河县大郑橡胶制品厂	大连市经委
丝麻呢	大连庄河县丝毯厂	大连市标准计量局
G7030液压弓锯床	大连锯木厂	大连市经委
包装制品胶版印刷机	大连庄河县大郑印刷机械厂	大连市经委
4G300332 8轴承	大连瓦房店市非标准轴承厂	大连市标准计量局
BX1-160-ZV型交流弧焊机	大连瓦房店市电焊机厂	大连市标准计量局
内衬陶瓷截止阀	大连棋盘内衬陶瓷高压阀门厂	大连市标准计量局
QTK-H型快速开合台虎钳	大连人民机器厂	大连市经委
WKC 2快速光亮淬火油	大连市瓦房店市石油化工厂	大连市标准计量局
WKF 2快速等温分级淬火油	大连市瓦房店市石油化工厂	大连市标准计量局
FGZ500罐头瓶滚压式切口机	大连市庄河县模道河冷饮机械厂	大连市标准计量局
FGS 500罐头瓶滚压式切口机	大连市庄河县模道河冷饮机械厂	大连市标准计量局
椒盐雪白瓜籽	大连市瓦房店市炮台外贸加工厂	大连市标准计量局
U型波纹管	东北工学院海城金属波纹管厂	中国科学院金属研究所
ODL型高效袋式过滤机	鞍山市水净化设备厂	省科学技术委员会
S2D系列低水位喷射真空除氧器	鞍山市海城市锅炉软水设备厂	省标准计量局
XD-1型移动式瓦斯泵站	海城市工矿设备制设厂	煤炭部科学研究院
超精细电动加液仪	丹东市分析仪器厂	省标准计量局
造纸压光机	丹东市造纸压光机厂	省标准计量局
9-20树脂	丹东市振安树脂厂	省科学技术委员会
PPS-2油剂	丹东市当阳县辽东纺织助剂厂	省标准计量局
TLB36/3.0油田稠油泵	丹东市油泵厂	省标准计量局
水貂配合颗粒饲料	东沟县水貂饲养厂	省标准计量局
DM-10A型电磨	东沟县新农农机厂	农业部农业机械试验鉴定总站
DD8622单相电度表	丹东市凤城满族自治县电工仪表厂	省标准计量局
2%甲胺磷粉剂	盖县农药厂	省标准计量局
SNX系列室内消火栓箱	辽阳市供水设备厂	省公安厅
2 112PWL型离心式污水泵	辽阳市水泵厂	省机械工业委员会
DQB-2型汽枪输送靶	辽阳市灯塔日用设备厂	国家体育器材审定委员会
TCY系列近视光学治疗仪	本溪射线仪器厂	省标准计量局
送燃式垃圾焚烧炉	锦州女儿河环保设备厂	冶金部安全环保司
菊花乳油	彰武县农药厂	省标准计量局

吉林省

名称	开发单位	鉴定部门
晶体管高频防垢除垢仪	长春市滑翔水处理设备厂	省电子厅、省乡镇企业局
冷冻式空气干燥机	长春市光机电技术联合开发试验厂	省乡镇企业局
活性氧化锌	吉林市金刚化工厂	省乡镇企业局
弯板焊接工程链	四平市特种输送链条厂	省乡镇企业局
焦油聚脂(无纺布)防水卷材	长春市同心橡塑防水材料厂	省轻工厅、省乡镇企业局联合
NF-2型汽车暖风机	敦化市空调设备厂	省轻工厅、省乡镇企业局联合
柠檬酸	梅河口市柠檬酸厂	省轻工厅、省乡镇企业局联合
无色夹层玻璃	东辽县汽车风档玻璃厂	省乡镇企业局
膨润土长效降阻剂	浑江市长效降阻剂厂	省乡镇企业局
电热膜自动热水器	柳河县电热器厂	省乡镇企业局
全化纤针刺造纸毛毯	长春市工业用呢厂	省乡镇企业局
癸二酸	洮南市有机化工厂	省乡镇企业局
食用酒精	伊通县酒精厂	省乡镇企业局
月见草油	安图县长白山天然月见草油厂	省乡镇企业局
玉米葡萄糖浆	长春市净月玉米糖浆加工厂	省乡镇企业局
电脑打印纸	长春市春城信息纸厂	省轻工厅、省乡镇企业局联合
中频感应加热推制弯头	梅河口市石油机械配件厂	省轻工厅、省乡镇企业局联合
耐老化聚乙烯参用薄膜	长春市团山塑料厂	省轻工厅、省乡镇企业局联合
黑加伦浓缩汁	吉林市长白山野生果汁厂	省轻工厅、省乡镇企业局联合
天然气半补强炉法炭黑	镇赉县大屯炭黑厂	省乡镇企业局
CA141水泵密封件	东辽县机械密封件厂	省乡镇企业局
粉煤炭加气混凝土砌块	长春市宽城硅酸盐制品厂	省机械厅
数控压力机	延边数控设备厂	省机械厅
针织羊剪绒派克服	浑江市八道江区时代服装厂	省石化厅、省乡镇企业局联合
硫化黑	吉林市北松联营化工厂	省石化厅、省乡镇企业局联合
驱虫防蛀球	浑江市长白山中草药香厂	省乡镇企业局
曲颈易折瓶	公主岭市医用药品厂	省乡镇企业局
硝基苯胺	吉林市九新化工厂	省乡镇企业局、省石化厅联合
不饱和聚脂树脂	龙井市树脂厂	省乡镇企业局、省石化厅联合
再生铸铜型材	吉林市江南有色金属加工厂	吉林市二轻局
钕锭	永吉县稀土材料厂	省乡镇企业局
页岩瓦	浑江市页岩瓦厂	四平市计、经委
中波轻镁纤维瓦	农安县轻镁纤维瓦厂	四平市计、经委
BE312ZX发电机组控制屏	长春市电业开关厂	四平市计、经委
环氧聚脂粉末涂料	四平市精细化工厂	四平市计、经委
DHN、KNG系列热水锅炉	浑江市锅炉厂	四平市计、经委
镜背漆	长春市英俊油漆厂	四平市计、经委
多功能蓄电池	浑江市福利蓄电池厂	省机械工业厅
自充电子灯	浑江市福利蓄电池厂	省机械工业厅
软质聚氨脂泡沫塑料摩托车垫芯	长春市海棉制品厂	省机械工业厅
CCP950-1型铸铁电菜锅	吉林市铸锅厂	省机械工业厅
2F-SP89型施肥器	四平市铁西日用五金厂	省机械工业厅
白粘土缸瓦	永吉县乌拉街缸瓦厂	省机械工业厅
DZG120-7/95/70-1型热水锅炉	永吉县锅炉修造厂	省机械工业厅
NC型暖风机	长春市空气调节机厂	省乡镇企业局

名称	开发单位	鉴定部门
丙烯酸系列彩砂涂料	东辽县平岗建筑涂料厂	省乡镇企业局
窄机铁路机车车辆合成闸瓦	永吉县摩擦部件厂	省乡镇企业局
钢锹、小型角钢	东丰县红星农具厂	省乡镇企业局
卫生香	浑江市长白山中草药香厂	省乡镇企业局
脂肪醇硫酸钠	四平市铁西区铁北化工厂	省乡镇企业局
板框式压滤机组	蛟河县酿造机械厂	省乡镇企业局
起动用铅酸蓄电池	吉林市长江蓄电池厂	省乡镇企业局
再生胶油毡	通化市二道江建筑材料厂	省乡镇企业局
机用三角胶带	四平市长发橡胶厂	省乡镇企业局
长白山人参王酒	通化县人参滋补酒厂	省乡镇企业局

黑龙江省

名称	开发单位	鉴定部门
ZGM高效节能技术	哈尔滨市新兴应用化学研究所	省乡镇企业局
高效防尘口罩	省劳动保护研究所、省宝清县宝清滤材厂	省乡镇企业局
DSA-5消泡剂	牡丹江东京城化学助剂厂	省乡镇企业局
WRR系列微型随机无动力燃乳化装置	肇东市机电化学工业公司	省乡镇企业局
WU型搅拌式消烟除尘装置	哈尔滨消烟除尘设备厂	省乡镇企业局
稀土高强度铸铁散热器	哈尔滨市太平水暖器材厂	省乡镇企业局

浙江省

名称	开发单位
CFJ超速分散机	嵊县城溪机械厂
HPF3816高通滤波器	温岭县电视机原件厂
YH701灿锦被面	余杭禾丰织锦厂
HJ-1水产饲料粘合剂	湖州市颗粒饲料助剂厂
灯泡专用机械设备	海宁灯泡机械厂
精萘	德清湖鞍联合化工厂
汽车用增强聚丙烯	萧山宁围塑料造粒制品厂
W8901-法芝呢	绍兴第二纺织厂
SG120型汽车转向拉杆总线	绍兴第二汽车配件厂
铸铁搪瓷浴盆	海宁市搪瓷厂
龙图织锦缎	桐乡虎啸丝织厂
KC-88锶钙钮扣磁钢	东阳市磁性材料厂
DCS-A工业用过滤布	绍兴县柯桥棉纺厂
BJ130型双管路油杯总成	萧山汽车制动器厂长山分厂
密胺塑料餐具	萧山沪萧工艺制品联营厂
H13G系列横流钢结构冷却塔	上海化工机械二厂海盐分厂
防冻散热剂	余杭防冷制品厂

名称	开发单位
GW40型钢筋弯曲机	慈溪市岩山五金铸造厂
ZCW86型及文版穿连机	上海毛巾被单机修三厂湖州分厂
1Cr18Ni12moTi2冷板不锈无缝钢管	湖州金属材料厂
羊毛制品永久性防蛀	湖州申湖羊毛衫厂
丝织针织两用尼龙-6长丝	湖州唐山化纤总厂弁南分厂
不锈钢大孔喷火中餐通用节能炒菜灶	嘉兴市不锈钢器械设备厂
金属针布（齿条）	嘉善县申龙金属针布厂
古越“FPET”运动鞋	绍兴县东岸胶鞋厂
HT-822系列PTD微处理温度显示调节仪	玉环县智能仪表厂
多孔吹热变形织物一摩青呢	绍兴县光明丝织厂
MFS-12$^{A}_{B}$型手投式干粉灭火器	海盐消防器材厂
登峰呢	杭州丝织染整厂
电热灭蚊原泥片	萧山市滤纸厂
电热灭蚊香片	萧山市杭州江南电热蚊香厂

名称	开发单位
8902华美绸	萧山市地方国营第二纺织厂
SANKE NPS-500不间断电源	三门县科学精密仪器厂
棉罗布麻混纺纱	东阳市化纤纺织厂
2KQF-30型覆盖式开讲机	绍兴加会轻纺机械厂
电力负荷控制装置	杭州西湖节能电器联合厂
DYC-10B型多功能数字式	萧山电子开关厂第一分厂
QS-1型汽水反冲洗用滤头	玉环县轻化特艺厂
冷固化高回弹（HR）模塑泡沫	岱山泡沫总厂
WFR C120 4G62 YH 501 汽车转向波庄总成	绍兴汽车第二配件厂
FK-300背封机	海宁市丰士机械厂
BF-300边封机	海宁市丰士机械厂
涤纶丝包漆包圆铜线	萧山市无线电材料厂
橡口丙锦交织男袜	上海九华袜厂绍兴县分厂
D82型潜油泵流道式导轮叶轮	瑞安市石化机械厂
BSD系列电量变送器	海盐武原电力电器设备厂
三元叶轮、流道导叶及配套多级离心泵	瑞安市水泵厂
汽车制动气室橡胶隔膜	金华市汽车配件厂
PVC复合降水胶布	萧山市壁纸厂
DH豪华型经编针织纱	绍兴县第二经编机厂
威尔呢	绍兴第八丝织厂
墙体特灰	天台县城关建筑工程队
620W 760W真空吸尘器电机	玉环县家用电器厂
重氮感光复印纸	东阳市晒图纸厂
木工铲形钻	萧山之江工具厂
防静电耐油防滑、防菌、防臭工作皮鞋	海盐县特种纤维厂
HSLF-泰司兰	绍兴县第六纺织厂
LX系列罗拉轴承	杭州万向节总厂

名称	开发单位
重蒸剂溴甲烷	临海市建新化工厂
Y30水磁铁氧体材料	安吉耐火材料厂
SZB-1火花塞专用扳手	绍兴汽车专用工具厂
B105Q柴油机机油泵总成	绍兴县汽车油泵厂
复合层渗铝保健铁锅	长兴县泗安渗铝制品厂
WY40型涤纶花热压机	舟山市普陀区轻工机械厂
微型摆线针轮减速机	嵊县分马力电机厂
新型增加塑料复合密封件	嘉兴市塑料二厂
VQD系列电动Ⅲ型内浮球液位变送器	瑞安市管道仪表厂
氟塑料衬里磁力驱动离心泵	瓯海县三纤化工防腐设备厂
条纹型橄榄灯泡	海宁电珠厂
经纬定向塑料遮阳网布	上海长征塑料纺织厂绍兴县分厂
高强度丙纶单丝系列绳索	舟山市塑料厂
塑料萤光红5B	海宁市红旗化工厂
邻苯二甲酸二烯丙酯（DAP单体）	黄岩平田化工厂
进口小汽车钢板弹簧和悬架螺旋弹簧	诸暨钢板弹簧厂
进相机	萧山市进相机厂
66cm自行车塑料全链罩	三门县塑料厂
新型大红油漆	萧山市颜料化工厂
利用工业铜渣煅烧水泥熟料	萧山市城北水泥厂
C9-石油树脂油漆	桐乡造漆厂
PY-3型脱排油烟机	余杭红星五金厂
力矩电动机	嵊县力矩电机厂
钢门窗静电喷塑	萧山市钢门窗静电机械厂
φ2260煤气发生炉高强节能型炉篦的研制	桐乡化工塑料机械厂
预置轮胎防漏自补剂	余杭万里化工实验厂
闪光镶边绸	余杭纺科所
JZY2-A120型液化石油气炉具	余杭良渚机械厂
CP-1充电式自动喷雾器	嵊县玻纤机械厂

上　海　市

名　称	开发单位	鉴定部门
自动报警双高阻输入工业pH计	雷磁仪器新泾分厂	市农机工业局委托上海县乡镇企业局
低收缩不饱和聚脂玻璃纤维增强膜塑料	上海市合成树脂研究所梅陇实验厂	市农机工业局委托上海县乡镇企业局
锑电极自动清洗传感器	雷磁仪器厂新泾分厂	市农机工业局委托上海县乡镇企业局
抗氧硅	嘉定县长征综合化工厂	市农机工业局委托嘉定县乡镇工业局
碳化硅复合脱氧剂	上海碳素厂嘉定分厂	市农机工业局委托嘉定县乡镇工业局
高精度单三相电度表检验台	嘉西电器设备厂	市农机工业局委托嘉定县乡镇工业局
T-M液体酸酐	上海凌桥石油化工设备厂	市农机工业局委托川沙县乡镇工业局
中频感应热处理炉	上海浦东汽配件厂	市农机工业局委托川沙县乡镇工业局
PYQ-101平压压痕机	山阳纸箱机械厂	市农机工业局委托金山县乡镇企业局
单支承弹性体结构立式离心脱水机	崇明生力洗涤设备厂	市农机工业局委托崇明县经委
高速双击整模冷微机	南汇下沙联营木螺钉厂	市农机工业局委托南汇县乡镇工业局

安　徽　省

名　称	开发单位	鉴定部门
AQG-880活性碳酸钙	安庆市杨桥化工厂	省乡镇企业局
GFS钢制防盗纱门	合肥市淝河钢窗厂	省乡镇企业局
N_1型系列柔性机械接口灰口铸铁直管	肥东县撮镇铸锻厂	省乡镇企业局

福　建　省

名　称	开发单位	鉴定部门
人造毛皮	福州市郊区保福毛皮厂	福州市乡镇企业局
ZQB 3×4－24微型直流潜水泵	平潭县机电厂	省乡镇企业局
竹材刨花板	将乐县漠源复合板厂	三明市乡镇企业局
SDJG-1型伸缩电警棍	福州西河光电设备厂	省乡镇企业局
IWD-S 20型三脚架	福鼎县测绘器材厂	省乡镇企业局
IQB 3×4－24微型直流潜水泵	福鼎县城关塑料厂	省乡镇企业局
ZP 200A、ZP 500A硅半导体电力器件	仙游县榜头无线电厂	省乡镇企业局
4514玻璃纤维涂塑窗纱	福州市玻璃纤维厂	福州市乡镇企业局
竹材刨花板	沙县溪源竹制品厂	省乡镇企业局

名　称	开发单位	鉴定部门
竹材刨花板	沙县飞龙复合纤维板厂	省乡镇企业局
JXⅠ-20型电动机星一三角自动转换节电器	福安县节能仪器厂	省乡镇企业局
GRC彩色瓷釉浴缸	闽侯古山洲水泥制品厂	福州市乡镇企业局
ZGX全自动供水消防装置	福州梅峰机械厂	福州市乡镇企业局
工业硫脲	沙县钡盐化工厂	省乡镇企业局
工业硫酸锰	闽侯县化工厂	省乡镇企业局
记忆回型合金丝胸罩	石狮胸罩厂	省乡镇企业局
文石画	莆田市文石画工艺厂	莆田市乡镇企业局
JZY_2-FZ_2型家用煤气灶	长乐县阜山煤气用具厂	福州市乡镇企业局
仿玉瓷珠座垫	宁德建筑陶瓷厂	宁德地区乡镇企业局
日（荧）光灯电子多功能控制器	福清新侨家用配件厂	福州市乡镇企业局
甜蜜素	建瓯县食品添加剂厂	省乡镇企业局
改性PVC(F_2)制品一电镀钟壳	福州市连潘塑料制品厂	福州市乡镇企业局
“新型”星环式节油火花塞	晋江县矿建节油火花塞厂	省乡镇企业局
毛竹旋片贴面装饰板	永安市贡川竹木家俱工艺厂	三明市乡镇企业局
珍珠绿碎茶	仙游县度尾茶厂	莆田市乡镇企业局
快速蒸饭车	政和县通用机械厂	南平地区乡镇企业局
DF-1型电脑仿生治疗仪	福州市城门电脑仿生仪器厂	省乡镇企业局 省医药总公司
无证驾驶和酒后开车控制器	南安县建兴五金工具厂	省乡镇企业局
人造茶色石英晶体	崇安县人造石英晶体厂	省乡镇企业局
氟利昂-12（F_{12}）	将乐省致冷剂厂	省乡镇企业局
DE15LG-40漏电断路器	闽侯县保安开关厂	省科委 省乡镇企业局
4.1米全塑工作船	三明市明珠防腐设备厂	省乡镇企业局 省船舶工业公司
CC52-SL、CT52-ZE_4圆片穿心瓷介电容器	福州市台江电子电器厂	省乡镇企业局 省电子工业公司
流星彩灯	三明市梅列电子仪器厂	三明市乡镇企业局
竹胶车厢底板	崇安县竹胶板厂	南平地区乡镇企业局
DKCO·3型手机风动雕刻锤	惠安县南浦机修厂	省乡镇企业局
陶坯釉雕外墙砖	晋江县面砖厂	泉州市乡镇企业局
杀虫香雾剂	仙游县塔兜香剂厂	莆田市乡镇企业局
高效复合皂片	莆田县华东日用化工厂	莆田市乡镇企业局
QBM-2010型气压臂式手扶磨石机	惠安县洛阳农机厂	泉州市乡镇企业局
GN型鞋用高强度氯丁橡胶粘剂	泉州市城东胶粘剂厂	泉州市乡镇企业局
DGC型消磁线圈	福州市郊区古山上洋电器厂	福州市乡镇企业局
AV-105型消磁线圈用电线	福州市郊区古山上洋电器厂	福州市乡镇企业局
GN19-10/1000GN19-10C/1000户内高压隔离开关	福州开关总厂第一分厂	省乡镇企业局
三联淋浴器	南安县英都水暖设备厂	泉州市乡镇企业局
机编竹席	顺昌德昌竹艺有限公司	南平地区乡镇企业局
涂料工业用气流超微高岭土	泰宁县上青高岭土精细加工厂	省乡镇企业局
WFT-J无机防火涂料	晋江县华强防火涂料厂	省乡镇企业局
Y6N透明防火涂料	晋江县华强防火涂料厂	省乡镇企业局

名称	开发单位	鉴定部门
芥酸、油酸	沙县油脂酸真空精馏厂	省乡镇企业局
莱油沥青	沙县油脂酸真空精馏厂	省乡镇企业局
GZK—Ⅱ型功率因数补偿控制器	浦城县新兴电器设备厂	省乡镇企业局
JHV2209Q、JHV2211E电子节能灯	莆田市苍东电子企业有限公司	莆田市科委 莆田市乡镇企业局
V4151·6-40、V4151·6-50、V4151·6-80无填料柱塞阀	省乡镇企业局	省乡镇企业局
金墨	福清融星日化厂福州分厂	福州市乡镇企业局
银墨	福清融星日化厂福州分厂	福州市乡镇企业局
特效油墨添加剂	福清融星日化厂福州分厂	福州市乡镇企业局
针灸针	长乐县针灸用品厂	省医药公司
乳化浆A	惠安源兴助剂厂	省化工厅

江西省

名称	开发单位	鉴定部门
杂竹纤维板	铜鼓县排埠柔竹纤维板厂	省乡镇企业局
仿红木制品	铜鼓县排埠仿红木制品厂	省乡镇企业局
金果乐原汁	靖安县饮料食品厂	省食品协会
手用可调铰刀	春新县干洲工具厂	宜春地区经委
橡胶硫化促进剂TMD	铜鼓县大山沩山化工厂	省乡镇企业局
聪明泉饮料	宜丰县洞山饮料厂	省乡镇企业局
PH-3食品膨化机	丰城市压力机厂	宜春地区机械局
煤矸石彩色墙体砖	江西八景陶瓷厂	省乡镇企业局
稀土水泥	高安县第二水泥厂	省乡镇企业局
“865”合成加脂剂	清江县皮革化工厂	省乡镇企业局
绞股兰口服液	靖安县饮料厂	省食品协会
中华金樱子口服液	靖安县饮料厂	省食品协会
中华五加参口服液	靖安县饮料厂	省食品协会
铁淦氧镁工业磁性材料	宜春市环保设备厂	省乡镇企业局
高效复方速杀灵	永修农药厂	省乡镇企业局
RLS型高效热管生活炉	九江市庐山区节能设备厂	九江市经委
彩绘木雕拐杖	永修柘林雕刻厂	九江市乡镇企业局
珊瑚工艺组合灯具	九江市灯具厂	九江市乡镇企业局
塑料粗纱管	九江市纺织器材厂	九江市乡镇企业局
DE液压支柱三用阀	德安县煤矿液压件厂	九江市机械公司
东方红75/54拖拉机引导轮、驱动轮	九江市庐山区内燃机配件厂	省乡镇企业局
TE电子式温度指示调节仪	九江市庐山区上洋数字仪器厂	省电子局
JB-D型电机节电器	德安县节能电子仪器厂	省机械厅
无毒菜油、无毒菜子蛋白	永修花生蛋白厂	九江市经委
水溶花生、花生蛋白	永修花生蛋白厂	九江市经委
刺绣日本和服、披肩	星子县刺绣工艺厂	九江市轻工局
水解复合氨基酸浓缩饲料	德安县动物蛋白饲料厂	省饲料协会
蛋白冻	鹰潭市月湖生化厂	鹰潭市经委
花粉露	鹰潭市月湖金蜂花粉食品厂	省乡镇企业局、省食品协会

名　称	开发单位	鉴定部门
刺绣绣金羊毛衫及统衣裙	上饶市星星毛纺厂	上饶地区轻化工业局
低棉宽幅方格蚊帐布	上饶市蚊帐布厂	上饶地区轻化工业局
无氧铜玻璃丝包绕组线	德安县铜材线缆厂	上饶地区机械公司
钒系金抗磨球	德安县泗洲抗磨材料厂	省乡镇企业局
金刚石圆锯片	新干建材金刚石工具厂	吉安地区经委
多元微肥	吉水县微肥厂	吉安地区经委
ZR-柴油添加剂	万安县淡溪化工厂	省石化厅
拉拉玩具	井冈山木珠工艺总厂	吉安地区乡镇企业局
菜子素洗发香波	会昌县佳宝化妆品厂	省一轻工业公司
漆木碗	崇义县工艺厂	省乡镇企业局
10%双效灵水剂	宁都县农药厂	赣州地区经委
喷灌塑料配件	抚州市塑料皮革厂	省乡镇企业局
真空镀铝烟纸	广昌县真空镀膜厂	省乡镇企业局
莲心健身茶	广昌县莲心茶厂	抚州地区经委
密耳素罐头	东乡县胜发罐头厂	省乡镇企业局
H·齿钨灯泡	抚州市灯泡厂	省乡镇企业局
QC83Z-120矿用隔爆型真空磁力起动器	897厂新平真空电器分厂	省乡镇企业局、省煤炭厅
DS-1型保安单元测试仪	景德镇市通信仪器厂	省乡镇企业局、省电子局
乐康陈醋	乐平县醋厂	省食品协会
QB--15输浆泵	景德镇市湘湖机械厂	景德镇市经委
瓷都可乐	景德镇市鱼山酒厂	省食品协会
桌面烟花	萍乡市上栗出口花炮厂	省乡镇企业局
多功能电动保护装置	萍乡市巨源车子预器件厂	省乡镇企业局、省电子局
涤纶上校呢	萍乡市毛涤纶厂	萍乡市轻化纺织工业局
YBY_2系列隔爆型局部通风机	萍乡市福田机械厂	省机械厅
65EWBCPWA离心污水泵	萍乡市水泵厂	省机械厅
涤纶柔姿绸	萍乡市青萍丝织厂	萍乡市轻化纺织工业局
涤纶素软缎	萍乡市青萍丝织厂	萍乡市轻化纺织工业局
印花涂料色浆	萍乡市印染涂料厂	萍乡市轻化纺织工业局
带响彩明珠	萍乡市烟花研究所	萍乡市轻化局
NDGT-130湿式机动磁选机	萍乡市建材厂	萍乡市机械局
BCD煤矿井下隔煤电缆连结器绝缘件	萍乡市湘东玻璃钢厂	萍乡市机械局
TCP-2型大规格波纹填料	萍乡市下埠工业瓷厂	省乡镇企业局
硬脂酸镉	萍乡市湘东电化厂	萍乡市经委
浅铬黄	萍乡市铬黄厂	萍乡市经委
板栗罐头	萍乡市源澨罐头厂	省乡镇企业局
轻质多孔填料	萍乡市下埠化工陶瓷厂	省乡镇企业局
BAS环	萍乡市栗圹工业瓷厂	省乡镇企业局
高压跌落式熔断器	萍乡市低压电器厂	省机械厅
110X汽车制动泵分泵	萍乡市汽配工厂	省机械厅
金果乐饮料	南昌市进顺饮料厂	省乡镇企业局、省食品协会
RT75A柴油发电机组	新建县望城农机厂	省机械厅
Z4多用微型机床	新建樵舍微型机床厂	省机械厅
001×7(732)#树脂	南昌大和化工厂	省乡镇企业局

名　　称	开发单位	鉴定部门
－60校直机	南昌南方板簧设备厂	南昌市机械局
机	南昌南方板簧设备厂	南昌市机械局
生	南昌市桃花营养保健品厂	省乡镇企业局、省食品协会
益智精（脑灵液）	南昌市桃花营养保健品厂	省乡镇企业局、省食品协会
康	南昌市八一食品饮料厂	省乡镇企业局、省食品协会
饮料	南昌市八一食品饮料厂	省乡镇企业局、省食品协会
滑爽剂	南昌市花园化工厂	南昌市化工局
乳液	南昌市花园化工厂	南昌市化工局
蔓	南昌市进顺饮料厂	省食品协会

山　东　省

名　　称	开发单位	鉴定部门
鞋钉机	日照市制钉设备厂（两城镇）	省乡镇企业局
自闭水嘴	蓬莱振兴水暖器材厂	省乡镇企业局
石地质勘探钻头	蓬莱县地质钻头厂	省乡镇企业局
化脂肪酸	肥城县油脂化工厂	省乡镇企业局
硼砂废水废渣生产硼镁肥	淄博硼砂厂	省乡镇企业局
化二苯甲酰	乳山县珍珠化工厂	省乡镇企业局
S－150型清扫机	寿光五金机械厂	省乡镇企业局
革鞣软剂（A、B）	烟台永昌化工实验厂	省乡镇企业局
10型电热远红外型芯烘干炉	诸城铸造机械厂	省乡镇企业局
砖	博山大乔耐火材料厂	省乡镇企业局
－34型管螺纹套丝机	荣城市标准件厂	省乡镇企业局
T47－30型4.7米冷却塔风机	莱州市西由机械加工厂	省乡镇企业局
－87B特种防火涂料	蓬莱特种防火涂料厂（刘沟）	省乡镇企业局
442－1型多用台式机工机床	文登市春华木工机械厂	省乡镇企业局
璃耐酸泵	周村化工设备厂	省乡镇企业局
—DMC共聚阳离子型聚丙烯胺	招远县京远联合化工厂	省乡镇企业局
起动液	济南长清冷起动装置厂	省乡镇企业局
C侧压浓缩机	长清第一轻工机械厂	省乡镇企业局
碳纤维增强摩擦材料	烟台冶金新材料研究实验厂	省乡镇企业局
矿用电机车综合安全仪	莱芜恒光电器厂	省乡镇企业局
山羊绒	聊城堂邑绒毛厂	省乡镇企业局
－100型发爆器	临朐钻探工具厂	省乡镇企业局
水冷壁扁钢	蓬莱县轧钢二厂	省乡镇企业局
B－25自吸油泵	章丘铜铝铸造厂	省乡镇企业局
N系列微机控制保护监测镉镍电池直流屏	淄博开关厂	省乡镇企业局
－3514串联双腔气制动阀	莱芜市兴华机械厂	省乡镇企业局
王	日照东方酿造厂	省乡镇企业局
低钠益寿酱油	日照东方酿造厂	省乡镇企业局
法镀膜玻璃	曲阜市新型建材玻璃厂	省乡镇企业局
-88优质木地板、墙布(纸)粘合剂	莱芜建筑装饰精细品厂	省乡镇企业局

名　称	开发单位	鉴定部门
塑化纤维制品	莱芜建筑装饰精细品厂	省乡镇企业局
JCTA-陶瓷砖粘合剂	莱芜建筑装饰精细品厂	省乡镇企业局
CPCD系列磁性排屑器	烟台空压机分厂	省乡镇企业局
XSH-G型高精度原油含水率自动监测仪	烟台友谊电脑公司	省乡镇企业局
矿用阻燃输送带整体带芯	济宁工业用布厂	省乡镇企业局
聚氯乙烯帆布阻燃地板革	长岛县人造革厂	省乡镇企业局
维纶布基苫布革	长岛县人造革厂	省乡镇企业局
JC400全钢制砖机	济南槐荫新兴建材机械厂	省乡镇企业局
SK炉头电极	淄博炭素厂	省乡镇企业局
高强韧性贝氏体合金铸铁磨球	莱芜市耐磨件厂	省乡镇企业局
GB～型高效薄膜浓缩机组	潍坊市宏伟化工设备厂	省乡镇企业局
45%虫菌敌胶悬剂	临淄农药厂	淄博市科委
铝铂复合防水材料	淄博辛店安装公司	淄博市科委
OL-T910偶联剂	临淄化工二厂	省科委
再生毛	临淄毛纺厂	淄博市科委
高级特艺光栅台灯	淄博市吉祥装饰公司	淄博市科委
稀土合金铸铁钢砂	周村钢砂厂	省科委
双流体隔膜气雾器	淄博植保设备厂	省科委
泡沫陶瓷过滤器	淄川双沟耐火厂	省科委
新型锆质定径水口	淄川双沟耐火厂	省科委
紫砂耐磨大型地砖	淄川双凤建陶厂	省科委
冰箱智能监护仪	淄博节能电器厂	淄博市电机电器公司
回转窑用高强隔热砖	博山耀华耐火材料厂	省冶金总公司
锡槽底砖	博山耀华耐火材料厂	国家建材部
R19-215F罗曼汽车钢板弹簧	博山汽车配件厂	省机械厅
CHY3.3 CHY20 齿轮油泵	博山油泵厂	省机械厅
JA67-60双盘压砖机	博山建材机械厂	省科委
可剥性塑料保护胶带	潍坊市压敏胶厂	省包装协会
ZDK-A型智能控制系统	潍坊市康乐电子公司	潍坊市科委
QG-2010农用运输车	青州机动车辆总厂	省机械厅
SDF304高速并条机	诸城市第二纺机厂	省纺织厅
SWMJ面粉微机控制系统	临朐县电子一厂	省科委
米糠油制脘基醇酰胺	寿光日用化工厂	潍坊市科委
DLC-A系列电动窗帘	寿光县纺机配件厂	省二轻厅
4F-50B玉米秸秆还田机	寿光第二拖配厂	省农机局
XP射线防护门窗	济南长清张夏机械厂	省医药总公司
YL系列高效节能微型泵	明水机械厂	济南市科委
电动服装模特	章丘机电设备厂	济南市科委
DT型离心通风机	历城电扇厂	省科委
工业用全自动三室清洗机	长清汽车修理厂	省科委
JKJ1000/1.6～JX高调电梯	济南清河电梯厂	省经委
电机机嵌下线成套设备	龙口振华电工专用设备厂	省机械厅
195柴油机凸轮轴	莱阳市粉末冶金厂	省机械厅
SPJ-300型食品加工机	莱阳市微电机厂	省机械厅

名　　称	开发单位	鉴定部门
RCH-DLV型500高级电吹风	莱阳市东立电器厂	省机械厅
醇溶自焊漆包线	蓬莱县特种漆包线厂	省科委
硬质合金锥齿轮刨刀	蓬莱县工具厂	省机械厅
稀土三基色荧光粉	蓬莱县荧光材料厂	省科委
三唑锡	招远三联化工厂	省科委
YGD型模数组合式空气过滤器	烟台净化设备厂	烟台市科委
Vo75．36G05织针	烟台市珠矶针厂	省纺织厅
仿格拉尺针布	招远纺织器材厂	省纺织厅

河　南　省

名　　称	开发单位	鉴定部门
香味丁烷气	郑州市密县香味打火机厂	郑州市科委
水位自动控制、显示、报警仪	河南省孟县锅炉仪表厂	
BRS-1煤制球形活性炭	河南省长葛县坡胡第二化工厂	许昌市科委
包裹型复合肥	三门峡包裹型复合肥厂	省科委
∅200～∅500系列硬质合金可转位精面铣刀	洛阳硬质合金工具厂	洛阳科委
TDS-1型电缆数字测距仪	项城县电子仪器仪表厂	邮电部
JZR_2－86C全自动多功能燃气灶	巩县家用灶具厂	省建设厅
高效率新型WSJ－89卫生巾制造机研制	三门峡市卫生巾设备厂	省科委
NQx废气回收利用新途径研究	尉氏县化工厂	
聚烯烃多功能填充母料	沈丘县刘庄镇精细化工厂	周口地区科委
“32”针织用弹簧钩针	淮阳县纺织器材厂	省计经委
速溶高蛋白乳晶	沈邱县乳品厂	省计经委
AWF强力牛肉干、AWS强化牛肉干	沈邱县人民食品厂	省计经委
桐板脱色工艺研究	郸城县出口桐木加工厂	周口地区科委
动物断头器研究	淮阳县轴承厂	省科委
耐潮引火线	鹿邑玄武花炮厂	
炮竹8751速效安全封口剂	淮阳县王店乡花炮厂	
烟味增强剂	新郑县豫中化工厂	郑州市科委
快速充电机	荥阳县厉风光电设备厂	
冰棒雪糕两用机	巩县冷冻机厂	省科委
SJG6550D旅行客车柴油机装配工艺	郑州少林汽车改装厂	
ZZG－1型煤电钻钻杆及钻杆用型钢	郑州市小型轧钢厂	
电解铝新工艺	郑州市古荥化工厂	省计经委
人造毛皮定型胶	新郑县城关镇建材化工厂	省计经委
ZWJ－150型制砖制瓦两用机	巩县英峪工程机械厂	
SIYS－1号材料气门座	荥阳县内燃机配件厂	省计经委
冷热LRW15.20ABC型调温阀	中牟县锅炉阀门厂	
巨型玉雕《万里长城》翠玉《锦绣山河》技术开发	镇平县石佛寺玉器厂	

名　　称	开发单位	鉴定部门
超高压单柱塞真空滴油式注油器研究	镇平县注油器厂	
WF-3型高效食品防腐剂山梨酸甲	南阳县茶庵综合厂	省计经委
影视舞台专用灯具设备	新乡市影视舞台灯具设备厂	省轻工厅
亚西咖啡粉	驻马店咖啡厂	
酶法糊精MD100.MD200	驻马店市中原淀粉糖厂	
地面接收天线	沁阳县航宇玻璃钢厂	省科委
可控硅中频无心感应熔炼炉	洛阳市电气电炉厂	省乡镇企业局、省机械电子厅
CSDD$\frac{2}{3}$CS－T1 4型硫磺自动分析仪	洛阳市分析仪器厂	省科委
肉联加工全套机械生产线	洛阳市宜阳肉联机械厂	省计划经济委
系列不等距可转位面铣刀	洛阳市硬质合金工具厂	省科委
SIS新型合金应用研究	长葛县新型合金轴承厂	
新型多元复合装饰涂料研究及应用	长葛县八七建化厂	省科委
YL-225型塑料叶轮增氧机	禹州市渔业机械厂	
YB型电动液压板机	开封县纺织机械厂	省科委
五香大蒜粉	临颍县大蒜调味食品厂	省计经委
彩色暗箱扣生产流水线	漯河市有色金属制品厂	
CI型组合管式高效聚凝器	商城县水利机械厂	省乡镇企业局
自动报警遮断器	鹤壁市沪光电子电器厂	

湖　北　省

名　　称	开发单位	鉴定部门
离心式渣浆泵	湖北省天门水泵厂	省机械工业厅
自动换梭棉织机	京山县第二纺织机械厂	省纺织总公司
DA-W系列净化设备	当阳市环保设备厂	省星火计划协调领导小组
双效灵	五峰氨基酸厂	省药检中心
水性稳定型带锈底漆	黄梅县涂料厂	省乡镇企业管理局
刊江-61型拖拉机	武穴市拖拉机制造厂	省机械工业厅
100HW－8(1)蜗壳式混流泵	武穴市机泵厂	国家经委农机局
ZZT50型组装夹	新洲县电扇厂	武汉市经委
JHQ系列漆雾净化器	武汉市花桥环保设备厂	武汉市科委
油烟净化机	武汉市胜佳油烟净化设备厂	武汉市乡镇企业局
稳定型酞菁兰	武汉市联合石化工厂	武汉市科委
300L－500L快开压滤器	武汉市黄陂化工机械厂	武汉市科委
人造金刚石制品	武汉市江汉金刚石工具厂	武汉市科委
整型九针打印机针	武汉市金叶缝纫机针厂	武汉市科委

湖　南　省

名　　称	开发单位	鉴定部门
C_2尿激酶	长沙市郊区大托肝素钠厂	省乡镇企业局
QY系列气垫带式输送机	湖南省岳阳市新开机械修配厂	省乡镇企业局
SF－MJ2.5、SF－MJ5.5袖珍	湖南省韶山杨林电器厂	省乡镇企业局

名　　称	开发单位	鉴定部门
手摇压面机		
5.5F-16A型钢圈	衡南县钢圈厂	省乡镇企业局
“414”消毒清洗剂	岳阳市消毒制剂厂	省乡镇企业局
XF-IL120型水旱两用单铧犁	邵东县龙公桥机械厂	省乡镇企业局
LT102绕性剑杆织机剪纬刀片	长沙县椤梨国光硬质合金厂	省乡镇企业局
聚合硫酸铁	衡山县净水材料厂	省乡镇企业局
E4324钛型高效铁粉电焊条	衡阳市电焊条厂	省乡镇企业局
热辐射遮阳隔热玻璃	桃江县玻璃镀膜工艺厂	省乡镇企业局
GR-1型高效润滑剂	邵阳市郊区第一化工厂	省乡镇企业局
往复压缩机高效节能环状气阀	益阳气阀厂	省乡镇企业局
CDF复合式滤尘器	邵阳市郊区环保设备厂	省乡镇企业局
5TG-650R柔性传动脚踏脱粒机	祁东县河洲农机厂	省乡镇企业局
NW80-8多用卧式泥浆泵	益阳县河洲水泵厂	益阳县科委
ZF150-50型电动附着式混凝土振动器	建设部长沙建筑机械研究所 湘潭市建筑机械厂	中国建筑机械总公司
HDGG-1型熔铝铸铁坩埚	长沙黄花铸造厂 湖南大学	省乡镇企业局
松油醇	邵阳市江南化工厂	省乡镇企业局
异丁基苯	汉长化工公司	省石化厅
208型矿渣石膏穿孔吸音板	湘潭县建筑材料厂	省乡镇企业局

广　东　省

名　　称	开发单位	鉴定部门
难燃电线(规格1～35m/m²标准QB440000017～89)	花县花山镇金属线材厂	省公安厅
全化纤针刺造纸毛毯(长6米至46米,宽1～2米,600～1700克重/m²)	花县梯面镇毛毯厂	广州市科委
太阳能漫反射薄膜	花县梯面农膜厂	省科委
电子节能荧光灯	广州市江南电子电器厂	省科委
电子镇流器	广州市江南电子电器厂	省科委
SL-328T双音频台式按键电话机	中山市生力电子厂	省邮电局
SL-328型脉冲电子按键电话机	中山市生力电子厂	省邮电局
感应电动机低同步转速恒转矩调速装置	中山市华山电器实业公司	省科委
按钮彩色童装系列塑料雨衣	中山市中劲雨衣制造有限公司	省科委
特效美容粉刺霜	中山市东升香妆品厂	省科委
PYA-88型无霜电冰箱用封闭式风扇电机	中山市利雅达微电机厂	省科委
果酸奶	中山市小杭美达饮料厂	省科委
十字匙门锁	中山市小杭轻工制锁厂 (小杭铜铝制品厂)	省科委
CFF2-70型手提式自动电饭锅	中山市古镇家用电器厂	省科委
塑料彩虹灯	中山市恒辉电器厂	省科委
溪河钓鱼竿	中山市威力体育器具厂	省科委
多功能视像电话系统	中山市中穗电子实业公司	省科委

名　称	开发单位	鉴定部门
液体食品复合纸包装材料	信宜远东饮料有限公司	省乡镇企业局、
新雅兰系列产品（鞋里布）	新会牛湾缝编布厂	省纺织工业公司、省第一轻工业厅
传动用短节距精密滚子链条	澄海链条总厂	省乡镇企业局
铜复合底不锈钢锅	江门市红星五金制品厂	省科学技术委员会
MCA30倾斜式刮板输送机	江门市工业链条厂	省机械工业厅
搪瓷花纸专用颜料	潮洲市左巷镇左二化工厂	省科委
电子调光书写台灯	半球集团视光电器厂	省质检中心
全频道电视平面接收天线	半球集团视光电器厂	中国测试技术研究院
直接法生产烧碱	湛江市官渡化工总厂	省高等教育局
浓香型“宇亭酒”	湛江市官渡酒厂	省轻工公司
JHJ2000/0.5—A_2型载货电梯	番禺电梯厂	省建委
美容按摩器	钟村利达石英钟厂	市轻工局
冰箱用铜铝接头	番禺冰箱配件厂	广州市科委
油水煤浆烧成陶瓷	大埔县乡镇企业管理局	省农委、省乡镇企业局
乙炔炭黑	乳源吉达化工厂	化工部炭黑质量鉴测中心
黄中珠花方漆筷	雄州镇筷子工艺厂	省日杂公司
花岗石花圆椅套	雄州镇建材水管厂	省轻工进出口公司
双人座新款花圆椅	雄州镇建材水管厂	省轻工进出口公司
单人座新款花圆椅	雄州镇建材水管厂	省轻工进出口公司
彩色瓷釉浴缸	雄州镇建材厂	省建材局
彩瓷釉圆桌面	雄州镇建材厂	省建材局
彩瓷釉方茶几	雄州镇建材厂	省建材局

广西壮族自治区

名　称	开发单位	鉴定部门
八角精	德保天保民族天然香料厂	自治区乡镇企业局
枸杞白鸽酒	北流玉峰饮料厂	自治区乡镇企业局
复合酚消毒剂—灭瘟灵	平南县化工一厂	自治区乡镇企业局

海　南　省

名　称	开发单位	鉴定部门
宝水牌天然椰子水	海南省文昌县东郊椰子总厂	省农业厅

四　川　省

名　称	开发单位	鉴定部门
九龙牌JL630系列小型客车	重庆市八桥汽车装修厂	重庆市经委
TMI—311BX型燃气压力调节器	重庆市天燃气公司、重庆界石仪表厂	重庆市经委
PC、PF排水铸铁管	巴县走马建材厂、重庆市建筑勘测设计院	重庆市科委
DI—100/330塑料外壳式自动空气	重庆山城电器厂	重庆市经委

名称	开发单位	鉴定部门
开关		
JSQ-15生活用节水器	重庆市大足县供水设备厂	重庆市经委
GJ手动摇摆式割管机	重庆市大足县供水设备厂	重庆市科委
冲天炉炼铅（废蓄电池回收）废气湿法治理工艺技术	重庆市乡镇企业科协、重庆巴县月华有色金属冶炼厂	重庆市科委
5.50F～15SDC轻型汽车钢圈	重庆市沙坪坝区红旗汽车钢圈厂	重庆市经委
大型机床集中润滑系统	四川省德阳市罗江润滑设备厂、四川省德阳市中区机械润滑设备研究所	省计经委
辐照等效人工骨及其应用	德阳市乡镇企业联合总公司	省科委
膨化薯片	盐亭县果脯食品厂	省计经委委托省食协
WBE小型汽油机水泵	四川省农机研究所、新都特种冶炼铸造厂	省农机局
中药保健防护皮鞋	四川新都佳湖皮鞋厂	省劳动人事厅
充水式双晶探头	成都市新兴无损检测专用设备厂	省乡镇企业局
111-87空腹钢制推拉门窗	新都县钢窗厂	省建筑委员会
CPJ-1型油墨配色仪	成都市京蜀印刷科技事务所	省科委、电子工业部
公安械具：手铐、指姆铐、脚铐	成都市门锁厂大丰分厂	成都市科委委托市轻工局
溶解乙炔硫酸净化工艺	四川省新都县溶解乙炔化工厂	省计经委委托省化工厅、省乡企局
钹型砂轮	四川省简阳砂轮厂	省乡镇企业局、省计经委
树脂薄片砂轮	四川省简阳砂轮厂	省乡镇企业局、省计经委
JGQ-714复合硅酸盐保温隔热涂料	内江县节能产品厂	省能源、省化工、省节委
TZQ160弹簧制动气室(手制动气室)	成都工程机械液压件厂	省计经委委托省乡镇企业局
GFP40-B型高压发泡机	航空航天工业部成都发动机公司工艺处青蓉机械厂	省航天局
变压吸附塔	成都市锅炉辅机总厂	省乡镇企业局
阳图PS版	成都市友联印刷材料厂	成都市经委、市乡镇企业局
传统食品醪糟的保鲜保质技术	成都大邑七宝酿造食品厂	成都市科委
3240环氧酚醛玻璃钢轴瓦	彭县白水河新光建材厂	成都市乡镇企业局
HG-8801型双条缝扫描式空气吹淋室	成都红光净化设备厂	机械电子工业部
速干芳香打字油墨	四川省宣汉县新星油墨厂	省计经委

贵州省

名称	开发单位	鉴定部门
胶股蓝系列产品	安顺市西秀药厂	省医药局
全封闭蓄电池	安顺市蓄电池厂	省经委
中药保健系列产品	六盘水市钟山区保健用品厂	省医药局
DZ114系列电器附件	长征电器胶木配电厂	省机械局
乙炔炭黑	龙里县化工厂	省化工厅
叶蝉散乳剂	凯里市农药厂	省化工厅
烟用香精	贵阳市百花香精厂	省经委
生姜系列产品开发（姜粉、姜油、姜精、姜香精等）	关岭县生姜综合加工厂	省轻工厅
微风力发电机	贵阳市手推车辆厂	省经委
光控窗帘机	贵阳黔明特种变压器厂	省经委

名　　称	开发单位	鉴定部门
利用废料生产颗粒活性炭	锦屏县活性炭厂	省化工厅
3.5万伏节能新技术暨棕刚玉冶炼技术	贵阳金刚砂厂	省乡镇企业局
刺梨露	石阡县饮料厂	省乡镇企业局
炸药卷纸	兴仁县陆关造纸厂	省轻工厅
YG系列电机	贵阳金筑机械厂	省机械厅

云　南　省

名　　称	开发单位	鉴定部门
软包装罐头（卤鸡、鸭）	宜良县软包装食品厂	省乡镇企业局
白色食用乳胶	玉溪市乳胶厂	省乡镇企业局
易拉瓶盖	昆明制桶厂	省乡镇企业局
硅砂砖	大理市马久邑硅酸盐制品厂	省乡镇企业局
白脂胶调合漆	嵩明县嵩山化工厂	省乡镇企业局
双氧水	昆明市双氧水厂	省乡镇企业局
风味土豆片	昆明市联谊食品厂	省乡镇企业局
出口冷冻银鱼	晋宁县新街冷冻厂	省乡镇企业局
出口冷冻银鱼	晋宁县新街梁王综合加工厂	省乡镇企业局
羚甲基纤维素	宜良粘合剂厂	省乡镇企业局
硫化碱	昆明板桥冶炼化工厂	省乡镇企业局
骨胶、骨粒、骨粉	牟定芸和骨胶厂	省乡镇企业局
挂面纸	昆明福保造纸厂	省乡镇企业局
天然矿泉水饮料	玉溪市天然矿泉水饮料厂	省乡镇企业局
丁基氯丁再生橡胶	宜良防水材料厂	省乡镇企业局
锡铝焊料新工艺	个旧市焊料厂	省乡镇企业局

陕　西　省

获省乡镇企业新产品　“秦龙”奖产品名单

名　　称	开发单位	鉴定部门
II4200型酒醅搅拌机	凤翔县西凤酿酒设备机械厂	省技术监督局　省乡镇企业局
GRC 釉浴盆	南郑县浴盆厂	省技术监督局　省乡镇企业局
新星牌QS5040汽车检查车	岐山旅行车厂	省技术监督局　省乡镇企业局
酶法糊精	咸阳酶法糊精厂	省技术监督局　省乡镇企业局
天麻晶	省唐都科研药厂	省技术监督局　省乡镇企业局
851超级营养液	省唐都科研药厂	省技术监督局　省乡镇企业局
PCJ低压无功功率补偿装置	长安县前进电器厂	省技术监督局　省乡镇企业局
PCL低压固定面板式成套开关设备	长安县前进电器厂	省技术监督局　省乡镇企业局
TD－1型交流弧焊机节电器	渭南市节能器材厂	省技术监督局　省乡镇企业局
HJ370远红外恒温自控硫化轮台修补机	岐山县益店汽补机械厂	省技术监督局　省乡镇企业局
DG消洗灵	宝鸡县东港消洗厂	省技术监督局　省乡镇企业局
TZ－300C型单螺旋挤砖机	眉县腾利建材设备厂	省技术监督局　省乡镇企业局
玉米直接法生产 酶法糊精	咸阳酶法糊精厂	省技术监督局　省乡镇企业局

甘　肃　省

名　称	开发单位	鉴定部门
燕麦片	甘肃省榆中燕麦片厂	省乡镇企业局及省食品协会
橡胶密封圈	甘肃省兰州密封件厂	省乡镇企业局及省计委
上燃式型煤及炉具	甘肃省兰州西固型煤炉具厂	省乡镇企业局及西固区科委

新疆维吾尔自治区

名　称	开发单位	鉴定部门
新型XJ民用消烟节煤炉、热管锅炉	新疆环保科研所、米泉县米渭茶浴炉厂	自治区能源办、自治区环保局、自治区乡镇企业局等
“穆塞勒斯”酒	阿克苏地区阿凡提县果汁饮料厂	地区科委、乡镇企业处、自治区轻工厅等
果汁醋（以果代粮）	乌鲁木齐县二宫乡营养饮料公司	自治区轻工厅、自治区科委、自治区乡镇企业局等

重　庆　市

名　称	开发单位	鉴定部门
5.50F－15SDC轻型汽车钢圈	重庆红旗汽车钢圈厂	市经委
电极糊	重庆綦江新华炭素厂	市经委
冲天炉炼铅（废蓄电池回收）	重庆市乡镇企业科协	
废气湿法治理工艺技术	巴县月华有色金属冶炼厂	市科委

西　安　市

名　称	开发单位	鉴定部门
无水氯化钙	西安市三桥化工厂	市技术监督局
草酸	西安市三桥化工厂	市技术监督局
蓄电池强力电解液	西安市灞桥区化学试剂厂	市技术监督局
多功能用电保护器	西安市马丽山电子仪器厂	市技术监督局
粘土砖	西安市灞桥新寿砖厂	市技术监督局
折叠平开防盗门	西安市莲湖区关中五金电器厂	市技术监督局
磁轮气割机	西安市雁塔气割机厂	市技术监督局
草莓香槟	西安市瑞泉饮料厂	市技术监督局
粘土平瓦	西安市长安黄良西古城砖瓦厂	市技术监督局
轮胎局部硫化机	西安市雁塔区小寨农械厂	市技术监督局
碱式氯化铝溶液	西安市渭河净水剂厂	市技术监督局
纯棉色布	西安市半坡印染厂	市技术监督局

名　称	开发单位	鉴定部门
涤棉色布	西安市半坡印染厂	市技术监督局
标准粉挂面	西安市潭宗面粉厂	市技术监督局
标准粉	西安市潭宗面粉厂	市技术监督局
推土机转向制动带	西安市未央区羊城机械厂	市技术监督局
液压钢丝编织胶管	西安市未央区羊城机械厂	市技术监督局
折叠圆桌	西安市长安钢木家具厂	市技术监督局
衣帽架	西安市长安钢木家具厂	市技术监督局
机砖	西安市未央汉城机砖厂	市技术监督局
电机用玻璃纤维增强聚丙烯塑料风扇	西安市前进工程塑料厂	市技术监督局
硫化黑	西安市兰田染料化工厂	市技术监督局
压力释放阀	西安市未央永红电器厂	市技术监督局
交流弧焊机	西安市未央永红电器厂	市技术监督局
3B33单级离心泵	西安市兰田化工机械厂	市技术监督局
实腹钢门窗	西安市新城金属门窗厂	市技术监督局
螺纹钢ϕ25	西安唐都钢厂	市技术监督局
安全防盗门	西安唐都标准件厂	市技术监督局
推拉式防盗门	西安市辛宗庙金属构件厂	市技术监督局
标准粉	西安市长安县五星面粉厂	市技术监督局
柴油滤清器	西安市渭水机械厂	市技术监督局
耐腐蚀器	西安市渭水机械厂	市技术监督局
席梦思床弹簧	西安市未央新建弹簧床垫厂	市技术监督局
沙发弹簧	西安市未央新建弹簧床垫厂	市技术监督局
防盗门	西安市灞桥区钢窗厂	市技术监督局
推拉式防盗门	西安市大明宫电梯厂	市技术监督局
	西安市秦西金属结构厂	市技术监督局
订书钉	西安市文教用品三针厂	市技术监督局
回形针	西安市文教用品三针厂	市技术监督局
馒头机	西安市灞桥区西秦饮食机械厂	市技术监督局
驼绒童大衣	西安市未央春锦服装厂	市技术监督局
毛呢女短大衣	西安市未央春锦服装厂	市技术监督局
毛呢女卡曲衫	西安市未央春锦服装厂	市技术监督局
BC系列保温餐车	西安市红星金属结构厂	市技术监督局
钼铁	西安市长安钼铁厂	市技术监督局
氧化钼铁	西安市长安钼铁厂	市技术监督局
漆包线	西安电器线材厂	市技术监督局
粘土耐火砖	西安灞桥耐火材料厂	市技术监督局
高亭空心酒杯	西安市新城玻璃工艺厂	市技术监督局

武　汉　市

名　称	开发单位	鉴定部门
整形九针打印机针	武汉市金叶缝纫机针厂	武汉市科委
300L—500L快开压滤器	武汉市黄陂化工机械厂	武汉市科委
双刀头电镀金刚石外圆刀具	武汉市新洲金刚石电镀刀具厂	国家专利
橡胶硫化促进剂M	武汉市联合石油化工厂	武汉市科委

名　　称	开发单位	鉴定部门
轻钢龙骨吊顶及珍珠岩复合装卸板	武汉市新洲方杨标准件厂	武汉市科委

广　州　市

名　　称	开发单位	鉴定部门
A 8810各式超快干氨基烘漆	广州南方制漆厂	市城区工业总公司
普通型全化纤针刺造纸毛毯	广州市花县造纸毛毯厂、花县穗蓉化纤毛纺厂、花县芙蓉织造厂	市科委
花纹环氧粉末材料	广州市白云粉末涂料厂 广州电器科学研究所	市乡镇企业局
电冰箱用铜铝管接头	广州市番禺冰箱配件厂	市科委
长寿命DZ 型高效电子镇流器	广州市江南电子电器厂	省科委
高效电子节能灯	广州市江南电子电器厂	省科委
YDQG-1型球顶高音扬声器	广州市神山电器工业公司	市乡镇企业局

沈　阳　市

名　　称	开发单位	鉴定部门
ZGDB-A型蒸汽机车锅炉最低水位自动报警器	沈阳市锅炉仪表厂	市计经委
维棉合成纸	沈阳市沙河新兴包装材料厂	市计经委
速冻板栗	沈阳市第一冷冻厂	市计经委
血宝肠溶胶囊	沈阳市东陵制药厂	市计经委
SFQ121轻型载重汽车	沈阳市风驰汽车改装厂	市计经委
热管散热器	沈阳市华友电子器件厂	市计经委
车箱开闭器	沈阳市东风车箱开闭器厂	市计经委
QJJ30-1型珠式水泥搅拌机	沈阳市科研仪器厂	市计经委
GJ-14A耐火浇注料及其制品	新民县耐火材料厂	市计经委

哈　尔　滨　市

名　　称	开发单位	鉴定部门
深孔钻头	和平深孔钻厂	省环保局
含铬废水处理机	先锋环保设备厂	省环保局
可控硅弧焊机	司达焊接设备厂	省环保局
花纹铝板	北方冷藏设备配件厂	省环保局
有线对讲机	司达焊接设备厂	省环保局
矿工安全帽	哈尔滨市电焊防护用品厂	市集体经济办
草酸	呼兰永兴村草酸厂	市集体经济办
小规格钻头	太平工具分厂	市集体经济办
修磨机	曙光工矿配件厂	市集体经济办
换灯器	曙光工矿配件厂	市集体经济办
农用离心水泵	道外铁木加工厂	道外区科委

南京市

名称	开发单位	鉴定部门
高纯度烷类特种气体	南京特种气体公司	电子部
变压器抗裂填充料	江宁县其林青西电器厂	省科委
灭火器CO_2贮气瓶	南京蓄压器二厂	省公安厅
$NaHCO_3$干粉	南京消防药剂厂	省公安厅
TBT-886型海泡醛复合硅酸盐保温涂料	南京桥北保温材料厂	省机械厅
YDB-3型高效化学泡沫药剂	南京浦江范伏消防剂厂	省公安厅
网带传送式电窑炉	南京第一特种电炉厂	省机械厅
蒸汽发黑炉	南京第一特种电炉厂	省机械厅

宁波市

名称	开发单位	鉴定部门
单相小型多功能粉碎机电机	宁波微特电机厂	鄞县科委
QKS_9电梯门锁及门刀	宁波欣达电梯配件厂	鄞县科委
抗冲蚀磨损陶瓷	鄞县机械密封件厂	鄞县科委
J_{213}B型250KV热室压铸机	鄞县轻工机械二厂	鄞县科委
IR_{55}-180型红外线防盗报警器	鄞县微电脑厂	鄞县科委
高压钠灯镇流器	宁波沪江电扇总厂二分厂	鄞县科委
3DMHZ-1GHZ电视信号电缆分配系统设备与部件（混合器、频道放大器、单频道天线放大器等）	宁波长征电子元件厂 甬深电子器材联营厂	鄞县科委
塑料灭火器喷筒总成	鄞县布政塑料电讯厂	鄞县科委
静压混凝土薄壁管柱	宁波混凝土薄壁管柱厂	鄞县科委
$TSGC_2$(3-30KVA)系列接触调压器	宁波调压器厂	鄞县科委
x线滤线栅	鄞县医疗器械二厂	鄞县科委
真空镀黑色炭化钛新工艺	宁波真空镀膜厂	鄞县科委
S系列直柄式气砂轮机	宁波风动工具厂	鄞县科委
拉达菲亚特轿车油泵	宁波机床联接件厂	鄞县科委
SXJ系列磨光机	宁波风动工具厂	鄞县科委
ZX_{50}C型电动软轴插入式混凝土振动器	宁波市振动器厂	市乡镇企业局
NB-1，NB-2型汽车取暖除霜器	鄞县暖风器厂	市乡镇企业局
手提式九吋英文打字机	宁波速印机厂	市乡镇企业局
CDA-F_{15}多路阀	鄞县工程液压件厂	市乡镇企业局
玉峰牌131型卡板式汽车门锁	鄞县汽车门锁厂	市乡镇企业局
环氧粉末涂料	宁波粉末涂料厂	市乡镇企业局
XF125、XF250摩托车电器总成	鄞县五乡摩托车电器厂	市乡镇企业局
毛纺精梳机装配式圆梳锡林及顶梳针排部件	鄞县毛纺机械配件厂	行业局
GB7-1工业缝纫机摆梭	鄞县缝纫机零件厂	行业局

名　　称	开发单位	鉴定部门
JSJA系列油浸式自冷感应调压器	宁波调压器厂	行业局
电动刮漆器	鄞县家用电器二厂	鄞县科委
CTX_3型不可重接同心插头线	余姚市音响联接件厂	余姚科委
摩托车汽门弹簧座、锁夹国产化	余姚油嘴油泵厂	余姚科委
彩色显像管会聚磁体	余姚市特种橡胶塑料制品厂	余姚科委
$KZU-2W_2D$全密封式转位开关	余姚市电器五厂	余姚科委
RVV铜芯丁晴塑料软电线	余姚市电线插头厂	余姚科委
CH型彩电接插件	余姚市接插件厂	余姚科委
污水流量计	余姚市流量仪表厂	余姚科委
再生皮革及其制品	余姚市长江皮革有限公司	余姚科委
新工艺、工装和检测体系生产高质量Q_5型桥式传感器	余姚传感器厂	余姚科委
色织时令呢	余姚市涤纶绸厂	市乡镇企业局
1kg13013悬挂式灭火器	北京消防器材厂余姚分厂	市消防队
双函道自动切换流量计	余姚市流量仪表厂	市机械局
CT802型高压瓷介电容器	余姚市瓷介电子元件厂	市乡镇企业局
浓硼化物浸渍电极	余姚市碳素浸渍厂	余姚科委
超轻硅酸铝耐火纤维连续制品	余姚四明山新型材料厂	余姚科委
拉式两用剪切式传感器	余姚传感器厂	余姚科委
MKT力矩电机控制器	余姚仪表成套厂	余姚科委
长江750B系列三轮摩托车	赣江机械厂奉化摩托车分厂	市乡镇企业局
高精度多功能电子控温器	余姚熔断器厂	市电子局
集中显示层楼显示器	宁波电子器材厂	市机械局
GXK-1型干蛋式行程开关	宁波电子器材厂	市机械局
NDJ旋转式粘度计	余姚流量仪表厂	余姚科委
工业级硝酸银	鄞县化学试剂厂	鄞县科委
储压虹吸式1211型灭火棒	北仑大榭消防器材厂	北仑区科委
YB-150精密中压压力表，Y-200高压压力表	北仑压力表厂	北仑区科委
LZZ金属转子流量计	余姚市流量仪表厂	余姚科委
LZB-F，LZJ-F耐腐型玻璃转子流量计	余姚市流量仪表厂	余姚科委
GC型厚及中厚料双倍线量旋梭	滨海区亚浦工业缝纫机零件厂	北仑科委
NFJ-018型制线机	滨海线带机械厂	北仑科委
MZ型自动磨平机	宁波针机制造厂	北仑科委
45kg闭门器	宁波市闭门器厂	北仑科委
DYS型水位计电接点	滨海仪表元件厂	市乡镇企业局
SZ-800/250注塑机	宁波第一塑料机械厂	市机械局
U-1型测电棒	宁波江东无线电厂	江东区科委
杂技狗玩具	宁波江东工艺塑料厂	江东区科委
保健药枕	宁波江东绣品厂	市乡镇企业局
半自动席梦思弹簧蕊生产成套设备	宁波市弹簧机械厂	江北区科委
BCA-175/179早强耐火浇注料	宁波市耐火材料厂	市乡镇企业局
GK9-3电动手提式封包机	宁波环球工业缝纫机厂	市机械局
NG/260型半自动中型医用氧舱	宁波高压氧舱厂	市乡镇企业局
低噪声钕铁硼永磁吸尘器电机	宁波海曙电器塑料厂	海曙区科委

名　称	开发单位	鉴定部门
C型夹带式直分岔升运机	宁波海曙输运机械厂	海曙区科委
H_4-10 型无线电话机	宁波三斗电子有限公司	象山科委
YMQ-10型医用棉球机	奉化机械制造厂	奉化科委
HS耐高温涂层吹氧管	象山民华工业耐火材料厂	象山科委
JRC-22型超小型扁平继电器	北仑通信设备厂	北仑科委
MX系列锅炉燃烧器	滨海区精密机械配件厂	北仑科委
NB212转面器	慈城方向机厂	江北区科委
ZPD系列钕铁硼永磁盘式直流电机	海曙电器塑料厂	海曙科委
X2J301-1全自动洗衣机变速离合器	奉化电子控制设备厂	奉化科委
DL型多片铸造流道多路阀Dg6mm～Dg25mm系列节流阀、单向节流阀	宁波东海液压件厂	宁海科委
JN-1型陶质焊接衬垫	象山砂轮厂	市科委
G2-2型电动钢轨钻孔机	宁波液压起道器厂	北仑科委
PBT增强阻燃工程塑料	奉化大桥化工厂	奉化科委
报警式刹车汽压表	奉化大桥双狮无线电厂	奉化科委
野外棒球	奉化旅游鞋厂	奉化科委
SYB 2～2.5T 手动液压搬运车	奉化液压机械厂	市乡镇企业局
FD662型无用火点分电器	奉化第四汽车附件厂	市乡镇企业局
MY系列挠性生叶片泵	宁波工业泵厂	宁海科委
SCS-500型拉紧器	宁海市机械设备配件厂	市乡镇企业局
JYT-06DM家用液化石油器调压阀	宁波万安阀门厂	市乡镇企业局
YSF-DM石油液化器钢瓶角阀	宁波万安阀门厂	市乡镇企业局
机车内燃机控高压柜接线板	宁海桥头湖区冶金配件厂	市乡镇企业局
LB65单螺杆泵	宁海工业泵厂	市乡镇企业局
排气管托架减振垫等24种密封件	宁海橡塑一厂	市化工局
汽车发动机盖撑条承等33种橡胶密封件	宁海梅林密封件厂	市乡镇企业局
SYBC手动液压搬运车	宁海机械设备配件厂	市乡镇企业局
鱼排深度加工——五香酥鱼	宁海冷冻食品厂	市乡镇企业局
重磨机夹刀具	宁海飞龙刀具厂	市乡镇企业局
CYMH薄膜介质预调可变电容器	宁海梅林电子器件厂	市乡镇企业局
英文打字机	象山邮电器材厂	象山科委
封尾机	宁波神鱼轻工机械厂	象山科委
空心砖	象山第二砖瓦厂	象山科委
陶质衬垫	象山砂轮厂	象山科委
直流伺服电机	象山电梯附件厂	象山科委
炼钢吹氧管	象山炼钢吹氧管厂	象山科委
YBD型保安单元	镇海有线设备厂	镇海科委
DAM电机热保护器	镇海微型电机厂	市机械局
XYN-10～35手车式高压开关柜	宁波华通电器成套厂	市机械局
棉纺盖板针布	镇海钢丝针布厂	市机械局
DRB8型装入式热保护器	镇海微电机厂	镇海科委
300QBL-10型全自动洗衣机变速离合器	宁海机械模具厂	宁海科委
电视室外天线交流转向器	慈溪坎东模具塑料厂	慈溪科委

名　　称	开发单位	鉴定部门
一次性塑料注射器	慈溪医用器具厂	慈溪科委
T型HTD型同步带轮	慈溪同步带厂	慈溪科委
细纺机罗拉	慈溪通用电机厂	市乡镇企业局
BJZ 12H 201A汽车化油器	慈溪化油器厂	市乡镇企业局
农用低速单向滚动轴承	慈溪市三北轴承厂	市乡镇企业局
隔膜式计量泵	慈溪机泵厂	市乡镇企业局
微型电子点火枪	慈溪无线电元件九厂	市乡镇企业局
BMX自行车前叉合件	慈溪自行车配件厂	市乡镇企业局
小容积溶解乙炔气瓶阀	慈溪市阀门厂	市乡镇企业局
H90、H62水箱带	慈溪市兴业铜带厂	市冶金局
MY 05微型灭火（棒）器	慈溪周巷轻工机械厂	
液压开孔器	慈溪液压机械厂	
YCT高效柴油省油添加剂	余姚市石油助燃剂厂	余姚科委
表面缺陷涡流探伤仪	宁海县计量所，宁海探伤机厂	宁海科委
活性嫩黄K-6B、活性艳兰X-BR、活性艳兰X-GR	宁波市第二染料厂	江东区科委
高压管形镝灯镇流器	沪江电扇总厂二分厂	鄞县科委
EM工程材料	鄞县东港增塑材料厂	鄞县科委
ST-Y 3塑料套管编号机	宁波热压打字机厂	鄞县科委
五十铃前大灯具	鄞县汽车车灯厂	鄞县科委

成　都　市

名　　称	开发单位	鉴定部门
WBE小型汽油机水泵	四川省新都特种冶炼铸造厂　四川省农机研究所	省农机局
W-87空腹钢制推拉门窗	新都县钢窗厂	省建委
CPJ-1型油墨配色仪	成都市京蜀印刷科技事务所	省科委、机电部科技司
溶解乙炔硫酸净化工艺	四川省新都县溶解乙炔化工厂	省乡镇企业局、省化工厅
TZQ 160弹簧制动气室	成都工程机械液压件厂	省乡镇企业局
GFP 40-B型高压发泡机	航空工业部成都发动机公司工艺处青蓉机械厂	航空工业部
变压吸附塔	成都市锅炉辅机总厂	省乡镇企业局
J 3320人体全身透明模型	成都蒲江教学模型厂	市教委
3240环氧酚醛玻璃钢轴瓦	彭县白水河新光建材厂	市经委、市乡镇企业局
中药保健防护皮鞋	四川新都桂湖皮鞋厂	省劳动人事厅
全自动开热水上楼器	成都市神仙树锅炉厂	市乡镇企业局
GC2-10(F)型手车式高压开关柜	四川电器厂二分厂	双流县科委、经委
阳图PS板	成都市友联印刷材料厂	市乡镇企业局
HG-8801型双条缝扫描式空气吹淋室	成都红光净化设备厂	机电部
密集型席梦思软床垫新技术	成都市八一家俱厂	市乡镇企业局
公安械具、手铐、指母铐、脚铐	成都市门锁厂大丰分厂	市科委
数控、仿形车刀（系列）产品	机械电子工业部成都工具研究所大邑机械工具厂	大邑县科委
硫酸铝新型浓缩设备的制作技术	成都市蒲阳化工厂	都江堰市科委

名　称	开发单位	鉴定部门
“营光牌”电子节能镇流器	成都市金牛区营门光电仪器厂	金牛区科委
传统食品醪槽的保鲜保质技术	成都市大邑七宝酿造食品厂	市科委
麻辣萝卜干新工艺	成都市大邑蜀香食品厂	大邑县科委

附录五

1989年各省、直辖市、自治区、计划单列市乡镇企业总产值前10名乡（镇）名单

北京市

乡（镇）名称	总产值（万元）
丰台区芦沟桥乡	35 671
昌平县马池口乡	35 374
通县张家湾乡	29 270
昌平沙河乡	27 069
通县城关乡	25 580
海淀四季青乡	24 748
丰台南苑乡	24 141
丰台花乡	23 679
通县西集乡	20 106
通县牛堡屯乡	19 325

天津市

乡（镇）名称	总产值（万元）
静海县蔡公庄乡	70 743
西郊区中北斜乡	38 579
西郊区大寺乡	36 327
西郊区张沃乡	36 042
北郊区天穆镇	29 240
西郊区李七庄乡	27 100
南郊区咸水沽镇	27 050
南郊区小站镇	26 905
西郊区王稳庄乡	26 718
西郊区南河镇	26 624

河北省

乡（镇）名称	总产值（万元）
唐山市丰南县胥各庄镇	27 162
廊坊市霸县胜芳镇	25 665
廊坊市安次区北史各乡	22 700
石家庄市郊区振头乡	21 373
石家庄地区藁城市城关镇	20 475
石家庄市郊区西里乡	18 670
衡水地区冀县冀州镇	17 660
唐山市开平区开平镇	17 600
石家庄市郊区谈固乡	17 281
石家庄地区辛集市兴华办事处	15 844

山西省

乡（镇）名称	总产值（万元）
榆次市郭家堡乡	14 100
大同市南郊区城关乡	12 438
太原市北郊区小井峪乡	12 341
左云县店湾镇	11 260
大同市南郊区马军营乡	11 013
盂县城关镇	10 228
清徐县王答乡	10 065
洪洞县赵城镇	10 045
阳泉市郊区荫营镇	9 514
晋城市郊区南村镇	9 318

内蒙古自治区

乡（镇）名称	总产值（万元）
赤峰市红山区城郊乡	9 477
呼和浩特市郊区西菜园乡	9 302
呼和浩特市郊区巧报乡	8 932
赤峰市元宝山区建昌营镇	5 818
赤峰市郊区木家营子镇	5 457
赤峰市元宝山区平庄镇	4 872
赤峰市元宝山区山前乡	4 620
巴盟临河市曙光乡	4 515
包头市土右旗莎拉齐镇	3 377
乌盟丰镇县城关镇	3 318

黑龙江省

乡（镇）名称	总产值（万元）
牡丹江郊区北安乡	23 057
牡丹江郊区兴隆镇	19 910
佳木斯郊区长青乡	17 300
牡丹江郊区沿江乡	16 050
佳木斯郊区松江乡	13 867
哈尔滨市太平区团结乡	13 510
哈尔滨市道里区群力乡	12 354
肇东市新城乡	10 702
双城县双城镇	8 568
宾县宾州镇	8 111

辽宁省

乡（镇）名称	总产值（万元）
大连市甘井子区红旗镇	49 721
大连市甘井子区辛寨子镇	45 553
大连市金州区友谊乡	45 072
沈阳市于洪区于洪乡	36 513
沈阳市东陵区五三乡	35 487
鞍山市海城市腾鳌镇	34 577
沈阳市于洪区陵东乡	33 709
大连市瓦房店市大连弯镇	32 480
沈阳市于洪区北陵乡	31 604
沈阳市于洪区杨土乡	31 460

上海市

乡（镇）名称	总产值（万元）
上海县马桥乡	51 429
嘉定县马陆乡	36 594
嘉定县南翔乡	27 940
嘉定县封浜乡	23 439
南汇县横沔乡	21 389
川沙县蔡路乡	21 157
川沙县北蔡乡	20 664
南汇县周浦乡	19 513
松江县九亭乡	17 598
松江县新桥乡	17 457

吉林省

乡（镇）名称	总产值（万元）
长春市宽城区奋进乡	20 600
长春市二道区英俊乡	20 050
长春市朝阳区二道乡	13 347
四平市铁东区城东乡	12 315
长春市朝阳区城西乡	11 979
长春市南关区净月乡	11 104
榆树县榆树镇	10 521
长春市郊区兴隆山镇	10 032
四平市铁东区条子河乡	9 975
长春市郊区大屯镇	9 058

江苏省

乡（镇）名称	总产值（万元）
无锡县前洲镇	78 000
吴江县盛泽镇	69 300
无锡县郊区杨名乡	58 200
张家港市杨舍镇	56 300
张家港市塘桥镇	50 700
无锡县洛社镇	49 200
江阴市周庄镇	46 900
武进县湖塘镇	46 400
江阴市华士镇	45 300
江阴市要塞镇	42 700

浙 江 省

乡(镇)名称	总产值(万元)
绍兴县华舍镇	38 200
杭州市拱墅区石桥乡	33 000
萧山市瓜沥镇	31 600
东阳市吴宁镇	31 200
余杭县临平镇	24 900
杭州市江干区笕桥镇	23 800
绍兴县柯桥镇	23 600
鄞县古林镇	22 900
象山县爵溪镇	22 900
绍兴县柯岩镇	22 900
绍兴县双梅乡	22 900

安 徽 省

乡(镇)名称	总产值(万元)
宿县符离镇	16 972
合肥市城东乡	14 085
合肥市常古乡	14 036
当涂县新博乡	11 263
当涂县博望镇	11 003
淮北烈山镇	10 598
凤阳县临淮镇	9 236
淮南市上窑镇	9 203
繁昌县荻港镇	7 744
天长县桐城镇	7 658

福 建 省

乡(镇)名称	总产值(万元)
福州市郊区城门乡	27 450
福州市郊区洪山乡	26 020
莆田市涵江区涵江乡	24 138
福州市郊区盖山乡	22 850
长乐县金峰镇	21 932
莆田县榜头镇	21 799
莆田县江口镇	20 474
石狮市石狮镇	19 882
莆田县黄石镇	19 138
晋江县陈埭镇	18 366

江 西 省

乡(镇)名称	总产值(万元)
南昌市郊区湖坊乡	28 649
南昌市郊区青云谱乡	13 119
南昌市郊区罗家镇	12 637
南昌市郊区塘山乡	11 987
新余市渝水区沙土乡	7 986
新余市渝水区城关镇	7 791
萍乡市湘东镇	7 573
新余市渝水区珠珊乡	6 797
景德镇市昌江区竞成乡	6 424
万载县黄茅乡	6 008

山 东 省

乡(镇)名称	总产值(万元)
烟台市牟平县宁海镇	73 740
青岛市即墨市即墨镇	50 006
临沂地区临沂市罗庄镇	49 051
潍坊市高密县高密镇	47 538
济南市天桥区北园镇	46 920
潍坊市青州市益都镇	43 785
烟台市蓬莱县北沟镇	38 810
青岛市崂山区城阳镇	38 542
烟台市蓬莱县登州镇	36 652
潍坊市安丘县安丘镇	31 134

河 南 省

乡(镇)名称	总产值(万元)
巩县回郭镇	31 316
辉县市孟庄镇	30 502
巩县孝义镇	27 637
洛阳市郊区工农乡	23 362
偃师县城关镇	22 262
沁阳市西向乡	20 429
巩县米河乡	19 819
巩县小关乡	19 193
济源市帜城乡	19 173
伊川县城关镇	19 081

湖北省

乡（镇）名称	总产值（万元）
天门市竟陵镇	15 272
黄冈县黄州镇	14 184
天门市岳口镇	13 806
襄樊市郊区王寨乡	12 828
仙桃市郭河镇	12 454
蕲春县蕲州镇	11 976
潜江市浩口镇	11 803
仙桃市张沟镇	11 469
钟祥县胡集镇	11 253
襄阳县太平店镇	10 738

湖南省

乡（镇）名称	总产值（万元）
醴陵市渌江乡	15 776
长沙市郊区岳麓山乡	14 683
长沙市郊区马王堆乡	11 623
长沙县果园乡	10 984
长沙市郊区雨花亭乡	10 965
望城县城关镇	10 833
汨罗市城郊乡	10 354
慈利县城关镇	10 081
长沙市郊区洞井乡	8 739
长沙市郊区东岸乡	8 241

广东省

乡（镇）名称	总产值（万元）
顺德县北滘镇	85 400
顺德县桂洲镇	70 000
中山市小榄镇	68 309
顺德县陈村镇	44 800
顺德县龙江镇	43 400
花县新华镇	43 349
广州市海珠区新滘镇	43 318
南海县西樵镇	43 066
南海县平洲镇	40 441
顺德县大良镇	41 000

广西壮族自治区

乡（镇）名称	总产值（万元）
荔浦县荔城镇	12 172
玉林市玉林镇	6 120
贵港市贵城镇	5 231
合浦县公馆镇	2 865
平南县丹竹镇	2 623
平南县大安镇	2 368
陆川县温泉乡	2 304
贺县黄田镇	2 203
玉林市南江乡	2 179
横县附城乡	1 832

海南省

乡（镇）名称	总产值（万元）
海口市海秀乡	12 982
万宁县东澳镇	12 304
万宁县万城镇	10 769
海口市长流镇	8 453
琼海县加积镇	6 898
琼山县灵山镇	6 381
琼山县龙塘镇	5 789
琼山县东山镇	5 266
海口市新埠镇	4 892
海口市白龙乡	4 892

四川省

乡（镇）名称	总产值（万元）
德阳市市中区城区乡	20 459
重庆市沙坪坝区石桥乡	18 568
成都市金牛区圣灯乡	16 823
重庆市沙坪坝区覃家岗乡	16 578
成都市双流县东升乡	16 006
成都市金牛区营门口乡	15 874
德阳市广汉市南兴乡	15 297
重庆市九龙坡区九龙乡	15 040
重庆市九龙坡区花溪乡	15 009
成都市金牛区永丰乡	14 951

贵州省

乡（镇）名称	总产值（万元）
贵阳市区岩区黔灵乡	5 235
贵阳市乌当区野鸭乡	4 466
遵义县长征乡	3 283
贵阳市朱昌镇	3 002
贵阳市花溪区小河镇	2 704
贵阳市花溪区花溪乡	2 457
贵阳市南明区云关乡	2 279
贵阳市乌当区金华镇	2 027
贵阳市乌当区水田镇	1 968
安顺市东郊办	1 721

云南省

乡（镇）名称	总产值（万元）
玉溪市州城镇	8 910
玉溪市北城镇	8 323
昆明市西山区马街镇	7 748
昆明市官渡区前卫镇	7 667
昆明市官渡区联盟镇	7 452
昆明市官渡区六甲乡	7 420
昆明市西山区黑林铺镇	5 948
昆明市官渡区金马镇	5 000
个旧市沙甸区	4 974
陆良县三岔河镇	4 554

陕西省

乡（镇）名称	总产值（万元）
三桥镇	19 266
谭家乡	16 508
甘亭镇	13 382
长延堡街道办事处	12 299
未央富乡	11 882
山门口街道办事处	11 797
大明宫乡	10 384
等驾坡街道办事处	11 348
鲁化街道办事处	11 197
虢镇镇	10 095

甘肃省

乡（镇）名称	总产值（万元）
兰州市西固区西固乡	6 393
兰州市西固区陈坪乡	6 321
兰州市七里河区花寨子乡	5 202
兰州市七里河区崔家崖乡	5 010
兰州市城关区雁滩乡	4 630
兰州市七里河区彭家坪乡	4 233
永登县苦水乡	4 205
兰州市西固区柳泉乡	4 179
皋兰县西岔乡	3 468
宁县和盛镇	3 320

青海省

乡（镇）名称	总产值（万元）
民和县川口镇	4 151
湟中县多巴镇	2 089
大通县桥头镇	2 061
平安县平安镇	1 373
互助县威远镇	1 264
西宁市城西区沈家寨乡	1 218
湟中县鲁沙尔镇	1 204
西宁市城西区彭家寨乡	1 136
湟中县总寨乡	1 116
乐都县高庙镇	1 087

宁夏回族自治区

乡（镇）名称	总产值（万元）
银川郊区银新乡	3 420
永宁县杨和乡	3 346
贺兰县习岗乡	3 011
青铜峡市峡口乡	2 905
平罗县前进乡	2 708
银川郊区红花乡	2 314
永宁县李俊镇	2 312
中卫县镇罗乡	2 212
中卫县常乐乡	2 004
贺兰县立岗镇	1 750

新疆维吾尔自治区

乡（镇）名称	总产值（万元）
乌鲁木齐县二宫乡	5 607
乌鲁木齐县七道湾乡	4 156
米泉县古牧地镇	3 250
鄯善县七克台乡	2 124
尉犁县团结乡	2 079
乌鲁木齐县地窝堡乡	2 077
乌鲁木齐市山区芦草沟乡	1 822
乌鲁木齐县大湾乡	1 560
吐鲁番市亚尔乡	1 430
昌吉市园艺场（乡级）	1 087

重 庆 市

乡（镇）名称	总产值（万元）
沙坪坝区石桥乡	18 568
沙坪坝区覃家岗乡	16 578
九龙坡区九龙乡	15 040
九龙坡区花溪乡	15 009
九龙坡区华岩乡	14 793
南岸区南坪乡	13 539
九龙坡区八桥乡	12 228
江北区观音桥乡	7 076
北碚区蔡家岗镇	6 112
沙坪坝区歌乐山乡	6 100

西 安 市

乡（镇）名称	总产值（万元）
未央区三桥镇	19 266
未央区谭家乡	16 508
户县甘亭镇	13 382
雁塔区长延堡街道办事处	12 299
未央区未央宫乡	11 882
雁塔区山门口街道办事处	11 797
雁塔区等驾坡街道办事处	11 348
雁塔区鲁化街道办事处	11 197
未央区大明宫乡	10 384
灞桥区灞桥镇	9 070

武 汉 市

乡（镇）名称	总产值（万元）
江岸区后湖乡	21 222
洪山区和平乡	18 591
洪山区洪山乡	16 541
新洲县阳逻镇	13 837
黄陂县横店镇	11 454
汉阳县新农镇	10 944
黄陂县滠口镇	10 754
汉阳县奓山镇	10 721
硚口区长丰乡	10 050
洪山区建设乡	9 464

广 州 市

乡（镇）名称	总产值（万元）
花县新华镇	43 349
海珠区新滘镇	43 318
白云区石井镇	36 246
番禺县市桥镇	31 763
白云区新市镇	30 262
增城县新塘镇	20 369
番禺县钟村镇	20 161
天河区东圃镇	19 857
番禺县沙头镇	18 921
番禺县南村镇	18 850

沈 阳 市

乡（镇）名称	总产值（万元）
于洪区于洪乡	24 930
于洪区杨士乡	21 164
于洪区北陵乡	21 526
于洪区陵东乡	24 795
东陵区东陵乡	22 076
东陵区王三乡	24 253
东陵区前进乡	18 222
东陵区长白乡	16 664
东陵区汪家乡	12 885
东陵区浑河站乡	12 608

大连市

乡（镇）名称	总产值（万元）
金州区友谊镇	31 500
金州区大孤山乡	10 100
金州区亮甲店镇	11 600
金州区登沙河镇	13 000
金州区石河镇	12 900
金州区廿里卜镇	13 300
旅顺区水师营镇	10 100
旅顺区龙塘镇	10 100
甘子井区辛寨子镇	28 500
甘子井区南关岭镇	16 200

哈尔滨市

乡（镇）名称	总产值（万元）
太平区团结乡	13 510
道里区群力乡	12 354
南岗区新春乡	7 757
呼兰县呼兰镇	6 900
南岗区王岗镇	6 248
南岗区跃进乡	6 064
道里区新发镇	5 747
道外区松浦镇	4 480
香坊区幸福乡	4 233
阿城市阿什河乡	4 141

青岛市

乡（镇）名称	总产值（万元）
即墨市即墨镇	50 006
崂山区城阳镇	38 542
崂山区李村镇	28 838
胶南县灵山卫镇	27 375
胶州市阜安办事处	27 001
胶南县王台镇	26 505
胶州市李哥庄镇	26 052
崂山区流亭镇	25 394
崂山区棘洪滩镇	24 756
崂山区沙子口镇	23 004

南京市

乡（镇）名称	总产值（万元）
雨花台区江东乡	10 207
江宁县江宁镇	10 153
栖霞区栖霞镇	8 745
江宁县淳化镇	7 790
雨花台区红花乡	7 756
栖霞区紫金山乡	7 314
栖霞区迈皋桥乡	7 272
江宁县禄口	7 041
栖霞区燕子矶乡	6 813
江宁县秣陵镇	6 663

宁波市

乡（镇）名称	总产值（万元）
象山县爵溪镇	22 873
鄞县古林镇	22 365
鄞县邱隘镇	21 023
鄞县五乡镇	20 572
鄞县姜山镇	18 408
慈溪市宗汉镇	15 530
江东区东郊乡	16 785
余姚市余姚镇	15 946
鄞县集仕港镇	16 230
鄞县云龙镇	14 560

成都市

乡（镇）名称	总产值（万元）
金牛区圣灯乡	16 823
双流县东升乡	16 006
金牛区营门口乡	15 874
金牛区永丰乡	14 951
金牛区桂溪乡	14 118
双流县中和镇	12 683
邛崃县临邛镇	12 570
金牛区苏坡乡	12 311
新都县桂湖乡	11 544
金牛区簇桥乡	11 338

附录六

1989年各省、直辖市、自治区、计划单列市乡镇企业总产值前10名企业名单

北京市

企业名称	总产值(万元)
大兴县北京旅行车有限公司兴京工厂	4 486
北京市通县钢窗厂	4 400
通县郎府华联衬衫厂	4 260
顺义北石槽农药厂	4 071
通县牛堡屯熔炼厂	3 852
通县北京新兴铝合金制品厂	3 744
通县西集综合厂	3 681
海淀东升乡塔院新海工厂	3 404
通县张家湾汽车暖风机厂	3 310
顺义顺华毛织厂	3 200

天津市

企业名称	总产值(万元)
天津市芦台永兴企业集团	12 620
天津市大邱庄化工总厂	8 300
天津市大邱庄制管总厂	8 186
天津市渤海染料化学工业总厂	7 365
天津市富强印染有限公司	6 357
天津市万全工业公司带钢厂	6 040
天津市环球旅游帐篷厂	5 555
天津市富强纺织厂	4 807
天津市东南雨衣服装厂	4 480
天津市振兴有机颜料化工总厂	4 094

河北省

企业名称	总产值(万元)
衡水地区冀县暖气片厂	7 927
廊坊市霸县胜芳镇东升冷拉厂	5 501
衡水地区深县东安庄乡西景萌化工厂	4 555
保定地区涿州市西河地毯总厂	3 500
衡水地区枣强县水暖厂	3 360
唐山市遵化县东方建筑安装公司	3 266
秦皇岛市抚宁县留守营燕山实业公司	2 973
秦皇岛市抚宁县城关京岛汽车改装厂	2 919
衡水市赵圈镇曙光油漆厂	2 746
石家庄市郊区城角庄铜材厂	2 730

山西省

企业名称	总产值(万元)
阳曲县电缆厂	5 577
清徐县赵家堡暖气片公司	4 550
洪洞县赵城镇东街洗煤厂	2 400
永济县北梯牧工商公司	2 204
介休县义安焦化厂	2 133
文水县工程机械厂	2 130
介休县北辛武北盐场焦化厂	2 080
五台县东冶工程公司	1 800
太原市南郊区北格综合厂	1 610
太谷县阳邑电力玛钢金具厂	1 530

内蒙古自治区

企业名称	总产值(万元)
哲盟通辽市育新乡钢丝厂	1 800
呼和浩特市郊区西菜园乡玛钢厂	1 697
赤峰市郊区王府乡郊区一建	1 450
包头市土右旗沟门乡建筑公司	1 300
呼盟扎兰屯市成吉思汗轧钢厂	1 280
呼和浩特市郊区巧报乡新城电缆厂	1 010
赤峰市喀喇沁旗乃林镇床单厂	906
包头市土右旗萨拉齐建筑公司	900
赤峰市红山区城郊乡电缆厂	799
赤峰市喀喇沁旗十家乡水泉金矿	715

辽 宁 省

企业名称	总产值(万元)
海城市牛庄高频焊管厂	12 104
大连市新金县普兰店油脂厂	4 368
锦西市钢屯钼选厂	4 160
大连市新金县东达服装厂	3 806
大连市蜂蜜加工厂	3 506
大连市铝材厂	3 462
大连市甘井子区小辛制油厂	3 400
鞍山市海城托马斯铝材有限公司	3 335
大连市金州区得胜无缝钢管厂	3 303
大连市新金县皮口第一服装厂	3 099

吉 林 省

企业名称	总产值(万元)
四平市铁东区外贸一面城联营植物油厂	4 679
四平市红嘴砖厂	3 096
四平市铁西区平西乡粮油加工厂	2 277
洮南市有机化工厂	2 053
长春市宽城区新月植物油厂	1 676
长春市宽城区合金钢厂	1 588
梅河口市啤酒厂	1 571
集安市城区建筑公司	1 547
长春市南关区钢丝绳厂	1 202
公主岭市凤响乡泡子沿村淀粉厂	1 168

黑 龙 江 省

企业名称	总产值(万元)
哈尔滨市道里区昌宁给水设备厂	8 536
牡丹江市北安乡锅炉二分厂	2 154
兰西亚麻纺织工业公司	1 945
哈尔滨市太平区红光畜牧厂	1 800
大庆市喇嘛甸钻井公司	1 630
大庆市大同区冷冻厂	1 500
宁安县河西浸油厂	1 500
绥化市三河工程队	1 404
巴彦县西集浸油厂	1 305
龙江县龙江镇庆华钢厂	1 300

上 海 市

企业名称	总产值(万元)
上海市马桥电缆厂	14 584
上海童车厂马陆分厂	4 206
上海家用化学品包装材料厂	3 224
上海青浦华益冰箱厂	2 703
上海市南汇县周浦有色金属冶炼厂	2 658
上海外贸界龙彩印厂	2 589
上海华银洗涤剂厂	2 585
上海铜带厂宝山分厂	2 581
上海五江不锈钢管联营厂	2 532
川沙福海企业有限公司	2 406

江 苏 省

企业名称	总产值(万元)
吴江县盛泽印染厂	25 983
无锡县前洲印染厂	12 382
吴江县盛泽东方染厂	11 059
昆山市陆杨印花厂	10 461
江阴市青阳电扇厂	10 043
无锡县前洲西塘毛纺厂	9 688
张家港市乐宗染整厂	9 649
武进县常州第五无线电厂	9 160
张家港市塘桥漂染厂	8 838
武进县湖塘染整厂	8 211

浙 江 省

企业名称	总产值(万元)
萧山漂染厂	16 535
杭州半山区胜利印染厂	10 925
余杭第四丝绸印染厂	8 060
临平印染厂	7 743
萧山染整厂	6 929
临安少溪印染厂	6 925
萧山坎山印染厂	6 239
富阳印染整理厂	6 207
余杭乾元炼染厂	6 033
萧山钱江染织厂	5 880

安　徽　省

企业名称	总产值（万元）
宁国县耐磨材料总厂	3 500
天长县塑料编织带厂	2 596
蚌埠第三棉织厂	2 100
宁国密封件厂	2 021
淮南永才油脂加工厂	2 000
淮北杜集区房庄煤矿	2 100
濉溪县土型煤矿	1 900
巢湖市蜂宝营养品厂	1 600
安庆市桐城兽药厂	1 510
霍山县外贸联合加工厂	1 350
宁国通用机械厂	1 315
安庆市桐城轴瓦厂	1 300

福　建　省

企业名称	总产值（万元）
福州市福清福耀玻璃厂	8 445
莆田涵江鞋业有限公司	5 629
莆田荔辉鞋业有限公司	4 629
泉州市石狮新雅手袋公司	2 580
莆田梧塘振兴鞋革厂	2 512
莆田石西华昌公司	2 500
泉州市石狮胸罩服装厂	2 155
莆田西天尾福利鞋厂	2 046
漳州市南靖腾飞渔具厂	2 006
福州洪山饲料厂	2 005

江　西　省

企业名称	总产值（万元）
南昌市营养补剂厂	2 861
万载县黄茅出口花炮厂	2 332
南昌市保健饮料厂	2 271
德兴县铜材线缆厂	2 010
南昌市洪城制药厂	1 960
临川县罗针建筑公司	1 780
临川县一建筑公司	1 710
南昌市江西制药二厂	1 607
南昌市顺外汽水食品厂	1 500
万载县金钟出口花炮厂	1 142

山　东　省

企业名称	总产值（万元）
龙口市新华印染厂	8 060
胶州市李戈庄镇发制品总厂	6 952
定陶县陈集镇国华贸易公司	6 923
胶南第四纺织机械厂	6 390
青岛变压器厂	5 690
桓台夏庄建筑公司	5 375
牟平县毛纺厂	5 074
青岛第十织布厂	4 895
威海温泉通机二厂	4 866
威海蒿泊木工机械厂	4 820

河　南　省

企业名称	总产值（万元）
巩县小关乡中州耐火材料厂	3 915
郑州市管城区郑州金星啤酒厂	3 547
荥阳县汜水乡少林汽车改装厂	3 190
巩县北山口乡耐火厂	3 001
偃师县邙山乡陵纤厂	2 520
巩县小关乡巩县第二水泥厂	2 110
孟津县送庄乡化工厂	2 101
洛阳市郊区工农乡付家屯硫酸厂	2 079
禹州市方山镇中州实业开发公司	2 066
长垣县凡相乡化工总厂	2 062

湖　北　省

企业名称	总产值（万元）
潜江市幸福服装厂	2 917
襄樊市郊区人造毛皮厂	2 883
嘉鱼县鱼岳麻纺厂	2 263
襄樊市郊区第四棉纺厂	2 195
襄阳县太平店混纺厂	2 072
孝感市杨店四建公司	2 003
武汉市洪山区和平乡镀锌板厂	1 911
京山县宋河麻纺厂	1 801
仙桃市剅河服装厂	1 753
天门市渔新水泵厂	1 604
安陆市辛榨乡建筑公司	1 568

湖南省

企业名称	总产值(万元)
长沙县果园交通机械厂	4 680
长沙县果园汽车改装厂	3 925
长沙县芙蓉汽车制造厂	2 674
醴陵市浦口花炮厂	2 201
沅江市二麻纺厂	2 044
长沙县椥梨镇压件厂	1 873
汨罗市城郊农药厂	1 701
浏阳县抽纱二厂	1 680
长沙县北山建筑公司	1 500
长沙县捞刀河建筑公司	1 500

广东省

企业名称	总产值(万元)
顺德县北滘蚬华电器厂	33 169
顺德县北滘美的风扇厂	19 576
顺德县珠江冰箱厂	16 576
顺德县华英风扇厂	15 668
顺德县桂洲电饭锅厂	13 138
顺德县札滘裕华风扇厂	12 959
中山市港口镇风扇厂	11 375
顺德县广东神州燃气具联合实业公司	10 328
顺德县北滘南方电器厂	10 056
顺德县陈村新升风扇厂	9 134

广西壮族自治区

企业名称	总产值(万元)
平南县大安实业公司	2 373
钟山县永丰冶炼厂	1 884
玉林市纸袋厂	1 624
荔浦县荔城镇副食品厂	1 574
浦北县张黄建筑公司	1 316
北流县陵城建筑公司	1 250
恭城县栗木镇民矿站	1 215
横县附城乡西津联营钢厂	1 132
荔浦县印铁制罐厂	1 070
平南县丹竹建筑柳州公司	1 048

海南省

企业名称	总产值(万元)
海口市华秀公司	5 200
海口市秀英房地产开发公司	3 096
海口市第二建筑公司	2 000
琼山县石琼建筑公司	1 824
海口市第三建筑公司	1 600
万宁县会海公司	600
通什市标准胶厂	345
琼山县东海建筑公司	320
海口市塔光建筑队	319
琼山县东山建筑公司	300

四川省

企业名称	总产值(万元)
德阳市钢铁厂	6 336
成都市双流九江羽绒厂	5 521
成都市双流高频焊管厂	5 150
简阳蒸发器厂	3 341
重庆市九龙畜禽水产加工厂	2 233
成都双流钢材厂	2 067
重庆市毛毯厂	2 059
德阳市门义新丰热镀厂	2 006
成都市双流电解铜厂	1 927
广汉市万福磷肥厂	1 827

贵州省

企业名称	总产值(万元)
赫章县上海锌厂赫章分厂	3 357
贵阳金刚砂厂	2 870
朝阳钢厂	1 812
六盘水市铅锌选矿厂	1 810
赫章县野马川金马粉末厂	1 140
福泉县联营磷矿	1 110
赫章县双向联营联运公司	1 078
龙坪冶炼厂	980
独山东风锑矿	952
南白铁合金厂	765

云 南 省

企业名称	总产值（万元）
个旧市沙甸电冶厂	3 445
个旧市焊料厂	1 718
昆明市西山区电磁线厂	1 398
陆良县丝绸厂	564
呈贡县呈贡钢铁厂	535
昆明市官渡区福保造纸厂	926
昆明市官渡区胜利床垫厂	1 313
曲靖市城关镇建筑工程公司	1 102
昆明市官渡区双凤食品厂	989
昆明市官渡区北郊香料厂	829

陕 西 省

企业名称	总产值（万元）
三原县美乐公司	2 000
泾阳县吉元轧钢厂	2 000
西安市灞桥冶炼厂	1 710
宝鸡县电石厂	1 675
潼关县马口选厂	1 600
泾阳县泾干电工厂	1 565
凤翔县水沟企业公司	1 300
乾县电石总厂	1 250
西安市北方电缆厂	1 247
勉县汉江化工厂	1 233

甘 肃 省

企业名称	总产值（万元）
兰州市西固区二建公司	2 278
高台县宣化乡建筑队	2 132
永登县苦水炭素厂	1 700
夏河县兰夏绒毛厂	1 300
兰州黄河啤酒厂	1 265
兰州市西固区金沟乡金化化工厂	1 207
天祝县硅锰合金厂	1 039
静宁县城川工程队	968
临洮县红旗乡工程队	923
宁县和盛建筑安装公司	848

青 海 省

企业名称	总产值（万元）
民和第一铁合金厂	736
大通碳化硅厂	618
民和川口金厂	605
民和川口镇水泥厂	581
湟源大华华电铁合金厂	540
民和第三铁合金厂	521
湟中第三建筑公司	520
湟中多巴碳化硅厂	500
大通马元清铁合金厂	500
民和马营铬铁厂	496

宁夏回族自治区

企业名称	总产值（万元）
宁夏银川郊区第二建筑公司	1 200
宁夏永宁县永通企业公司	850
宁夏平罗县外贸公司	830
宁夏中卫县铁合金厂	816
宁夏青铜峡市焦化厂	610
宁夏银川郊区银新铁合金厂	599
宁夏吴忠市银吴清真乳品厂	597
宁夏惠农县碳化硅厂	581
宁夏味精厂	550
宁夏贺兰县汽车修配联营公司	520

新疆维吾尔自治区

企业名称	总产值（万元）
吐鲁番地区鄯善县盐场	5 123
巴音郭楞蒙古族自治州尉犁县第二建筑公司	2 118
吐鲁番地区鄯善县七克台化工厂	1 591
巴音郭楞蒙古族自治州和硕县麻黄素厂	1 516
巴音郭楞蒙古族自治州库尔勒市建筑公司	1 400
巴音郭楞蒙古族自治州若羌县石棉矿	1 328
昌吉回族自治州奇台县第二建筑	1 177

企业名称	总产值（万元）
公司	
乌鲁木齐县八家户轧钢厂	806
昌吉回族自治州昌吉市园艺场建筑公司	697
昌吉回族自治州呼图壁县针织厂	655

重庆市

企业名称	总产值（万元）
重庆九龙畜禽水产加工厂	2 233
重庆毛毯厂	2 059
重庆灯塔织布厂	1 066
长寿棉纺厂	1 173
北碚纸板厂	1 159
重庆山城铁合金厂	1 221
重庆红旗弹簧钢板厂	1 126
江津县德感建筑安装公司	1 680
巴县西彭建筑安装公司	1 005
江北县静观建筑公司	1 012

西安市

企业名称	总产值（万元）
西安市灞桥冶炼厂	1 710
西安北方电缆厂	1 247
临潼县中国缝纫机公司晏寨机架厂	1 057
灞桥区铸管厂	1 015
西安市户县宋南机械厂	750
西安市三桥机电设备厂	678
西安市新城八府庄电器线材厂	580
西安市灞桥区半坡印染厂	564
西安市未央区神洲冶炼铸管厂	552
西安市未央区阿房造纸厂	543

武汉市

企业名称	总产值（万元）
武汉市洪山区和平镀锌板厂	1 911
武汉市黄陂县王河六建公司	1 160
武汉市花山印染厂	1 158
武汉市黄陂县天河建筑公司	1 150
武汉市新洲县城关家用工具厂	1 084
武汉市黄陂县王河镇建筑队	1 066
武汉市黄陂县李集建筑公司	1 058
武汉市红旗化工厂	1 005
武汉市红星化工厂	1 002
武汉市洪山区青菱染整厂	1 000

广州市

企业名称	总产值（万元）
广州百事可乐汽水厂	8 685
番禺市桥轧钢联合总公司	5 530
番禺县南村电化厂	5 459
白云区新市镇建筑公司	4 810
广州市黄埔长洲针织厂	4 602
广州市石井水泥厂	4 507
广州市番禺海鸥集团公司	3 971
广州市番禺钟村宏达家用电器厂	3 567
番禺大岗镇橡胶厂	3 565
番禺县沙头镇利多鞋业投资有限公司	3 489

沈阳市

企业名称	总产值（万元）
沈阳市汽车货厢厂	2 319
沈阳市振兴铜材厂	2 244
沈阳市沈东金属材料厂	2 103
沈阳市东陵区压铸件厂	1 782
沈阳市辽中县轧钢厂	1 650
沈阳市科兴金属制品厂	1 370
沈阳市第二钢丝厂	1 320
沈阳市沈新电缆厂	1 295
沈阳市前进油漆化工厂	1 143
沈阳市长白合成材料厂	1 140

哈尔滨市

企业名称	总产值（万元）
哈尔滨市昌宁给水设备厂	8 536
哈尔滨市太平区红光畜牧场	1 800
哈尔滨市建国电磁线厂	721
阿城市阿城轧钢厂	621
哈尔滨市机械电镀厂	580
哈尔滨市南岗区农副产品加工厂	570
哈尔滨市城高子镇江龙公司	508
哈尔滨市民主加油站	500
哈尔滨市团结锅炉厂	492
呼兰县西井乡建筑六公司	490

青岛市

企业名称	总产值（万元）
青岛市飞龙工艺品公司	6 952
青岛市胶南第四纺织机械厂	6 390
青岛变压器厂	5 690
青岛市即墨大金家工商公司	5 084
青岛第十织布厂	4 895
青岛胶州制钉总厂	3 728
青岛市第十一织布厂	3 566
青岛即墨冷柜厂	3 372
青岛第九针织厂	3 223
青岛即墨印染厂	3 036

南京市

企业名称	总产值（万元）
南京汽车制造厂车辆改装厂	3 465
南京光华电子注塑厂	3 300
紫金无线电厂	3 004
溧水电子器件厂	2 153
南京装饰材料厂	1 689
南京龙都针束地毯厂	1 332
南京电缆一厂	1 294
江宁农药厂	1 249
南京第二锅炉厂	1 193
溧水东屏建筑安装公司	1 052

宁波市

企业名称	总产值（万元）
浙江电视机厂	6 898
鄞县古林福利厂	5 859
慈溪市锦纶总厂	4 943
鄞县鄞江印染织厂	4 535
宁波华美无线电厂	3 590
宁波针织服装厂	3 403
宁波鸿运扇厂	2 846
宁波青春服装厂	2 819
慈溪市针织运动衣厂	2 726
镇海贵驷毛纺厂	2 658

成都市

企业名称	总产值（万元）
双流九江羽绒厂	5 521
双流高频焊管厂	5 150
双流钢材厂	2 067
双流电解铜厂	1 927
金牛八一家俱厂	1 706
金牛簇桥解铜厂	1 608
双流福达产业公司	1 510
青白江长城分厂	1 373
双流非标公司	1 310
双流电镀厂	1 295

中国乡镇企业年鉴

（1990）

中国乡镇企业年鉴编辑委员会　编

农业出版社出版（北京朝阳区农展馆北路）

新华书店北京发行所发行　北京印刷一厂印刷

787×1092mm16开本　28印张　彩插4　980千字

1991年2月第1版　　1991年2月北京第1次印刷

定价：36.00元

ISBN 7-109-01991-8/S·1308